説文部首源流

己亥秋 張如元題

上

陳建勝 編著

字體演變與形義圖釋

上海古籍出版社

圖書在版編目（CIP）數據

說文部首源流：字體演變與形義圖釋 / 陳建勝編著 .—
上海：上海古籍出版社，2019.12
ISBN 978-7-5325-9437-5

Ⅰ.①說… Ⅱ.①陳… Ⅲ.①《說文》—注釋②漢字—
部首—研究 Ⅳ.① H161

中國版本圖書館 CIP 數據核字（2019）第 269061 號

說文部首源流
——字體演變與形義圖釋
（全二册）
陳建勝 編著

上海古籍出版社出版發行
（上海瑞金二路 272 號 郵政編碼 200020）
（1）網址：www.guji.com.cn
（2）E-mail：guji1@guji.com.cn
（3）易文網網址：www.ewen.co
上海麗佳製版印刷有限公司印刷
開本 787×1092 1/16 印張 67 插頁 13
2019 年 12 月第 1 版 2019 年 12 月第 1 次印刷
印數：1-3,100
ISBN 978-7-5325-9437-5
H·219 定價：198.00 元

予生從口言
聲詩玄歸唁
衛侯言述

閔也從口
聲　袞

關也從口　衣
　　　　　袞

歐皃也從口
毃聲　殼之　火木

春秋傳曰呂將

宋也從口莫

塞口也從口匹
省聲民右文厥

口庚也從口昌
聲　口

使犬也從口族
春秋傳曰公嗾夫
敖爲　先走　茲戌

犬鳴從口犬
聲　文脉　平眼

下刮光逢

吧也從口皀
聲　下牢

譚長說嘩　狁

豕驚也從口
孝聲　呼交　赫覺

鷄聲也從口
屋聲　兀俏　充族

唐寫本口部殘卷
引自「顏真卿：超越王羲之的名筆」
特展圖錄

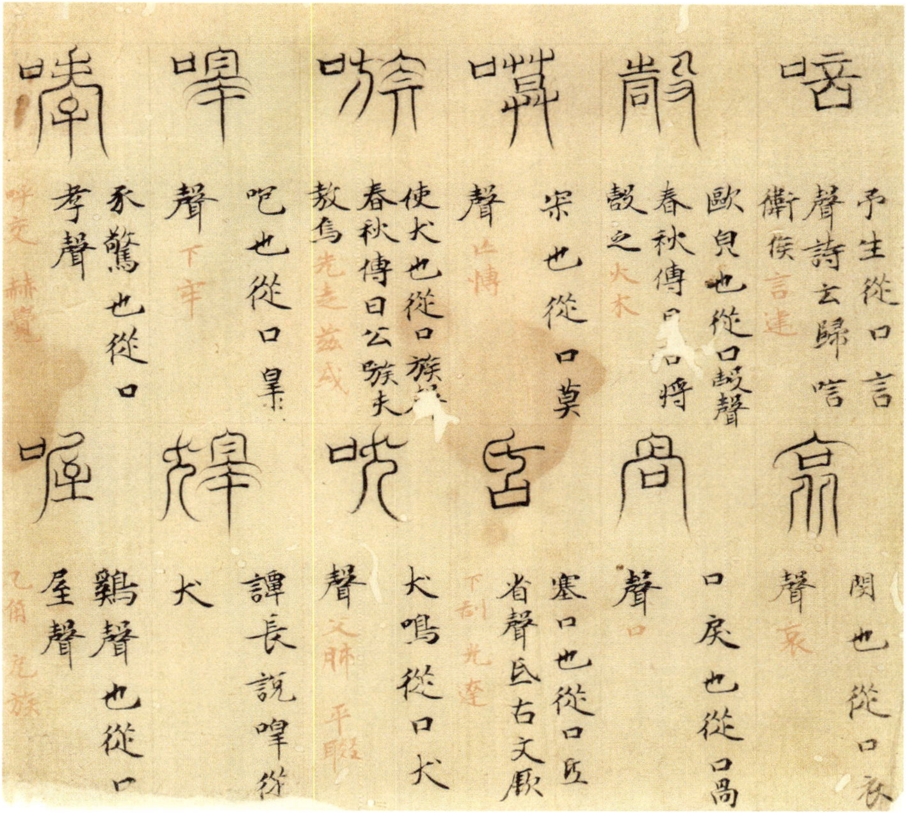

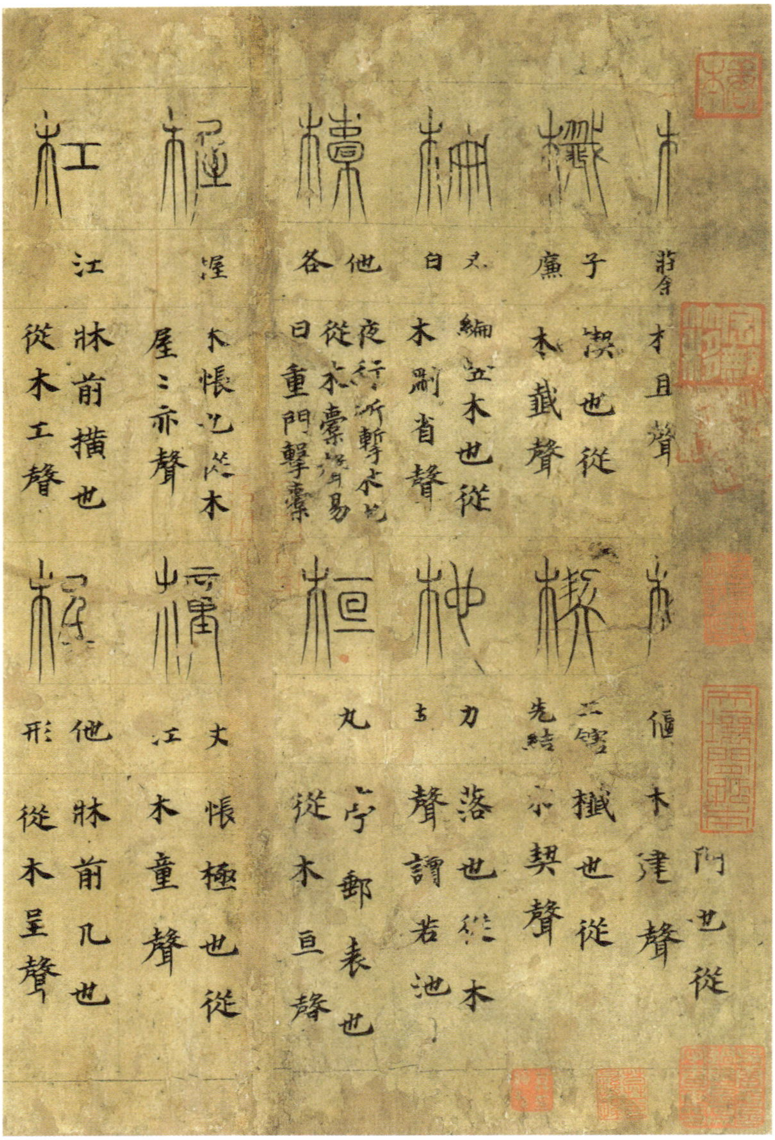

唐寫本木部殘卷
引自「顏真卿：超越王羲之的名筆」特展圖録

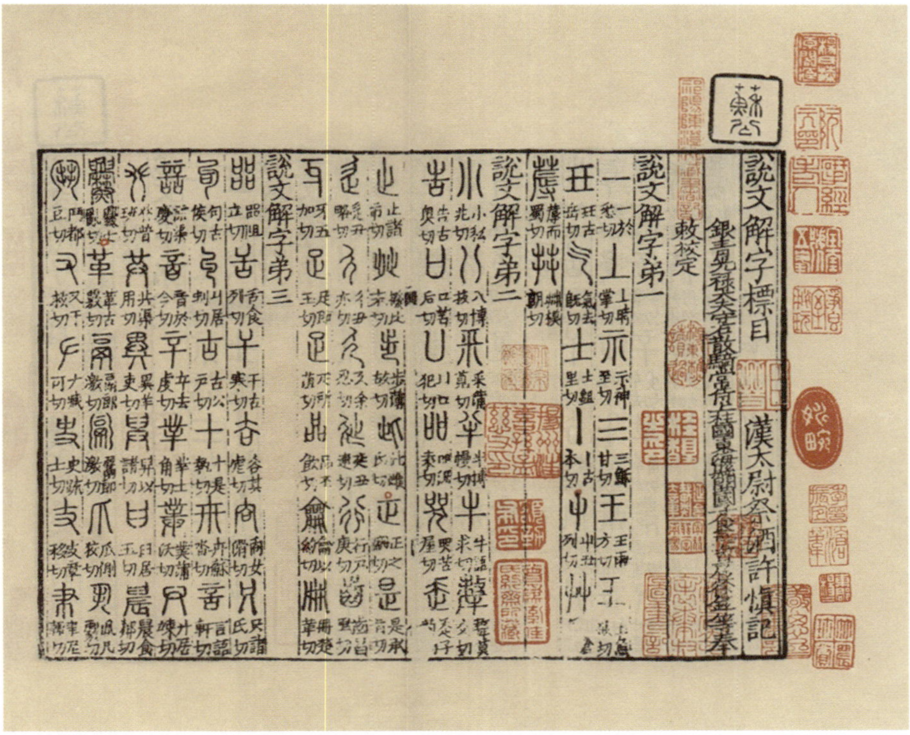
說文解字標目
漢太尉祭酒許慎記
銀青光祿大夫守右散騎常侍上柱國東海縣開國子食邑五百戶臣徐鉉等奉
敕校定
說文解字弟一
說文解字弟二
說文解字弟三

國圖藏宋刻元修本《說文解字》

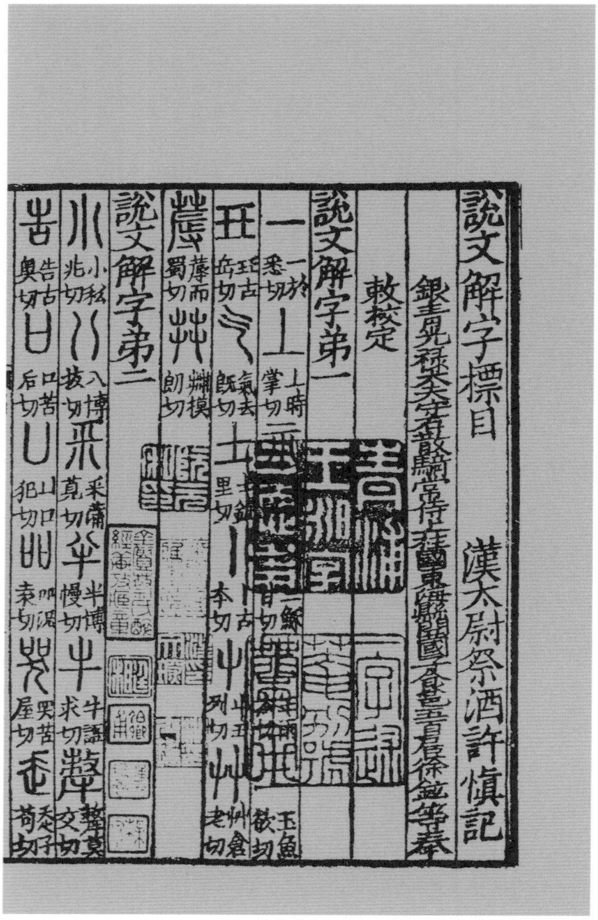

說文解字標目　漢太尉祭酒許慎記

銀青光祿大夫守右散騎常侍上柱國東海縣開國子食邑五百戶臣徐鉉等奉

敕校定

說文解字弟一

一 於悉切　丄 時掌切　示 神至切　三 穌甘切　王 雨方切　玉 魚欲切

玨 古岳切　气 去既切　士 鉏里切　丨 古本切　屮 丑列切　艸 倉老切

蓐 而蜀切　茻 模朗切

說文解字弟二

小 私兆切　八 博拔切　釆 蒲莧切　半 博幔切　牛 語求切　犛 莫交切

告 古奧切　口 苦后切　凵 口犯切　吅 況袁切　哭 苦屋切　走 子苟切

續古逸叢書影宋本《說文解字》

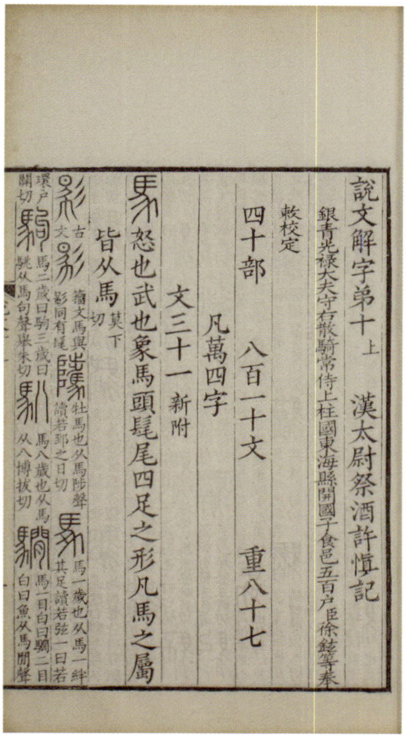

說文解字弟十上　漢太尉祭酒許慎記
銀青光祿大夫守右散騎常侍上柱國東海縣開國子食邑五百戶臣徐鉉等奉
敕校定
四十部　八百一十文　重八十七
凡萬四字
文三十一　新附
馬 怒也武也象馬頭髦尾四足之形凡馬之屬
皆从馬 莫下切
古文 籀文馬與影同有髦
騭 牡馬也从馬陟聲讀若郅之日切
馬一歲也从馬一絆其足讀若弦一曰若環戶關切
駒 馬二歲曰駒三歲曰駣从馬句聲舉朱切
馬八歲也从馬从八博拔切
馬一目白曰䦨二目白曰魚从馬閒聲

早稻田大學藏藤花榭本《説文解字》

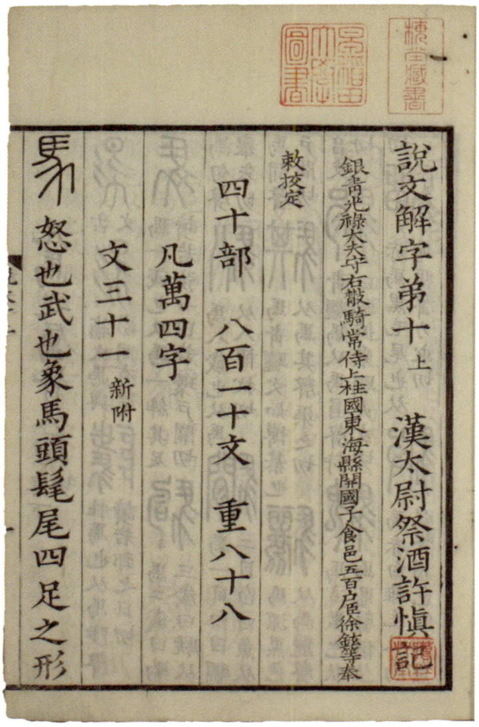

說文解字弟十上　漢太尉祭酒許慎記
銀青光祿大夫守右散騎常侍上柱國東海縣開國子食邑五百戶臣徐鉉等奉
敕校定
四十部　八百一十文　重八十八
凡萬四字
文三十一　新附
馬 怒也武也象馬頭髦尾四足之形

早稻田大學藏《官板説文解字真本》

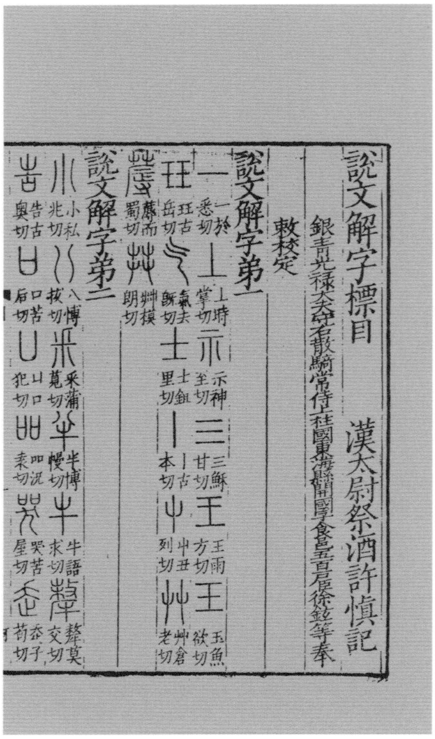
說文解字標目　漢太尉祭酒許慎記

銀青光祿大夫守右散騎常侍上柱國東海縣開國子食邑五百戶臣徐鉉等奉

敕校定

說文解字第一

說文解字第二

平津館本《説文解字》

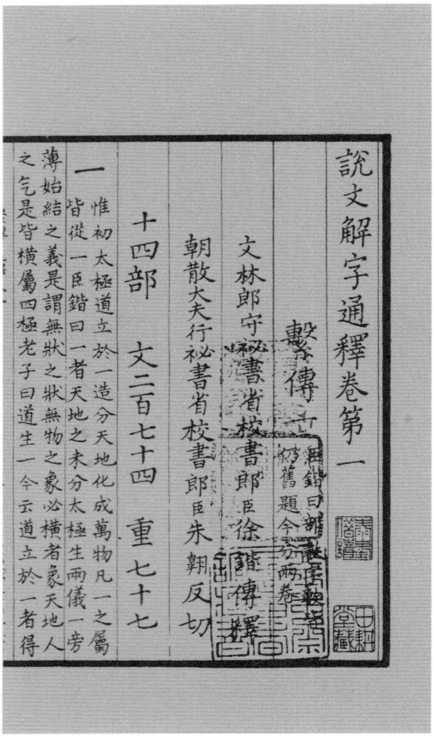
說文解字通釋卷第一

繫傳一　臣鍇曰：許慎《說文》十五卷，仍舊題，今分兩卷

文林郎守祕書省校書郎臣徐鍇傳釋

朝散大夫行祕書省校書郎臣朱翺反切

十四部　文二百七十四　重七十七

一　惟初太極道立於一造分天地化成萬物凡一之屬皆從一臣鍇曰一者天地之未分太極生兩儀一旁薄始結之義是謂無狀之狀無物之象必橫者象天地人之气是皆橫屬四極老子曰道生一今云道立於一者得

四部叢刊影宋本小徐本《説文》

序一

劉釗

陳建勝先生的《説文部首源流——字體演變與形義圖釋》一書即將由上海古籍出版社出版。因建勝與我相識多年，這部書稿又是我向上海古籍出版社推薦的，故當建勝向我索序時，我毫不猶豫就答應了。

建勝這部書稿以《説文》部首爲對象，按《説文》五百四十部的本來順序，逐一羅列其各時代的古文字字形，然後對其形體演變和意義進行圖釋和解説，並標明部首所屬的六書類別。書稿對古文字字形的收集非常豐富，釋義的説解言簡意賅，能得其要。尤其是大部分説解都吸收了學術界最新的研究成果，體現了對《説文》部首研究的最新進展，這一點遠非坊間一些外行人編寫的著作可比。更能彰顯其書稿獨到特色的是全書皆由作者用毛筆工楷書寫，字形準確，書法精妙，板式古雅，是一部内容、形式二美兼具的作品。

建勝原爲學書法出身，但對文字學，尤其是古文字學，愛好鑽研多年，曾從著名古文字學家曹錦炎先生游，後到華東師大讀碩士，又廣泛聽取了華東師大有關古文字學方面的專業課，同時旁聽復旦大學出土文獻與古文字研究中心的各種課程，見識和積累日漸深厚，這部《説文部首源流》就是他在多年愛好鑽研古文字之後的見識和心得的集中呈現，充分體現了他好學深思，款誠篤實的可貴品質。

建勝今年負笈臺灣攻讀古文字專業的博士，這標誌他從此正式走上古文字研究的專業之路。

古文字研究圈子中人，有很多都是從愛好書法開始，最後走上古文字研究的專業之路的。古文字學界的前輩學者中，書法家不乏其人。當代的古文字學人中，一邊研究古文字，一邊喜歡寫字並卓然成家者更是大有人在。研究古文字和寫字其實本來就聯繫緊密，完全可以並行不悖。我們不光不能視一邊研究古文字，一邊寫字的學者爲「不務正業」，相反還應該大力提倡這一雅好。在研究之暇寫寫字，讓研究和寫字互相滋養，這無論怎麽看都是一件好事情。因此從這一點出發，我對寫字好又願意研究古文字的學生，從來都是高看一眼。

這部書稿對於初學古文字的本科生和研究生來説，可稱得上是一部很好的參考書；對於書法愛好者，尤其是對想寫好篆書的書法愛好者來説，更是一部不可多得的入門教材。

是爲序。

二〇一八年國慶日於上海書馨公寓索然居

劉　釗：
復旦大學出土文獻與古文字研究中心主任
復旦大學特聘教授
教育部「長江學者」特聘教授

序二

陳忠康

我與建勝一度有十多年未見。二〇一四年五月，我參加了他在北京的一次個人書法展，通過這個展覽，對他在過去十多年時光裏的所學所爲，有了比較全面的知悉。此後，我們見面、聯繫漸多，了解自然也就更深了。他在書法之外，將主要的精力放在了圍繞《説文解字》而展開的「古文字學」上，並取得了頗佳的成績。

去年初秋，我南下杭州，在滿覺隴石屋洞畔的子瞻小院，他攜來一部千餘頁的書稿，即《説文部首源流——字體演變與形義圖釋》。儘管之前他已向我透露寫作此書的一些情況，但是當厚厚十幾册用毛筆手寫的書稿擺在面前時，我彷彿看到了流轉千年的古老中國文字與積澱豐厚的書法藝術在這位年輕人思想中的融滙激蕩，内心不禁被觸動了。所以當他説請我寫一篇序時，我便欣然同意了。

《説文解字》乃我國傳統文字學的經典著作，這本書對研究中國語言文字、詮釋傳世典籍和古代文化具有重要的文獻價值，在中國文化史上産生了深遠的影響。然而《説文》成書已久，古今文字和語言的隔閡，往往令現在的初學者有一種陌生感而無從入手，學習研究有一定的難度。

建勝的《説文部首源流》正是在這樣的背景下寫出來的。該書以《説文》部首爲研究對象，正文每部先列小篆字頭，若《説文》有誤處，皆據古文字材料改正。再古音，次則字形，收入大量先秦古文字、秦漢篆隸、魏晉文字材料，並標記字形時代、來源出處，排列文字前後發展演變譜系。釋義先收録大徐本《説文》原文，再加按語，吸收《説文》學、古文字學前賢已有和今人最新的研究成果，並輔以己意，間或援引古書用例，最後注明六書所屬等内容。另外，全書以現代白話行文，力求明白曉暢，使得閱讀上雅俗共宜。

記得在上世紀七十年代末，沙孟海先生曾寫過一封關於書法專業教學的著名信件，信中提到：「作爲專業書家，要求應更高些，就是除技法外必須有一門學問做基礎……學問是終生之事……充分瞭解字體原委變遷，博取約守，豐富自己創作的源泉。」建勝所讀正是書法專業，因此能顧及《説文》對學習書法、篆刻的幫助。正如沙老所言，漢字於各個時代嬗變之字形，是書法家在藝術創作時的載體和靈感源泉。此書所收的大量古文字形體，尤其是盈多的秦漢篆文，氣息古樸，字形精準，筆法雋妙，爲書法篆刻創作提供了豐富的參考材料和依據，同時對促進書法篆刻研究也有獨特的意義。書法家如果能很好地把握這其中的字形演變規律，必能加深並充實自己作品的內涵底蘊和審美取向。

回顧建勝的學藝道路，他對書法的喜愛緣自幼小時家庭環境的影響，隨後的讀書生涯更讓他對筆墨產生了深厚的情感。大概在二〇〇二年暑假，他來我温州文化宫的班上聽課，我去北京後，他又得到林劍丹、張如元等學高德厚長者的教導賞識與呵護提攜，可謂是莫大的福緣。這或許促使他選擇了將古文字和書法結合作爲自己的着力鑽研方向。這些年他輾轉求學於杭州、北京、上海，大大開拓了眼界和見識，但其間他依舊保持着和故鄉書壇、學界的密切往來。在上世紀電腦排版技術落後時，前輩學者的古文字著作大多依靠手寫。時代的進步，當前的研究手段已經現代化，電腦檢索帶來了極大的便利，但同時也隔斷了我們翻閲古書所帶來的親近感和書卷氣。建勝的這部《説文部首源流》，重拾前輩遺風，用一筆一畫日常書寫的手稿，探懷幽情，發露文心，讓人感受到温州文脈生生不息的活力。

温州書風的形成與永嘉前輩學人的功德澤被是分不開的，舊時代的温州書家如夏承燾、蘇淵雷、方介堪等，都有着深厚的學問根柢，直到今天，老一輩書家們也都是如此。但是這種藝術與學術互相滋養、互爲依托的傳統到了我們這一代書家的身上就漸漸弱化了，由於藝術學科的獨立和藝術市場的繁榮，年輕書家在學問涵養方面下工夫的時間就更欠缺了。

建勝和衆多有才華的年輕人一樣，走上了進高校書法專業學習的道路，但與衆不同的是，他願意花時間把「古文字學」這條冷板凳坐熱，耐得住稽古窮經的寂寞，時人所棄而不顧者，他却守之以寶；時人所食而無味者，他却甘之如飴。這本手寫書稿的完成，源於他藝術與學術雙修互養的自我成長模式。

通觀建勝的《説文部首源流》書稿，是一本立足學術，又兼顧藝術的好書。對普及和研究《説文》、古文字及書法篆刻藝術來説，將會是一本重要的參考書。作者自身嚴謹的學術態度和專精一門的治學品質，傳承了「永嘉學派」諸賢既推崇義理又不偏廢社會事功的實幹作風，這無疑也是傳統永嘉學人的優秀品質。「永嘉學派」講究「耕、讀」並重，書法對於建勝就好比是「耕」，因爲純粹讀書、做學問是要生計成憂的，且容易脱離社會而陷入迂闊。建勝走的這個路子是很有特色的，體現在他的字上面，跟我們現在全國的書風，或者和另外一些書家相較，就完全不一樣，非常獨特。建勝的字，一看就是沉得下去，甚至可以看出有一種學問氣蘊含在裏面。

書法非道，但可載道，曰法度向道術的深入，則是建勝書法中最值得關注和體會的地方。這本書裏的兩種書體給我的印象很深刻：一種是小篆，一種是注釋筆記。小篆體現了他從静態書體裏面的修煉，已經基本打通了字法，且寫得松活而不呆板，同時具有文氣，小篆的這種美在他筆下得到了充分挖掘，這是很不容易的；還有就是小楷筆記和穿插其間的各種古文字形體，這部分的形式感很强，它來源於真正實用基礎之上，這才是活生生的接地氣的形式。當下展覽中搞的那種形式感有些很空洞，是套路，練花架子的，往往經不起推敲。當真正把書法的實用性掌握好了，在埋首書齋的情境下，用到了書法，這時候，寫出來的字和呈現出來的形式才是最漂亮、最美的。因此，對於書法家和學者們來説，這本書更啟發我們：原來枯燥而冷門的舊學問，也可以做得很富於温情和美感；而日新月異的當代書法，不妨回到案頭和書齋之中尋找最終的意義歸宿。

建勝到上海跟隨張索老師讀碩士後，在本專業之外，他又旁聽各大名校的古文字學課程，補充自己的不足。這本書便是他在上海碩士三年求學時期的產物。通過這本書的寫作，建勝檢驗並鞏固了學識和書技。儘管在當前的學科體制下，書法藝術和傳統學問分離爲兩途已是一種客觀趨勢，然而學問涵養在書法藝術上的浸潤，以及書法藝術對於傳統學術的反哺，這種雙向的交流和互動，因兩者緊密的血緣關係，依然會越發被强調。建勝守護舊學、不廢新知的志向，必將隨着這本書的出版變得更加堅定。

建勝馬上要去臺灣攻讀古文字的博士學位，可以預見，他將以這本書爲起點，來推動書法藝術與傳統學術的雙向交流。我非常看好他。

二〇一八年八月於北京

陳忠康：
中央美術學院博士
文化部中國藝術研究院中國書法院博士生導師
中國書法家協會行書委員會委員

目録

序一（劉釗）……一

序二（陳忠康）……一

凡例……一

説文部首卷一（十四部）

001 yī 一……二

002 shàng 上……六

003 shì 示……一〇

004 sān 三……一三

005 wáng 王……一七

006 yù 玉……二〇

007 jué 玨……二三

008 qì 气……二五

009 shì 士……二七

010 gǔn 丨……二九

011 chè 屮……三一

012 cǎo 艸……三三

013 rù 蓐……三四

014 mǎng 茻……三五

説文部首卷二（三十部）

015 xiǎo 小……三八

016 bā 八……四一

017 biàn 釆 …… 四四
018 bàn 半 …… 四六
019 niú 牛 …… 四七
020 lí 犛 …… 四九
021 gào 告 …… 五一
022 kǒu 口 …… 五三
023 kǎn 凵 …… 五五
024 xuān 吅 …… 五七
025 kū 哭 …… 五八
026 zǒu 走 …… 六〇
027 zhǐ 止 …… 六二
028 bō 癶 …… 六四
029 bù 步 …… 六五
030 cǐ 此 …… 六八
031 zhèng 正 …… 七一
032 shì 是 …… 七五
033 chuò 辵 …… 七八
034 chì 彳 …… 七九
035 yǐn 廴 …… 八一
036 chān 㢟 …… 八二
037 xíng 行 …… 八三
038 chǐ 齒 …… 八六
039 yá 牙 …… 八八
040 zú 足 …… 九一
041 shū 疋 …… 九二
042 pǐn 品 …… 九四

043 yuè 龠……九六
044 cè 册……九八

說文部首卷三（五十三部）

045 jí 㗊……一〇二
046 shé 舌……一〇三
047 gān 干……一〇五
048 jué 𧮫……一〇七
049 zhǐ 只……一〇八
050 nè 㕯……一一〇
051 gōu 句……一一一
052 jiū 丩……一一四
053 gǔ 古……一一五
054 shí 十……一一八
055 sà 卅……一二一
056 yán 言……一二三
057 jìng 誩……一二五
058 yīn 音……一二七
059 qiān 䇂……一二九
060 zhuó 丵……一三〇
061 pú 菐……一三二
062 gǒng 𠬞（廾）……一三三
063 pān 𠬜（[illegible]）……一三四
064 gòng 共……一三六
065 yì 異……一三九
066 yú 舁……一四二

067 jū 臼……一四三
068 chén 晨……一四四
069 cuàn 爨……一四六
070 gé 革……一四八
071 lì 鬲……一五一
072 lì 䰜……一五三
073 zhǎo 爪……一五四
074 jǐ 丮……一五六
075 dòu 鬥……一五七
076 yòu 又……一五八
077 zuǒ 𠂇……一六〇
078 shǐ 史……一六一
079 zhī 支……一六五
080 niè 𦘒……一六七
081 yù 聿……一六八
082 huà 畫……一七〇
083 dài 隶……一七二
084 qiān 臤……一七三
085 chén 臣……一七五
086 shū 殳……一七八
087 shā 殺……一八〇
088 shū 𠘧……一八二
089 cùn 寸……一八四
090 pí 皮……一八六
091 ruǎn 㼱……一八八
092 pū 攴……一八九

093 jiāo 教……一九一
094 bǔ 卜……一九四
095 yòng 用……一九六
096 yáo 爻……一九八
097 lǐ 㸚……二〇〇

説文部首卷四（四十五部）

098 xuè 𥄎……二〇四
099 mù 目……二〇五
100 jù 䀠……二〇七
101 méi 眉……二〇八
102 dùn 盾……二〇九
103 zì 自……二一一
104 zì 白……二一三
105 bí 鼻……二一四
106 bì 皕……二一六
107 xí 習……二一七
108 yǔ 羽……二一九
109 zhuī 隹……二二〇
110 suī 奞……二二二
111 huán 雈……二二三
112 guǎ 𦫳……二二四
113 mò 苜……二二五
114 yáng 羊……二二七
115 shān 羴……二二九
116 jù 瞿……二三〇

117 chóu 雔……二三一
118 zá 雥……二三二
119 niǎo 鳥……二三三
120 wū 烏……二三五
121 pān 華……二三八
122 gòu 冓……二三九
123 yāo 幺……二四〇
124 yōu 𢆶……二四一
125 zhuān 叀……二四三
126 xuán 玄……二四五
127 yǔ 予……二四七
128 fàng 放……二四九
129 piào 𠬪……二五一
130 cán 𣦼……二五二
131 è 歺……二五三
132 sǐ 死……二五四
133 guǎ 冎……二五七
134 gǔ 骨……二五八
135 ròu 肉……二五九
136 jīn 筋……二六一
137 dāo 刀……二六二
138 rèn 刃……二六三
139 qià 㓞……二六四
140 jiè 丯……二六六
141 lěi 耒……二六七
142 jiǎo 角……二六八

說文部首卷五（六十三部）

143 zhú 竹……二七二
144 jī 箕……二七四
145 jī 丌……二七八
146 zuǒ 左……二七九
147 gōng 工……二八一
148 zhǎn 㠭……二八三
149 wū 巫……二八四
150 gān 甘……二八六
151 yuē 曰……二八八
152 nǎi 乃……二九一
153 kǎo 丂……二九四
154 kě 可……二九五
155 xī 兮……二九七
156 hào 号……二九八
157 yú 亏……三〇〇
158 zhǐ 旨……三〇四
159 xǐ 喜……三〇五
160 zhù 壴……三〇八
161 gǔ 鼓……三一〇
162 qǐ 豈……三一二
163 dòu 豆……三一三
164 lǐ 豊……三一五
165 fēng 豐……三一七
166 xī 䖒……三一九

167 hū 虍……三二〇
168 hǔ 虎……三二一
169 yán 虤……三二四
170 mǐn 皿……三二五
171 qū 𠙴……三二六
172 qù 去……三二八
173 xuè 血……三三〇
174 zhǔ 丶……三三二
175 dān 丹……三三三
176 qīng 青……三三六
177 jǐng 井……三三八
178 bī 皀……三四〇
179 chàng 鬯……三四二

180 shí 食……三四三
181 jí 亼……三四五
182 huì 會……三四六
183 cāng 倉……三五〇
184 rù 入……三五二
185 fǒu 缶……三五四
186 shǐ 矢……三五五
187 gāo 高……三五七
188 jiōng 冂……三六〇
189 guō 𩫏……三六一
190 jīng 京……三六三
191 xiǎng 亯……三六五
192 hòu 㫗(厚)……三六七

193 fú 畐（畗）……三六八
194 lǐn 㐭……三六九
195 sè 嗇……三七一
196 lái 來……三七三
197 mài 麥……三七六
198 suī 夊……三七七
199 chuǎn 舛……三七八
200 shùn 䑞（舜）……三七九
201 wéi 韋……三八一
202 dì 弟……三八三
203 zhǐ 夂……三八六
204 jiǔ 久……三八七
205 jié 桀……三八八

說文部首卷六（二十五部）

206 mù 木……三九二
207 dōng 東……三九三
208 lín 林……三九五
209 cái 才……三九七
210 ruò 叒……四〇〇
211 zhī 之……四〇一
212 zā 帀……四〇五
213 chū 出……四〇六
214 pò 朩……四〇八
215 shēng 生……四〇九
216 zhé 乇……四一二

217 chuí 𠂹……四一三
218 xū 𠌶……四一四
219 huā 華……四一五
220 jī 禾……四一七
221 jī 稽……四一八
222 cháo 巢……四二一
223 qī 桼……四二三
224 shù 束……四二四
225 hùn 㯻……四二六
226 wéi 囗……四二七
227 yuán 員……四二八
228 bèi 貝……四三〇
229 yì 邑……四三一
230 xiàng 𨛜……四三四

說文部首卷七（五十六部）

231 rì 日……四三六
232 dàn 旦……四三八
233 gàn 倝……四四〇
234 yǎn 㫃……四四一
235 míng 冥……四四二
236 jīng 晶……四四四
237 yuè 月……四四六
238 yǒu 有……四四八
239 míng 明……四五一
240 jiǒng 囧……四五四

241	xī	夕	四五五
242	duō	多	四五六
243	guàn	毌	四五九
244	hàn	马	四六〇
245	hàn	東	四六一
246	tiáo	卤	四六二
247	qí	齊	四六四
248	cì	朿	四六六
249	piàn	片	四六八
250	dǐng	鼎	四六九
251	kè	克	四七二
252	lù	彔	四七四
253	hé	禾	四七五
254	lì	秝	四七七
255	shǔ	黍	四七八
256	xiāng	香	四八〇
257	mǐ	米	四八二
258	huǐ	毇	四八三
259	jiù	臼	四八五
260	xiōng	凶	四八六
261	pìn	朩	四八七
262	pài	𣏟	四八八
263	má	麻	四九〇
264	shū	尗	四九一
265	duān	耑	四九三
266	jiǔ	韭	四九四

267 guā 瓜……四九五
268 hù 瓠……四九七
269 mián 宀……四九八
270 gōng 宫……四九九
271 lǚ 吕……五〇一
272 xué 穴……五〇三
273 mèng 㝱……五〇四
274 nè 疒……五〇五
275 mì 冖……五〇六
276 mǎo 𠔿……五〇七
277 mào 冃……五〇八
278 liǎng 㒳……五一〇
279 wǎng 网……五一一
280 xià 襾……五一三
281 jīn 巾……五一四
282 fú 巿……五一六
283 bó 帛……五一七
284 bái 白……五一八
285 bì 㡀……五二〇
286 zhǐ 黹……五二一

說文部首卷八（三十七部）

287 rén 人……五二四
288 huà 匕……五二六
289 bǐ 匕……五二七
290 cóng 从……五二九

291 bǐ 比 …… 五三〇
292 běi 北 …… 五三三
293 qiū 丘 …… 五三五
294 yín 㐺 …… 五三八
295 tǐng 壬 …… 五三九
296 zhòng 重 …… 五四〇
297 wò 卧 …… 五四二
298 shēn 身 …… 五四三
299 yī 㐆 …… 五四五
300 yī 衣 …… 五四六
301 qiú 裘 …… 五四八
302 lǎo 老 …… 五五〇
303 máo 毛 …… 五五二
304 cuì 毳 …… 五五四
305 shī 尸 …… 五五五
306 chǐ 尺 …… 五五七
307 wěi 尾 …… 五五九
308 lǚ 履 …… 五六〇
309 zhōu 舟 …… 五六三
310 fāng 方 …… 五六五
311 rén 儿 …… 五六八
312 xiōng 兄 …… 五六九
313 zān 兂（簪） …… 五七二
314 mào 皃（貌） …… 五七三
315 gǔ 𠑹 …… 五七五
316 xiān 先 …… 五七七

317 tū 禿 …… 五七九
318 jiàn 見 …… 五八一
319 yào 覞 …… 五八三
320 qiàn 欠 …… 五八四
321 yǐn 㱃 …… 五八六
322 xián 㳄 …… 五八八
323 jì 旡 …… 五八九

說文部首卷九（四十六部）

324 xié 頁 …… 五九二
325 shǒu 百 …… 五九四
326 miàn 面 …… 五九五
327 miǎn 丏 …… 五九六
328 shǒu 首 …… 五九八
329 jiāo 県 …… 六〇〇
330 xū 須 …… 六〇一
331 shān 彡 …… 六〇三
332 wén 彣 …… 六〇四
333 wén 文 …… 六〇五
334 biāo 髟 …… 六〇九
335 hòu 后 …… 六一〇
336 sī 司 …… 六一二
337 zhī 卮 …… 六一五
338 jié 卪 …… 六一六
339 yìn 印 …… 六一八
340 sè 色 …… 六二〇

341	qīng	卯	六二二
342	bì	辟	六二三
343	bāo	勹	六二六
344	bāo	包	六二七
345	jí	茍	六二八
346	guǐ	鬼	六三〇
347	fú	甶	六三二
348	sī	厶	六三三
349	wéi	嵬	六三四
350	shān	山	六三五
351	shēn	屾	六三八
352	è	屵	六三九
353	yǎn	广	六四〇
354	hǎn	厂	六四一
355	wán	丸	六四二
356	wēi	危	六四四
357	shí	石	六四五
358	cháng	長	六四八
359	wù	勿	六五三
360	rǎn	冄	六五五
361	ér	而	六五六
362	shǐ	豕	六五八
363	yì	㣇	六六一
364	jì	彑	六六二
365	tún	豚	六六三
366	zhì	豸	六六四

367 sì 舄……六六六
368 yì 易……六六七
369 xiàng 象……六七〇

説文部首卷十（四十部）

370 mǎ 馬……六七四
371 zhì 廌……六七六
372 lù 鹿……六七八
373 cū 麤……六八一
374 chuò 㲋……六八二
375 tù 兔……六八三
376 huán 萈……六八五
377 quǎn 犬……六八六
378 yín 㹜……六八八
379 shǔ 鼠……六八九
380 néng 能……六九〇
381 xióng 熊……六九三
382 huǒ 火……六九四
383 yán 炎……六九六
384 hēi 黑……六九八
385 chuāng 囪……六九九
386 yàn 焱……七〇一
387 zhì 炙……七〇二
388 chì 赤……七〇三
389 dà 大……七〇五
390 yì 亦……七〇九

391 zè 夨 …… 七一〇
392 yāo 夭 …… 七一二
393 jiāo 交 …… 七一三
394 wāng 尣（尢） …… 七一五
395 hú 壺 …… 七一六
396 yī 壹 …… 七一八
397 niè 㚔 …… 七二一
398 shē 奢 …… 七二三
399 gāng 亢 …… 七二四
400 tāo 夲 …… 七二六
401 gǎo 夰 …… 七二七
402 dà 亣 …… 七二八
403 fū 夫 …… 七二九
404 lì 立 …… 七三一
405 bìng 竝 …… 七三四
406 xìn 囟 …… 七三五
407 sī 思 …… 七三七
408 xīn 心 …… 七三九
409 suǒ 惢 …… 七四一

說文部首卷十一（二十一部）

410 shuǐ 水 …… 七四四
411 zhuǐ 沝 …… 七四六
412 bīn 瀕 …… 七四七
413 quǎn 〳 …… 七四九
414 kuài 巜 …… 七五〇

415 chuān 川……七五一
416 quán 泉……七五三
417 xún 灥……七五五
418 yǒng 永……七五六
419 pài 𠂢……七六〇
420 gǔ 谷……七六一
421 bīng 仌……七六二
422 yǔ 雨……七六四
423 yún 雲……七六六
424 yú 魚……七六八
425 yú 𩺰……七六九
426 yàn 燕……七七〇
427 lóng 龍……七七二
428 fēi 飛……七七四
429 fēi 非……七七六
430 xùn 卂……七七八

說文部首卷十二（三十六部）

431 yà 乙……七八二
432 bù 不……七八三
433 zhì 至……七八六
434 xī 西……七八八
435 lǔ 鹵……七九一
436 yán 鹽……七九二
437 hù 户……七九四
438 mén 門……七九五

439	ěr	耳	七九七
440	yí	匜	七九九
441	shǒu	手	八〇〇
442	guāi	乖	八〇一
443	nǚ	女	八〇三
444	wú	毋	八〇五
445	mín	民	八〇七
446	piě	丿	八〇九
447	yì	厂	八一〇
448	yí	乀	八一一
449	shì	氏	八一二
450	dǐ	氐	八一四
451	gē	戈	八一六
452	yuè	戉	八一八
453	wǒ	我	八一九
454	jué	亅	八二三
455	qín	琴	八二三
456	yǐn	乚	八二四
457	wáng	亡	八二五
458	xì	匸	八二七
459	fāng	匚	八二八
460	qū	曲	八三〇
461	zī	甾	八三一
462	wǎ	瓦	八三三
463	gōng	弓	八三四
464	qiǎng	弜	八三六

465 xián 弦……八三七
466 xì 系……八三九

說文部首卷十三（二十三部）

467 mì 糸……八四四
468 sù 素……八四五
469 sī 絲……八四七
470 shuài 率……八四八
471 huǐ 虫……八五一
472 kūn 䖵……八五三
473 chóng 蟲……八五四
474 fēng 風……八五六
475 tā 它……八五八
476 guī 龜……八六〇
477 měng 黽……八六二
478 luǎn 卵……八六四
479 èr 二……八六六
480 tǔ 土……八六八
481 yáo 垚……八七〇
482 qín 堇……八七一
483 lǐ 里……八七三
484 tián 田……八七五
485 jiāng 畕……八七七
486 huáng 黃……八七八
487 nán 男……八八二
488 lì 力……八八四

489 xié 劦……八八五

説文部首卷十四（五十一部）

490 jīn 金……八八八
491 jiān 幵……八九一
492 zhuó 勺……八九二
493 jī 几……八九四
494 qiě 且……八九五
495 jīn 斤……八九八
496 dǒu 斗……八九九
497 máo 矛……九〇一
498 chē 車……九〇三
499 duī 𠂤……九〇五
500 fù 𨸏……九〇七
501 fù 𨺅……九〇九
502 lěi 厽……九一〇
503 sì 四……九一一
504 zhù 宁（宀二）……九一四
505 zhuó 叕……九一六
506 yà 亞……九一七
507 wǔ 五……九一九
508 liù 六……九二三
509 qī 七……九二六
510 jiǔ 九……九二八
511 róu 禸……九三一
512 xiù 嘼……九三二

513 jiǎ 甲……九三三
514 yǐ 乙……九三六
515 bǐng 丙……九三八
516 dīng 丁……九四二
517 wù 戊……九四四
518 jǐ 己……九四六
519 bā 巴……九四九
520 gēng 庚……九五一
521 xīn 辛……九五三
522 biàn 辡……九五六
523 rén 壬……九五七
524 guǐ 癸……九五九
525 zǐ 子……九六二
526 liǎo 了……九六六
527 zhuǎn 孨……九六七
528 tū 𠫓……九六八
529 chǒu 丑……九七〇
530 yín 寅……九七二
531 mǎo 卯……九七五
532 chén 辰……九七七
533 sì 巳……九八〇
534 wǔ 午……九八二
535 wèi 未……九八五
536 shēn 申……九八七
537 yǒu 酉……九九〇
538 qiú 酋……九九三

539 xū 戌……九九四
540 hài 亥……九九六
附録　說文部首標目二種
陳昌治刻本說文部首標目……一〇〇一
藤花榭本說文部首標目……一〇一五
參考文獻……一〇二九
跋……一〇三三

凡例

一　本書以《説文》部首爲研究對象，整體編排以字頭、古音、字形、演變、釋義和六書、附注爲框架。

二　正文分十四卷，收録《説文》五四〇部首，順序和原典對應。

三　每卷開頭先列本卷所收部首小篆字形，以陳昌治據孫星衍覆刻宋本大徐本爲據。

四　每部開始，先列小篆字頭，若《説文》篆形有誤者，據古文字字形改正；再楷書字形、加注古音（據《王力古漢語字典》，若字典所無，則據《古韻通曉》。今音則放在目録索引中，主要依據馮蒸《説文部首今讀》）；再收篆隸字形（分出土古文字和傳抄古文兩類。出土古文字自商周至魏晉，字形來源主要參考相關文字編、季旭昇《説文新證》和「小學堂」等專業網站。字形年代和出處及書目簡稱也據此標注；傳抄古文則以徐在國《傳抄古文字編》爲據，主要收《汗簡》、《古文四聲韻》、《集篆古文韻海》三書字形）；再梳理字形演變（基本據李學勤主編《字源》）、釋義（先照實收録《説文》小篆字形和許慎原文，若有大徐等注，亦收。再列筆者按語，這部分儘量吸收前賢已有和學界最新研究成果，凡有引述，皆隨文注出，或列入書後參考文獻中。若有闕漏，尚乞原宥）；最後是六書和附注。

五　本書於學者直稱姓名，除業師外，原則上省去「先生」等敬稱，但成書後發現並不統一，限於時間和毛筆手稿的特殊性，未能逐一修改，深以爲歉。

六　書後附《説文》標目二種，供讀者查閲參考。

說文解字第一

十四部

一上示三王玉玨气士丨屮

艸蓐茻

一

於悉切，入，質韻，影，質部。

商，合集9950正賓組
周早，盂鼎
周晚，毛公鼎
春戰，晉侯馬16:3
戰，楚，郭店老子甲，22
戰，楚，包135B

清華簡一皇門12
上博簡一孔子詩論22
秦，睡23·3
西漢，馬王堆，老子乙本卷前古佚書102
吳，天璽紀功碑

石鼓文霝雨　口于水　一方
漢，開母廟石闕　守一不歕
漢，袁安碑　十一月
一口　萬方

君頌　古文
孔龢碑　大宰大祝

戰國博塞
揚州理軍一印　令各一人
漢印文字徵

春晚庚壺
（或）戰，燕，襄安君鉼
楚，郭店窮達以時14

楚.葛 乙四82

上博三 亘先2

上博三 彭祖7

（弍貳）戰.晉.中山王礜鼎

西漢.代大夫人家壺

汗簡

施謝捷魏石經古文彙編摹本

吳 禪國山碑

古文四聲韻

式十有

集篆古文韻海

弌說文古文同

演變

1 商

2 西周

3 春秋

4 戰

7 說文小篆頃

8 漢

6 戰

10 漢

5 說文古文

9 漢

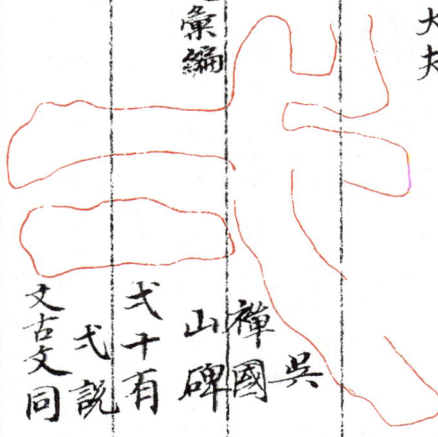

釋義 許慎

一 惟初太始，道立於一，造分天地，化成萬物。凡一之屬皆从一。於悉切

古文一。

陳 按 古文字「一」、「二」、「三」、「亖」（一至四）是原始記數符號。「一」是數名，表最小正整數（書·文侯之命：「彤弓一，彤矢百。」）又表序數，指第一。許君所釋是說明本書立一為首的哲學依據。周晚期開始出現繁增「弋」或「戈」旁的繁形，或是為了區別和防偽詐（說文古文从「弋」，目前僅見禪國山碑，恐是訛形）。同理，以下諸字：楚鄂君啓節、包山2.200、郭五行、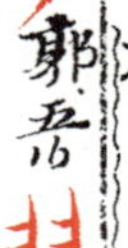郭太一（舊未有定論，郭店簡出，方知可用為「一」），可參看蔡麗利楚文字「羽能」研究綜述及蔡一峰出土文獻疑難字「羽能」字新探——兼談上古楚方言的再認識。中山王方壺、上博四·東大王·5、上博七·凡乙12。皆是以极繁字形表「一」。此外，秦文字亦借「壹」（卷十）表「一」。「壹」、「一」二字有別（荀子解蔽：「不以夫一害此一，謂之壹。」一句之中，「一」、「壹」並用，乃知有別）。「一」是數詞，「壹」是形容詞，表「專壹」（此義可寫作「專一」）。一般數目不作「壹」。後人在單據上為防人塗改，才用

「壹代一」。吾鄉古賢戴侗六書故：「今惟財用出內之簿書用壹、貳、叁、肆、伍、陸、柒、捌、玖、拾、阡、陌，以防奸易」。這恐怕是關於「大寫數字」使用較早的古書記載。據張涌泉數目用大寫字探源一文考證，大約在四世紀左右（東晉末期），人們開始有意識在券契中使用大寫數目字，到五、六世紀此用法頗為普及。唐武后時大量使用。（顧炎武亭林在金石文字記卷三岱岳觀造像記中指出此類大寫數字「皆武后所改」，實囿於時代所限）。此外劉釗老師古文字構形學106頁例47「弌、弍、弎」，亦可參閱。

六書

原始記號字，或以為指事。

其篆形應是形聲。

附注

上

1、時亮切、去、漾韻、禪、陽部。

2、時掌切、上、養韻、禪、陽部。

商、乙2243

商、後1.8.7

周中、墻盤

春、寶雞、秦公鐘

春、子犯編鐘

戰、齊、陶 彙3.642

戰、燕、古幣302

301

晉、上官鼎

晉、商幣1

晉、中山王嚳方壺

晉、古璽4207

楚、鄂君啓節

楚、郭、老子甲3

郭、老子乙11

郭、成15

郭、成6

郭、成9

楚、包10

包79

包150

清華簡一皇門5

上博簡六孔子見季桓子5

上博二從政甲7

上博二魯邦大旱3

戰晚、新郪虎符

秦陶1490

秦簡24.25

馬王堆、老子甲一

定縣竹簡69

朱曼妻薛買地券

泰畑寖上

公上翁叔

上官建印

上官建印

上東陽鄉漢印文字徵 以上五字

漢羣臣上醻題字

漢上谷府卿墳壇題字

詛楚文

魏上尊號奏頟陽識

石經君奭大弗克龔 上下

張遷碑 上從言

上

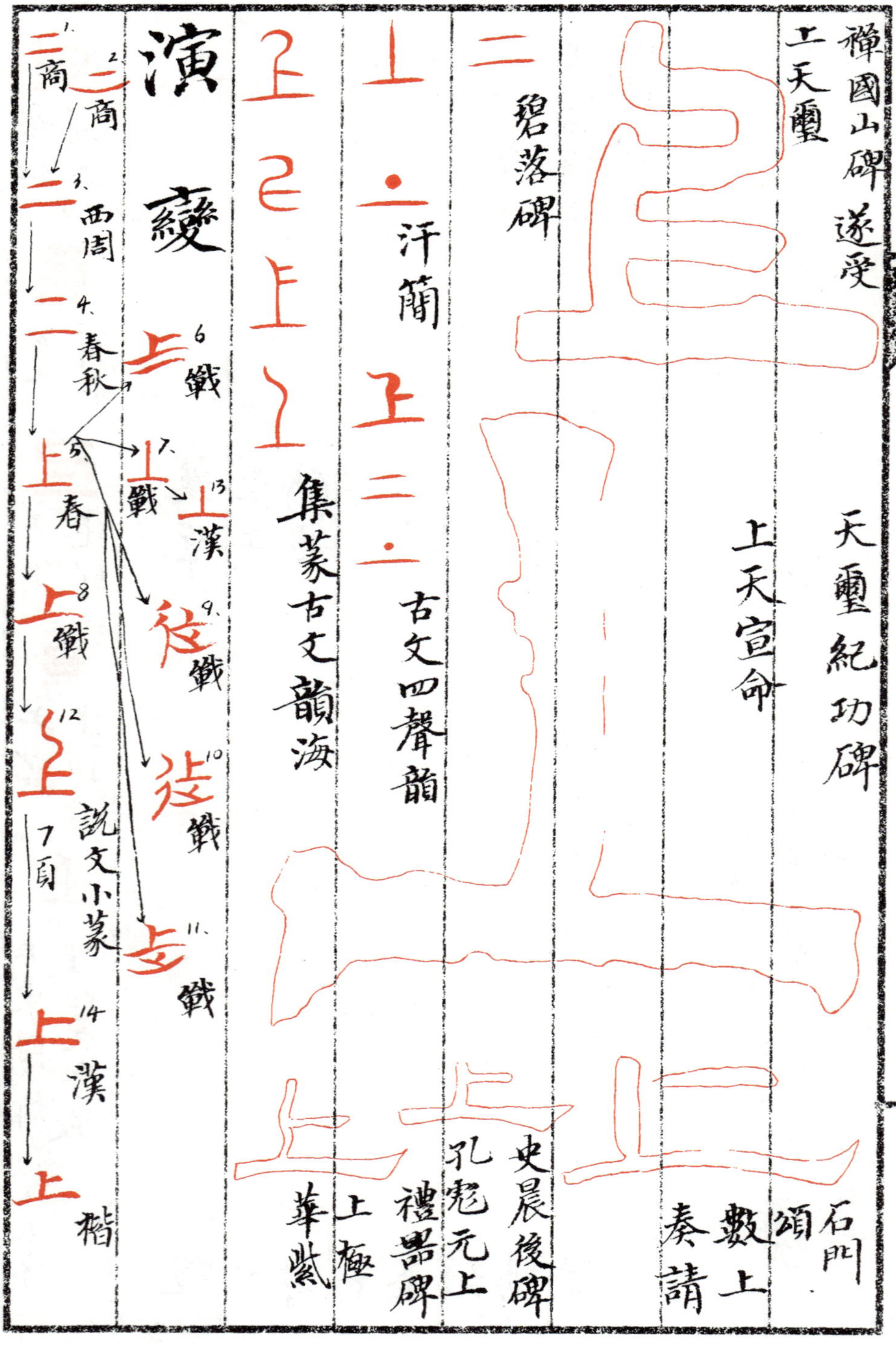
禪國山碑 遂受
上天璽
天璽紀功碑
上天宣命
石門頌
數上
奏請
碧落碑
史晨後碑
孔宙元上
禮器碑
汗簡
古文四聲韻
上極
集篆古文韻海
華嶽
演變
1. 商
2. 商
3. 西周
4. 春秋
5. 春
6. 戰
7. 戰
8. 戰
9. 戰
10. 戰
11. 戰
12. 說文小篆
7頁
13. 漢
14. 漢
楷

釋義　許慎

高也。此古文上，指事也。凡丄之屬皆从丄。時掌切

、篆文丄。

陳按　商、周甲金文以一短畫置於長橫畫之上（後多改長畫為弧線），以表示方位，在上面之義。但此形易與「下」和數字「二」混淆，故東周文字增豎筆作「丄」形以區别。中山王嚳壺「上」疊加聲符「尚」作。另，「上」還可表行動（上聲，與用作名詞時讀去聲不同。今則無别，一律讀去聲），楚文字中有加「辵」旁（）、「止」旁（）諸形，或專為此義而造，秦統一文字，廢去此類形體。

六書　指事

附注

示

神至切、去至韻、牀三、脂部

商、合22062

商、合22124

合22072

合8996

商、後1.1.5

後1.1.2

商、鐵228.3

商、前2.38.2

商、林1.18.10

商、寧滬1.122

戰、璽古幣47

楚、天、策

秦陶1087

秦陶426

清華簡一皇門5

西漢、孫臏4

天璽紀功碑　示于山川

孔彪碑　昭示後昆

張遷碑　以示後昆

武榮碑　垂示無窮

汗簡

古文四聲韻

集篆古文韻海

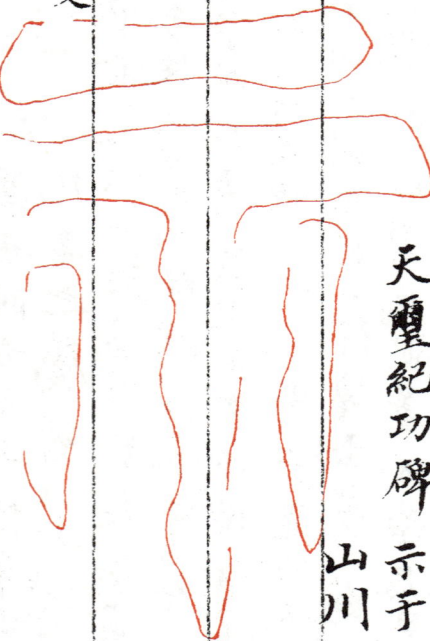

演變

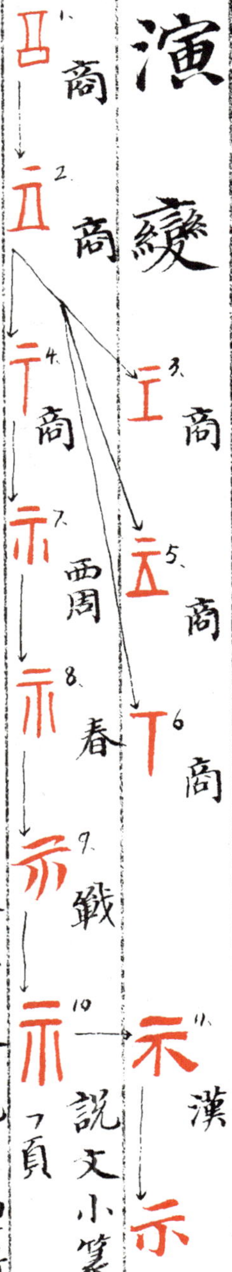

釋義

許慎 示 天垂象，見吉凶，所以示人也。从二；三垂，日月星也。觀乎天文，以察時變。示，神事也。凡示之屬皆从示。神至切  古文示。

陳按 示，古文字象神主牌位之形。早期與"主"同形，後分化為二字。从"示"之字，大都跟鬼神祭祀等意義有關。另，"示"與"視"古音相近（同在脂部，"示"是船母，"視"是禪母，旁紐疊韻），故同音假借為"視"（看之義，"示"是給人看，使之視）。與其本義無涉。此外，關於"示"和"主"，還可參看林澐學術文集第39頁、40頁及劉釗老師齊國文字"主"字補證一文。

六書

象形

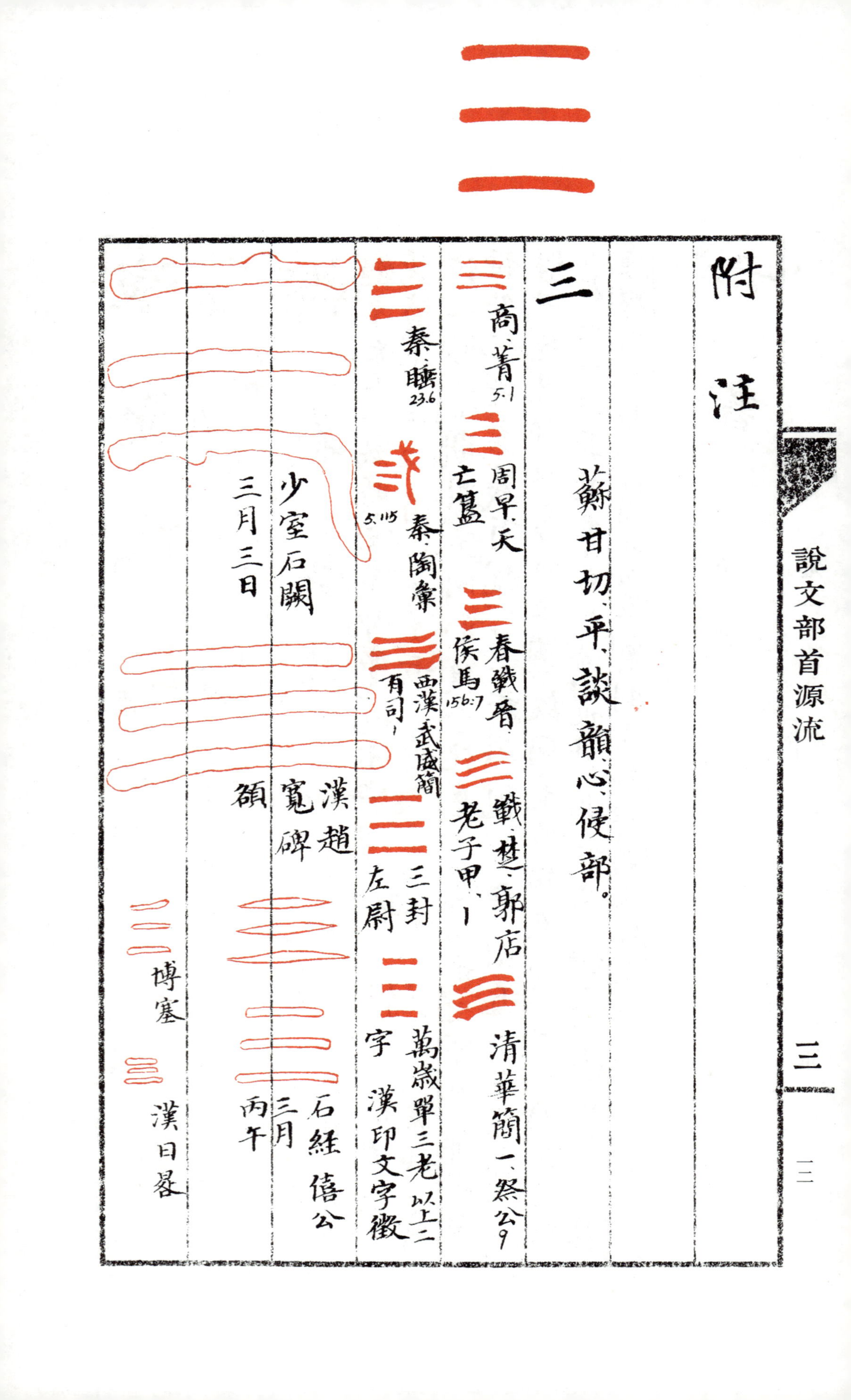

附注

三

蘇甘切，平，談韻，心，侵部。

商，菁5.1

周早，天𡈼簋

春秋，晉侯馬156:7

戰，楚，郭店老子甲、1

清華簡一，祭公9

秦，睡23.6

5.115 秦，陶彙

西漢，武威簡有司1

三封左尉

萬歲單三老以上二字　漢印文字徵

漢趙寬碑

石經僖公

少室石闕

三月三日

額

三月

丙午

博塞

漢日晷

漢三公山碑額陽識

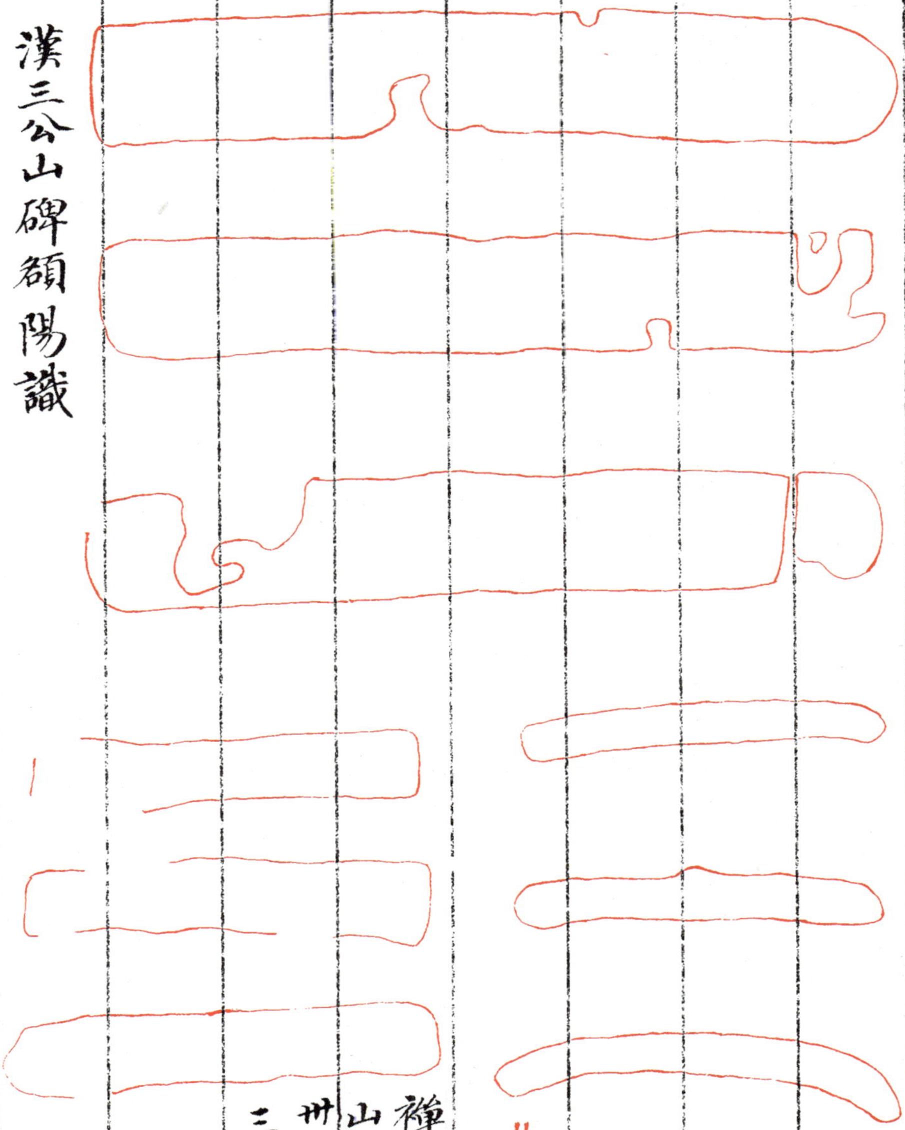

袁安碑 永平三年

弎 碧落碑

禪國山碑

卅有三

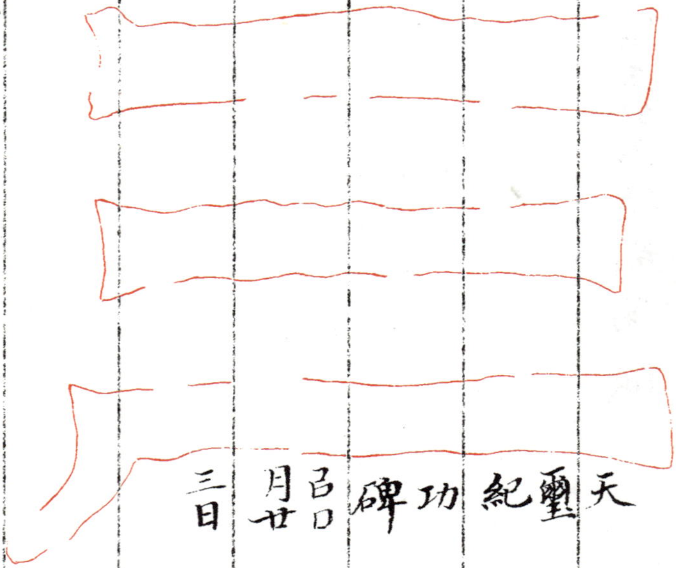

天璽紀功碑　吕口月廿三日

東漢光和斛二,弎从弋,秦陶从弋,此應誤戈為弋,為說文所本。戉是叓弋,弎類化。

汗簡

古文四聲韻

集篆古文韻海

演變

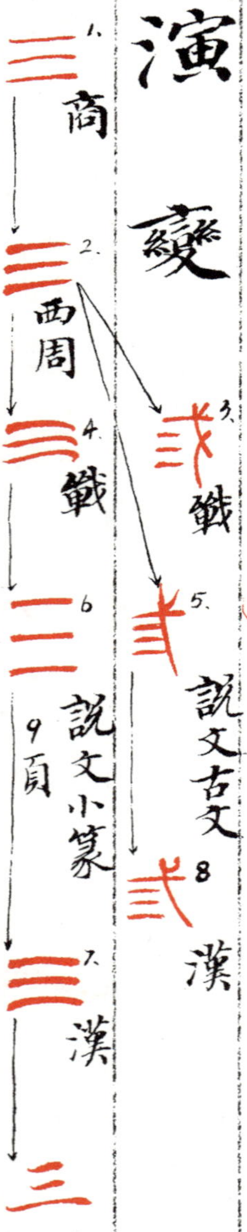

釋義

許慎　三　天地人之道也，从三數。凡三之屬皆从三。穌甘切

弎　古文三，从弋。

陳按　古文字"三"積三畫表示數名"三"，應來源於早期刻劃記數符號，字形自古至今幾無任何變化。需注意的是，甲骨文三橫等長爲"三"，中間一橫短則爲"气"。此外，在楚系簡帛、晉系銘文中，常以"參"、"厽"（"參"之簡）、"晶"（"曑"之簡）、"厽分"（晉系、合文）諸形表示"三"。（可參閱劉信芳楚簡帛通假彙釋"參、厽"）。在古書中，"參"與"三"則用法有別："三"是數名，一般數目作"三"，"參"表三分或並列成三（如左傳隱公元年"先王之制，大都不過參國之一"；莊子在宥"吾與日月參光"）。兩字有時通用，但"三"表次數時不能作"參"，"參"表並列成三時不作"三"。另"三"部只此一字，部中無他字。本書尚有35部同類，分別是如下字：

山　卷一

厶　卷五

久　卷五

才　卷六

乇　卷六

㐺　卷六

克　卷七

彔　卷七

耑　卷七

丏　卷九

冄　卷九

舄　卷九

易　卷九

覓 卷十
能 卷十
く(畎) 卷十一
燕 卷十一
率 卷十三
它 卷十三

幵 幵以下卷十四
四
五
六
七
甲

乙
丙
丁
庚
壬
寅

卯
未
戌
亥

三還音蘇暫切，舊讀sàn。

六書

指事

附注

王

雨方切，平，陽韻，喻三，陽部。

商.佚386

商.菁2.1

佚427

商.甲426

商.前5.15.5

商.小臣系卣

西周.盂鼎

西周.天亡簋

周晚.頌簋

周晚.虢季子白盤

春秋王子午鼎

春秋.敓戟

春秋 越王者旨於睗矛

戰.者汈鐘

戰.禽肯盤

齊.陳璋壺

齊.璽彙577

楚.曾姬無卹壺

楚.姑馮句鑃

楚.郭店老子甲.2

清華簡二繫年3

上博八命.1

秦.睡編年記1-1

淮陽王璽

王武

王寒壽

王嘉

王不識

王悍

王口印信

王獲私印

漢印文字徵 以上八字

王

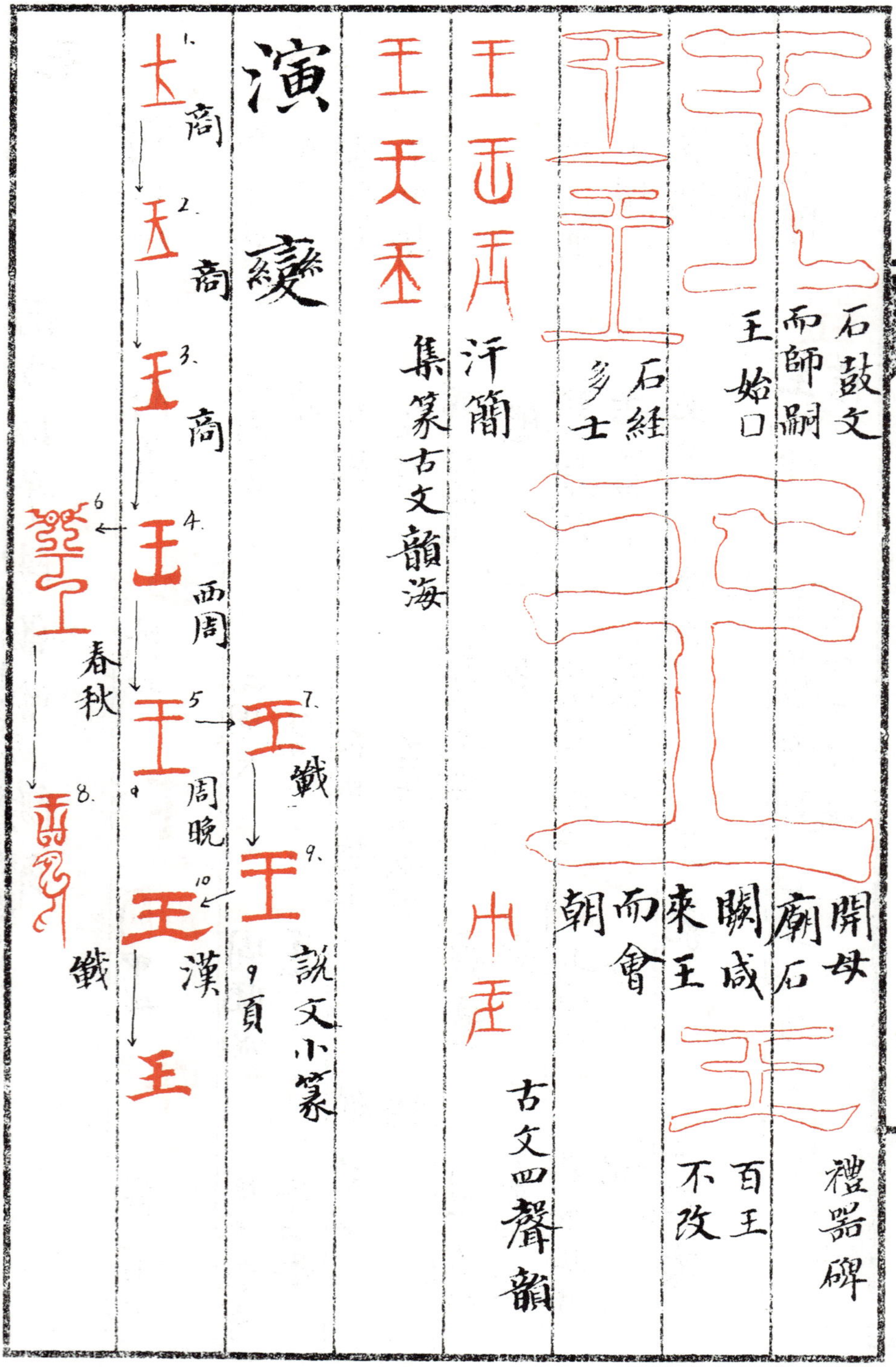
石鼓文
而師嗣
王始口
開母廟石
闕咸
來王
禮器碑
百王
不改
石經
多士
朝
而會
汗簡
古文四聲韻
集篆古文韻海
演變
1. 商
2. 商
3. 商
4. 西周
5. 周晚
6. 春秋
7. 鐵
8. 鐵
9. 說文小篆
9頁
10. 漢

釋義

許慎　王　天下所歸往也。董仲舒曰：「古之造文者，三畫而連其中謂之王。三者，天、地、人也，而參通之者王也。」孔子曰：「一貫三為王。」凡王之屬皆从王。李陽冰曰：中畫近上。王者則天之義。雨方切。王　古文王。

陳按　「王」古文字象鋒刃朝下的斧鉞之形。斧鉞最初是一種兵器，但很早就被當作「權杖」性的禮器，象徵軍事統治權（《尚書·牧誓》：「王左杖黃鉞，右秉白旄以麾。」）。進而象徵王權（「王」最初象斧鉞形象，說明在「王」字被造之前，鉞已是王權的象徵了）。另外，「士」和「王」早期同形。「吉」（吉，本義是堅硬）、「金」（注）二字皆从「王」，說明鉞在當時不僅是堅硬的代表，也是各種銅器的代表，可見其重要性。

「王」與「士」為避免混淆，在其上面加一橫，後世所本也。其與「玉」亦形近，「玉」字三橫等距，「王」則中橫偏上。林澐說王有詳論，必讀也。劉釗老師《古文字構形學》第55頁對「王」、「玉」二字的區別有精彩闡述。

六書

象形

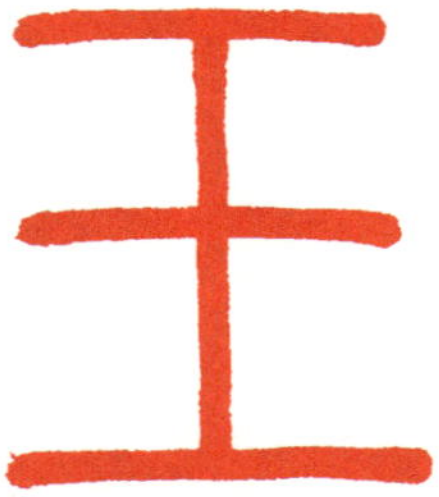

附注

玉

魚欲切，入，燭韻，疑，屋部。

商，甲3642

商，京津1032

商，乙1799

商，乙亥簋

周，毛公厝鼎

戰，晉璽 彙1452

楚，郭店 五行13

楚，包2.3

包2.25

曾侯乙墓137號簡

新蔡甲三4號簡

楚，望山1卜

清華簡一，尹至2

上博竹書四，逸詩交交鳴烏1

戰，楚璽 彙1471

秦，睡39.140

秦，咸陽盆

漢，西陲簡51.13

唐玉之印

程玉印

趙玉

衆利玉，以上四字漢印文字徵

以上諸形漢印文字徵補收在「王」字下、釋文為「玨」字、此字應是「玉」。

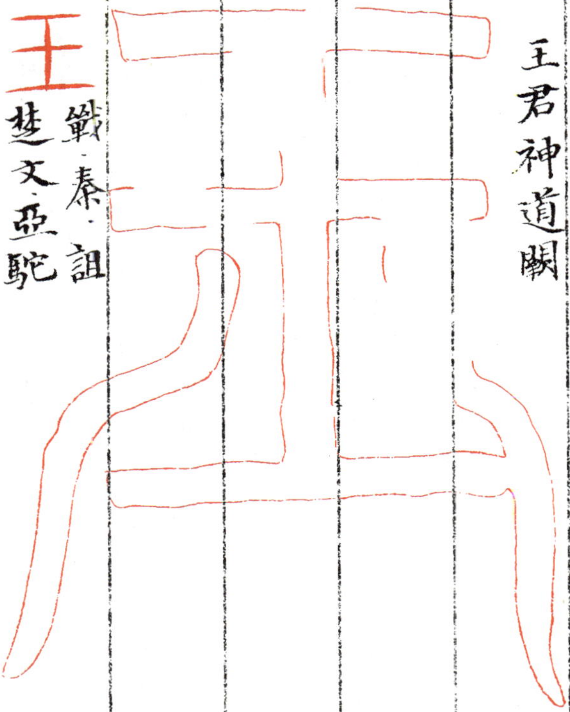

王君神道闕

陳按：此字石刻篆文編「王」、「玉」下皆收、并在「玉」下謂：「譌王為玉」、以字形看此當即「玉」字・與說文「玉」字古文同。另、漢印文字徵「玉」字條下收有以下二字：與王君神道闕同形・

印文分別為「玉怡」、「玉智」。此或為姓。秦漢魏晉篆隸字形將此印文收杜「玉」字條下。季旭昇以為此二字可能是「珛」、段玉裁改作「玊」、存參。

戰、秦、詛楚文、亞駝

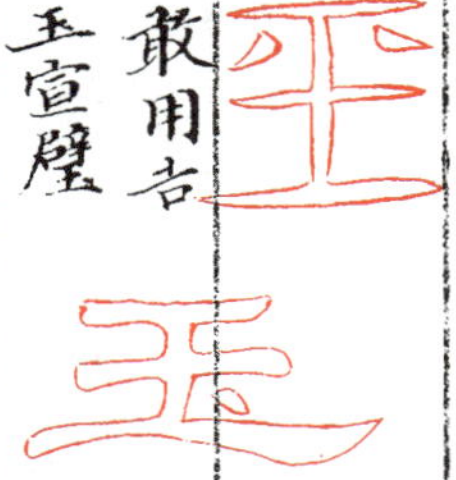

敢用吉玉宣璧

史晨碑

黃玉

碧落碑

汗簡

古文四聲韻

韻應

（按：此字應隸作「㺨」、見於廣韻）

集篆古文韻海

演變

釋義

許慎  石之美，有五德：潤澤以溫，仁之方也；䚡理自外，可以知中，義之方也；其聲舒揚，尃以遠聞，智之方也；不橈而折，勇之方也；銳廉而不技，絜之方也。象三玉之連。丨，其貫也。凡玉之屬皆从玉。陽冰曰三畫正均如貫玉也。魚欲切  古文玉

陳按 甲骨文象絲線串繫數塊（三到五不等）玉片之形。本義應指玉石。因與"王"字形相近，後多附加一、二斜筆或點為區別符號。漢以後隸楷字大都承襲此形。

六書

象形

附注

 施謝捷以為此類字形皆"王"字異體。參看氏著：漢印文字徵及其補遺校讀記(一)。

玨

古岳切，入，覺韻，見，屋部。

商鐵雲藏龜 127.2

商鄴中片羽三集下 42.6

周中夬簋

周晚噩侯鼎

戰楚包 85

汗簡

禪國山碑

古文四聲韻

水清㱿壁

說文玨或从㱿。

此又从㱿省。

演變

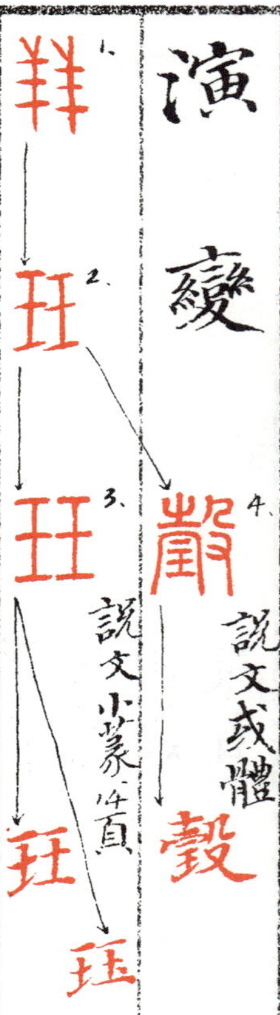

釋義

許慎　玨　二玉相合為一玨。凡玨之屬皆从玨。古岳切。瑴　玨或从㱿。

陳按　甲骨文象二玉串繫相并之形。殷商以玉、貝為貨幣，並以物系之，合二系玉為一「玨」，二系貝為朋（詳見觀堂集林卷三說玨朋）。典籍中常以「瑴」字表雙玉，如左傳莊公十八年：「十八年春，虢公、晉侯朝王，王饗醴，命之宥，皆賜玉五瑴，馬四匹，非禮也。」杜預注：「雙玉為瑴。」陸德明釋文：「瑴字又作玨。」今以「玨」為正字。段注：「因有班、𤫊字，故玨專列一部，不則綴於玉部末矣。」

六書

附注

會意。「瑴」是形聲。

气

去既切，去未韻，溪，物部。

商·前7.36.2

周早·天亡簋

春·洹子孟姜壺

洹子孟姜壺

戰·晉四年右庫戈

晉·行氣玉銘

清華簡一皇門2

上博竹書三周易·44

秦·睡38.115

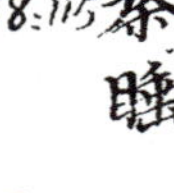

西漢·老子乙前99上

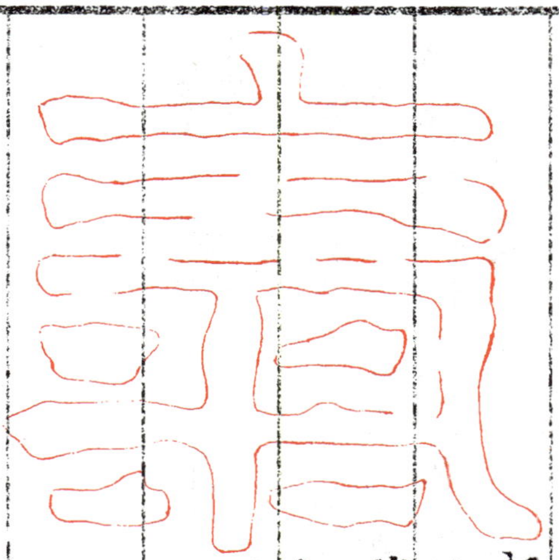

祀三公山碑　和氣不臻

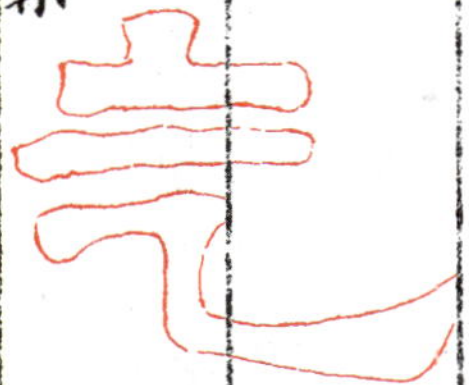

魯峻碑　自气拜議郎　說文气雲气也。玉篇：气，求也。廣韻：气，今作乞，蓋雲气爲本字，而借以爲气求字，後人或省作气以別之也。類篇乙部別出乞字，今以字之近气者，入气部，近乞者，入乙部。

東漢·武梁祠畫像題字

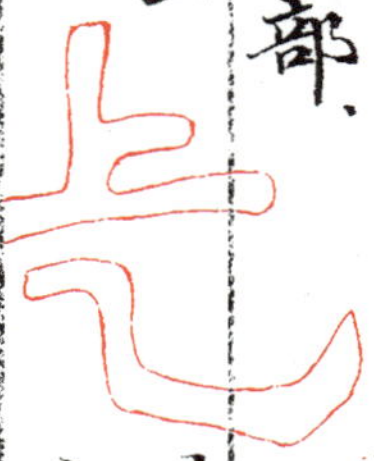

朱龜碑　授手乞降

汗簡

集篆古文韻海

演變

釋義

許慎  雲气也，象形。凡气之屬皆从气。去既切

陳按 「气」甲骨文字形和「三」相近易混，後遂將上下二畫寫成彎曲狀，以示區別。但其構形不明，說文以為象「雲气」。後泛指一切气，如蒸气、霧气等。而「氣」本是「向別人饋贈柴米」之義，後用作「雲氣」後，又增意符「食」旁另造「餼」。此外，「气」又同音假借為「气求」、「气討」之气，後省為「乞」（從甲骨文到隸書的「气」字，大都寫作「气」，直到東漢武梁祠畫像題字才用「乞」形），「乞」還借為「气至」、「气終」，後新造「迄」至、「訖」終字，今作「迄」、「訖」。

六書

象形

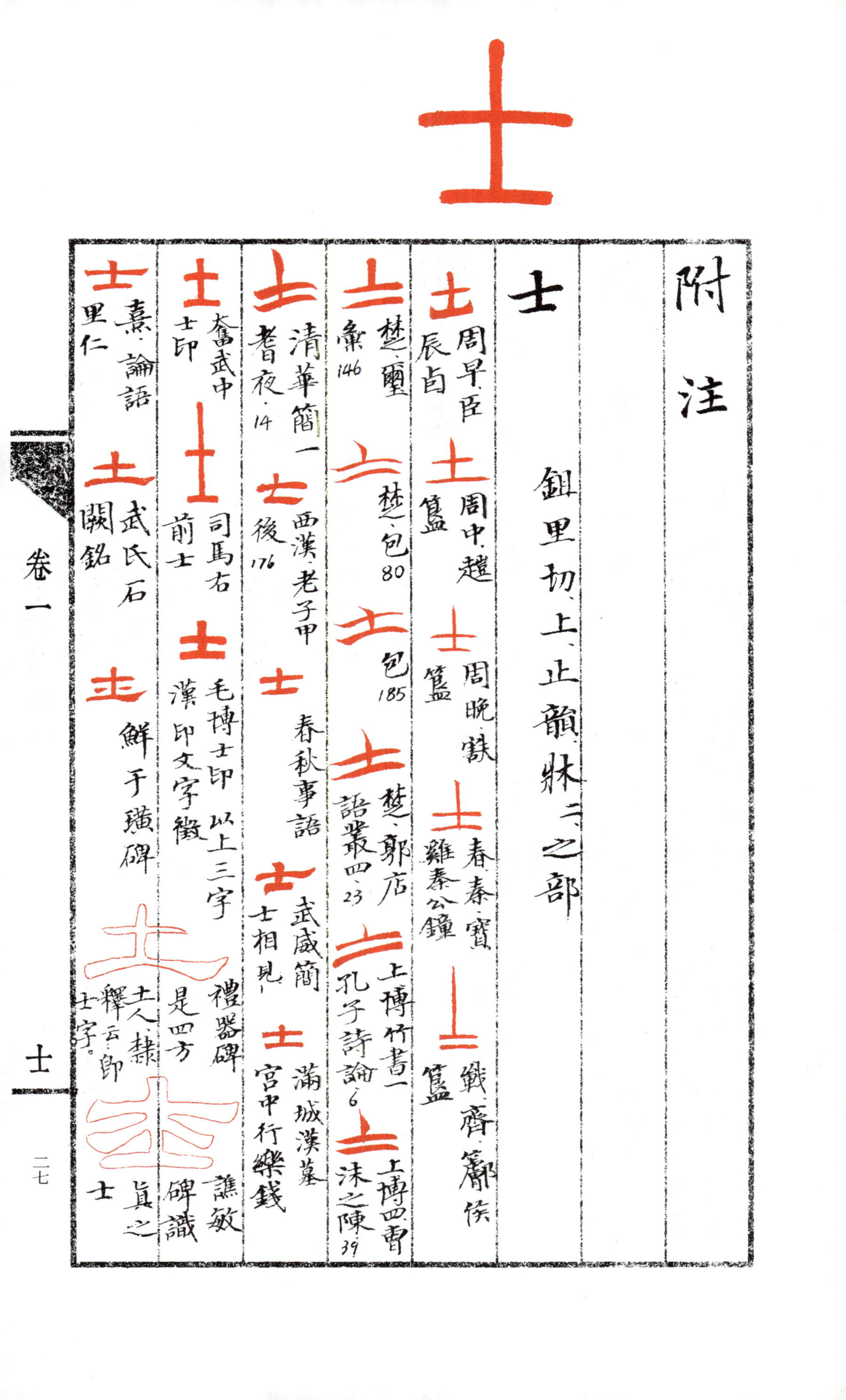

士

附注

士　鉏里切、上、止韻、牀二之部

周早、臣辰卣
周中、趞簋
周晚、㝬簋
春、秦、寶雝秦公鐘
戰、齊、簠侯簋

楚、璽彙146
楚、包80
包185
楚、郭店語叢四、23
上博竹書一孔子詩論6
上博四曹沫之陳39

清華簡一耆夜、14
西漢、老子甲後176
春秋事語
武威簡士相見、
滿城漢墓宮中行樂錢

奮武中士印
司馬右前士
毛博士印　漢印文字徵　以上三字
禮器碑是四方
譙敏碑識

熹、論語里仁
武氏石闕銘
鮮于璜碑
士人、隸釋云：郎士字。
貞之士

曹全碑及修身之士

祖楚文　奮士盛師

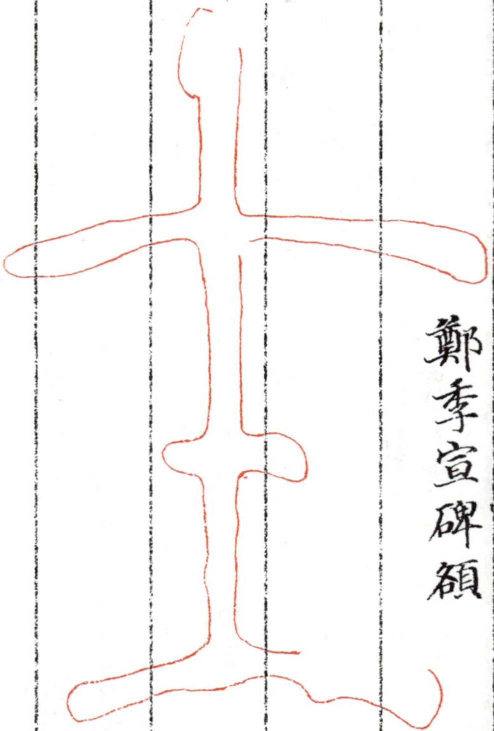

鄭季宣碑額

汗簡

古文四聲韻

集篆古文韻海

演變

士
1. 西周
2. 西周
3. 春
4. 戰
5. 說文小篆 14頁
6. 漢

釋義

許慎 士 事也。數始於一，終於十。从一，从十。孔子曰：推十合一為士。凡士之屬皆从士。鉏里切

陳按

「士」與「王」字構形相類，皆取斧鉞之象形。商代甲骨文中「士」、「王」同形，後分化為二字。詳見林澐士王二字同形分

化說。在兩周金文中，「𡉀」常用作職名，也作男子的通稱，此外，在漢代隸書中，「士」字多增一點作「𡉀」，而「𡉀」、「士」皆是「士」字，具體可參看曾良俗字及古籍文字通例研究「𡉀」字條。

六書

象形

附注

丨

古本切，上，混韻，見，文部。

汗簡

演變

丨　說文小篆　14頁　丨

釋義　許慎

丨　上下通也。引而上行讀若囟，引而下行讀若退。凡丨之屬皆从丨。

丨　古本切

陳按

古文字"丨"有用作"針"（表音），如郭店簡緇衣17號簡有""（兀容不改，出言有丨），裘錫圭釋郭店緇衣"出言有丨，利民所訢"——兼說"丨"為"針"之初文，以為"丨"字即"針"之初文，甲骨文"𢀖"（）上部、戰國文字"訢"（）字左上角所從即此形，亦即說文之"丨"字。但需注意的是，並非所有的"丨"都是"針"的象形初文，另，說文讀若"囟"、"退"及古本切三種讀音的"丨"或从"丨"得聲之字，目前皆未見先秦古文字材料及傳世文獻中。

六書

象形（釬ヒ初文）、依說文為指事。

附注

屮

1. 丑列切，音徹，入、薛韻，月部，徹紐

2. 采早切，音草，上、晧韻，幽部，清紐。

商、佚84

商、陶彙1.51

商、陶彙1.50

周早、屮盉

戰、齊陶彙3.627

齊、古幣17

東漢、鮮于璜碑

汗簡

演變

1. 商

2. 戰

3. 說文小篆 15頁

4. 漢

釋義

許慎  艸木初生也。象丨出形，有枝莖也。古文或以為艸字。讀若徹。凡屮之屬皆从屮。尹彤說。臣鉉等曰：丨，上下通也。象艸木萌芽，通徹地上也。丑列切

陳 按 古文字象草之形，是「屮」「艸」異體，表意功能相同，可通用。屮即是艸，艸即屮，單復無別。

六書

象形

附注

艸 采老切，上，晧韻，清，幽部。

商·福3

商·京都615

戰·齊·陶彙

齊·陶彙3.372

陶彙6.16

演變

艸[1]（戰）→ 艸[2]（說文小篆 15頁）→ 艸 → 艹 → 艹

釋義

許慎：艸，百芔也。从二屮。凡屮之屬皆从屮。倉老切

陳按：早期古文字象枝莖柔弱的植物之形。“艸”是“草木”之“草”本字，而“草”是“草斗”義，後借“草”為“艸木”字，遂另造“皁（皂）”字表“草斗”之“草”。白於藍師以為“草”字實即在“艸”字下追加“早”聲而形成的分化字。今“草”行而“艸”廢，“艸”字僅在偏旁中使用，并簡化作“艹”。

六書

會意

附注

蓐

而蜀切，音辱，入，燭韻，日，屋部

商 乙1502

商 前5.48.2

西漢 馬王堆 星17

縱橫家書22

東漢 樓蘭 古文書

汗簡

演變

說文小篆 27頁

1. 商
2. 商
3. 說文籀文
4.
5. 漢

釋義

許慎 陳艸復生也，从艸，辱聲，一曰：蔟也。凡蓐之屬皆从蓐。

陳按 甲骨文蓐，从艸（或林），从手持辰，除去草和小灌

蓐 而蜀切 籀 文蓐从茻。

木之形，或以為是「耨」、「農」二字初文（羅振玉、郭沫若）。另可參看裘錫圭甲骨文中所見的商代農業一文相關內容。段注："此不與艸部五十三文為類，而別立茻部者，以有葬字從茻故也。"

六書 會意兼形聲

附注

茻 模朗切，上，蕩韻，明，陽部

 汗簡

演變

說文小篆 27頁

釋義

許慎　茻　衆艸也。从四屮。凡茻之屬皆从茻。讀與冈同。模朗切

陳按　古文字罕見"茻"單獨用例（曾侯乙墓簡143號有"茻"字，何琳儀戰國古文字典719頁以為是"茻"字，中間"一"是飾筆，並無確證，姑備一說）。偏旁習見。段注以為"茻"是"艸（草）莽"之"莽"，但古書未見用例。實則"屮"、"艸"、"芔"、"茻"四字皆可表"草木"之"草"，古文字單複無別。

六書

會意

附注

說文解字 第二

三十部

小八釆半牛犛告口凵吅哭

走止癶步此正是辵彳廴

㢟行齒牙足疋品龠冊

小

私兆切，上，小韻，心，宵部。

商.甲630

商.後2.9.13

商.林1.26.4

周.何尊

戰.晉.中山王墓兆域圖

戰.晉.古幣10

楚.郭店尊德義25

（小人）郭店尊德義32

（小人）郭店.成之聞之32

（小人合文）楚.包142

（小人）上博竹書周易8

上博竹書.曹沫之陳2

上博竹書.從政乙.3

秦.睡25.43

西漢.馬王堆老子甲53

春秋事語10

縱橫家書7

一號墓竹簡14

武威簡.服傳33

定縣竹簡10

西陲簡51.19

新前胡小長

勃小府

公乘小孫

李小叔印

小但

曹小

高小奴

孫小卿

蔡小卿

高小叔

呂小伯

諸葛小孫

以上十二字皆漢印文字徵所收

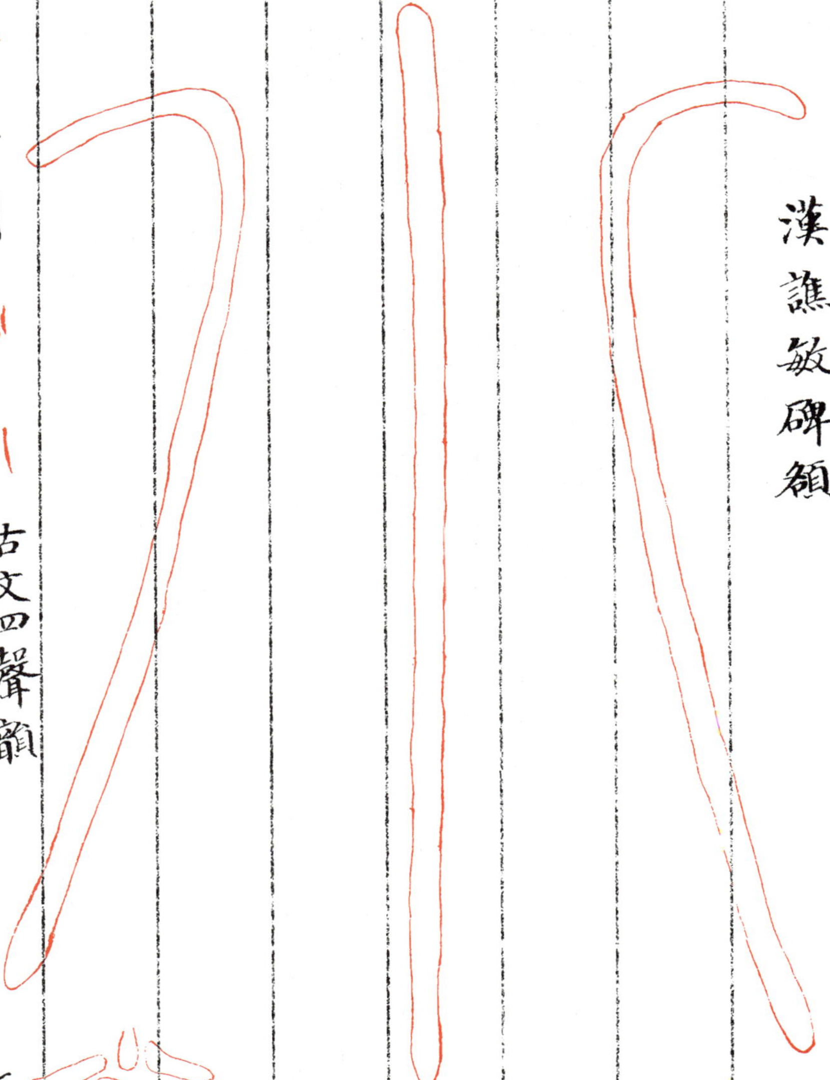

漢譙敏碑額

石經君奭在今予小子，今本子下有旦字，古文借乚爲小

史晨後碑

叀無大小

小魚合文

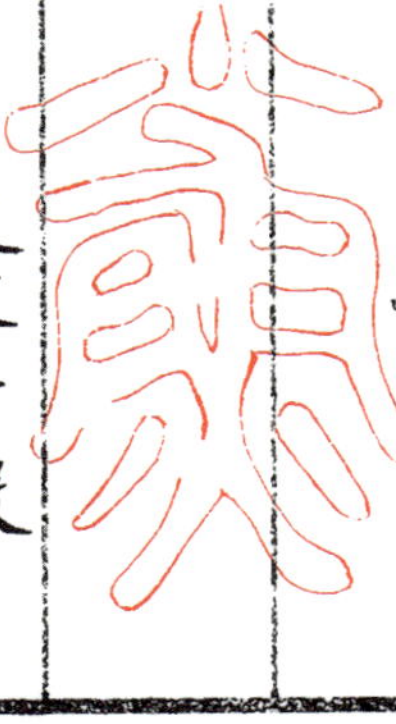

石鼓文汧殹澫又小魚

汗簡

古文四聲韻

集篆古文韻海

演變

商 → 西周 → 西周 → 戰 → 小（說文小篆 秦）28頁 → 小（漢）

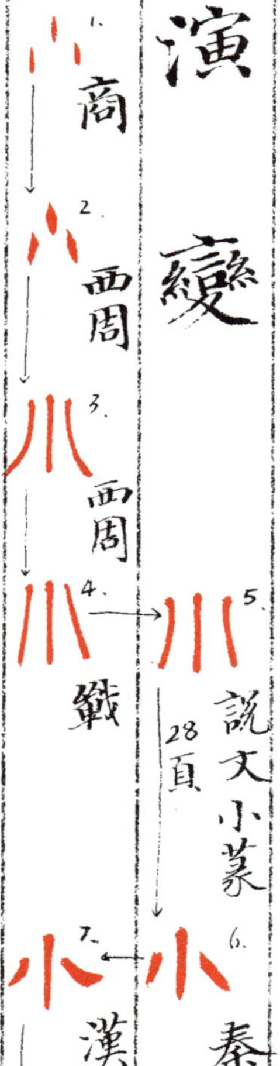

釋義

許慎 小

物之微也。从八、丨見而分之。凡小之屬皆从小。私兆切

陳按

小，商周甲、金文皆以三、四小點構形，表「微小」之概念，與本部所隸之「少」、「小」（古文字正反無別）二字并無區別。後世逐漸分化，表「細小、微小」之義用「小」之形（與「大」相對）表「數量小」（與「多」相對）則用「少」之形。

六書

象形

八

附注

博拔切，入，點韻，幫，質部

八

商 甲297

商 前7.29.4

周早 矢方彝

春 鄦侯簋

戰 晉 八年新城戈

戰 楚 帛乙2.31

包山楚簡19

清華簡二 繫年66

清華簡一 耆夜1

詛楚文 湫淵

第八封完

廿日騎舍印

八千萬万

日利八千万 漢印文字徵

以上四字

禮器碑 八皇三代

延光殘碑 八月廿一日

孔龢碑 十八日辛酉

春秋介鍾 右八磬

博塞

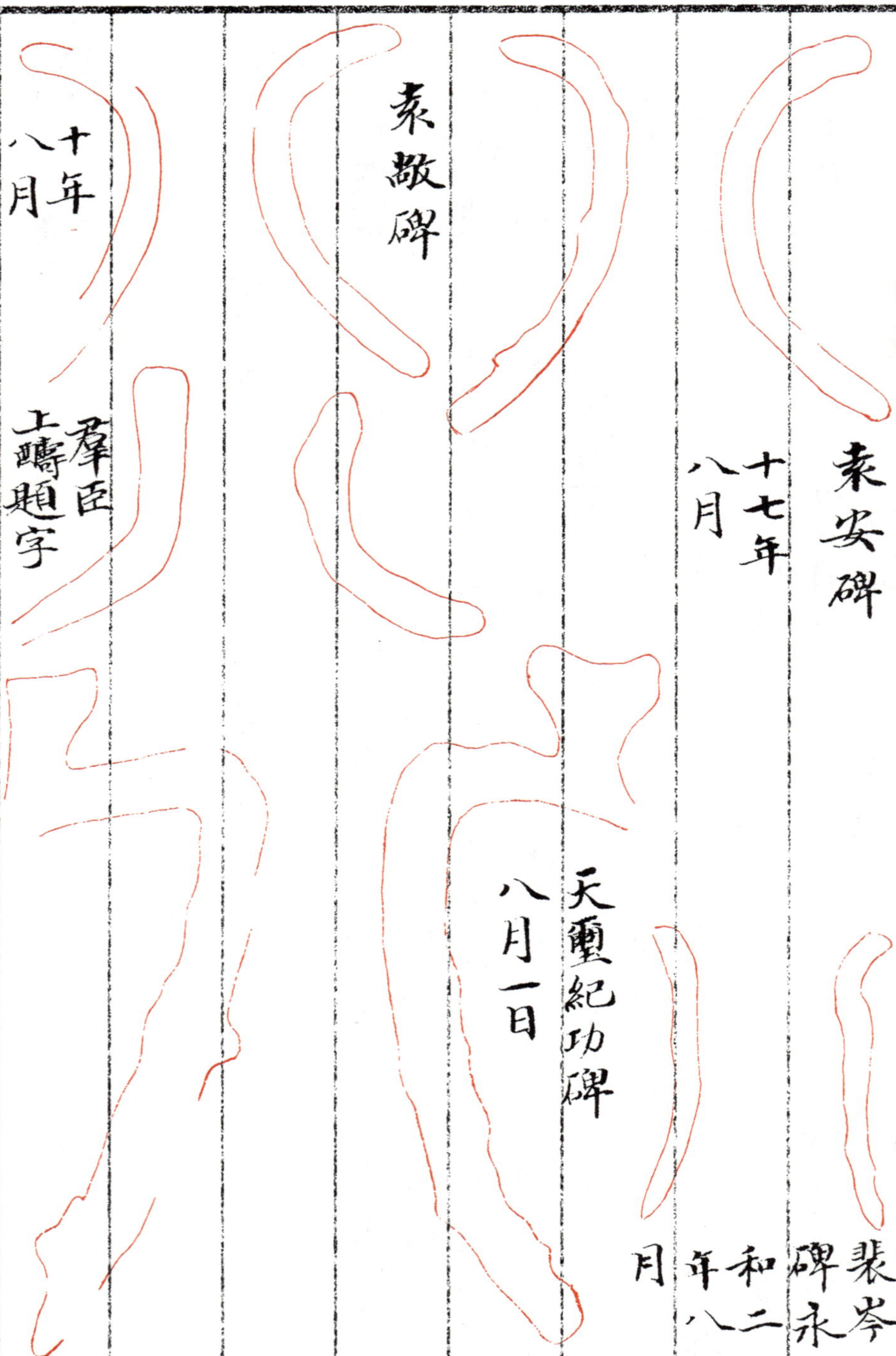

袁安碑
十七年
八月

裴岑碑
永和二
年八
月

天璽紀功碑
八月一日

袁敞碑

十年
八月

羣臣
上疇題字

汗簡
古文四聲韻
集篆古文韻海

演變
1. 商 2. 西周 3. 春秋 4. 戰 5. 說文小篆 6 秦 7. 漢

釋義
許慎 別也，象分別相背之形。凡八之屬皆从八。博拔切
陳按 古文字象兩筆相背之形，應表二物相背，分別之義。高鴻縉以為「八」是「分」初文。後借為數字之八。

六書
指事

附注

釆

蒲莧切，去，襇韻，並，元部。

商，合集4212

商，合集10061　以上二字釋"釆"，參見劉釗師甲骨文字考釋·釆播（收入古文字考釋叢稿一書）

商，作盉　父乙卣

商，釆卣

戰，齊，安　釆矛

集篆古文

韻海

演變

釋義

許慎

辨別也，象獸指爪分別也。凡釆之屬皆从釆，讀

若辨（蒲莧切）

古文釆。陳按：「釆」之構形本義尚無定論，以往學者大都以為是獸爪之形，張世超以為「釆」是「播」之表意初文，甲骨文有、、諸字，似从又（即手），从數點（象種子），會播種之意，後增義符「田」為「番」，「番」之古文即「釆」字。葛亮在「國學新知」說文解字讀書會中也指出「釆」應是為「播」而造的一個字，并舉楚辭·九歌·湘君（「䎽芳椒兮成堂」之「䎽」，古播字），上博竹書一·緇衣·15（「䎽型之由」，今本緇衣和尚書·呂刑首字皆作「播」）為證，殊為可信。劉釗師古文字考釋叢稿第50、51頁釋「釆」、「播」，亦可參看。

六書

會意，依說文為象形。

附注

半

博漫切、去、換韻、幫、元部、

春早、秦 公簋

春、戰、侯馬 98:28

晉、侯馬 1:105

侯馬1:1

戰、晉璽 彙1272

晉、十三年上官鼎

晉、半齋鼎

86 晉、古幣

晉、古幣 85

戰、秦、古幣 67

西漢、相馬經 18上

演變

1. 春
2. 戰
3. 說文小篆 28頁
4. 漢
5. 漢

釋義

許慎

物中分也、从八；从牛。牛為物大，可以分也。凡半之屬皆从半。博慢切

陳按

半字目前未見商、周文字材料，春秋戰國文字有二形、或从八、从

牛

牛作"半"、或从八、从斗作"斗"、取形雖不同、會意無別。後世繼承"半"形(秦系、从牛或是从斗訛變)、"斗"形漸廢。

六書 會意

附注

牛 語求切、平尤韻、疑之部。

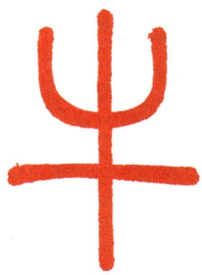

商甲2619

商拾1.14

周晚師寰簋

周早牛鼎

周早牛鼎

戰齊陶彙3.288

晉璽彙1205

楚包山125

楚望卜

上博竹書三周易22

牛

楚.天卜

楚.郭店 窮

秦.睡 25.44

西漢.武威簡.少牢33

六 一號墓木牌

牛鞅長印

牛禹

牛郎私印

牛長子

牛勝之印

以上五字 漢印文字徵

禪國山碑 顯著

孔龢碑 河南尹 給牛羊

斗牛

彖各一

汗簡

演變

1. 商

2. 西周

3. 商

4. 戰

5. 說文小篆 28頁

6. 秦

7. 漢

牛

釋義　許慎　　大牲也。牛，件也；件，事理也。象角頭三，封、尾之形。凡牛之屬皆从牛。徐鍇曰：件，若言物一件二件也。封，高起也。語求切。

陳按　"牛"的古文字形體象正面牛頭之形，角、耳最明顯。本義即牛。

六書　象形

附注

犛　里之切，音貍，平，之韻，來，之部。

　古陶5.306　犛亭

　古陶5.307　犛亭

　西漢　犛車宮車鼎

　犛丞之印　漢印文字徵

汗簡

古文四聲韻

集篆古文韻海

演變

4.

說文小篆
30頁

1.

戦

2.

秦

3.

秦

5.

漢

6.

漢

釋義

許慎

西南夷長髦牛也，从牛，𠩺聲，凡犛之屬皆从犛。莫交切

陳按

『犛』字目前未見商周古文字材料，應是晚起形聲字。但其音切至玉篇時已成疑，與『氂』或有訛混，段注：『犛切里之、氂切莫交，徐用唐韻不誤，而俗本誤易之』。『犛』『氂』或是皆从『𠩺』聲的異體字。

六書

形聲

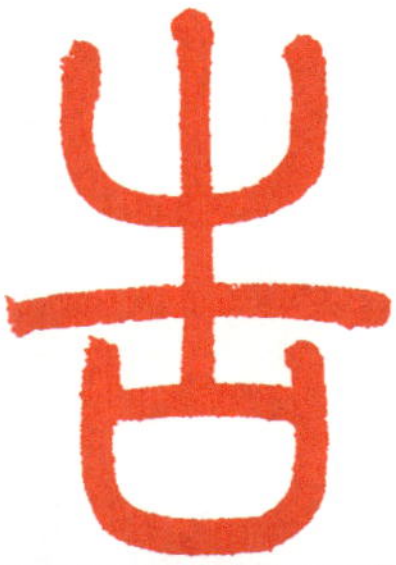

附注

告

古到切，去，号韻，見，覺部

商，前4.25.9

商，告田罍

周中，五祀衛鼎

戰，齊，陶彙3.949

晉，中山王壺

楚，郭店緇衣47

楚，包，17

上博竹書三，彭祖，5

秦，睡12.46

戰，秦，詛楚文

西漢，縱横家書16

范告私印

告閔 以上二字漢印文字徵

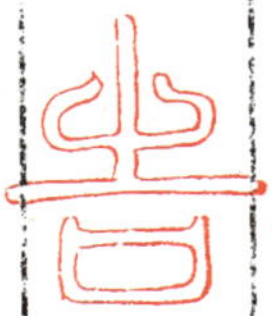
鄭固碑

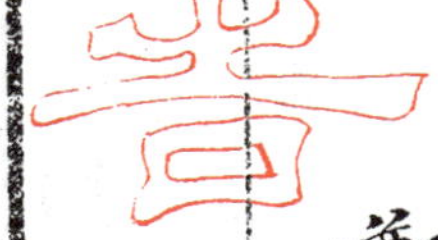
馬告印虢

三郡告急

曹全碑

汗簡

古文四聲韻

石經多士告敕于帝

演變

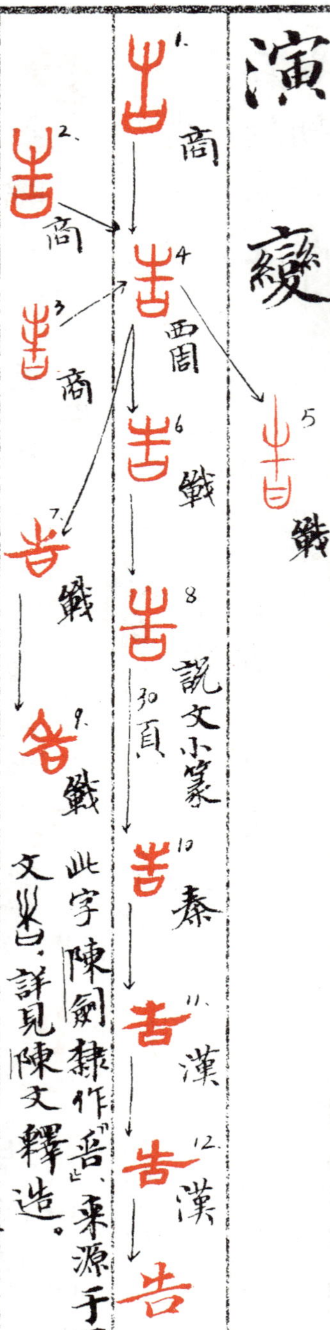

此字陳劍隸作"吾"，來源于甲骨文"𠱓"，詳見陳文釋造。

釋義

許慎　告　牛觸人，角著橫木，所以告人也。从口，从牛。《易》曰："僮牛之告。"凡告之屬皆从告。古奧切

陳按　从甲骨文字形看，"告"字上部皆作"屮、牛"形，與"牛"（商代甲骨文皆作"牛"形）有别，乃知"告"並非从牛。徐中舒謂："言、舌、告諸字都是同義的異體字……言、告、舌三字在甲骨文的辭例中都可訓為告。"徐先生將此三字聯繫一起，是有道理的。陳劍指出"舌"、"言"、"告"三字早期為一形多用，後分化，但殷墟甲骨文時代"舌"與"告"之分化應已完成，"舌"與"言"則尚未徹底分化開（我曾在丁酉春季，於復旦大學旁聽過陳劍先生一學期的課，上文便是據課堂筆記所錄）。據以上分

析告之本義應是告訴。

六書　指事。說文以為會意

附注

口

苦后切，上，厚韻，溪，侯部

 商，甲1277

 商，甲1215

 商，卯卣　三

 戰，燕，璽彙118

 楚，郭店，忠信之道5

 郭店，五行45

 上博竹書六，用曰12

 清華簡，說命中6

 秦，睡，語書11

口

西漢、馬王堆老子甲本112

西漢、谷口鼎

歷口男典書丞

張口 以上二字 漢印文字徵

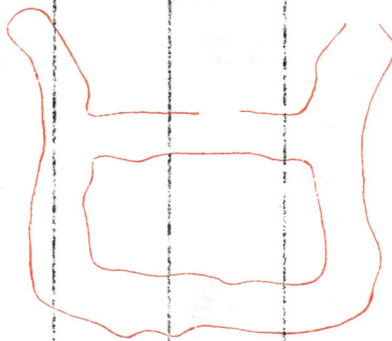

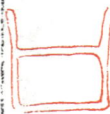

禪國山碑

石經、無逸 不則 用厥口詛祝

唐公房碑 公房 乃先歸於谷口

月次陬訾

今本作：否則厥口詛祝

淮源廟碑見於陽口

之口

汗簡

古文四聲韻

集篆古文韻海

演變

1. 商

3. 西周

4 戰

5. 說文小篆 30頁

6 秦

7. 漢

2. 商

8. 戰

9. 戰

釋義 許慎  人所以言、食也。象形。凡口之屬皆从口。苦后切

陳按 "口"字形體自商周甲、金文至隸楷階段大都一致，皆象"口"之形，即人的口、嘴巴。說文另有"𠙴"字，實為倒"口"之形。

六書 象形

附注

凵 丘犯切，上，范韻，溪，談部。

 2052 商 京都

 彙4.125 戰 燕 陶

 271 戰 楚 包

 汗簡

演變

1、凵 戰 → 2、凵 說文小篆 35頁 → 凵

釋義

許慎 凵 張口也，象形，凡凵之屬皆从凵。口犯切

陳按

"凵"字多見於殷商甲骨文偏旁中，如"陷"（凵陷人、凵陷羊、凵陷牛、凵陷鹿）字所从之"凵"，應是"坎"之初文。陷（臽）與凵（坎）旁紐疊韻，實同一詞，凵（坎）多用作名詞，陷常用作動詞。說文謂"張口也"，或是卷五音"去魚切"之"凵"（"去"从之）。

六書

象形

附注

吅　況袁切，平，元韻，曉，元部。

 汗簡　 古四　 古四

演變

 說文小篆 35頁 → 

釋義　許慎 　驚嘑也，从二口。凡吅之屬皆从吅。讀若讙。（臣鉉等曰：或通用讙，今俗別作喧，非是。況袁切。）

陳按　商周甲、金文未見獨體之"吅"，古書亦未見用例。"吅"應是人為拆分出來的部首，竇則本"吅"部所隸"毀、單、嚴、咢"四字，上部各有來源，並不从"吅"，只"㗊"字或从"吅"。

六書　會意

附注

哭　空谷切，入屋韻溪，屋部

戰楚，郭店，性30　上博五，三德1　清華簡四，筮法2　秦，睡，日甲29背

西漢，縱横家書39　西漢，武威簡服傳4　東漢，孟孝琚碑　鄭固碑　俯哭　誰許

汗簡　古文四聲韻

集篆古文韻海

演變

釋義

許慎  哀聲也，从吅，獄省聲。凡哭之屬皆从哭。苦屋切

陳按

段玉裁注："按許書言省聲，多有可疑者，取一偏旁，不載全字，指為某字之省，若家之為豭省，哭之从獄省，皆不可信。"段說甚確。"哭"字目前所見最早字形是戰國時代，从吅，从犬，與同時期的"笑"字構形相似（"笑"戰國簡帛字作""，从艸，从犬，說文新附从竹从夭）。皆是从犬，上面為重複的構形，故"哭"和"笑"應該在字形上有某種聯繫，具體尚待日後更多古文字材料的出現。

六書

會意

附注

走　子苟切，上，厚韻，精，侯部。

商甲2810　周早盂鼎　周早召卣　周中，大鼎

周中，伯仲父簋　戰，中山王嚳鼎　楚，包山123　楚，望山，22

上博竹書三周易，54　西漢，馬王堆養生方192　漢初，老子甲後325　西漢，相馬經

春戰，秦，石鼓文，馬薦　淮源廟碑　汗簡　古文四聲韻

奔走忘食　集篆古文韻海

演變

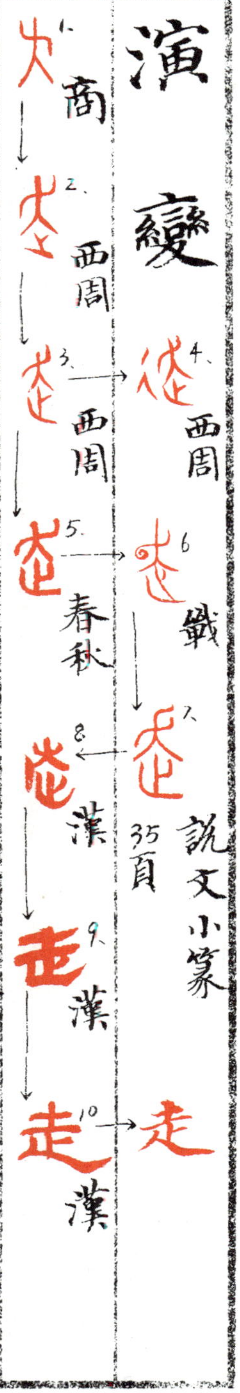

釋義

許慎  趨也。从夭止。夭止者，屈也。凡走之屬皆从走。徐鍇曰：走則足屈，故从夭。子苟切。

陳按 「走」字早期字形（）象一個甩手擺臂奔跑之人形。後加意符「止」以強調腳部動作，上部則演變為「土」形。本義是奔跑。古代所謂「行」，即現在的「走」；古代的「走」，是現代的「跑」。

六書

象形

附注

止

諸市切、上、紙韻、照三、之部。

商·亞歔止鼎

商·甲2744

甲600

商·古陶1.5

周晚·召伯簋

（之）春·者旨於賜鐘

戰·齊·陶彙3.769

燕·陶彙4.127

晉·璽彙895

楚·郭店·六德.26

上博竹書三 周易.48

戰·楚 天卜

秦·睡10.11

漢初·老子甲17

西漢·居延簡 甲.11

石鼓文 田車 遊弌 止陕

繹山刻石 莫能棊止

夏承碑

意顯 未止

曹全碑 公止右扶風

曾峻碑 守疏廣 止足計

臣止

臣止

蘇止

馬止之印

絲止

以上五字 漢印文字徵

汗簡

古文四聲韻

集篆古文韻海

演變

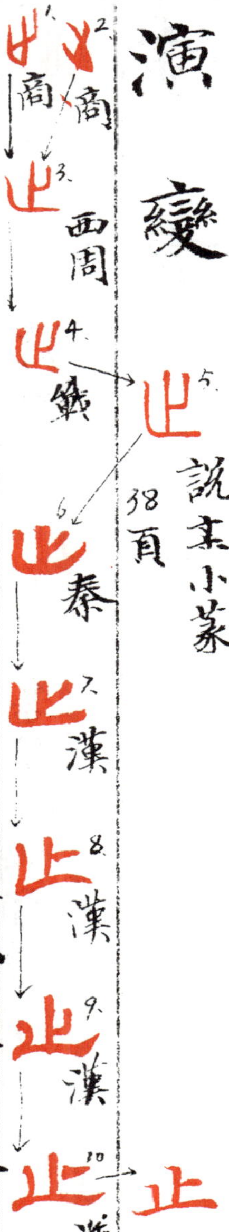

釋義

許慎 止，下基也。象艸木出有址，故以止為足。凡止之屬皆从止。諸市切

陳按 "止"古文字象人之脚掌形，是"趾"初文。漢以前皆作三筆，和作四筆的"㞢（之）"有別。此外作表意偏旁時，可與"辵（⻌）"、"彳（亻）"互用，如"徙、祛、迲"為同一字。後表停止、逗留等義。戴侗："進止由足，故不行因謂之止。止居一身之下，故引申之又為基址。"

六書　象形

附注

癶　北末切、入、末韻、幫、月部

汗簡　集篆古文韻海

演變

1.  商

2.  戰

 說文小篆 38頁

釋義

許慎  足剌癶也、从止𣥂。凡癶之屬皆从癶。讀若撥。北末切

陳按："𣥠"字見於甲骨文偏旁，如""（裘錫圭釋作"癹"（見《釋𣥠、發》二文），二字从"𣥠"聲。另、"登"甲骨文作，其所从之"𣥠"二止或相背、或相對，表意相同。故"𣥠"（𣥠）應是表"並列的兩隻腳"。《說文》謂"剌𣥠"（聯綿詞、未見古書用例。

六書　會意

附注

步　薄故切，去暮韻，並鐸部

商　甲388

商　合集19244

商　子且辛尊

戰　齊陶彙3.90

齊陶彙 3.1265

中山王墓宮堂圖

上博竹書 東大王泊旱 22

秦青川木牘

秦睡封 79

秦睡為 6

漢初孫子 133

步昌祭酒

敦德步廣曲侯

步桀

趙步印

東埜步廣

步德 以上六字 漢印文字徵

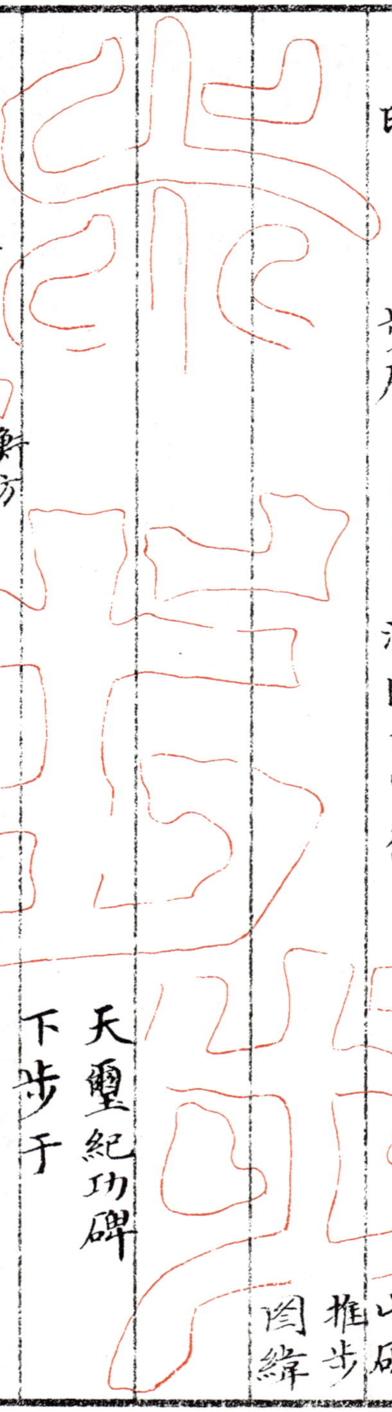
禪國山碑 推步闓緯

天璽紀功碑 下步于日月

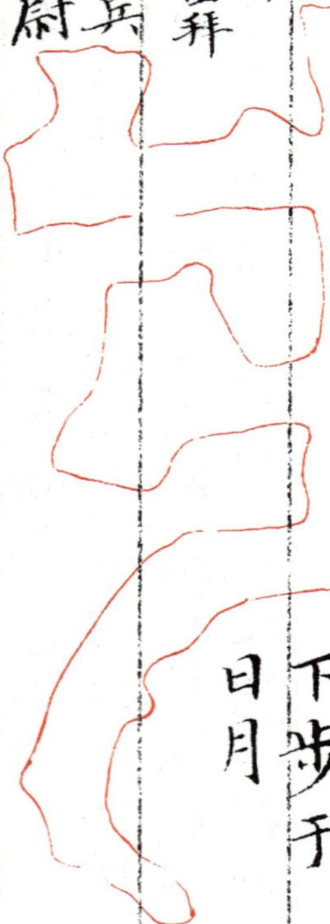

袁敞碑 捧步兵校尉

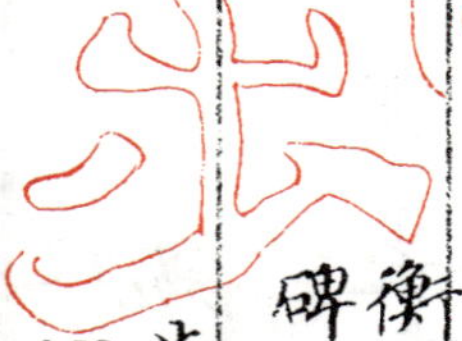
衡方碑 畱拜步兵校尉

演變

釋義

許慎：行也。从止㔾相背。凡步之屬皆从步。薄故切

陳按

步字形體自商周至秦漢，皆無變化。象前後相承的兩隻腳，會步行之意。或是指往前邁兩下為一步（步在古代是一種距離單位），如孟子梁惠王上「或百步而後止，或五十步而後止」。

六書 會意

附注

包山25　包山105　上博·申公臣靈王9　以上楚簡字形與傳鈔古文合，可隸作"歨"，整理者釋爲"步"，李零釋作"[illegible]"。參見李春桃《傳抄古文綜合研究》。

此

雌氏切，上，紙韻，清，支部。

商·戩17.4　商·明藏　周早·此牛尊　周晚·此簋

春·戰·侯馬67:1　侯馬67:6　戰·齊·陶彙3.1110　燕·璽彙5684　晉·陶彙6.20

楚·包139　楚·郭店·緇衣38　郭·老子甲11　上博竹書一·緇衣10　上博竹書四·柬大王泊旱10

秦·兩詔橢量　夏承碑　魏·上尊號奏　魏·范式碑

孔彪碑　舉此呂君子風也

殲此良人

不施於此時

寶此醇懿

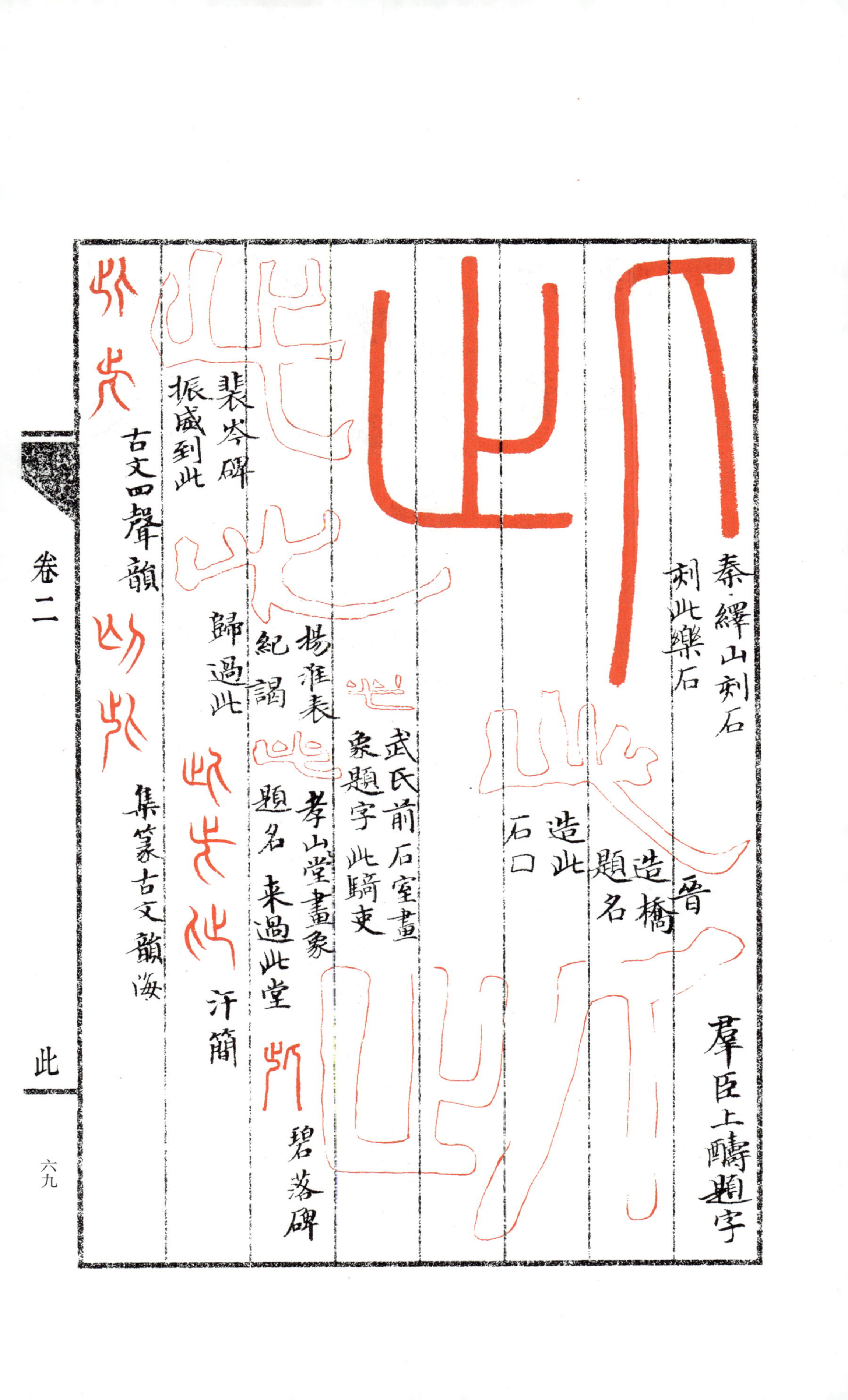

秦繹山刻石
刻此欒石
晉
造橋
題名
造此
石口
羣臣上疇題字
武氏前石室畫
象題字
此騎吏
楊淮表
紀
謁
歸過此
孝山堂畫象
題名
來過此堂
碧落碑
裴岑碑
振威到此
汗簡
古文四聲韻
集篆古文韻海

演變

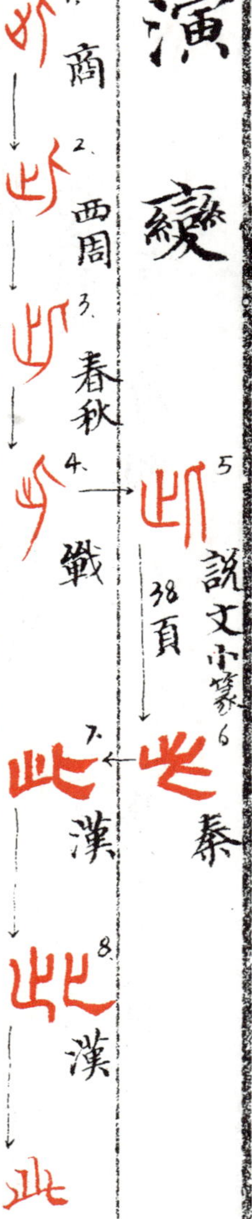

釋義

許慎  止也。从止，从匕。匕，相比次也。凡此之屬皆从此。雌氏切

陳按

"此"字甲、金文从止从匕，構形理據不明。何琳儀以爲會以足蹋人之意，"跐"之初文，存參。文獻中多用作代詞（這、這個），與"彼"相對。

六書

會意

附注

正

之盛切，去勁韻，照三，耕部

商 甲193

商 甲3940

商 二祀 邲其卣

商 正簋

周早 盂鼎

周中 衛簋

周晚 𣪊 是簋

周晚 虢季子白盤

春 𬀩鼎

春 王子午鼎

春 中子化盤

戰 兆域圖

戰 正昜鼎

戰國 正鐏

齊璽彙 279

燕陶彙 4.134

晉璽彙 1397

晉璽彙 4766

晉璽彙 4790

晉璽彙 4368

晉璽彙 4778

楚 畬忎鼎

楚 包山29

包山131

包山31

楚 郭 唐26.13

郭 語三40

秦 睡 23.3

正鄉

正行里 附城

安民 正印

莊印 正陽

正雝平 以上五字 漢印文字徵

日本京都大學人文科學研究所藏 春秋傳之石經殘本 之二

碧落碑

汗簡

古文四聲韻

集篆古文韻海

石經文公 元年春 王正月

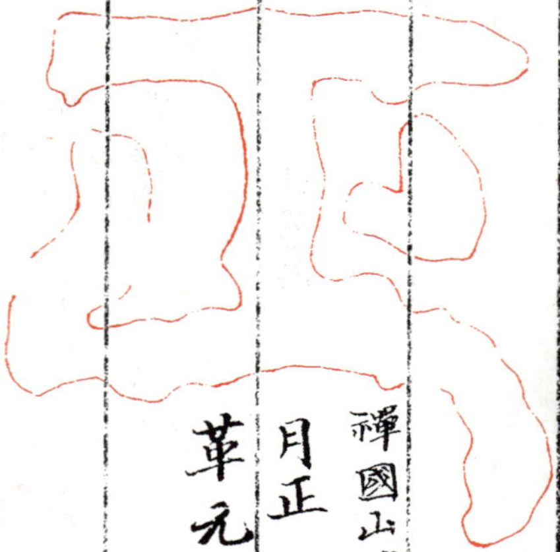
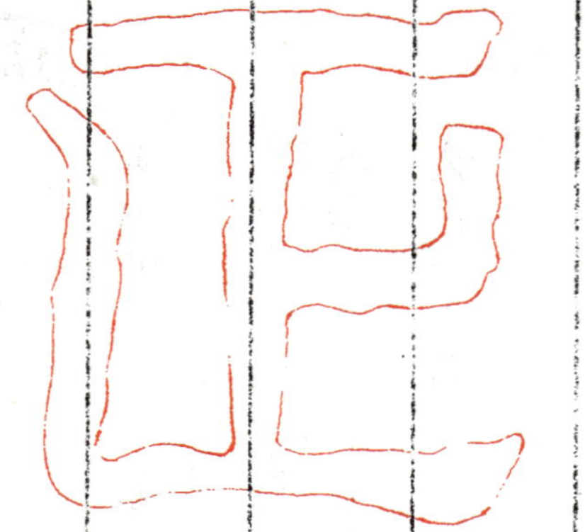

禪國山碑
月正
革元

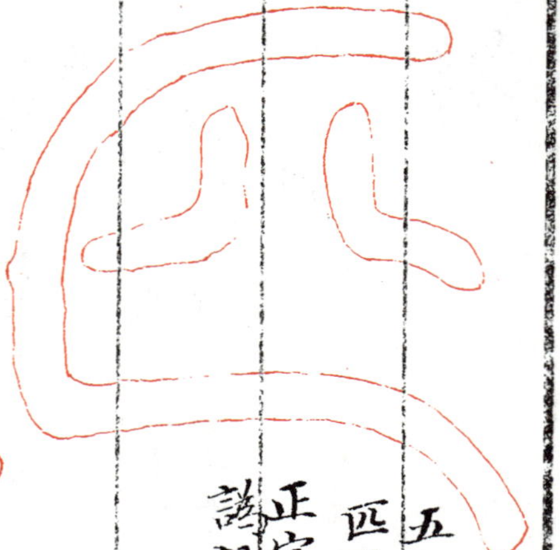

袁安碑
五年
匹月
正字之
譌誤

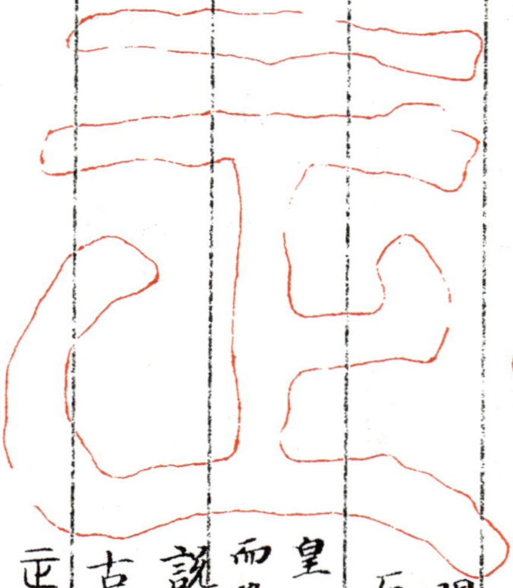

開母廟
石闕
皇極正
而降休
說文正
古文作
𤴓𤴓

史晨後碑
蕩邪反正
張遷碑
臈正之僚

西狹頌
平夷正曲

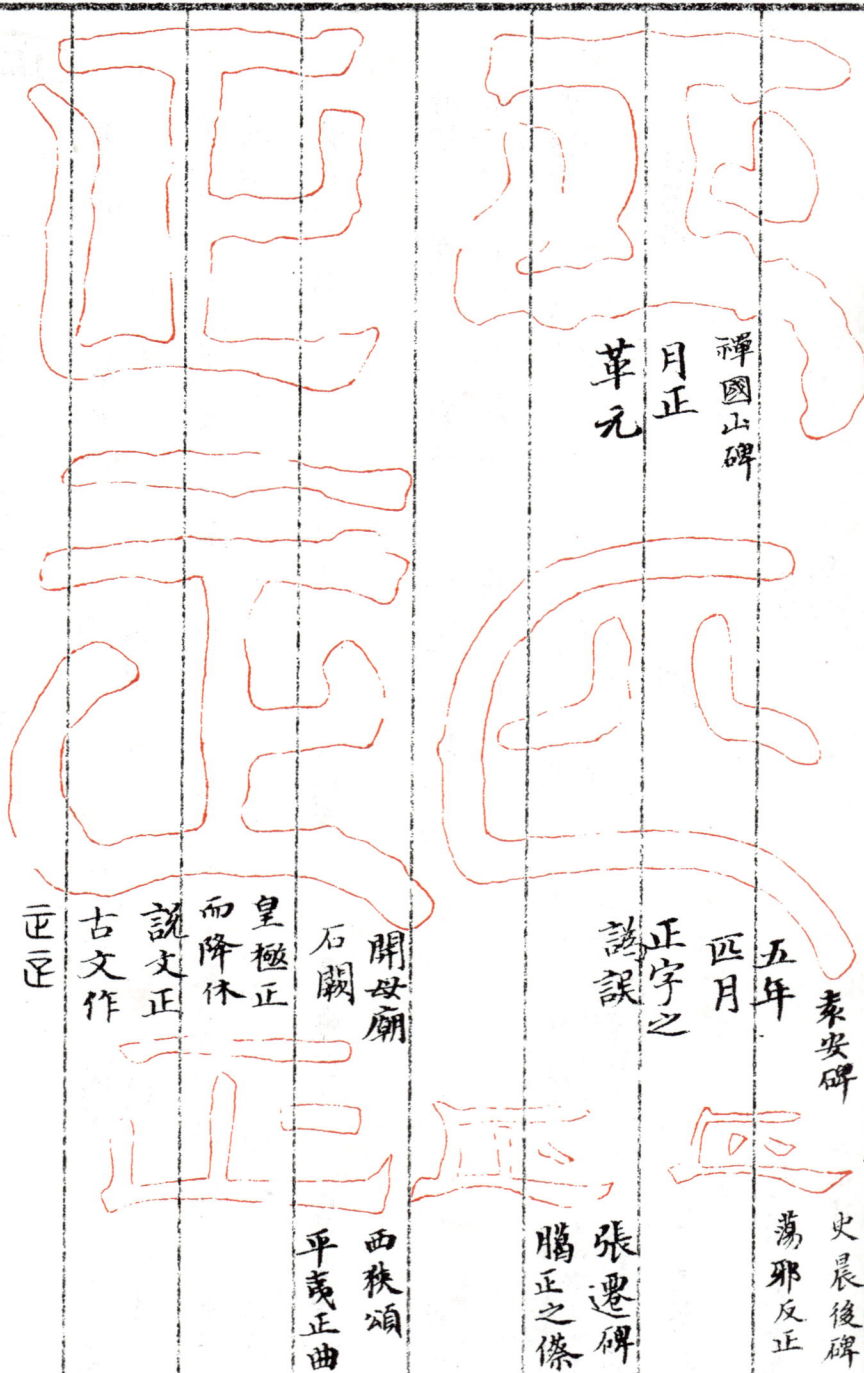

校官碑省無正䌛 以正為征、周禮地官司門正其貨賄注正讀為征、征稅也、夏官司勳無國正注正謂稅也、釋文本亦作征

演變

釋義

許慎  是也从止一以止凡正之屬皆从正 徐鍇曰守一以止也之盛切
 古文正从二二古上字  古文正从足足者亦止也

陳按 「郭」甲文作、「衛」作、其所从者、即城邑牆圍也、又「出」甲文作、「各」作、「正」甲文作、、其上為城邑之形、而止向之、會人向國邑前行、征伐之意、乃「征」初文、遷方鼎「唯王正井方」用征伐之義。許君之說于文獻常用義「不偏、不斜」、如論語鄉黨「席不正不坐」。

非本義。此外引申義尚有「作風正派」「正直」（論語憲問：「晉文公譎而不正」）「君長」諸義。儀禮大射：「樂正命大師曰」。由此義又引申為「嫡長」「正副之正之正」等義。另外「正」有zhèng音，諸盈切，借指歲之首月，即農曆每年第一月，稱「正月」。左傳隱公十年：「十年春，王正月，公會齊侯、鄭伯于中丘」。亦指曆法，書甘誓：「怠棄三正」。「夏正、周正」即指「夏曆、周曆」。還可借指箭靶中心，詩齊風猗嗟：「終日射侯，不出正兮」。

六書

會意

附注

劉釗師古文字構形學（福建人民出版社2006年1月第1版）93頁、154頁，對「正」及「正」與「足」形近易混現象有精彩闡述，可讀

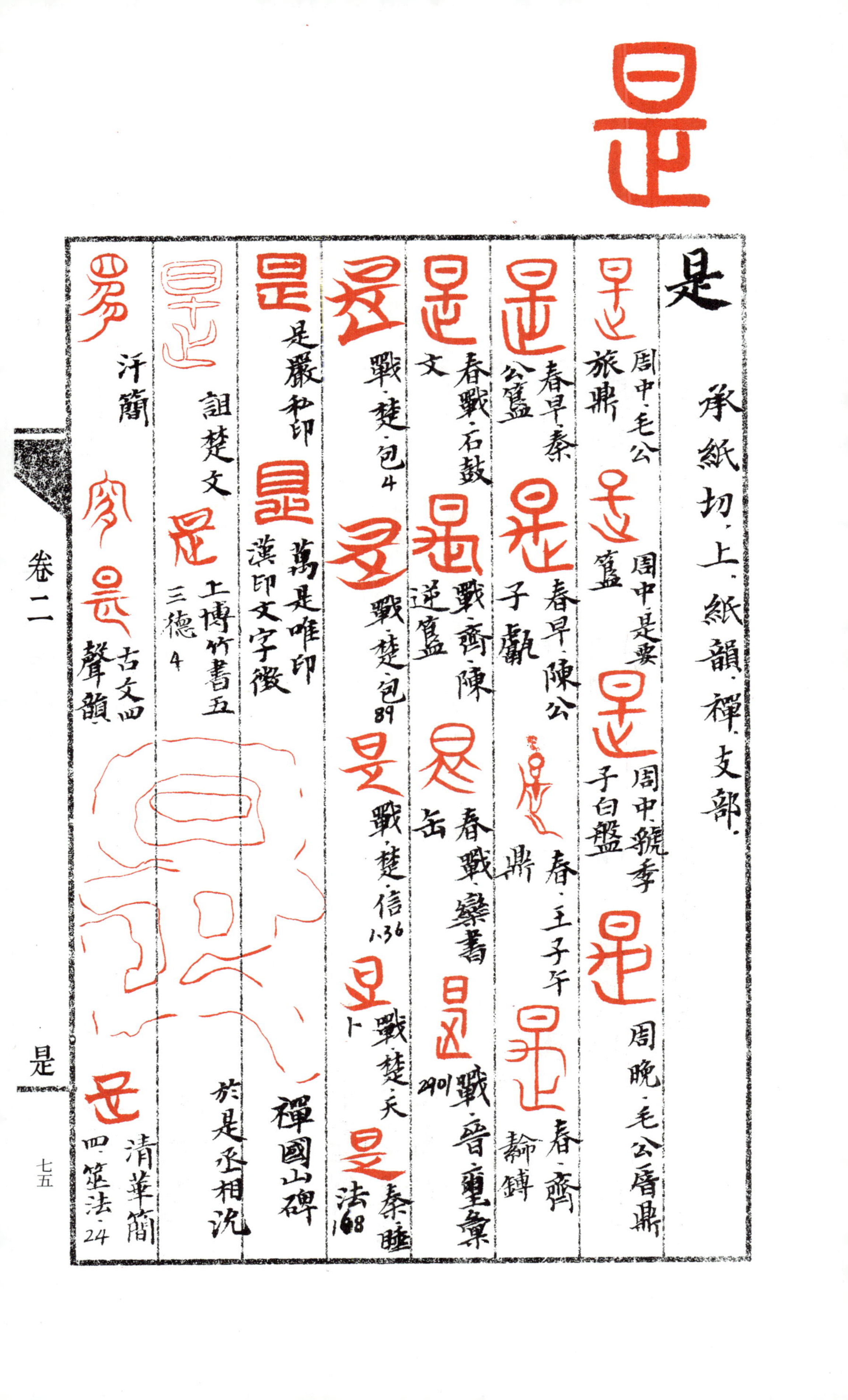

是

承紙切、上、紙韻、禪、支部、

周中、毛公旅鼎　周中、是要簋　周中、虢季子白盤　周晚、毛公曆鼎

春早、秦公簋　春早、陳公子甗　春、王子午鼎　春、齊　鞄鎛

春戰、石鼓文　戰、齊、陳逆簋　春戰、欒書缶　戰、晉璽彙2901

戰、楚、包4　戰、楚、包89　戰、楚、信1.36　戰、楚、天卜　秦、睡法168

是嚴和印　萬是唯印　漢印文字徵　禪國山碑

詛楚文　上博竹書五三德4　於是丞相沇

汗簡　古文四聲韻　清華簡四、筮法、24

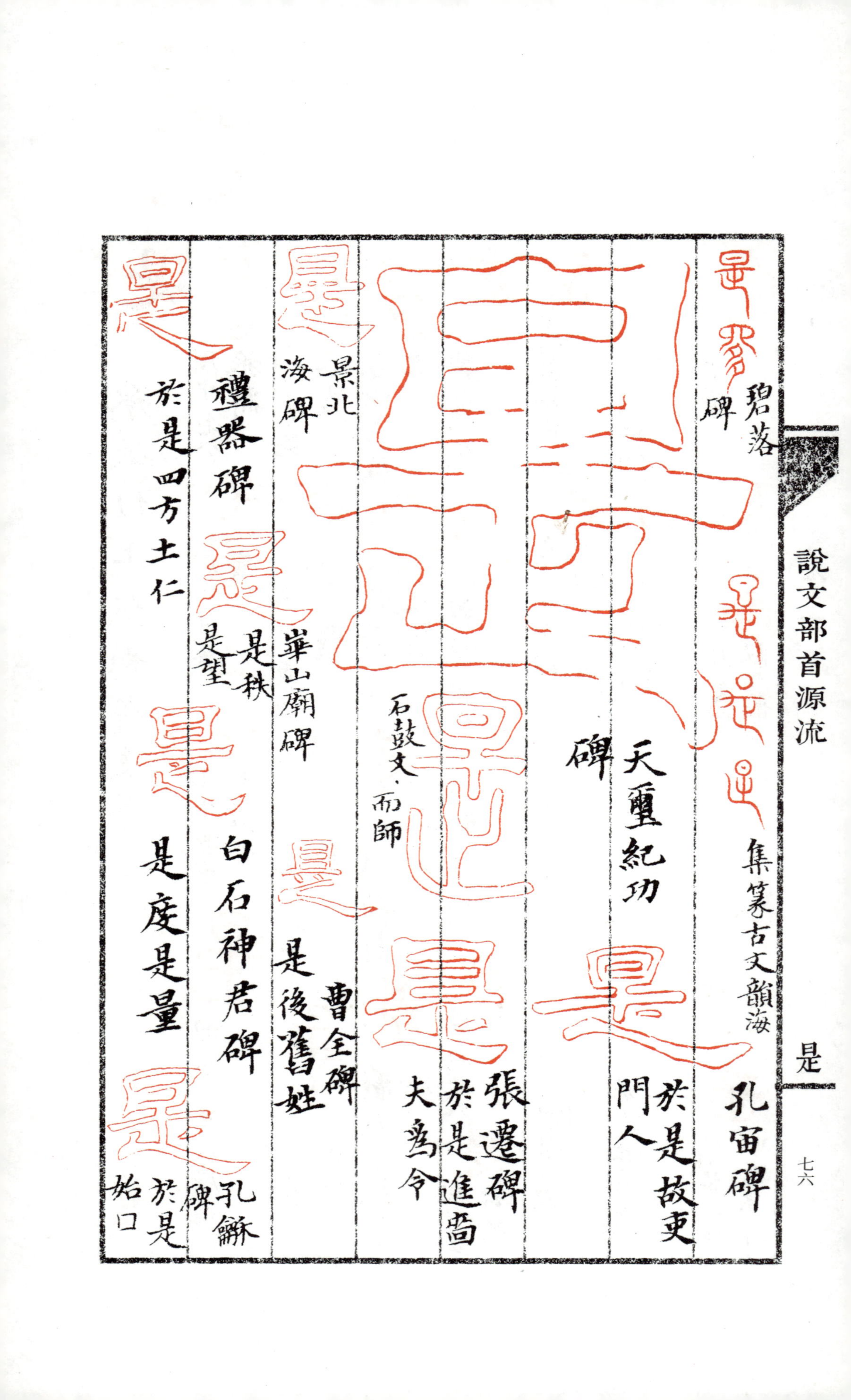

碧落碑

集篆古文韻海

天璽紀功碑

孔宙碑　於是故吏門人

張遷碑　於是進當　夫為令

石鼓文　而師

景北海碑

華山廟碑

曹全碑　是後舊姓

禮器碑

是秩是望

白石神君碑

孔龢碑　於是始口

於是四方士仁

是度是量

演變

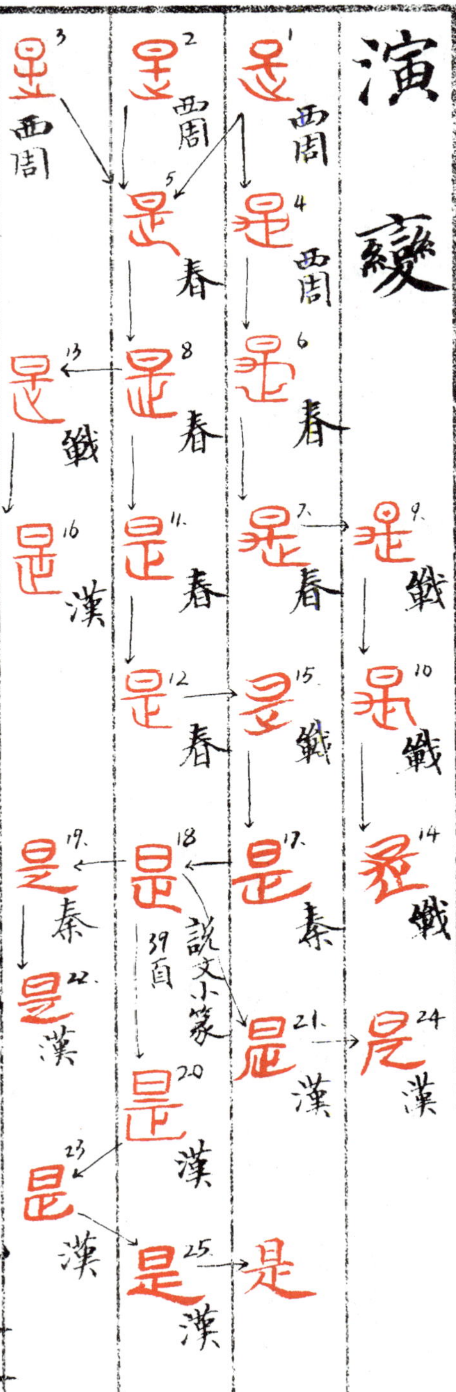

釋義

許慎 是 直也、从日正、凡是之屬皆从是、承旨切 是 籀文是从古文正。

陳按 是字最早體形見於西周早期銅器銘文、从早、从止、構形本義不明、後演變為从日、从正。并為小篆所本、後世多用為繫詞。

六書

不明、說文以為會意

附注

辵 丑略切、入、藥韻、徹、鐸部

 汗簡

演變

1、 商（偏旁）

2、 商（偏旁）

3、 戰

4、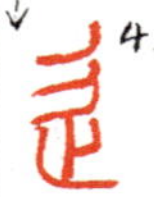 說文小篆39頁

→ 

釋義

許慎  作行乍止也，从彳从止。凡辵之屬皆从辵。讀若春秋公羊傳曰「辵階而走」。丑略切

陳按 目前古文字未見獨體「辵」字，偏旁則習見，从「彳」（彳）

从"止"，會行走之意。另，甲骨文有从行、从止之（𨑒）字，羅振玉以為即"辵"字。从"行"和从"彳"（行省）表意同，存參。許君謂"乍行乍止"，不可从。

六書 會意

附注

彳 丑亦切，入，昔韻，徹，鐸部，

汗簡

演變

1、 說文小篆 42頁 彳

釋義 許慎  小步也、象人脛三屬相連也、凡彳之屬皆从彳、丑亦切

陳按 古文字未見獨體"彳"字、偏旁常見、是"行"字省其右旁而來、故表意與"行"相同、在甲、金文中"彳"旁與"辵"、"止"、"走"、"行"等旁常可互用。

六書 "行"省、象形

附注

廴 余刃切、音引、上、軫韻、喻四、真部。

 汗簡

演變

1  戩

2  說文小篆 44頁

廴

釋義 許慎  長行也、从彳引之。凡廴之屬皆从廴。余忍切

陳按 "廴"是由"延"字離析出来的一個部首，本不存在。"延"甲骨文作""(征)形，與"辵"同形，後為區别，或在"止"上加一斜筆作"延"，或將"彳"下部拉長作""，便產生了"廴"字。其實也可說是"彳"旁的變體。"廴"部所隸的"延"(即"延"、"征"字)、"廷"、"建"皆不从"廴"。

六書

會意

附注

丑延切，平，仙韻，徹，元部

延

商甲193

周中 遽簋

春 蔡侯鐘

春晚 王孫遺者鐘

秦 睡 法160

碧落碑 以延為延

演變

1. 商

2. 西周

3. 春

4. 說文小篆 44頁

5. 秦

6.

釋義 許慎  安步㢟㢟也。从彳,从止。凡㢟之屬皆从㢟。丑連切

陳按 延、㢟古本一字,與"辵"同形。後為區別,將左旁"彳"向右下拉長(成"廴"形),作"㢟"形。又在"止"上加斜畫,便成"延"形。

六書 會意

附注

行 1. 胡郎切,音航,平,唐韻,匣,陽部
2. 户庚切,平,庚韻,匣,陽部

 2.12 商 後下

 商 甲574

 周早 行父辛觶

 春 南疆鉦

 春 公父宅匜

春戰·晉
侯馬 156:19

戰·齊·陶
彙 3.1250

燕·古幣
88

燕·貨
系 2984

晉·璽
彙 4366

楚·包
80

秦·杜
虎符

西漢·孫臏
160

大行
丞印

正行里
附城

行慶

行吉

令日利行
漢印文字徵　以上五字

祀三
公山碑
口蔑不
行

禪國
山碑
宜先行禪禮

衡方碑

泰山刻石　治道運行

禮器碑陰
行義掾

聞斯
行諸

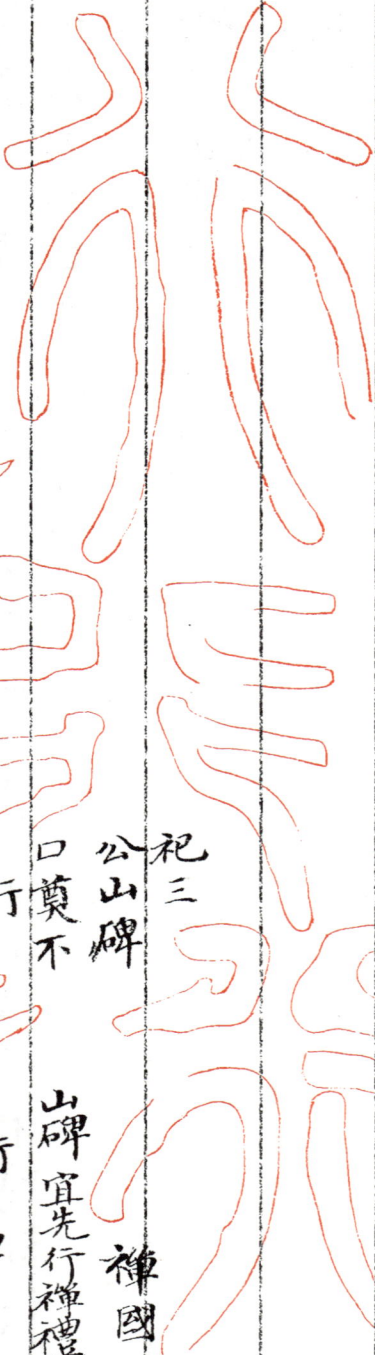

天璽紀功碑

九江
貴字
行視

石門頌
案窯

中
書
卓行

魯峻碑陰
王
端子行

汗簡
碧落碑

古文四聲韻

集篆古文韻海

演變

1. 商
2. 西周
3. 春秋
4. 戰
5. 說文小篆
44頁
6. 秦
7. 漢
8. 漢
行

釋義　許慎人之步趨也，从彳、从亍。凡行之屬皆从行。户庚切

陳按　「行」字商周甲、金文象道路之形。後引申為「行走」（由此又引申為通行、行為、施行等義）、「行列」（從此義又引申出排行、行業，再從「行業」引申出商行、銀行）二義。

六書　象形

附注

齒　昌里切、上、止韻、穿三之部。

商．甲2319

商．鐵80.3

戰．齊璽彙2239

燕．璽彙0912

燕．璽彙2288

晉、中山王方壺
楚、郭店、唐虞之道.5
上博竹書八、子道餓.1
楚、望山簡.M2

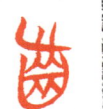

楚、天策
楚、仰25.25
3583 秦、璽彙
秦、璽彙5411
2296 戰、璽彙

秦、雲夢日書乙1150
西漢、老子乙前151下
陳齒之印
臣齒
王齒

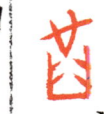

宋齒之印
漢印文字徵 以上四字
汗簡
古文四聲韻

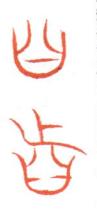

集篆古文韻海

演變

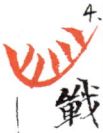

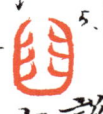

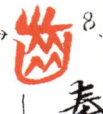

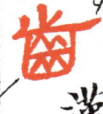

1. 商
2. 商
3. 商
4. 戰
5. 說文古文
6. 戰
7. 說文小篆 44頁
8. 秦
9. 漢

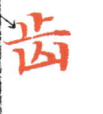

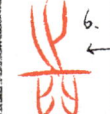

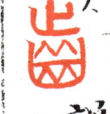

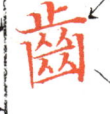

釋義

許慎

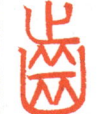

口齗骨也，象口齒之形，止聲。凡齒之屬皆从

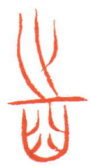

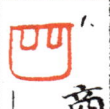

齒 昌里切  古文齒字。

陳按 商周甲、金文中齒，从口，内象門牙之形。戰國時文字異形，有部分作  形，與臼形似，遂增「之」為聲旁，「之」又與「止」混。「齒」之本義即門牙。如左傳僖公五年「諺所謂輔車相依，唇亡齒寒」者，其虞虢之謂也。

六書 早期為象形，後為形聲

附注

牙 1. 五加切，平，麻韻，疑，魚部。2. 魚駕切，去，禡韻，疑，疑部。

 周中，十三年𤼈壺

 周晚，殷敄簋

 周晚，師克盨

 戰，燕，牙 全衆小器。

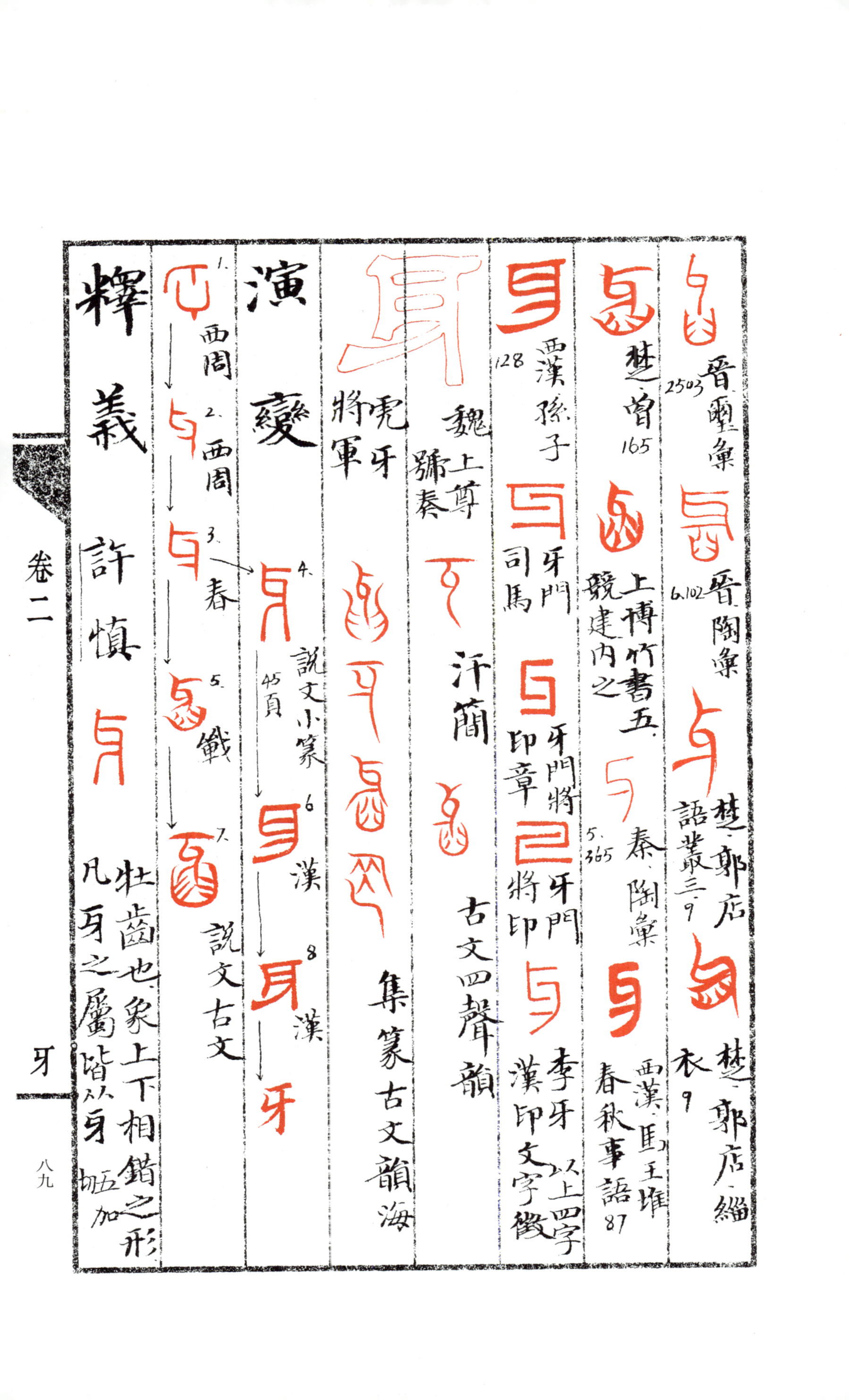

晉·璽彙 2503

晉·陶彙 6.102

楚·郭店 語叢三·9

楚·郭店·緇衣 9

楚·曾 165

上博竹書五·競建内之

秦·陶彙 5.365

西漢·馬王堆 春秋事語 87

西漢·孫子 128

牙門 司馬

牙門將 印章

牙門 將印

李牙 以上四字 漢印文字徵

魏上尊號奏

汗簡

古文四聲韻

虎牙將軍

集篆古文韻海

演變

1. 西周

2. 西周

3. 春

4. 說文小篆 45頁

5. 戰

6 漢

7. 說文古文

8 漢

牙

釋義

許慎

牡齒也。象上下相錯之形。凡牙之屬皆从牙。五加切

古

陳按　「牙」古文字象臼齒相錯之形。說文文𤘗。「牡齒」當爲「壯齒」之訛。段注：「……壯齒者，齒之大者也。統言之，皆稱齒、偁牙；析言之，則前當唇者偁齒，後在輔（頰骨）車（牙床）者稱牙。牙較大於齒，非有牝牡也」。段說甚確。「牙」與「齒」有別，「齒」指門牙，「牙」指臼齒（後泛指牙齒）。左傳隱公五年：「皮革齒牙骨角毛羽不登於器」。孔穎達疏：「頷上大齒謂之牙」。

六書　象形

附注

足

商甲 2878

商燕 158

商鐵 138.2

商·欽鼎

周早、免簋

周晚、師兌簋

戰、燕陶 彙4.8

晉璽 彙946

楚、包2.112

楚、望1

楚、郭店 老子甲27

上博竹書五 三德17

楚、郭店、老子丙1

秦、睡10.2

西漢、孫臏185

東漢、魯峻碑

樂足私印 漢印文字徵

曹全碑 極鼎足

魏受禪表 未足以喻

晉孫夫人碑 明敘足以辨物

汗簡

古文四聲韻

演變

1. 商
2. 商
3. 西周
4. 西周
5. 戰
6. 戰
7. 說文小篆 45頁
8. 漢
9. 漢

足

釋義

許慎  人之足也，在下，从口止。凡足之屬皆从足。徐鍇曰：口象股脛之形。即玉切

陳按 "足"字商代甲、金文象連腿帶脚之形，與"疋"同字，後分化為二。另，"足"與"疋"易混，詳見劉釗老師古文字構形學154頁例7。

六書

象形

附注

疋 所菹切，音梳，平，魚韻，審二，魚部

商.甲2878

商.燕158

商.鐵138.2

商.疋乍父丙鼎

周早 免簋

周晚 師兌簋

戰 齊 陶彙3.818

1871 晉 璽彙

晉 古幣68

楚 仰25

楚 天策

上博竹書一 孔子詩論10

漢 弩疋印 漢印文字徵

汗簡

演變

釋義

許慎 足也。上象腓腸，下从止。弟子職曰：「問疋何止。」古文以為詩·大疋字，亦以為足字，或曰胥字，一曰：疋記也。凡疋之屬皆从疋。所菹切

陳按 商周

甲、金文「疋」和「足」同字，後分化為二字。「疋」字大都為假借義，本義罕見。古書中一般用為「雅」、「實」則「疋」讀為「雅」，是與「夏」字

有關「夏」()省變成「」、遂與「疋」形近混同。此外、「疋」還通「胥」、表輔助(見免簋銘文)；又通「雅」(見上博竹書一孔子詩論簡10「關疋」、即詩經篇名關雎)。古書中還誤用為「匹」(廣韻.質韻：「匹、俗作疋」。漢書叔孫通傳：「乃賜通帛二十疋」。

六書

象形

附注

品

丕飲切、上、寢韻、滂、侵部

商.戩 1.10

商.甲 241

周早.井侯鼎

周中.尹姞鼎

戰.上博竹書六.孔子見季桓子3

華山廟碑 賫糧品物

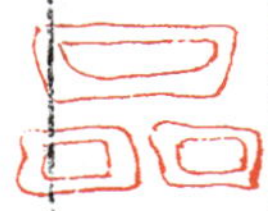
史晨後碑 述脩辟廱社稷品制

汗簡

集篆古文韻海

演變

釋義

許慎  衆庶也。从三口。凡品之屬皆从品。丕飲切

陳按

「品」字自甲、金文至隸楷字形，皆从三口，以爲表衆多繁庶之義。如周易．乾卦：「品物流形」。

上博竹書六.孔子見季桓子簡3：「品勿(物)不窮」。

六書　會意

附注

龠　以灼切，入，藥韻，喻四，藥部。

商，前5.19.2

商，掇2.122

商，存下74

周早，臣辰卣

周晚，散盤

汗簡

演變

1  商

4  西周

5  說文小篆 48頁

6  秦

龠

2  西周

3  戰

釋義

許慎  樂之竹管，三孔，以和衆聲也。从品侖。侖，理也。凡龠之屬皆从龠。以灼切

陳摟 甲骨文「龠」象排管樂器之形，上爲管口吹孔，下爲樂管。西周金文或在上部加「亼」（倒口形），表口吹樂器。

六書

象形

附注

冊

楚革切，入麥韻，穿二，錫部。

商乙1712

商 粹1097

周早 令簋

周晚 師酉簋

戰 晉 貨幣64

晉 貨幣64

清華簡 金縢2

秦 雲夢日書甲851反

張冊 漢印文字徵

祀三公山碑

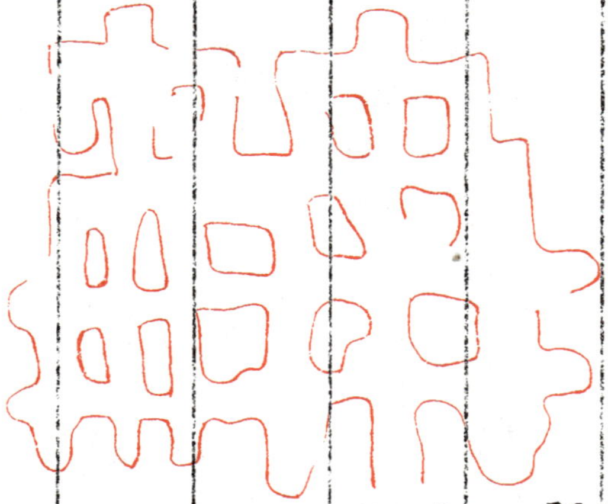

魏王基殘碑

將作掾王

於是將矩奉冊

篇

汗簡

古文四聲韻

集篆古文韻海

演變

釋義

許慎  符命也、諸侯進受于王也、象其札一長一短，中有二編之形。凡冊之屬皆从冊。楚革切  古文冊从竹。

陳按 "冊"甲、金文作""以往學者大多以為是編連成冊的竹簡之形。但出土簡冊上下等齊，刑制與"冊"古文字形長短不一不合。劉釗師以為長短不同是為了美觀。

六書

象形

附注

說文解字 第三

五十三部

㗊舌干𧮫只㕯句丩古十卅
言誩音䇂丵菐𠬞𠬜共異
舁𦥑䢅爨革鬲䰜爪丮鬥又
𠂇史支𦘒聿畫隶臤臣殳殺
𠘧寸皮㼱攴教卜用爻㸚

㗊

阻立切、音戢、入、緝韻、精、緝部。

汗簡

集篆古文
韻海

乇南2118
午組

按：此字原拓片中間有"○"、似非殘痕、今據新甲骨文編臨此存參。

演變

說文小篆
48頁

→ 㗊

釋義

許慎

衆口也、从四口、凡㗊之屬皆从㗊、讀若戢、阻立切又讀若呶。

陳按

古文字未見獨體之"㗊"、亦不見其古書用例、構形本義不明、从"㗊"之字、大多有"多口、喧嘩"之意。

六書

會意

附注

舌　食列切、入、薛韻、牀三、月部。

商、後上24.10

商乙4550

商珠790

商、舌鼎

戩、齊、陶彙3.1

燕、陶彙4.65

上博竹書三周易27（从肉）

秦、睡8.11

馬王堆足臂灸經15

處羊舌

羊舌毋故　漢印文字徵　以上二字

演變

10. 商

11. 戩

5. 說文小篆 49頁

7. 漢

1. 商

2. 商

3. 春

4. 戩

6. 秦

8. 秦

9. 漢

釋義　許慎

在口所以言也、別味也。从干、从口、干亦聲。凡舌之屬皆从舌。徐鍇曰凡物入口必干於舌故从干。食列切

陳楼

甲骨文舌从口、上象分叉之舌頭形（應取象於蛇類）。另有異體在舌旁加小點、表噴濺之唾液。戰國文字「口」形上部舌頭之形與「干」字形體漸為趨同。說文遂誤以干。此外、「舌」和口部之「𠯑」在秦漢「隸變」以後同形。在「活、括、刮、适、話」等字偏旁中之「舌」、本皆是「𠯑」。

六書　象形

附注

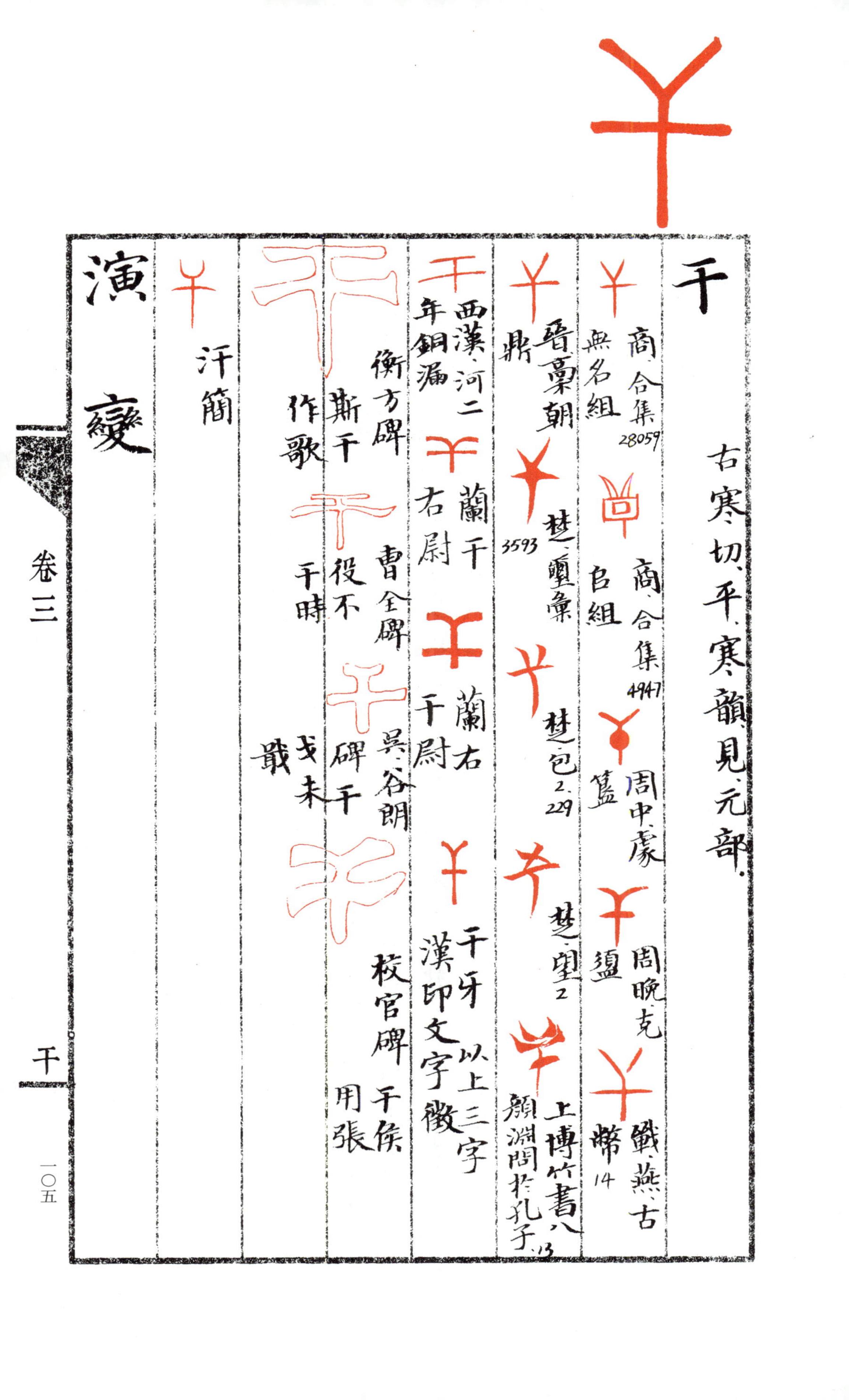

干

古寒切，平，寒韻，見，元部。

商、合集28059 無名組

商、合集4947 𠂤組

周中、豦簋

周晚、克盨

戰、燕、古幣14

晉、槀朝鼎

楚、璽彙3593

楚、包2.229

楚、望2

上博竹書八·顔淵問於孔子13

西漢、河二年銅漏

蘭干右尉

蘭右干尉

干牙 漢印文字徵 以上三字

衡方碑 斯干 作歌

曹全碑 役不 干時

吳、谷朗碑 碑干 戈未戢

校官碑 干侯 用張

汗簡

演變

干

釋義

許慎  犯也、从反入、从一、凡干之屬皆从干。古寒切

陳按 古文字"干"象帶有羽飾的一種盾，即"干戈"之"干"。本義是盾，如《書·牧誓》"稱爾戈，比爾干"，《詩·大雅·公劉》"干戈戚揚"。後多用為"干犯、干涉、干支"，還表示"岸"，如《詩經·魏風·伐檀》"坎坎伐檀兮，寘之河之干兮"。

六書

象形

附注

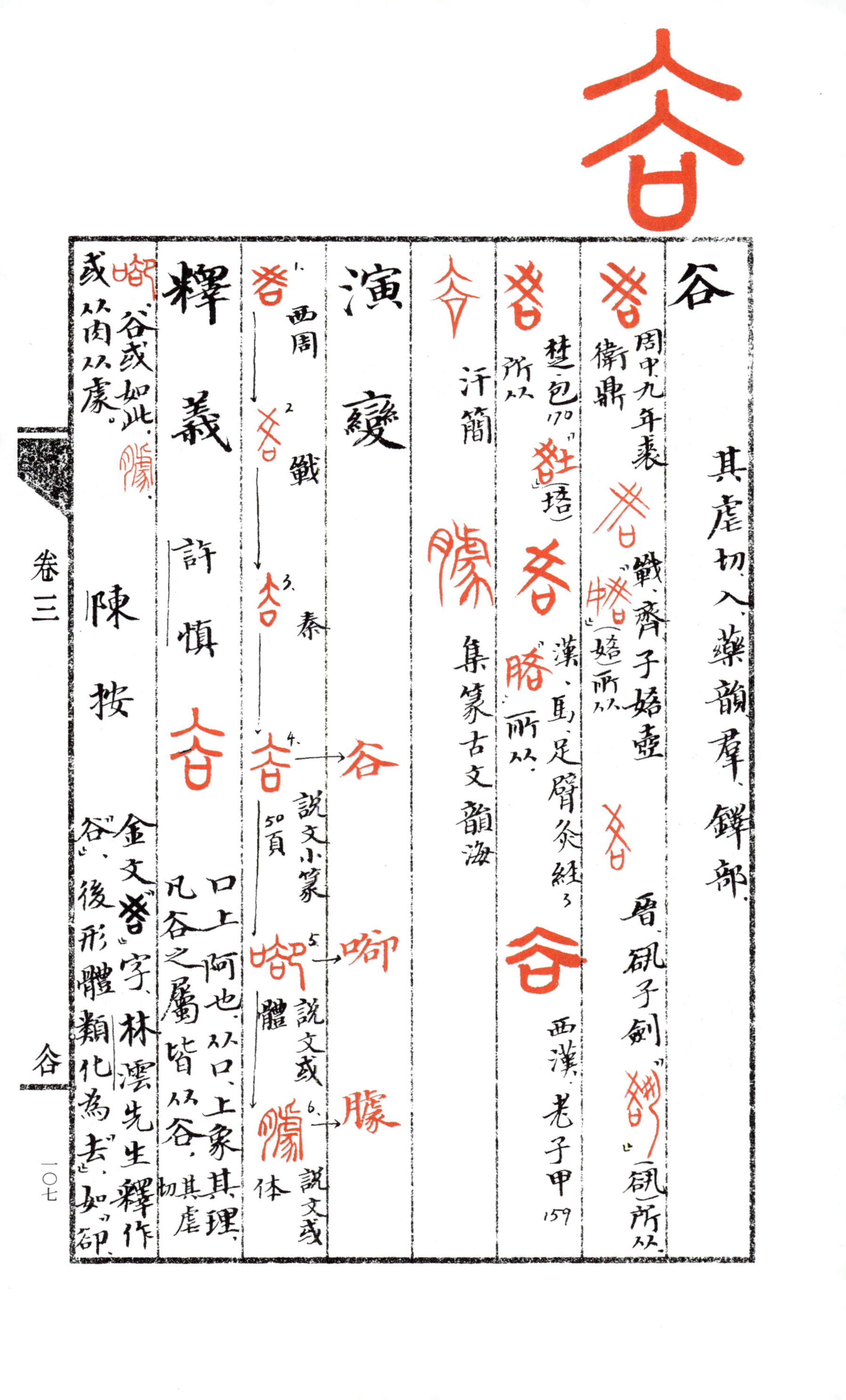

谷

其虐切，入，藥韻，羣，鐸部。

周中，九年裘衛鼎

戰，齊子姞壺

（姞）所从

晉，𨰼子劍

（𨰼）所从。

楚，包170

（垎）所从

漢，馬，足臂灸經3

所从。

西漢，老子甲159

汗簡

集篆古文韻海

演變

1. 西周
2. 戰
3. 秦
4. 說文小篆 50頁 → 谷
5. 說文或體 → 𧮫
6. 說文或体 → 臄

釋義

許慎：口上阿也。从口，上象其理。凡谷之屬皆从谷。其虐切。

陳按：金文字，林澐先生釋作谷，後形體類化為去，如卻、𧮫，谷或如此。臄，或从肉从豦。

「腳」等字作「却」、「腳」，許君析形不確，釋「口上阿」之義，應是兩或体本義。另，「谷」字經隸變後，與「山谷」之「谷」字形混同。關於「谷」字構形演變，可詳見劉釗師《古文字構形學》272—274頁，或《古文字考釋叢稿——金文考釋零拾》。

六書

象形

附注

只

諸氏切，上，紙韻，照三，支部。

戰‧楚‧郭 尊德義14

上博簡 彭祖4

上博簡五 鬼神之明2背

清華簡 楚居5

 汗簡  古文四聲韻   集篆古文韻海

演變

1  戰 → 2  說文小篆 → 50頁 → 

釋義

許慎  語已詞也，从口，象气下引之形。凡只之屬皆从只。諸氏切

陳按 商周甲、金文中罕見"只"獨體用例，多用作偏旁之中，如（合21507）、（周晚·鄁嫚盤）、（春·郘方豆）等字所从。葛亮以為其形可能表示"卮"這種器具。存參。另，戰國文字（楚）中"只"和"也"字形相似，二者的關係，可參看鄔可晶《上古漢語中本來是否存在語氣詞"只"的問題的再探討——以出土文獻所見辭例和字形為中心》一文。"只"在典籍中大多表示語氣詞，後同音替代"隻"字，又假借作"衹"。

㕯

六書

構形本義不明，或以為象形

附注

㕯

內骨切，又女滑切，入，沒韻，泥，物部。

商，粹146

商，前1.36.6

戰，齊，古璽2077

齊，陶彙3.91

齊，貨系3793

汗簡

演變

1. 戰

2. 說文小篆 50頁

㕯

讷　吶

釋義　許慎  言之訥也，从口，从内。凡㕯之屬皆从㕯。女滑切

陳按　「㕯」古文从口，从内。學者多以為是「吶」或「訥」字。李學勤以為「㕯」即是「增口」的「内」字，可讀為「内」。（見論博山刀一文）另何琳儀先生亦以為「内」和「㕯」本為一字。

六書　會意兼形聲

附注

句　1. 古侯切，音鉤，平，侯韻，見，侯部。2. 九遇切，去，遇韻，見，侯部。

商.乙2844

商.合6170

商.前8.4.8

周中.永盂

周晚.鬲比盨

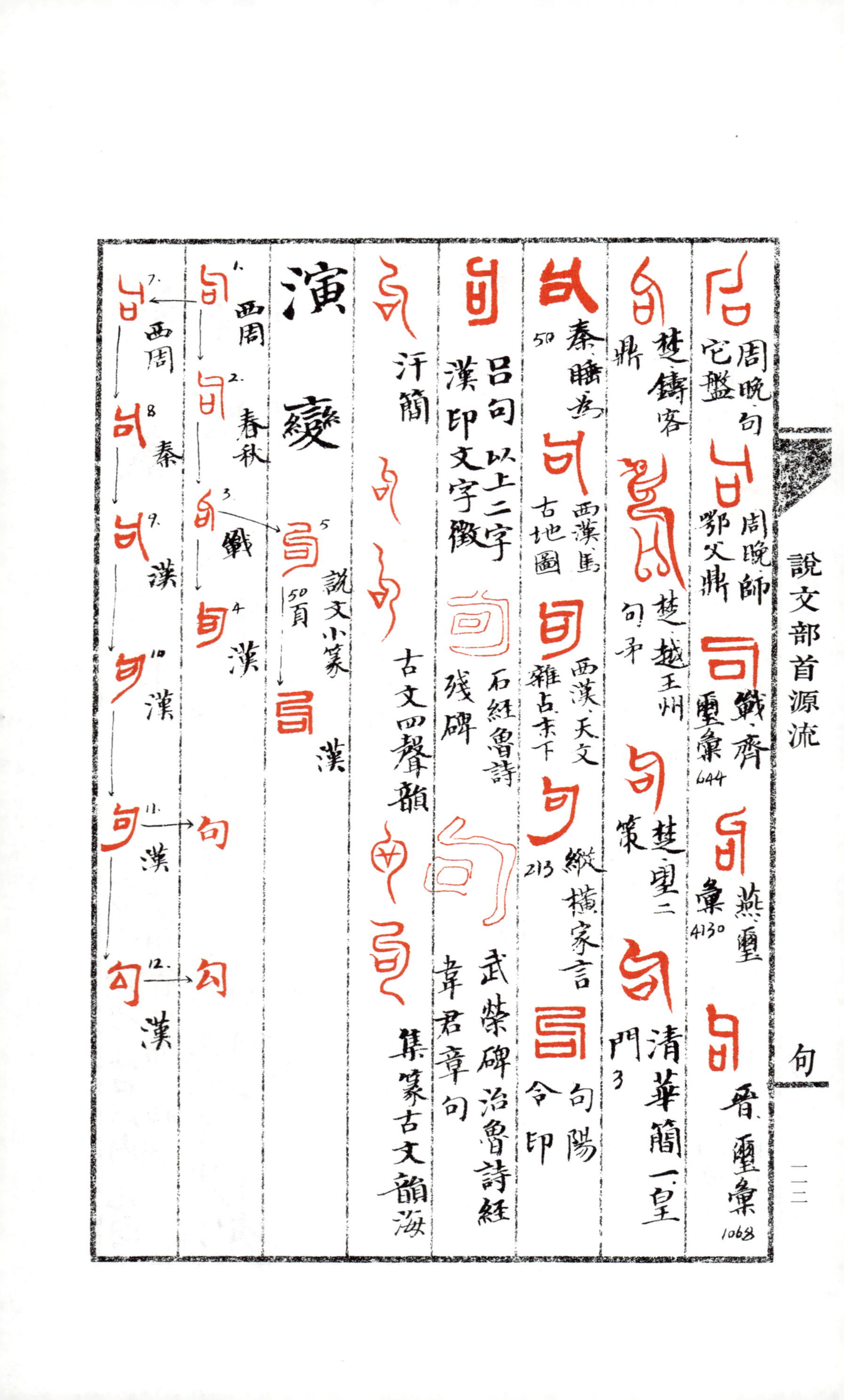

句

周晚 句它盤

周晚 師鄂父鼎

戰、齊 璽彙644

燕璽彙4130

晉、璽彙1068

楚 鑄客鼎

楚、越王州句矛

楚 璽二策

清華簡一 皇門3

秦、睡虎 50

西漢、馬 古地圖

西漢、天文雜占 末下 213

縱橫家言

句陽令印

呂句 以上二字漢印文字徵

石經魯詩殘碑

武榮碑治魯詩經韋君章句

汗簡

古文四聲韻

集篆古文韻海

演變

5 說文小篆 50頁

漢

1. 西周

2. 春秋

3. 戰

4. 漢

7. 西周

8 秦

9. 漢

10 漢

11. 漢 → 句

12. 漢 → 勾

釋義

許慎  曲也、从口、丩聲、凡句之屬皆从句、古侯切、又九遇切

陳按 句應是從“丩”分化而來、大徐本反切有二、其一古侯切（gōu）、即現“勾”（晚起、表“鉤曲”之“句”）、其二九遇切（jù）、即“章句”之“句”、此義可能與古代書寫中的“句讀”符號有關。

六書

形聲

附注

丩

居求切，平，尤韻，見，宵部。

 商，乙38.5 反

 反 商，合集6170

 彙3.94 戰，齊，陶

 燕，郾侯戴簋

 楚，包2.260

 汗簡

 古文四聲韻

演變

1.  商

2.  春

3.  戰

4.  說文小篆 50頁

5.  漢

6.  漢

釋義

許慎  相糾繚也，一曰：瓜瓠結丩起，象形，凡丩之屬皆从丩。居蚪切

陳按 “丩”古文字象二物相繞之形，或表“糾纏”之概念，古籍中未見“丩”字單獨用例，秦漢以後，其功能和義項被“糾”字所涵括。

六書附注

古 公戶切，上，姥韻，見，魚部

合集21242 𠂤組

合集6153 賓組

周早，盂鼎

周中，㾓鐘

周中，史牆盤

戰，齊，陶彙3.1259

燕，陶彙4.126

晉，中山王嚳壺

楚，郭店簡，成之聞之32

上博，孔子詩論16

上博，緇衣12

楚，望山M1

望山63

秦，睡，語書1

古孫充印

董冬古 以上二字 漢印文字徵

滿城漢墓玉人

青蓋鏡

石鼓文

而師

古戎

來口

嶧山刻石

石經君奭

禪國山碑

希古

所觀

孔龢碑

政教

稽古

禮器碑

杍古

舊字

汗簡

集篆古文韻海

碧落碑

演變

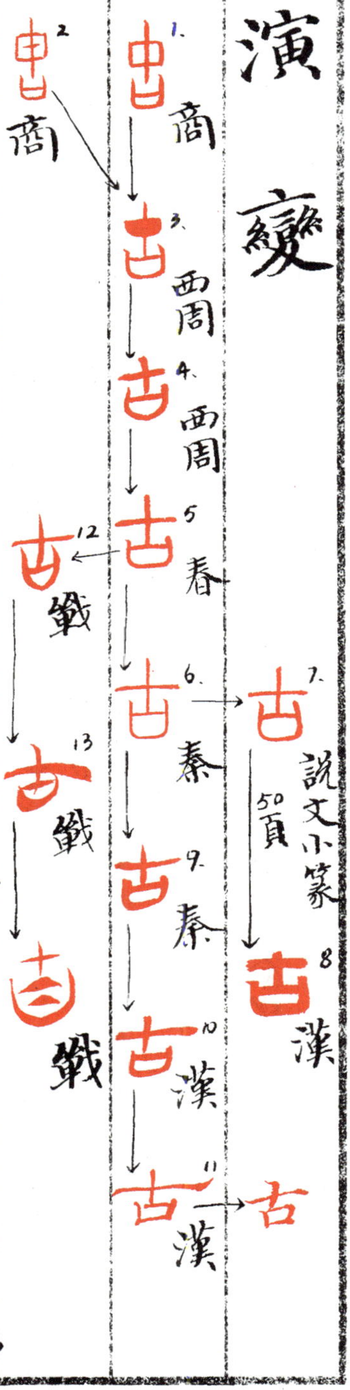

釋義

許慎

古：故也。从十口。識前言者也。凡古之屬皆从古。臣鉉等曰：十口所傳是前言也。公戶切古文古。

陳揆

商周甲、金文从“毌”、“中”、“十”（皆“盾”象形）从“口”，表盾牌堅固。“古”即“固”之初文。盾牌具有堅固特性，古人在盾的象形符號上加區別性意符“口”，造成“古”字來表示當堅固之固的“古”這個詞。造字方法與之相類的還有“古”、“弘”、“高”、“香”等字。可參看裘錫圭《說字小記》5·說吉。

六書

指事

附注

十　是執切，入、緝韻，禪、緝部。

合集10950 旨賓間

屯304 歷組

周早盂鼎

周中、不嬰簋

春、秦公簋

戰、齊古幣 5

晉十一年庫嗇夫鼎

楚、郭店緇衣、47

郭店、性自命出38

清華簡二繫年、3

上博簡二從政甲、5

楚、者沪鐘

執法直二十二 漢印文字徵

石經、文公、十有二年

蘭臺令史殘碑

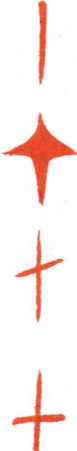

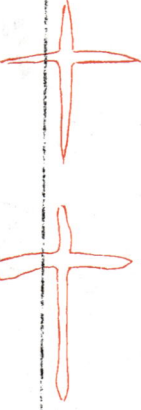

袁安碑　十月

天璽紀功碑

解者十二字

袁敞碑

十年

碧落碑

汗簡

禪國山碑

古文四聲韻

孔龢碑　孔子十九世孫

者十

集篆古文韻海

演變

釋義

許慎　十　數之具也。一爲東西，丨爲南北，則四方中央備矣。凡十之屬皆从十。是執切

陳按　十，早期古文字作一豎筆，裘錫圭以爲是針之初文，借爲數字。西周中期金文中間加肥筆（後變作短橫），與七字形近易混。羅振玉指出橫畫短是十，長是七。

六書

指事

附注

卅

蘇合切，入，合韻，心，緝部。

商.甲635

商.甲954

周早.矢簋

周中.彧簋

周中.大鼎

春戰.秦.石鼓文

戰.中山王嚳兆域圖

戰.中山.蚉壺

26 戰.楚.郭店

秦.睡15.95

汗簡

禪國山碑

石碣乍邍

卅有二

為卅里

博塞

集篆古文韻海

石經僖公

卅有二年

東漢.韓仁銘

日晷

演變

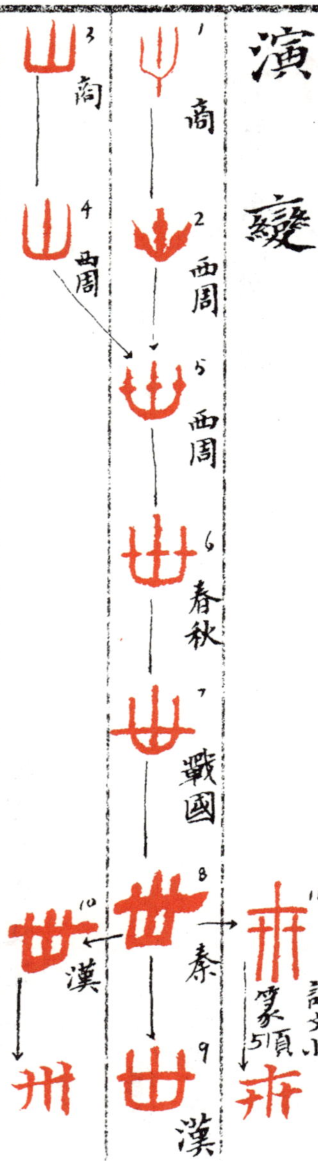

釋義

許慎　卅　三十并也。古文省。凡卅之屬皆从卅。蘇沓切

陳按　吳大澂寫作「卅」，是三个「十」相并連，與說文所釋合，隸作「卅」，戰國、秦漢出土文獻中「卅」字形基本一致，三豎下部相合，與「世」形近，其音為「三十」二字合音。

六書

會意。或以為會意兼形聲，聲屬「合音字」。

附注

在古文字階段，「廿」「卅」分别讀二十、三十，應以合文對待（二字音 nian 和 sa 是很晚方有），合文就是把兩個及以上的字寫在一起，但只占一個字的位置，卻讀多個音節。

言

語軒切.平.元韻.疑.元部

商.甲499

商.乙766

商.拾8.1

商.林1.41

周早.伯矩鼎

春戰.晉侯馬67:1

侯馬67:21

戰.晉.璽彙3076

晉.古幣143

同上

戰.楚.郭.忠5

戰.楚.包128

秦.睡10.1

西漢.初.老子甲71

郭巨言事
漢印文字徵

汗簡

古文四聲韻

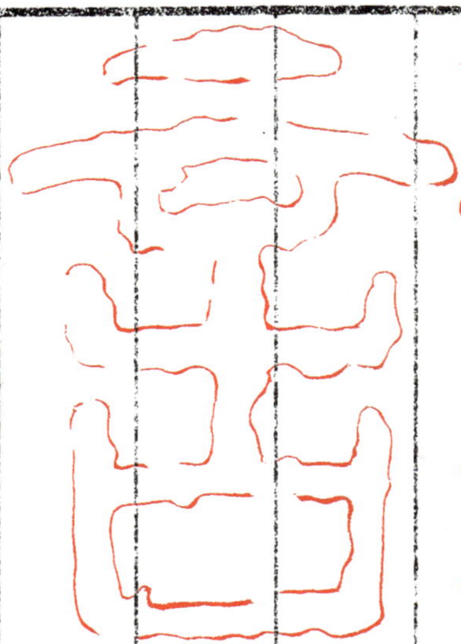
泰山刻石
臣昧死言

品式石經咎繇謨
朕言惠可底行

石經咎繇謨

碧落碑

工以内言

言

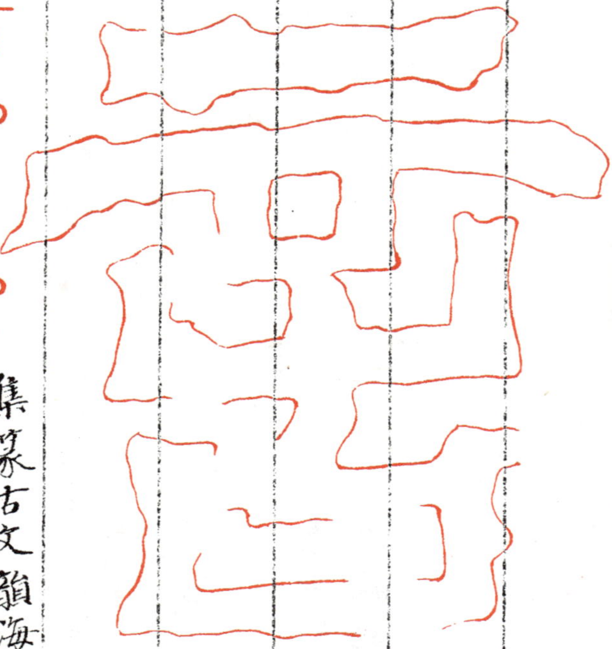

天璽紀功碑 上天帝言

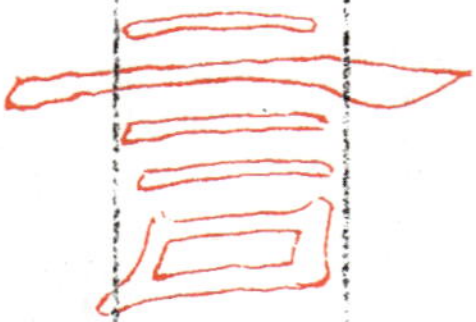

孔龢碑 臣愚以爲如瑛言

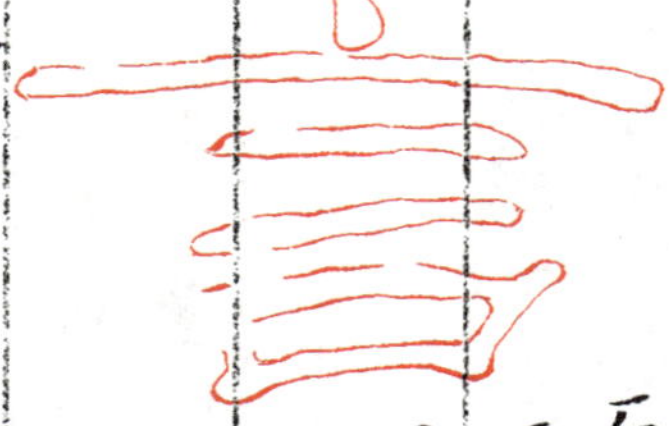

石門頌 頌焉可具言

集篆古文韻海

演變

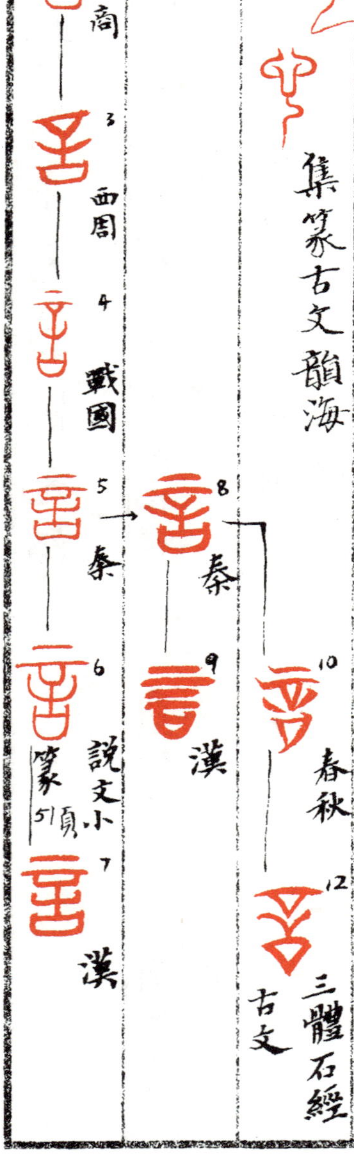

釋義　許慎  直言曰言，論難曰語。从口、辛聲。凡言之屬皆从言 語軒切

陳按　"言"甲、金文从"舌"，上加一横，表"發聲、說話"之處。本義即說話。"言"和"語"皆表語言行為，但古代用法有別，主動對人說叫"言"，回答別人問話或談論事情曰"語"。另，"語"有告訴義，"言"則不具。

六書　指事。說文以為形聲

附注

誩　渠敬切，去映韻，羣，陽部。

 曾子白誩鑄行器　曾子伯誩鼎　按：此字為人名，不知其本義，或僅是與說文"誩"同形。

汗簡

集篆古文韻海

演變

說文小篆 58頁

詰

釋義

許慎

競言也。从二言。凡詰之屬皆从詰。讀若競。渠慶切

陳按

古文字未見確定的詰字，也未見於典籍中。"詰"與"競"音同（皆為渠慶切）。"詰"或是從"競"字拆分而來。

六書

會意

附注

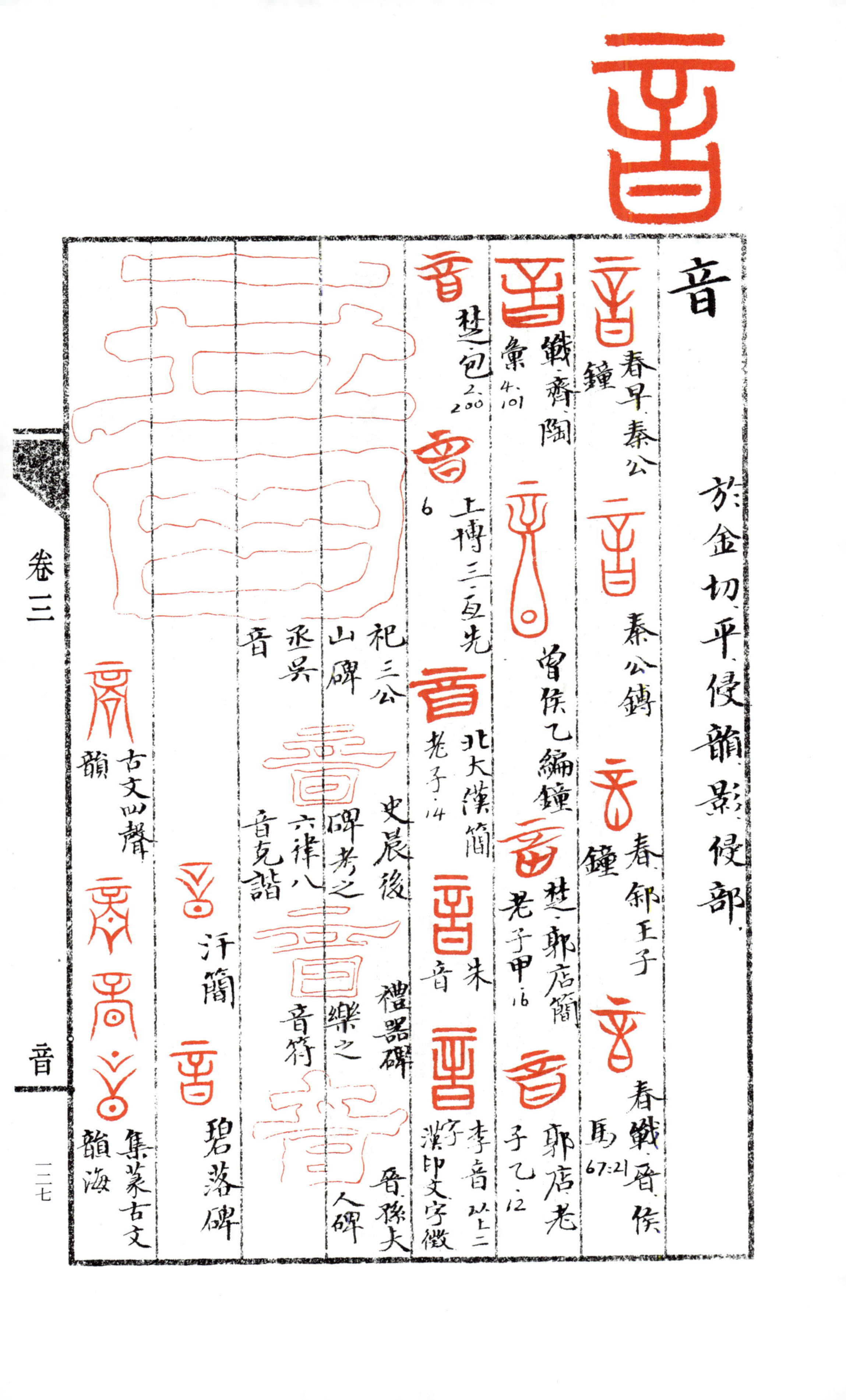

音

於金切，平，侵韻，影，侵部。

春早，秦公鐘

秦公鎛

春，郳王子鐘

春，戰，晉，侯馬67:21

戰，齊，陶彙4.101

曾侯乙編鐘

楚，郭店簡老子甲.16

郭店老子乙.12

楚，包2.200

上博三，亙先6

北大漢簡老子.14

朱音

李音 以上二

漢印文字徵

祀三公山碑

史晨後碑考之

禮器碑樂之

晉，孫夫人碑

丞吳

音

六律八

音克諧

音符

汗簡

碧落碑

古文四聲韻

集篆古文韻海

演變

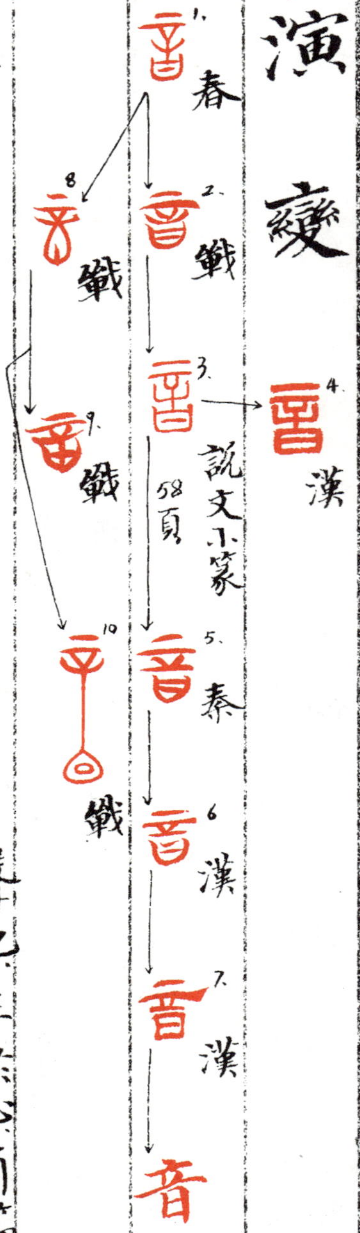

釋義

許慎  聲也。生於心，有節於外謂之音。宮、商、角、徵、羽，聲；絲、竹、金、石、匏、土、革、木，音也。从言含一。凡音之屬皆从音。於今切

陳 按 甲骨文"音"、"言"同字，後於"言"下"口"字中附加一筆區別符號，從而分化出"音"字。"音"和"聲"古代有別，人唱出謂之"聲"，樂器發出謂之"音"（現"聲樂"與"器樂"仍有別）。日本漢語中"音"指物之聲音，而"聲"指人或動物之聲音，仍存古義。

六書

指事

附注

辛

去乾切，平，仙韻，溪，元部。

合集137反 賓組

合集32982 歷組

合集21305 𠂤組

花東481 子組

3.2 戰，齊，陶彙

汗簡

演變

1.  商

2.  商

3.  商

4.  戰

5.  說文小篆 58頁

釋義

許慎

辠也。从干二。二，古文上字。凡辛之屬皆从辛。讀若愆。

張林說：（去虔切）陳按："辛"甲骨文象一種彎的似鐮刀一類的農具（亦可當刑具），是"乂"之初文（參閱裘錫圭釋[illegible]、[illegible]），西周金文未見單獨"辛"，偏旁有之。另，"辛"與"辛"為不同的兩個字，形近（其別是下部豎筆曲者為"辛"，直者為"辛"），後來相混。參見本書卷十四"辛"部。

六書　象形

附注

丵　士角切，入，覺韻，崇，藥部

汗簡

演變

丵 說文小篆 58頁 丵

釋義

許慎 丵 叢生艸也，象丵嶽相並出也。凡丵之屬皆从丵。讀若浞。士角切

陳按 古文字未見獨體之"丵"，偏旁有之，造字本義不明，學者衆說紛紜，未有定論，可參見季旭昇說文新證第167、168頁（藝文印書館，2014年9月）。另，古文字（戰國楚系文字）常見"丵"用為"淺"、"察"、"竊"、"質"等字的聲旁，參閱季旭昇試論說文"丵"字的來源。

六書

說文以為象形

附注

菐

蒲木切，入，屋韻，並，屋部。

汗簡

古文四聲韻

演變

說文小篆
58頁
→ 菐

釋義

許慎

瀆菐也，从丵，从廾，廾亦聲。凡菐之屬皆从菐。臣鉉等曰：瀆，讀爲煩瀆之瀆，一本注云：丵，衆多也，兩手奉之，是煩瀆也。蒲沃切。

陳　按

「古文字材料未見確切獨體之「菐」字，典籍亦無見用例。甲骨文有字，象人雙手持工具在山洞中采玉，唐蘭釋為「撲」（表示采玉之動作）或「璞」（表示采下來的玉璞）。其中「」即「菐」之象形初文。「菐」當是從「撲」、「璞」字中割裂出的一個偏旁，在很多字中作聲旁。

六書附注

會意

収（廾）

居悚切，音拱，上腫韻，見東部

演變

合集19933 自組

合集5742 賓組

商．収鼎

（共）周中．師晨鼎

戰晉．璽彙5419

1.  商
↓
2.  説文小篆 59頁
↓
収
↓
廾

釋義

許慎  竦手也，从𠂇，从又。凡廾之屬皆从廾。居竦切，今變隸作廾。 楊雄説廾从兩手。

陳按　文「廾」字古文字習見，象兩手相向拱手之形，是「拱」初

六書　會意

附注

𠬜（攀）　普班切，平，删韻，滂。元部。

戰·秦·十鐘3.41

西漢·縱横家書194

西漢·樊氏鋗

碧落碑

汗簡

集篆古文韻海

演變

1、𠬜 說文小篆 59頁 → 𠬜

2 攀 戰 → 3、攀 漢 → 4 攀 漢 → 攀

5 𢹎 說文或体 → 𢹎

釋義

許慎 𠬜 引也。从反廾。凡𠬜之屬皆从𠬜。（普班切。今變隸作大。）𢹎 𠬜或从手从樊。

樊陳按

“𠬜”應是“攀”本字（象兩手向外之形）。“攀”字目前所見最早形體中上部“樊”旁所从之𠬜，皆已訛作廾，已失去攀援之象形意味。而“樊”字本身，从西周（樊）到漢（樊）皆有从𠬜之形，故“樊”可能是為“攀”所造（也可能為“樊”（藩）所造，即楙疊加𠬜。“攀”應是晚起字，而“𢹎”僅見於漢碑。

附注

渠用切，去，用韻，羣，東部。

共

合集（或是廾字，下同） 𠂤組
合集2795正 賓組
商，共覃父乙簋
周中，禹鼎
周中，師晨鼎

戰，燕，璽彙749
晉，璽彙1880
晉，古幣69
楚，酓肯鼎
楚，包山2.239

楚帛書 甲7.5
楚，郭店 六德26
郭店 六德22
郭店，緇衣3
上博二，從政甲5

上博四，曹沫之陳8
清華簡一 皇門2
楚，璽彙5139
戰，璽彙5138

璽彙5144
5145
5137
秦，睡24.24

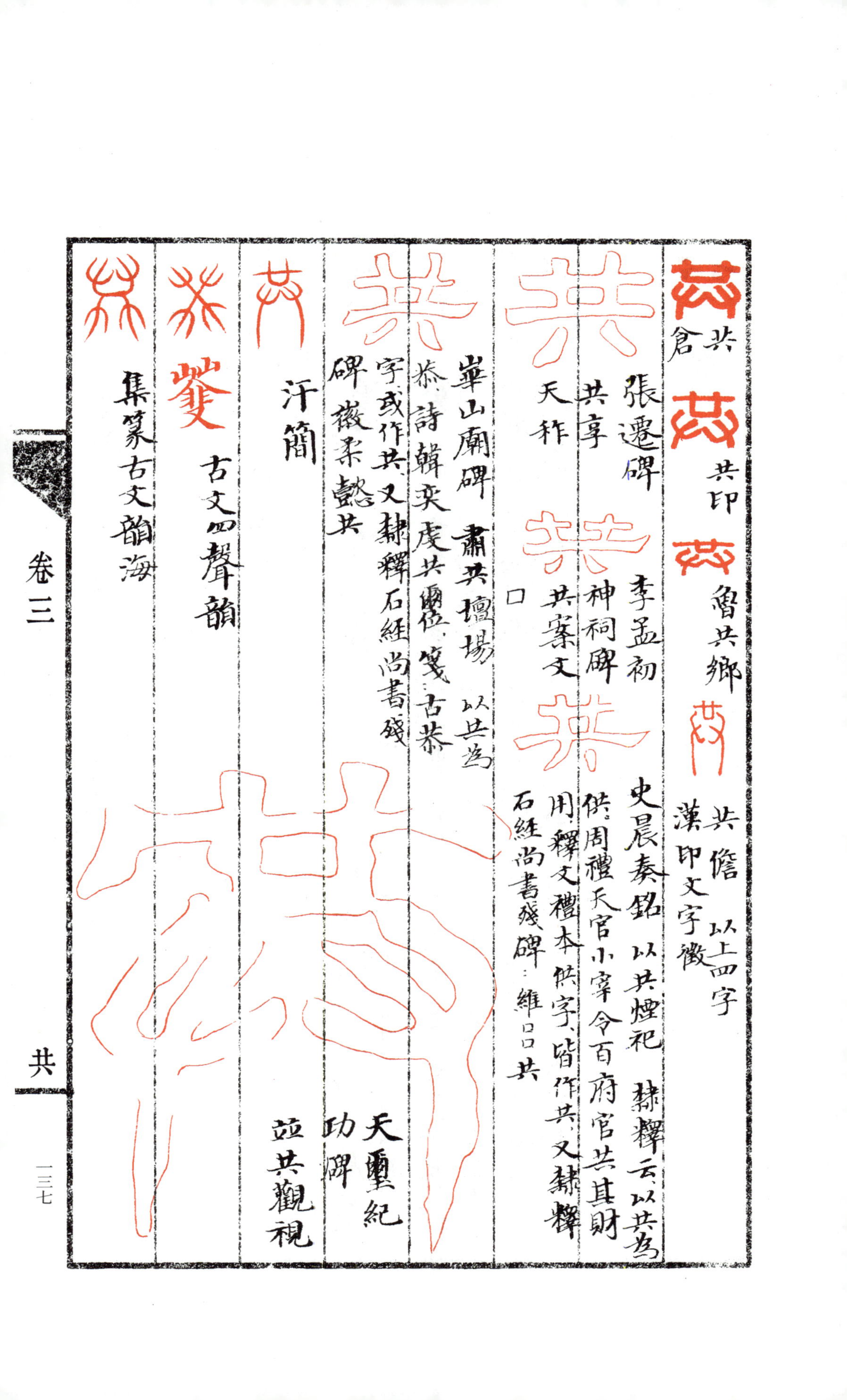

共倉 共印 魯共鄉 共僖 漢印文字徵 以上四字

張遷碑 共享 天作

李孟初 神祠碑 共案文 口

史晨奏銘 以共煙祀 隸釋云、以共為供。周禮天官小宰令百府官共其財用。釋文禮本供字、皆作共、又隸釋石經尚書殘碑：維口共

華山廟碑 肅共壇場 以共為恭。詩韓奕虔共爾位，箋：古恭字或作共、又隸釋石經尚書殘碑 徽柔懿共

天璽紀功碑

汗簡 竝共觀視

古文四聲韻

集篆古文韻海

演變

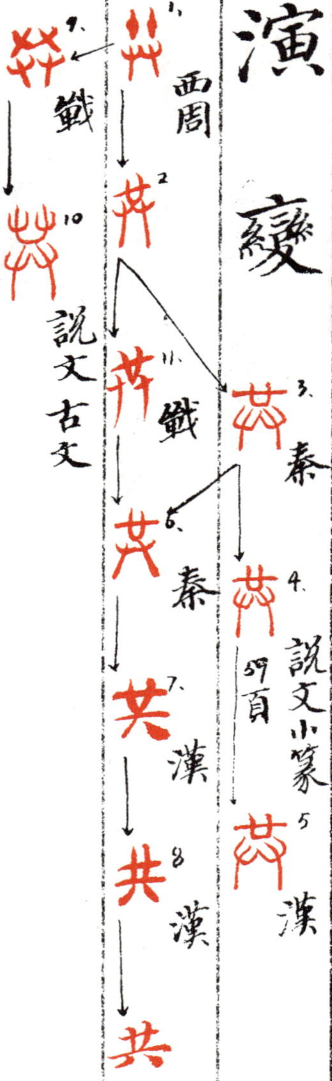

釋義

許慎  同也。从廿廾。凡共之屬皆从共。渠用切 、古文共。

陳按

古文字象兩手舉持一物之形。應是"供"或"拱"之初文。典籍中可作動詞，表同有，如尚書盤庚中："惟喜康共"。蔡沈傳："惟喜與汝同安耳"。又可通"恭"。還可表"環抱、拱衛"之義，如論語為政："譬如北辰，居其所而眾星共之"。

六書

會意

附注

異（異）　羊吏切，去，志韻，喻四，職部

合集28400　無名組

商，乙1493

按：此字上部為"甾"（象"筐"類盛物器），或是"戴"之初文。

周早，作册大方鼎

周中，曶（昌）鼎

周晚，虢弔旅鐘

戰，燕，璽彙3688

晉，璽彙3254

楚，郭店，語叢二，52

郭店，語叢三，3

郭店，性自命出，9

楚，包山2，55

包山2，52

清華簡二，繫年，105

上博四，曹沫之陳，8

秦，睡13.65

西漢，孫臏132

苦成異人

張異方

妾異方

魯異

以上五字 漢印文字徵

異

石鼓文 鑾車遨獲允異

禮器碑 禮所宜異

孔宙碑陰 張琦字子異

曹全碑陰

魏三体石經

禪國山碑

汗簡

古文四聲韻

殊輝異色

集篆古文韻海

釋義

許慎  分也，从廾、从畀。畀，予也。凡異之屬皆从異。徐鍇曰：將欲與物，先分異之也。禮曰：賜君子小人不同日。羊吏切

陳按

"異"甲、金文象頭部殊異之人形（其頭部和"鬼"、"畏"上部相類），而雙手上舉，或是區別意義（參周忠兵說古文字中的"戴"字及相關問題一文）。於非舊以為表手持物戴於頭上。說文析形有誤。"異"是整體表意字，不可拆分，"畀"本象一種扁平而長闊的矢鏃（）之形，與"異"字無涉。（參見裘錫圭"畀"字補說）。"異"的本義應是怪異，特異。說文卷三"廾"部下有"异"（）字，與"異"音近，但未見古文字形体。現為"異"之簡化字。

六書

象形

附注

舁 以諸切，音余，平，魚韻，喻四，魚部，

 汗簡  集篆古文韻海

演變

 說文小篆 59頁 舁

釋義 許慎 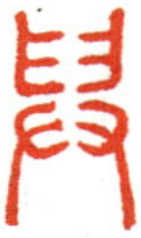 共舉也，从臼，从廾，凡舁之屬皆从舁，讀若余，以諸切

陳按 "舁"字未見先秦古文字，小篆从四隻手。字應是從"與"等字中拆分出的一個偏旁，後成為諸多字的構造部首

六書 會意

附注

𦥑　居玉切，入燭韻，見覺部。

 汗簡　 集篆古文韻海

演變

 說文小篆 60頁 → 

釋義　許慎　　叉手也。从E、ヨ。凡𦥑之屬皆从𦥑。居玉切

陳按　先秦古文字材料中，目前未見"𦥑"單獨用例，但偏旁中習見，象兩手相向交叉之形。本部所

隸僅一"要"字，正象人兩手叉腰，為"腰"本字，或以為"𦥑"是雙手捧物之形，乃"𦥑"（兩手掬物）字異體。

六書　會意

附注

植鄰切，平，真韻，禪，文部。

晨

合集9477　賓組

周中師晨鼎

春早，鄀公平侯盂　以上二字皆為人名，故未能確證其本義，或僅是與晨（㫳）同形耳。

彙3170　戰，燕，璽

3188

楚，包2.152

包2.225

包2.185

包2.73

楚，帛甲7.26　以上諸字从日，應是"早晨"之"晨"，或"時辰"之"辰"異體。

晨 西漢.馬王堆五星占

晨 汗簡

演變

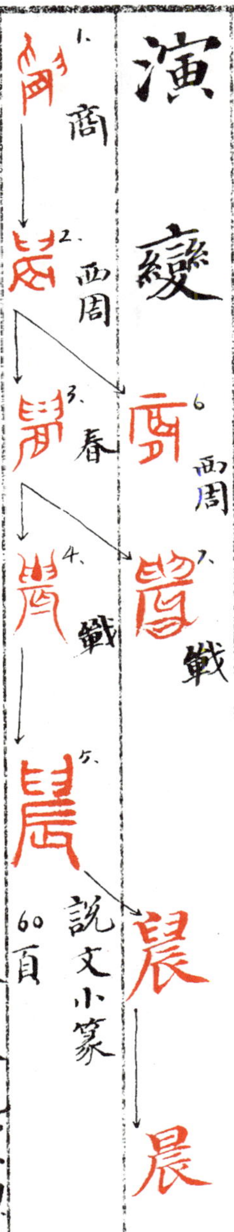

釋義

許慎 晨 早昧爽也。从臼从辰。辰，時也。辰亦聲。丮夕為𡖍，臼辰為晨，皆同意。凡晨之屬皆从晨。食鄰切

陳按 "晨"字上从兩手。應該是為"振"動之"振"而造的異體字。如中山王嚳鼎二""，隸作"奮桴晨(振)鐸"。另郭店簡五行簡19有""、隸作"金聖(聲)，而玉晨(振)之"。以上二例"晨"(从兩手)均用為振(从一手，单複無別)。說文以為"晨"是早晨"之晨"，或是假借。另說文卷七日部有"曟"()字，省作"晨"()，以為"是星辰"之晨"。

六書

會意兼形聲

附注

爨

七亂切,音竄,去,換韻,清,元部。

秦.睡.42.192

漢.倉頡篇5

爨世印

爨汲事

爨昌

爨長宥　漢印文字徵

以上四字

武威簡　特牲

汗簡

古文四聲韻

集篆古文韻海

演變

釋義 許慎  齊謂之炊爨。臼象持甑，冂為竈口，廾推林内火。凡爨之屬皆从爨。 籀文爨省。七亂切

陳按 「爨」字目前未見商周甲骨、金文，戰國簡帛常見，其中秦系文字和說文構形一致（小篆），許君分析甚詳，可信從。此外，戰國東方各國（楚地為主）尚有「」「」等字，學界認為是「爨」字異体（六國系統）。

六書　象形、或會意

附注

革　古核切，入麥韻，見職部。

商.花東474 子組

花東491 子組

周早.康鼎

戰.晉.璽彙3103

楚.鄂君啟節

楚.天策

楚.包264

楚.包271

楚.郭店 唐虞之道12

上博二.容成氏18

上博三.周易30

秦.睡14.89

北大漢簡 老子36

杷革

爽革

淳于革印 漢印文字徵 以上三字

泰山刻石 順承勿革

石經·多士 殷革夏命

禪國山碑 月正革元

魏受禪表

汗簡 革器械

古文四聲韻

集篆古文韻海

演變

1. 西周
2. 西周
3. 西周
4. 秦
5. 說文小篆 60頁
6. 漢
7. 秦
8. 漢
9. 漢
10. 西周
11. 西周、此與1.2.3三字皆爲"勒"之偏旁
12. 戰
13. 說文古文

釋義

許慎 

獸皮治去其毛革更之。象古文革之形。凡革之屬皆从革。古覈切，古文革从三十。三十年為一世而道更也。臼聲。

陳樓

「革」甲骨、金文字形應表治革之象形（即說文「獸皮治去其毛」之象）。古書中「革」一般指經過加工的獸皮。此外還有「甲胄」、「人的皮膚」、「八音之一」等義。

六書

象形

附注

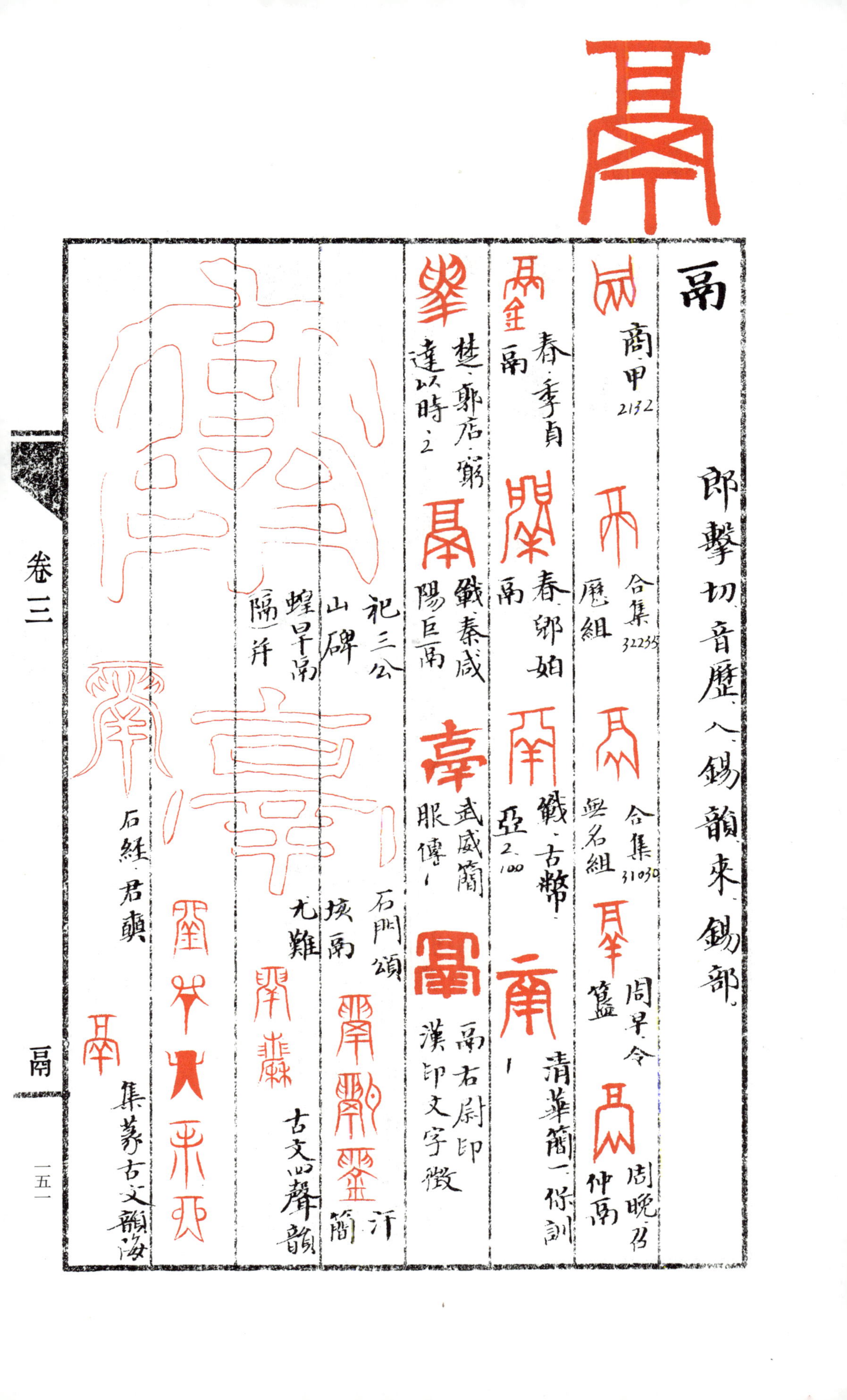

鬲

郎擊切，音歷，入，錫韻，來，錫部。

商·甲2132

合集32235 歷組

合集31030 無名組

周早·令簋

周晚·召仲鬲

春·季貞鬲

春·鄧始鬲

戰·古幣·亞2.100

清華簡一·保訓1

楚·郭店·窮達以時·2

戰·秦·咸陽巨鬲

武威簡·服傳1

鬲右尉印 漢印文字徵

祀三公山碑 蝗旱鬲（隔）并

石門頌 坡鬲尤難

汗簡

古文四聲韻

石經·君奭

集篆古文韻海

演變

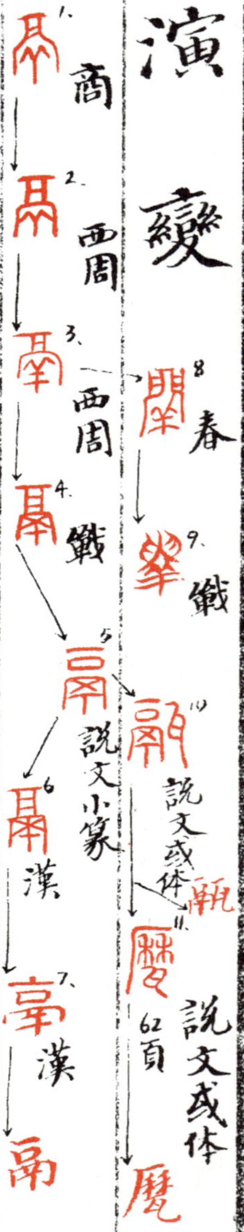

釋義

許慎　鬲　鼎屬，實五觳，斗二升曰觳，象腹交文，三足。凡鬲之屬皆从鬲。郎激切　𩰲，鬲或从瓦。𤮏，漢令鬲，从瓦，厤聲。

陳按　鬲古文字形體與出土實物相合，有三足，其足中空，足壁與器壁相連，腹足不分，與鼎形制有別（鼎是一個半球形器加上三足）。

六書　象形

附注

䰜

郎擊切、入、錫韻、來、錫部

汗簡

開母廟石闕

□□䰜化

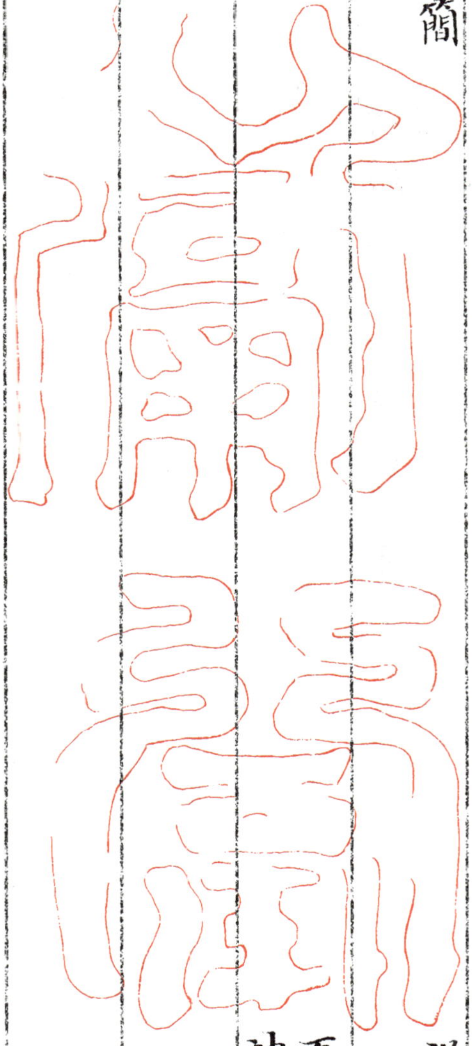

禪國山碑

夏祝

神䰜

演變

1. 
西周

2. 
說文小篆 62頁

䰜

釋義

許慎 

鬲也、古文、亦鬲字、象孰飪五味气上出也、凡䰜之

屬皆从䰜。郎激切

陳按　古文字未見"䰜"字獨體，偏旁有之，如"鬻"()、"羹"()等字所从之""，即"䰜"字，與"鬲"實爲同字，其"弜"便是"鬲"之兩邊寫得較寬闊(因中間還需容納其它偏旁)與下部脫離而來。而不是"象孰飪五味气上出"。另可參見陳劍《釋上博竹書和春秋金文的"羹"字異體》和郭永秉《上博藏西周寓鼎銘文新釋——兼爲春秋金文、戰國楚簡中的"羹"字祛疑兩文》。

六書

象形

附注

爪

側絞切，上，巧韻，照二，幽部

商·乙3471

東漢·中方著爪鑪

汗簡

古文四聲韻

集篆古文韻海

演變

1、商 → 2、說文小篆63頁 → 3、漢 → 

釋義

許慎  丮也、覆手曰爪、象形、凡爪之屬皆从爪、側狡切

陳按

甲骨文中"爪"字(包括偏旁)象朝下的手、即覆手之形。說文又部有"叉"字、西周金文作、"象指甲之形。"古書中"叉"字功能、義項已被"爪"字所代替、

六書

象形

附注

丮

 合集734正 賓組

 周初、沈子簋

 周中、班簋

 戰、晉、三十三年大梁戈

 汗簡

演變

1.  商
↓
2.  西周
↓
3.  春 → 7.  說文小篆 63頁 → 丮
↓
4.  秦
↓
5.  漢
↓
6. 凡 漢
↓
丸

釋義

許慎  持也，象手有所丮據也。凡丮之屬皆从丮。讀若戟。几劇切

陳楙 丮、甲、金文象一跽跪（或屈身）之人，雙手前伸，有所握持，執事之形。後世都用為偏旁（做義符為主），隸作丸、凡等形。

六書

象形

附注

鬥 都豆切 去侯韻 端侯部。

演變

釋義 許慎  兩士相對兵杖在後象鬥之形 凡鬥之屬皆从鬥 都豆切

陳按 甲文象兩人互持對方頭髮、徒手相搏之形，小篆已訛變。「鬥」加聲符、又分化出「鬭」字、睡虎地作  法80、西漢銀雀山作  127、可見秦漢文字「鬥」旁已做「門」形、現「鬥」、「鬭」二字皆廢、借「升斗」之「斗」以替。

六書 象形

附注

又

于救切　去宥韻

喻三　之部

商·粹1113

商·亞又方彝

周晚·鄭虢仲簋

春秋·秦公簋

戰·齊陳侯午敦

仲再簋

戰·燕貨系3162

晉·璽彙4516

中山王鼎

楚·包19

楚·包240

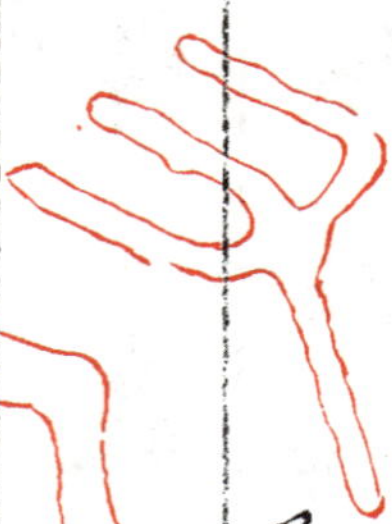
石碣吳人

品式石經咎繇謨

古先右六磬

右八磬

漢·馬·天文雜占

汗簡

古文四聲韻

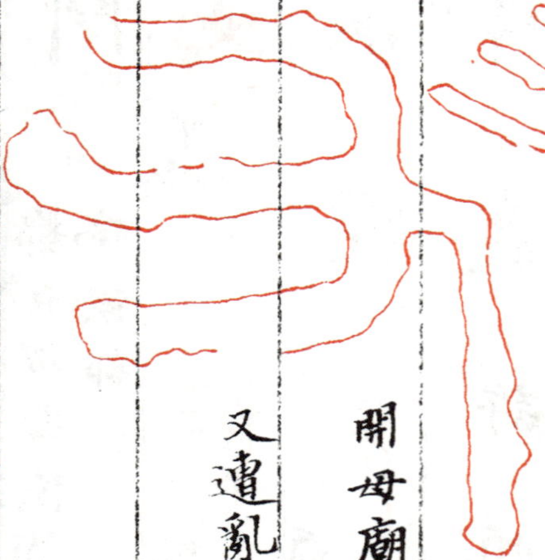
開母廟石闕

史晨奏銘

集篆古文韻海

又遣亂秦

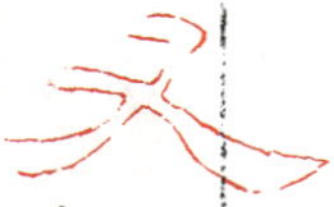
又尚書考靈燿曰

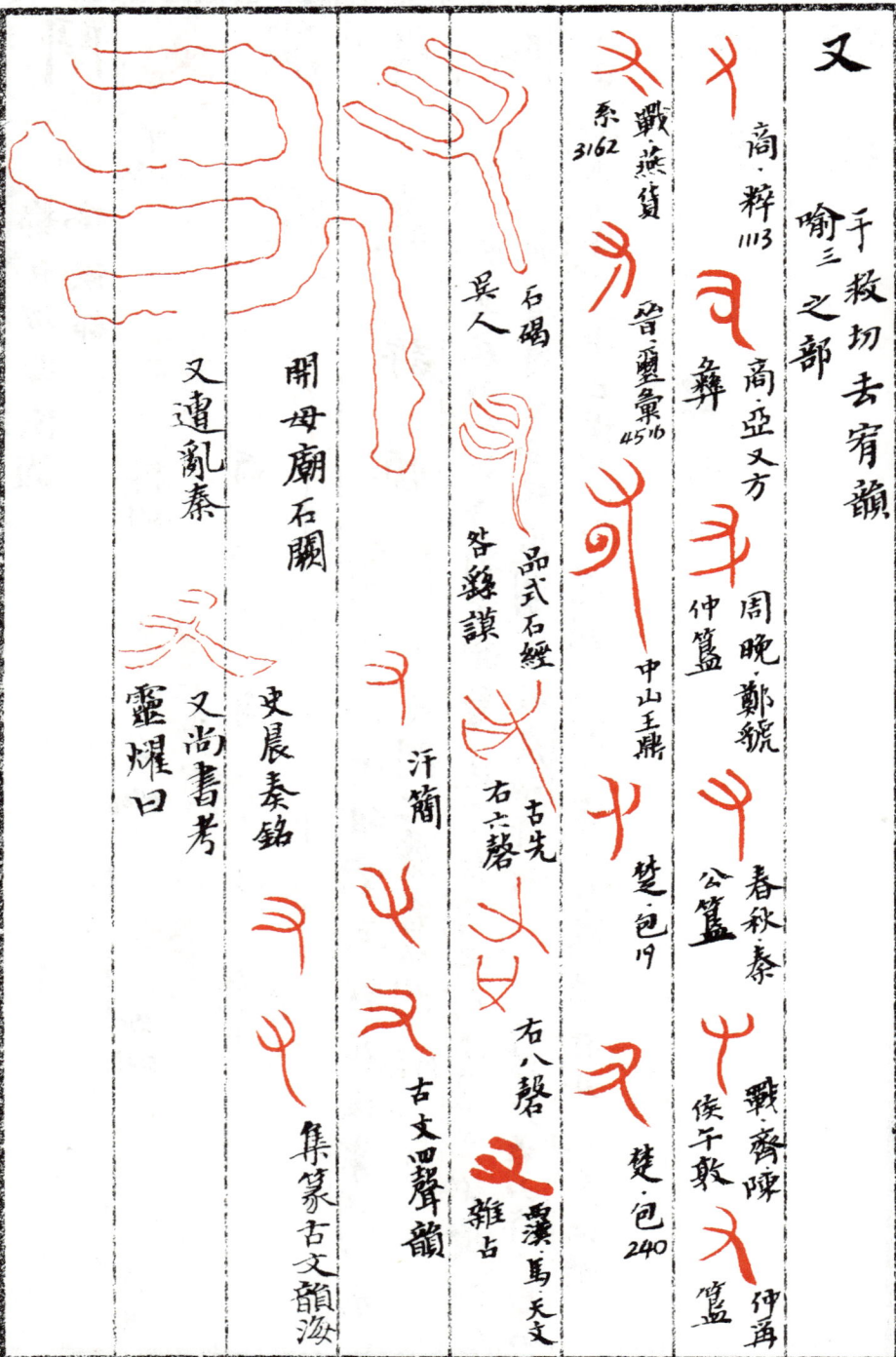

演變

釋義

許慎  手也。象形。三指者，手之列多略不過三也。凡又之屬皆从又。于救切

陳按

甲、金文「又」象右手之形，然五指只作三者，蓋古人言物多者以三為止。後借為「又再」之「又」，乃通假「右助」之「右」以代之，又造「佑」為「右助」字。「又」在出土文獻中常見，多為「左右」之「右」、「有無」之「有」、「佑助」之「佑」等。以「又」作形符字多與手或手部動作有關，如「取」、「叔」、「及」等。

六書

象形

附注

𠂇 （左）臧可切，上哿韻，精、歌部。

商，粹597

商，左鉦

周早，小盂鼎

周晚，散盤

古陶5.273

齊，古幣56

燕，古幣6

晉，貨系53

貨系54

演變

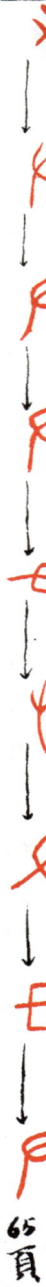

1 商　2 商　3 西周　5 戰國　6 戰國　7 戰國　8 戰國　9 戰國　15 說文小篆 65頁

4 西周　10 戰國　11 戰國　12 戰國　13 戰國　14 戰國

釋義

許慎：𠂇手也，象形。凡𠂇之屬皆从𠂇。臧可切

陳摸：𠂇為左本字，左為佐本字，段注：「俗以左右為𠂇又字，乃以佐佑為左右字。」今左行𠂇廢，本象左手形，引申指方位左邊、左方。詩唐風有杕之杜「有杕之杜，生於道左」，元年師兌簋：「疋（疋胥）（助）師龢父𤔲（司）𠂇右走馬」，但「𠂇右」作「」「」（集成4274.2），𠂇作，與「又」互用，亦見於甲骨文，「𠂇中又」並用不混。

六書　象形

附注

史　疏士切，上，止韻　審二之部，

商，鐵183.4

史簋

史尊

牆盤

史宜父鼎

柳鼎

盜壺　从彳从吏

古陶5.384

貨幣

晉璽彙1903

晉，五年龔令戈　集成

156.5（吏）

85.3（吏）

156.19（吏）

156.5（吏）

侯馬盟書字表，

法94

秦　睡虎地秦簡175

泰山刻石

咸陽瓦

西漢　承安宮鼎

齊御史夫=
冀州刺史
史印宜成
京兆尹史石揚
大史錯

史富昌
史定
玄史虎
史循私印
史儋

史勳
蘇少史
史郤
史晨
史晨印信
漢印文字徵 竝上15字

少室石闕 户曹史張
開母廟石闕 户曹史夏效
詩

史晨後碑 部史 仇誧
孔龢碑 爲孔子廟置百石卒史一人

戰.楚.郭店 老子甲.2
清華一 金縢.2

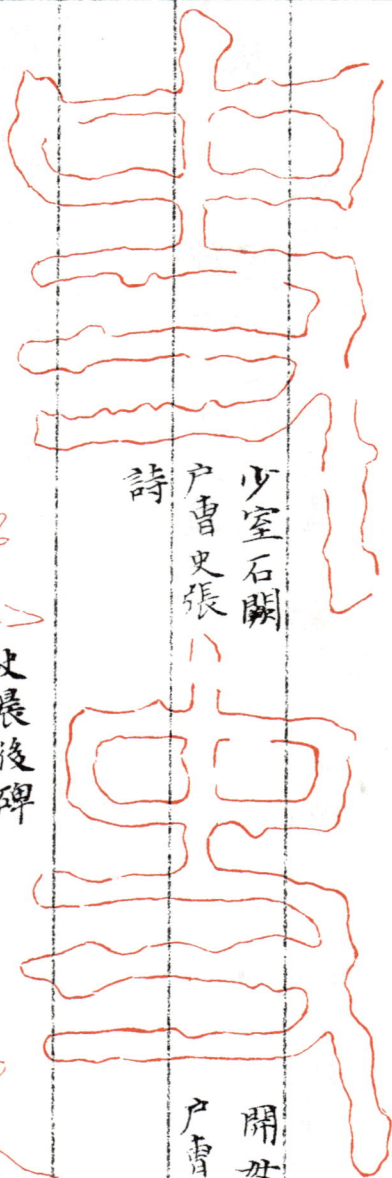

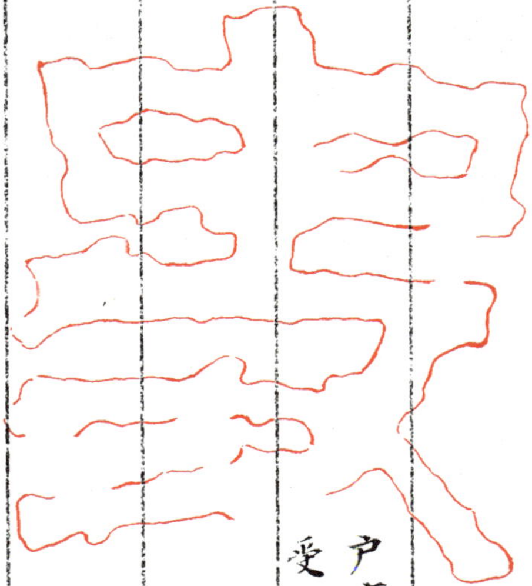

祀三公
三碑

户曹史紀受

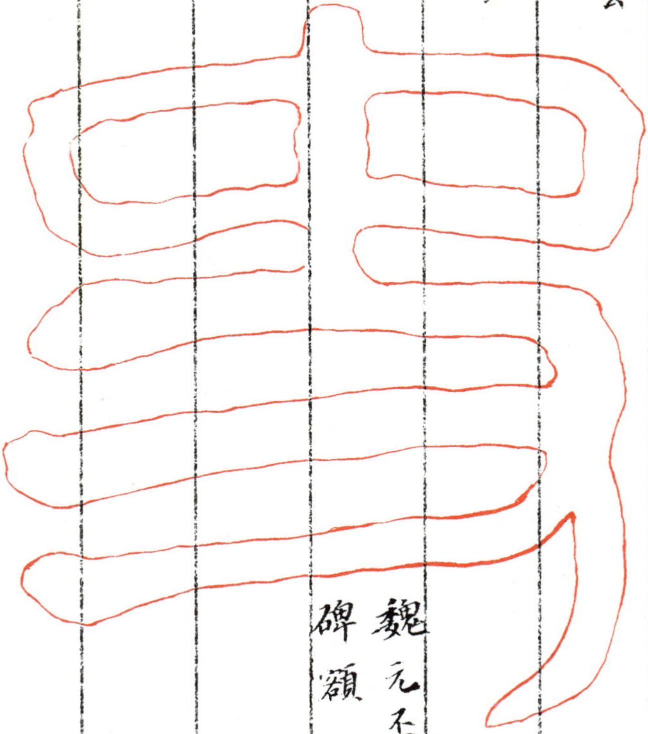

魏元丕
碑額

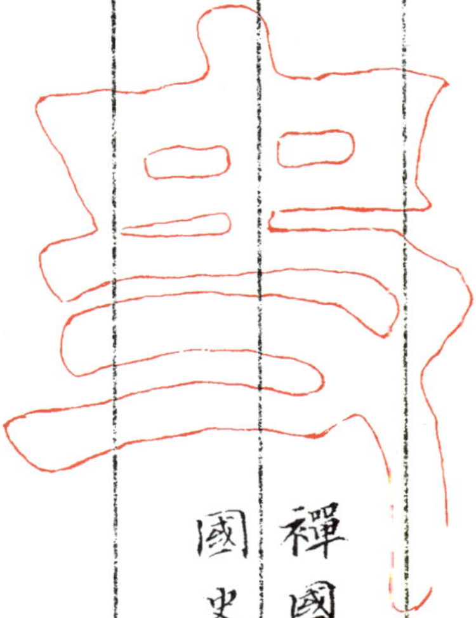

禪國山碑

國史瑩覈等

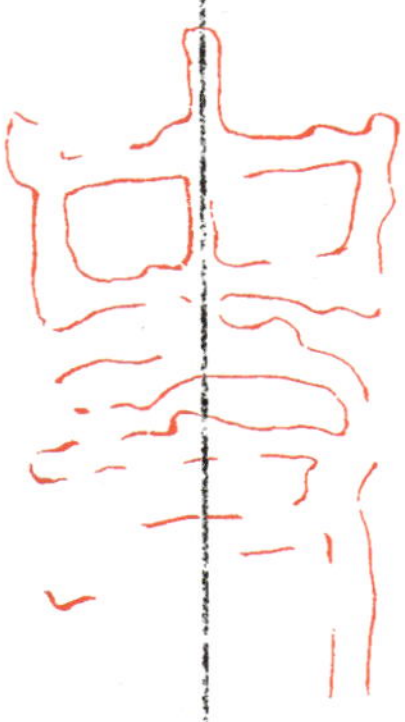

蘭臺
令史
殘碑

史

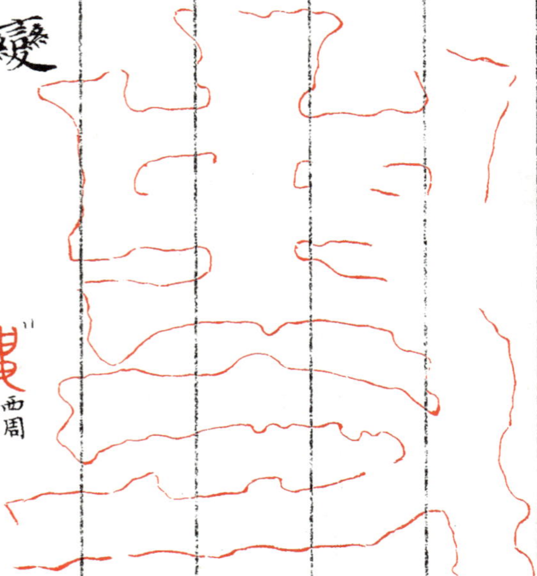

天璽紀功碑 令史建忠

汗簡

集篆古文韻海

演變

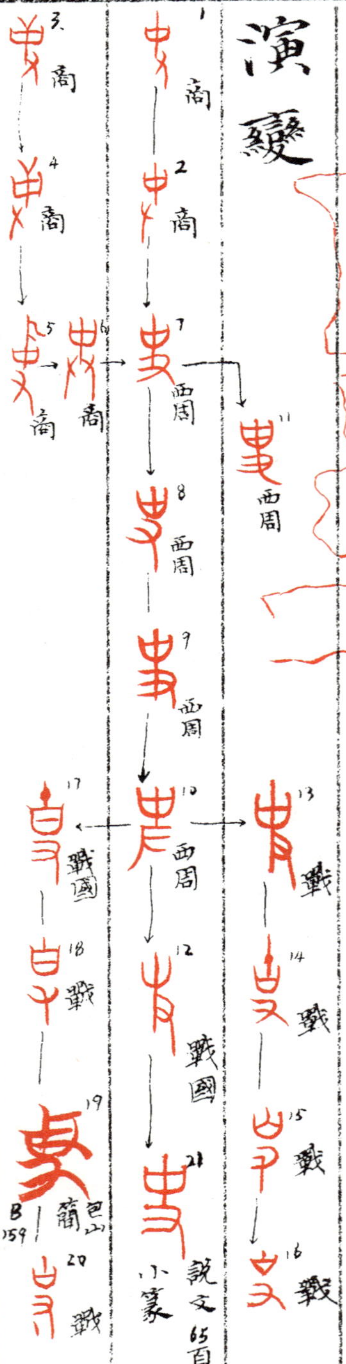

釋義

許慎

記事者也。从又持中。中，正也。凡史之屬皆从史。疏士切

陳按　商周甲骨、金文"史"字从又持"中"，所持之"中"爲何物，學者衆説紛紜，未有定論。《説文》以爲"中"（"中"正義）形，乃是據秦漢隸體立説，不可從。"史"、"事"、"吏"三字形、音、義相關。"史"、"事"皆由"史"字岐頭分化而來。初多混用。　典籍中多用作官名。

六書

附注

支

章移切，平，支韻，照三，支部

秦·睡·法律答問208

西漢·縱橫家書151

左磬　桃支

冀月　支

晉支胡率善佰長　以上三字　漢印文字徵

支

尹宙碑　碑　流懷支判

校官碑　永世支百

汗簡

集篆古文韻海

古文四聲韻

演變

1. 說文古文

2. 戰

3. 戰

4. 戰

5. 說文小篆 65頁

6. 漢

7. 漢

8. 漢

9. 漢

10. 漢

釋義

許慎　去竹之枝也。从手持半竹。凡支之屬皆从支。章移切

古文　支。

陳　按：「支」字小篆从又持「个」（「竹」之一半），會脫離竹莖之竹枝，即「枝」本字，引申指植物的枝條，如詩·衛風·芄蘭「芄蘭之支」。劉釗師爲小書審稿時，蒙其賜告，「支」古文字上部似从「十」。

六書

會意

附注

聿 尼輒切，入，葉韻，泥，葉部。

汗簡

演變

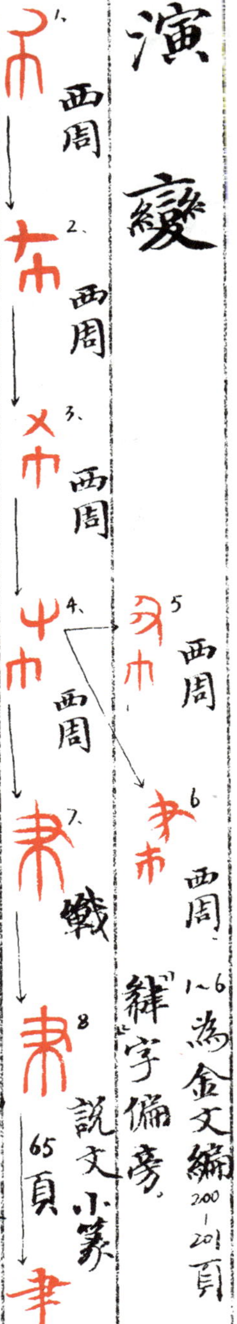

釋義

許慎

手之疌巧也，从又持巾。凡聿之屬皆从聿。尼輒切

陳按　古文字未見「聿」獨體、亦未見古書用例、或是从「聿」中誤拆出來的一個部首、說文以為从又持巾、「肄」字所从。

六書　會意

附注

聿　餘律切、入、術韻、喻四、物部、

合集28169　無名組

合集22065　午組

商、聿鼎

聿造鬲　西周晚期

春秋、者汈鐘

春晚楚　王領鐘

戰、印　鐵雲

張聿印信　漢印文字徵

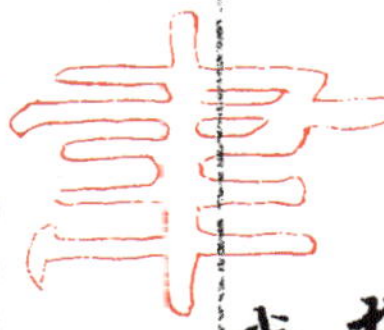

楊叔恭殘碑  石經·魯詩殘碑 歲聿其逝  汗簡

聿用作詩  集篆古文韻海

演變

釋義

許慎  所以書也，楚謂之聿，吳謂之不律，燕謂之弗。从聿，一聲。凡聿之屬皆从聿。余律切

陳按 聿甲、金文从又持丨或木（筆管之形），會手持筆寫字，乃筆初文。聿和尹本為一字，後分化為二。另，古書中罕見聿用其本義（表一隻筆），而多用作助詞，其本義則增竹作筆字而代之。

六書 會意

附注

畫

胡卦切，去，卦韻匣，錫部。

周早宅鼎

周中，彔伯簋

周中，吳方彝

周晚，五年師旋簋

戰，晉璽彙1343

晉，上官登

晉，車大夫長畫戈

楚，曾31

楚，曾138

秦，睡8.13

西漢，一號墓竹簡

畫鄉

漢印文字徵

禮器碑

汗簡

古文四聲韻

承天畫卦

集篆古文韻海

演變

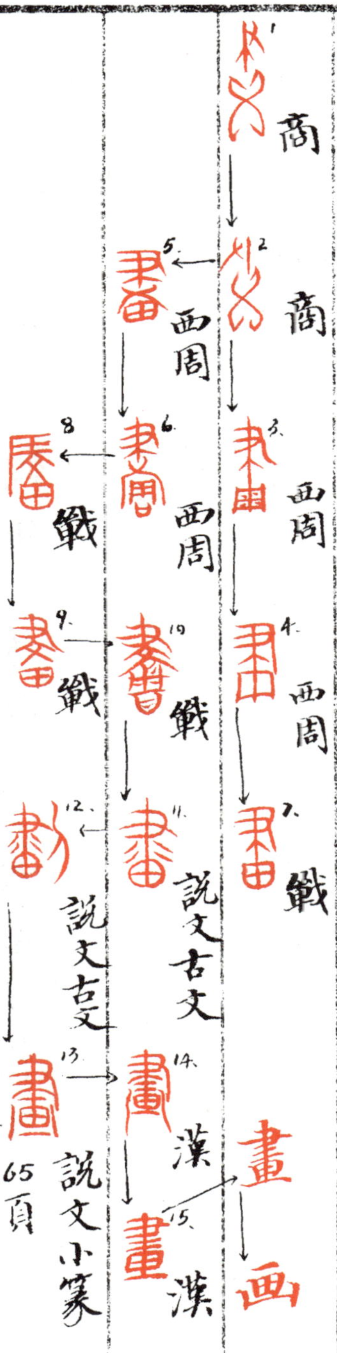

釋義

許慎　畫，界也，象田四界，聿，所以畫之。凡畫之屬皆从畫。胡麥切

畫，古文畫省。劃，亦古文畫。

陳按　「畫」字西周金文从「聿」、从「周」（古「周」字）會意。白於藍師以為「聿」（）字應釋作「紋」（詳見白於藍師拾遺錄——出土文獻研究一書所收釋「聿」文）。「畫」字本義應是劃界。「畫」與「劃」本為一詞，後分化為二。「劃」與「划」（後起字，划船之划）在簡化字中混同，三字中古音完全不同。

六書　會意

附注

隶

羊至切、集韻待戴切、去代韻、定、物部

春晚 邵鐘

戰晉璽 彙3163

晉六年令戈

汗簡

演變

1.  春

2.  戰

3.  戰

4.  戰

5.  戰

6.  說文小篆 65頁

釋義　許慎　及也、从又、从尾省、又持尾者、从後及之也、凡隶之屬皆从隶、（徒耐切）

陳按　“隶”古文字（目前所見最早字形爲春秋時）从又持“木”（尾）字象形初文、象一手抓住尾巴之形、从會逮捕之意、是“逮”字初文、古書中“隶”未見用其本義、說文另有“隸”字、簡化字作“隶”。

六書　會意

附注

臤

苦閑切、平、山韻、溪、真部、

合18143 賓組

商 烏且癸簋

商、引鼎

周早、臤父辛爵

西周·作伯簋

戰楚·郭店語叢三52

郭店六12

郭店緇衣17

郭店·窮達以時·2

上博簡二容成氏·10

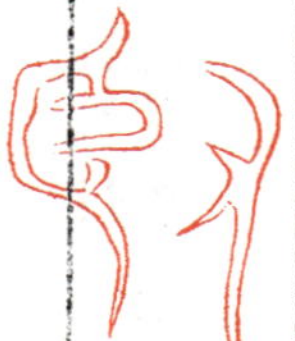
石經·君奭
臤·賢古今字

校官碑
親臤寶智

汗簡

演變

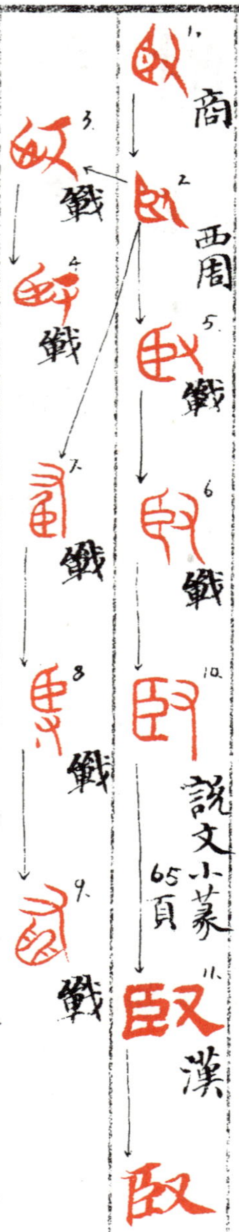

釋義

許慎

臤　堅也，从又，臣聲。凡臤之屬皆从臤。讀若鏗鏘之鏗。古文以為賢字。苦閑切

陳按

「臤」甲骨文从又从臣，金文从又，从臣，金文从又插入眼（臣）中，構形本義不明，或以為是「掔」初文。金文和竹簡書中多表賢能之賢。參見陳劍作伯簋銘補釋一文相關闡述。

六書 會意兼形聲

附注

臣

植鄰切，平，真韻，禪，真部。

合集20354 𠂤組

合集217 賓組

周晚，毛公鼎

戰，齊，璽彙3826

燕，璽彙3326

晉，中山王譽鼎

晉，古幣78

楚，曾155

郭店簡，語叢一87

郭店簡，老子甲18

郭店，緇衣3

清華簡一，皇門2

上博五，姑成家父5

上博竹書二，容成氏44

戰，秦，廿七年上郡守趞戈

秦，睡，語書6

傅，齊臣

臣長

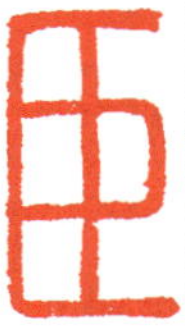
臣禹

臣中 以上四字漢印文字徵

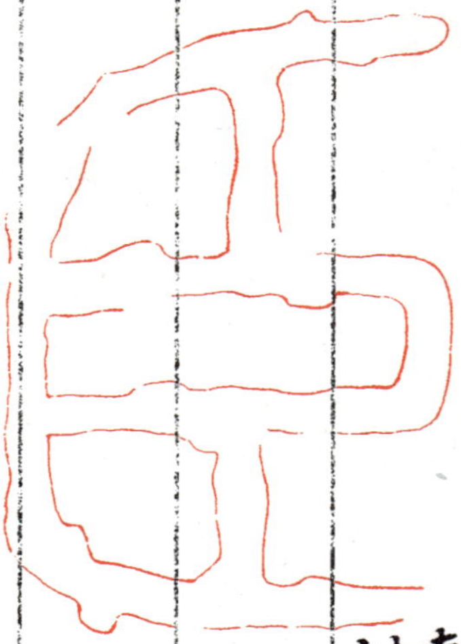

泰山刻石

臣去疾

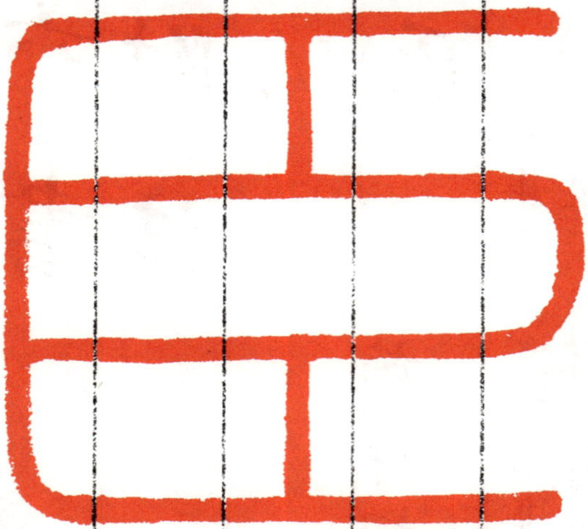

嶧山刻石

羣臣誦略

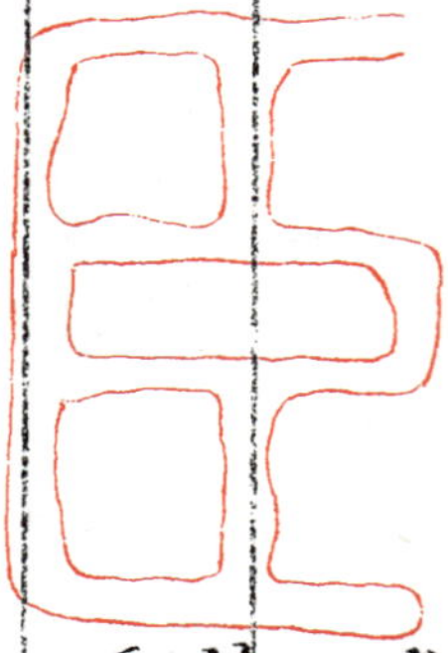

郎邪刻石

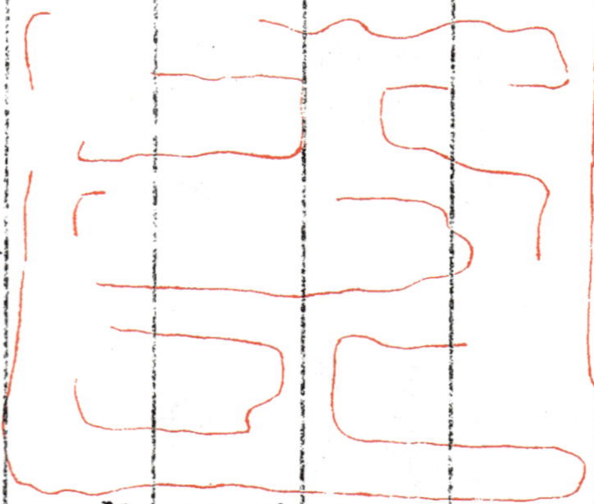

羣臣上醻題字

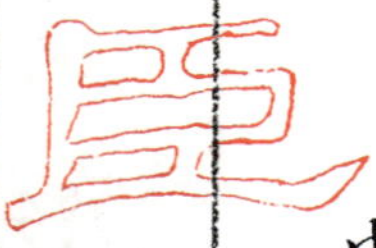

史晨碑

臣郎自以奉錢

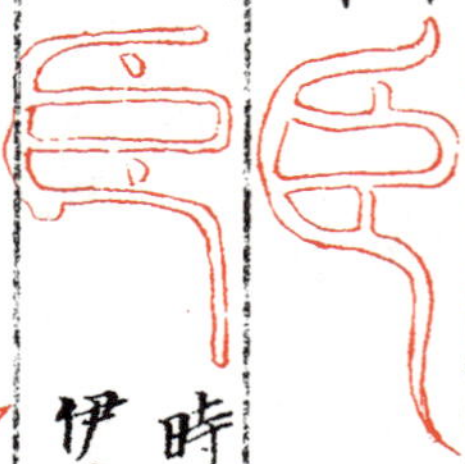

石經君奭

時則有若伊陟臣扈

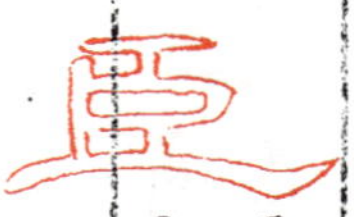

曹全碑

芟不臣

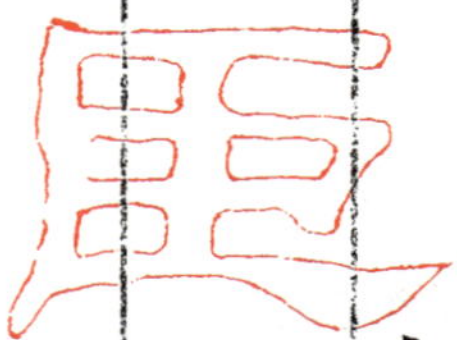

孔龢碑

司徒臣雄

汗簡

古文四聲韻

集篆古文韻海

演變

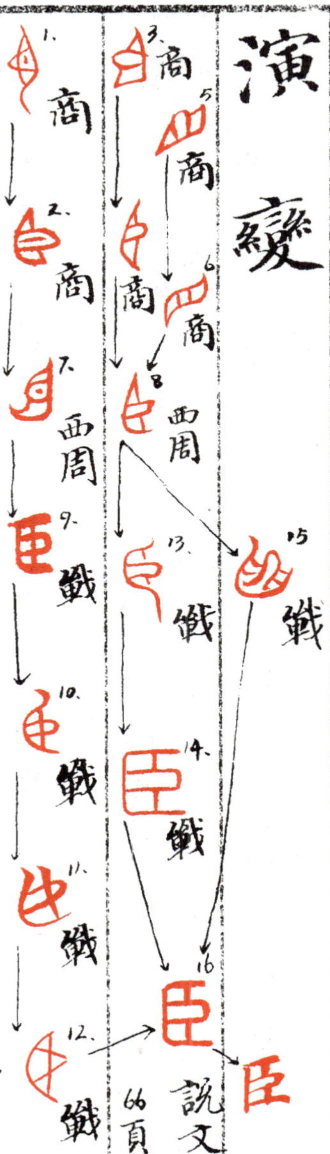

釋義

許慎  牽也，事君也，象屈服之形。凡臣之屬皆从臣。植鄰切

陳按 「臣」()和「目」()之本質區別在橫豎不同。「豎」字作 ，象人俯身豎目之形，从「臣」，可知「臣」取「豎目之象」。甲、金文中常指「臣虜」、「奴隸」，地位低下之人。韓非子·五蠹：「雖臣虜之勞，不苦于此矣」。楊樹達·積微居小學金石論叢·臣牽解：「……蓋臣本俘虜之稱。……」

六書

象形

附注

殳 市朱切，音殊，平，虞韻，禪，侯部。

合集6賓組

合集22196子組

周中，趙曹鼎

春，殳季良父壺

戰，楚，曾侯邸殳

楚，曾1

秦，睡53.23

汗簡

古文四聲韻

集篆古文韻海

演變

1. 商

2. 商

此二字並不一定是殳。

11. 說文小篆 66頁

12. 漢

5 商

3 商

4 商

6 商

西周

春

4. 戰

10 戰

釋義

許慎  以杸殊人也。禮：殳以積竹，八觚，長丈二尺，建於兵車，車旅賁以先驅。从又，几聲。凡殳之屬皆从殳。市朱切

陳按 甲骨文「殳」从又，持一捶擊類工具之形，是古代一種兵器，多用於車戰。東周時使用普遍，以竹或木製成，頂端有棱，字又作「杸」。依傳統講法，「殳」是車陣衝鋒，用於驅散敵軍的兵器。如詩·衛風·伯兮：「伯也執殳，為王前驅」。1977年9月湖北隨縣擂鼓墩曾侯乙墓出土有自銘為「」（曾侯邸之用殳）的青銅兵器，殳頭為三棱矛形，柲（殳柄）為積竹，八棱形。形制和說文所說基本吻合。

六書

象形

附注

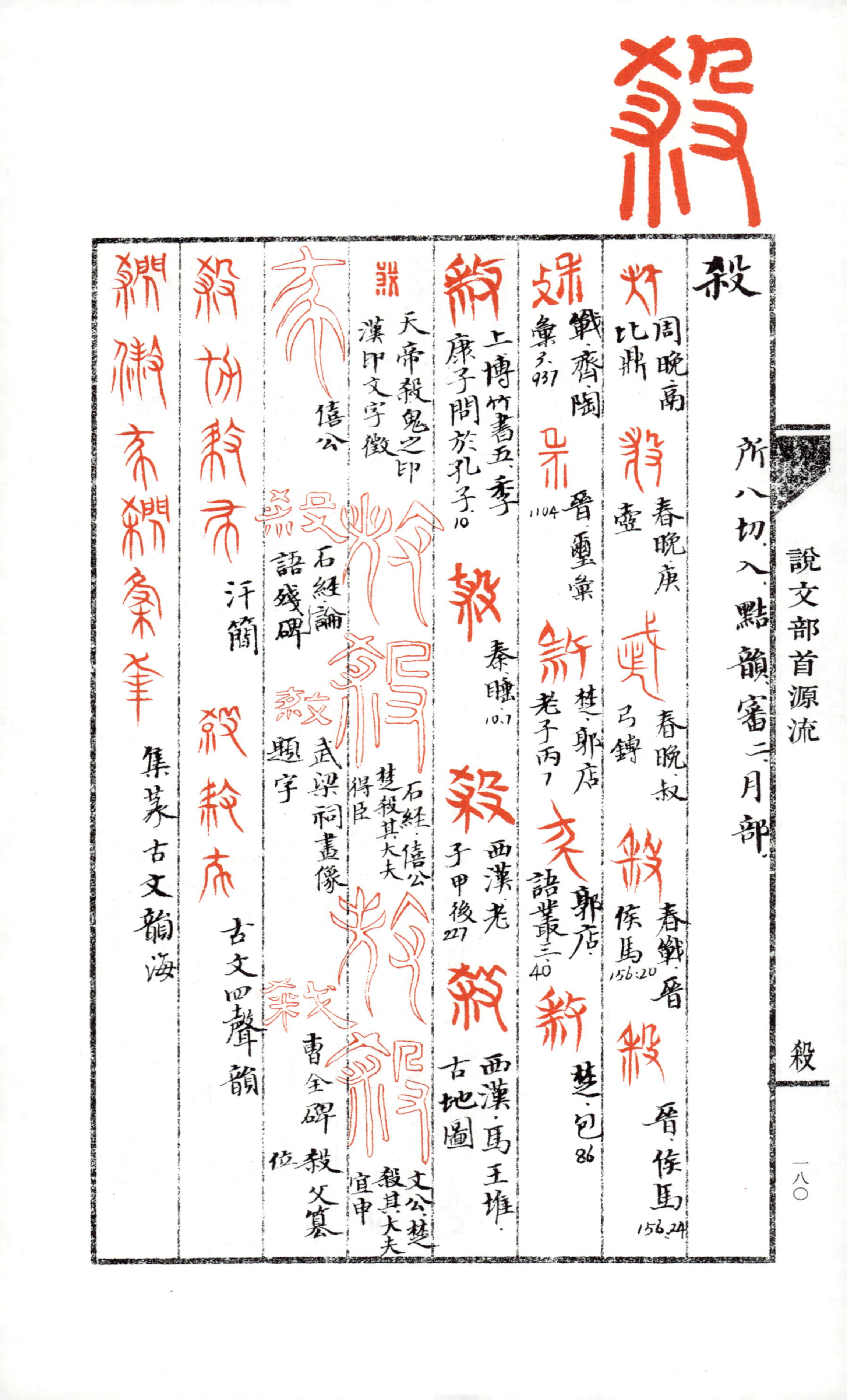

殺

所八切，入，黠韻，審二，月部。

周晚 鬲比鼎

春晚 庚壺

春晚 叔弓鎛

春戰 晉 侯馬156:20

晉 侯馬156:24

戰 齊陶 彙3.937

晉璽 彙1104

楚 郭店 老子丙7

郭店 語叢三40

楚 包86

上博竹書五 季康子問於孔子10

秦 睡10.7

西漢 老子甲後227

西漢 馬王堆 古地圖

天帝殺鬼之印 漢印文字徵

石經 僖公

石經 僖公 楚殺其大夫得臣

文公 楚殺其大夫宜申

石經 論語殘碑

武梁祠畫像題字

曹全碑 殺父篡位

汗簡

古文四聲韻

集篆古文韻海

演變

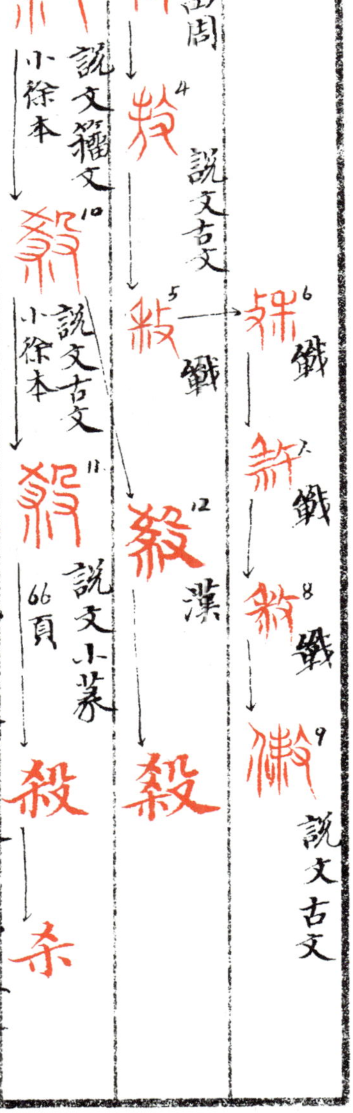

釋義

許慎 ：戮也，从殳，杀聲。凡殺之屬皆从殺。臣鉉等曰：《說文》無杀字，相傳云音察，未知所出。所八切。，古文殺。，古文殺。，古文殺。

陳揆 甲骨文、、等字，吳振武以為是殺初文。殷墟甲骨文還有从虫（它）、从攴或从也、从文的字形（、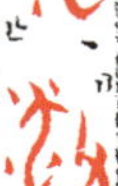），陳劍以為是殺字前身（參見《試說甲骨文的殺字》）。字形象以撲杖擊殺蛇虺、鮮血濺之形。其在甲骨、金文中的字形演變序列如下：

蜀金文在甲骨文形體上加意符人，寫在左下角，與上面倒寫它旁及小點結合，成一個獨體披頭散髮之人形。秦漢文字進一步訛變，為小篆所本。殺

後來又分化出"殺"字。此外"誅、殺、弒"三字都有處死、屠殺義、但"誅"用於上殺下、有道殺無道、誅殺有罪者、是褒義詞、"殺"是中性詞、使用範圍最廣泛、"弒"用於下殺上、是貶義詞。

六書

會意

附注

几 市朱切、平、虞韻、禪、侯部。

 汗簡

 古文四聲韻

演變

几 說文小篆

66頁

几

釋義　許慎　几　鳥之短羽飛几几也。象形。几几之屬皆从几。讀若殊。（市朱切）

陳按　古文字未見"几"，亦無典籍中用例。本部所隸二字"殳"、"鳧"皆不从"几"，故"几"字構形本義尚不可考。

六書　說文以為象形

附注

寸

倉困切，去，慁韻，清，文部，

戰，秦，陶 彙5.280

秦 睡10.14

西漢，老 子甲72

武威簡，服傳八

新，嘉量

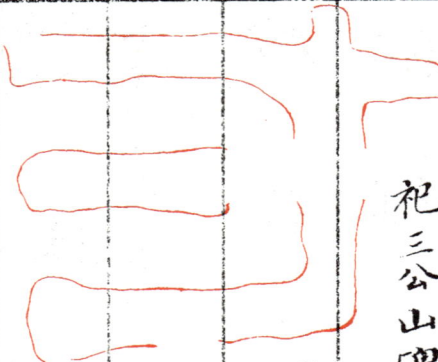

祀三公山碑 興雲 肎寸 雲

嵩山太室闕 銘 肎寸起

白石神君碑 肎寸而合

汗簡

演變

1. 戰
2. 戰
3. 秦
4. 說文小篆 67頁
5. 漢
6. 漢
7. 漢
8. 漢
9. 漢

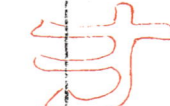

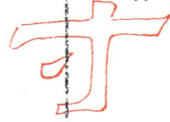

釋義

許慎

十分也、人手卻一寸動𧖴、謂之寸口。从又从一。凡寸之屬皆从寸 倉困切

陳按

寸字目前未見商周獨體文字、最早見於戰國、从又、从二（說文以為指示寸口之所在、另、又字在戰國古文字中作偏旁時、常於其下方加點、橫等為飾筆、遂與寸字同形。商鞅方升銘文中、以尊表寸、似可說明寸字晚起、或亦僅是假借、根據出土實物發現寸之長度上古並並不固定、殷商時一寸約1.58釐米、而戰國時一寸約2.31釐米、寸疑从尊字下部割裂而來、寸之本形、本義還需更多古文字材料來考證。

六書

指事

附注

皮

符羈切，集韻蒲糜切，平，支韻，並，歌部。

商·花東550 子組

周中·九年衛鼎

春·者𣲸鐘

戰·齊璽彙3.1170

晉·璽彙3089

晉·古幣52

楚·郭店簡緇衣10

楚·包山2.33

上博一緇衣16

上博四柬10

秦·睡10.7

西漢·馬孫臏220

皮光之印

皮聚

田皮

以上三字漢印文字徵

石鼓文馬薦

曹全碑陰河東皮氏岐茂

魯峻碑陰勃海南皮劉盛

汗簡

集篆古文韻海

演變

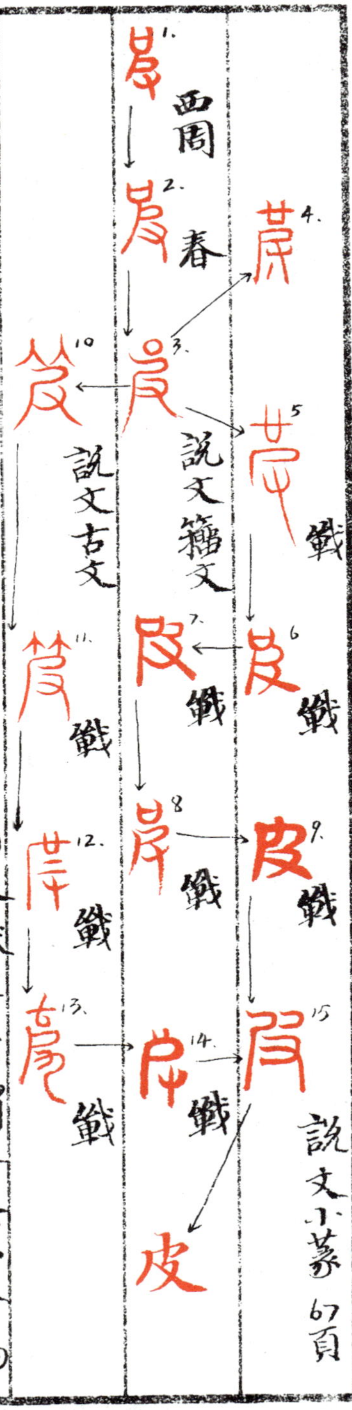

釋義

許慎  剝取獸革者謂之皮，从又，爲省聲。凡皮之屬皆从皮。符羈切

 古文皮。 籀文皮

陳按 甲、金文皮从又（手形）向下拉扯剝取獸皮之形。本義應是獸皮，與革同義（革有時特指去毛的獸皮）。古書中皮有剝皮、皮膚外表、植物的表層等義。

六書

象形

附注

㼱

而兗切、上、獮韻、日、元部。

汗簡

古文四聲韻

集篆古文韻海

演變

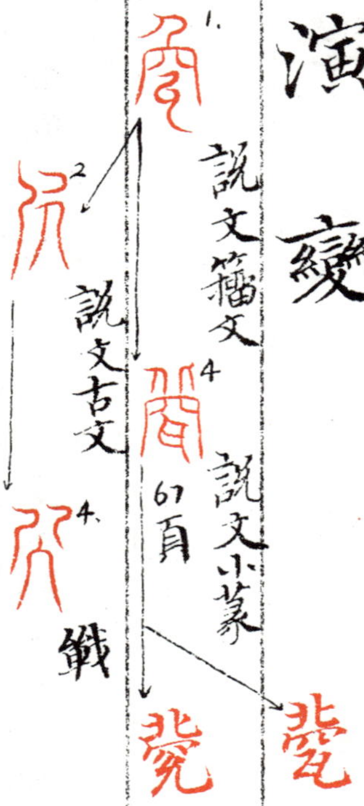

1. 說文籀文

2. 說文古文

4. 61頁 說文小篆

4. 戩

㼱

釋義

許慎

柔韋也、从北、从皮省、从夐省、凡㼱之屬皆从

𤿭，讀若耎。一曰：若儁。臣鉉等曰：北者反覆柔治之也，夐營也。而兗切

，古文𤿭。，籀文𤿭，从夐省。

陳按 「𤿭」字未見先秦古文字形體，亦未見傳世古書用例，其構形本義尚不可考。說文以為「柔韋」，「从皮省」，若可信，則小篆應改作「」形，而非从「乙」之形。二〇一七年十月在復旦大學出土文獻與古文字研究中心主辦的「出土文獻與傳世典籍的詮釋」國際學術研討會論文集中，劉釗師有說「𤿭」和「叏」一文，指出「𤿭」字見於秦印。

六書 會意

附注

攴 普木切，入，屋韻，滂，屋部

合22530 子組

商，摭續190

此字劉釗師釋為「攴」，即「鞭」之初文，季旭昇以為甲骨文「鞭（名詞）」、「攴（動詞）」同。

演變

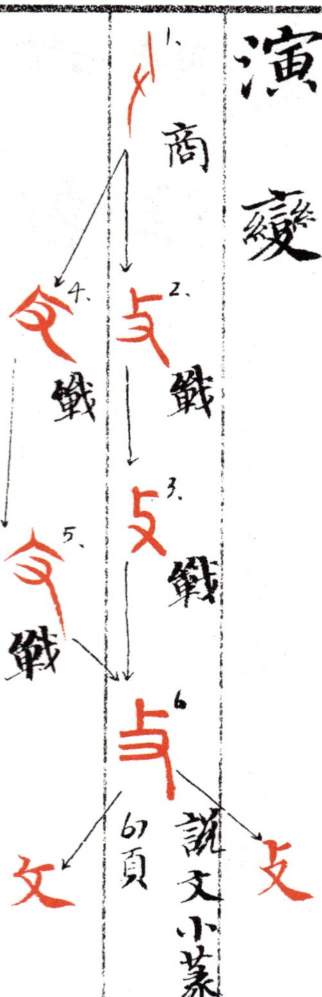

釋義

許慎：小擊也。从又，卜聲。凡攴之屬皆从攴。普木切

陳按

"攴"字習見於商周甲、金文偏旁中，从又持一小棍之形，應表打擊、敲擊行為。後世形體演變上部變形音化為"卜"，"卜"和"攴"古音相近。古書中"攴"未見獨體用例，《集韻》等書以為"卜"、"扑"同字，是古今字的關係，存參。後世偏旁中常隸作"攵"。

六書　會意

附注

古孝切、去、效韻、見、宵部

教

合集27732 何組

商、粹1162

周晚 散盤

春、鄦侯簋

戰、晉、王何戈

楚、包99

楚、郭店簡、緇衣24

郭店緇衣、27

郭店、唐虞之道4

郭店、老子甲17

郭店13、43

郭店大5

清華簡一 皇門7

上博竹書一 緇衣10

上博竹書四 曹沫之陳、19

秦陶485

秦、睡28、3

西漢、萬年縣官斗

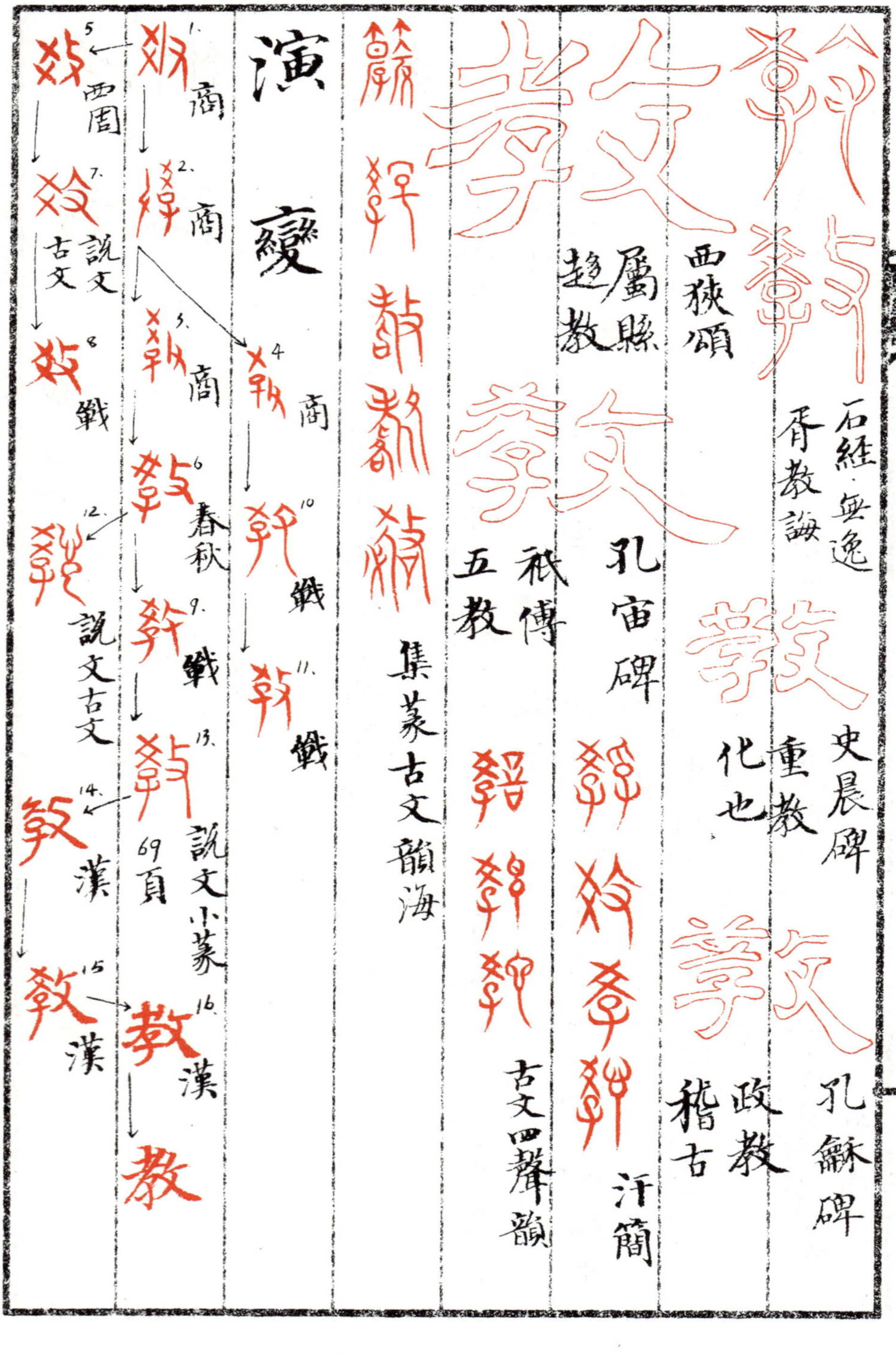
石經·無逸
史晨碑
孔龢碑
胥教誨
重教
政教
西狹頌
化也
稽古
屬縣趍教
孔宙碑
汗簡
祇傳
五教
古文四聲韻
集篆古文韻海
演
4 商
10 戰
11 戰
1 商
2 商
3 商
6 春秋
9 戰
13 說文小篆
69頁
16 漢
5 西周
7 說文古文
8 戰
12 說文古文
14 漢
15 漢

釋義

許慎  上所施，下所效也。从攴，从孝。凡教之屬皆从教。 古孝切  古文教。亦古文教。

陳按 甲骨文从攴，从子，爻聲。象手持器械施教於孩童之形，或以爲「爻」亦表意，是算籌，會手執教鞭，擺弄籌策，教導孩子計數或算卦（沈培）。金文或省「子」作「效」，或从「爻」，「學」聲（「學」亦表意）作「斆」。

古「教」「學」同字（與「授」「受」同類），兼表施教和受學。《尚書·說命》：「斆學半。」「斆」即「教」。戰國文字或有从「言」而不从「子」之字，應是「言教」之「教」專字。

六書

形聲

附注

卜

博木切，入，屋韻，封幫，屋部。

合集21404
𠂤組

合集5331
賓組

周中．曶鼎

周晚．卜孟簋

春戰．晉．侯馬303:1

戰．齊
貨系2563

楚．郭店
緇衣46

上博竹書
四．柬．1

清華簡一
金縢．1

秦．睡．日書乙種191-2

卜廣
私印

卜都

卜口
私印

卜音
漢字文字徵
以上四字

白石神君碑

汗簡

石經

君甎

若卜

筮

古文四聲韻

集篆古文韻海

卜君頌碑額陽識

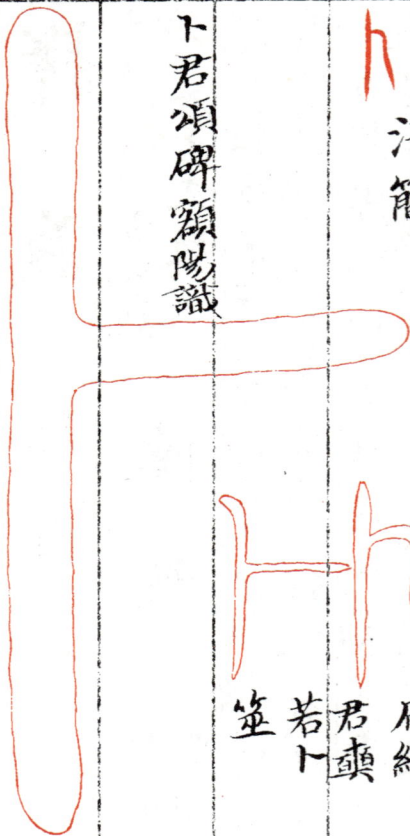

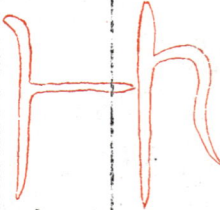

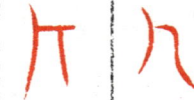

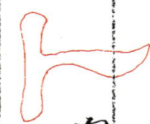

演變

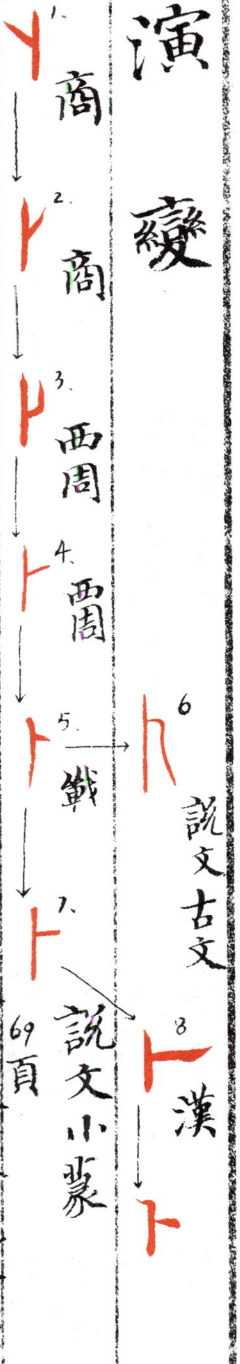

釋義

許慎 卜 灼剥龜也，象炙龜之形；一曰：象龜兆之從横也。凡卜之屬皆从卜。博木切  古文卜。

陳按 甲骨文象卜兆縱横相交之形，兆支方向取決於龜甲背後之鑽鑿位置，龜甲鑽孔經灼燒出現的裂紋即呈「卜」字形，而「卜」之音，則象龜甲受熱爆裂時之聲響。說文「一曰」是也。

六書

象形

附注

用

余頌切，去用韻，喻四東部

合集19762 𠂤組

合集19887 𠂤組

合集539正 賓組

商戍甬鼎

周早盂鼎

周晚井戈 弔安父𣪘

周晚頌𣪘蓋

春杞伯簋

用戈

楚王酓章戈

王子午鼎

戰齊子禾子釜

楚郭語三55

清華簡一皇門1

西漢縱橫家書15

樂用里附城 漢印文字徵

石鼓文 吳人

張遷碑 有張良

白石神君碑

石經無逸 民否則用厥心韋怨

善用籌策

縣出經用

汗簡

古文四聲韻

集篆古文韻海

演變

1.  商
2.  商
3.  商
4.  西周
5.  春
6.  秦
7.  說文小篆 加耳
8.  漢
9.  漢

釋義

許慎  可施行也、从卜、从中。衛宏說、凡用之屬皆从用、臣鉉等曰卜中乃可用也。余訟切

古文用。

陳按 甲骨文象"桶"之形、左邊象桶身、右象有把手之形、是"桶"之初文、字之本義為桶、筒、後假借表"施用"等義。裘錫圭在甲骨文中的幾種樂器名稱——釋庸、豐、鞀一文中指出甲骨文"庸"字所从之""、即古文字"同"、大概是筒、桶一類東西的象形字、"用"是由"冃"(加把耳)分化出來的一個字。古書中"用"還有

卷三 用

『聽從』、介詞表原因（詩小雅小旻：「謀夫孔多，是用不集。」）等用法。

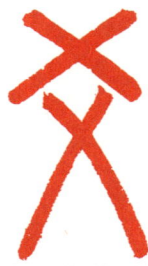

六書

象形

附注

爻

胡茅切，平，肴韻，匣，宵部。

合集138 賓組

商，父乙爻角

商，父丁簋

周中晚，伯晨鼎

5.382 戰，秦陶彙

汗簡

演變

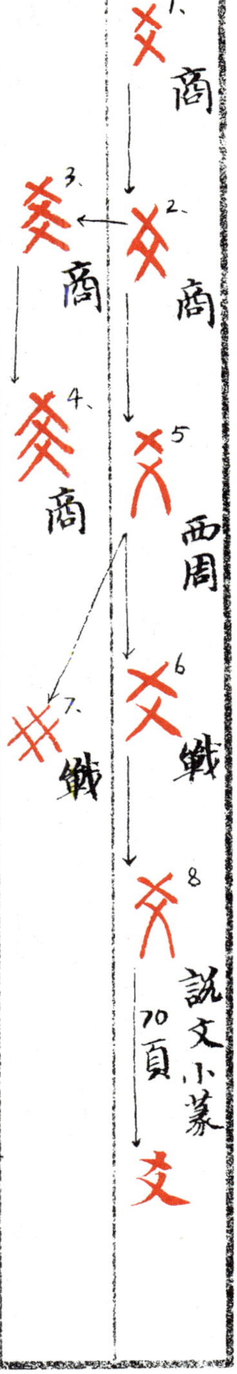

釋義

許慎 爻 交也。象易六爻頭交也。凡爻之屬皆从爻。胡矛切

陳按

爻是周易中組成卦的符號，分陽爻(一)和陰爻(--)，其前身應該是"數字卦"。古文字形體象擺列衆多竹木小棍之形。古人常以之當算籌用於計算和占卜。

六書

象形

附注

㸚

一、力紙切，上、紙韻，来、脂部。
二、郎計切，去、霽韻，来、脂部。

汗簡

演變

1、 戰

2、 說文小篆 70頁

釋義

許慎  二爻也。凡㸚之屬皆从㸚。力几切

陳按 "㸚"字不見於先秦考古材料，亦未見單獨古書用例，應本無其字，是為分析"爾、爽"等字而人為拆造的。傳統解釋為窗牖之格交錯，孔洞疏朗之象。徐灝段注箋："疑象門户疏窗之形，非卦爻字義。"楊樹達積微居小學述林·釋㸚："㸚字象窗牖交文之形。"章太炎文始："爾从㸚訓麗爾，云其孔㸚，爽从㸚訓明，然則㸚者，孔隙中

日光景成交乂。

六書　會意

附注

說文解字 第四

四十五部

𥄎目䀠眉盾自白鼻皕習羽

隹奞雈𦫳𥄕羊羴瞿雔雥鳥

烏𠦒冓幺𢆶叀玄予放𠬪𣦼

歺死冎骨肉筋刀刃㓞丯耒

角

𥄎

許劣切，去，薛韻，曉月部。

 合集16981 賓組

 英146 賓組

 合集33794 歷組

 商．乙4555

以上四字是否確爲"𥄎"字，尚無定論。

 商．癸𥄎爵 此處爲人名，亦無法知其本義，姑錄之存參。

 汗簡

演變

釋義

許慎  舉目使人也，从攴，从目。凡𥄎之屬皆从𥄎。讀若颰。火劣切

陳按

"𥄎"字未見確鑿的古文字形，甲、金文構形（从又，从目或从攴，从目）學者尚有爭議。說文所訓未見文獻用例。宋．釋夢英在篆書目錄偏旁字源中篆作""，與金文合。

六書　會意

附注

目　莫六切　入屋韻

明　覺部

商.甲229

商乙960

商.前4.32.6

殷周.自爵

周早.父癸爵

戰.齊.陶彙3.730

齊.陶彙3.557

晉.璽彙3135

晉.璽彙3031

楚.郭.五47

楚.郭.唐26

楚.郭.五45

秦.睡8.11

西漢.西陲簡

尹目私印

漢印徵

張目

同上

汗簡

古文四聲韻

演變

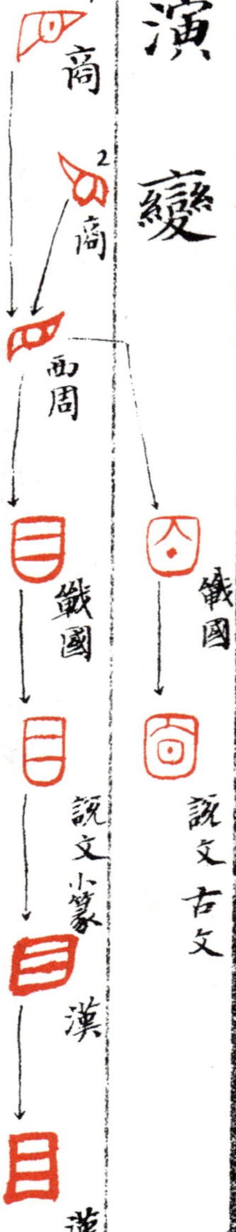

釋義

許慎  人眼。象形。重童子也。凡目之屬皆从目。莫六切  古文目

陳按

甲骨文、金文象橫眼之形，偶有作豎形。戰國以後寫法甚多。說文古文便承此緒。本義即眼睛。詩衛風碩人「巧笑倩兮，美目盼兮」，說文謂「重童子」，不知其意。段注改作「重，童子也」。王筠說文句讀以為後人所增。史傳「舜、禹、項羽」等皆有重瞳子之說，許君之意或如是。

六書

象形

附注

說文：「目，人眼也」，「眼，目也」。二字本義有別。徐灝說文解字注箋：「戴侗曰：眼，目中黑白也。合黑白與匡謂之目。」王筠句讀：「作  者，有匡、有黑睛、有童子。」

䀠

九遇切，去，遇韻，見，魚部

商，䀠封卣

3261 戰，晉璽彙

晉，王立事劍

汗簡

古文四聲韻

演變

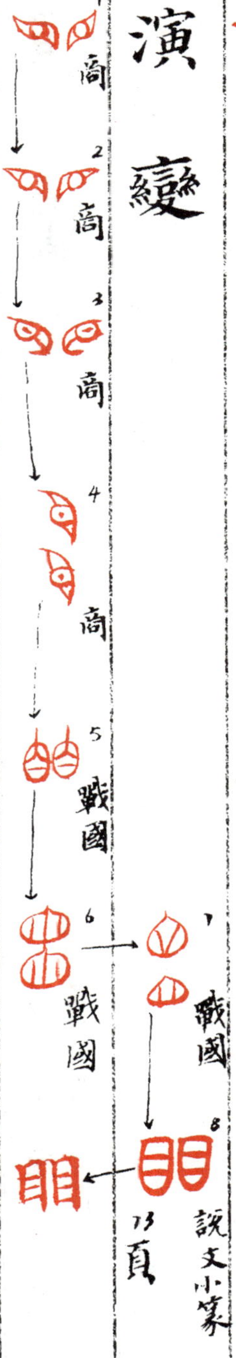

釋義

許慎  左右視也，从二目。凡䀠之屬皆从䀠。讀若拘，又若良士瞿瞿。九遇切

陳按

古文字像因驚懼而瞪大雙目，左右顧視狀，當是瞿本字。段注：「經傳多假瞿為䀠。」戰國文字或作上下相疊形，失其意。

六書

會意

附注

眉

旻悲切，平，脂韻
明，脂部

源

商，明1854

商，鐵73.1

商，京津2082

周早，小臣謎簋

周早，沂伯簋

秦，睡日甲60背

「湄」目上須，會意

汗簡

古文四聲韻

佛眉　漢印文字徵

孔彪碑

隸辨53頁

演變

1 商

2 西周

3 西周

4 西周

5 戰國

6 戰國

7 說文小篆

8 漢

9 漢

10 漢

11 漢

釋義

許慎

目上毛也。从目，象眉之形，上象頟理也。凡眉之屬皆从眉。武悲切

陳按

甲骨文、金文从目，上象眉毛之形。許君釋「象頟理」，不確。本義乃眉毛。《詩·衛風·碩人》：「螓首蛾眉。」古人又以髮、須、眉毛

之長，以為年高壽長（實則古時鬚眉毛不易），故用「眉壽」之言，常見詩經、金文則多借「沬、頮、𩕢」諸字（沬、𩕢）。另「眉、楣、湄、棍、櫋」五字同源。

六書

象形

附注

盾

徒損切，上，混韻

定、文部。

商．甲3113

商．粹1288

商．林2.24.6

商．庫993

商．秉毋父乙簋

商．毋㑹父乙罍

商．秉毋觶

商．秉毋鼎

商．父乙爵

商．毋得觚

商周．秉毋丁卣

周早．秉盾觶

周早．宅簋

周中．師旋簋

周中．戓簋

古陶文字徵

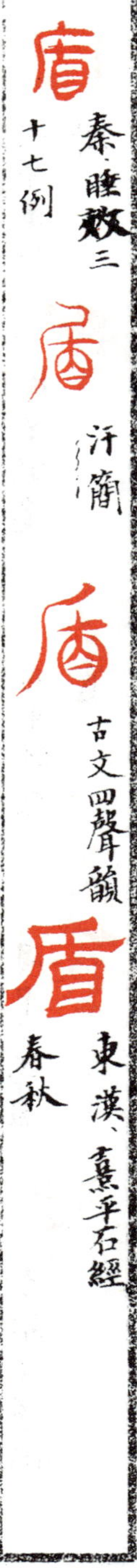

演變

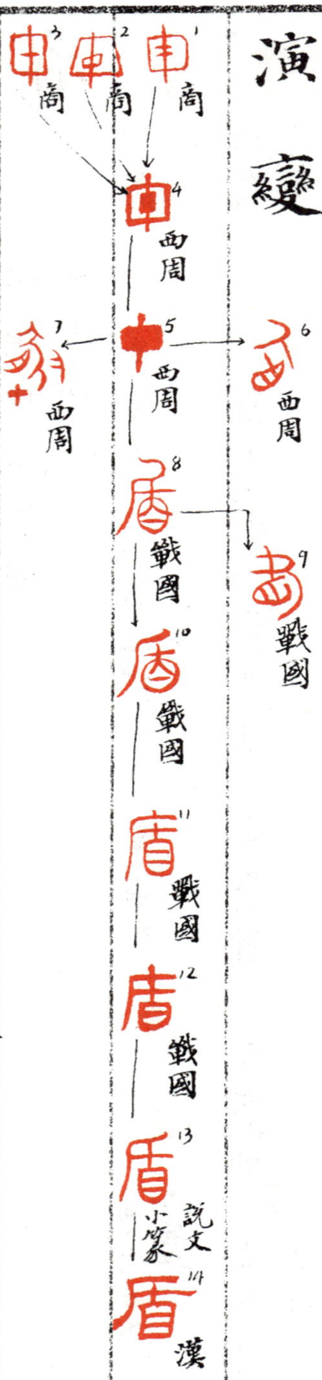

釋義

許慎瞂也所以扞身蔽目象形凡盾之屬皆从盾　食閏切

陳按

甲、金文象盾牌之形、本義指古代作戰時防御性兵器、即盾牌、方言卷九：「盾自關而東或謂之瞂、或謂之干、關西謂之盾」林澐說干盾可參閱。

六書

象形

附注

自 疾二切，去，至韻
從脂部

商，菁5.1
商，粹106
商，前3.27.1
周早，令鼎
周早，沈子簋

周晚，毛公鼎
王子午鼎
攻敔王光戈
春，越州句矛

春，戰，晉，侯馬156:20
侯馬67:21
戰，齊，陶彙4.110
戰，晉，璽彙4657
楚，郭，語三13

楚，包山186
秦，睡24.18
長沙子彈庫帛書文字編
汗簡

古文四聲韻
自何齊 漢印徵
自當時印 同上

自

自為救印 漢印徵

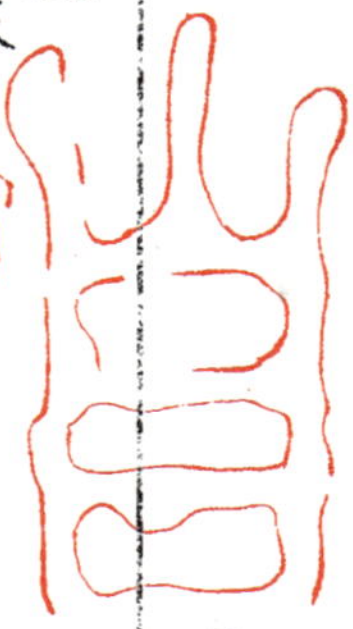

石碣霝雨 口口自鄜

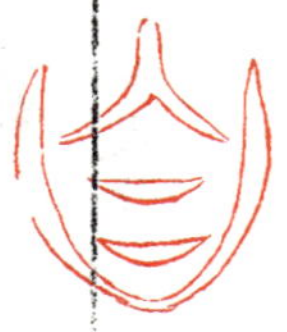

石經僖公 公至自齊

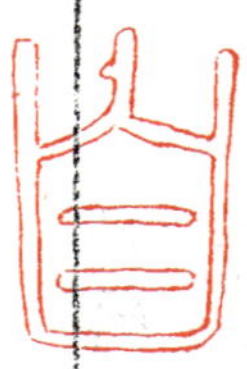

史晨後碑 自以城池道濡麥給令

鄭固碑

禮器碑 自天王以下

清 呂自脩

演變

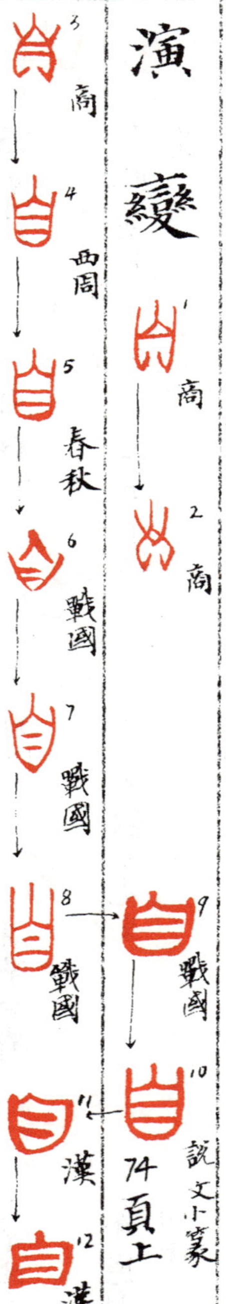

釋義

許慎：鼻也。象鼻形。凡自之屬皆从自。疾二切。古文自。

陳按：「自」甲骨文象鼻子之形，乃「鼻」字初文。小屯·殷虛文字乙編6385：「貞，㞢(有)疾自」(鼻子有病)。後引申常用為「自己」。今人表某事、物為我所施受時，亦常自指鼻子，也指親自、自身。鄴中片羽初集1.41.7：「鬼方出，王自正(征)」。莊子·秋水：「于是河伯欣然自喜」。

六書 象形

附注

白 自：疾二切、去、至韻 從脂部

演變

1  商

2  西周

3  西周

4  西周

5  汗簡

6  說文 小篆 74頁

釋義

許慎  此亦自字也省自者詞言之气从鼻出與口相助也凡白之屬皆从白 疾二切

陳按 卜辭「自」有、之形，中間或作兩橫，或作一橫，故許君以為「白」乃「自」之省體，因作原構件

有所從諸字。說文分自、白為二部。實則「白」所屬字，如「皆、魯、者、智」等字，本从口後繁化為甘。而「百」本从「白」（黑白之白）、「習」本从日，皆與「白」無直接關系。故玉篇取消此部目。康熙字典、正字通不設「白」字頭。

六書　象形

附注

鼻　毗至切，去，至韻；並，質部

商　前2.19.1

戰　璽彙3624

楚　璽彙2555

楚　郭店　五行45

秦　足臂灸經10

唐鼻

兒鼻

蔡鼻　以上三字　漢印文字徵

鼻 汗簡

鼻出摭古文 汗簡

古文四聲韻

演變

釋義

許慎  「鼻」本引气自畀也。从自畀。凡鼻之屬皆从鼻。父二切

陳按 作「自」象鼻形，後借他義所專，乃加「畀」爲聲符，另造「鼻」字，「自」、「鼻」轉注分用。「鼻」所从「畀」，唐蘭以爲「痹矢之痹的原始象形字」，裘錫圭以爲「畀」應是古書中叫「匕」的那種矢鏃的象形字（參見唐蘭永盂銘文解釋、裘錫圭畀字補釋）。由「鼻子」義引申指器物隆起凸出部份，廣雅·釋器：「印謂之璽，紐謂之鼻」（王念孫疏證：「紐，印鼻也」）。「鼻」還有開始義，方言卷十三：「鼻，始也」，「鼻祖」即始祖，漢書·揚雄傳·反離騷：「有周氏之蟬嫣兮，或鼻祖于汾隅」，顏師古注：「雄自言系出周氏，而食采於楊，故云始祖於汾隅也」。

六書

形聲　說文以為會意

附注

皕

彼側切，入職韻，幫　職部

周早鳴叔鼎

唯叔鬲鼎

汗簡

演變

西周

戰國[2]

說文小篆74頁[3]

釋義

許慎

二百也。凡皕之屬皆从皕。讀若祕。彼力切

陳按

二百也。皕周金文已見，其構件「白」（bái）已訛作「白」（zì）。其義古文獻罕見使用。清末浙江歸安藏書家陸心源因藏有宋版書二百種，故顏其樓為皕宋樓。章太炎《辨詩》：「夫載祀相隔不

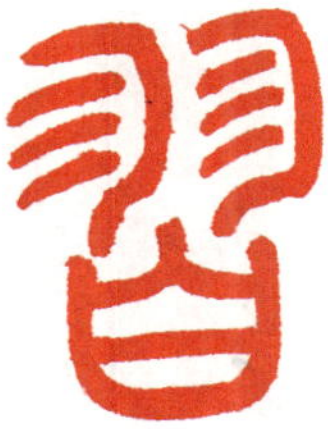

踰皕稔。古文字二百多為合文，如乙7541反，後2.32.10，矢簋。

六書　會意

習　似入切，入，緝韻，邪，緝部

商 明715

商 甲920

戰 晉璽彙2425

晉 璽彙2181

楚 包223

楚 郭 語三13

秦 睡54.50

西漢 定縣竹簡44

漢印徵 習封之印

同上 成習私印

汗簡

汗簡

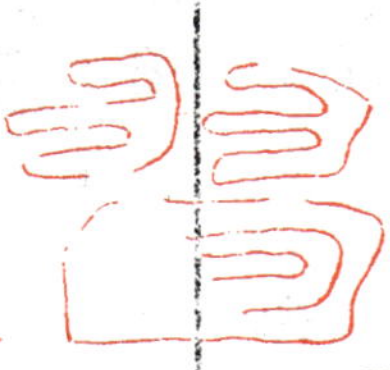孔宙碑 少習家訓

石經 論語學而 學而時習之

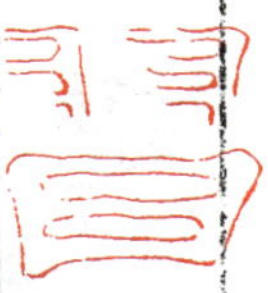劉熊碑 講禮習聆

演變

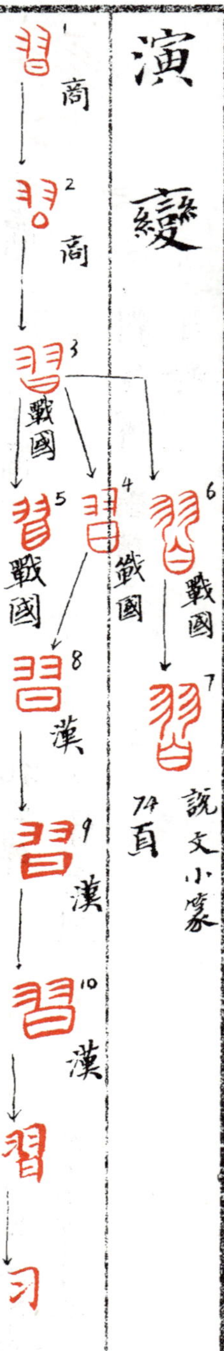

釋義

許慎  數飛也。从羽从白。凡習之屬皆从習。似入切

唐蘭《殷墟文字記》以為「習」甲骨文从日，彗聲。《說文》「彗」古文作「篲」，从竹，習聲，可證「彗」音若習。習从「彗」聲，可信。「彗」形

陳按

羽，形、古文字相似不易區分，故許君以為从羽。《漢書·賈誼傳》：「日中必熭。」《說文》：「熭，暴乾也。」暴曬着日之事，借「熭」字特指，故疑「習」之本義為「暴乾」。存參。甲骨文用為「襲」、「重」義（《殷契佚存》220：「癸未卜，習一卜，習二卜？」）《說文》因此釋為「數飛」。且下从日訛為从「白（自）」。

六書

形聲　說文以為會意

附注

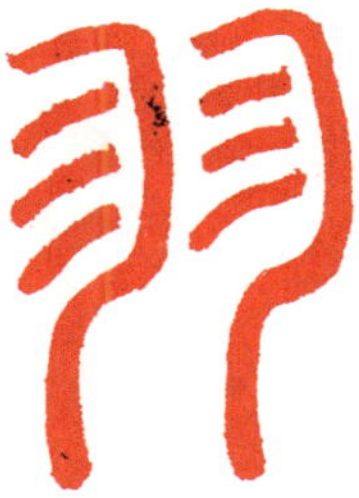

羽 王矩切，上，麌韻 喻三，魚部

商.佚226背

商.拾8.14

商.拾3.4

商.宰梳角

商.邲其卣

晉.貨系319

楚.包260

包.牘1

楚.曾侯乙鐘 羽 五音宫商角徵羽 从羽于聲 咢 說文以為雩之或體

楚.包128

戰.秦.上白 羽壺

秦.睡8.26

羽憙之印

徐羽

羽子豪

羽廬 字 漢印徵 以上四

汗簡

老子甲後185

相馬經

景北海碑陰 都昌羽忠

尹宙碑 當漸鴻羽

說文小篆11

漢

演變

1 商 2 商 3 商 4 商 5 商 6 戰國 7 戰國 8 戰國 9 戰國 10 74頁

釋義

許慎  鳥長毛也象形凡羽之屬皆从羽 王矩切

陳按 甲骨文像鳥之羽翼。「羽」到戰國以後，字形與「彗」甲骨文同，故「習」上誤从羽（看「習」字條）。曾侯乙鐘加「于」作「羿」，用為五音之羽。其本義當為鳥類翼部之長毛。

六書 象形

附注

隹

職追切，音錐，平脂韻，照三，微部。

商．後上18.6

商．甲111

商．宰椃角

周早．隹父己尊

春．其次句鑃

春晚．王子午鼎

春晚．寬兒鼎

戰．齊．陳侯午敦

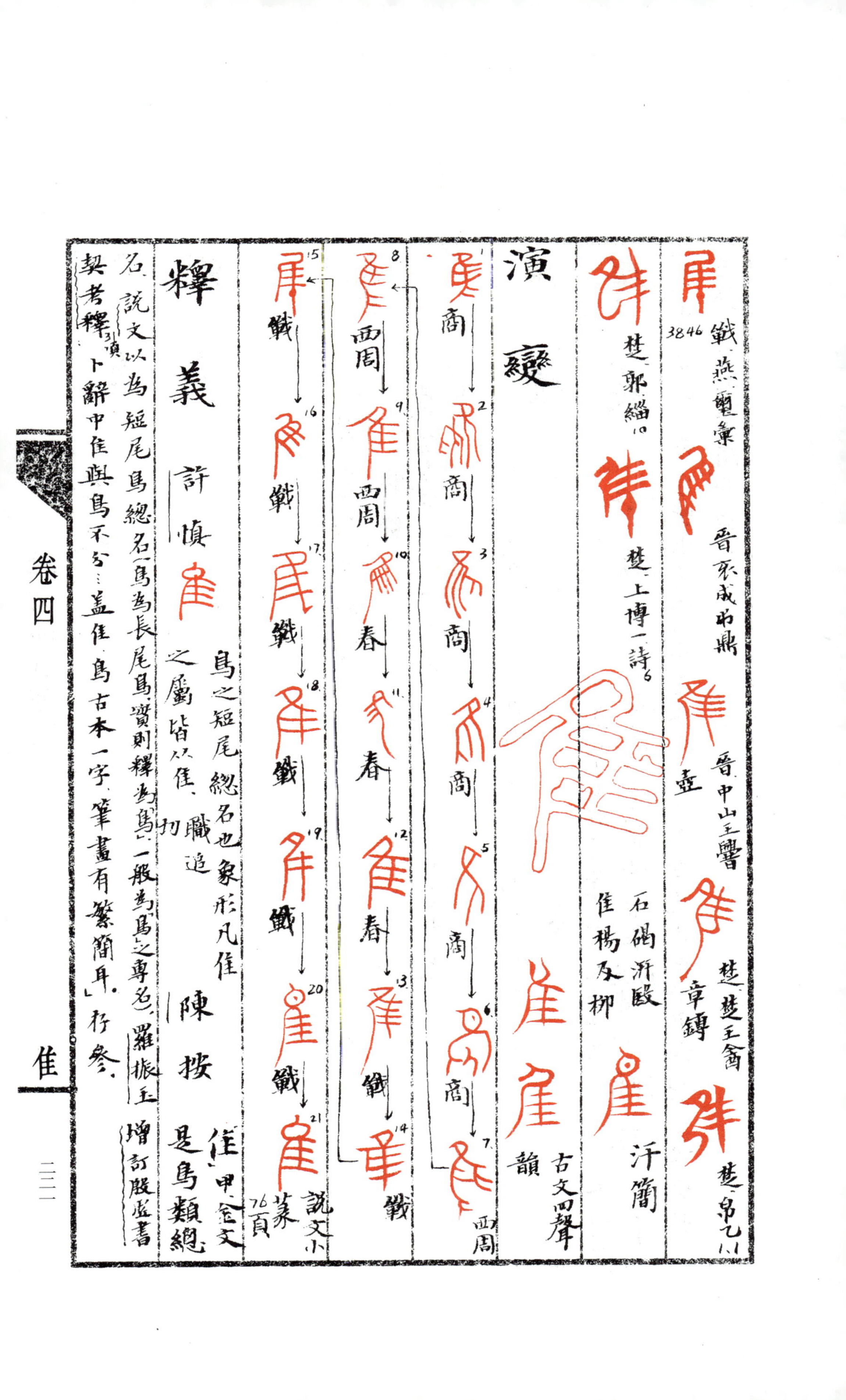

戰 燕 璽彙 3846

晉 𠫑成叔鼎

晉 中山王譽壺

楚 楚王酓章鎛

楚 帛乙1.1

楚 郭緇10

楚 上博一詩6

石 碣汧殹 隹楊及柳

汗簡

古文四聲韻

演變

1 商 → 2 商 → 3 商 → 4 商 → 5 商 → 6 商 → 7 西周

8 西周 → 9 西周 → 10 春 → 11 春 → 12 春 → 13 戰 → 14 戰

15 戰 → 16 戰 → 17 戰 → 18 戰 → 19 戰 → 20 戰 → 21 說文小篆 76頁

釋義

許慎：「鳥之短尾總名也。象形。凡隹之屬皆从隹。」職追切

陳按：隹（甲、金文）是鳥類總名。說文以為短尾鳥總名（鳥為長尾鳥），實則釋為鳥，一般為鳥之專名。羅振玉增訂殷虛書契考釋31頁：卜辭中隹與鳥不分，蓋隹、鳥古本一字，筆畫有繁簡耳。存參。

六書 象形

附注

奞 息遺切，平脂韻

心，脂部

周早、鄧季奞文盨

汗簡

古文四聲韻

演變

1. 西周

2. 戰國

3. 說文小篆

77頁

釋義

許慎  鳥張毛羽自奮也。从大从隹。凡奞之屬皆从奞。讀若睢。息遺切 本部所收二字

陳按 「奪」、「奮」，其所从「奞」字戰國前均从隹在衣中，非从大。當是隹在衣中張毛羽奮而欲飛。可歸入「隹部」，取消「奞部」。

六書 會意

附注

萑

胡官切，音桓，平

桓韻，匣元部

商 乙 603

商 鐵 121.2

戰 晉 璽彙 1852

下所加「口」，當是飾筆。

汗簡

古文四聲韻

演變

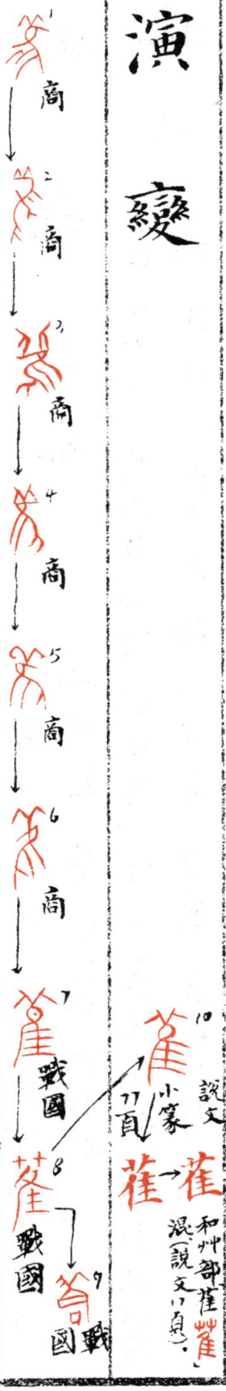

釋義

許慎 雈 鴟屬，从隹，从卝，有毛角。所鳴，其民有旤。凡雈之屬皆从雈。讀若和。胡官切

陳按 雈，甲骨文从隹，上有毛角，用為穫。其本義當為鴟屬，即貓頭鷹。楊樹達卜辭求義，余疑雈藿一字，藿于雈加注聲符吅（xuān）。

六書

象形

附注

卝

見紐，微部，見紐
馬韻 古瓦切

古陶文字徵 文字4.93
古幣文編 刀直，甘丹背
先秦貨幣文編 21
汗簡
古文四聲韻

演變

1 商 1.2 類編190頁雈字偏旁
2 西周
3 戰國
4 戰國
5 戰國
6 說文小篆 77頁

釋義

許慎：羊角也。象形。凡丫之屬皆从丫。讀若菲。工瓦切。陳按：「丫」之本義為羊角，見於商周文字偏旁中，戰國古幣見此單字，其義不詳。

六書

象形

附注

苜

莫撥切，入，末韻

明，月部

 蔑 商，合14813 賓組  蔑 甲883

說文「蔑，勞目無精也，从苜从戍」。甲骨、金文「蔑」字並从「苗」，「苗」古眉字。陳按：「苗」即「苜」目擴寫也，戰國文字常見也。

（蔑）周中，長囟盉

（从苜）戰，楚，郭，1231

（从苜），郭12.32

 汗簡

 古文四聲韻

演變

1-6 選自甲骨文編161至162頁「𦣠」當為「首」。

繁體、簡體省作「目」，存參。

首　苗

釋義

許慎　首　目不正也。从丫从目。凡首之屬皆从首。莧从此。讀若末。徐鍇曰：丫角戾也。徒結切

說文訓「目不正」，文獻罕見其例，甲骨文通「蔑」表否定，有「勿首不首、弜首弗首」詞，雙重否定，即「不會不」義。

陳按

劉釗古文字構形研究以為「首」為「眉」字分化，但二字韻部稍遠（「眉」上古音在明紐微部合口三等，「首」在明紐月部合口四等）。故季旭昇先生把「首」看成是从「蔑」字分化出來一部件，古音同。

六書

說文：會意。按季旭昇以為「蔑」字部分截取分化，則可歸入指事。

附注

與「苜蓿」字有別

羊

與章切，平，陽韻

喻四，陽部。

商、佚450

商、河387

商、丁斧羊鼎

周早、盂鼎

周早、盂卣

戰、齊、陶彙3.1023

燕、璽彙3514

晉、璽彙4462

楚、包181

秦、睡雜31

羊福之印

羊信之印

羊咸之印

羊真

羊讓

羊瞿

印信

處羊舌

羊長孺

羊舜印

羊燕之印

羊利竺

十二字選自漢印文字徵

汗簡

夏承碑

衡方碑

尹宙碑

西漢、武威簡有司

羔羊在公

素絲羔羊

治公羊

春秋

經

武梁祠畫像題字 義漿羊公

山左金石志云：「搜神記有楊雍伯義漿事，此作羊字，與彼異。」案：碑蓋借羊為楊。

演變

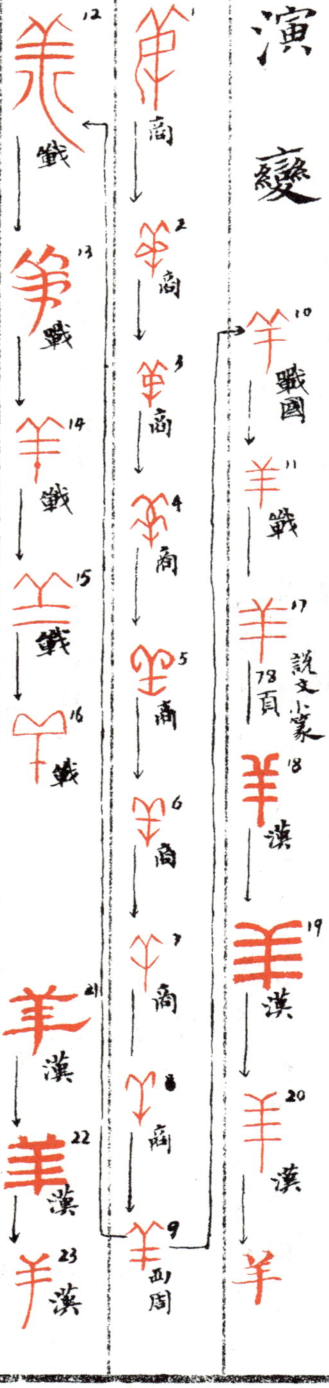

釋義

許慎　羊　祥也从𦍋象頭角足尾之形孔子曰牛羊之字以形舉也凡羊之屬皆从羊　與章切

陳按　甲、金文象正面羊頭乃羊角、耳之形。本義即家畜羊、所以字大致有四類，指稱各種羊、如羔、羚等；指食品、如羞、羹（說文鬻字重文，62頁）；指氣味、如羶（說文另立羴部）。指觀念（好）、如美、義、羸等。　古無祥字、假羊為之、鐘鼎款識多有「大吉羊」之文。

六書

象形

附注

羴 羶 式連切，平，仙韻 審三，元部。

商，明藏173

商，前4.35.5

商，乙4531

商，羴爵

商，羴父辛 斝

汗簡

古文四聲韻

戰，郭店，性自24

集篆古文韻海

演變

1 商

2 商一

3 商

4 商

5 戰

6 戰

7 戰

8 說文小篆 78頁

9 說文或体

釋義

許慎

羴 羊臭也。从三羊。凡羴之屬皆从羴。式連切

羶 羴或从亶。

陳按

甲、金文从二羊、三羊，甚至四羊，會羊多，則氣羶，本指羊或羊肉之氣味。現「羴」及或體「羶」以異體字皆汰用，以「膻」為正體。膻，說文肉部乃裸衣露由，音dàn

集韻以為尸連切，同羶。同形替代。經傳多用「羶」字。

瞿

六書　會意，或體乃形聲。

附注　清華簡繫年簡124有「魯侯[illegible]」，而簡120有「魯侯侃」，皆指魯穆公顯，整理者以為人名異寫，楚簡多見。（可參看李松儒《清華簡繫年集釋》313頁）

瞿　九遇切，去，遇韻　見，魚部

戰·楚·璽彙1184

西漢·相馬經6上

西漢·孫子85

武威醫簡10

許阿瞿墓志

瞿賢

瞿根

瞿連友

瞿長樂印

王瞿

以上五字　漢印文字徵

瞿見周易

汗簡

古文四聲韻

演變

1 戰國·郭店·語叢2.32

2 戰

3 戰

4 戰

5 戰·集粹

6 說文小篆 79頁

7 漢

8 漢

釋義

許慎  鷹隼之視也从隹从䀠䀠亦聲凡瞿之屬皆从瞿 讀若章句之句 九遇切 又音衢

陳按

䀠、瞿、懼本當一字也，參看「䀠」條。又音qú（其俱切），姓氏常用字，或作兵器義（通戵），《書·顧命》：「一人冕，執瞿，立于西垂。」鄭玄注：「瞿，蓋今三鋒矛。」

六書

會意兼形聲

附注

瞿、懼、矍、䂂、戄五字同源。

雔

市流切 音酬平 尤韻、禪、幽部

商．文癸爵

周早．文辛觶

汗簡

演變

1 商

↓

2 戰國

↓

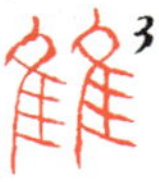

3 說文小篆79頁

↓

雔

釋義

許慎  雙鳥也从二隹凡雔之屬皆从雔讀若醻 市流切

陳按 「雔」金文像二鳥相對，故有伴侶、匹配之義，又引申凡相當之稱，又分化出「讎」字（說文91頁）。文獻中多用「讎」字，可參看字源「雔、讎、仇」及于省吾澤螺居詩經新證卷中「君子好逑」條。

六書

會意

附注

雔

徂合切，入、合韻

從、緝部

商、續1.7.6

戰、楚包182

汗簡

演變

1  商

→ 2  戰國

→ 3  戰國

→ 4  說文小篆 79頁

→ 

釋義　許慎  羣鳥也，从三隹。凡雥之屬皆从雥。徂合切

陳按　雥古文字从三隹，會羣鳥之意。又引申為聚集。如隋書許善心傳神雀頌：莫不景福氤氳、嘉貺雥集。

六書　會意

附注

鳥　都了切，上，篠韻，端紐，幽部

商.前4.42.5

商.鳥鼎

周中.鳥且癸簋

周早.鳥任侜鼎

鳥

春晚·子之弄鳥尊

戰·楚·郭店簡·老甲33

上博八·李頌·1背

上博四·采風曲目·4

上博三·周易·56

上博二·容成氏21

上博一·孔子詩論·9 此字增「口」，依形當為「鳴」，依文義當為「鳥」。

秦·雲夢日書865反

西漢·馬·老子甲36

西漢·縱橫家書275

西漢·馬·老子乙191上

侯屋鳥 漢印文字徵

武氏祠祥瑞圖題字

石經論語殘碑

碧落碑

汗簡

古文四聲韻

集篆古文韻海

演變

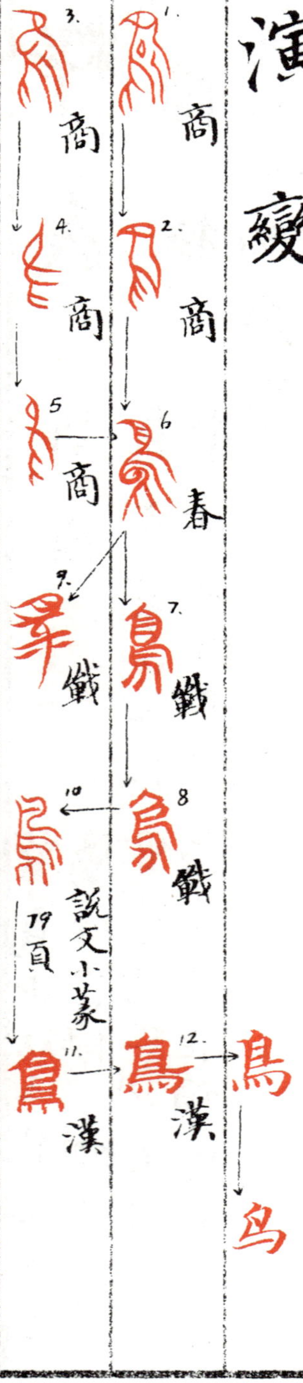

釋義

許慎  長尾禽總名也。象形。鳥之足似匕，从匕。凡鳥之屬皆从鳥。都了切

陳按 商周古文字中"鳥"形態各異，應是各種鳥之象形。"鳥"和"隹"古本一字，後分化為二。

六書

象形

附注

鳥

哀都切，平，模韻，影，魚部

周早，沈子它簋

周晚，毛公層鼎

春，余義鐘

春中晚，𬭚鎛

春戰，晉，侯馬85:22

戰，晉，璽彙2461

2346

158

戰，晉，古幣

楚·鄂君啟舟節　楚·信陽楚簡　楚·郭·語四·24　郭·唐8　上博·簡一·詩21

郭·店·語二5　上博·五·弟子問·4　（於）秦·睡14·76　秦·秦陶1267

秦·兩詔楕量　西漢·流沙簡18.4　西漢·尹灣神烏賦　烏國右尉　魏·烏桓率善佰長

漢·保塞烏丸率眾長　烏丁　於丘　賓印　於口丞印　以上六字漢印文字徵　漢·嘉祥畫像石

石經·君奭　石經·尚書殘碑　於戲君口曰時我，孔作嗚呼。禮記大學疏：於戲猶言嗚呼矣。按：三墳記有"戲"一詞。與"於戲"、"嗚戲"同。

碧落碑

汗簡

古文四聲韻

集篆古文韻海

演變

釋義

許慎：孝烏也。象形。孔子曰：烏，盱呼也。取其助气，故以為烏呼。凡烏之屬皆从烏。哀都切　臣鉉等曰：今俗作嗚，非是。古文烏，象形。象古文烏省。

陳按：金文象烏鴉仰天張口自呼。吾鄉孫詒讓名原：「上為開口盱呼形」。甚確。本義即烏鴉。詩經·邶風·北風：「莫赤匪狐，莫黑匪烏」。先秦有「烏」、「於」二形，後「於」分化做歎詞、介詞專用。因烏鴉羽色黑，故引申為烏黑義。三國志·魏書·鄧艾傳：「身被烏衣，手執耒耜，以率將士」。

六書

「烏」象形，「於」假借。

附注

烏隸變作烏，亦作烏烏，或作烏烏、烏烏烏，與馬易混，如焉从烏省，有作焉。

𠦒　北潘切（此音不知所出，段注謂「篇、韻皆音畢」）
季旭昇先生說文新證卷四下（311頁）對「𠦒」之音，旁徵博引，有精彩闡述。

 汗簡
 古文四聲韻
 晉 朱曼妻薛買地券

演變

釋義

許慎：「，箕屬，所以推棄之器也。象形。凡𠦒之屬皆从𠦒。官溥說。」北潘切

陳按

「𠦒」為「畢」本字，乃古時捕捉鳥獸之器，有直柄、網，周原甲骨作（表田獵所用）、，到西周中期「畢」下加網紋作（永盂）。下分化出「𠦒」。

六書

象形

附注

「𠦒、𠦒」形即「畢、罼」網，音「畢」，後加意符「田」（與田獵有關）即為「畢」。卜辭「𠦒、𠦒」又常用為「擒」、「獲」之「擒」，後加注聲符「今」於其上為「禽」。

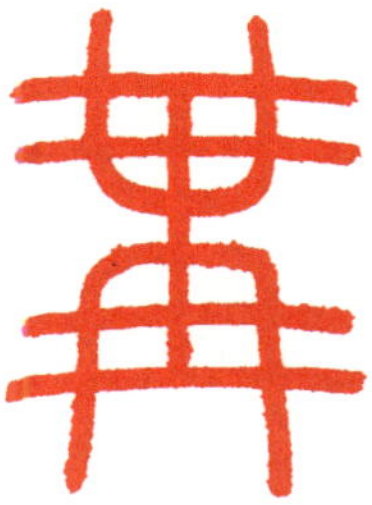

冓

1. 古侯切，音溝，平，侯韻，見，侯部。
2. 集韻居侯切，音構，去，侯韻，見，侯部。

商前1.40.5

商鐵12.2

商後1.26.2

周早，冓斝

汗簡

古文四聲韵

集篆古文韻海卷二，25頁，卷四，47頁。

演變

1  商 → 2  商 → 3  西周，金文編267頁 → 4  說文小篆83頁

釋義

許慎 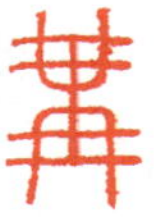 交積材也。象對交之形。凡冓之屬皆从冓。古侯切。

陳按 甲、金文象二物相遇之狀，李孝定甲骨文字集釋：「疑象二魚相遇之形，為遘遇之本字，从辵作遘者，其繁文也。」由相遇義又引申婚媾義，孳乳為媾，又以為數名，十秭曰冓，見廣韻。

六書

會意

附注

可參閱劉釗古文字構形学62、63頁，例4，「冓」。

幺

於堯切，平，蕭韻，影

 商，粹816
 商，文癸爵
 周中，吳方彝
 春晚，邾公牼鐘
 戰，晉，吉日壬午劍

 戰，楚，玄翏戈
 楚帛書
 楚，郭，老甲28
 西漢，馬，老子甲94

 汗簡
 古文四聲韻
 集篆古文韻海 卷二，4頁

演變

 1 商，合集33278 ↓
 2 西周 ↓
 3 春秋，邾公華鐘 ↓
 4 戰國古文字典160頁 ↓
 5 說文小篆83頁 ↓
幺

釋義

許慎： 小也。象子初生之形。凡幺之屬皆从幺。於堯切

陳按：「幺」字古文與「玄」同字，學界大都以為像細小絲束之形，又由微小之義引申為幽玄等義。可參閱劉釗師古文字構形學174－177頁例7「絲」字相關闡述。余曾問學白於藍教授，白老師謂「關」字裏面「𢆶」下部當是「卯」。竊以為「」即倒寫之「玄」。另「孫」古文字有从幺作「、」等形，亦有作「、」之形，或與「慎」字「、」

存在平行演變關係。陳劍先生指出「幺」字身兼「絲」名詞、「幺」、「玄」三音，應是一形多用現象。此外郭永秉先生、鄔可晶先生《說「索」、「剸」》一文可參看。

六書

象形

附注

𢆶

於求切，平，尤韻，影，幽部。

商，鐵178.2

商，佚350

周早，商卣

周中，孟簋

春戰晉侯馬1613

戰齊陳猷釜

732晉貨系

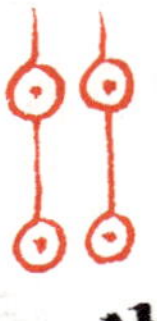

楚者汈鐘

67楚包山

石經多士

古文茲、

茲丝同字

秦泰山刻石

登茲泰山

汗簡

西漢老子甲41

演變

1.  商

2.  商

3.  商

4.  西周

5.  春秋

6.  戰

7.  說文小篆84頁

丝

釋義

許慎  微也，从二幺。凡丝之屬皆从丝。於虯切

陳按

「絲」古文字从二幺，象兩束絲相并之形，出土商周甲骨、金文材料中，「絲」多用爲「茲」、「兹」。《説文》以爲「幽」从「絲」聲，或是一形多用（多音）的情況。

六書　象形

附注

叀　職緣切，平，仙韻，照三，元部。

合集20401　𠂤組

合集　賓組

合集34338　歷組

合補6615　歷組

合集16468　賓組（不一定是「叀」字）

商·前4.12.6

商·庫1093

周晚·克鼎

春晚·哀成弔鼎

叀

戩　楚者汈鐘

5　楚、郭、忠

秦陶1042瓦

扶叀丞印　漢印文字徵

汗簡

古文四聲韻

集篆古文韻海

演變

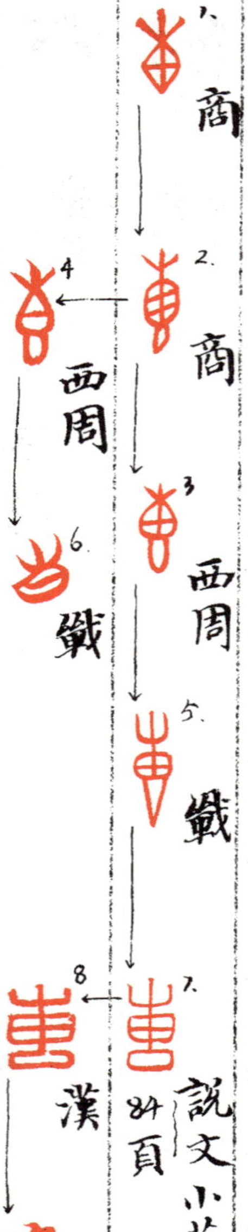

釋義

許慎

專小謹也。从幺省；屮，財見也，屮亦聲。凡叀之屬皆从叀。

職緣切

古文叀。

亦古文叀。

陳按　古文字象紡䡅、紡錘之形，應是"專"本字。甲骨文中多用為"惠"（語氣助詞），金文亦有此用法。

但「叀」上古屬章母元部，「惠」屬匣母質部，二字聲韻遠隔。另「甫」「叀」亦存在形近易混現象（詳見劉釗師古文字構形學153—154頁）。

六書

象形、說文以爲會意兼形聲。

附注

玄

胡涓切，平，先韻，匣，真部。

「玄」甲骨、金文字形與「幺」同，見幺部。

戰 曾79

郭店 老甲28

上博二 子羔12

秦 睡日書甲58正一

西漢 馬王堆 合陰陽104

馬王堆 老乙230

張引川

高玄 私印

玄史虎

玄勝

趙印 玄成

以上四字 漢印文字徵

汝陰侯墓太乙九宮占盤 考古1978年第5期頁341

玄

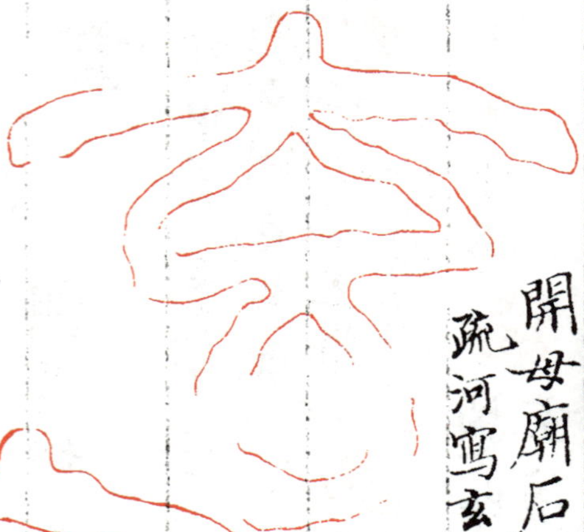

開母廟石闕

疏河寫玄

尹宙碑

尹東平相之玄

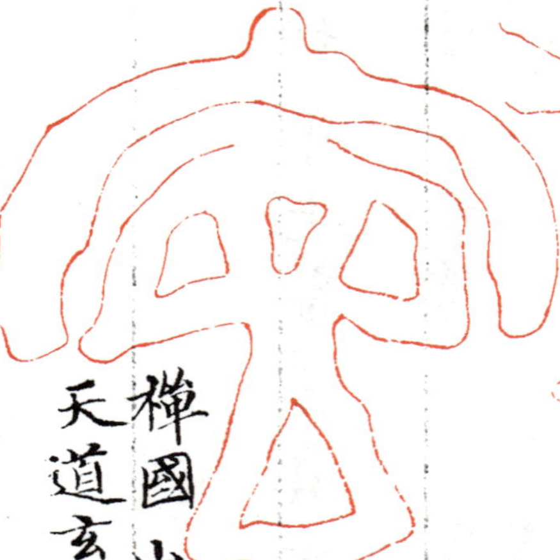

禪國山碑

天道玄嘿

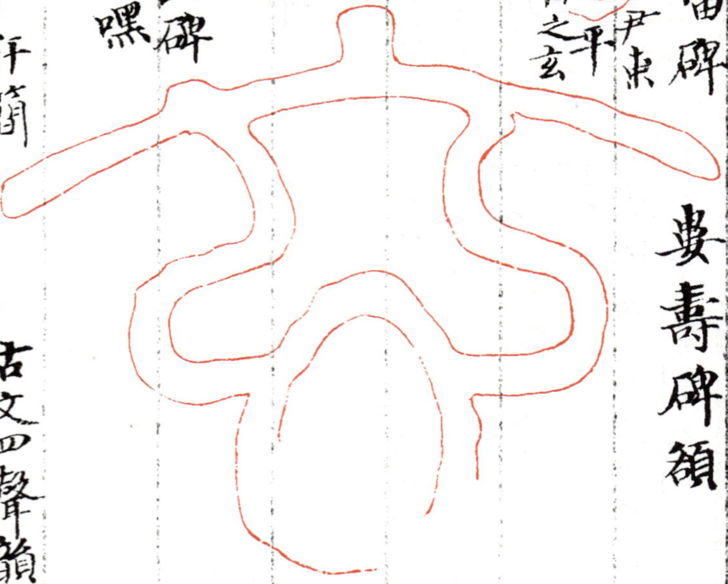

婁壽碑額

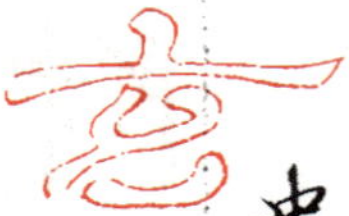

史晨奏銘

玄邱制命

帝卯行

碧落碑

汗簡

古文四聲韻

集篆古文韻海

演變

1.  西周
2.  西周
3.  春秋
4.  戰
5.  說文小篆 84頁上
6.  秦
7. 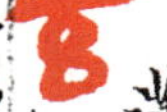 漢
玄

釋義

許慎  幽遠也。黑而有赤色者為玄。象幽而入覆之也。凡玄之屬皆从玄。胡涓切  古文玄。

陳按

「玄」「幺」古本一字，後於其上加點，再變為橫，分化出「玄」字，參見幺部。

六書

象形

附注

予

余呂切，上，語韻，喻四，魚部
以諸切，平，魚韻，喻四，魚部

 戰國纕安君扁壺

 戰，六年格氏令戈

 璽彙112

 清華簡三·祝辭1

 西漢，馬老甲106

馬王堆
老乙206

居延
簡甲826

定縣
竹簡20

田予
之印

韓予仁印
漢印文字徵 以上二字

天璽紀功碑
予人人元

石經多士
予其曰

石經尚書
殘碑

石經魯
詩殘碑

汗簡

另字从口、余、乃、余之繁形，楚簡習見余、予

通假，古文
用法亦同

古文四聲
韻

演變

1 西周 作予卣
贏鬲

2 戰

3 戰

4 說文小篆
84頁上

5 秦

6 漢

7 漢

予

釋義

許慎  推予也。象相予之形。凡予之屬皆从予。余呂切

陳按 學界對「予」字大都以為由「呂」字分化而來(如《字源》341頁、齊航福《釋「予」》、董蓮池《說文部首形義通釋》101頁、季旭昇《說文新證》329、330頁等著作)。但从予之「幻」,古文字从「玄」,亦即「幺」,系「幺」部。

六書

象形,或以為假借分化指事字

附注

「予」有「余、我」義。《書·牧誓》:「今予發惟恭行天之罰。」「予、余、吾、我、朕」五字義近,其中「予、余」同音同義,而「吾、我」與「余、予」亦同義。惟「吾」不能用於動詞後面作賓語,如《莊子·齊物論》:「今者吾喪我」,「吾、我」不能對換。中古以後,「吾」亦可作賓語。「朕」在先秦與「我」同義,秦始皇以後,「朕」為皇帝自稱。

放

1. 甫妄切,去,漾韻,非,陽部。 2. 分罔切,音仿,上,養韻,非,陽部 3. 集韻分房切,音方,平,陽部,非,陽韻。

周晚、多友鼎

晉中山王嚳壺

西漢老子乙前下上

傳胡放印

周毋放

徐放印信

留放私印

放青辟　漢印文字徵　以上五字

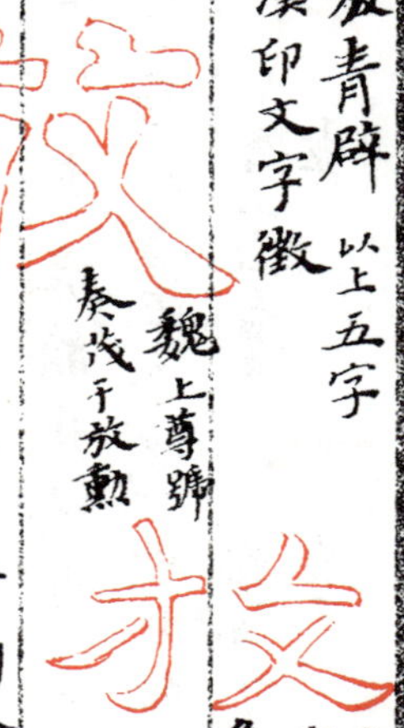
子游殘碑　扶危翊放

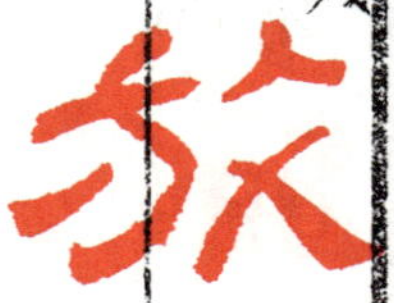
校官碑　垂化放虖岐周　廣韻放同倣

武梁祠畫象題字　帝堯放勳

魏上尊號　奏茂于放勳

經典及史記漢書倣皆作放蓋古無倣字止作放耳

演變

汗簡卷二　19頁

集篆古文韻海　卷四　39頁

西周　2

戰國　3

說文小篆　4

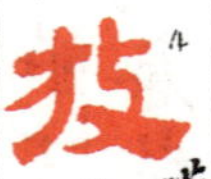
漢馬王堆　154頁　5

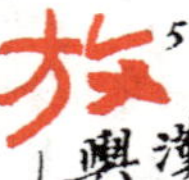
漢元延乘輿鼎　6

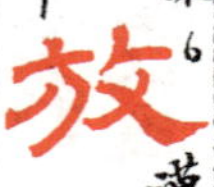
漢

釋義

許慎

逐也。从攴方聲。凡放之屬皆从放。甫妄切

陳摟

放从攴，攴者，手執棍棒，以之驅逐也。屈原漁父：「屈原既放，遊於江潭」。又引申為放縱、釋放、放置諸義。晚後又有發放、開放義。本部「敖」、「敫」二字，皆非从放，且「放」為形聲字，當刪此部，而歸「攴」部。

六書

會意兼形聲

附注

𠬪 陳按 平表切。上。小韻 並。宵部。

 周中。格伯簋

 周晚。㽙比盨

 周晚。㽙攸比鼎

以上三器。裘錫圭先生在釋𠬪（見裘錫圭學術文集—金文及其他古文字卷第7頁）一文中有精彩闡述。當須必讀。

   汗簡

演變  戰國  說文小篆 84頁

釋義 許慎  物落上下相付也。从爫从又。凡𠬪之屬皆从𠬪。讀若詩摽有梅。平小切

陳按 𠬪本義付也。多見於古文字偏旁。从爫。从又。象兩手相付。援引。執持。爭奪之形。

六書 會意

附注

𣦼

昨干切，平，寒韻，從，元部

 甯滬1·70

 甲2158

 汗簡

 古文四聲韻

 集篆古文韻海

演變

 商，合集29693「贅」字偏旁

 西周金文編279頁「贅」偏旁

 說文小篆84頁

釋義

許慎  𣦼穿也，从又从歺，凡𣦼之屬皆从𣦼，讀若殘。昨干切

陳按 古文字會手執殘骨，以殘穿、穿鑿他物，又引申為裂衣解、殘敗諸義，李旭昇先生以為甲骨文無「𣦼」字，而甲骨文編則誤將「贅」字分為「𣦼貝」二字（說文新證338頁），存參。

六書

會意兼形聲

附注

歺 ㄜˋ 五割切，入曷韻，疑，月部。俗作歹、𣦵，字彙歹部多改切，戴上聲。

商 甲346

商 乙8812

商 京津419

（死）周中 頌壺

179.18（死）春戰 晉侯馬

戰 晉 古錢84 平 「歺」讀作「平利」地名。

20頁 汗簡卷二

古文四聲韻 卷五 11頁

15頁 集篆古文韻海卷五

演變

1 商 合集6589正

2 198頁 商 甲文編

3 西周 與歺同見於金文編280頁

4 春秋 蔡侯盤 書305頁 死旁

5 春秋

6 秦 睡甲59頁

7 85頁 說文小篆

8 漢 馬王堆 155頁 殆旁

9 漢

10 漢

11 漢

釋義

許慎 「列骨之殘也。从半冎。凡歺之屬皆从歺。讀若櫱岸之櫱。」徐鍇曰：冎，剔肉置骨也。歺，殘骨也，故从半冎。臣鉉等曰：義不應有中一，秦刻石文有之。五割切

古文歺

陳 按 「歺」在甲骨文中多作偏旁，少數獨字大都假借用。許君以為「从半冎」（冎），去上面冂成「𣦵」，後變作「歺」。實則「冎」甲骨文作（粹1306）。二者字形有別。或以為象殘朽之骨，故从歺字多與死亡、凶災、枯敗有關。「歺」在周晚或因字形訛變別出「𣦼」（說文239頁「列」初文），可參看于省吾《甲骨文字

釋林371頁，漢代隸變作「歹」，與元代出現之「歹徒」之「歹」同形。

六書

象形

附注

死

息姊切，上，旨韻，心，脂部

商甲1165

商乙105

商後2.4.16

周早盂鼎

周中頌壺

侯馬179:18

戰晉中山王鼎

中山王譽兆域圖

楚包27

包42

包125

包151

包241

楚望一卜

楚郭六5

望一卜

郭忠3

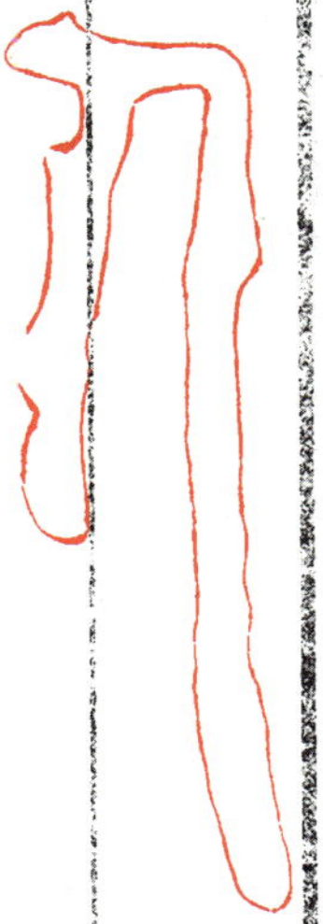
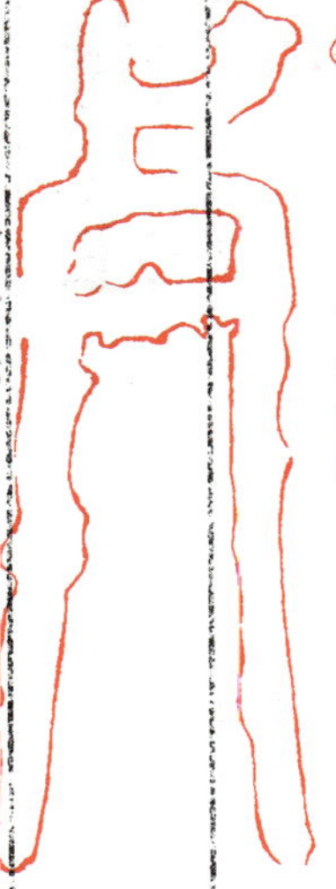

秦、泰山刻石

昧死言

秦、嶧山刻石

昧死言

秦、睡 10.5

西漢、馬老子 乙前2下

馮辟死

辟死

逮辟死

漢印文字徵 以上三字

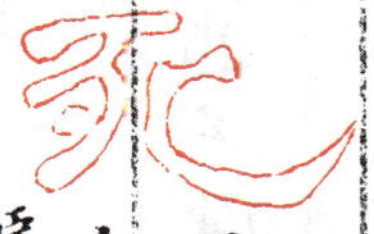

史晨奏銘

臣晨頓首頓

首死罪死罪

臣盡力思惟

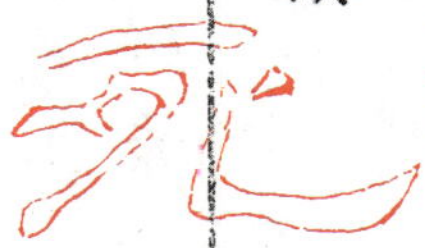

孔龢碑

死罪死罪

朝侯小子殘碑

死而不死(朽)

熹、公羊、宣六年、

汗簡

(當為殊)

古文四聲韻

演變

1  商、合集17060

2  商、合集19898

3  西周

4  春秋

5  戰國

6  說文小篆 86頁

7  秦

8  156頁 漢馬王堆

9  漢

10  漢

釋義

許慎　〔篆文〕澌也。人所離也。从歺从人。凡死之屬皆从死。息姊切。〔古文〕古文死如此。

陳按　甲骨文「死」象生人俯首跪弔朽骨之形，表人生命終結。死亡與「生」相對。許君以「澌」訓「死」，二字古音相近，且「澌」為水盡，生命終結即盡。又普通人之「死」於國并無影響，「澌」表聲音極細小，但天子、公侯之「死」則影響巨大，如「天塌山倒」發出「澎轟」巨響。《禮記·曲禮下》：「天子死曰崩，諸侯曰薨，大夫曰卒，士曰不祿，庶人曰死」，等級越低，聲音越輕。另「死」、「亡」二字古有別，「亡」指逃亡。《史記·陳涉世家》：「今亡亦死」，二字並出。古人諱死，以死為逃亡，「亡」是「死」之委婉語。

六書

會意

附注

冎

古瓦切，音寡，上，馬韻，見，歌部

合3236 賓組

合18837 賓組

合32779 歷組

商．父口斝

汗簡

集篆古文韻海

演變

1.  商 →
2.  商 →
3.  商 →
4.  商 →
5.  秦 →
6.  說文小篆 86頁上 → 冎

釋義

許慎  剮人肉置其骨也。象形，頭隆骨也。凡冎之屬皆从冎。古瓦切

陳按 冎古文字象肩胛骨之簡化，乃骨之初文。詳見劉釗先生古文字構形學第188～190頁。

六書

象形

附注

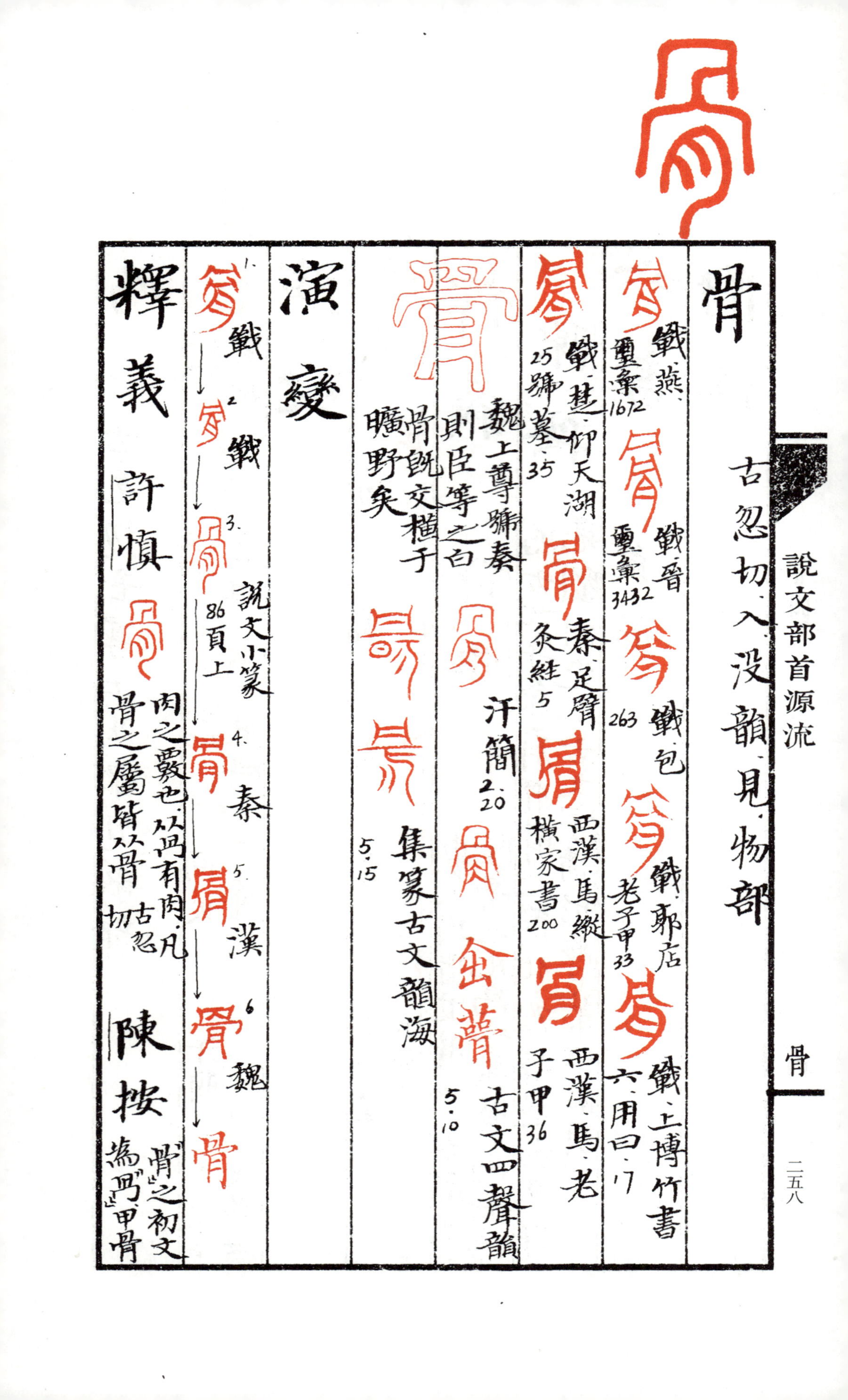

骨

古忽切，入没韻，見物部

戰，燕，璽彙1672

戰，晉 璽彙3432

戰，包 263

戰，郭店 老子甲33

戰，上博竹書 六，用曰，17

戰，楚，仰天湖 25號墓，35

秦，足臂 灸經5

西漢，馬繼 横家書200

西漢，馬，老 子甲36

魏上尊號奏

則臣等之白 骨既交橫于 曠野矣

汗簡2.20

5.10 古文四聲韻

5.15 集篆古文韻海

演變

1. 戰 → 2. 戰 → 3. 說文小篆 86頁上 → 4. 秦 → 5. 漢 → 6. 魏 →

釋義

許慎

肉之覈也。从冎有肉。凡骨之屬皆从骨。古忽切

陳按

"骨"之初文爲"冎"，甲骨

文象骨架之形，後加肉旁增顯其義作骨。本義指骨頭、骨骼。望山楚簡1.39：「足骨疾」用其本義。又特指人屍骨骸骨。國語·越語：「寡人不知其力之不足也……以暴露百姓之骨於中原」。又引申指人的氣格。宋書·武帝紀上：「及長，身長七尺六寸，風骨奇特」。又喻文學作品之體幹、風格或書法之筆力。南朝梁劉勰文心雕龍·風骨：「結言端直，則文骨成焉」。晉·衛夫人筆陣圖：「善筆力者多骨」。

六書 形聲

附注

肉 如六切，入，屋韻，日，覺部

商·甲1823

商·乙215

戰·燕·古幣90

戰·楚·包255

秦·睡10.7

老子甲後43　相馬經4下　居延簡甲2547A　肉 西漢武威簡有司10　4.14 流沙簡屯戍　馬王堆一號漢墓竹簡208

肉 武梁祠畫象題字　史晨後碑不能得香酒美肉 隸釋云：「突」即肉　汗簡卷二.20　古文四聲韻卷五.4頁　集篆古文韻海卷五.4頁

演變

廣韻肉俗作宍

[1] 商合集6507　[2] 合集31770　[3] 西周　[4] 春秋侯馬盟書414頁6「腹」旁　[5] 戰國古璽文編49頁「肌」旁　[6] 戰古璽文編90頁「肖」旁　[7] 說文小篆31頁　[8] 秦　[9] 漢　[10] 漢　[11] 漢

釋義

許慎：胾肉。象形。凡肉之屬皆从肉。如六切

陳按：甲骨文「肉」象大塊獸肉橫放之形，春秋後成縱勢。本義指供人食用之肉（鳥獸），又引申指人的肌肉。故从肉之字，大都與肉之本體、器官及對肉之使用有關。「肉」古文字與「月」、「口」易混（可參看劉釗古文字構形學150至152頁例2和例3第一段）。

六書

象形

附注

筋

舉欣切，平，欣韻（殷韻），見

 秦．睡．秦17

 秦．睡．日甲39背

 西漢．馬．老甲36

 西漢．馬．相馬經45上

 汗簡卷二20頁

 集篆古文韻海卷二17頁

演變

1  戰國 —— 2  說文小篆91頁 —— 3  漢 —— 4  漢

釋義

許慎  肉之力也，从力，从肉，从竹，竹，物之多筋者。凡筋之屬皆从筋。居銀切

陳按

「筋」之本義為肌腱或骨頭上韌帶，靜脉血管亦曰「筋」。許君謂「肉之力者」，段注：「力下曰：筋也。筋、力同物。」秦漢文字皆从竹，从肉，从刀。

何琳儀先生以為：从竹，从⿰肉刂（集韻：剁，或从卜，亦作⿰肉刂），會剁竹多筋之意，存參。

六書

會意

附注

刀

都牢切，平，豪韻，端，宵部

商　甲3085

商　甲3092

商　子簋

商　子父辛鼎

商　子丁父癸鼎

商　刀爵

周早　耳卣

戰　燕刀　古幣6

楚　包144

戰　古泉匯

秦　雲夢日書　甲870反

西漢　馬王堆墓竹簡

刀信都印

刀豪

刀右車

刀澤

刀堯之印

刀年之印

刀澤　漢印文字徵　以上七字

演變

1　商　金石大字典185頁

2　商　合集33036

3　戰國

4　說文小篆91頁

5　漢　同

6　漢

釋義

許慎：兵也，象形。凡刀之屬皆从刀，都牢切

陳按：甲、金文象刀器之形，本義

為兵器之一種、又泛指斬、切、削、割之工具、論語、陽貨、殺雞焉用牛刀、又指古錢幣名、荀子、榮辱、餘刀布、古文獻有假作小船者、詩、衛風、河廣、誰謂河廣、曾不容刀、此義後作舠。

六書

象形

附注

刃

而振切、去、震韻、日、文部。

商、前4.51.1

商、合117

戰、楚、郭、成35

秦、睡36.90

西漢、老子乙前30上

東漢、趙寬碑

汗簡

古文四聲韻卷四、18頁

集篆古文韻海卷四、23頁、

演變

1  商、合集5475
2  說文小篆93頁
3  秦
4  漢
5  漢

釋義

許慎  刃堅也象刀有刃之形凡刃之屬皆从刃 而振切

陳按 甲骨文于刀口處以一曲筆或圓點指事鋒刃所在，戰國以後指事符號改作小點。書．費誓：「礪乃鋒刃。」引申為刀、劍之利器。莊子．秋水：「白刃交於前，視死若生者，烈士之勇也。」

六書

指事

附注

㓞

恪八切，去黠韻，溪紐，月部

 商、鼎

 周晚、師同鼎

 東漢、楊統碑

 汗簡

演變

1 商 合集14176

2 西周

3 說文小篆 93頁

4 漢

釋義

許慎  巧㓞也。从刀，丰聲。凡㓞之屬皆从㓞。恪八切

陳按 「㓞」甲骨文象从刀契刻成「丰」（刻畫）之形。李孝定《甲骨文字集釋》：「丰當即象㓞刻之齒，从刀，所以契之也。」「㓞」當為「契」本字（今簡化字將「㓞」「契」作為異體并入「契」字）。而「丰」應為「㓞」初文，後加形符「刀」成「㓞」。徐灝《說文解字注箋》「丰」下引戴侗說：「丰既契也。又作㓞，加刀，刀所以契也。又作契，大聲。古未有書先有契，契刻竹木以為識，丰象所刻之齒。」李旭昇以為「丰」或是「玉」異體，「㓞」乃从刀刻玉，其體可讀（說文新證369頁）。

六書

會意兼形聲。說文以為形聲

附注

丯

讀若介。古拜切、去、怪韻、見、月部。

商、丯乙觚

商、乙亥簋

汗簡

演變

 1 商合集14295

 2 合集3954

 3 戰國

 4 說文小篆 93頁

釋義

許慎  艸蔡也象艸生之散亂也凡丯之屬皆从丯讀若介古拜切

陳按 說文以丯、為艸芥、非是。見「㓞」部。于省吾有釋丯一文、可參看（甲骨文字釋林353頁）。

六書

象形

附注

耒

1、力軌切、上、旨韻、來、微部

2、盧對切、上、隊韻、來紐、微部、

商、父己觶

商、耒簋

周早、父乙爵

周早、耒作父己簋

東漢、北海相景君銘 農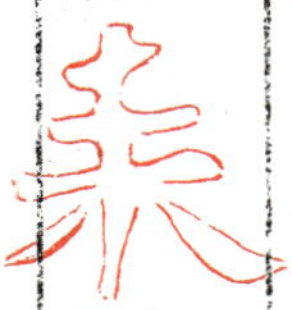陽

三國、吴谷朗碑 桂陽耒陽人、漢書、地理志桂陽郡耒陽師古曰在耒水之陽也、水經耒水出桂陽郴縣、說文作郲

大醳耒

汗簡卷二21

古文四聲韻 卷四17頁

集篆古文韻海 卷四21頁

演變

1 
西周、集成10冊173頁

2 
西周、集成6冊126頁

3 
說文小篆、93頁

4 
漢

釋義

許慎 
手耕曲木也从木推耒、古者垂作耒梠、以振民也凡耒之屬皆从耒 盧對切

陳按

「耒」金文象上有曲木、下作兩歧、歧上有一橫木之翻土農具形、「耒簋」還有手形、示「手耕」之意、三代以上皆手耕、至戰國牛耕方形行。由古文字可知「耒」乃獨體象形、後訛、許君就訛體釋耒「从木推丰」、不可从。

六書　象形

附注

角　古岳切、入、覺韻、見、屋部。

商、菁1.1

商、乙3368

商、戊父鼎

周、吳盟爵　从龠，亦與音樂有關，衆聲殿注謂「角」有鹿音，當五音之「角」本字，詳見季旭昇說文新證329頁「角」部。

周中、伯角父盉

周晚、叔[illegible]角父簋

春、鄂侯鼎

侯馬200:20

戰、齊、羊角戈

戰、燕、璽彙4116

楚、曾侯乙編鐘

楚、璽彙3520

楚、包18

璽彙2495

戰、陶、鐵雲

秦、睡10.17

西漢、老子乙前151下

高角

杜角

庚角璽印

王角之印

郭角

莊角　以上六字
漢印文字徵

東漢、曹全碑
訞賊張角

汗簡

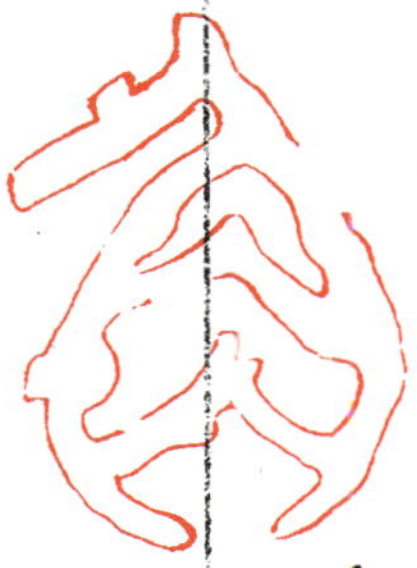
春戰、秦石鼓文
遊車　特特角弓

古文四聲韻

集篆古文韻海

演變

1 商合集3306

2 商合集補編5067

3 西周

4 西周

5 戰國

6 說文 小篆93頁

7 秦

8 漢

釋義

許慎  獸角也象形角與刀魚相似　凡角之屬皆从角　古岳切

陳按　「角」甲骨文象獸角之形，中間「」象角上紋理。西周以後，角尖上引，并加飾羨出一斜筆，上頭遂作「」形（鄂侯鼎）。篆隸所本。許君謂「角與刀、魚相似」，蓋因此故。

六書

象形

附注

說文解字 第五

六十三部

竹箕丌左工㠭巫甘曰乃丂可
兮号亏旨喜壴鼓豈豆豊豐
䖒虍虎虤皿凵去血丶丹青
井皀鬯食亼會倉入缶矢高
冂𩫏京亯㫗畗㐭嗇來麥夊
舛舜韋弟夂久桀

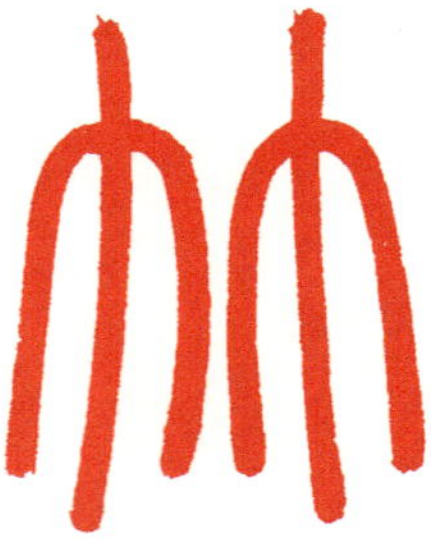

竹

張六切、入、屋韻、知、覺部。

合集4755正　賓組

合集32933　歷組

商、竹室鼎

商、孤竹罍

戰、晉中山王圓壺

晉、古錢660

楚、包150

秦、睡49、84

縣竹長印

文竹門掌户

竹乘成　漢印文字徵　以上三字

北海相景君銘

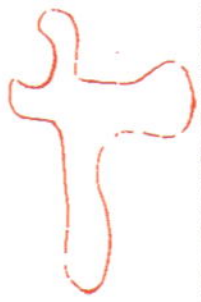
衡方碑垂名

汗簡

陽華巖銘

竹帛敘其勳

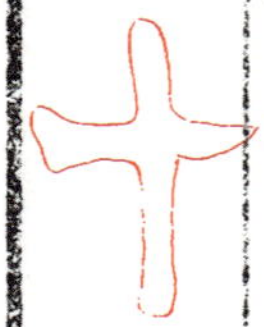
竹帛

集篆古文韻海

演變

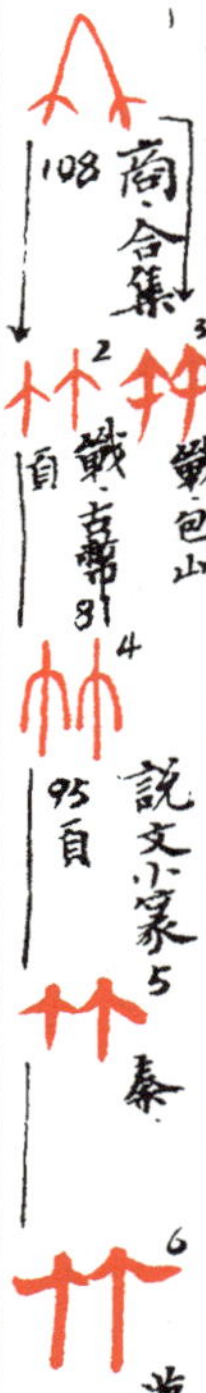
1 商 合集108
2 戰 古幣81頁
3 戰 包山
4 說文小篆 95頁
5 秦
6 漢

釋義

許慎  冬生艸也。象形。下垂者，箁箬也。凡竹之屬皆从竹。陟玉切

陳按 古文字象竹干及竹葉下垂之形。从竹字大多與竹有關，如竹之品種、根節、竹製品及以其為工具而從事的行為等。甲、金文中「竹」多用為地名、族名或國名。又為管樂器。周禮春官大師：「皆播之以八音：金石土革絲木匏竹。」鄭玄注：「竹，管簫也。」禮記樂記：「金石絲竹，樂之器也。」又特指用以記事之竹簡或書籍。

六書

象形

附注

箕

居之切，平，之韻，見，之部。

商，菁2

商，母辛卣

殷，其侯父乙簋

周中頌鼎

周晚，虢季子白盤

楚信2.21

戰，秦，莧奔鼎

侯馬

秦，璽彙3108

西漢，孫臏240

汝陰侯墓二十八宿圓盤

箕胡臣

莊箕光印

箕定居

箕充

箕慶

箕大

箕恭

箕須之印

箕中孫

公其壽王

魏其邑丞

不其國丞

令其安漢

臣食其

以上14字漢印徵

泰山刻石

其於久遠也

郎邪刻石

其於久遠也

石經多士

予其曰

鄂君啟車節

中山王壺

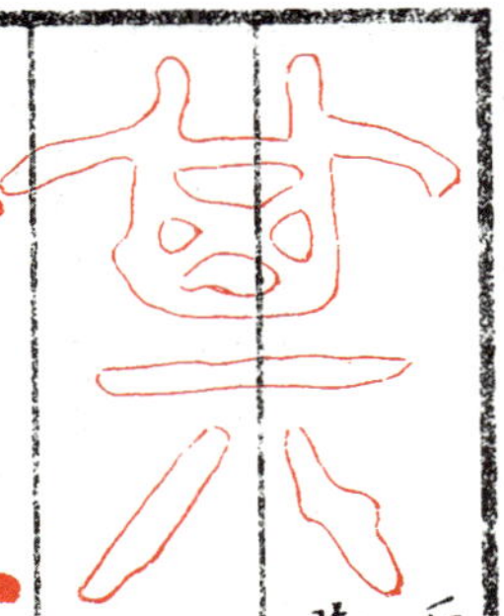

石碣汧殹 黃帛其鱮

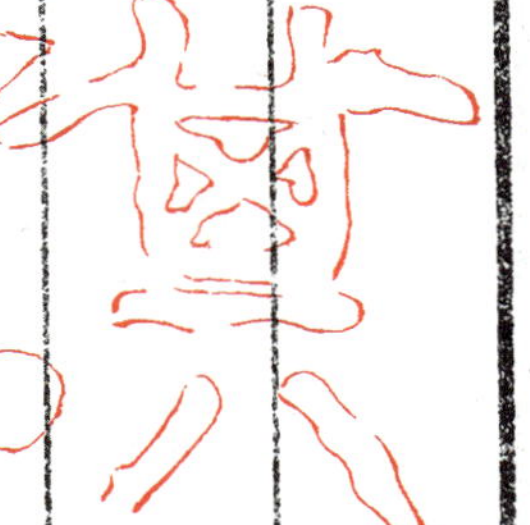

田車 其口[illegible]口

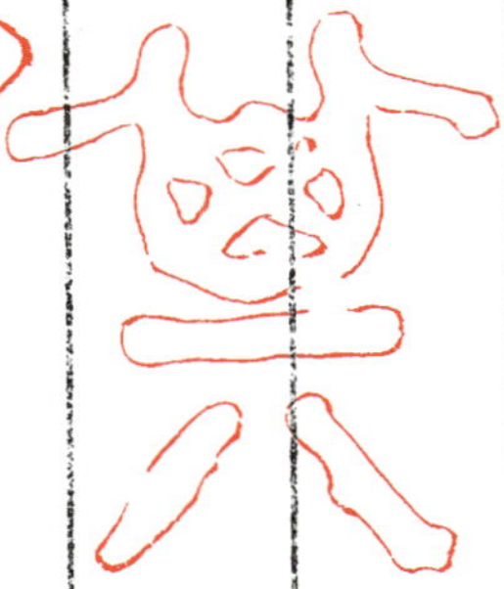

遬車 其來遺

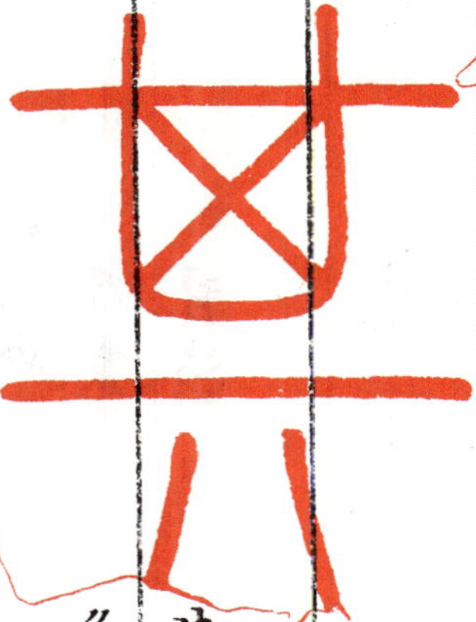

嶧山刻石 其於久遠也

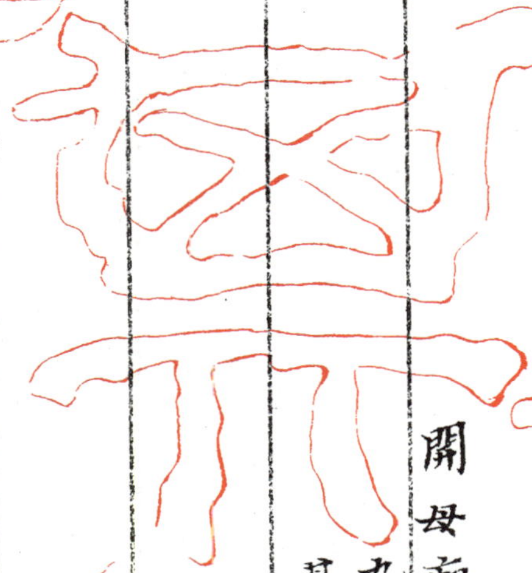

開母廟石闕 九域乂 其脩治

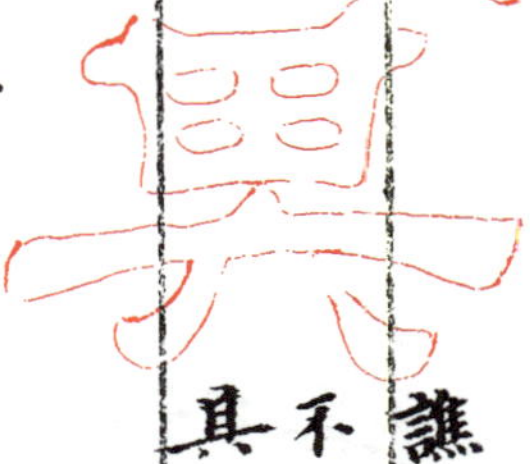

譙敏碑 不忝其美

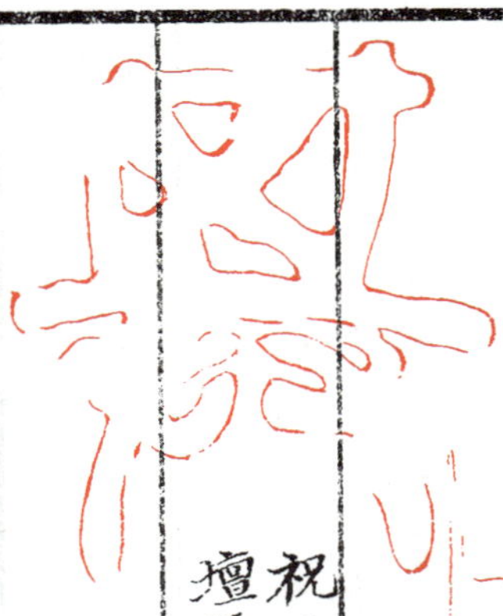

祝其卿墳壇題字

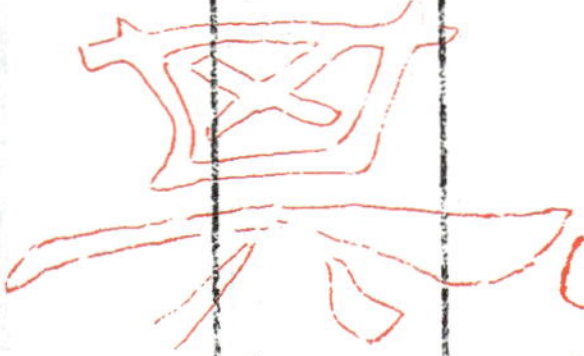

韓仁銘 吕旌其美 說文「箕」古文作「甘」，籀文作「𠤳」、「𠀠」。然偏旁有之，又周寶簋銘「其子孫永寶用」字亦作「𠀠」，蓋亦古「箕」字，而說文失載也。

東漢樊敏碑

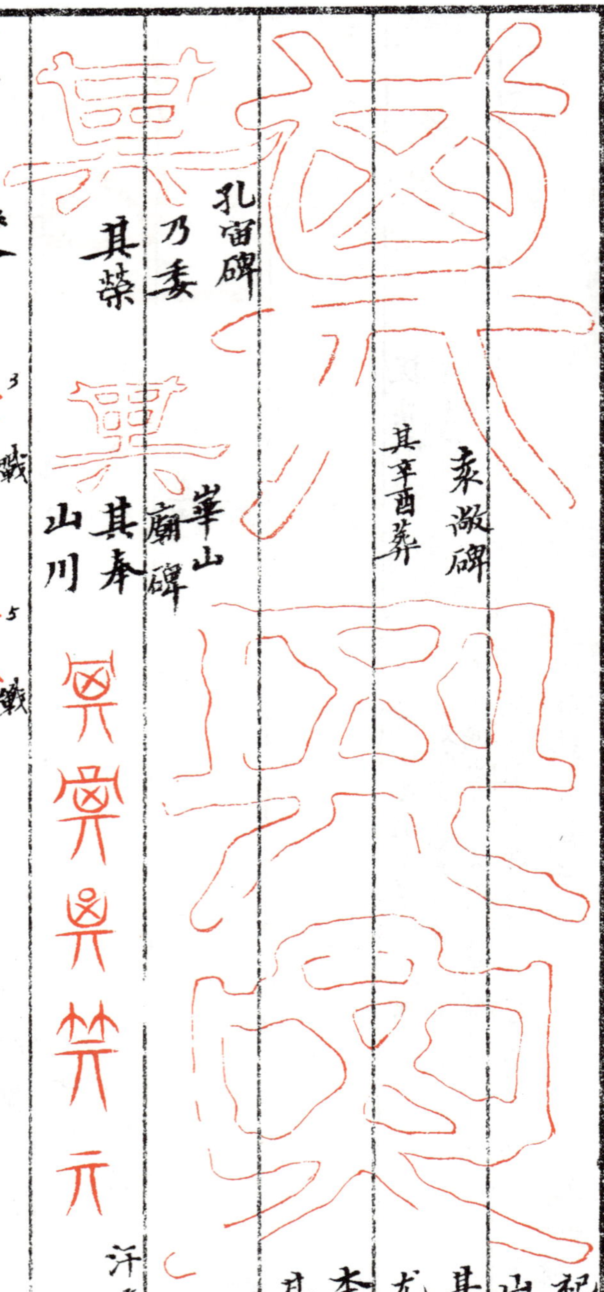

祀三公山碑

袁敞碑

其靈

其辛酉葬

尤神

本祖

其源

孔宙碑

乃委

其榮

華山廟碑

其奉

山川

汗簡

演變

釋義

許慎　箕　簸也。从竹𠀠，象形，下其丌也。凡箕之屬皆从箕。居之切。　古文箕省　亦古文箕　亦古文箕　亦古文箕　籀文箕　籀文箕

陳按　「箕」之本字乃「其」，甲骨文作　，象簸箕之形。後「其」字大都用假借義，乃加義符「竹」作「箕」。故「其」、「箕」古今字也。

到西周時，　有在下增一橫飾筆作　，又於「一」下加兩點飾筆作　，後兩點漸豎寫，其下便成「丌」，即許君訓「下基也」之「丌」。可見「丌」本由飾筆變來，許訓不確。又許云　「古文箕省」，乃本末倒置，未見甲、金文所致也。　故「箕」字形成當如下：　→　→

詳見劉釗古文字構形學123頁。

六書

形聲

附注

丌

（丌、其）渠之切，平之韻，羣之部

欽罍

舒盜壺

釜 戰、齊子禾子

燕古幣18

楚包4

楚帛書

秦陶418俑

417俑

西漢、馬老子 甲4

石經君奭

汗簡

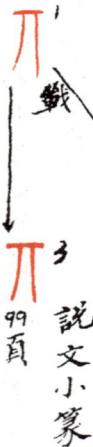

2 戰

演變

1 戰

3 99頁 說文小篆

釋義

許慎 下基也薦物之丌象形凡丌之屬皆从丌讀若箕同 居之切

陳按 「丌」本由飾筆變來，戰國時，截取「其」字下部分離出來，故戰國文字之前未見「丌」字，詳見劉釗古文字構形學25、123頁，有精彩分析。「丌」上增飾作「亓」，盛行於戰國秦漢，說文未收。

六書

「其」簡體

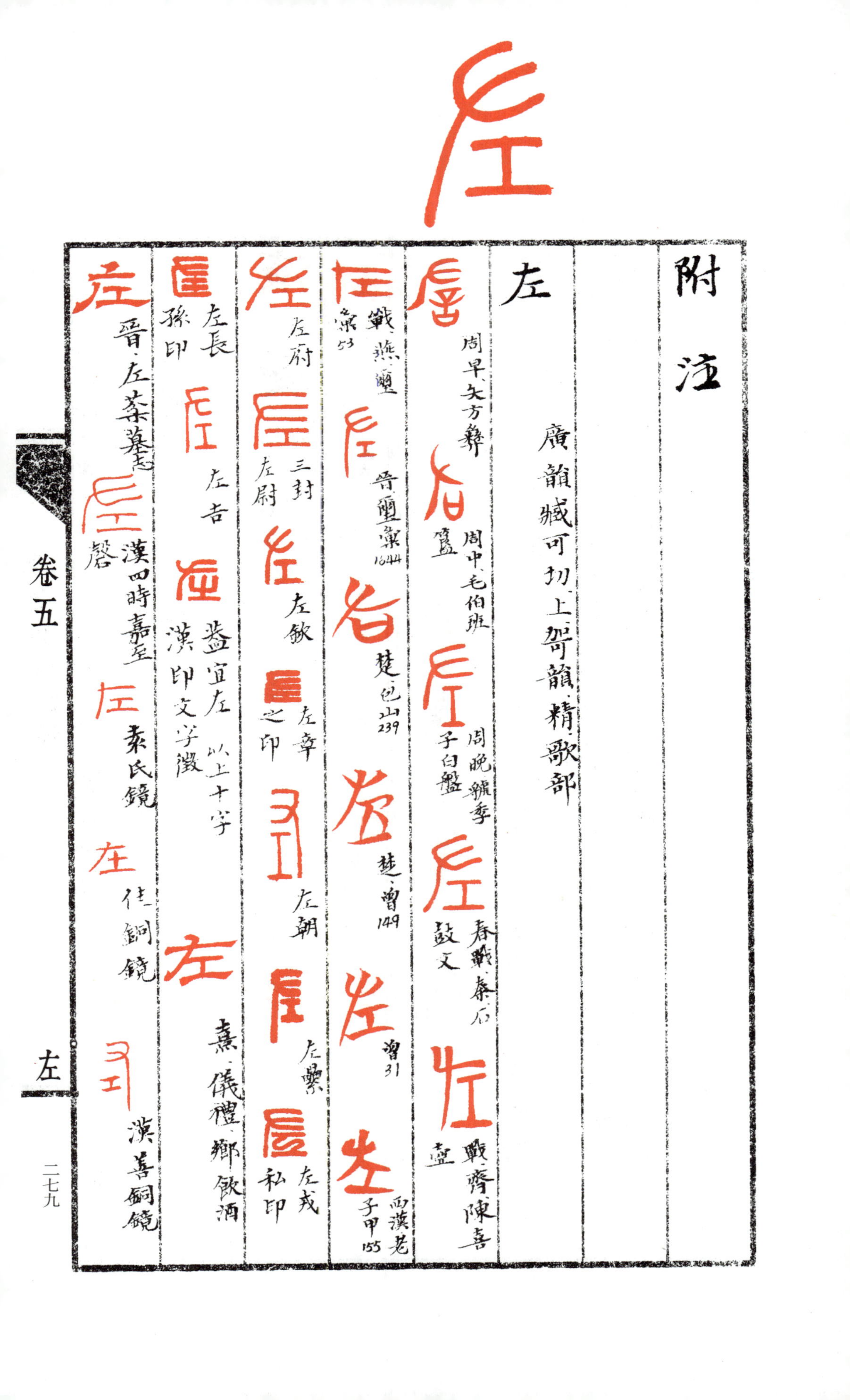

左

附注

左 廣韻臧可切，上哿韻，精，歌部

周早，矢方彝
周中，毛伯班簋
周晚，虢季子白盤
春戰，秦石鼓文
戰，齊陳喜壺

戰，燕，璽彙53
晉璽彙1844
楚，包山239
楚，曾149
曾31
西漢老子甲155

左府
三封左尉
左欽
左章之印
左朝
左纍
左戎私印

左長孫印
左吉
益宜左
漢印文字徵 以上十字
熹，儀禮，鄉飲酒

晉，左棻墓志
漢四時嘉至磬
袁氏鏡
佳銅鏡
漢善銅鏡

左

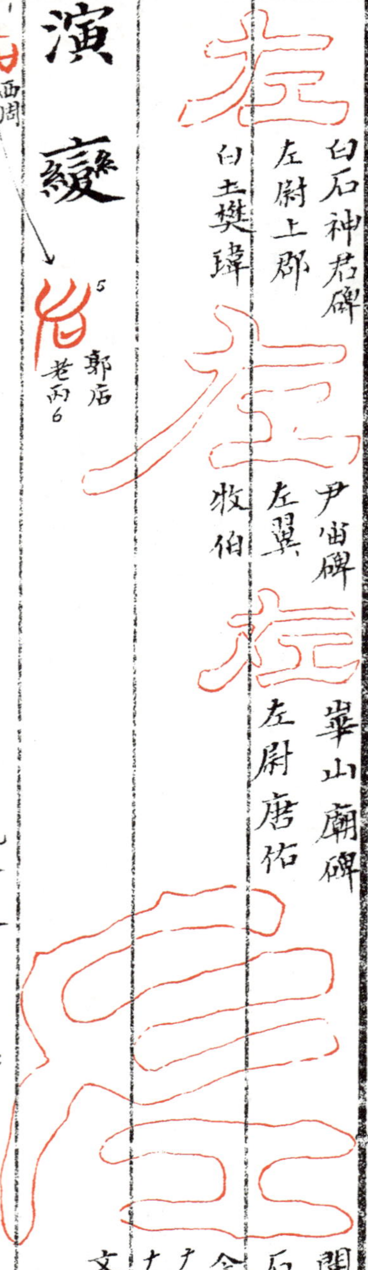
開母廟
石闕
今用為ナ又字ナ字重文

演變

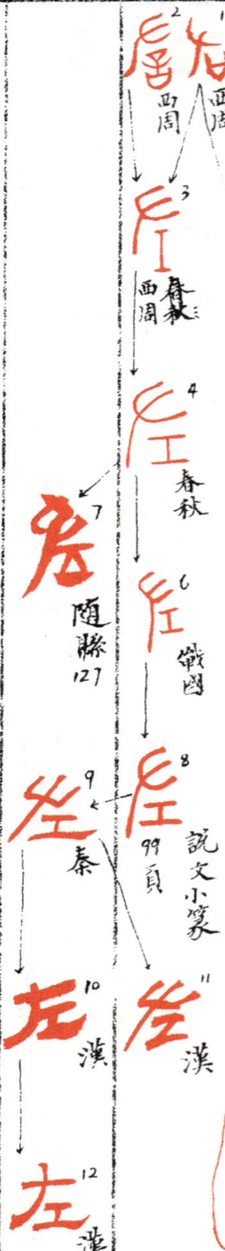

釋義

許慎  手相左助也。从ナ工。凡左之屬皆从左。則箇切 臣鉉等曰：今俗別作佐。

陳按

甲骨文「」，象左手之形，金文有加「言」、「口」、「工」，分化出「左」字，既表方位，又表佐助，後增人旁為佐助字，「左」專表方位。經典皆以佐佑為左右，而以左右為ナ又。

工

六書 形聲。說文以為會意

附注

工 古紅切，平，東韻，見，東部。

商.甲1161

商.後2.20.7

商.前2.40.7

商.粹1271

周早.司工丁爵

周早.史獸鼎

周中.盠方彝

戰.齊.古幣13

戰.燕.陶彙4.59

晉.盜壺

楚.郭.成12

秦.睡25.46

漢.西陲簡38.3

左工室印

工倩私印

工師長孫

巧工司馬 以上四字漢印文字徵

蔡公子義工簠

石鼓

石經無逸

熹.書.堯典

工

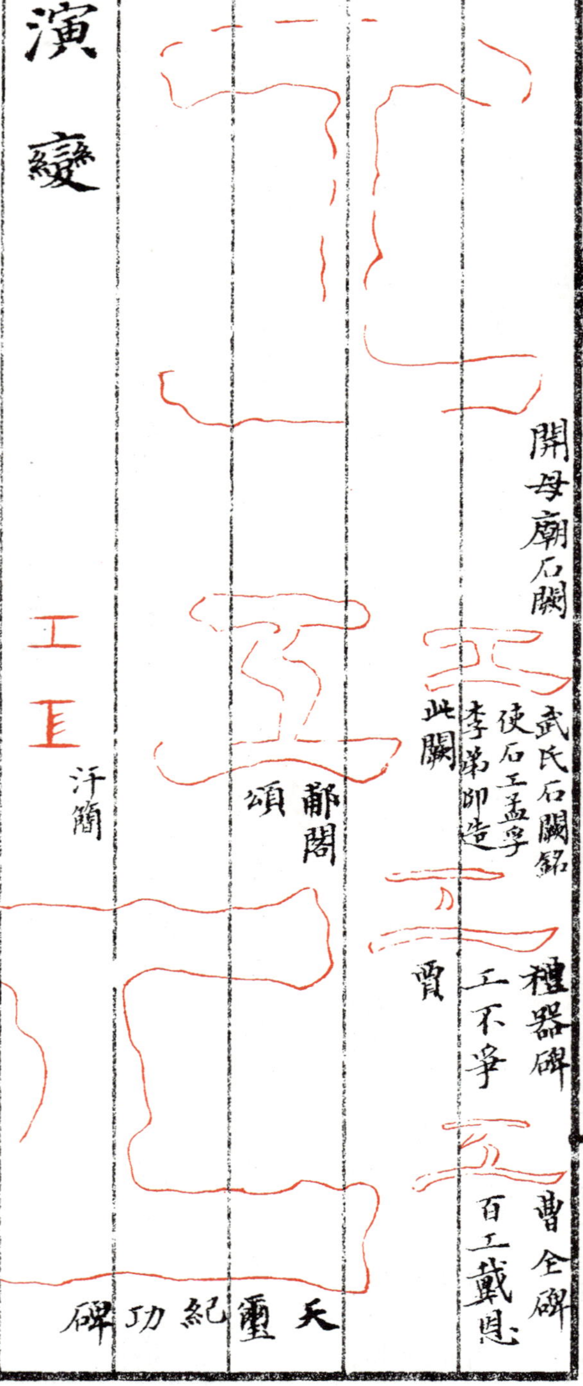
開母廟石闕
武氏石闕銘
使石工孟孚李弟卯造此闕
禮器碑
工不爭賈
曹全碑
百工戴恩
郙閣頌
天璽紀功碑
汗簡

演變

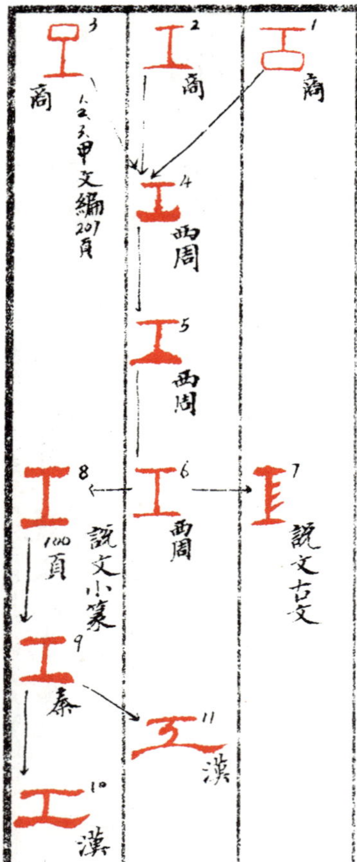
1 商
2 商
3 商
甲文編207頁
4 西周
5 西周
6 西周
7 說文古文
8 說文小篆
100頁
9 秦
10 漢
11 漢

釋義 許慎  巧飾也，象人有規榘也，與巫同意。凡工之屬皆从工。徐鍇曰：爲巧必遵規矩法度，然後爲工，否則目巧也。巫事無形，失在於詭，亦當遵規榘，故曰與巫同意。古紅切

 古文工从彡。

陳按 「工」古文字有多種形態，學界解釋尚有分歧，或以爲像測直角之「矩」，即曲尺，後多用引申義，如「工匠」、「工程」等。金文作  形者，與「王」、「士」之古文同，當指伐木之斧頭，工匠之具也。

六書 象形

附注

㠭 知演切，上，獮韻，知元部

 汗簡

演變

 1 鐵 →  2 說文小篆 100頁上 → 

釋義

許慎  極巧視之也，从四工。凡㠭之屬皆从㠭。知衍切

陳按

古文字未見。玉篇㠭部："㠭，今作展。"李旭昇先生以為"㠭"乃从"展"字分離出來一形體，不成字。

六書

會意

附注

巫

武夫切，平，虞韻，微，魚部

 商，合集 19907

 周晚，齊巫姜簋

 春戰，晉 侯馬156:22

 侯馬 156:9

 戰，楚，天卜

楚 望一卜

雲夢日書乙989

西漢、老子 甲後418

巫息私印

巫信平印

巫馬禹印

巫許私印

巫馬薑印

巫左 以上六字 漢印文字徵

石經君奭

詛楚文

東漢樊敏碑

汗簡

古文四聲韻

魏三字石經集錄

演變

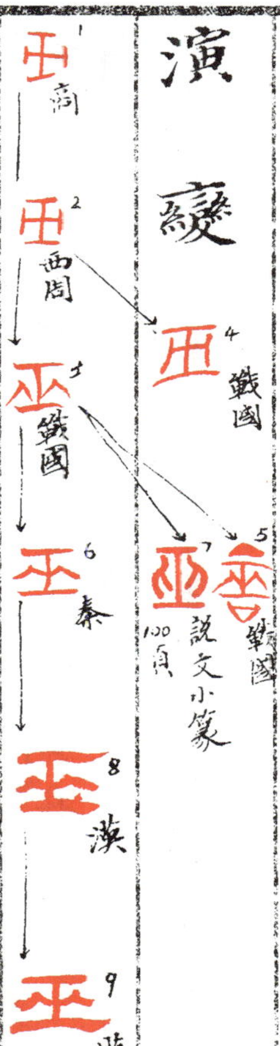

釋義

許慎 巫 祝也。女能事無形，以舞降神者也。象人兩褎舞形。與工同意。古者巫咸初作巫。凡巫之屬皆从巫。武扶切 古文巫。

陳按 唐蘭釋出甲骨文「巫」字，但其構形之本，尚無定論。或以為象巫者所用法器之形；或以為象布筮之形，筮本字；或以為象兩玉交錯形，古代巫師以玉為靈物。《說文》以覡、巫有男女之別，實則古代男、女皆可稱「巫」。《周禮》男亦曰巫。後代男、女皆可稱「覡」。

六書　象形

附注

甘　古三切，平，談韻，見，談部

商乙7298

鄂甘𦤎鼎　文物1989.6

古陶

侯馬盟書

燕，璽彙5570

晉，璽彙3089

晉，璽彙3260

楚，包山125

楚，郭店老甲19

戰晚，甘斿杯　集成

西漢，馬老子甲159

西漢，甘林瓦當

甘陵廄丞

甘承私印

甘常　漢印

岦三字　文字徵

孔宙碑陰

甘陵瘤川

魏受禪表

甘露零於

石經　若甗

時則

有若甘盤

華山碑　甘陵郁人

豐草

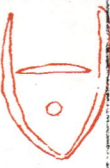

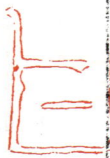

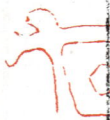

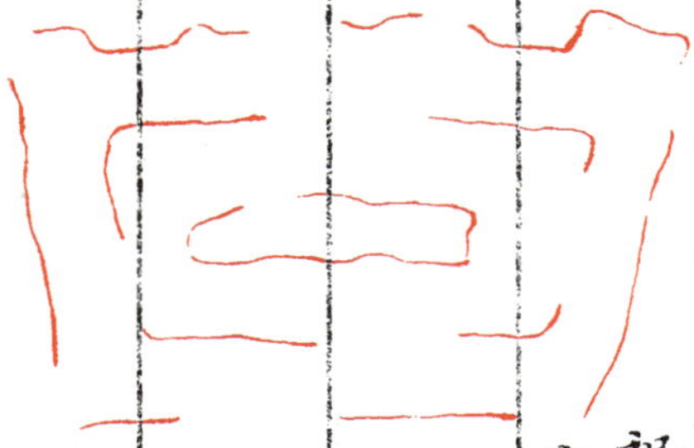

祀三公山碑
甘雨屢降

汗簡

古文四聲韻

集篆古文韻海
卷二、28頁

碧落碑

演變

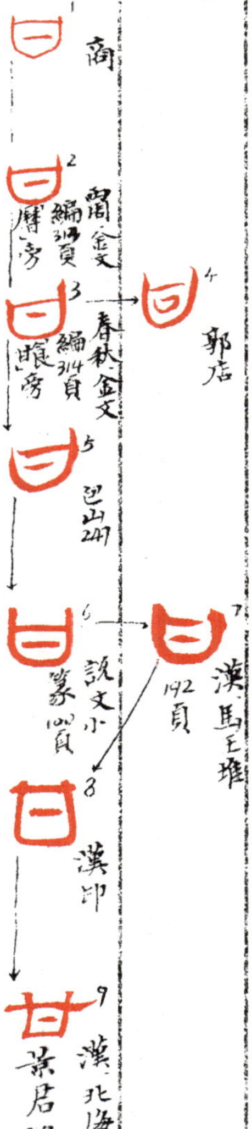

釋義

許慎：美也。从口含一。一，道也。凡甘之屬皆从甘。古三切

陳按：古文字「甘」从口，并於「口」（人嘴）中附加一劃或小圓圈，指事所食。口中所食大都美味甘甜，故可引申為甜美、樂意、嗜好等義。

六書　指事

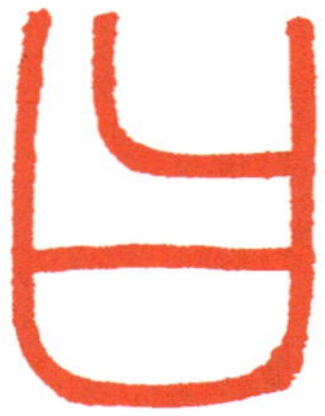

附注

曰

王伐切，入月韻，喻三，月部。

商、前7.17.4

商、錢246.3

周早、由伯尊

周中晚、伯晨鼎

春早、邾太宰匜

戰、齊、陶彙3.422

齊、陶彙3.172

燕、古幣43

晉、中山王響鼎

楚、者汈鐘

楚、包248

包208

包238

包246

包241

長沙帛書

秦、睡虎

秦、睡虎24.27

西漢、馬王堆老子甲30

老子甲後179

銀雀山、孫子22

馬王堆縱橫家書

西陲簡57.14

武威醫簡84甲

石經、尚書殘碑

熹、易、說卦

史晨碑

碧落碑

品式石經
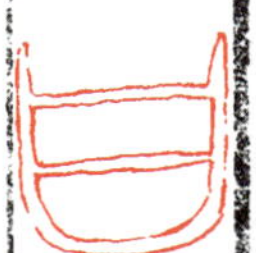
詛楚文
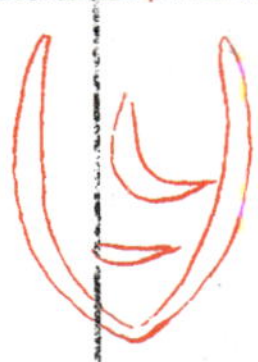
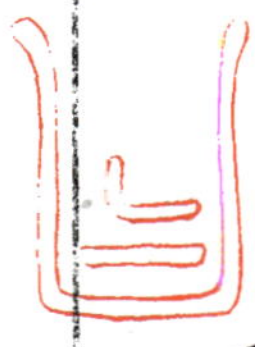
石經多士

泰山刻石皇帝曰
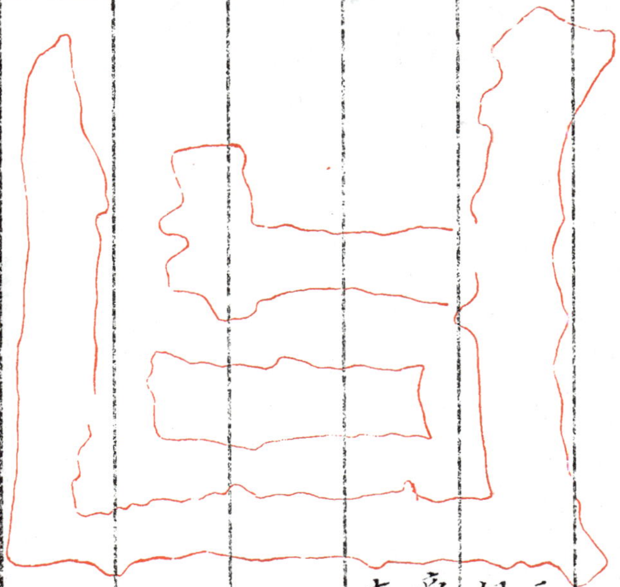
天璽紀功碑帝曰大吳
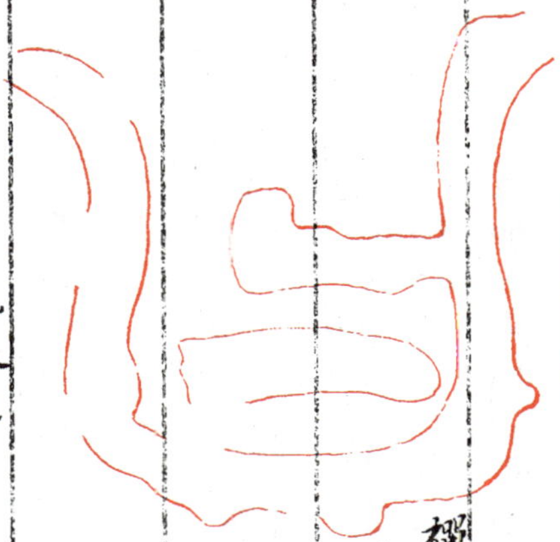
禪國山碑文曰吳真口帝
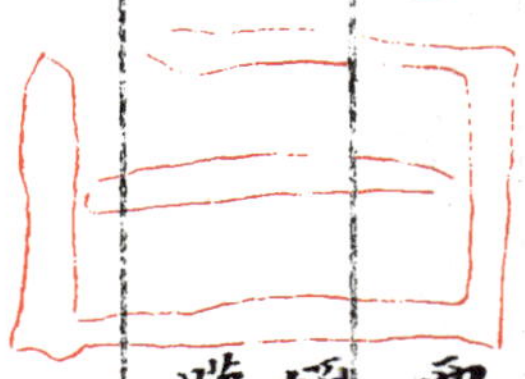
西狹頌嘆曰
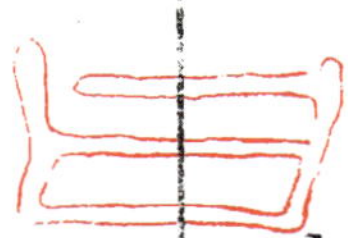
禮器碑其文曰

孔龢碑讚曰

晉大公呂望表帝曰昌

日

演變

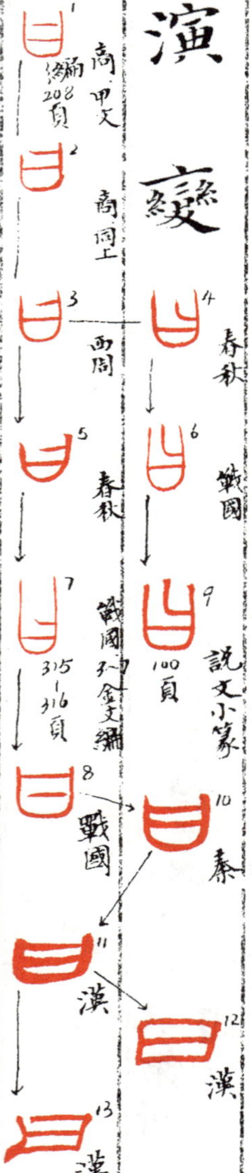

釋義

許慎  詞也。从口，乙聲。亦象口气出也。凡曰之屬皆从曰。王伐切

陳按 古文字从口，上所加短橫乃指示言从口出。本義為言說。《陽貨》：「子曰：『同聲相應，同氣相求。』」「曰」、「謂」皆有「說」義。但「謂」有評論人物之義，與「曰」有別。用於對某人說則二字義近。「曰」後須緊跟所說的話，「謂」則不與所說之話緊接，中間需有告知對象（間接賓語），再加「曰」，或「謂曰」連用。

六書

指事

附注

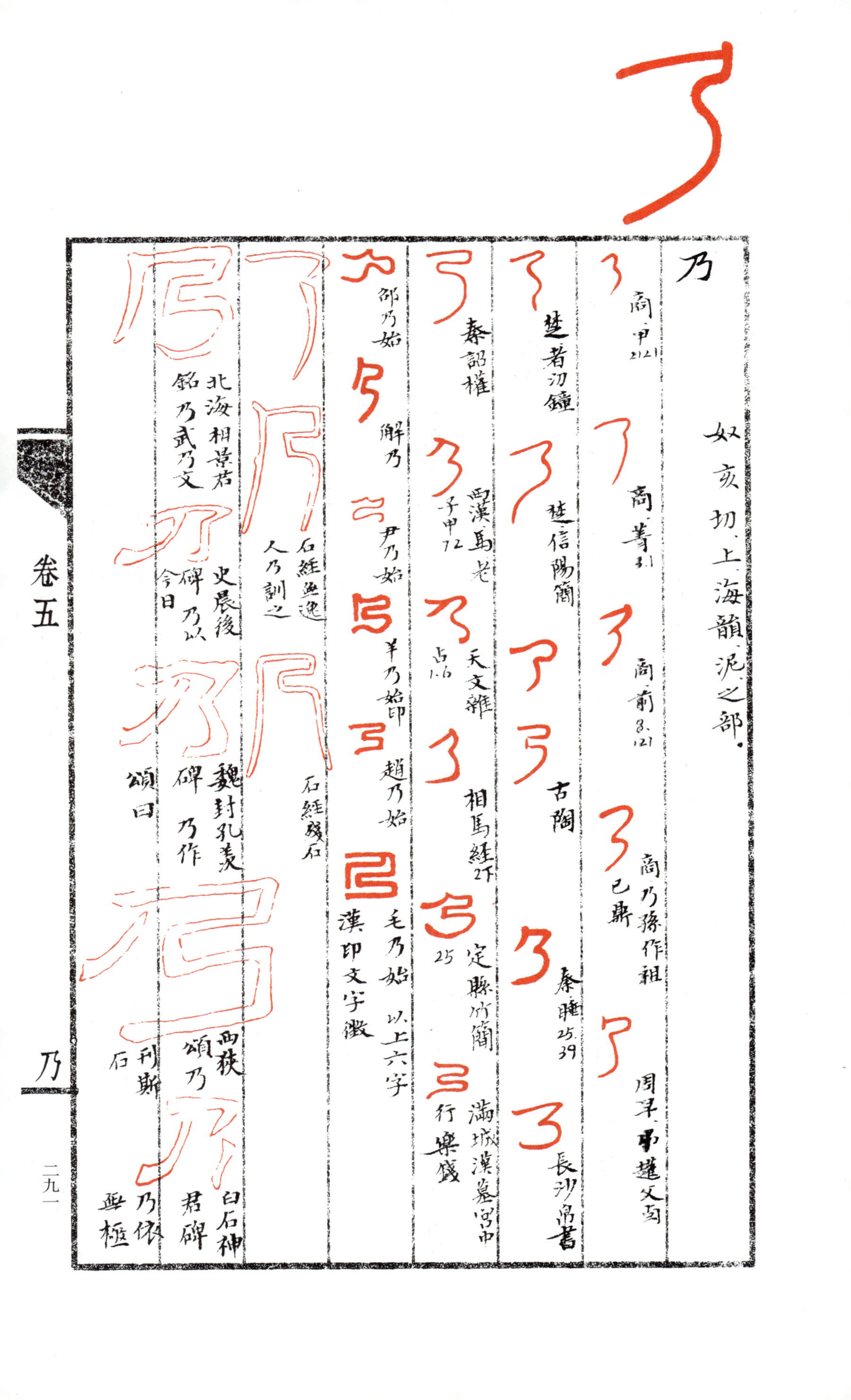

乃

奴亥切，上，海韻，泥之部。

商甲2121

商菁3.1

商前8.121

商乃孫作祖己鼎

周早，弔趞父卣

楚者汈鐘

楚信陽簡

古陶

秦睡25.39

長沙帛書

秦詔權

西漢馬老子甲72

天文雜占1.6

相馬經2下

定縣竹簡25

滿城漢墓宮中行樂錢

部乃始

解乃

尹乃始

羊乃始印

趙乃始

毛乃始 以上六字漢印文字徵

石經無逸 人乃訓之

石經殘石

北海相景君銘 乃武乃文

史晨後碑 乃以今日

魏封孔羨碑 乃作頌曰

西狹頌 乃刊斯石

白石神君碑 乃依無極

乃

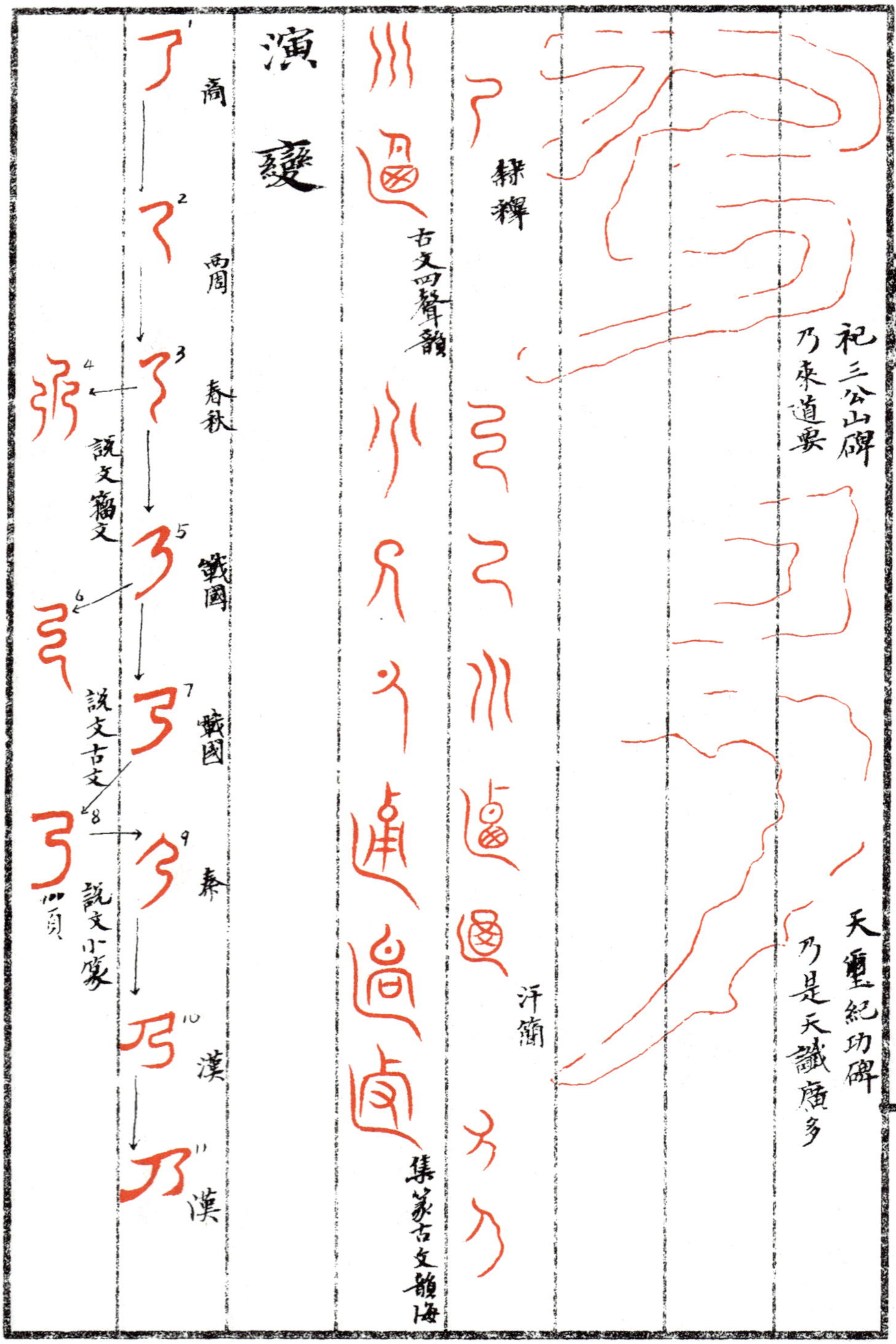
祀三公山碑
乃東道要
天璽紀功碑
乃是天讖廣多
汗簡
隸釋
古文四聲韻
集篆古文韻海
演變
商
西周
春秋
說文籀文
戰國
說文古文
戰國
秦
說文小篆
漢
漢

釋義

許慎  曳詞之難也。象气之出難。凡乃之屬皆从乃。奴亥切。臣鉉等曰：今隸書作乃  古文乃  籀文乃。

陳按 「乃」字造構本義不明，或以為「奶」之初文，或以為「繩」之初文，難以遽定。上古「乃」字多用為代詞（你、你的），西周克罍：「隹（唯）乃明乃心。」《書·盤庚》：「既勞乃祖乃父。」也用作副詞（於是、竟然等義）。《書·舜典》：「玄德升聞，乃命以位。」本部所隸「𠧪」字，甲、金文作   等形，隸變作迺或廼。徐灝《段注箋》：「迺即乃之異文。」朱氏曰：「段借為乃，《爾雅·釋詁》：『迺，乃也。』」朱說是。「乃」與「汝」、「爾」、「而」、「若」皆為上古第二人稱代詞，為同源字。

六書

象形。

附注

丂 苦浩切，上，晧韻，溪，幽部。

 商 前1.19.3

 商 乙2361

 商 丂使鼎

 春中晚、𨯭鎛

 戰、齊、陳逆匜

 戰燕、古幣7

 汗簡

 春秋

 戰

 漢

演變

 1 商

 2 商

 3 西周 → 4 春秋

 7 戰

 8 秦

 9 說文小篆 101頁 → 10 漢

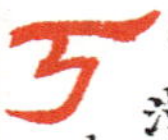 11 漢、隸辨454頁 「㱙」旁。

釋義 許慎  气欲舒出，勹上礙於一也。丂，古文以為亏字，又以為巧字。凡丂之屬皆从丂。苦浩切。

陳按 卜辭「斤」作 ，所从 （斧柯之形），與「丂」古文同，「丂」即「柯」初文。

六書 象形，說文以為指事

附注

可

枯我切，上，哿韻，溪，歌部

商，摭續10

商，甲3324

商，甲1518

西周，師𩰫簋

春中晚，𬶍鎛

春戰，侯馬198:1

包山楚簡138

晉，中山王譽壺

楚，璽彙3221

璽彙4854

秦，睡

長沙帛書

林可置印

平步可之印

口可

侯步可

李可置

以上五字 漢印文字徵

泰山刻石

詔曰可

晉孫夫人碑

碑可沒而無稱哉

孔龢碑

禪國山碑

不可稱而數也

汗簡

古文四聲韻

碧落碑

集篆古文韻海

演變

釋義

許慎　可　肎也。从口丂,丂亦聲。凡可之屬皆从可。肯我切

陳按　古文字从口、从丂,丂亦聲。何琳儀《戰國古文字典》以為「从口,从主,會定前歌詠之意」,為「歌」本字,後引申指許可、適合、應當、大約、確實等義,并為引申義所專,歌咏義在古文字材料中寫作「訶」,或繁化疊加一「可」作「哥」,「哥」後借用(唐代起)稱呼親族中同輩年長男子,與「兄」同義,遂又加「言」或「欠」作「謌」、「歌」。或以為「何」本字。「可汗」音kè。

六書

會意兼形聲

附注

兮　胡雞切，平，齊韻，匣，支部，

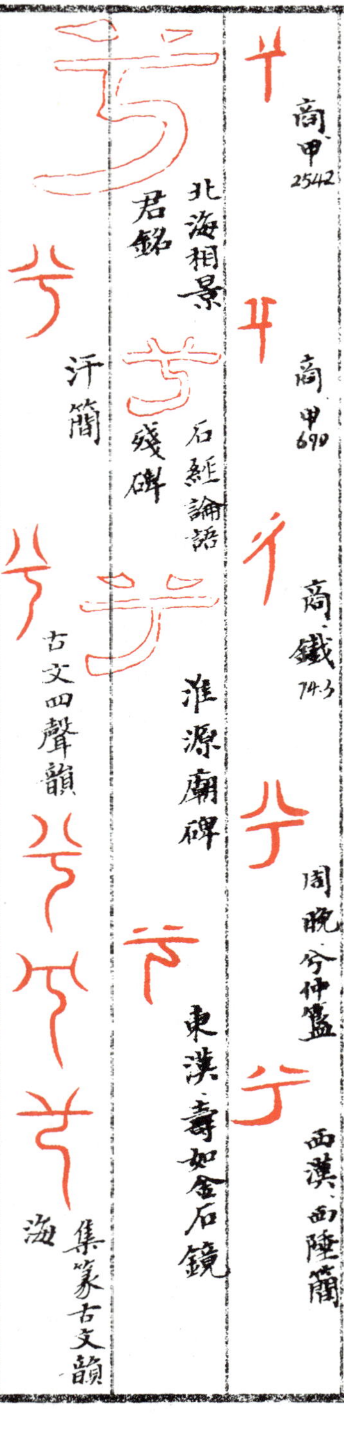

演變

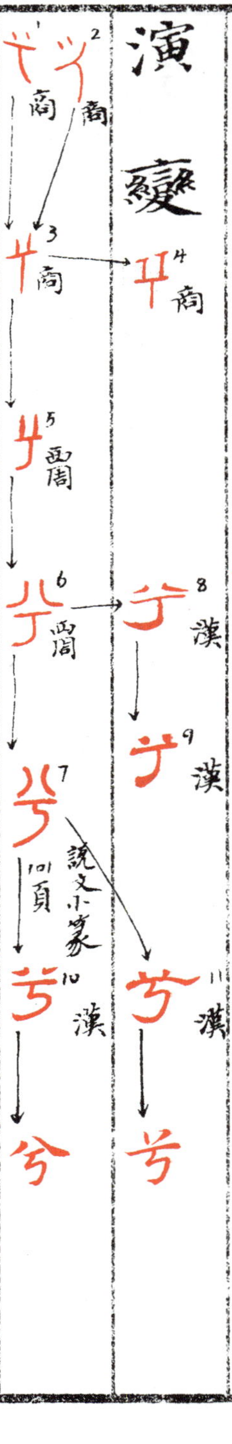

釋義

許慎：「兮，語所稽也。从丂八，象气越亏也。」凡兮之屬皆从兮。胡雞切

陳按：「乎」甲文作，和「兮」（）僅一畫之差，二字當同源，後分化。甲骨文有字，劉釗釋為「兮」字。典籍中「兮」多用作句中、句尾語氣詞。《詩·小雅·蓼莪》：「父兮生我，母兮鞠我。」

六書　不詳

附注

号　胡到切，去，号韻，匣，宵部

戰．楚．望2策

楚．璽彙269

東漢．武梁祠畫象題字箸号來方
箸号猶云著名，說文号痛聲也，號呼也，名號亦呼義

東漢．徐夫人菅洛碑
（號）

孔彪碑　羣臣號咷

碑以号為號，它碑又以號為号，玉篇号號義與說文相反，蓋二字互通至於互易，經典則概用號也。

詔權　立號為皇帝

衡方碑　號稱阿衡

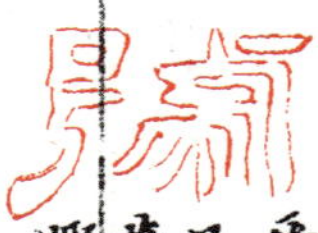
晉太公呂望表　著其名號

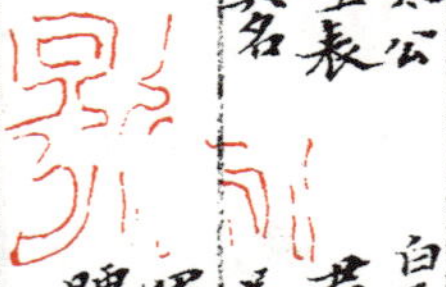
白石神君碑　兼將軍之號

郙閣頌　號為萬柱

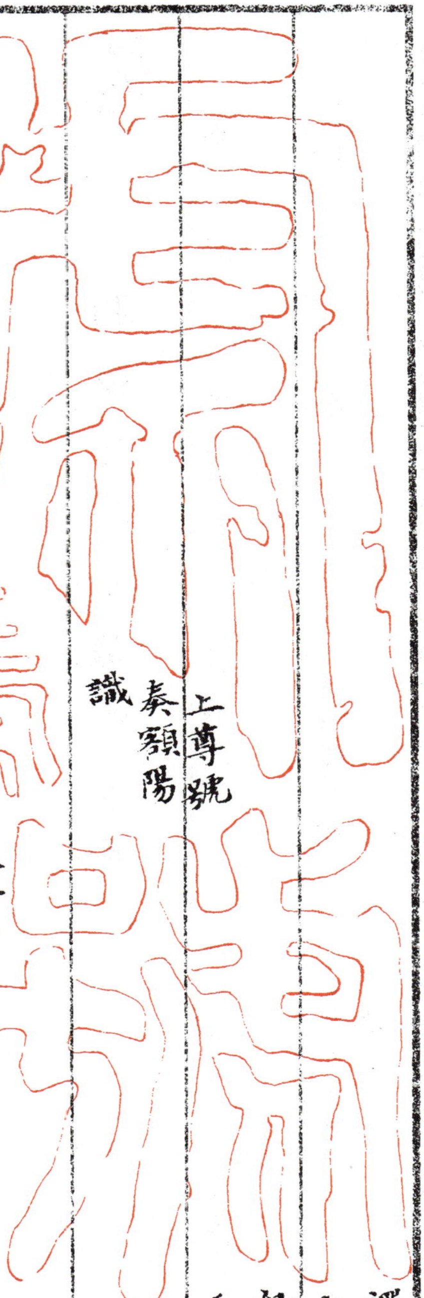
禪國山碑
天璽紀號
上尊號奏額陽識

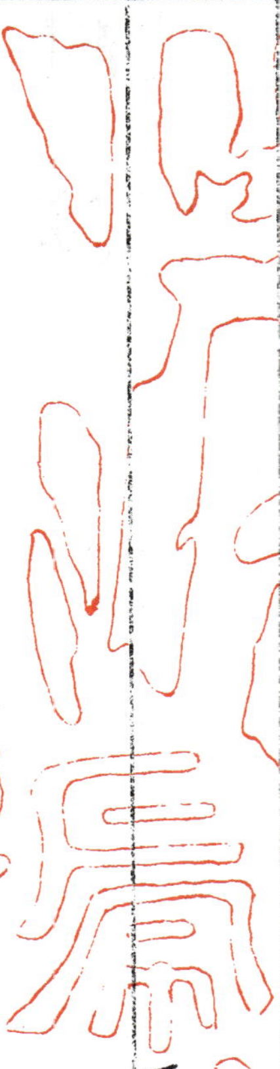
夏承碑

汗簡

古文四聲韻

集篆古文韻海

演變

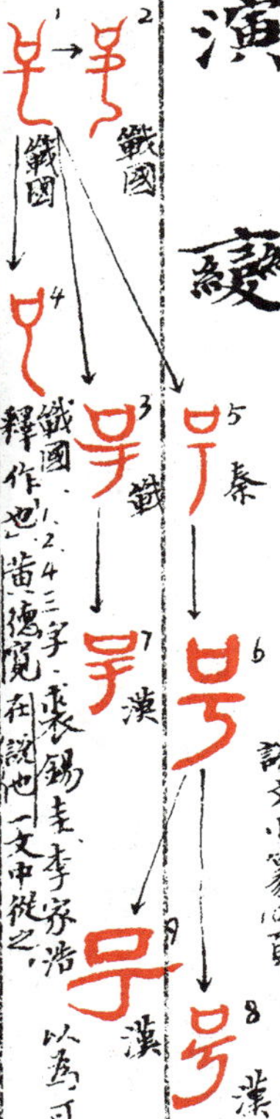

戰國、1、2、4三字，裘錫圭、李家浩釋作"也"，黃德寬在說"也"一文中從之，以為可疑

釋義

許慎  痛聲也。从口在丂上。凡号之屬皆从号。胡到切

陳按 《說文》「号」、「號」分為兩字，典籍中皆用「號」，今以「号」為簡體字，實則二字同一詞也，皆與大聲呼叫有關，另「諕、譹、嚎、号、號」五字同源。『号』本象小兒張口唬號之形，參見《清華二繫年集解》420頁

六書

形聲

附注

亏（于） 羽俱切，平，虞韻，喻三，魚部

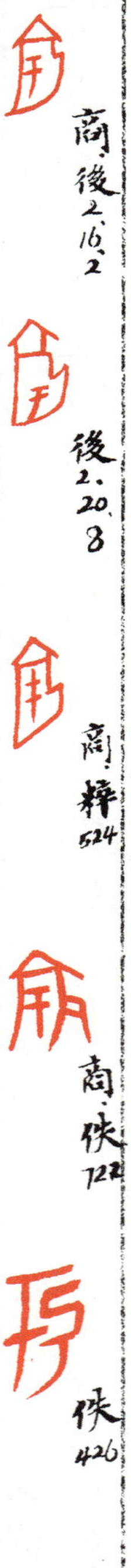

春晚、黝鎛

春晚、王子午鼎

戰、齊、陳侯午敦

齊、陳猷釜

楚王酓璋鎛

楚、包山163

秦、嶧山碑

秦、睡21.200

162

西漢、縱橫家書

侯馬

謝于私印

滈于子紺

鮮于賢

滈于涂印

于宗私印

滈于就印　以上六字

漢印文字徵

泰山刻石

夏承碑額陽識

石經多士

石碣田車

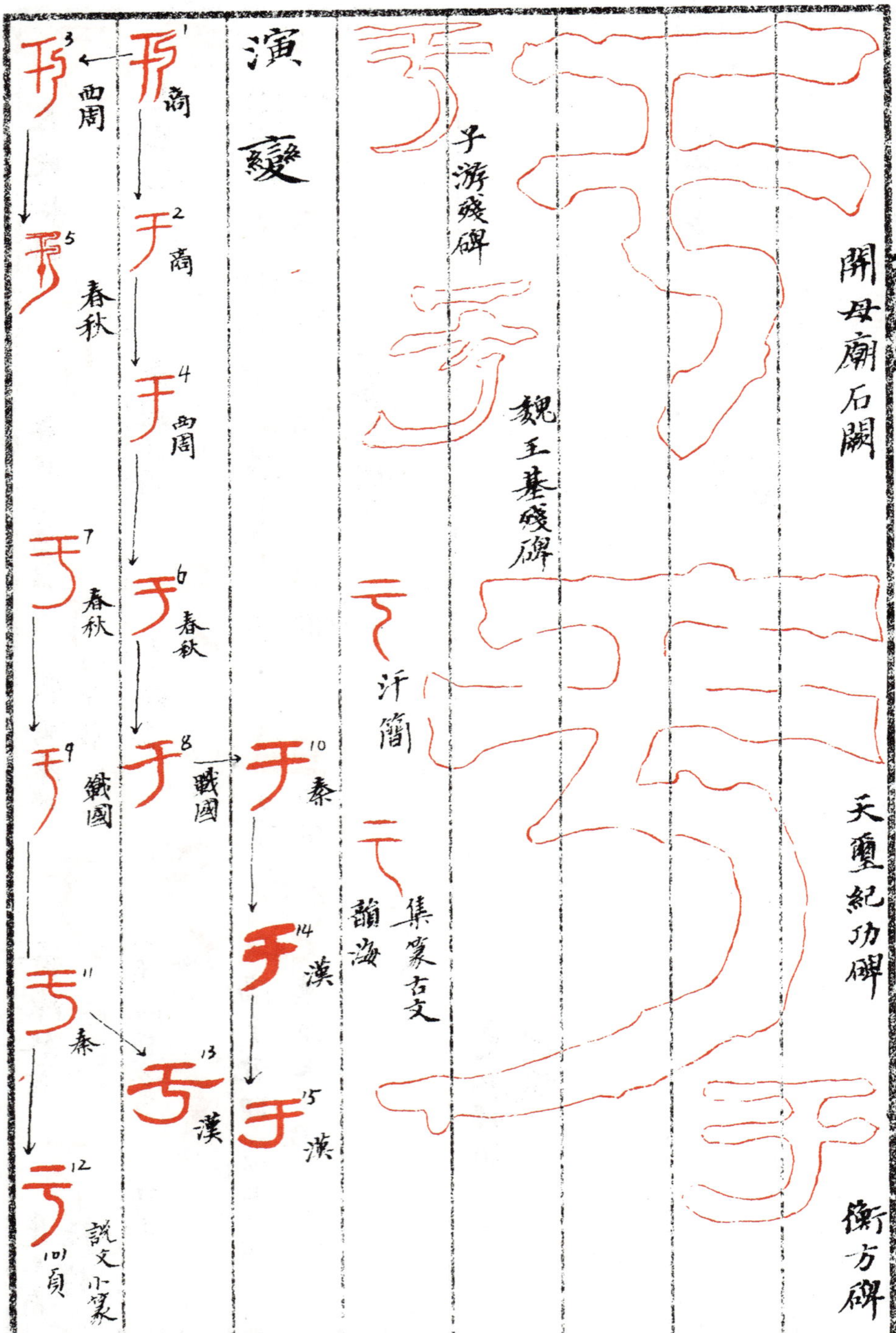
開母廟石闕
天璽紀功碑
衡方碑
魏王基殘碑
子游殘碑
汗簡
集篆古文
韻海
演變
秦
漢
漢
商
商
西周
春秋
戰國
西周
春秋
春秋
戰國
秦
漢
說文小篆
101頁

釋義 許慎 亏 於也。象气之舒亏。从丂从一。一者，其气平之也。凡亏之屬皆从亏。羽俱切。今變隸作于。

陳按 裘錫圭〈甲骨文中的幾種樂器名稱——釋「庸」、「豐」、「鞀」〉一文指出，「竽」之象形作等，稍省則作，再省則作。乃知「于」字是「竽」字甲骨文局部截取所造。這種「截除性簡化」在東周後期較流行。在現代漢字簡化中亦有用，如「業」→「业」、「婦」→「妇」等。說文之「从某省」、「某省聲」之說，等同此理。「于」大都假借為「往」、虛詞「於」、「與」、「爲」字，分化之「於」形、義皆有別，後世漸不分。表至于某地，多用「于」；表甚於及被動，多用「於」，但並不嚴格。

六書 象形

附注

旨

職雉切，上，旨韻，照三，脂部

商乙1054

商鐵191.4

周初 匽侯旨鼎

周晚 殳季良父壺

春 國差𦉜

春 者旨𥁕盤

3.320 戰 齊 陶彙

晉 璽彙3418

楚 越王劍

楚 鄂 尊26

秦 睡 日乙1138

衡方碑

白石神君碑

汗簡

古眉

古文四聲韻

集篆古文韻海

演變

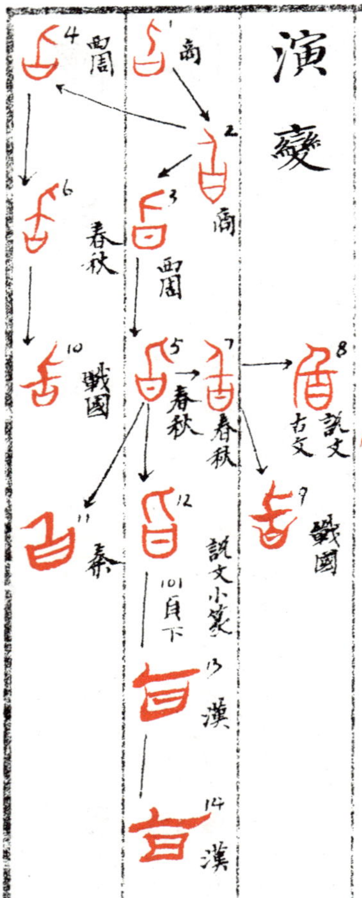

釋義 許慎美也从甘匕聲凡旨之屬皆从旨職雉切古文旨 陳按 甲、金文从人从口、春秋戰國上部或从千「千」本从「人」分化而來、許君以為从「匕」、甲文「匕」作「」、有別。下部从口、後加短橫繁化為「甘」。其義為味道甘美。詩小雅鹿鳴「我有旨酒、以燕樂嘉賓之心」、又引申指美好。書說命「王曰旨哉、說乃言惟服」、尚有意思、主張、命令等義。又特指帝王詔書。

六書 會意、說文以為形聲

附注

喜 虛里切、上止韻 曉之部

商、粹1486

商、粹1211

周早、天亡簋

周晚、史喜鼎

周晚、伯喜父簋

喜

春 子璋鐘

春晚 王孫鐘

春戰 侯馬 200:50

戰 齊 陳喜壺

齊 陶彙 3.881

3.882

3.877

3.879

3.883

3.884

燕 璽彙 0395

燕 郾王喜劍

晉 璽彙 0890

1372

1371

2102

楚 包 163

包 170

秦 睡 4.8

西漢 居延簡甲 956

李喜

張喜

臣喜

李常喜印

高喜

高喜印 以上六字 漢印文字徵

耿勳碑

孔宙碑 田畯喜于荒圃

李壽石刻 萬口懽喜

汗簡

喜不 繆篆

古文四聲韻

集篆古文韻海

演變

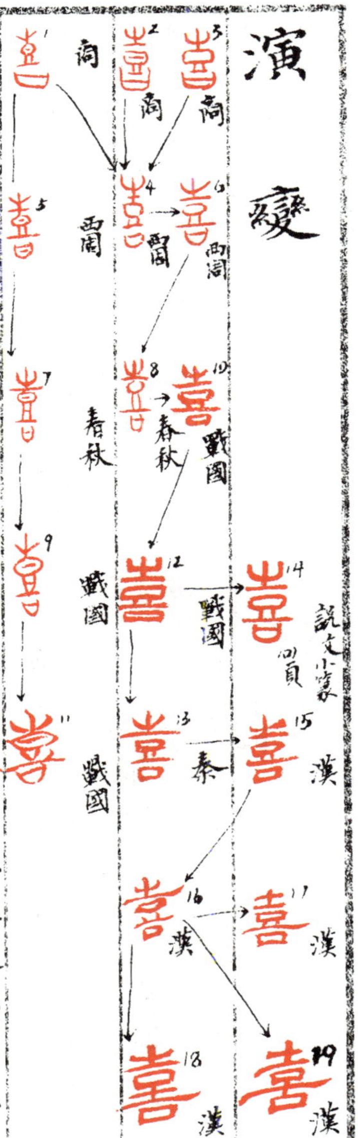

釋義

許慎：喜，樂也。从壴从口。凡喜之屬皆从喜。虛里切　歖古文喜从欠，與歡同。

陳按

「喜」古文字从「壴」，「壴」乃「鼓」之初文，喜樂必有鼓，增「口」以與「壴」別，並無實際含義。參見孫剛《說「喜」（鼓）——兼談「嘉」、「嚭」的形體流變》一文。

六書

會意

附注

壴

1. 讀若駐，中句切，去，遇韻，知紐，侯部。

2. shù 音樹，常句切，去，遇韻，禪紐，侯部

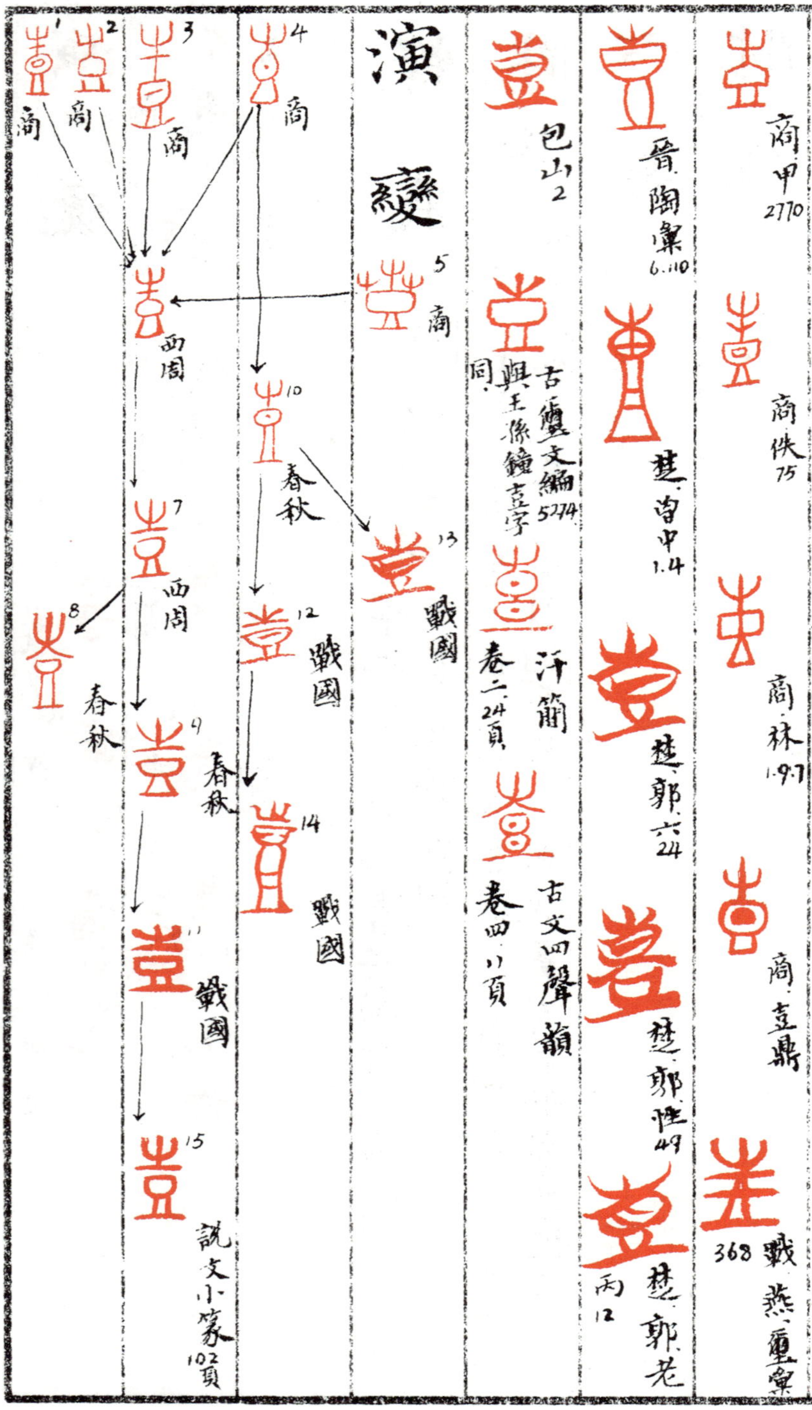

釋義

許慎 **壴** 陳樂立而上見也。从中从豆。凡壴之屬皆从壴。中句切

陳按 甲、金文象鼓之形，上象其飾，中象鼓身，下象脚座。「壴」即「鼓」之初文，秦漢之後，从「尌」字分化而來的部件「壴」漸與「壴」（「鼓」初文）寫法趨同。故於「壴」（「鼓」初文）加「手持鼓槌形」作「鼓」，「鼓」行「壴」廢。而「尌」旁之「壴」（shù）在古文字字形中有寫作「豆」，如「脰」（「廚」本字）、「梪」等字所从，實為「壴」（shù），可見「豆」在戰國文字中或能表兩字，一為「豆」（食肉器），一為「壴」（shù）。而「壴」（shù）與「壴」（「鼓」初文）又形同易混，故本从「壴」（「鼓」初文）的「豊」字，《說文》以為从「豆」。「尌」所从「壴」與「鼓」所从「壴」來源不同，關於「尌」及其所从，可看白於藍師《釋中山王嚳方壺中的「屬」字》一文。「尌」、「鼓」二字左半之來源，可參看裘錫圭《釋「尌」》。

六書

象形

附注

鼓

公户切，上，姥韻，見，魚部。

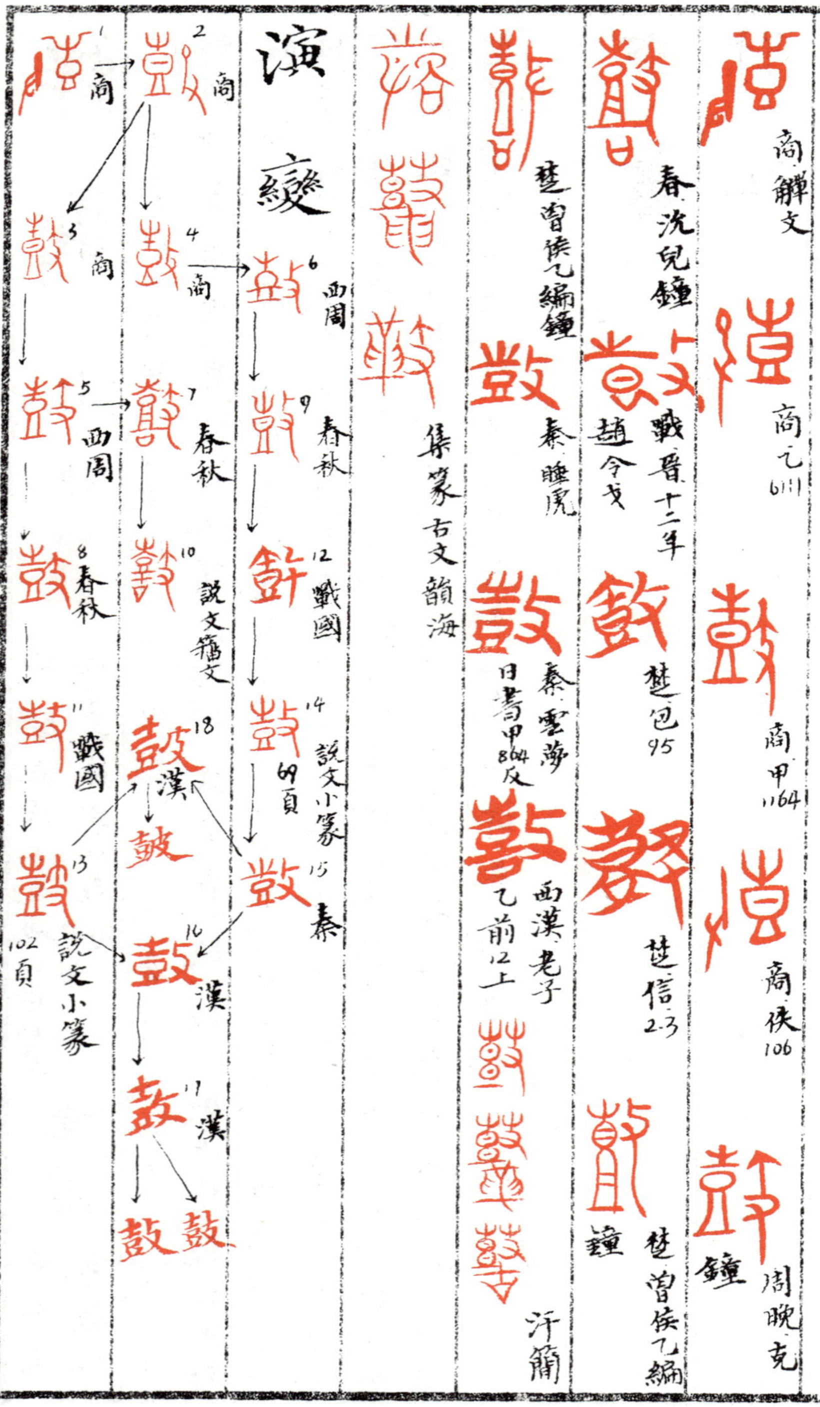

商 觶文

商乙6111

商甲1164

商佚106

周晚克 鐘

春 沇兒鐘

戰 晉 十二年 趙令戈

楚 包95

楚 信2-3

楚 曾侯乙編鐘

楚 曾侯乙編鐘

秦 睡虎

秦 雲夢 日書甲864反

西漢 老子 乙前12上

汗簡

集篆古文韻海

演變

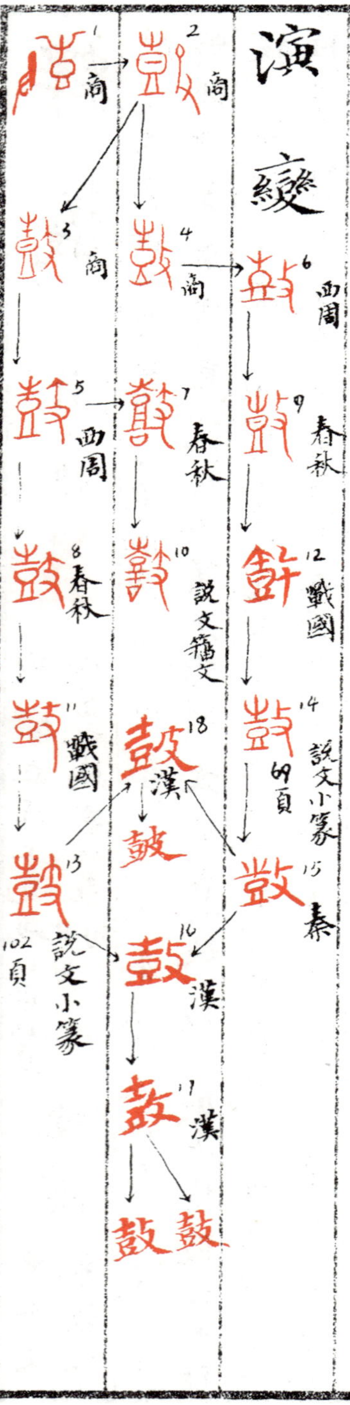

釋義

許慎　鼓　郭也。春分之音，萬物郭皮甲而出，故謂之鼓。从壴，支象其手擊之也。周禮六鼓：靁鼓八面，靈鼓六面，路鼓四面，鼖鼓、皋鼓、晉鼓皆兩面。凡鼓之屬皆从鼓。𡔷　籀文鼓，从古聲。工戶切

陳按　「鼓」之初文為「壴」，許君分列二字，「壴」為名詞，「鼓」為動詞。甲、金文象手持鼓槌擊鼓之狀，手持鼓槌形可作攴、攴（攴、支）二形，故說文卷三下又有「鼔」字。「鼓」、「鼔」實同體詞異體。秦漢隸書多从「支」，東漢隸書有从「皮」作「皷」。楷書鼓、鼔、皷三體，从「支」常用。1955年第一批異體字整理表未收「鼔」、「皷」字，以「鼓」為正體。

六書

會意

附注

豈

1. 集韻 可亥切，上，海韻，溪，微部

2. 袪狶切，上，尾韻，溪，微部。

戰 璽彙2850

秦 睡 為10

西漢 馬 縱橫家書33

樂豈里附城 漢印文字徵

東漢 北海相景君銘 豈夫仁哲

晉 太公呂望表 豈皇天所以章明先哲

魏 封孔羨碑 斯豈所謂崇化報功

汗簡

古文四聲韻

碧落碑

演變

1 說文小篆 102頁 → 2 秦 → 3 漢 → 4 漢 → 5 漢 → →

釋義

許慎 豈 還師振旅樂也。一曰欲也，登也。从豆，微省聲。凡豈之屬皆从豈。墟喜切

陳 按 「豈」字構形學界尚未定論，或以為「壴」之分化，為鼓之形，軍隊得勝歸來奏樂所用，後作「凱」，先秦典籍寫作「愷」。左傳僖公二十八年：「振旅愷以入晉」。又音qǐ，用作副詞，表反問、揣度、期望。段注：「後人文字言豈者，其意若今俚語之難道」。詩鄭風褰裳：「子不我思，豈無他人？」莊子外物：「我東海之波臣也，君豈有斗升之水而活我哉？」

六書

構形未明，說文以為省聲。

附注

豆

徒候切，去，候韻，定，侯部

商乙7978

商後1.6.4

商甲1613

商宰甾簋

周中豆閉簋

周晚散盤

春周生豆

戰齊陶彙3.720

陶彙3.558

陶彙3.26

陶彙3.28

陶彙3.508

陶彙3.831

燕古幣

楚信2.12

秦睡33.27

豆長公 漢印文字徵

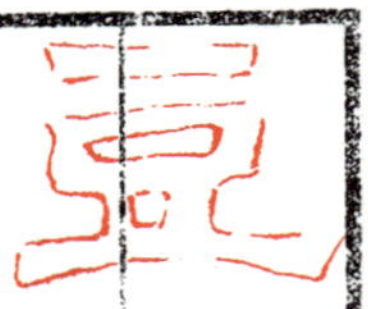

魏封孔羡碑　觀俎豆之初設

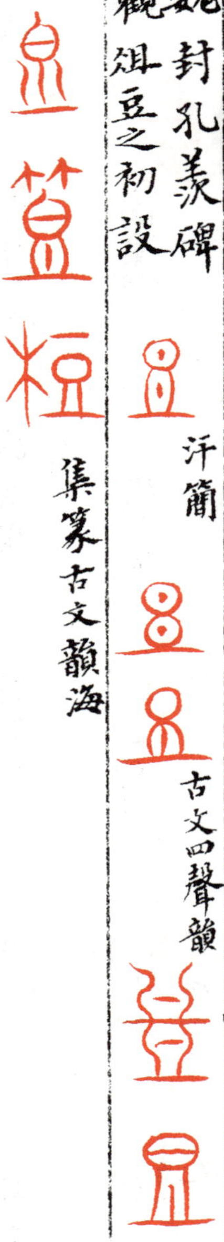

汗簡

古文四聲韻

集篆古文韻海

演變

釋義

許愼　豆　古食肉器也。从口象形。凡豆之屬皆从豆。徒候切　古文豆

陳按　古代「豆」乃盛食器皿之一，形似高腳盤，甲、金文即象豆形。「豆」器出現於商代，盛行於春秋戰國。詩大雅生民「卬盛于豆，于豆于登」，毛傳「木曰豆，瓦曰登。豆，薦葅醢也」。戰國以後，假借爲「菽」（說文作尗），用作豆類植物之名，漢以後逐漸取代「菽」，爲豆類總稱。

六書 象形

附注

豊

盧啟切，上，薺韻，來，脂部。

商，鐵2.384

商，甲1933

商，粹232

商，佚241

商，甲2744

先周，周原51

周早，天亡簋

周早 小臣豊簋

周中，長囟盉

戰，齊，陶彙5.34

晉，璽彙1883

晉，中山王嚳方壺

中山王嚳兆

戰，豊器

楚，曾75

楚，郭，語二一

語一43

郭，尊23

郭，緇24

演變

釋義

許慎：豊，行禮之器也，从豆，象形。凡豊之屬皆从豊。讀與禮同。盧啓切

陳按

「豊」為「禮」本字。甲骨文从玨、从壴（鼓初文），用鼓用玉會行禮之義。《論語·陽貨》：「禮云禮云，玉帛云乎哉？樂云樂云，鐘鼓云乎哉？」此正反映出古之禮儀活動是以玉帛、鐘鼓為代表物。其後字形演變，尤其經戰國，豈形中豎斷開成上下二體，鼓形漸失，故許君誤為「从豆」。到漢魏碑銘中，「豊」、「豐」二字同形，難別。

如史晨奏銘、夏承碑、曹全碑等皆有以「豊」寫「豐」例，亦有以「豐」作「禮」偏傍。甲骨文「豊」字，裘錫圭在甲骨文中的幾種樂器名稱——釋庸、豐、鞀一文中指出：絶大部分應釋為豐，……也許這表示豐是用玉裝飾的貴重大鼓吧。漢魏以後二字不混，但日本仍混用。林澐有豊豐辨一文，可參看。

六書

會意

附注

豐

敷隆切，平，東韻，敷，冬部。

商 京都870B

商 菁5.1

商 盧典40

西周 豐盨

周中 墻盤

戰 楚 包21

西漢武威 簡泰射42

新豐 丞印

豐長之印 漢印文字徵

史晨奏銘 以祈豐穰 按：以豊為豐。

豐

曹全碑：歲穫豊年、以豊為豐。

淮源廟碑：年穀豐殖

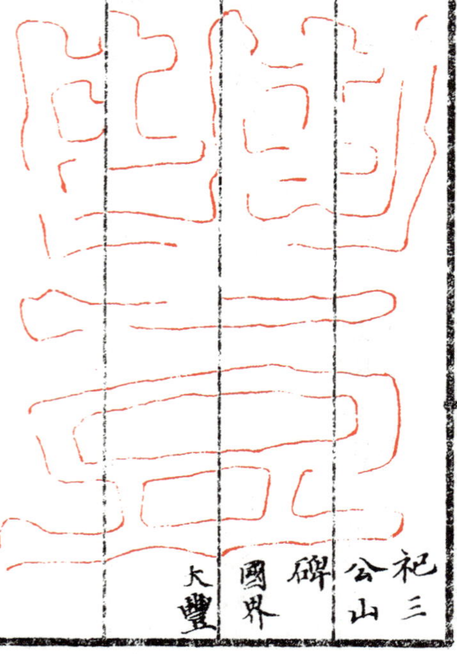

祀三公山碑

國界

大豐

集篆古文韻海

汗簡

古文四聲韻

演變

1. 西周
2. 西周·金文編224頁「豐」偏旁
3. 戰國
4. 說文古文
5. 說文小篆 103頁
6. 漢
7. 漢
8. 漢
9. 漢
10. 漢

釋義

許慎

豐

豆之豐滿者也。从豆，象形。一曰鄉飲酒有豐侯者。凡豐之屬皆从豐。敷戎切

豐 古文豐

陳按

「豐」古文字从壴（鼓），从丰丰（二丰），其義指鼓聲盛大，引申為豐滿義，使為專字。又以「豐」字表鼓聲。現簡化作

丰」,「實則二字古音、義皆異,「丰」在東部,一般只用來形容貌(丰滿)和神態儀態美好;「豐」在冬部,可形容各種事物,重在表事物的豐富繁多。

六書 形聲

附注

䖒 許羈切,音戲,平,支韻,曉,魚部

演變

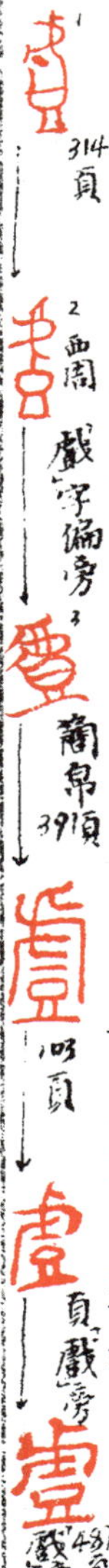

西周·甲金篆 314頁

西周 金文編825頁 「戲」字偏旁

戰國·楚系 簡帛391頁

說文小篆 103頁

秦·睡甲188頁 「戲」旁

漢·隸辨 487頁 「戲」旁

釋義

許慎  古陶器也。从豆虍聲。凡䖒之屬皆从䖒。許羈切

陳按 「䖒」古文字中

多作偏旁，許君以為古陶器，形近豆器，然未見典籍用例。出土戰國楚帛書「霜虘」即「伏羲」。

六書　形聲

附注

虍

荒烏切，音呼，平，模韻，曉，魚部

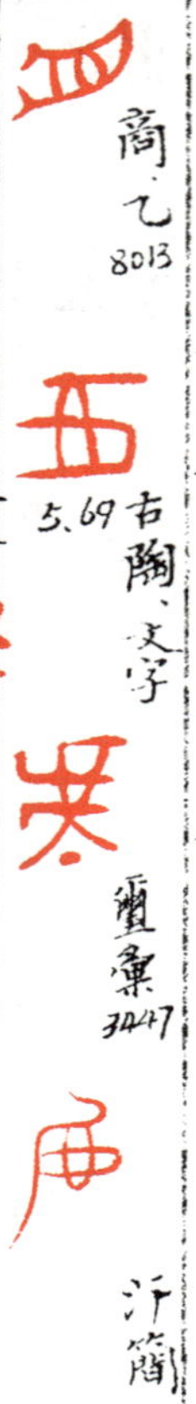

演變

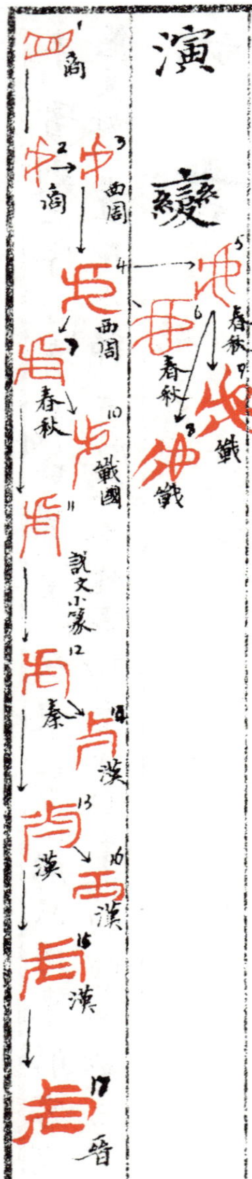

（具體參看字源433頁虍部）

釋義

許慎  虎文也象形凡虍之屬皆从虍。徐鍇曰象其文章屈曲荒烏切

陳按 「虍」在卜辭中有作地名之獨體形。其餘大都作偏旁。許君以為虎文，不確。「虍」古文字形象張開巨口突出利齒的虎頭。故从「虍」字本義大都和老虎有關，或指稱虎名，如「虞」，或象虎聲，如「虖」。但以「虍」為聲符如「虛」、「處」字，則與老虎無關。

六書

象形

附注

虎

呼古切，上，姥韻，曉，魚部。

商．甲2422

商．佚109

商．甲3017反

商．甲1433

商．燕198

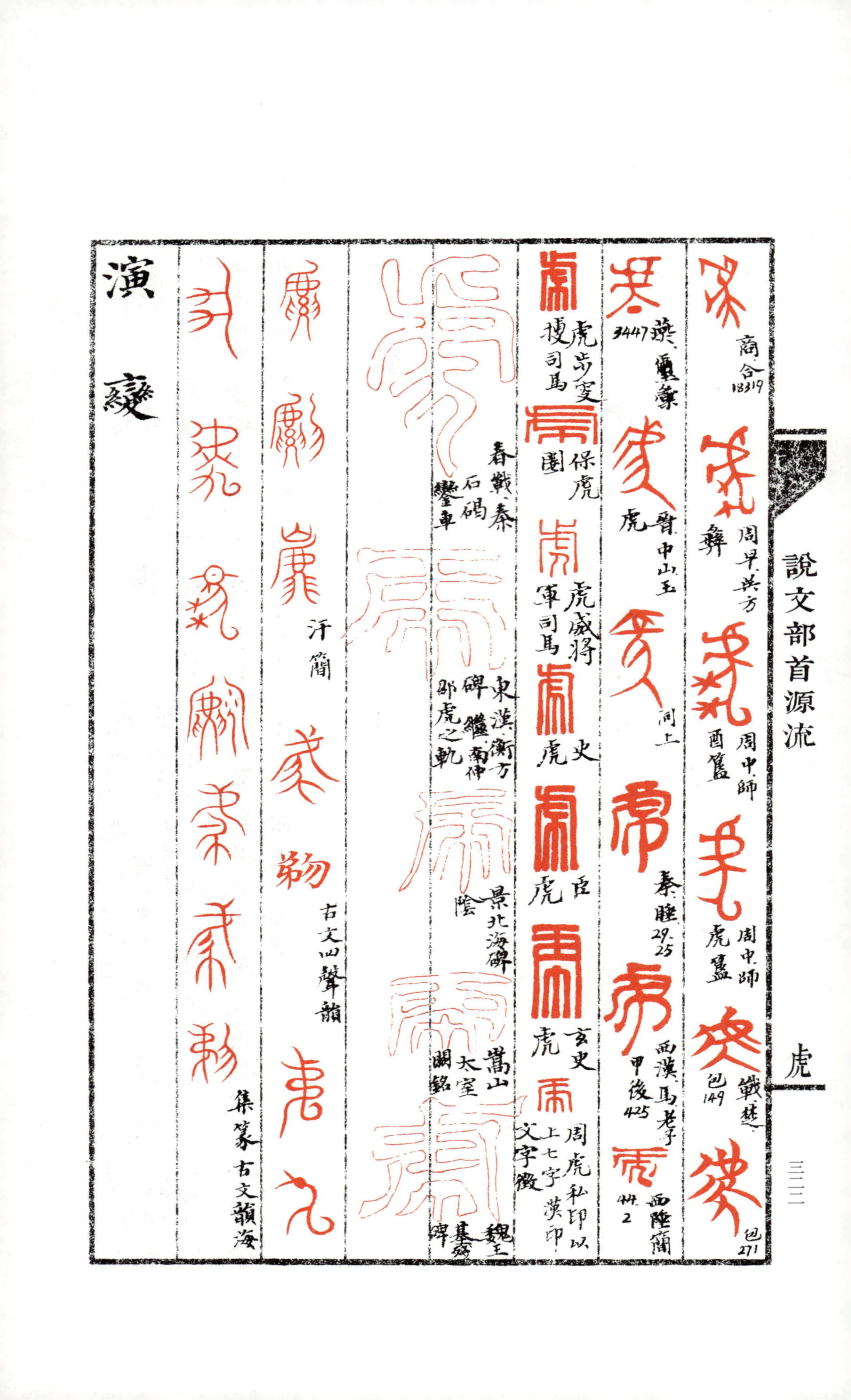

商 合18319

周早 共方彝

周中 師酉簋

周中 師虎簋

戰 楚 包149

包271

燕 璽彙3447

晉 中山王

同上

秦 睡29.25

西漢 馬老子甲後425

西陲簡44.2

虎步叜㨾司馬

保虎圜

虎威將軍司馬

史虎

臣虎

玄史虎

周虎私印 以上七字漢印文字徵

春戰 秦 石碣鑾車

東漢 衡方碑 繼南仲邵虎之軌

景北海碑陰

嵩山太室闕銘

魏王基殘碑

汗簡

古文四聲韻

集篆古文韻海

演變

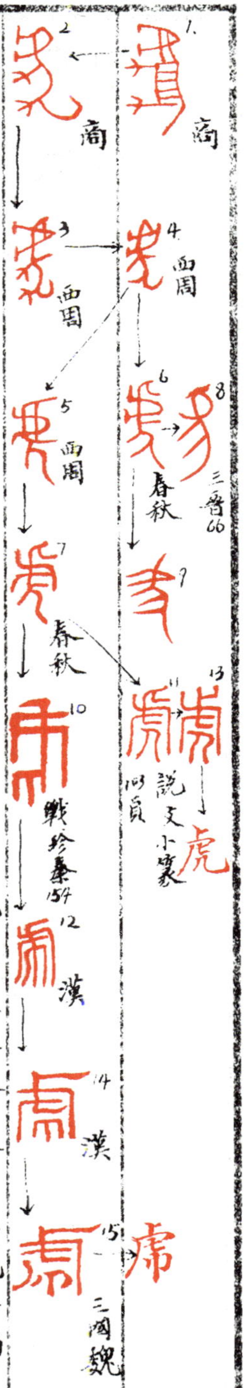

釋義

許慎 [red seal-script form]：山獸之君。从虍，虎足象人足，象形。凡虎之屬皆从虎。[red seal-script form] 古文虎，[red seal-script form] 亦古文虎。

陳按

甲骨、金文象虎之形，巨口銳牙、利爪長尾，身有花紋。甲文尚有从人（或从大，與人通用）、虍聲，用為方國名、人名。姚孝遂以為非「虎」，但小篆承此形。《經籤》國，「虎」下有成「儿」形，秦隸从之，後又為兩漢、魏隸書所承，其下作 [red forms]，楷作「虒」。唐正定文字，以「虎」為正，「虒」為異體，其後漸廢，然書法作品中常見。《說文》所收古文二形，皆从虍，蓋因 [red form] 與 [red form] 相近而誤。

六書

象形

附注

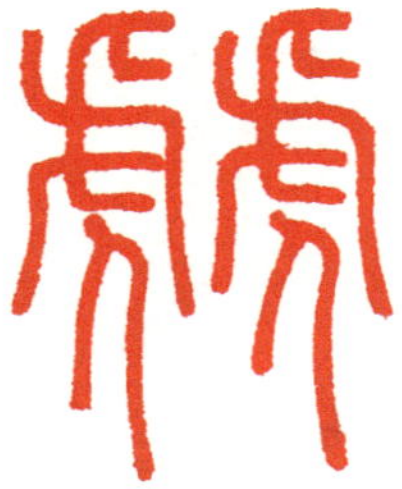

虤

ýán 五閑切、音眼、平、山韻、疑、元部、

 商、存下517

 周中、即簋

 汗簡

演變

 商 1

 西周 2

 說文小篆 3 104頁

釋義

許慎  虎怒也，从二虎。凡虤之屬皆从虤。五閑切

陳按 古文字像二虎顛倒，怒而將鬥之狀，說文篆改从正虎形，虎怒而鬥嚙之態不顯。西周金文用作人名。

六書

會意

附注

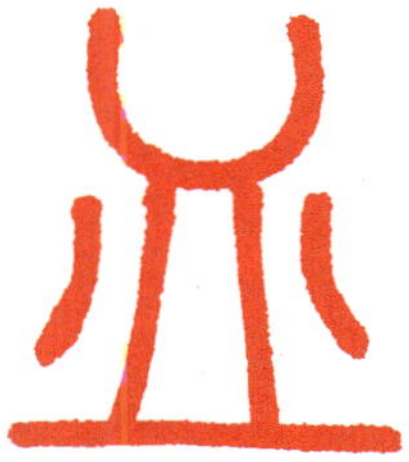

皿

母梗切，上，梗韻，明，陽部。

商，甲2473

商，燕798

商，乙6404

商，父乙簋

商，庚父癸爵

商，亞皿作父丁鼎

商，父丁尊

皿觚

周早，皿屖簋

戰，晉，廿七年鉶

510 戰，晉，貨系

汗簡

集篆古文韻海

演變

1 商 → 2 商 → 3 西周 → 4 西周 → 5 西周 → 6 春秋 → 7 戰 → 8 戰 → 9 戰 → 10 戰 → 11 說文小篆 → 12 秦 → 13 漢 → 14 漢

釋義

許慎：飯食之用器也。象形。與豆同意。凡皿之屬皆从皿。讀若猛。武永切。

陳按：古文字似碗盤一類盛器具，泛指一般的器皿。裘錫圭釋殷墟卜辭中的等字一文關於「皿、血、盟」等有詳盡而精彩的闡發，另李

旭昇《說文新證》421、422頁，「皿」字可參閱。

六書

象形

附注

凵　筶

廣韻　去魚切，平魚韻，溪，魚部

汗簡

古文四聲韻

演變

1 戰國

2 說文小篆 144頁

釋義

許慎

凵，盧，飯器，以柳為之，象形，凡凵之屬皆从凵。

，凵或从竹，去聲。去魚切

陳　按　「凵」字未見出土古文字獨立之形，只作他字表意部件。小篆形體上斂下侈，當以別説文卷二上口犯切之「凵」（坎）本義，許君訓「張口也」，參看「凵」kǎn部。説文以為盛飯之器，「凵盧」即其名，或作「𥫱籚」。「筲，箕也。」方言卷十三：「籚，南楚謂之筲，趙魏之郊謂之𥫱籚。」然典籍中未保存實際用例。裘錫圭談談古文字資料對古漢語研究的重要性，説字小記談到「去」（），从大，从凵，會張大口而不闔，即「呿」（莊子·秋水：「口呿而不合」）字初文，「離去」義當由「張口」義引申而來，故「去」下部「凵」形，應是「張口」象形，與卷二上「凵」（kǎn）所訓同。

六書　象形

附注

去

1.qù 丘倨切、去、御韻溪魚部、2.qū（舊讀qǔ）羌舉切、上、語韻、溪、魚部、

3.jǔ 集韻苟許切、音舉、上、語韻、見、魚部、

商、前7.9.3

商、甲3073

商、甲764

商、京津4634

春晚、哀成弔鼎

戰、齊、孴錄5.3

齊、璽彙1481

晉、中山王譽鼎

中山蛮壺

晉、璽彙1161

晉、璽彙856

857

2155

18

楚、郭、老甲

郭、語三4

楚、天卜

秦、兩詔橢量

秦、睡、日書乙1099

西漢、馬老子甲113

西漢、定縣竹簡

徐兕去央鈴范

青蓋鏡

熹、易雜卦

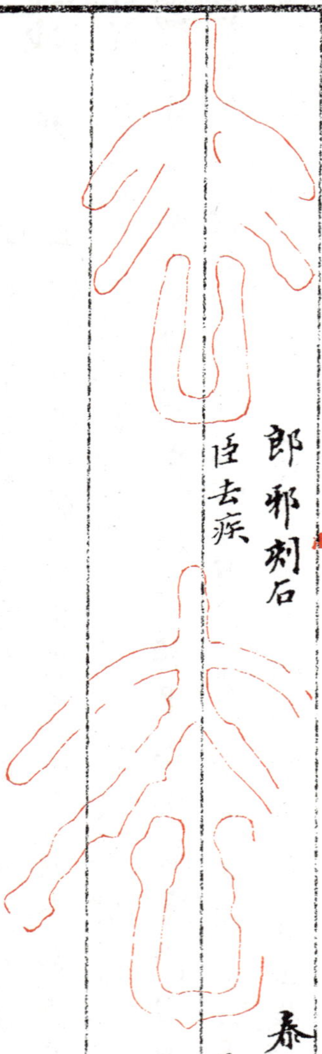

郎邪刻石

臣去疾

泰山刻石

臣去疾

范去傷　除凶去央　臣去疾　胡毋去　司馬去疾　馮去陽印　孔去傷

臨去病　田勝去印　魯去疾印　以上十字漢印文字徵　史晨後碑　魏上尊號奏

魏受禪表　白石神君碑　北海相景君銘　汗簡

古文四聲韻

演變

釋義

許慎：人相違也。从大，𠙴聲。凡去之屬皆从去。丘據切

陳按：「去」字來源有兩種。其一象器上有蓋，即「盍」初文（後增「皿」）。上古音在葉部。（去→盇→蓋→盍）；其二从大、从口，會張大口而不闔，為「呿」字初文。商周時代，二字已混同一形，至西周中期，其

下「口」省作「凵」，至東漢，變作「厶」形，後世器蓋之義不顯，以第二種字源為主，或加義符「彳」、「辵」加强離去之義。（參見裘錫圭談談古文字資料對古漢語研究的重要性，說字小記）

六書

會意

附注

「往」是到某地去，「去」是離開某地，詞義正相反，直到現代，「去」才有「往」義。

血

呼決切，入屑韻，曉質部。

商，鐵50.1

商，京都1272

商，前8.12.6

商，粹12

商，合18217

合36799

商，鐵223.4

商，掇2.229

戰，齊陳逆簋

齊，陶彙1229

楚，仰25.29

楚、郭、唐11

楚、郭、語45

秦、睡50.91

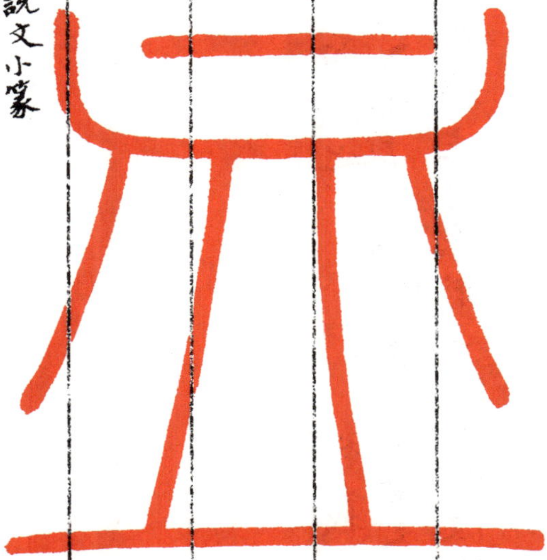

秦、嶧山碑

史晨奏銘

汗簡

古文四聲韻

集篆古文韻海

演變

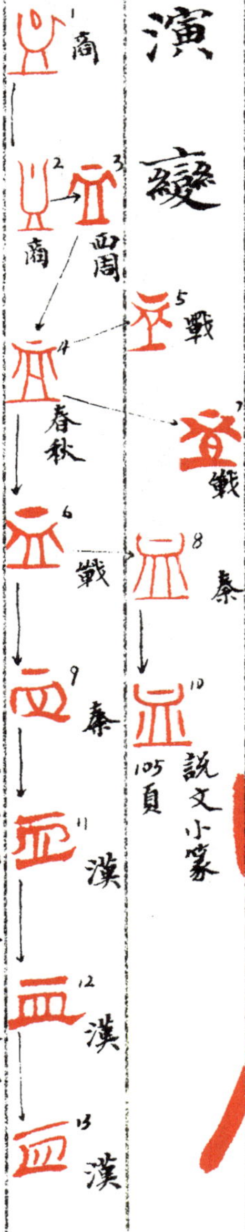

釋義

許慎　血　祭所薦牲血也。从皿，一象血形。凡血之屬皆从血。呼決切

陳按　古文字象皿器中盛着血。本義指血液（人或動物），特指祭祀用的鮮血。又指有血緣關係的親近。漢揚雄《太玄·玄錯》：「親附疏，割犯血。」還引申為淚水。《易·屯》：「乘馬班如，泣血漣如。」從血的字不多

大都與血有關，且常和古代祭祀及中醫藥有聯繫。裘錫圭釋殷墟卜辭中的等字，一文指出多個字形為「血」，可參看。

六書　象形

附注　知庾切，上，麌韻，知侯部

丶

商：丶庚爵　汗簡

演變　西周　→　說文小篆　105頁　→　

釋義　許慎　有所絕止，丶而識之。凡丶之屬皆从丶。知庾切

陳按　本義不明，西周金文或像火炷形，清儒多主張即「鐙主」字，實則「主」字乃「神主」之象形，不从丶，說文立此部，具統篆作用，并無意符功能。

六書　說文是指事，鐙焰則為象形。

附注

丹　都寒切，平，寒韻，端，元部。

商．京津3649

京津3050

西周早．庚嬴卣

戰．齊陶　彙3200

晉璽　彙421

楚．包76

楚．包16

秦．睡15．102

西漢．武威儀禮．泰射42

老子甲後422

縱橫家書2

東漢．武威醫簡

丹陽右尉

丹楊大守章

丹楊太守章

臣丹

吳丹私印

冀月支

魏丹廁　以上七字漢印文字徵

東漢．石銅鏡

善銅鏡4

禮器碑陰

泰山鮑丹

孔彪碑

表於丹青

丹

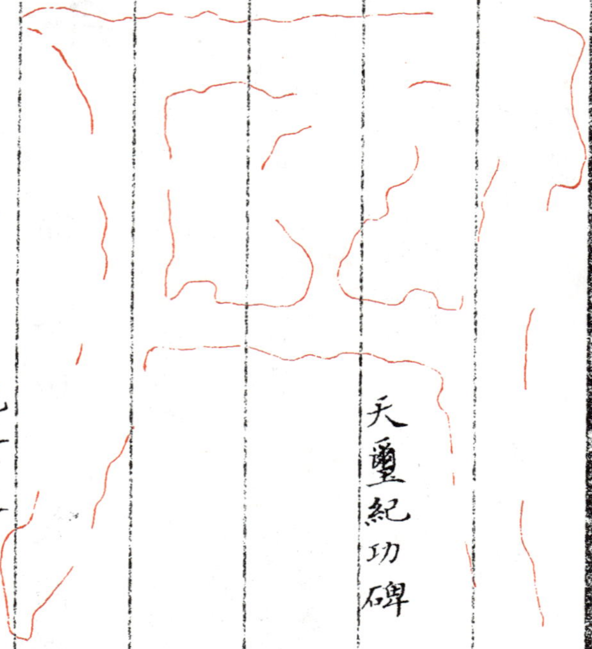

天璽紀功碑

汗簡

古文四聲韻

集篆古文韻海

陳按：說文古文有、汗簡諸書亦有收从「彡」者、實則為「彤」字、誤置於「丹」、故不收

演變

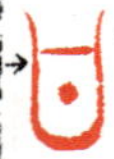
4 說文古文

釋義

許慎 

巴越之赤石也、象采丹井、凡丹之屬皆从丹、

 古文丹、 亦古文丹、都寒切

陳　按　古文字从冃，其中之「一」表丹砂；「冃」許君以為「采丹井」，李旭昇持此論（可參閱說文新證（卷五下「丹」字，436頁））。但另有學者以為「冃」乃截所成之筒形，為筒之象形（詳見董蓮池天亡簋銘的重新考察）用以盛丹砂之筒名曰栿，庚嬴卣：「易（賜）貝十朋，又丹一栿（柝）」，故林義光文源以為「丹」象丹沙在栿中之形。　本義是硃砂，書禹貢：「礪砥砮丹」，引申為硃砂顏色，春秋莊公二十三年：「秋，丹桓宮楹」，後因道家煉藥多用朱砂，又引申指圓形丸狀藥品，即丹藥，南朝梁沈約華山館為國家營功德：「丹方緘洞府，河清時一傳」，另，「赤、朱、丹、絳、紅」皆紅色義，但程度不同，「赤」是紅，「朱」是大紅，比「赤」深，古代視朱為正色。「丹」是丹砂顏色，比「赤」更淺，而「絳」是深紅，比「朱」更深。「紅」是赤白色，即淺紅，故此五色，按深淺次序：「絳、朱、赤、丹、紅」，至中古，「紅」、「赤」已無別。

六書　象形，或以為會意

附注

青

1. qīng 倉經切、平、青韻、清、耕部。

2. jīng 集韻子丁切、平、青韻、精、耕部。

周中、牆盤

周中、吳方彝

戰、燕璽彙1335

燕、八年五大夫弩機 集成

晉璽彙2583

晉璽彙4651

楚、包31

包193

楚、帛甲5.24

包129

楚、語三44

西漢、馬老子甲後422

兒中青

景青

鄭青

肩

陳青

莊青士

躬青

私印

李左青

宿長青

竇青

以上十字 漢印文字徵

東漢、青蛉銅洗

禮器碑陰青

魏范氏式碑粵青

禪國山碑

水青穀壁

龍在沼歎

龍三年

古文四聲韻

集篆古文韻海

演變

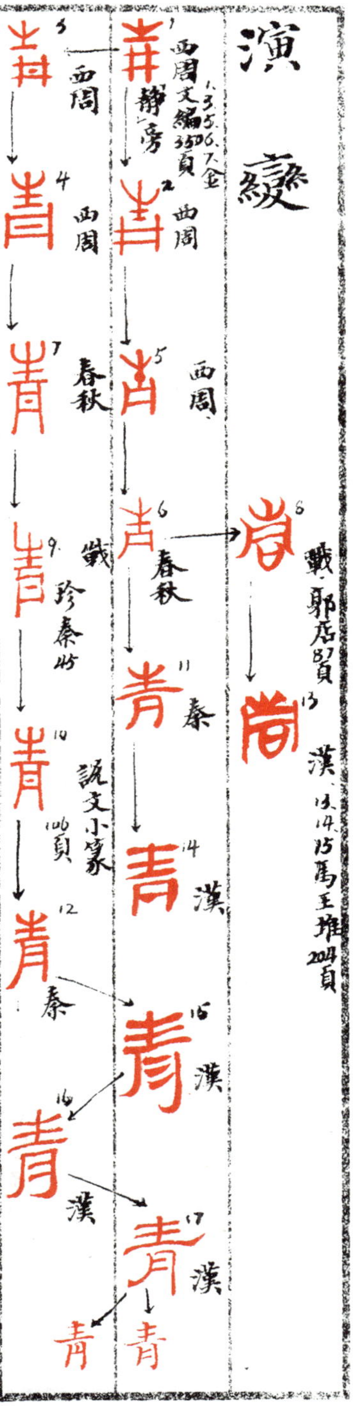

釋義

許慎 青 東方色也。木生火，从生、丹。丹青之信，言象〔必〕（段、桂、王、朱、錢均作必）然。凡青之屬皆从青。

倉經  切

古文 古文字从生、井聲。偶見从木（班簋靜字偏旁）。其後還有从屮。本義當指草木。木之生其色青。釋名：「青，生也。象物生時色也。」即青。

陳按 草本生長期之綠色。又引申指藍色，如「青天」。又指黑色，書禹貢：「厥土青黎」。又引申指艸木生長茂盛貌。此義後寫作「菁」。讀jīng。詩衛風淇奧：「瞻彼其奧，綠竹青青。」毛傳：「青青，茂盛貌。」釋文：「青，本或作菁。」許君所釋為當時社會思想之解說。木為東方之行，其色青，故為「東方色」。

六書

形聲

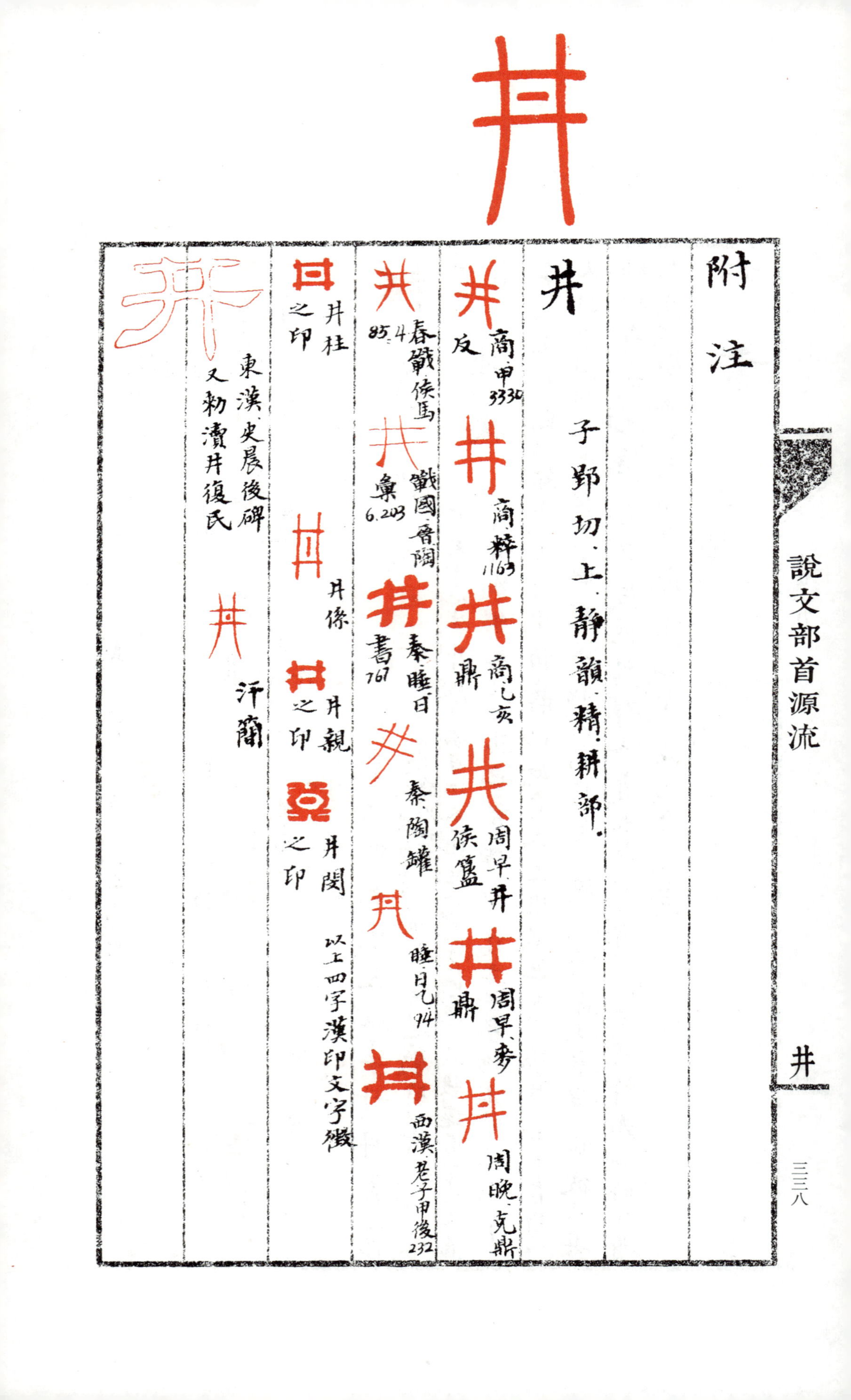

附注

井

子郢切。上。靜韻。精。耕部。

商。甲3330 反

商。粹1163

商。乙亥鼎

周早。井侯簋

周早。麥鼎

周晚。克鼎

春。戰侯馬 85:4

戰國。晉陶 彙6.203

秦。睡日 書767

秦。陶罐

睡日乙94

西漢。老子甲後232

井桂之印

井條

井親之印

井閎之印

以上四字漢印文字徵

東漢。史晨後碑 又勑瀆井復氏

汗簡

演變

釋義

許慎 井 八家一井，象構韓形；‧罋之象也。古者伯益初作井。凡井之屬皆从井。子郢切

陳 按 甲骨文象井韓（即井欄）之形，中間無點，金文有之，小篆承之，而楷書又取甲文之形。吳其昌（金文世族譜）指出「井氏」（姬姓）與「丼氏」（姜姓）有別。陳夢家（西周銅器斷代·免簠）指出「井」字可分成三類。然實際情況要更複雜，可參看季旭昇說文新證438-439頁。「丼」之本義指水井。易井：「改邑不改井」。許君所言「八家一井」指殷周社會之井田制度，詳見段注。或以為陷阱本字。「阱」或體為「穽」，與「丼」同源。「阱」是「井」之分別字，「穽」是「阱」之異體字。易井：「舊井無禽」。清王引之經義述聞：「井當讀為阱，阱字以井為聲，故阱通作井。阱與井相似，故因井而類言之耳」。

六書

象形

附注

皀

1. xiāng 許良切，平，陽韻，曉，陽部。

2. bī 彼側切，集韻北及切，入，緝韻，幫。

商 甲878

商 存下764

商 京津444

周 中叔姬簋

汗簡

演變

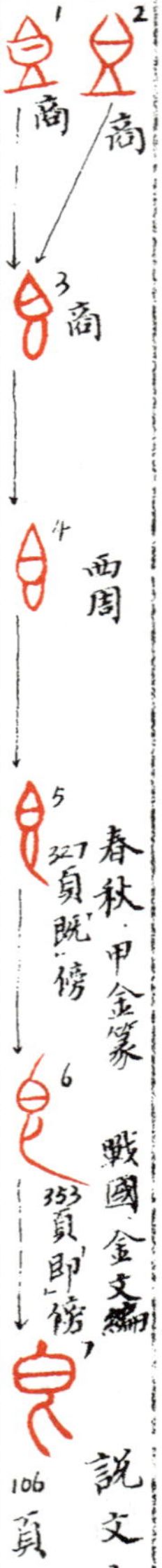

釋義

許慎  穀之馨香也。象嘉穀在裹中之形。匕，所以扱之。或說，皀，一粒也。凡皀之屬皆从皀。又讀若香。皮及切

陳按 甲骨文象簋之形，其後繁化，增手持匕形作，以强调簋中装满飯食。西周後，又增皿旁而

作□（周中殷簋）、□（舟簋）、□（春晚，蔡侯[illegible]簋）諸形，為「簋」形聲專字。再往後，又增竹去殳作簋（東漢孔宙碑）。李旭昇說文新證指出「𣪘」並非食器，惟兩周金文多借作「簋」耳。宋人則誤認「𣪘」為「敦」，陳介祺正之。春秋以後「皀」字未見獨體，只做偏旁，如「郎、既、卿、鄉、食」等字，典籍未見用例。或說「一粒也」乃古方言詞。顏氏家訓勉學：「窮訪蜀土，呼『粒』為『逼』，時莫之解。吾云：『三蒼、說文，此字白下為匕，皆訓粒，通俗文音方力反。』眾皆歡悟。」段注引此云：「在益州與數人同坐，初晴，見地下小光，問左右何物，一蜀豎就視云：『是豆逼耳。』皆不知所謂，取來乃小豆也。蜀土呼豆為逼，時莫之解，吾云：三蒼、說文皆有『皀』字，訓粒，俗文音方力反。眾皆歡悟。」此種用法之「皀」與釋為「簋」之「皀」，應屬同形異字。

六書

象形

附注

鬯

chàng 丑亮切，去，漾韻，徹，陽部。

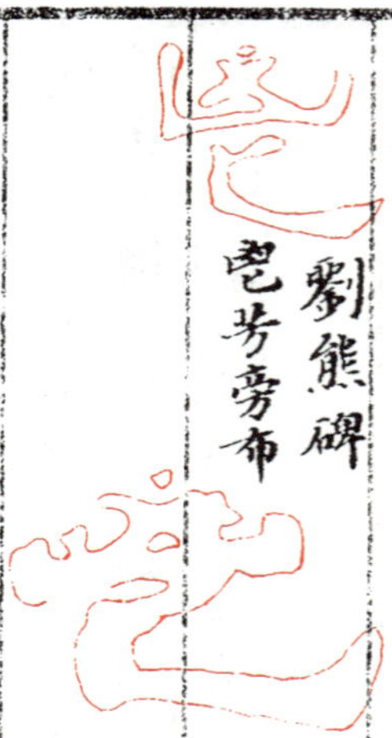

劉熊碑　鬯芳旁布

婁壽碑　身歿聲鬯

以鬯爲暢，漢書樂志清明鬯矣，師古曰鬯古暢字，律歷志靡不條鬯，該成郊祀志草木鬯茂，師古並云鬯與暢同。

演變

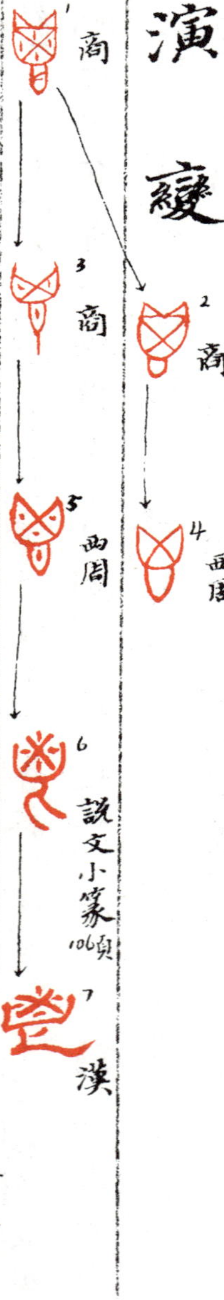

釋義

許慎

以秬釀鬱艸，芬芳攸服（段注作條暢），以降神也。从凵，凵，器也。中象米；匕，所以扱之。易

曰：「不喪匕鬯」。凡鬯之屬皆从鬯。丑諒切

陳按　甲、金文象酒器，內盛香酒之形。器足後訛作匕與皀字下演變同理（[illegible]）。故許君誤解為从凵、从匕。中間之「※」亦非米，而是酒液（小點為象形）。「鬯」之本義即鬯酒，由黑黍所釀，再浸以鬱草，用於祭祀或宴饗。祭祀時，鋪白茅于神主前，灌鬯酒於其上，示神飲之以迎之。西周盂鼎：「易女鬯一卣」。

六書　象形

附注

食　1. shí 乘力切，入，職韻，牀三，職部。2. sì 集韻祥吏切，志韻，邪紐，去，之部。3. yì 羊吏切，去，志韻，喻，職部。

商甲1289

商乙1115

商粹700

周早敔共簋

周晚仲義昱簋

戰晉鄲孝子鼎

食

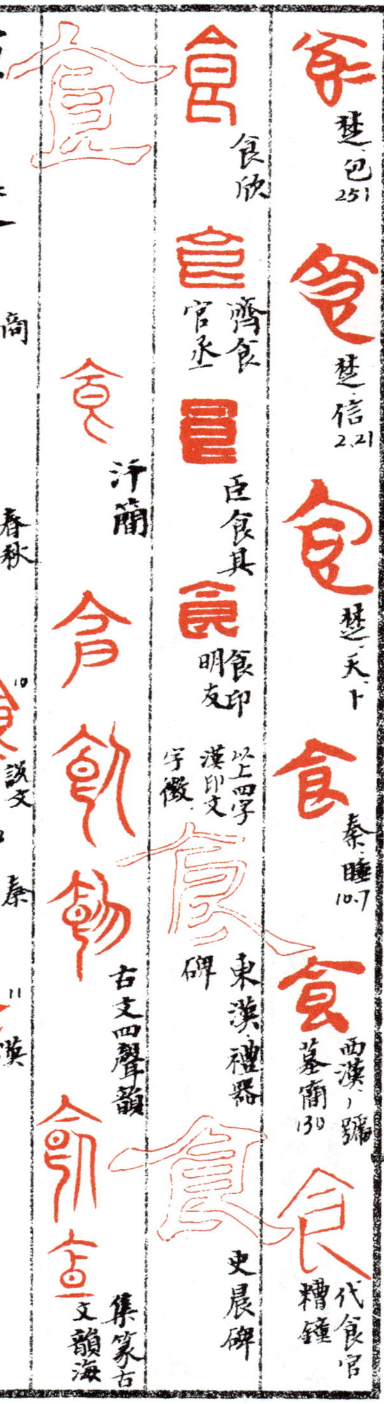

演變

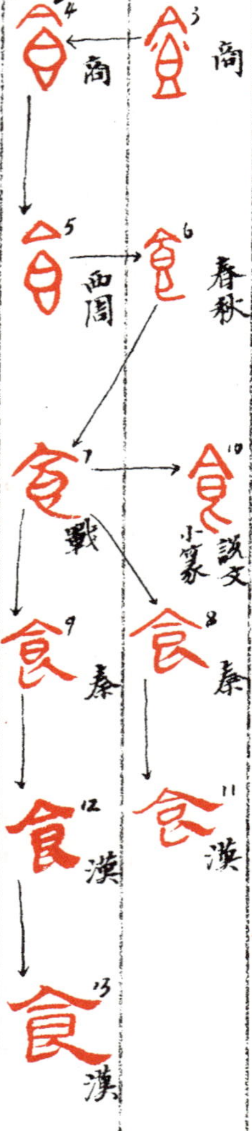

釋義

許慎  一米也。从皀，亼聲。或說：亼皀也。凡食之屬皆从食。乘力切

陳按 舊識以「食」象盛飯食之圓形器具，上有器蓋，實則「食」之甲、金文从「亼」（倒口）、从「皀」（簋盛），會張口就簋進食之意，其本義是「吃」。詩陳風·東門之枌「豈其食魚，必河之魴？」在供養（亼）、喂養（動物）之意時，讀sì，後寫作「飼」，用於人名保留舊讀yì，如酈食其、審食其。

六書　會意

附注

亼　秦入切，入，緝韻，從，緝部。

 商，後1.11.9

 281 戰，燕，貨幣

 汗簡

演變

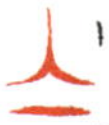 1 戰

 2 說文小篆 108頁

釋義

許慎  三合也。从入、一，象三合之形。凡亼之屬皆从亼。讀若集。秦入切 臣鉉等曰此疑只象形非从入一也。

陳按

「亼」在甲骨、西周春秋金文（多見偏旁）中或作，即倒口形，至戰國漸不顯，又因「亼」「集」同音，楚文字又將「亼」作「集」聲符，遂將「集」

之義轉至「亼」上，說文因之。詳見季旭昇說文新證449頁。

六書　變體象形，說文以為指事

附注

會　黃外切，去泰韻，匣，月部。

商.合1030正

周晚.會始鬲.孳乳為鄶

說文祝融之後妘姓所封潧洧之間鄭滅之

周晚.𣪘氏鎗

春.趙亥鼎.

春.蔡子匜

戰.齊璽彙253

戰.晉驫羌鐘

楚.帛丙11.3

楚.王子匜

中山王嚳壺
齒張於遼同

楚.郭.語一40

楚.郭.性17

會 戰.秦.新郪虎符
會 秦.睡21.199
會 西漢.老子甲後356
會 相馬經28下
會 西陲簡57.4

會 會稽太守
會 會睦里家丞
會 會桂私印
會 會忠之印
會 會宜年
會 會印 主父
會 會樂成 以上七字漢印徵

會 迨為會晤本字
會 石經文公 會晉侯于戚 公孫敖
開母廟石闕
東漢孔宙碑 會鹿

會 史晨後碑
會朝 咸來王 鳴於樂
會 玉篇 古文會

會
孔褒碑 後會事
韓仁銘表 言會月卅

會 仙集題字 漢安元年四月十八日會仙友
會 覽
會 日

天璽紀功碑

中郎將會稽

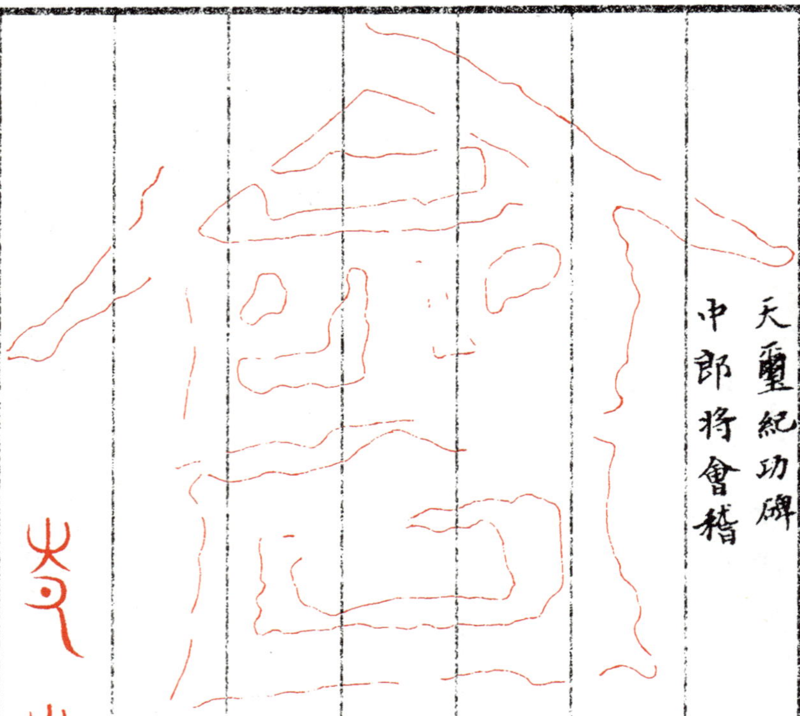

禪國山碑

與運會者二

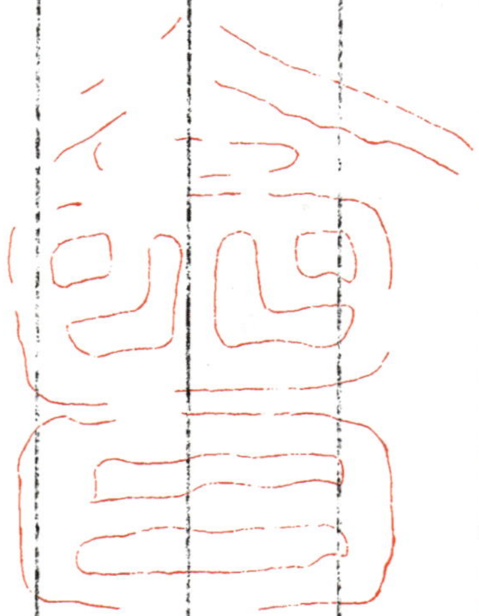

汗簡

古文四聲韻

集篆古文韻海

演變

釋義

許慎 會 合也。从亼，从曾省。曾，益也。凡會之屬皆从會。黃外切 [古文] 古文會如此

陳按

「會」之構形，學界尚無定論，或以為从合、中間為「胃」初文，表聲；或以為从合、田聲（田是鑰象形初文）；或以為「膾」字初文。私以為「會」从亼、从曾，曾為「甑」古字，「亼」象其蓋，「甑」後為「甗」之上半部，蒸煮器，故「會」即器（甑）上有蓋，「合也」當為引申義。古文字又有「彳」旁之「𧻸」，乃會遇本字。另有一音kuài，指年終結帳，也泛指一般的結賬。會計，核算。

六書

象形，或以為形聲。

附注

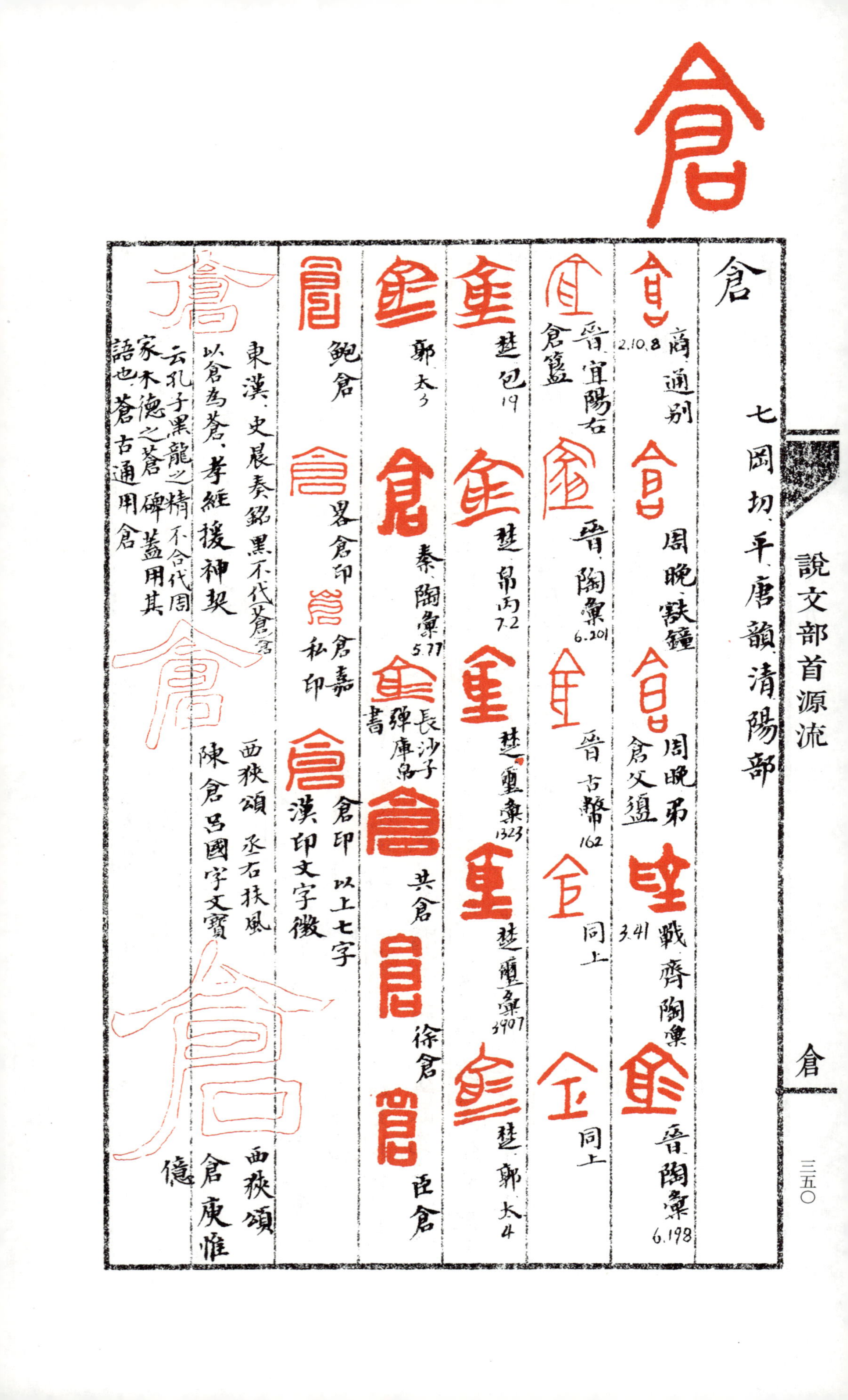

倉

七岡切，平，唐韻，清，陽部

商，通別 2.10.8
周晚，㝬鐘
周晚，弔倉父盨
戰，齊陶彙 3.41
晉，陶彙 6.198

晉，宜陽右倉簋
晉，陶彙 6.201
晉，古幣 162
同上
同上

楚，包 19
楚，帛丙 7.2
楚，璽彙 1323
楚，璽彙 3907
楚，鄂太 4

鄂太 3
秦，陶彙 5.77
長沙子彈庫帛書
共倉
徐倉
臣倉

鮑倉
畧倉印
倉嘉私印
倉印 以上七字漢印文字徵

東漢，史晨奏銘 黑不代蒼(倉)宮，以倉為蒼，孝經援神契云孔子黑龍之精不合代周家木德之蒼，碑蓋用其語也，蒼古通用倉

西狹頌 丞右扶風陳倉呂國字文寶

西狹頌 倉庾惟億

演變

釋義

許慎  穀藏也。倉黃取而藏之，故謂之倉。从食省，口象倉形。凡倉之屬皆从倉。北闕  奇字倉

陳按 古文字象倉廩（糧庫）之形，上象苫蓋，下象倉基，中間之户形（表倉門。戰國文字訛成「爪」形），底下「口」則簡為一或二横），即出入之門扇。其本義即指藏穀之糧倉。《詩·小雅·甫田》「乃求千斯倉，乃求萬斯箱」。後引申為船艙，分化出「艙」字。

六書

會意

附注

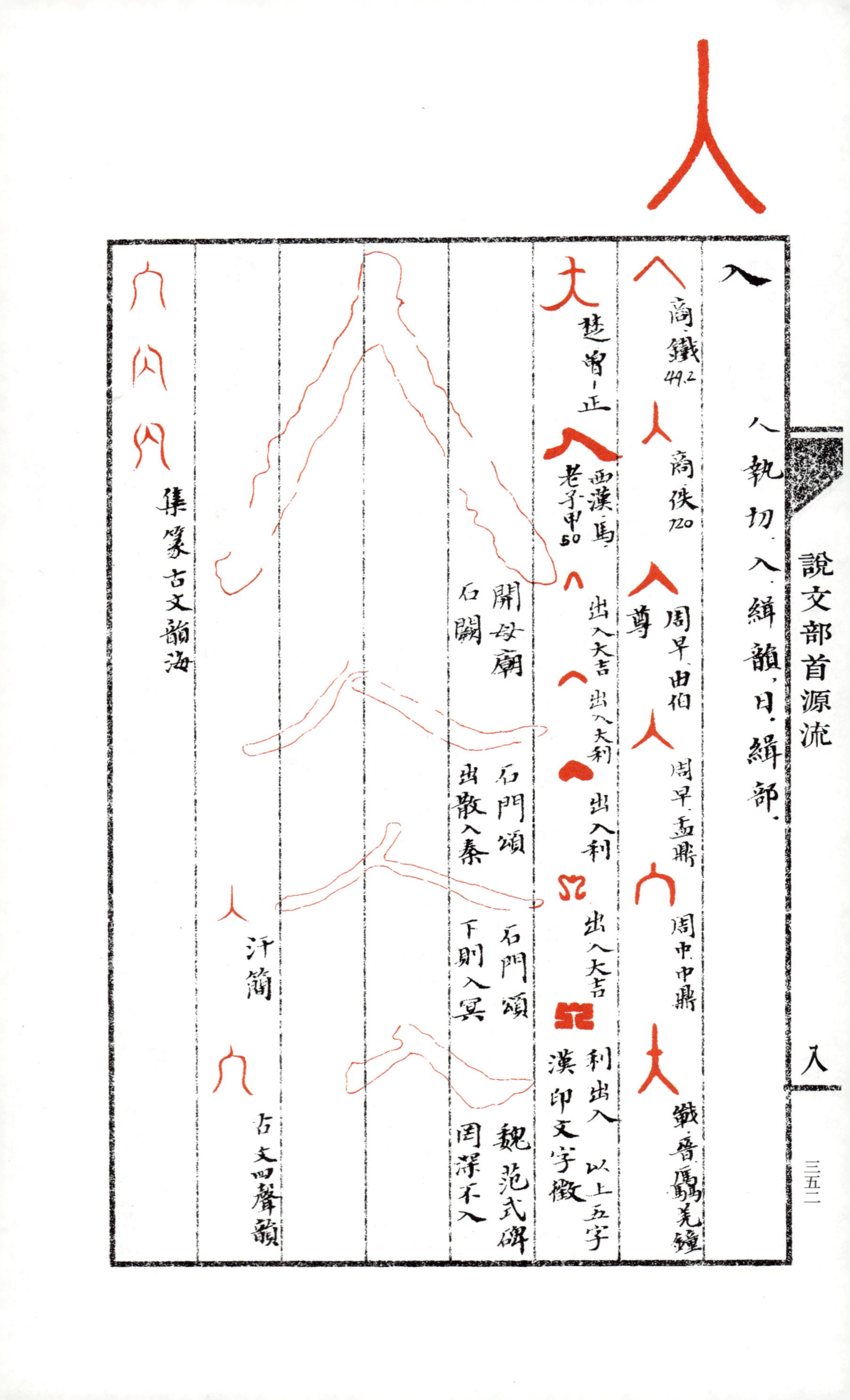

入

人執切。入。緝韻。日。緝部。

商。鐵49.2

商。佚720

周早。由伯尊

周早。盂鼎

周中。中鼎

戰。晉。驫羌鐘

楚。曾。一正

西漢。馬。老子甲50

出入大吉

出入大利

出入利

出入大吉

利出入 以上五字

漢印文字徵

開母廟石闕

石門頌 出散入秦

石門頌 下則入冥

魏。范式碑 罔深不入

汗簡

古文四聲韻

集篆古文韻海

演變

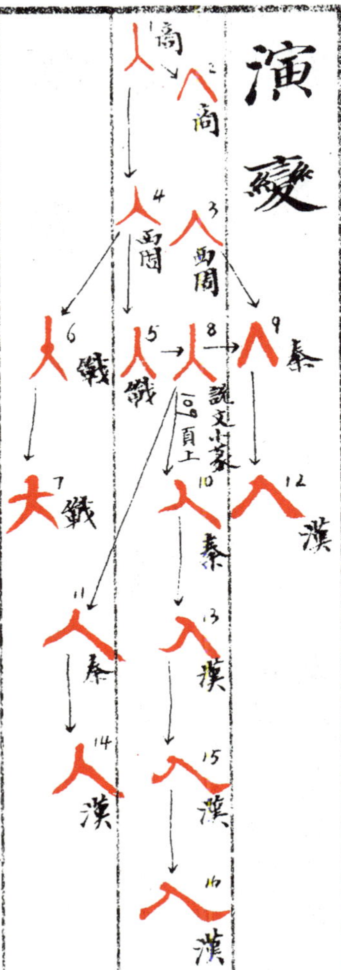

釋義

許慎  內也。象从上俱下也。凡入之屬皆从入。人汁切

陳按

甲骨文「入」即「六」字，後一分為二。「內」字亦見於商代，二字異體分化，以「入」形表進入，以「內」形表裹內。「入」與「進」有別，「入」是進去，「進」則是向前走。故「入室」「進退」不能互換為「進室」「入退」。

六書

指事

附注

缶

方久切，上，有韻非，幽部。

商，乙7752

商，冐缶方彝

商，偁缶簋

周早，缶鼎

周早，卽劫尊

春晚，蔡侯䍃缶

春，欒書缶

戰，陶彙4.118 㼜

4.61

晉，陶彙6.53

楚，包265

包255

楚，信2.14

秦，陶彙5.371

5.310

西漢，乘輿缶

李缶 漢印文字徵

汗簡

集篆古文韻海

演變

1 商

2 商

3 商

4 春秋

5 戰

6 說文小篆 109頁上

7 漢

8 漢

釋義

許慎

瓦器，所以盛酒漿。秦人鼓之以節謌。象形。凡缶之屬皆从缶。方九切

陳按　古文字構形不明，後世專指盛酒、水之器，也用作一種特製的汲水器，還可作樂器。上古亦為「保」、「寶」字用（古無輕唇音）。或借為陶（「匋」說文：「案：史籒讀與缶同」，則「缶」、「匋」同字，「匋」為「陶」本字）。

六書　形聲

附注

矢

式視切，上，旨韻，審三，脂部。

商，甲3117

商，矢觚

周早，矢伯卣

周中，𢦚簋

周中，趞曹鼎

戰國晉璽 彙1071

璽彙1137

西漢武威醫簡燕禮

馬矢況

馬矢何

馬矢恢印　以上三字漢印文字徵

丙師弓矢孔庶

石碣鑾車

形矢口

魏上尊號奏遂集

孔宙碑

永矢不刊

矢石于其宮殿

汗簡

古文四聲韻

集篆古文韻海

演變

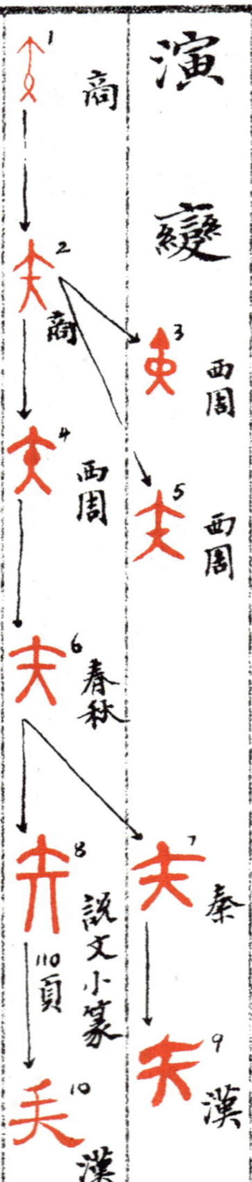

釋義

許慎

弓弩矢也。从入，象鏑栝羽之形。古者夷牟初作矢。凡矢之屬皆从矢。式視切

陳按 「矢」古文字象箭之鏑（箭頭）、杆、栝羽之形。本義即兵器之箭。商代「矢」、「寅」（）二字同源。

六書 象形

附注

高 古勞切，平，豪韻，見，宵部。

商.甲2807

周中.不嬰簋

楚.鄂君啟節

齊.陶彙3.417

齊.陶彙3.812

晉.古幣145

楚.包237

楚.曾147

西漢.馬.老子甲57

高柳塞尉

陶高

高橒

周高

高廣私印

籍高印 以上六字漢印文字徵

高

秦嶧山碑

祀三公山碑

石經無逸及高宗

工宗高

東漢楊著碑額

白石神君碑陰

華山廟碑

孔龢碑

字李高

禮器碑陰

曹全碑

汗簡

古文四聲韻

集篆古文韻海

演變

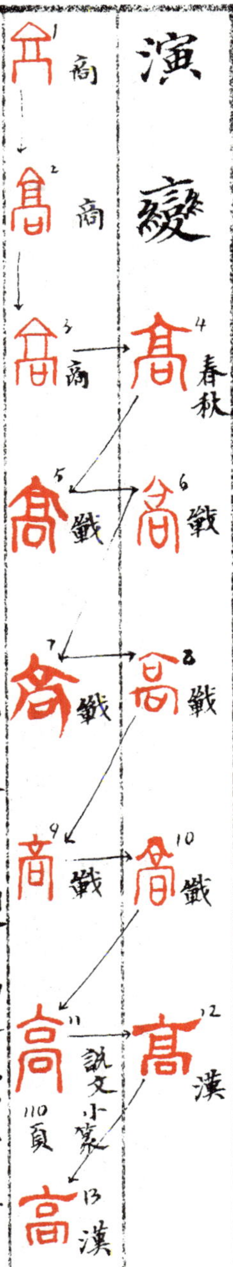

釋義

許慎 高 崇也。象臺觀高之形。从冂口。與倉舍同意。凡高之屬皆从高。古牢切

陳按

「高」古文字从京（「京」為當時可見之高大建築物）。後加「口」表示「京」的特性「高大」（與「古、吉、弘」等字相似），从而分化出「高」。「高」與「喬、嶠、蹻、驕」為同源字，皆有高之義，又同為宵部。

六書

初為象形字，後引申分化，增體指事字。

附注

冂 坰

集韻涓熒切，音扃平、青韻，見、耕部。

商 合20021

長沙子彈庫帛書

汗簡

古文四聲韻

集篆古文韻海

演變

1 西周

2 西周

3 戰

4 戰

5 戰

6 說文古文

7 說文古文

8 說文小篆

9 漢

110頁

釋義

許慎 冂 邑外謂之郊，郊外謂之野，野外謂之林，林外謂之冂。象遠界也。凡冂之屬皆从冂。古熒切。冋，古文冂从口，象國邑。坰，冋或从土。

陳按 楊樹達積微居小學述林·釋冂：「乃扃（從外面關門之門栓）之初文。」「左右二畫象門左右柱，橫畫象門扃之形。」李旭昇先生則以為罝物之庋架。存參。

六書　象形

附注

𩫖

1. 同「郭」、古博切、入鐸韻、見鐸部。

2. 同「墉」、餘封切、音庸平、鍾韻、喻四東部。

商、京都3241

商、前7.2.3

商、己𩫖鼎

商、西周、辛𩫖鼎

周早、𩫖鼎

周中、臣諫簋

周中、師覩鼎

戰、齊、拍敦蓋

齊陶彙3.332

3.333

3.361

晉、璽彙2416

2443

楚、天、策

楚、曾侯乙鐘293.4

秦、十鐘3.36

𩫖朱

𩫖壽

𩫖桂私印　以上三字、漢印文字徵

𩫏

石碣吳人

𩫖、庸、墉同字

庸、墉重文

汗簡

演變

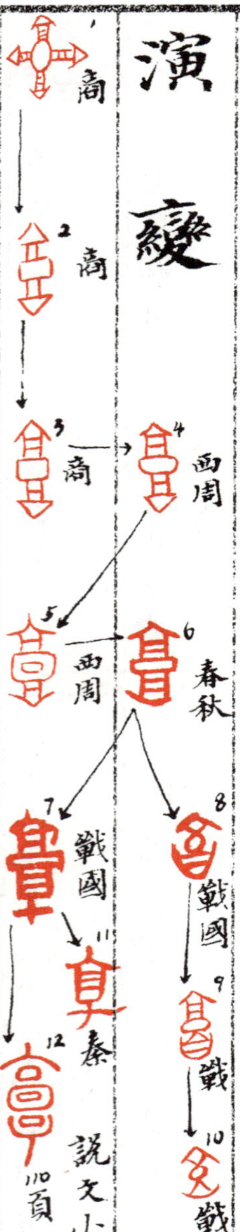

釋義

許慎

度也。民所度居也。从回，象城𩫏之重，兩亭相對也。或但从口。凡𩫏之屬皆从

𩫏 古博切

陳楑

古文字象城垣四周有亭（城樓）之形，或省从二亭。為城郭之郭本字（郭為古國名，借為城郭字，郭行而𩫏廢）。「𩫏」又為「墉」本字，「郭」、「墉」同字。張日昇：「城郭之𩫏與城垣之𩫏（墉）義本相近，而字象兩亭相對，形義亦相符。」容庚：「（𩫏—郭）與庸、𩫖、墉為一字。」

六書

象形

附注

京　舉卿切，平，庚韻，見，陽部。

商，掇2

商，甲2132

商，鐵93.4

周早，井鼎

春，秦公鐘

晉，厵羌鐘

楚，天卜

楚，璽彙279

秦，璽彙3093

西漢，京兆官弩機

京兆尹史石揚

京頊

京寬

京當　以上四字漢印文字徵

石經僖公

孔彪碑

未央京

禮器碑

陰京

嵩山太室闕銘京

汗簡

師

兆劉安

兆杜陵

京

古文四聲韻

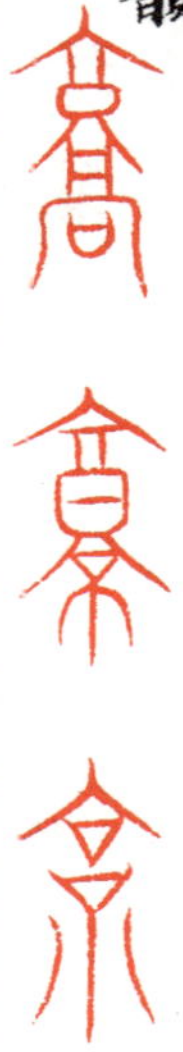

集篆古文韻海

演變

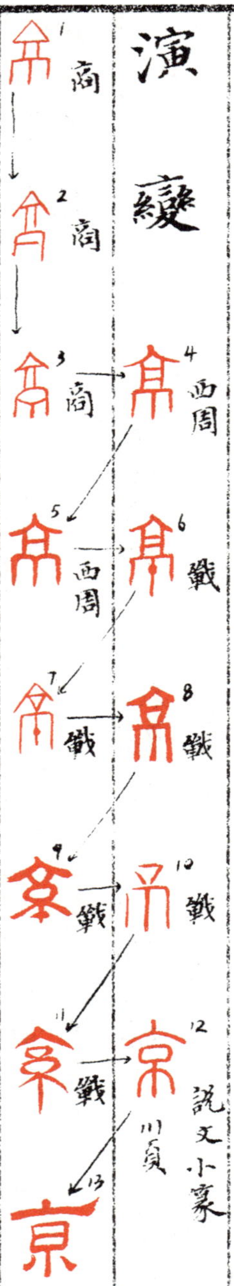

釋義

許慎  人所為絕高丘也。从高省，丨象高形。凡京之屬皆从京。舉卿切

陳按

「京」字古文字象人所築之高大宮觀亭臺之形。（「高」字即由「京」字分化而來）。上象屋頂、中為屋柱、下象柱礎。戰國時漸訛變。上古人大多半穴居，王者所居則為高聳之宮觀。郭沫若《兩周金文辭大系考釋》：「象宮觀厜㕒（zuī wēi、嵯峨）之形。在古素樸之世非王者所居莫屬。王者所居高大，故京有大義、有高義。」西周時習見「京𠂤」一詞，即「京師」，典籍訓為都邑。

六書

象形

附注

亯 許兩切，上，養韻曉，陽部。

商、京津1046

商、且辛且癸鼎

周、盂鼎

戰、齊、十年陳侯午錞

楚、酓章乍曾侯乙鎛

楚包182

秦、五十二病方239

秦、雲日甲863反

西漢、雜占

武威、特

長享

漢印文字徵

石經多方

西漢、華山廟碑

張遷碑

汗簡

開母廟石闕

古文四聲韻

神靈享而餡格

海

集篆古文韻

演變

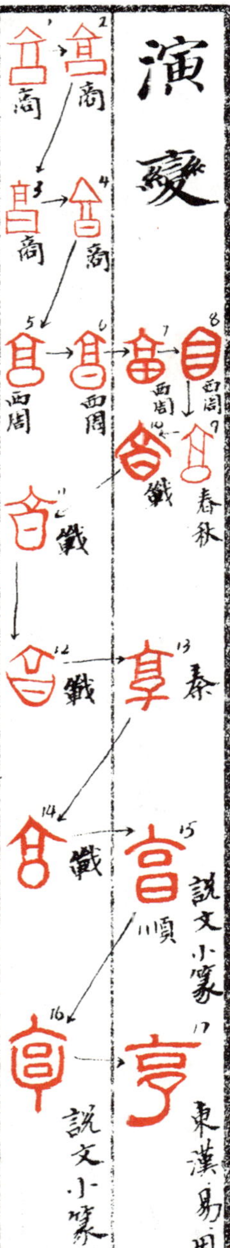

釋義

許慎

亯

獻也。从高省，曰象進孰物形。孝經曰：「祭則鬼亯之」。凡亯之屬皆从亯。

亯 許兩切又普庚切又許庚切

亯 篆文亯。

陳按

古文字象高臺上之建築，上象屋頂，下為臺形，實即宗廟祭享之建築，引申為祭享、享用字。由或體字「亯」後世分化為烹（烹飪，普庚切）、享（獻享，許兩切）、亨（亨通，許庚切）三字。隸變後，「享」與「郭」所从左旁「享」（本作𩫏）相混成同形字。

六書

象形

附注

㫗　胡口切，上，厚韻，匣，侯部。

 商，後2.32.11　 汗簡

演變

1  商 → 2  戰 → 3  說文小篆 111頁

釋義

許慎  厚也，从反亯，凡㫗之屬皆从㫗。胡口切

陳按　甲骨文構形不明，後世引申為深厚之義。「㫗」「厚」古今字。許君以今釋古，析形不確。另唐蘭殷虛文字記（31頁）指出金文、等字為「㫗」，可參看。詳見季旭昇說文新證468頁。

六書　象形

附注

畐

1、fú 房六切，入，屋韻，奉，職部。

2、bì 芳逼切，入，職韻，滂，職部。

 商.合30948

 商.畐父辛爵

 周早.季盨尊

 周晚.士父鐘

 戰.晉璽彙4559

 4560

 楚.鄂君啟車節

 秦.睡日125

 東漢.吾作鏡

 汗簡

演變

1  西周

→ 2  西周

→ 3  西周

→ 4  戰國

→ 5  戰

→ 6  秦

→ 7  說文小篆111頁

釋義

許慎  滿也。从高省，象高厚之形。凡畐之屬皆从畐。讀若伏。芳逼切。

 稟

陳按 古文字象盛滿酒之容器形、長頸、鼓腹、圓底。朱芳圃以為是「瓿」之初文，張舜徽則謂「畐」為鍑之初文。存參。西周金文畐用為福。說文以為「福」从示、畐聲，實則「畐」亦有表義，「畐」為盛酒之器，有酒喝代表幸福，家中有酒，則代表富有，「福」之本義當是用畐裝的祭神之酒。

六書 象形

附注

亩 稟 力稔切，上寢韻，來，侵部。

 商 甲574

 商 粹914

 商 前4.11.6

 商 燕292

 周晚 召伯簋

 周中 農卣

 齊 璽彙227

 313

 319

 齊 陶彙3.31

 齊 陳猶釜

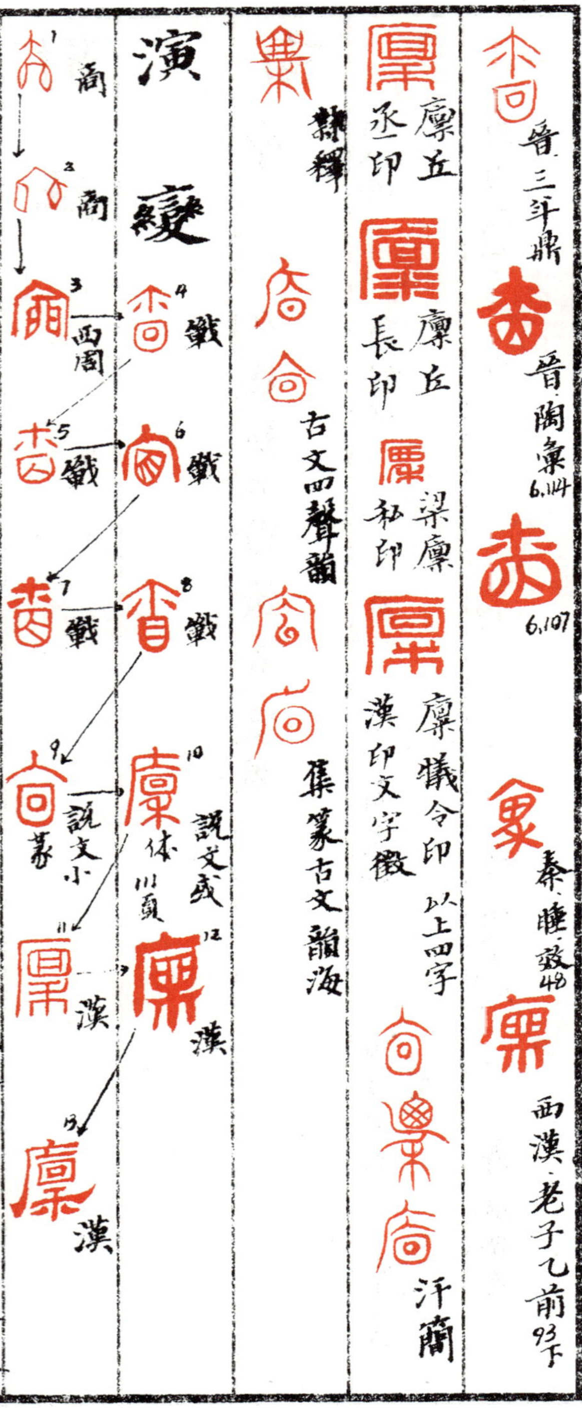

釋義

許慎 㐭

穀所振入。宗廟粢盛，倉黄㐭而取之，故謂之㐭。从入，回象屋形，中有戶牖。凡㐭之屬皆从㐭。廩，㐭或从广从禾。

陳按

甲骨文「㐭」字，由吾鄉陳夢家謂「象露天的穀堆之形」（此說亦本於吾鄉宋元賢戴侗《六書故》：「象禾露積為㐭，上∧象覆㐭」）。「倉廩」本字。戰國時，文字異形，訛變字形繁多。可參看吳振武《戰國㐭（稟）字考察》。㐭、稟、廩為一字。

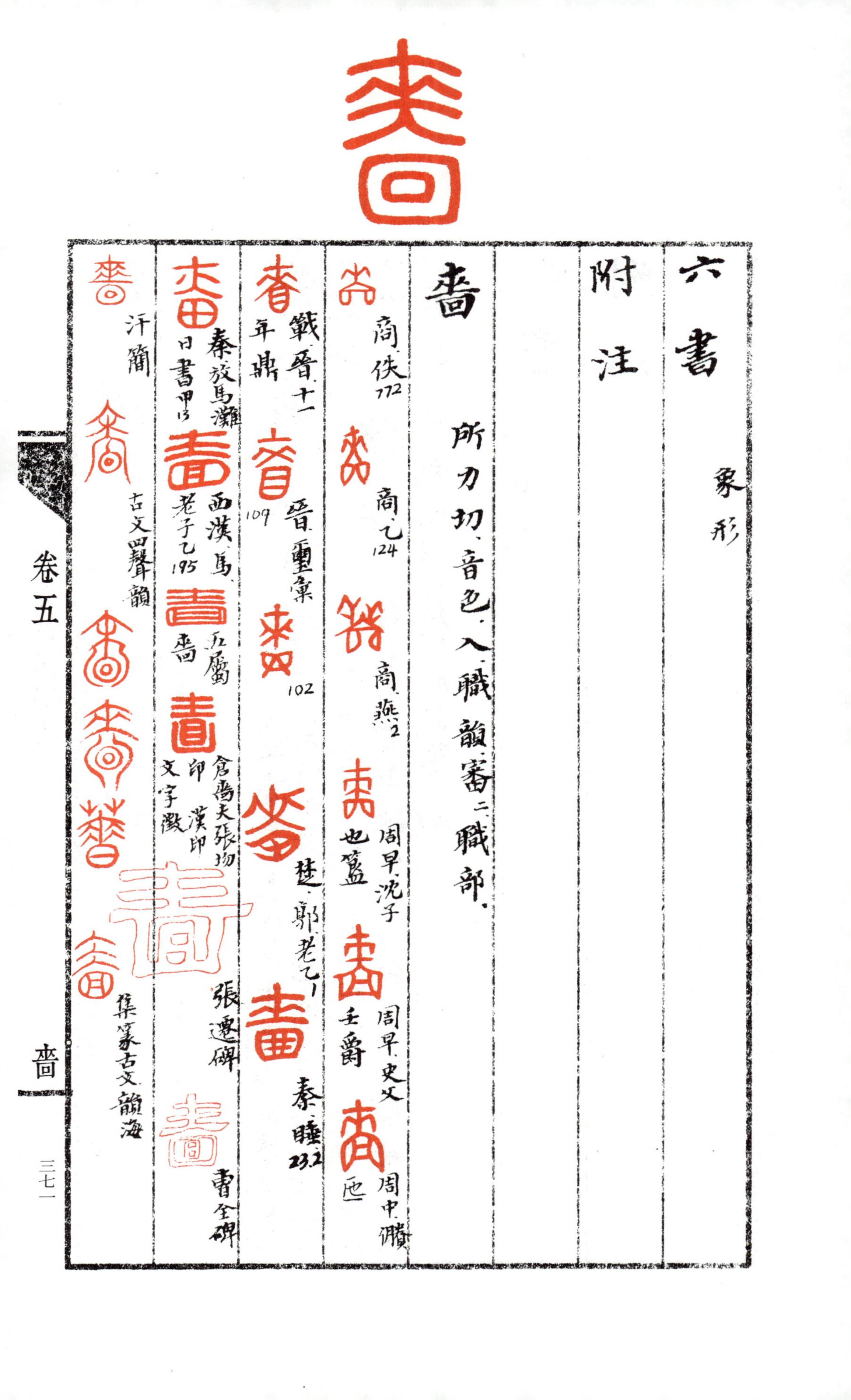

六書 象形

附注

嗇

所力切，音色，入職韻，嗇二職部

商佚772

商乙124

商燕2

周早沈子也簋

周早史父壬爵

周中牆匜

戰晉十一年鼎

晉璽彙109

102

楚郭老乙1

秦睡232

秦放馬灘日書甲13

西漢馬老子乙195

五屬

嗇

倉嗇夫張物印 漢印文字徵

張遷碑

曹全碑

汗簡

古文四聲韻

集篆古文韻海

演變

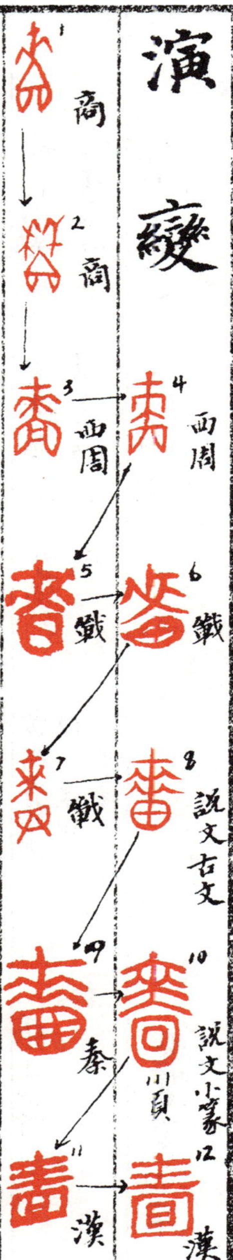

釋義

許慎　嗇　愛濇也，从來从㐭。來者，㐭而藏之，故田夫謂之嗇夫。凡嗇之屬皆从嗇。所力切　嗇，古文嗇从田。

陳按　甲文有从來、从㐭與从二禾、从㐭兩形，「來」為麥子，故嗇本義當為斂穀物入倉廩，為「稼穡」初文。「愛濇」為引申義。戰國以後，字形訛變多端。

六書

會意

附注

來

洛哀切，平，咍韻，來，之部。

商.乙6378反

商.戩37.4

商.鐵24.2

商.後1.18.6

商.宰甾簋

周早.康侯簋

周早.般甗

春戰.秦.石鼓文

楚.包132反

楚.天卜

秦.睡12.46

西漢.馬.易2

來巫

來長里

來安

來順私印

來臨之印

涪于直來

來譚之印 以上七字漢印文字徵

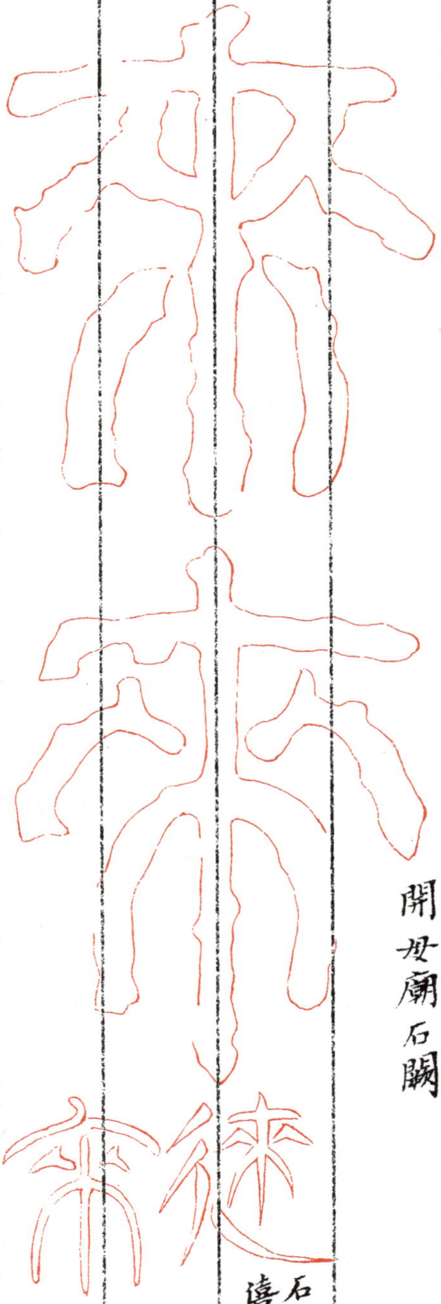

開母廟石闕

石經僖公

祀三公山碑　乃來道

石碣　避車

要由是之來

而師

急就篇殘石

西狹頌　徼外來庭

張遷碑　三代以來

汗簡

古文四聲韻

集篆古文韻海

演變

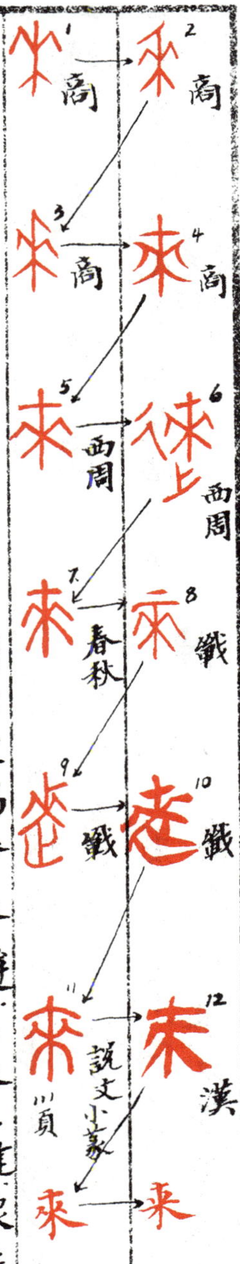

釋義

許慎  周所受瑞麥來麰。一來二縫，象芒束之形。天所來也，故為行來之來。詩曰：「詒我來麰。」凡來之屬皆从來。洛哀切

陳按 甲骨文象麥子長有麥穗、芒束之形，本義指小麥。經典多借為往來、未來之來。楚系文字有加「止」或「辵」旁，以顯「行來」義。

六書

象形

附注

麥

莫獲切、入、麥韻、明、職部。

商、甲1218

商、甲3918

商、前4.40.4

周早、麥鼎

周早、麥盉

周晚、仲䱷父盤

秦、睡12.38

新量斗

西狹頌

粟麥五錢

汗簡

古匋

集海

演變

1 商

2 商

3 西周

4 秦

5 秦

6 說文小篆 112頁

7 漢

→ 麥 → 麦

釋義

許慎

芒穀，秋種厚薶，故謂之麥。麥，金也。金王而生，火王而死。从來，有穗者，从夊。凡麥之屬皆从麥。

臣鉉等曰：夊，足也。周受瑞麥來麰，如行來，故从夊。莫獲切

陳按　「麥」爲「來」之分化字，後以「來」專表行來，以「麥」專表瑞麥字。

六書

象形，或以為會意、形聲。

附注

夊

息遺切，音綏，平，脂韻，心，微部。

 商 乙2110

 商 後2.18.4

 戰 陽5.38 戰 楚信

 長沙子彈庫 饒宗頤釋夊

 汗簡

演變

 1 商

 2 戰

 3 說文小篆 112頁

釋義

許慎  行遲曳夊夊，象人兩脛有所躧也。凡夊之屬皆从夊。楚危切

陳按　甲骨文爲倒「止」之形，「降」「複」等字所从，許君所釋形義不確。

六書　象形。

附注

舛（踳）　昌兗切，上，獮韻，穿三，元部。

汗簡

集篆古文韻海

演變

戰

↓

說文小篆　113頁

↓

漢隸韻　121頁

釋義

許慎：舛，對臥也。从夊㐄相背。凡舛之屬皆从舛。昌兗切 踳，楊雄說：舛从足春。

陳 按：古文字未見單獨之「舛」，為「舞」「乘」等字所从，象兩腳相背之形，表相違背、矛盾之義。漢書楊雄傳下：「雄見諸子各以其知舛馳。」又引申為舛誤之意。宋史張舉傳：「舉閉戶讀書四十年，手校數萬卷，無一字舛。」

六書 會意

附注

舜 舒閏切，去，稕韻，審三，文部。

戰楚郭5.2

楚上子羔

楚郭唐1

唐10

唐22

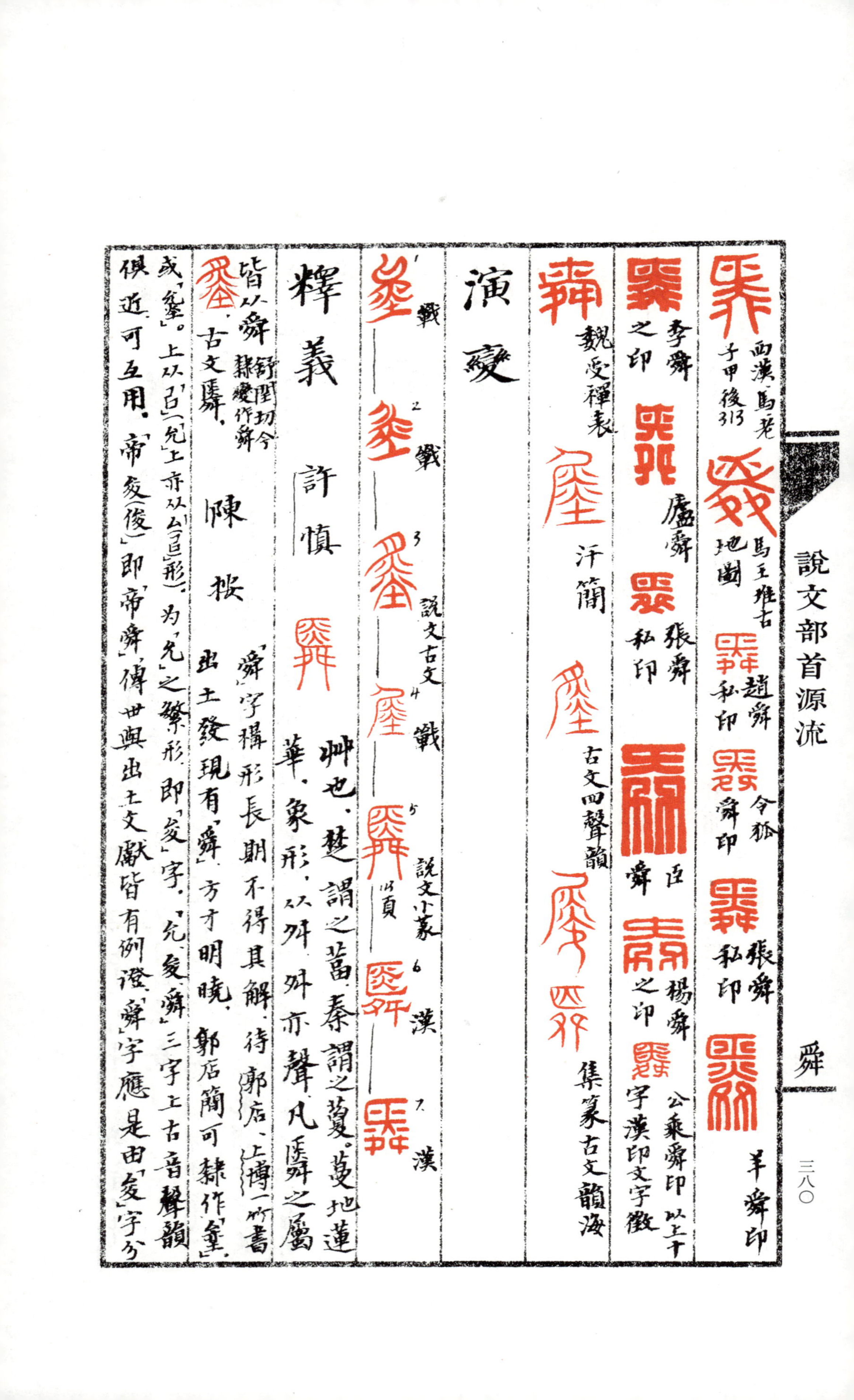

西漢馬老子甲後313

馬王堆古地圖

趙舜私印

令狐舜印

張舜私印

羊舜印

李舜之印

盧舜

張舜私印

臣舜

楊舜之印

公乘舜印　以上十字漢印文字徵

魏受禪表

汗簡

古文四聲韻

集篆古文韻海

演變

1 戰

2 戰

3 說文古文

4 戰

5 說文小篆 113頁

6 漢

7 漢

釋義

許慎

艸也。楚謂之蔔，秦謂之藑。蔓地連華。象形。从舛，舛亦聲。凡舜之屬皆从舜。舒閏切 今隸變作舜

古文舜。

陳　按

「舜」字構形長期不得其解，待郭店、上博一竹書出土發現有「舜」，方才明曉。郭店簡可隸作「𡕰」或「𡕰」。上从「㠯」（「允」上亦从「厶」（㠯）形），為「允」之繁形，即「夋」字。「允」「夋」「舜」三字上古音聲韻俱近，可互用。「帝夋（俊）」即「帝舜」，傳世與出土文獻皆有例證。「舜」字應是由「夋」字分

化而來，假為古帝王虞舜之專用字，許書「以為艸也」，當為假借，其本字應是說文卷一下艸部之「蕣」(21頁下)，關於「舜」字構形分析和演變，季旭昇說文新證第486、487、488頁，有十分詳備和精彩的闡述，讀者諸君自可取觀。

六書

形聲

附注

韋

雨非切，平，微韻，喻三，微部。

商 乙2118

商 甲2258

商 金209

商 子衛爵

春 黃韋俞父盤

春 戰 晉 侯馬16:3

戰 齊 璽彙3440

楚 包259

包273

楚 曾112

韋

秦．睡 14.89

韋臨之印

韋咸私印

韋尊

臣韋李春

漢印文字徵 以上四字

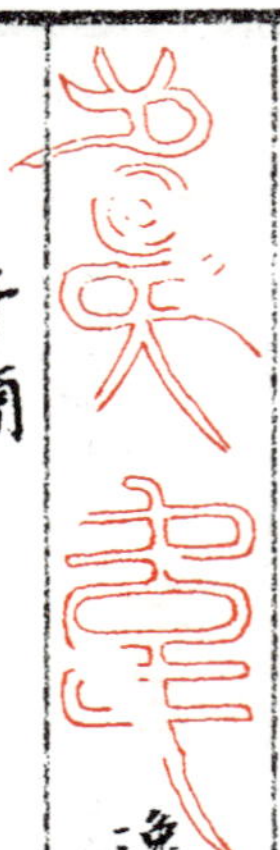
逸 石經亞

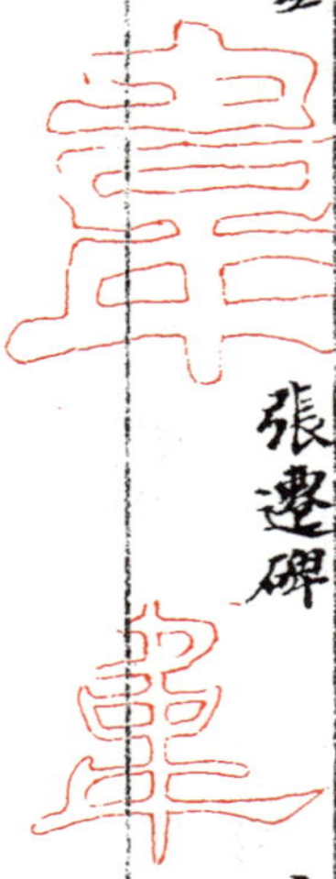
張遷碑

禮器碑陰

汗簡

集海

演變

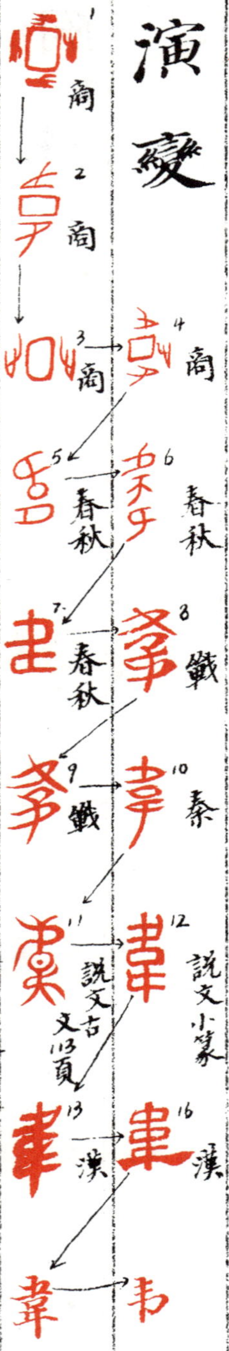

釋義

許慎

相背也。从舛，口聲。獸皮之韋，可以束枉戾相韋背，故借以為皮韋。凡韋之屬皆从韋。古文韋。切字非

陳按

古文字从二或四止（表脚步）圍繞中間之「口」（表城邑、聚落）行走之形。會圍攻或守衛城邑之義，即「圍」或「衛」字初文。假借為皮韋。去毛曰革，有毛曰皮。生皮曰革，熟皮曰韋（賈公彥）。有毛則曰皮，去毛熟治則曰韋。字林「韋，柔皮也」。

或以爲「韋」乃「違」初文。汪力古漢語字典以爲違背是本義。「韋」、「違」、「回」三字均爲匣母微部，乃同源字。

六書

會意兼形聲

附注

弟

1. dì 徒禮切，上，薺韻，定，脂部
2. dì 特計切，音第，去，霽韻，定，脂部。

商乙8818

商乙484

商庫453

商燕128

周早沈子它簋

周早曆季卣

春齊侯鎛

春戰侯馬156:19

侯馬67:38

侯馬61:13

晉璽彙2489

1097
楚包86
包138反
包221
郭語一56
郭六16

秦睡28.6
西漢馬老子甲後
西漢馬春秋事語
西漢武威士相見11
西漢上陵鼎三蓋
廣陵服食官鼎

孝弟祭尊之印
郭男弟
庚弟孺
以上四字漢印文字徵

石經文公
張遷碑
孔龢碑

甘泉山題字
禮器碑
史晨碑

汗簡

演變

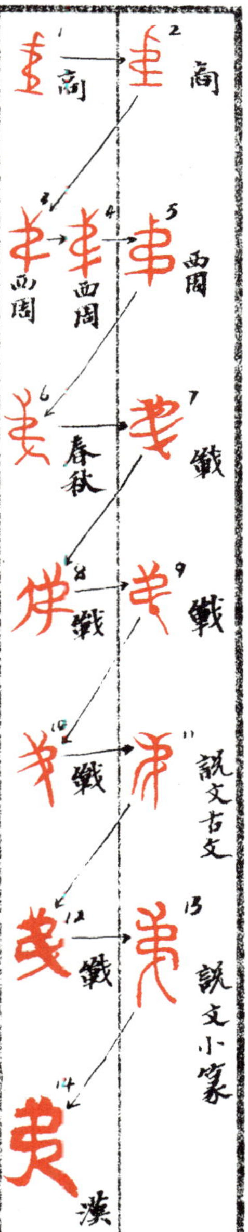

釋義

許慎  韋束之次弟也。从古字之象。凡弟之屬皆从弟。特計切 、古文弟。从古文韋省，丿聲。

陳按 古文字象韋索(己)纏繞在 (弋、杙)上之形，整齊有序，故引申有次弟之義，又為兄弟。今「第」之來源演變，按李旭昇說文新證： 、「艸」頭訛為「竹」頭，遂作「第」。為次第專字。

六書 會意

附注

夂 豬几切，上旨韻，知脂部。

 汗簡

演變

 1. 西周，新出金文與西周歷史6頁

 2. 𢧵

 3. 說文小篆114頁

釋義

許慎  从後至也。象人兩脛後有致之者。凡夂之屬皆从夂。讀若黹。陟侈切。

陳按 「夂」古文字亦為倒止形，與「夊」同。徐灝《段注箋》：「戴氏侗曰：夂、夊特一字。灝按：戴說是也。其斜畫或出或否，乃用筆之小異。」李旭昇則謂：「夂是無中生有的部件，應該是由致字離析出來的」，存參。

六書 指事

附注

久

舉有切，上，有韻，見，之部。

商，甲2908

商，菁3.1

周早，盂鼎

周早，能匋尊

周晚，井人妄鐘

春，邾公釛鐘

戰，晉，中山王嚳鼎

秦，睡，秦86

秦，兩詔橢量

戰，秦，詛楚湫淵

遂久右尉

上久農長

遂久令印

李久扁

王長久印

宜身長久

路久

以上七字漢印文字徵

魏受禪表

景北海碑陰

汗簡

碧落碑

古文四聲韻

集篆古文韻海

演變

1 戰

2 戰

3 秦

6 秦

7 說文小篆 114頁

8 漢

釋義　許慎  以（其它版本均作"從"）後灸之，象人兩脛後有距也。周禮曰："久諸牆以觀其橈。"凡久之屬皆以久。舉友切

陳按　"久"字甲、金文有學者釋為"氒"，以為矢栝字初文。有學者以為"灸"之初文，借為長久義，另加火作"灸"。存參。

六書　象形

附注

桀　渠列切，入，薛韻，羣，月部。

晉璽彙0172

楚，郭店尊6

秦，日書乙988

西漢，馬老子甲後329

西漢，銀256、554

古璽1388

1389

楊傑

馮桀私印

步桀　以上三字漢字文字徵

 武梁祠畫象題字  汗簡  古文四聲韻  集篆古文韻海

演變

1  戰 → 2  戰 → 3  戰 → 4  說文小篆114頁 → 5  漢

釋義

許慎  磔也，从舛在木上也。凡桀之屬皆从桀。渠列切 陳按 「桀」字未見於甲骨、金文、戰國文字大都用為桀紂名，此外多半作「傑」義用。其稱形本義有待進一步探究。許君釋為「磔也」。「磔」或為「傑」之誤；說文「乘」下云「桀，黠也」，仍保留此義。

六書

會意

附注

說文解字 第六

二十五部

木東林才叒之帀出𣎵生乇

𠂹𠌶華禾稽巢桼束㯻囗員

貝邑䢺

木

莫卜切，入、屋韻，明、屋部

英530　賓組

合集33193　歷組

商、木工鼎

周早、父丁爵

春戰、晉、侯馬196:19

250　戰楚包

秦、睡10.4

西漢、老子甲84

木工司馬

木結山　以上二字漢印文字徵

品式石經、咎繇謨

李孟初神祠碑

汗簡

碧落碑

演變

1. 商
2. 西周
3. 戰
4. 說文小篆 114頁
5. 秦
6. 漢
7. 漢

釋義

許慎：冒也，冒地而生，東方之行，从屮，下象其根。凡木之屬皆从木。

徐鍇曰：中者木始甲拆，萬物皆始於微，故木从屮。莫卜切。

陳按：甲、金文象樹之形，上象枝干，下為根。株，本義即樹木。又指樹葉。

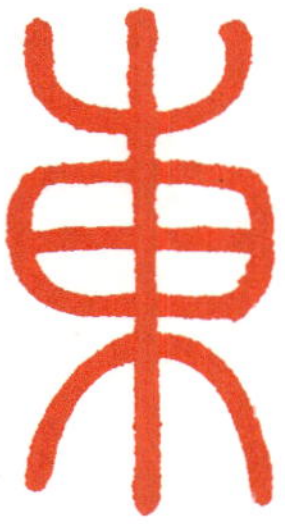

後引申木材、質樸等。又指「五行」、「八音」之一。

六書 象形

附注 木、樹二字本不同義，且詞性亦別。木為名詞，樹則是動詞（種植）戰國初期，「樹」亦有名詞樹木之義，遂與「木」同義，然「木」之引申質樸等義，和樹之引申豎立等義不相通。

東

德紅切，平，東韻，端，東部。

商·前6.32.4

商·甲436

商·京津4345

商·合33241

商·父乙尊

周早·保卣

戰·齊·東戈

150 戰·齊·璽彙

燕·璽彙362

楚·包121

包125

包153

楚·璽彙310

齊·璽彙310

西漢·孫臏4

東 東光釆空丞

東 東鄉

東 東郭光印

東 魏東 以上四字漢印文字徵

東 禮器碑陰

東 曹全碑

東 袁安碑

東 魯峻碑陰

東 汗簡

東 集篆古文韻海

演變

1 東 商 → 2 東 商 → 3 東 西周 → 4 東 戰 → 5 東 説文小篆126頁 → 6 東 秦 → 7 東 漢 → 8 東 漢 → 9 東 漢 → 東 → 东

釋義

許慎：東 動也。从木。官溥説，从日在木中。凡東之屬皆从東。得紅切

陳按 甲、金文象兩頭亂紮紧的無底口袋之形，徐中舒以為即「橐」字初文，二字古音相近，借橐為東，另造橐表本義。林義光、唐蘭、于省吾則以為「東」「束」同字（金文偏旁中「東」「束」互用）。三者應為一字分化。

六書 假借

附注

林

力尋切，平，侵韻，來，侵部。

商 鄴三下46.15

周中 尹姞鼎

春戰 侯馬156:21

秦 睡 編24

秦 睡 秦4

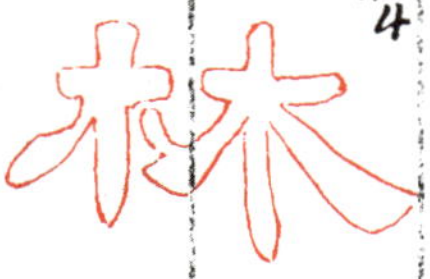
張遷碑 帝遊上林

橫野大將軍莫府卒史張林印

林慮左尉

楊林 以上三字 漢印文字徵

林

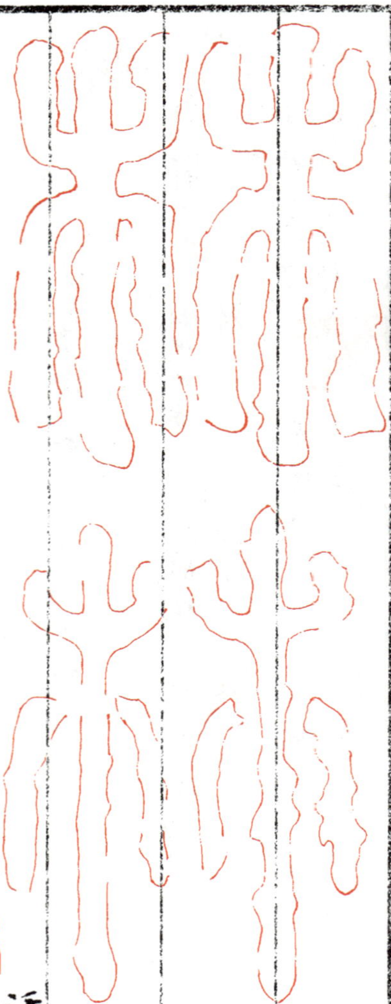

開母廟石闕

少室石闕

五官掾陰林

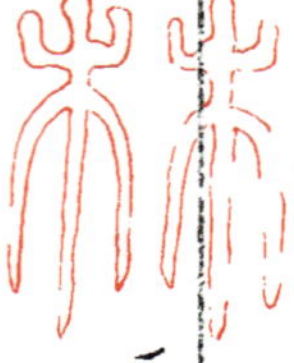

石經宣公

汗簡

集海

演變

1 商

2 西周

3 戰

4 說文小篆126頁

5 秦

6 漢

釋義

許慎  平土有叢木曰林。从二木。凡林之屬皆从林。力尋切

陳按 古文字从二木，會平林之意，表成片叢聚樹木，故成林。詩召南野有死麕「林有樸樕，野有死鹿」。引申指人或物會聚處。

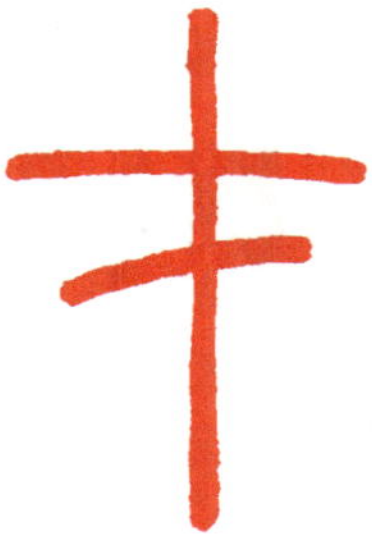

六書會意

附注

才

昨烖切，平，咍韻，從之部。

商甲2908反

商佚612

商甲2908反

商鐵160.3

商父戊爵

商宰峀簋

周早旂鼎

周中免卣

周晚善夫克鼎

周中才興父鼎

周晚𪐴匜

戰晉中山王譽

楚曾姬無卹壺

楚曾侯乙鐘

楚曾17

楚包8

楚郭唐28

郭語三15

郭老甲3

郭六24

才

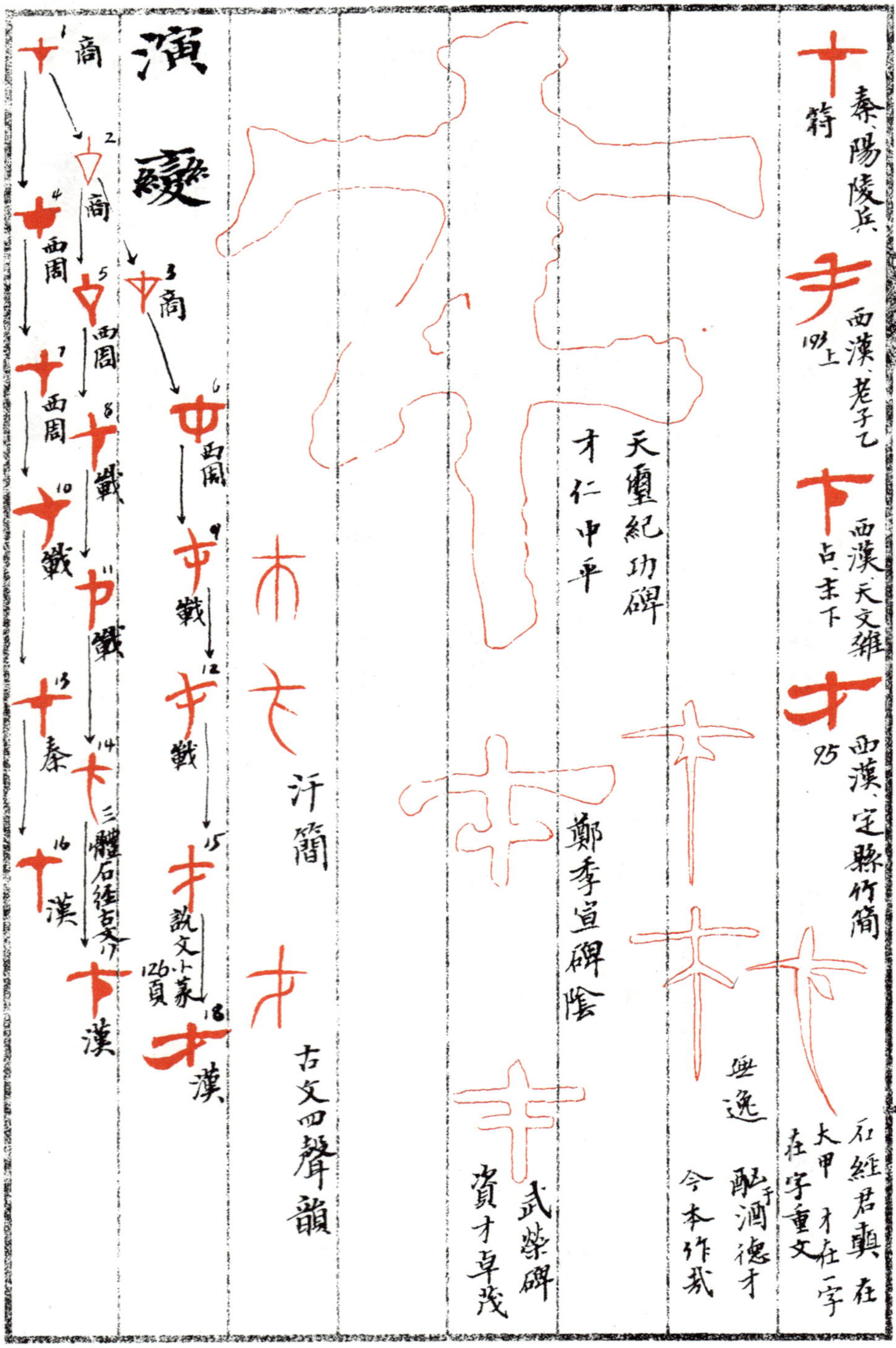

秦、陽陵兵符
西漢、老子乙
191上
西漢、天文雜占、末下
西漢、定縣竹簡
95
石經君奭在
大甲 才在二字
在字重文
無逸
酗于酒德才
今本作哉
天璽紀功碑
才仁中平
鄭季宣碑陰
武榮碑
資才卓茂
汗簡
古文四聲韻
演變
1 商
2 商
3 商
4 西周
5 西周
6 西周
7 西周
8 戰
9 戰
10 戰
11 戰
12 戰
13 秦
14 三體石經古文17
15 說文卜篆
126頁
16 漢
17 漢
18 漢

釋義

許慎 才 艸木之初也。从丨上貫一，將生枝葉；一，地也。凡才之屬皆从才。徐鍇曰：上一初生歧枝也，下一地也。昨哉切

陳按 "才"古文字象草木自地面鑽出之形，表草木初生。此為以往學界主流觀念。何琳儀在戰國古文字典中指出"弋"从"才"分化，而陳劍釋造則以為"才"係"弋(杙)"之分化字。陳說可从。古文字材料中，"才"大多假借為"在"、"𢦏(哉)"。典籍中常見為"才能"義。詩·魯頌·駉"思無期，思馬斯才"，毛傳："才，多材也。"(木有用曰"材"，物有用曰"財"，人有用曰"才"，三字同源)。另，"在"、"剛剛"(表時間)、"僅僅"(表程度)二義，用"纔"字，後世又簡化作"才"。

六書

指事。說文以為象形

附注

叒

而灼切．藥韻．日鐸部．

汗簡 集篆古文韻海

演變

說文籀文 → 說文小篆 121頁 → 叒

釋義

許慎 日初出東方湯谷，所登榑桑，叒木也．象形．凡叒之屬皆以叒．

籀文 而灼切

陳按 「叒」字未見古文字形，應是「若」字訛省，「若」甲骨文作、，象人跪跽以兩手梳順其髮，多用為祥順義．王筠《釋例》以為「叒」「若」本一字，可以．許君誤分為二，立「叒」為部首，然其僅隸一「桑」字，古文字（）象桑樹形，構形與「叒」亦無關，故「叒」為錯誤離析部件，可撤除．

六書

指事、說文以為象形

附注

之

止而切，平，之韻，照三，之部。

商 鐵161

周晚 善夫克鼎

春 取它人鼎

周中 縣妃簋

周晚 散盤

春 子之弄鳥尊

春晚 吳季子之子劍

春晚 子可戈

春晚 王子午鼎

1:6

春戰 晉 侯馬

侯馬 1:1

侯馬 156:4

齊 重彙 25

27

齊 古匋 24

晉 兆域圖

楚 鑄客鼎

楚 包 2

楚 帛乙 5.34

楚 重彙 214

140

楚 郭 唐 16

之

楚繁湯之劍

戰璽彙482

秦睡23.1

秦二十六年詔權

西漢老子甲4

柜長之印

杜嵩之信印

萬之歲印

萬滿之

魏印賢之

王勝之

以上六字漢印文字徵

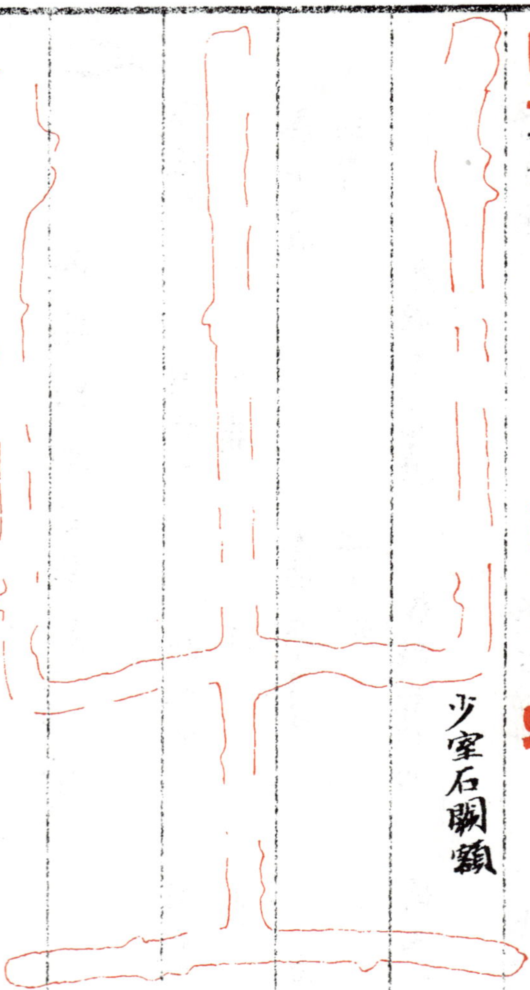
少室石闕額

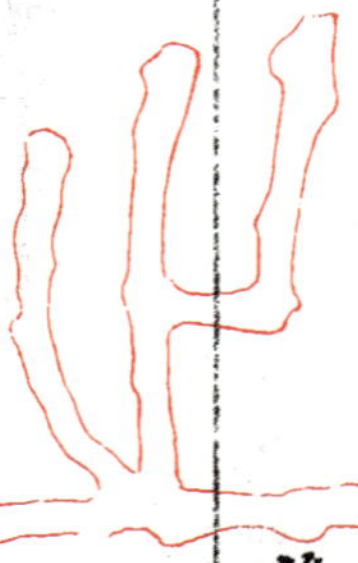
石碣鑾車

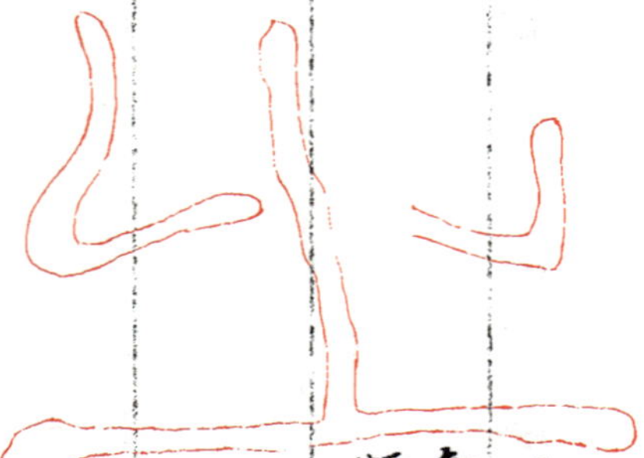
孫大壽碑額

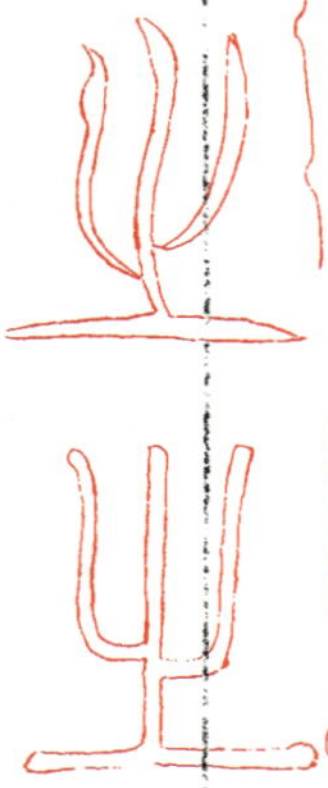
石經僖公

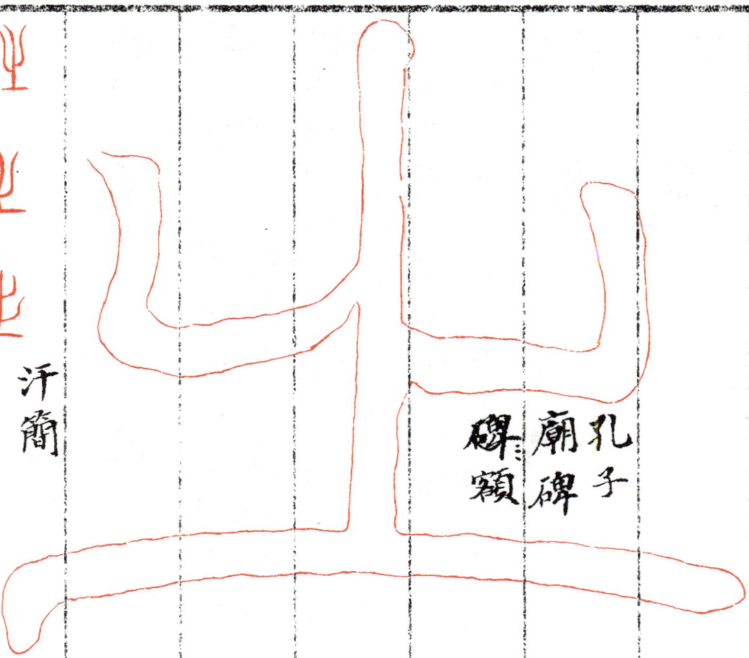

孔子廟碑碑額

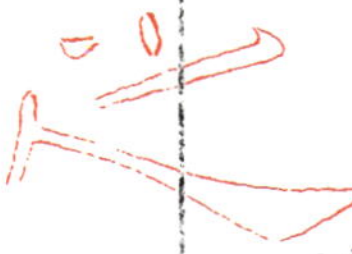

禮器碑

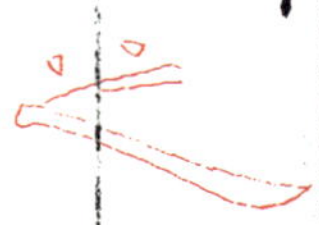

曹全碑

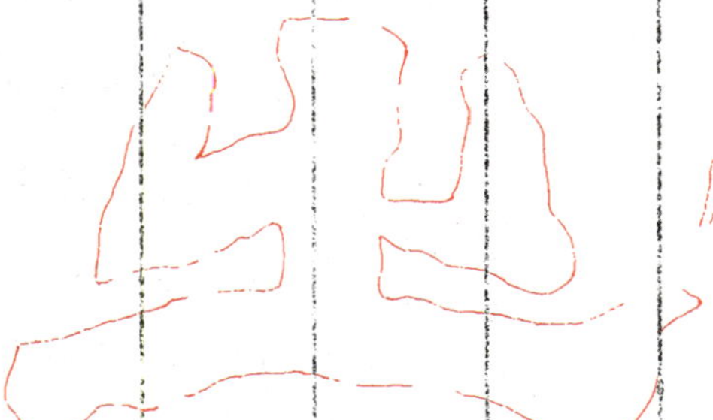

校官碑額

汗簡

古文四聲韻

碧落碑

集篆古文韻海

演變

釋義

許慎 㞢 出也、象艸過屮、枝莖益大、有所之。一者、地也。凡之之屬皆从之。止而切

陳按

「之」古文字以止離開「一」之形，表人欲往他處去，其本義為往，即「到……去」。論語公冶長「之一邦」。後多用於假借義，如人稱代詞（他、她、它）、指示代詞（這、此）、介詞及助詞等。另「之」與「適」、「如」同義，在上古漢語裏，「之」必須帶直接賓語，而「往」只能帶間接賓語（中古以後可帶直接賓語）。又據季旭昇古璽雜識二題以為「之」、「止」二字形音義俱近，但區別甚嚴，尠見互作，偏旁（秦漢文字中偶見互作）。

六書

會意

附注

帀

子答切、入、合韻、精、緝部。

帀 帀 汗簡 迊 [illegible] 古四 [illegible] 集海

演變 帀[1]（說文小篆 127頁）→ 帀[2]（漢）→ 帀[3] → 匝[4]

釋義 許慎：帀，周也。从反之而帀也。凡帀之屬皆从帀。周盛說。子荅切。陳按：「帀」字構形不明，待考。許君云「从反之而帀」，不可信。後世并入「匝」字。另西周、春秋戰國有帀（師寰簋）、帀、帀（漢語古文字字形表234頁）、帀（包52）等字，亦隸作「帀」，與帀同形，但均用「師」，未見「周也」之義。

六書 變體指事

附注

出

1. chū 赤律切，入，術韻，穿三，物部。

2. chuì 尺類切，去，至韻，穿三，物部。

商 菁4.1

商 粹366

周中 頌壺

周晚 克鼎

春秋 晉侯馬156:24

石鼓文

戰 齊 拍敦蓋

晉 璽彙4912

楚 包18

楚 望一卜

楚 鄂君啟節

楚 包201

秦 睡28.5

西漢 武威簡 士相見

長沙帛書

公孫出咨

利出

出入長利

大出入幸

利出入

以上五字 漢印文字徵

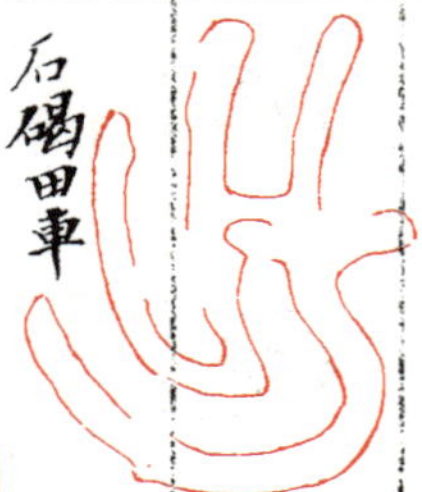
禪國山碑 出東門鄂

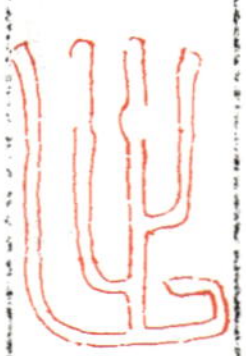
石經 僖公 衛元晅出奔晉

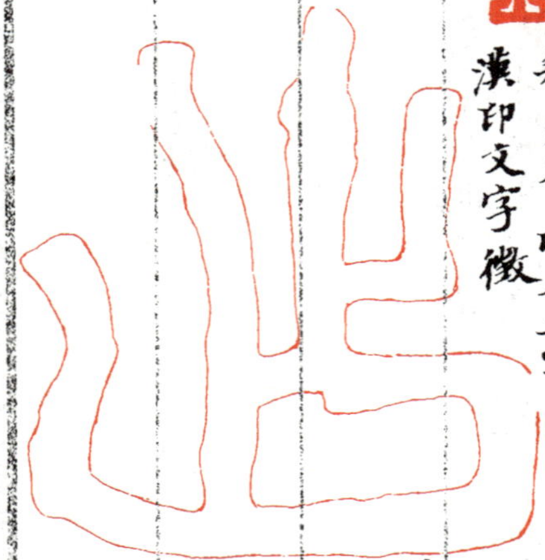
禪國山碑 出東門鄂

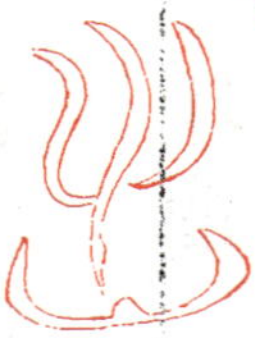
石碣田車

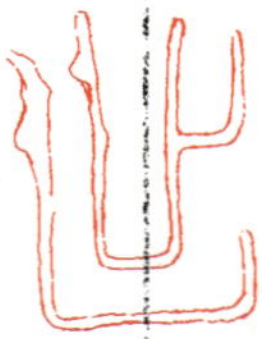
君奭 其崇出於不祥

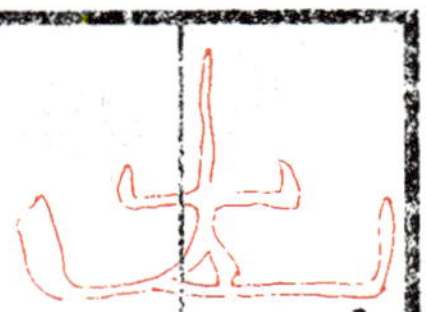

禮器碑

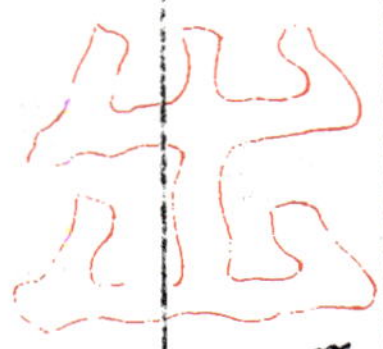

張遷碑

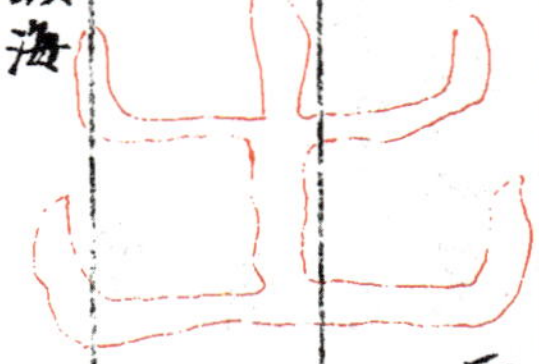

西狹頌

古文四聲韻

汗簡

集篆古文韻海

演變

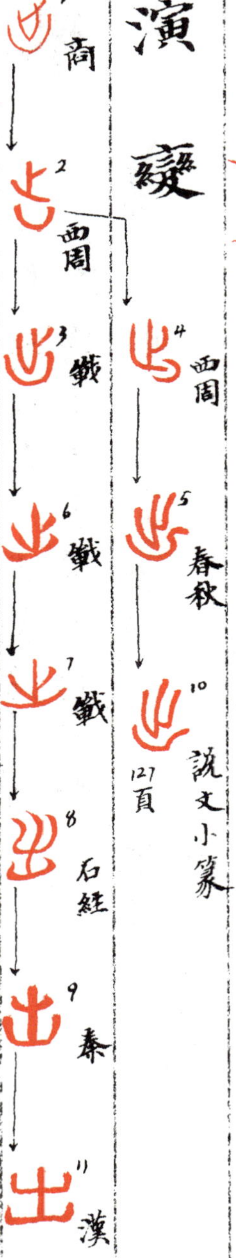

釋義

許慎  進也。象艸木益滋，上出達也。凡出之屬皆从出。尺律切

陳按

古文字从向上之止、从凵（坎穴之象），表人離開坎穴。吾鄉孫詒讓在著作名原（卷上、17頁）中最早提出「出」字从止不从屮，取足行出入之義。其本義即由內到外，與「入」相對。

六書　會意

附注

𣎵　1. pō 普活切、末韻、滂、月部
2. bèi 博蓋切、去、幫、泰韻、月部

字形

汗簡　估 佃　集海

隸 朩　漢印文字徵

演變

1 戰
2 說文小篆 127頁下

釋義
許慎

艸木盛𣎵𣎵然、象形、八聲、凡𣎵之屬皆从𣎵、讀若輩（普活切）

陳按
𣎵字未見於古文字材料、僅漢印徵有人名用、未能據以考初形本義、裘錫圭指出

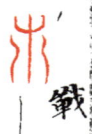

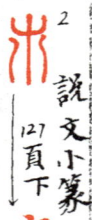

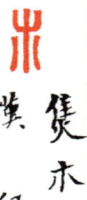

「朿」玉篇作「市」，說文小篆从「朿」得聲字如「㫼」、柿(見於楚簡)、肺(見於漢簡)、沛(見於漢簡)，原本均从「市」聲，另，木部所隸五字，除「𡴘」字外(未見考古材料，初形本義不明)，其餘四字「索」、「孛」、「朿」、「南」，皆見於古文字，所从并非「朿」字，可見此字形、音皆有疑處，或以為「市」字分化，其楷書便作市，與「朱市」字同形。

六書

說文以為象形兼形聲。

附注

生

所庚切，平，庚韻，審二，耕部

商 甲200

商 粹1131

周早 王生女觥

周早 作冊大方鼎

周中 尹姞鼎

周晚 五年師旋簋

周晚 鄭虢仲簋

周 彭生簋

戰 晉 中山王嚳壺

楚 包263

楚·包233

璽彙5165

5181

秦·睡10.1

西漢·定縣竹簡5

長生安樂單癸尊之印

長生左史

宮生

魚丘生印

陳生印

李生

漢印文字徵 以上六字

孔宙碑陰

碑額

史晨後碑

魯峻碑

汗簡

古文四聲韻

演變

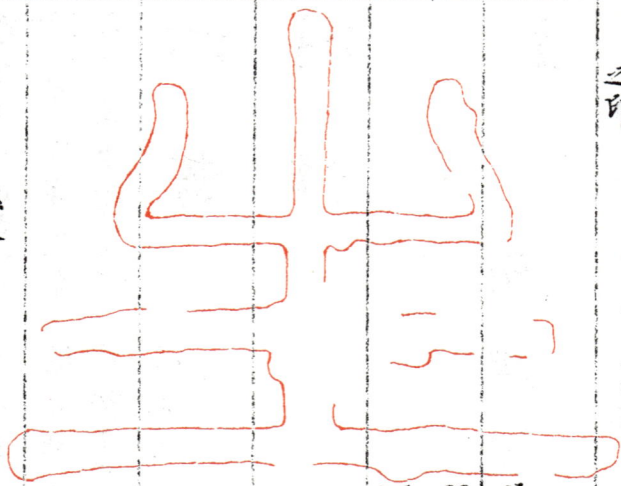

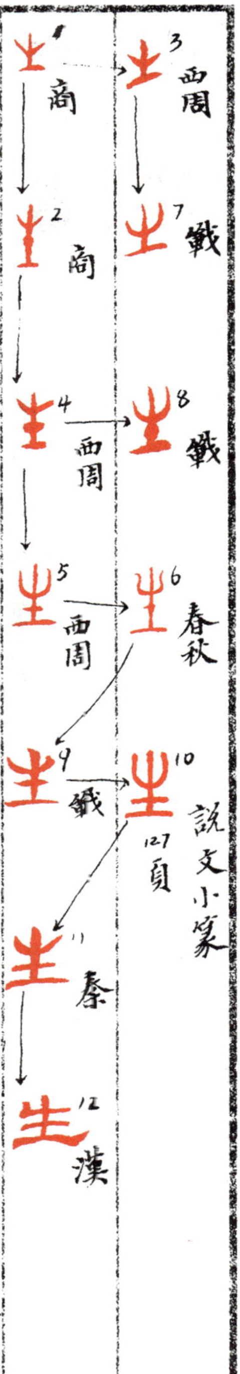

釋義

許慎 生 進也。象艸木生出土上。凡生之屬皆从生。所庚切

陳 按 甲骨文象艸木从「一」（表土地）長出之形，金文於中豎或加「.」為飾筆，又變為短橫，遂為隸楷所本。其初義指艸木生長，又引申為生育、生存、活着等義。

六書

會意

附注

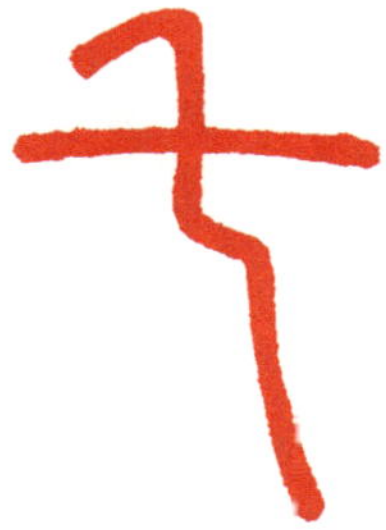

乇

陟格切，入陌韻，知鐸部。

戰晉古幣20　戰釋
汗簡
古四
集海

演變

戰
說文小篆 127頁

釋義

許慎：艸葉也，从垂穗，上貫一，下有根，象形。凡乇之屬皆从乇。陟格切

許慎陳按：「乇」字構形未明，古文字多用為「宅」、「亳」等字聲旁。甲骨文（珠679）、（乙8896）等字，舊釋「力」，于省吾以為「乇」之初文，造字本義待考。由乇孳乳為「吒」、「祏」，讀為「矺」，典籍通作「磔」，存參。

六書

說文以為象形

附注

𠂹 是為切、平、支韻、禪、歌

演變

 說文小篆128頁 → 𠂹 2 漢 → 𠂹

釋義

許慎  艸木華葉𠂹，象形。凡𠂹之屬皆从𠂹。是為切  古文。

陳按

甲骨文 （乙8463）、（陳121）、（拾3.6）等字，或釋為「𠂹」，但學界尚無定論。「𠂹」見於古文字偏旁，如 （石鼓文「𦱤」所从）、（王子午鼎「差」所从）。象草木花葉下垂之形。即下垂（垂）本字。𠂹（垂）行𠂹廢。後世借邊陲之本字「垂」來表示。

六書

象形

附注

𠌶

呼瓜切，平，麻韻，曉。

周，命簋

周中，不栺方鼎

周晚，華季盨

周晚，克鼎

周晚，仲義父鼎

周晚，仲姞鬲

春早，華母壺

戰，齊陶彙3.47

魯峻碑

汗簡

演變

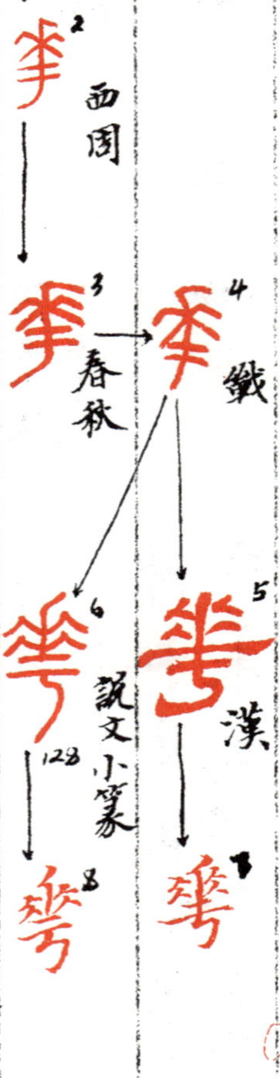

釋義

許慎

艸木華也。从𠂹，亏聲。凡𠌶之屬皆从𠌶。況于切。

𠌶或从艸、从夸。

陳按

古文字𠌶象草木之花形，下有花蒂，為獨體象形字。說文小篆割裂形體，下部訛為「亏」(丂)。其

字當為「華」之初文，俗作「花」，今則花行而雩廢矣。「華」為「花」之本字，而「雩」為「華」或體。後「華」字借用作光華、華麗字，音huá（户花切）。「花」字產生於六朝後，并代為華草字。而「花」作姓氏則在隋唐以後。故，舊題南朝梁任昉撰述異記有花木蘭，不可靠。另，「華」作山名音huà（胡化切），說文華山字作「崋」。

六書

象形，說文以為會意

附注

華

1. 呼瓜切，音花，平，麻韻，曉，魚部。
2. 户花切，音划，平，麻韻，匣，魚部。
3. 胡化切，去，禡韻，匣，魚部。

戰，秦陶彙 6.184

秦，睡 5.34

西漢，老子甲4

西漢，老子甲後424

華

[篆形] 西漢、安陵鼎蓋

[篆形] 西漢、馬 周68

[篆形] 華安世印

[篆形] 華奴

[篆形] 華尊

[篆形] 華少翁

[篆形] 華奴

[篆形] 華大

[篆形] 華狗大

[篆形] 華侯私印

漢印文字徵 以上八字

[篆形] 石碣作遙

[篆形] 禮器碑

[篆形] 白石神君碑

[篆形] [篆形] [篆形] 汗簡

[篆形] [篆形] [篆形] 古文四聲韻

[篆形] [篆形] [篆形] [篆形] [篆形] 集篆古文韻海

[篆形] 碧落碑

演隸變

[篆形] 3

[篆形] 4

[篆形] 6 說文小篆 128頁

[篆形] 1 戰

[篆形] 2 戰

[篆形] 5 漢

華 7 漢

華 — 华

釋義 許慎  榮也，从艸，从䔢。凡華之屬皆从華。戶瓜切

陳按 「華」即「䔢」字加「艸」旁之繁化，乃花草本字，後借用為光華意，秦漢人乃另造「荂」（少用），六朝人又造「花」，日久「華」為借所專，乃用「花」表草木花。詳見上文「䔢部」按語。

六書 形聲

附注

禾 古奚切，平，齊韻，見，脂部。

 汗簡

演變　1 鐵 → 2 說文小篆128頁 → 3

釋義　許慎：古之曲頭，止不能上也。凡禾之屬皆从禾。古兮切

陳按　「禾」字未見考古材料，小篆从木屈首之形，表樹木之枝幹受阻不能上長。从「禾」字後世改从「禾」。

六書　指事

附注

稽　1、jī　古溪切，平，齊韻，見，脂部
2、qǐ　康禮切，上，薺韻，溪，脂部。

秦．睡

西漢．老子甲61

老子乙前43上

老子乙203上

新嘉量二

會稽守印

會稽太守章 漢印文字徵

禮器碑

汗簡

古文四聲韻

集篆古文韻海

魏殘石

孔龢碑

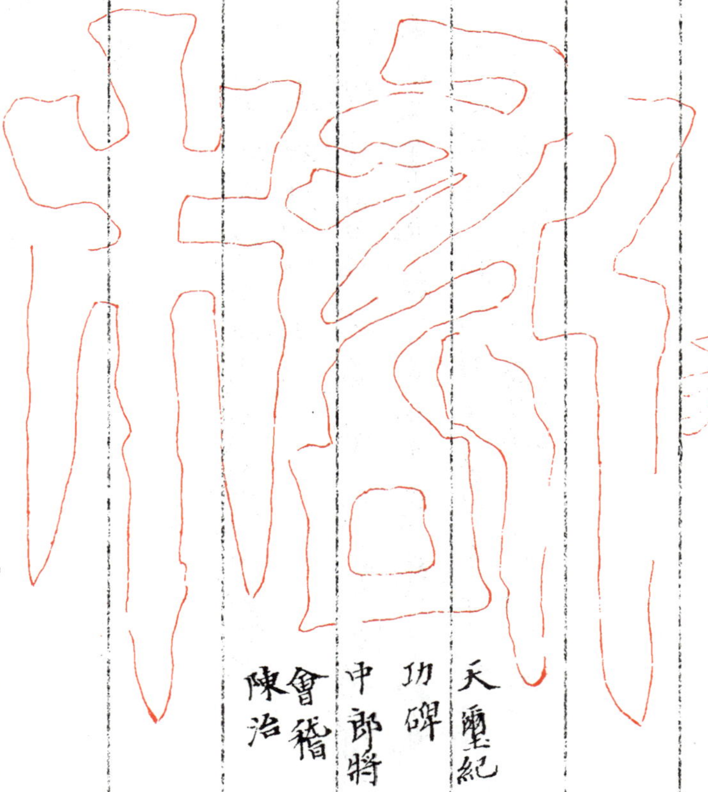

天璽紀功碑

中郎將

會稽陳治

演變

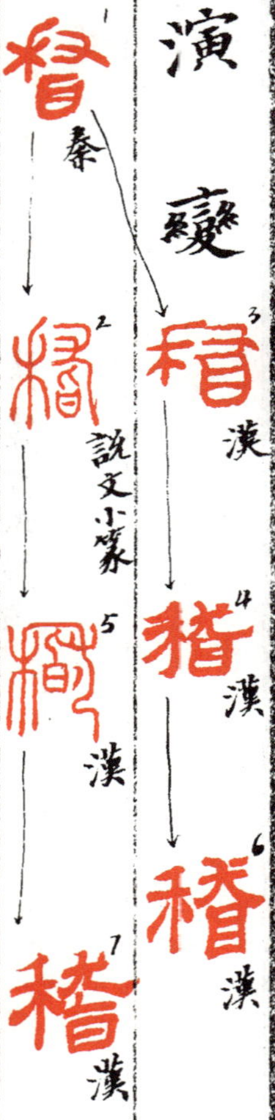

釋義

許慎  畱止也、从禾、从尤、旨聲、凡稽之屬皆从稽。古兮切

陳按

「稽」字構形與演變學界尚無確論，據劉釗老師考證，「稽」字本作从禾从又會意，「⿰禾又」（从禾从又）為「稽」字初文，後加「旨」聲，「又」訛混成與其形音皆近之「尤」。許君據小篆析形，不確。「稽」字具體構形演變可參看劉釗老師古文字構形學206至211頁「例21 禾」。

六書　形聲

附注

巢

鉏交切、平、肴韻、牀二、宵部、

先周 周原110

周中班簋

戰楚、上博一、詩13

秦、五十二病方、目録

西漢、老子乙前145上

73 西漢、馬周

印巢農

張巢

巢志印 以上三字 漢印文字徵

禮器碑側

東漢、恒農口安巢髡鉗 陳李專

汗簡

古文四聲韻

集篆古文韻海

演變

1 西周

2 戰

3 秦

4 說文小篆 128頁

5 漢

6 漢

釋義

許慎

鳥在木上曰巢、在穴曰窠、从木、象形、凡巢之屬皆从巢 鉏交切

陳按 「巢」字未見殷卜辭，但有从巢之「濼」（等形）、布旁與西周「巢」字同形，象樹上有鳥巢之形，小篆上部所从系訛變。

六書 象形

附注

桼 親吉切，音七，入，質韻，清，質部。

商 粹1174

商 河639

齊 璽彙157

晉 古幣181

晉 璽彙324

江陵楚簡

睡虎秦簡

西漢 馬.周53

西漢 馬.養129

西漢 武威儀禮 士相見7

西漢馮君孺人石墓中柱題記

東漢泰言之紀鏡二

汗簡

集篆古文韻海

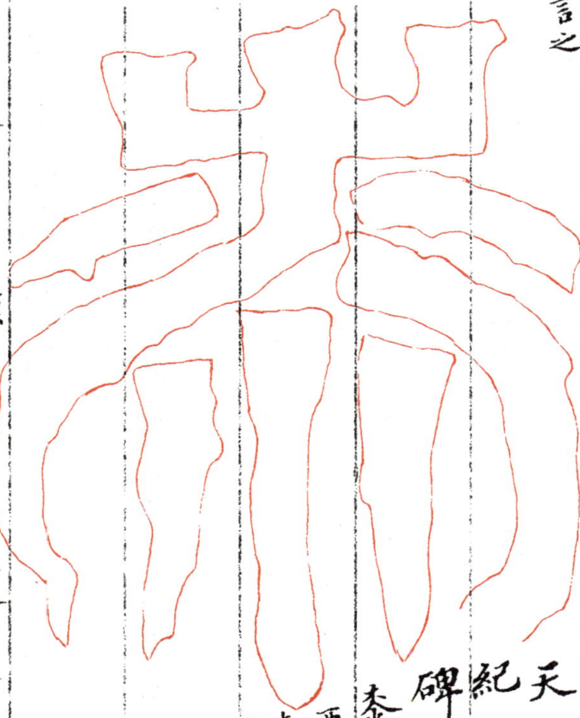

天璽紀功碑

桼月己酉借桼為七。

演變

1  戰

2  戰

3  戰

4  秦

5  漢

6  說文小篆 128頁下

釋義

許慎  木汁，可以髹桼物，象形，桼如水滴而下。凡桼之屬皆从桼。親吉切

陳按

古文字以木、雨旁斜點象自木而出之漆汁，可以髹桼物。為漆（生漆）本字，今則漆（本水名）行而桼廢矣。

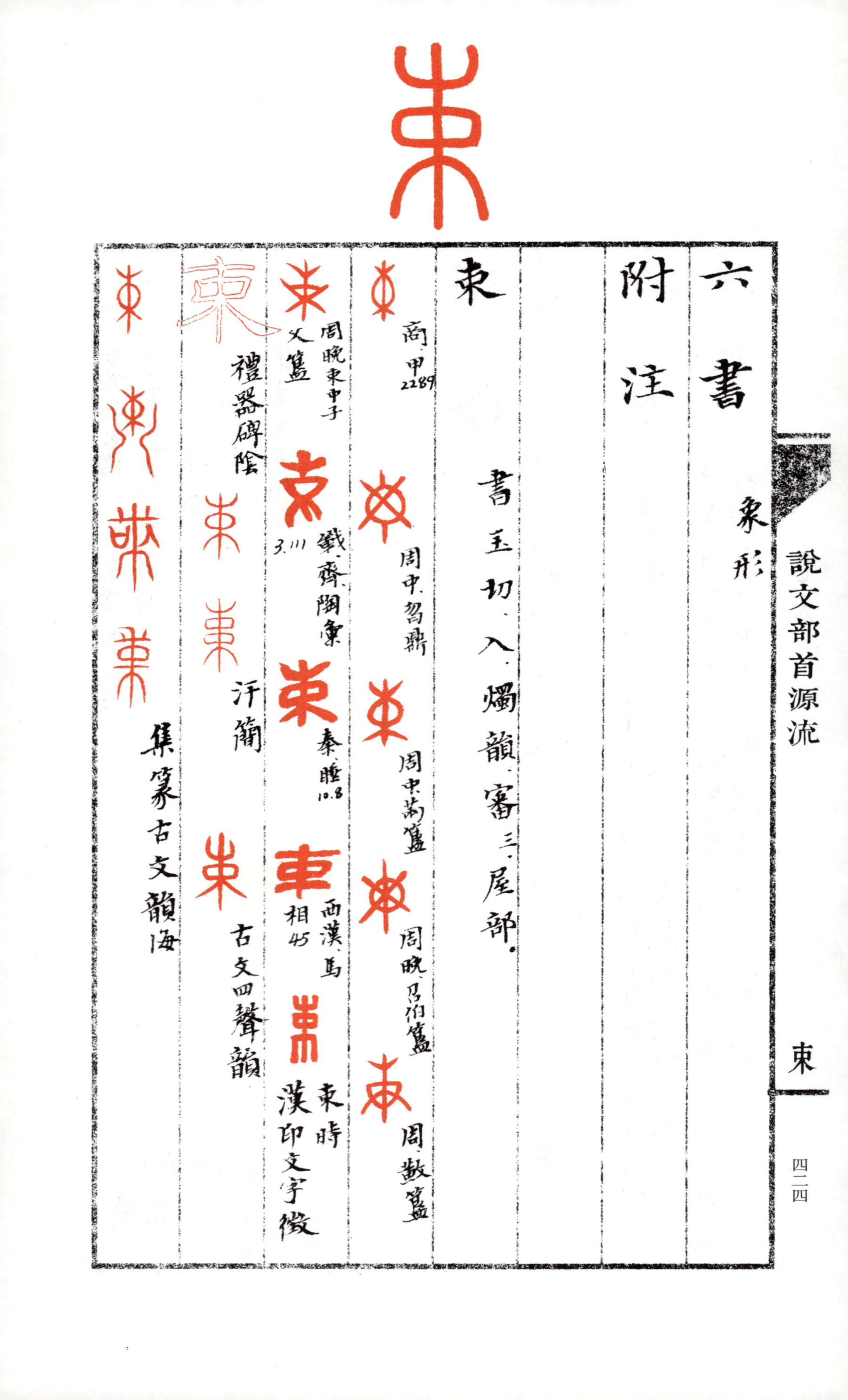

六書 象形

附注

東 書玉切、入、燭韻、審三、屋部。

商、甲2289

周中、舀鼎

周中、𣄰簋

周晚、召伯簋

周、散簋

周晚、東中子父簋

戰、齊、陶彙3.111

秦、睡10.8

西漢、馬相45

東時 漢印文字徵

禮器碑陰

汗簡

古文四聲韻

集篆古文韻海

演變

1 商

2 商

3 西周

4 說文小篆 128頁下

5 秦

6 漢

釋義

許慎  縛也。从口木。凡束之屬皆从束。書玉切

陳按 古文字象橐，括其兩端之形，是「橐」初文，亦是「束」初文，又借為「束」（參看「束」部）。「束」本義應是捆綁縛。詩‧鄘風‧牆有茨：「牆有茨，不可束兮」。引申為約束、限制。商君書‧畫策：「辨之以章，束之以令」。另，「束」「縛」二字義近，但「束」多用於物，而「縛」多用於人。

六書

象形、或以為指事

附注

橐

胡本切，上，混韻，見，文部，

汗簡　古文四聲韻

演變

說文小篆 128頁下　橐

釋義

許慎　橐也，从束，圂聲。凡橐之屬皆从橐。胡本切

陳　按　「橐」字未見古文字，許君云「从束」，不確，應从東（tuó），乃「橐」初文，其義指不同的囊袋或囊袋的某種形狀。

六書

形聲

附注

口

雨非切，音違，平，微韻，喻三，微部。

 古陶　 汗簡

演變

 說文小篆 129頁 

釋義

許慎： 回也，象回帀之形。凡口之屬皆从口。羽非切

陳按：古文字「口」只用作偏旁，學者都以為城邑之象形，即「圍」字初文。許君所釋「回帀」，不確。

六書

象形。說文以為指事

附注

員

1、yuán 王權切，平仙韻，喻三，文部。

2、yún 王分切，音云，平文韻，喻三，文部。

商.佚11

商.中大107

商.前8.5.7

商.後2.1.11

周早.員父尊

周中.員觶

戰.齊陶 彙3.1061

楚.郭.緇45

郭.唐19

郭.緇18

郭.語3

郭.老甲24

郭.老乙3

鐵雲43.1

西漢.居延圖203

員誒 私印

樊員之印

員建

以上三字 漢印文字徵

石碣遊車

君子鼎

史晨後碑

汗簡

古文四聲韻

集篆古文韻海

演變

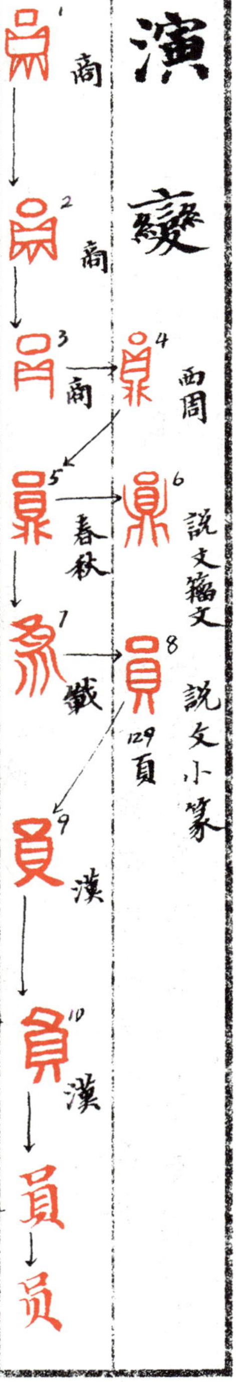

釋義

許慎  物數也，从貝，囗聲。凡員之屬皆从員。徐鍇曰古以貝為貨故數之 王權切  籀文从鼎

陳按 甲、金文从鼎、从○，○即「圓」初文，加「鼎」繁化，是區別形近字。後「鼎」旁訛省為「貝」，為說文小篆所本，但籀文仍从鼎。其本義即方圓之圓，許君釋「物數」，當為假借。

六書

形聲兼會意

附注

貝

博蓋切，去，泰韻，幫，月部。

商·前5.10.2

商·甲777

商·甲1650

殷·貝隹易父乙爵

殷·鄉沚簋

殷·王錫貝簋

周早·伯卣

周中·刺鼎

2934 戰·燕·貨系

戰·晉·高幣80

楚·包274

楚·天策

楚·曾80

貝多

貝守 以上二字 漢印文字徵

孔宙碑陰

汗簡

集篆古文韻海

演變

1 商

2 商

3 西周

4 西周

5 西周

6 西周

7 戰

8 說文小篆 129貝

9 漢

釋義

許慎

海介蟲也。居陸名猋，在水名蜬。象形。古者貨貝而寶龜，周而有

泉。至秦廢貝行錢、甲骨文象海貝之形、兩殼張開、西周、春秋戰國漸變、開合作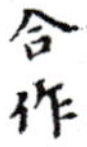、等形、遂

凡貝之屬皆从貝 博蓋切 陳 按

為後世篆、隸、楷所本。上古曾用作貨幣、故从「貝」字多與財貨有關。

六書 象形

附注

邑

於汲切、入、緝韻、影、緝部。

商．福36

商．邑爵

周．早．邑觶

周．晚．臣卿簋

春．齊侯盤

289 齊．璽彙

198

燕．貨系

晉．古幣93

邑

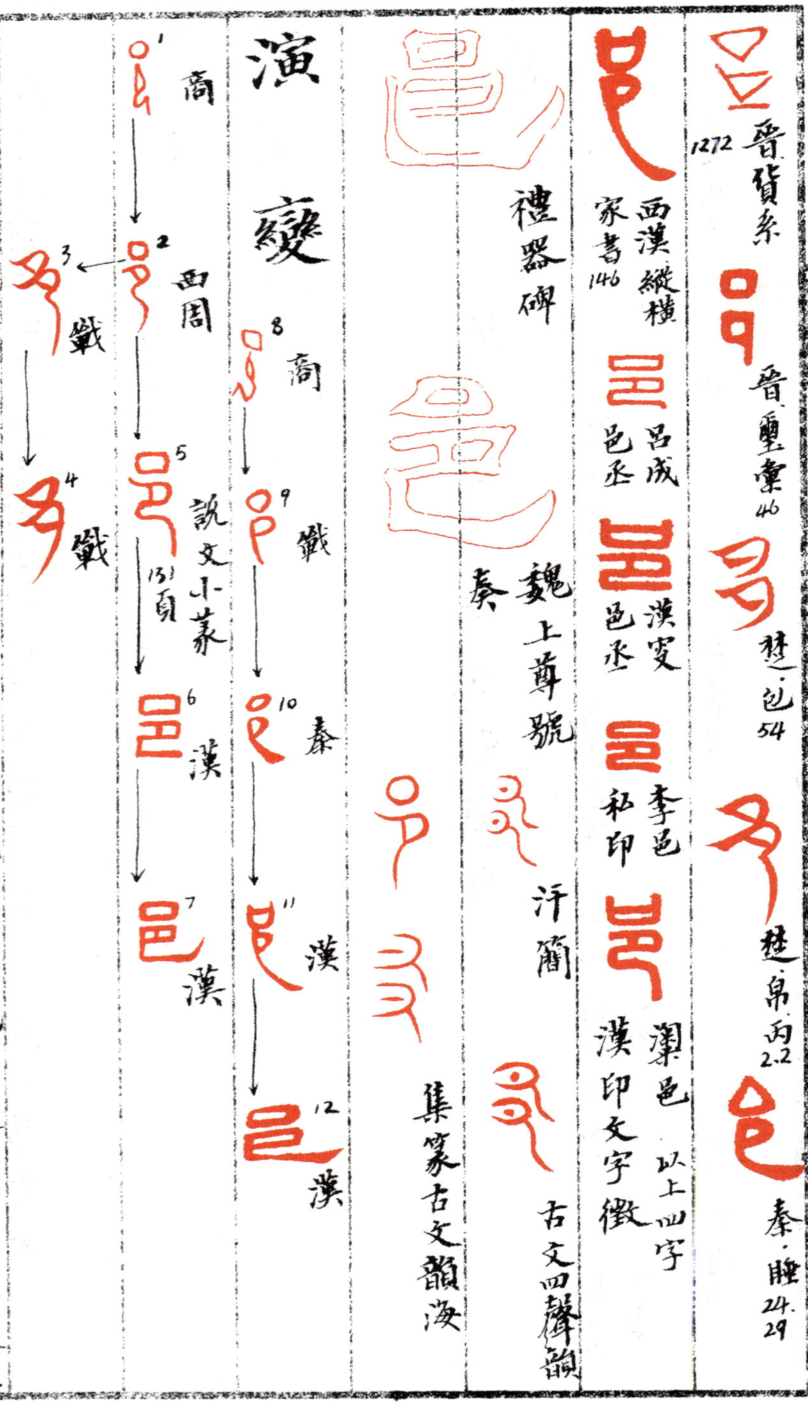

釋義

許慎 ：國也。从口；先王之制，尊卑有大小，从卪。凡邑之屬皆从邑。於汲切

陳按　甲骨文「邑」从「口」，意為某一疆域；从「卩」，跪坐之人形，表人羣聚居之所。論語·公冶長：「十室之邑，必有忠信如丘者焉。」又引申指都邑、城市。另，「邑」「都」「國」三字皆可稱都市，但「邑」字用得最早，本指人羣聚居處，但在甲骨文中已可指王都。至周，諸侯國君之都城稱「國」，國君子弟或卿、大夫之封邑叫「邑」，而他們常居且設有祖廟之城市，則曰「都」。左傳·莊公二十八年：「凡邑，有宗廟先君之主曰都，無曰邑。」「國」、「都」在等級、築城大小上皆有區別規定。戰國後，「國」意義擴大，一般不作國都義，而「邑」則多用於郡邑義，遂「都」漸成城市統稱。

六書

會意

附注

𨛜部

胡絳切，去，絳韻，匣，東部。

商乙1277　商餘2.2　鐵重彙2090　汗簡　集篆古文韻海

演變

商 → 鐵 → 說文小篆 136頁

釋義

許慎：鄰道也，从邑从𨙨。凡𨛜之屬皆从𨛜。闕。胡絳切

陳按

古文字从兩邑（或以為从二卩、从二人），為「巷」本字。饒炯《說文解字部首訂》：「即部屬䢽（巷）之古文。」

六書

會意

附注

說文解字　第七

五十六部

日旦倝㫃冥晶月有朙囧夕

多毌𢎘𣐺卤齊朿片鼎克彔

禾秝黍香米毇臼凶朩𣏟麻

尗耑韭瓜瓠宀宮呂穴㝱疒

冖𠔼冃㒳网襾巾巿帛白㡀

黹

日

人質切，入質韻，日質部。

商．鐵180.2

62.4

商．京津4090

商．佚374

商．後2.3.18

商．佚425

商．日癸簋

周早．作冊魖簋

周中．癲鐘

春晚．吉日壬午劍

齊．陶彙3.718

燕．古幣303

晉．盜壺

楚．包19

西漢．老子甲138

漢．居延簡176.1A

日南尉丞

日貴

廿八日騎舍印

日天吉

日利　以上五字漢印文字徵

秦．嶧山碑

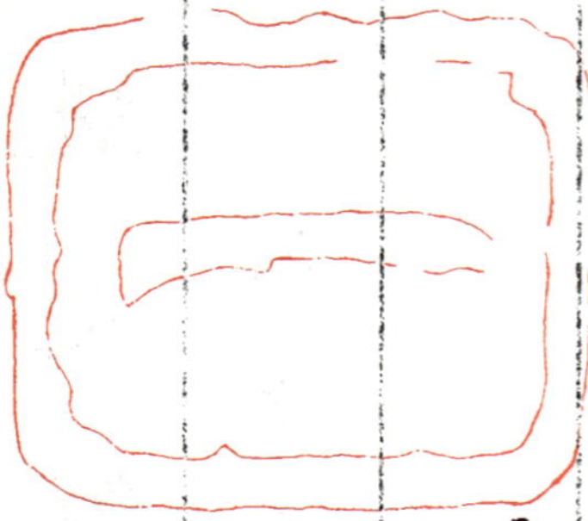
少室石闕

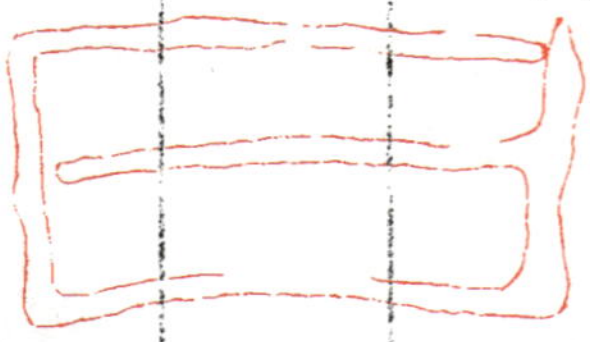
石門頌

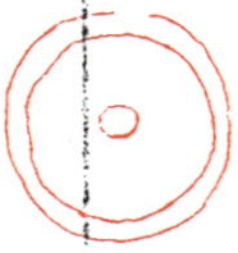

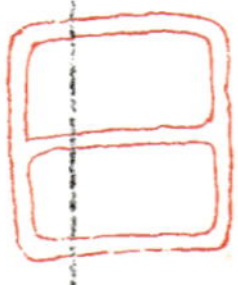
石經無逸

汗簡　古文四聲韻

集篆古文韻海

演變

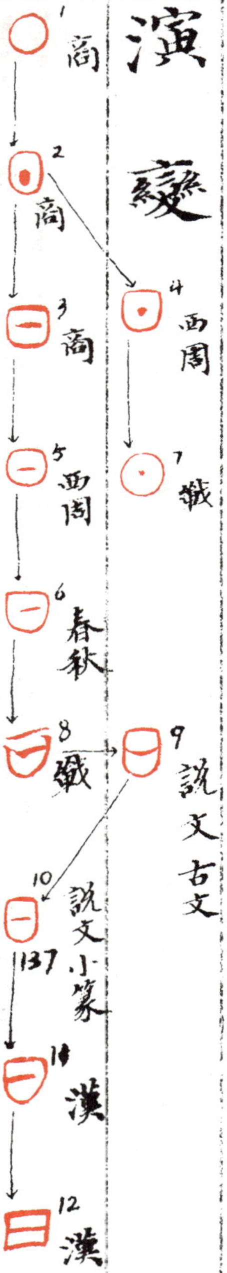

釋義

許慎  實也。太陽之精不虧。从口一，象形。凡日之屬皆从日。人質切  古文。象形。

陳 按 古文字象日之形，因刀刺不便，字形甚多，以方折為主，中有點，當為別於「口」（丁）、「○」（方圓之圓）。許君所釋不確，本義即太陽，後引申為白晝（與「夜」相對）、光陰、日子等義。

六書

象形

附注

旦

得按切、去、翰韻、端、元部、

商粹700
14 商後2.39
下33.3 商鄴初
周旲頌鼎
周中休盤
周晚揚簋

3.370 齊陶彙
燕璽彙409
燕古幣68
晉璽彙670
楚包78

楚包135
楚郭8.8
秦陶610
秦睡12.49
馬旦印
陘旦 以上二字 漢印文字徵

校官碑
汗簡
古文四聲韻

集海

演變

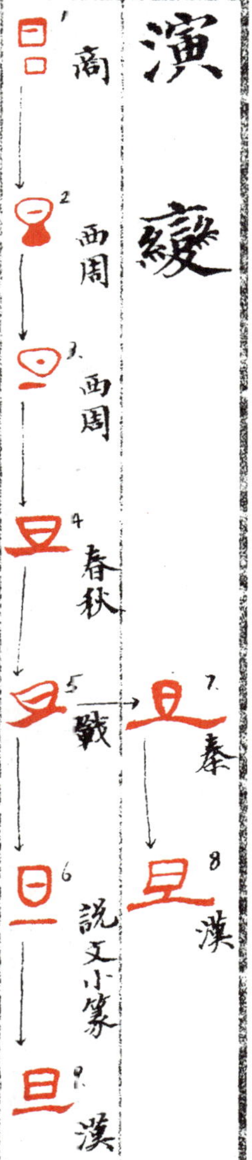

釋義

許慎：旦 明也。从日見一上，一，地也。凡旦之屬皆从旦。得案切

陳按：甲骨文「旦」，于省吾以爲从日丁聲，而金文則象太陽破「一」(土地)而出之形。容庚謂：「像日初出，未離于地也」。本義乃朝明也，亦即「早晨、破曉」之義。又引申爲「光明」等義。

六書

指事。甲骨文或爲形聲。

附注

倝

古案切，去翰韻，見，元部。

 2807 戰、燕璽彙

 2823

 晉、馮驥羌鐘、姓氏，借為「韓」

 晉、璽彙2086 或釋為，何琳儀以為「韓」，「倝」之異體。

 4062

 楚、包75

 汗簡

 集篆古文韻海

演變

1  戰 → 2  戰 → 3  戰 → 4  說文小篆 140頁 → 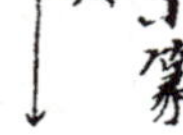

釋義

許慎  日始出，光倝倝也。从旦，㫃聲。凡倝之屬皆从倝。古案切

陳按

「倝」字最早見於戰國文字，从早，㫃聲。或以為从昜，㫃聲。「昜」為日在丂上，與「倝」義近，可為義符。許君以為从旦，不可从。

六書　形聲

附注

㫃　於幰切，音偃，上阮韻，影，元部。

 商 甲944

 商 存1644

 商 㫃爵

 周中 休盤

 晉 陶彙6.222

 汗簡

 古文四聲韻

 集篆古文韻海

演變

1  商

2  西周

3  戰 古璽0294

4  說文古文

5  說文小篆 140頁

釋義　許慎  旌旗之游，㫃蹇之皃。从屮，曲而下，垂㫃相出入也。讀若偃。古人名㫃字子游。凡㫃之屬皆从㫃。於幰切  古文㫃字，象形，及象旌旗之游。

陳按　古文字象旌旗飄揚之形。象杠及首飾，象游形。戰國以後訛變成、、等形。劉釗老師以爲「㫃」乃「旂」（即「旗」字）初文，象旗形。

六書　象形

附注

冥　莫經切，音銘，平，青韻，明，耕部。

 286 戰．晉．古幣

 包256 舊釋「異」，趙平安主張爲「冥」字，从冂从日从廾。

 秦．詛楚

 馬王堆五十二病方．目錄

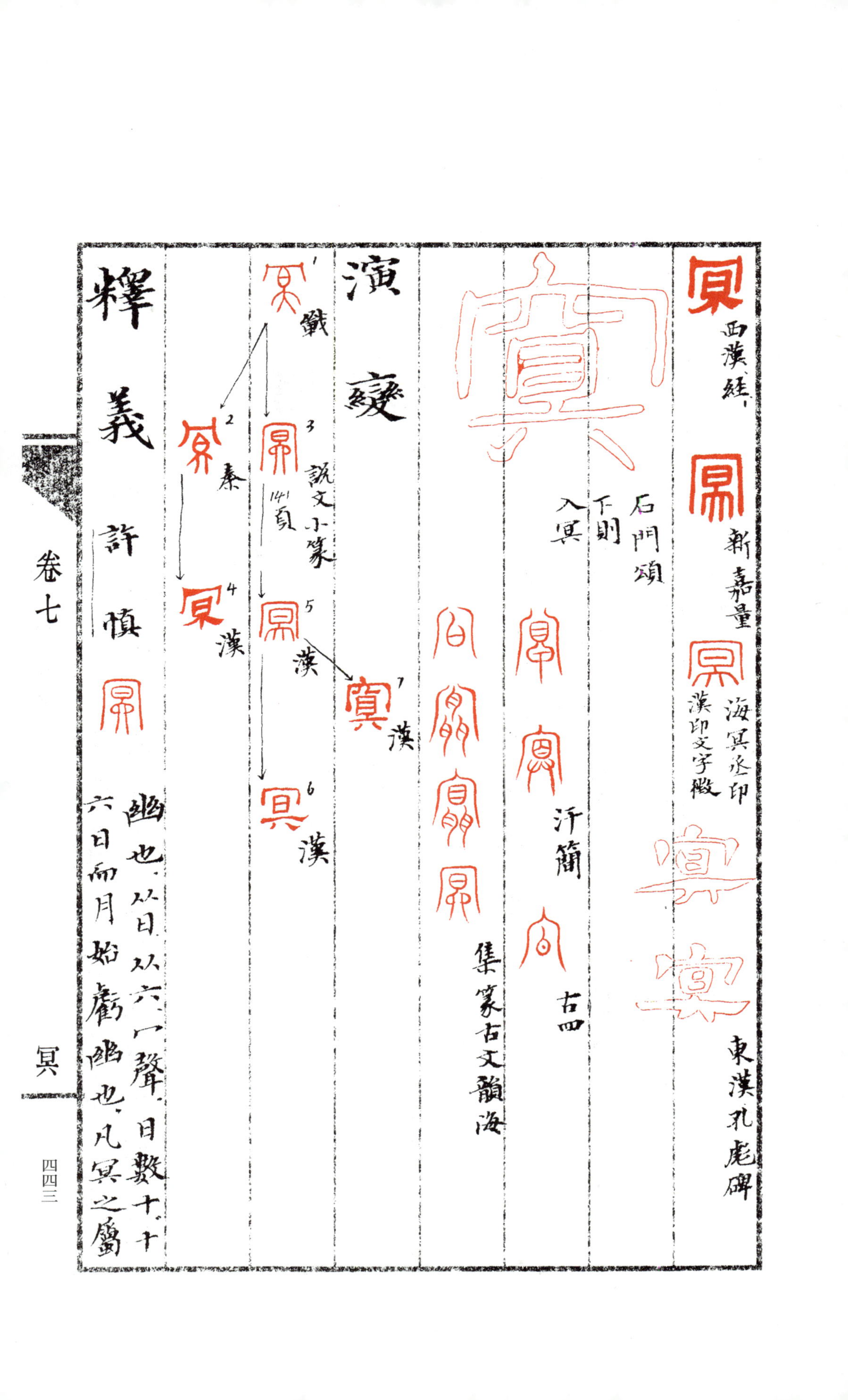

西漢綫

新嘉量

海冥丞印
漢印文字徵

東漢孔彪碑

石門頌

下則入冥

汗簡

古四

集篆古文韻海

演變

1 戰

2 秦

3 說文小篆 141頁

4 漢

5 漢

6 漢

7 漢

釋義

許慎

幽也。从日从六，冖聲。日數十。十六日而月始虧，幽也。凡冥之屬

皆从冥　莫經切

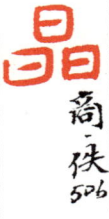

陳按　「冥」字見於戰國秦漢文字構形本義不明說文「幽也」即幽暗昏晦。下部「大」後訛為「六」。許君所釋不確。

六書　會意

附注

晶

子盈切，平，清韻，精，耕部

商．佚506

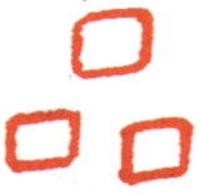

商．後2.1

商．甲675

戰．楚　曾122

晉．璽彙841

漢印徵　張晶

汗簡

演變

1  商

2  鐵

3  說文小篆 141頁

釋義　許慎 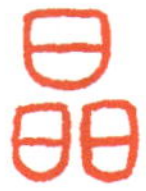 精光也。从三日。凡晶之屬皆从晶。子盈切

陳按　甲骨文象星三三兩兩之形，即「曐」本字。其後「晶」用為形容詞，故加「生」聲作「曐」（星辰字），為名詞。遂分化為二。本義指星光，又引申為明亮等義。

六書　象形

附注

月

魚厥切、入、月韻、疑、月部

商、甲225

3914

商、邲其卣

周早、𢐗伯簋

春、吳王光鑑

春、於賜鐘

春、早、王孫壽甗

春、中晚、王子午鼎

戰、齊陳侯因資敦

齊、陶彙3.656

燕、陶彙4.30

晉、璽彙1723

楚、酓志鼎

秦、睡

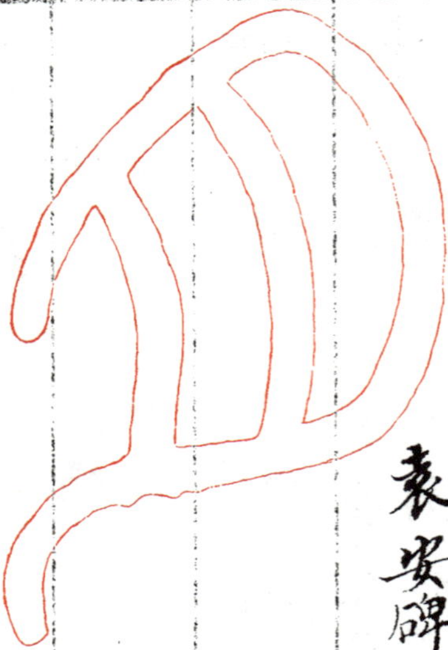
袁安碑

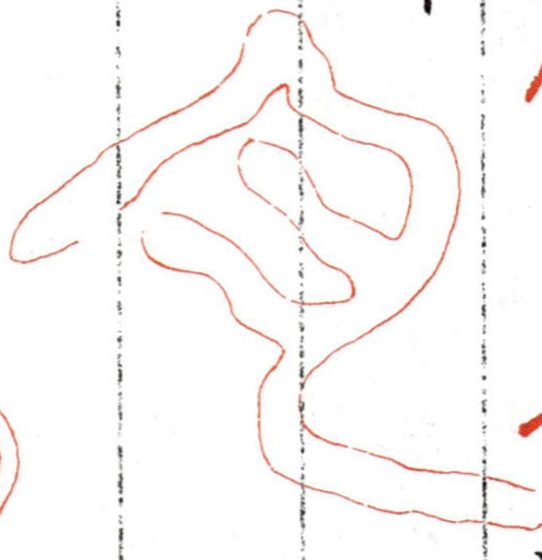

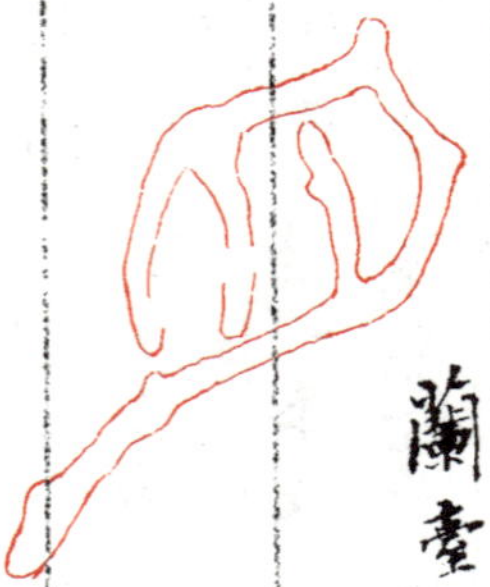
蘭臺令史殘碑

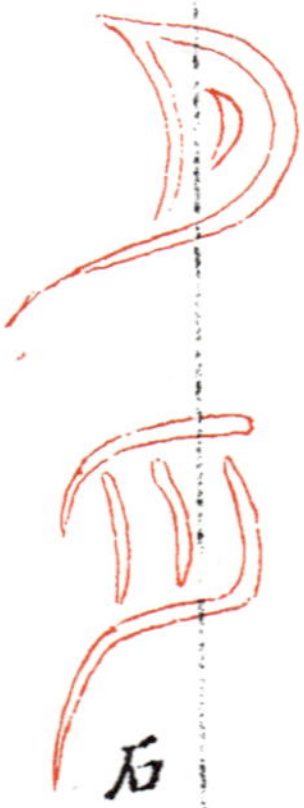
石經僖公

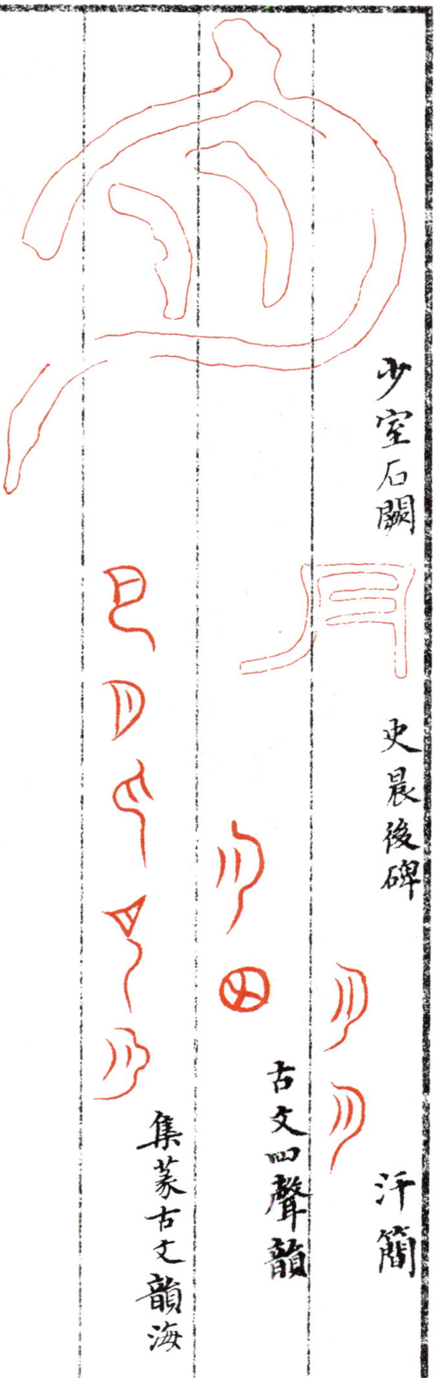

演變

釋義

許慎 「月」闕也、大陰之精、象形、凡月之屬皆从月 魚厥切

陳按

古文字象半月之形、即表「月亮」之意、中間有時加點、「夕」甲骨文亦作此形、二者區別一般靠辭例、另、在一個時期

內，「月」作時，則「夕」作，反之，「夕」作時，則「月」作。但並非固定和十分嚴格，不同時期有不少例外，可見在甲骨文早期，「月」與「夕」尚未在形上分化。金文二字始分化，「月」中間有點，「夕」則無點，至戰國已區分嚴格。秦漢時，「月」和「夕」已定形，不再相混。此外，「月」與「肉」在戰國文字中形近易混，其區別為加飾筆，「肉」右上方加一筆，如古璽肉作，具體可參看劉釗老師《古文字構形學》149－151頁，有精彩闡釋。

六書

象形

附注

1. 云久切，上，有韻，喻三之部。
2. 集韻尤救切，去，宥韻，喻三之部。

有

商．乙6664

商．粹13

周早．[illegible]諆爵

周早．令鼎

周晚．柳鼎

有

春戰晉 侯馬16:36

齊陳侯午敦

楚者汈鐘

楚包123

秦睡231

秦嶧山碑

天璽紀功碑

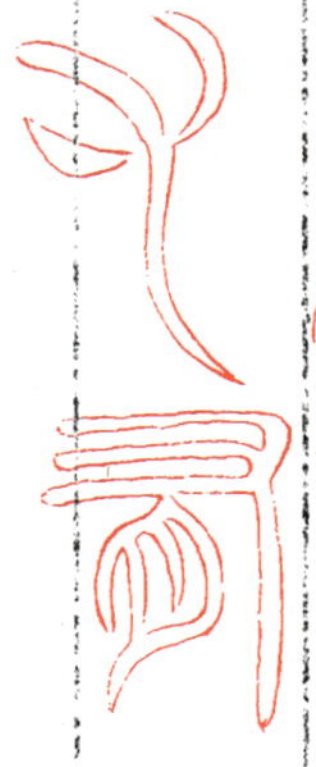

石經君奭

有秩獄史富納

次純有

有漱 以上三字 漢印文字徵

有

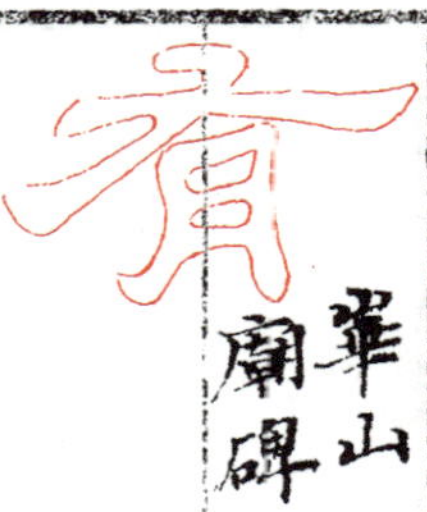
華山廟碑

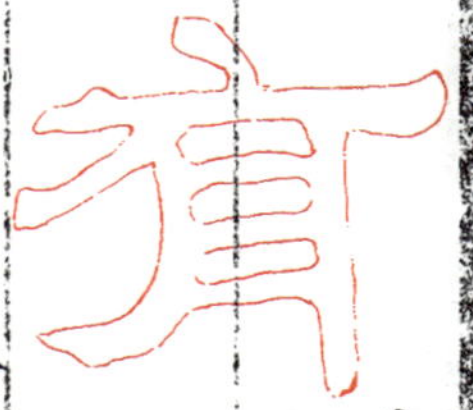
衡方碑

汗簡

碧落碑

古文四聲韻

集篆古文韻海

演變

釋義

許慎  不宜有也。春秋傳曰：「日月有食之。」从月，又聲。凡有之屬皆从有。云九切

陳 按 甲骨文  字用法與後世之「有」全同，黃錫全以為由「」分化而來。甲文還借「又」為「有」。

金文以下「有」字从又持肉，表持有、富有之義。古人能吃肉為身份之象徵。左傳·莊公十年：「肉食者謀之」。吾鄉溫州方言謂某人家中富財，亦曰「有」。常聽：「你不要覺得自己家有，就欺負人」一語。

六書

會意兼形聲

附注

明

武兵切，集韻眉兵切，平，庚韻，明，陽部。

商，前4.10.4

商，乙64

商，前7.43.4

商，後2.17.3

周早，明公簋

周早或中，明我壺

周中，師𩛥鼎

周晚，丙向簋

春早，秦公簋

春早，秦公鎛

侯馬156.17

齊貨系3788

燕，璽彙4399

晉，屭羌鐘

晉，璽彙4394

961

4403

中山王嚳鼎

楚，帛乙9.16

楚，易兒鼎

明

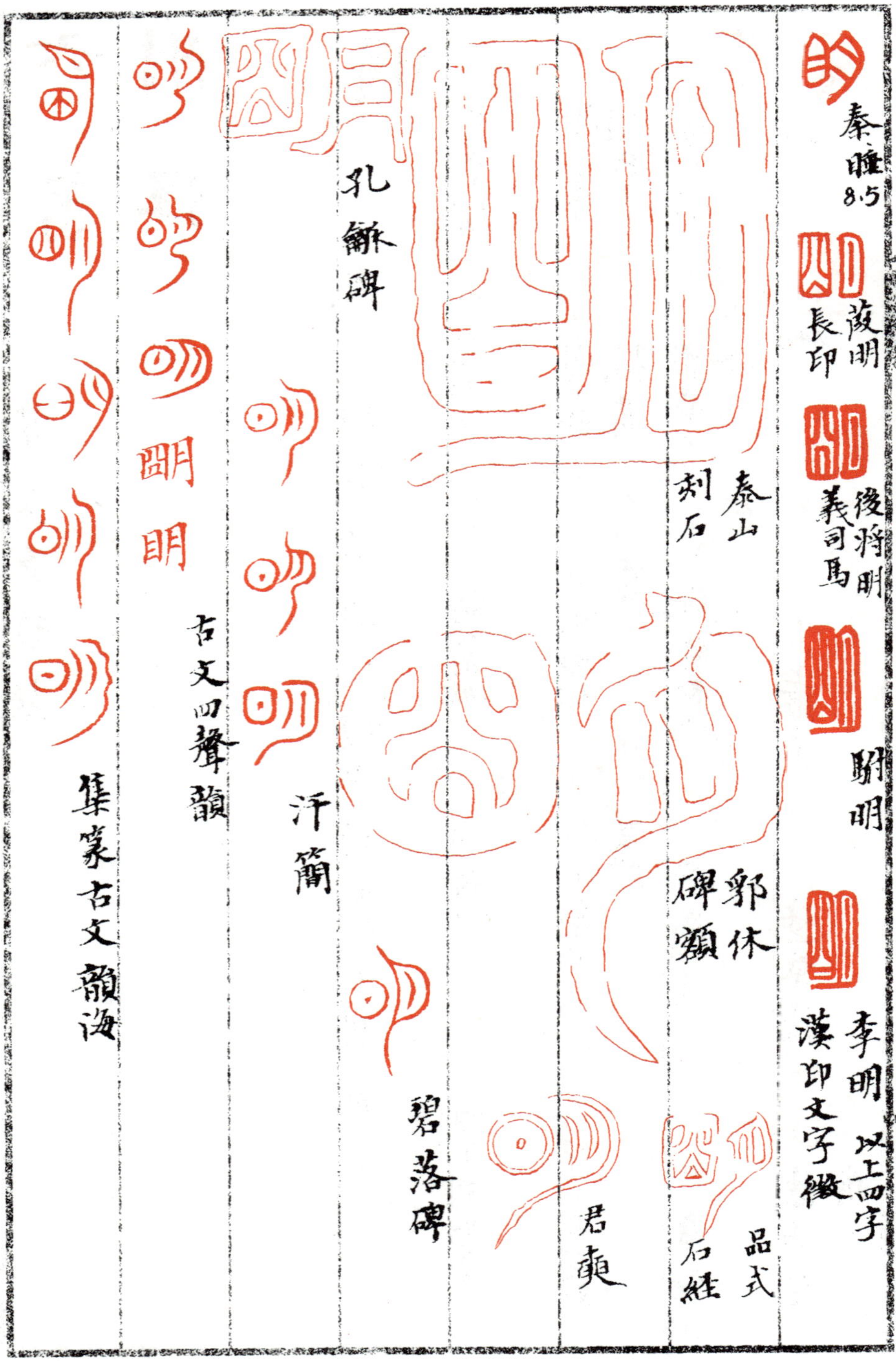

秦睡8.5
蔽明長印
後將明義司馬
駢明
李明
以上四字漢印文字徵
品式石經
泰山刻石
郭休碑額
君奭
孔龢碑
碧落碑
汗簡
朙
明
古文四聲韻
集篆古文韻海

演變

釋義

許慎  照也，从月，从囧。凡朙之屬皆从朙。武兵切 ，古文朙从日。

陳按 甲骨文从月，从囧（另有从田、从日，實皆爲囧之省形異體），表月光照窗牖之形，故明。本義當爲光明，後引申爲顯明、明白、英明諸義。

六書 會意

附注

囧

俱永切、上、梗韻、見、陽部

商、甲278

903

商、京津2453

周早、戈父辛鼎

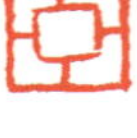
古陶9.109

秦囧
漢印文字徵

汗簡

古文四聲韻

集篆古文韻海

演變

1  商 → 2  商 → 3  戰 → 4  說文小篆5 142頁 →  漢 → 

釋義

許慎  窻牖麗廔闓明。象形。凡囧之屬皆从囧。讀若獷。賈侍中說：讀與明同。

陳槃 古文字象窗牖中有文文之形，引申有麗廔闓明之意。

六書

象形

附注

夕 祥易切，入昔韻邪紐鐸部。

商甲616

1127

周吳盉鼎

戰齊古幣17

晉中山王譽鼎

蚉壺

楚包145

楚秦99.1

夕陽侯長

漢匋奴惡適姑夕且渠

郭夕印 以上三字漢印文字徵

春戰秦石鼓文

汗簡

古文四聲韻

集篆古文韻海

演變

1 商　2 商　3 西周　4 西周　5 春秋　6 春　7 戰　8 說文小篆142頁　9 秦　10 漢　11 漢

卷七　夕

釋義

許慎  莫也。从月半見。凡夕之屬皆从夕。祥易切

陳按 「夕」古文字與「月」同文，均取象於半月之形，其後分化為二。「外」本从月，許君从夕。「夕」與「暮」同義，但「暮」不引申為夜義，傍晚到星出曰「夕」，昏至旦曰「夜」。

六書

象形，或以為會意

附注

多 得何切，平，歌韻，端，歌部

 商甲815

 周中癲鐘

 3440 戰齊璽彙

 齊秋氏壺

楚包218

包271

璽彙3654

秦睡23.1

詛楚文

貝多

封多牛

蓜多

趙多 以上四字

漢印文字徵

石碣鑾車

石經君奭

天璽紀功碑

晉孫夫人碑

汗簡

碧落碑

古文四聲韻

集篆古文韻海

演變

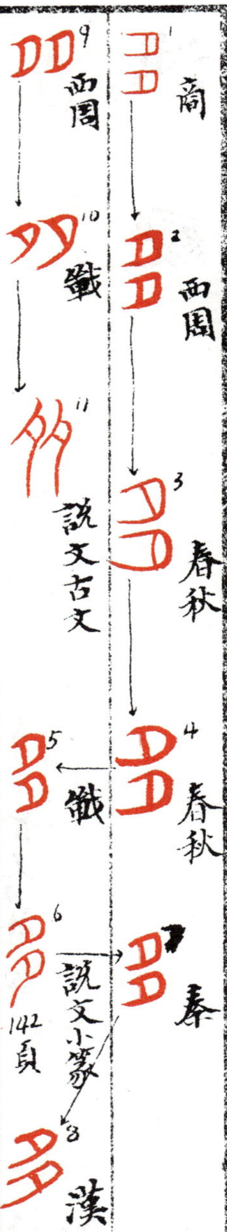

釋義

許慎  重也，从重夕，夕者相繹也，故為多。重夕為多，重日為疊。凡多之屬皆从多。 古文多。得何切

陳按 甲骨文从二肉，非夕字。古時人食肉頗不易，持二肉，自當為多矣。徐中舒：「古時祭祀分胙肉，分兩塊則多義自見」。

六書

會意

附注

毌

古玩切，去，換韻，見，元部。

 周早，中方鼎  春早，晉姜鼎  汗簡

演變

 1 春秋 →  2 戰 →  3 說文小篆 142頁

釋義

許慎  穿物持之也，从一橫貫，象寶貨之形。凡毌之屬皆从毌。讀若冠。古丸切

陳按 西周、春秋金文皆象貫穿二貝之形，即「錢貝」之「貫」與「貫穿」之「貫」本一字。「串」字實亦毌字。另，甲金文 、、 等形，舊釋名毌，實爲「盾」字（參見林澐說「干盾」）。

六書

會意

附注

𢎘　胡感切，感韻，匣，談部。

戩、楚、仰25、30　仰25、34　汗簡

演變　1 戩　2 說文小篆142頁

釋義　許慎　嘾也。艸木之華未發，圅然。象形。凡𢎘之屬皆从𢎘。讀若含。乎感切

陳按　𢎘未見於甲、金文。劉釗老師以為「圅」之簡省分化字，即截取「圅」（）字一部分（），並沿續其音而成（詳見古文字構形學120、204頁）。

六書　引申分化省體指事

附注

康　胡感切　感韻、匣、談部。

 商　掇2、158

 周中師覩鼎　褱錫圭　說韓白大師武　指出此字與康同字。

 春、鄘料盆

 汗簡。

演變

1  商 → 2  西周 → 3  戰 → 4  說文小篆 142頁 → 

釋義　許慎  木垂華實。从木、𢎘，𢎘亦聲。胡感切　凡東之屬皆从東。

陳按　甲骨文、金文象木上有物纏束、包裹之形。許君所釋，不知何據。另，甲骨文有 、、 等形，舊釋王、工、丰，嚴一萍以為當與「⿰韋東」同字，甲骨文四方風可證。

六書　象形

附注

卤　徒遼切，平，蕭韻，定，幽部。

商·卣鼎

3.936 古陶文字徵

汗簡

演變

A
6[1]
商「㮚」前2.19.3 偏旁

鹵[2]
春戰、石鼓文「㮚」偏旁

鹵[3]
戰包264「㮚」偏旁

鹵[4]
說文小篆 143頁

鹵

B
6[1]
商甲2024

鹵[2]
商乙3661

鹵[3]
說文籀文

釋義

許慎 鹵 艸木實垂鹵鹵然，象形。凡鹵之屬皆从鹵。讀若調。徒遼切

鹵、籀文三鹵為鹵。

陳按 「鹵」字或以為是「粟」、「栗」果實之形，或以為是「卣」字初文。

六書

象形

附注

齊

徂奚切，平，齊韻，從，脂部

商 前3.15.3
商 乙992
商 齊卣
春早 魯嗣徒仲齊盤
春 齊侯盤

齊 璽彙3847
齊 陳曼臣
齊 陳侯因脊敦
晉 屬羌鐘
晉 古幣296

楚 大府鎬
楚 包192
楚 天卜
秦 咸陽瓦
西漢 相馬經上

齊郡太守章
齊食官丞
萬齊私印
齊成私印
齊丘平
齊調
上官齊印

王何齊印
壺齊
程齊
馬齊
以上十一字 漢印文字徵
古先左七磬

石經 僖公
淮源廟碑
張遷碑

演變

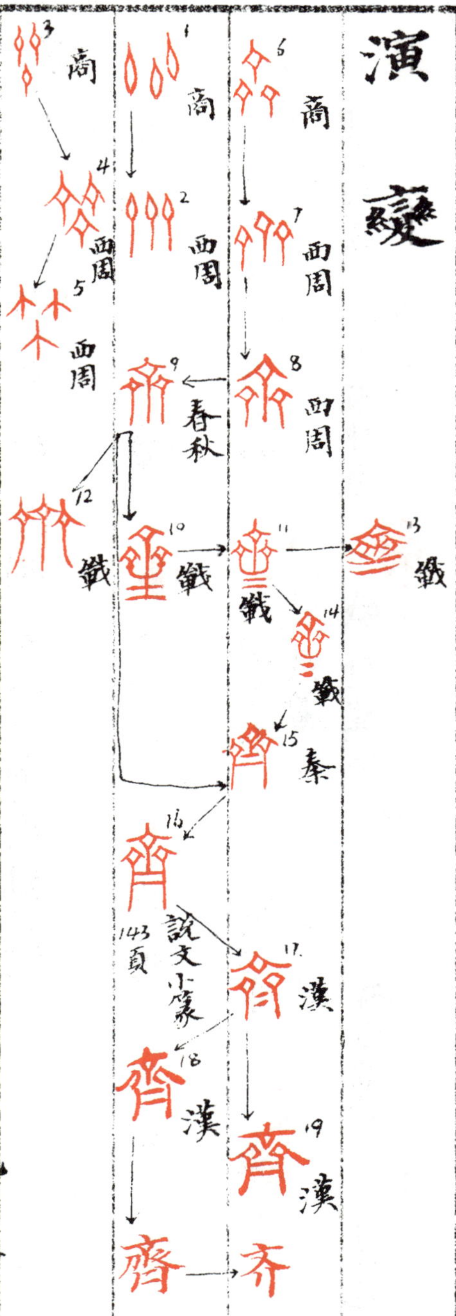

釋義

許慎  禾麥吐穗上平也。象形。凡亝之屬皆从亝。徐鍇曰：生而齊者莫若禾麥。二，地也。兩傍在低處也。徂兮切

陳按 甲、金文从三，與禾麥有別。構形取象實難確定。戰國文字下始加「二」形為飾筆，乃篆所本。隸定作「亝」，今作「齊」，用為「整齊」義。另有加「邑」旁用為國氏專字。

六書　依說文爲象形

附注

朿　七賜切、音刺、去、寘韻、清、錫部、

商、乙8697
商、鐵197.2
商、庫408
商、乙5328
5384

商、佚382
商、合20057
周早、發履獻
周早、朿卣
朿卣

周早、趞鼎
春、般仲朿盤
戰、齊、璽雲41.1
晉、古幣90
楚、包167

楚、郭、老甲14
秦、璽彙5416
汗簡
集篆古文韻海

演變

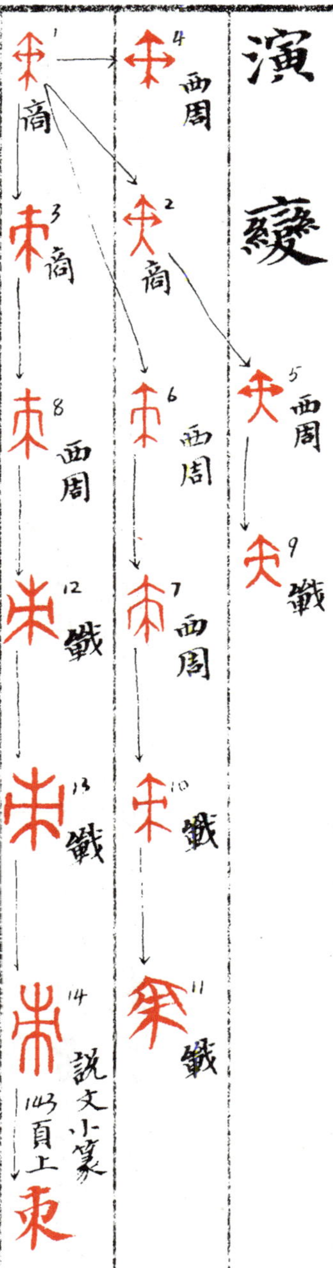

釋義

許慎  木芒也。象形。凡朿之屬皆从朿。讀若刺。七賜切

陳按

古文字象荊棘芒刺，或武器上之刺形，其後字形演變，尖刺之形漸失，今作刺。

六書

象形

附注

片

1. 集韻普半切，音判，去，換韻，滂，元部

2. 普麵切，去，霰韻，滂，元部。

 商 鐵1501

 戰，中山王譽（「箭」偏旁）

 汗簡

 東漢，徐夫人管洛碑

演變

 1.商 →  2.戰 →  3.說文小篆 143頁上

釋義

許慎  判木也，从半木。凡片之屬皆从片。匹見切

陳按 古文字片象半木之形，引申為「一半」、「片面」等義。又古文字常一字正反互寫，故片、爿當是一字，後分為二，各有專指。「片」音pán，與「爿」之象形初文「片」為同形字

六書

象形

附注

鼎

都挺切，上，迥韻，端，耕部

商，續5.16.4（貞）

商，甲2851

商，前7.321

商，後1.6.4

商，甲3575

商，佚495

商，鐵202.4

商，鼎方彝

商，父乙鼎

商，父辛爵

商，作父乙鼎

商，鼎簋

周早，作冊大鼎

周早，釁鼎

周早，伯旅鼎

周早，仲斿父鼎

周中，斐鼎

周中晚，真侯鼎

周晚，史盂

周晚，散伯車父鼎

春早，荀公鼎

荀子鼎

鄦討鼎

春晚，哀成弔鼎

鼎

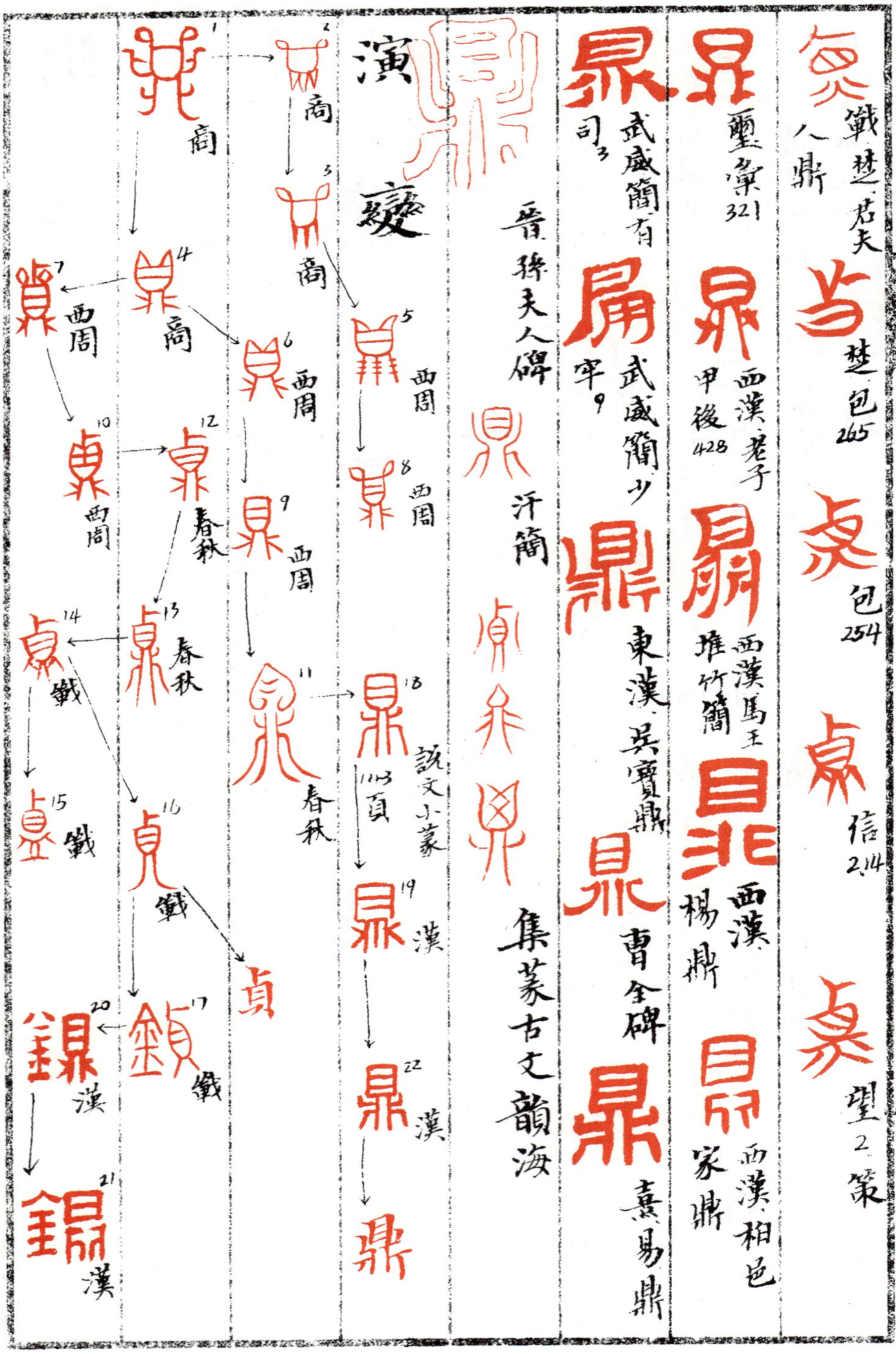
戰 楚 右夫人鼎
楚 包265
包254
信2.14
望2策
璽彙321
西漢 老子 甲後428
西漢 馬王堆竹簡
西漢 楊鼎
西漢 相邑家鼎
武威簡 有司3
武威簡 少牢9
東漢 吳寶鼎
曹全碑
熹易鼎
晉 孫夫人碑
汗簡
集篆古文韻海
演變
2 商
3 商
5 西周
8 西周
18 說文小篆 1113頁
19 漢
22 漢
6 西周
9 西周
11 春秋
貞
1 商
4 商
12 春秋
13 春秋
16 戰
17 戰
7 西周
10 西周
14 戰
15 戰
20 漢
21 漢

釋義

許慎

鼎

三足兩耳，和五味之寶器也。昔禹收九牧之金，鑄鼎荊山之下，入山林川澤，螭魅蝄蜽，莫能逢之，以協承天休。易卦：巽木於下者為鼎，象析木以炊也。籀文以鼎為貞字。凡鼎之屬皆从鼎。都挺切

陳 按

甲、金文象鼎之形，三足兩耳，為烹煮用食器，亦可盛放肉食，調味品。其形制多變，種類異名甚多，故字形寫法丰富。在古文字中還借為「貞」字。

六書

象形

附注

克

若得切、入、德韻、溪、職部

商甲2902

1249

商掇2.468

拾15.5

乙90

周原21

商何尊

周早利簋

周晚訢伯簋

春早曾伯霥匜

春晚公克錞

戰秦詛楚文

戰齊陳侯因資敦

晉中山王嚳鼎

楚璽彙3507

楚者汈鐘

楚曾45

郭老甲2

郭緇19

西漢居延圖227

詛楚文

石經君奭

華山廟碑

張遷碑

汗簡

集篆古文韻海

演變

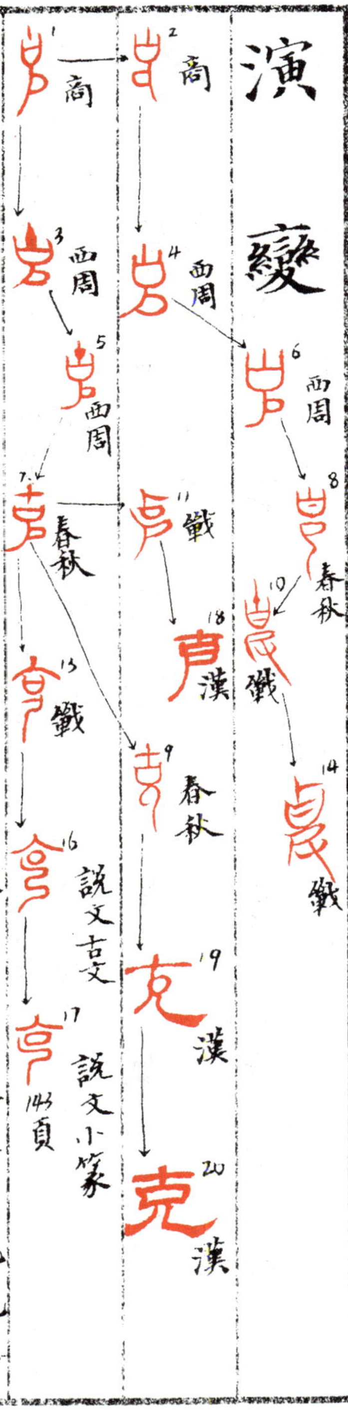

釋義

許慎  肩也。象屋下刻木之形。凡克之屬皆从克。徐鍇曰：肩，任也。負何之名也。與人肩膊之義通。能勝此物謂之克。苦得切 ，古文克。，亦古文克。

陳摟 「克」之初形本義，尚有待進一步討論。羅振玉以爲象人戴冑形。在甲、金文中，「克」除做國名外，多釋爲能够。其後引申爲「勝」、「克制」諸義。另，「克」、「剋」二字同義。但在「能」、「勝」意義上，作「克」；且「克勤克儉」不作「剋勤剋儉」。

六書

會意

附注

彔　盧谷切，入屋韻，來，屋部。

商，甲598

商，乙5413，反

商 坊間3.70

周早，大保簋

商，宰甾簋

周中，彔作乙公簋

周晚，散盤

周晚，頌簋

春，口吊多父盤

戰，楚，曾29

楚，包145

214 楚，璽彙

彔大之印 漢印徵

東漢，吾作境

汗簡

集海

演變

10 商

11 西周

12 西周

6 戰

7 戰

1 商

2 西周

3 西周

4 西周

5 西周

8 說文小篆 144頁

9 漢

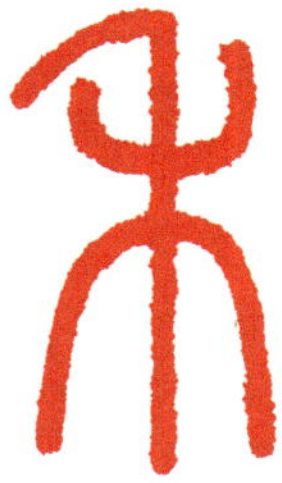

釋義

許慎  刻木彔彔也。象形。凡彔之屬皆从彔。盧谷切

陳按 古文字構形不明。或爲「轆」字初文。許君云「刻木彔彔」，或當作「汲水漉漉」。

六書

象形

附注

禾

户戈切、平、戈韻、匣、歌部。

 商、甲191

 商、乙4867

 商、後1、24、9

 殷、禾大方鼎

 春晚、禾簋

禾

春、邾公釛鐘

戰、齊子禾子釜

戰、燕、古陶174

晉璽彙4279

晉古幣280

楚、畱鐘

楚、鄂君啟車節

秦、睡24.22

西漢、縱橫家書

西漢、西陲簡57.14

禾成見平戚侯道

木禾丞印

陳多禾 以上三字 漢印文字徵

汗簡

黽池五瑞圖題字嘉禾

古四

集海

演變

1 商　2 商　3 西周　4 春　5 春　6 戰　7 說文小篆144頁　8 秦　9 漢　10 漢

釋義

許慎　嘉穀也。二月始生，八月而孰，得時之中，故謂之禾。禾，木也。木王而生，金王而死。从木，从𠂹省。𠂹象其穗。凡禾之屬皆从禾。戶戈切

陳按　古文字象穀穗下垂之形。

今北方稱穀子，脫殼後爲小米。呂氏春秋審時：「是以得時之禾，長稠長穗」引申泛指一切穀類。詩豳風七月：「十月納禾稼」後世以禾指水稻。宋張舜民打麥詩：「將此打麥詞，兼作插禾歌」

六書 象形

附注

秝 郎擊切，入，錫韻，錫部。

 商，林1.18.14

 商，金396

 汗簡

演變

1  商

↓

2  說文小篆 146頁

↓

秝

釋義

許慎  稀疏適也。从二禾。凡秝之屬皆从秝。讀若歷。郎擊切

陳按　古文字从二禾，小篆同。許君以爲指禾苗間距稀疏均勻貌，段玉裁注作「稀疏適秝也」，并云：「蓋凡言歷歷可數，歷錄束文，皆當作秝，歷行而秝廢矣」。

六書　會意

附注

黍　舒呂切，上，語韻，審，魚部。

商，鐵2481

商，甲3034

商，續4.27.6

甲2665

商，簠，歲14

乙6725

商.前4.39.8

商.明藏447

商.乙3323

商.合33260

周.仲叡父盤

戰.璽彙55

楚.天卜

秦.睡11.33

西漢.武威簡.少牢20

西漢.居延簡甲99

新量斗

白石神君碑

汗簡

古文四聲韻

集篆古文韻海

演變

1 商 → 2 商 → 5 戰 → 6 說文小篆146頁 → 7 秦 → 8 漢

1 商 → 3 西周 → 4 西周

釋義

許慎：禾屬而黏者也。以大暑而種，故謂之黍。从禾，雨省聲。孔子曰：「黍可為酒，禾入水也。」凡黍之屬皆从黍。舒呂切

陳按：甲骨文「黍」字法多樣，以往學者將部分字形釋作「粟」、「粱」

稷、黍、裘錫圭在甲骨文中所見的商代農業（155、158、189頁）指出均當釋黍，突出黍子散穗之特點，或加「水」旁，西周、戰國文字仍从水、黍形省改作「禾」，秦漢文字下部又類化、訛變為「米」字。「黍」為較高級穀物，子粒性黏，可供食物及釀酒，也為古代度量衡的基準。

六書　象形

附注

香

許良切，平、陽韻，曉、陽部

商、前4.42.4

商、續3.28.5

戰、楚璽彙2533

香

香澤之印

劉香印信

梁香　漢印文字徵　以上四字

史晨後碑

碧落碑

汗簡

古文四聲韻

集篆古文韻海

演變

1 商

2 漢

3 說文小篆 147頁

4 漢

5 漢

釋義

許慎  芳也。从黍、从甘。春秋傳曰：「黍稷馨香。」凡香之屬皆从香。許良切

陳按 甲骨文从黍、从口。郭沫若釋爲「香」。黍形後簡作「禾」，而口形則繁化作「甘」。口形或為表吃黍之器官，或為指事符號，表「黍」之某一特性（吉、古、知等字構造亦同此）。指穀物氣味芬芳。《詩·周頌·載芟》「有飶其香，邦家之光」。後泛指香氣，有香味或香料製成之物品。「芳」和「香」在氣味芬芳之義上同，但「芳」只指花草之香，不指食物。

米

六書 會意，或為指事

附注

米 莫禮切，上，薺韻，明，脂部，

商，甲903
戰，燕，璽彙0287
楚，包95
楚，信2.29
秦，陶1030
西漢，武威簡 服傳4

米栗祭尊
漢印徵
書全碑
汗簡
古四
集海

演變

1 商
↓
2 西周
↓
3 戰
↓
4 說文小篆 147頁
↓
5 漢

釋義 許慎 米 粟實也。象禾實之形。凡米之屬皆从米。莫禮切

陳按 米，甲、金文象一堆米粒瑣碎縱橫之狀。後中間上下兩點與中橫串連，爲篆所本。其本義是糧食作物去皮後之子實。後代偏指稻米。

六書 象形

附注

毇 許委切，音毁，上紙韻曉，微部。

汗簡

古文四聲韻

集篆古文韻海

演變  戩 →  2 說文小篆 148頁 → 毇

釋義 許慎  米一斛舂為八斗也，从臬，从殳。凡毇之屬皆从毇。許委切

陳 按 古文字未見「毇」。許君以為从臬、从殳。應是从殳、从臼、从米，會手持舂器在「臼」擣米之缸中將米舂精細。或以為从米，毀省聲。

六書 會意

附注

臼

其九切，上，有韻，羣，幽部。

[glyph] 戰、燕、陶彙 3354

[glyph] 晉、中山、守丘刻石

[glyph] 楚、包 272

[glyph] 包 277

[glyph] 戰、秦、湖南

[glyph] 西漢、相馬經 58下

[glyph] 公臼戟 漢印文字徵

[glyph] 東漢、武梁祠畫象題字

[glyph] 汗簡

[glyph] [glyph] 古四

[glyph] [glyph] 集海

演變

[glyph] 1 戰 → [glyph] 2 說文小篆 148頁 → [glyph] 3 漢

釋義

許慎 [glyph] 舂也。古者掘地為臼，其後穿木石。象形。中，米也。凡臼之屬皆从臼。

臼其九切

陳按 甲、金文未見單獨「臼」字，偏旁有之，象舂米用之搗臼，常與「凵」（坎）互用。許君之謂甚是。另字與「𦥑」（兩隻手）形近，不可混用。

六書

象形

附注

凶　許容切，平，鍾韻，曉，東部。

戰 乙722

戰 楚帛

5 秦睡 日甲

西漢 馬老 子乙前58上

馬 天文雜 古 未 上

漢印徵 除凶去央

華山廟碑

汗簡

古文四聲韻

集篆古文韻海

演變

1 戰

2 說文小篆 148頁

3 漢

釋義

許慎  惡也，象地穿交陷其中也。凡凶之屬皆从凶。許容切

陳按　甲、金文未見「凶」字。戰國楚帛書从「凵」（坎窞之象）、从「乂」（象物交陷凵中）。或以「五」初文，表交錯，指險惡、不吉利。甲骨文有「」字（合27279），各家或釋「兇」，若確，「凶」或為「兇」之分化字。此二字不同義，分別為「吉凶」、「兇懼」二專字，不能互換。但「兇惡」、「羣兇」亦可作「凶惡」、「羣凶」。依慣例，「兇手」、「行兇」不能作「凶」。

六書　說文為指事

附注

朩　匹刃切，震韻、滂、真部。

汗簡

𣏟

演變

戰

說文小篆149頁

釋義

許慎  分枲莖皮也，从屮，八象枲之皮莖也，凡朩之屬皆从朩。匹刃切 讀若髕

陳按 古文字、典籍未見此字單獨用例，說文以為剝取枲麻稈上之皮。

六書 會意

附注

𣏟 匹卦切，卦韻，滂，支部。

3.828 戰，齊陶彙

楚，天策

汗簡

演變

𣏟[1]戰 → 𣏟[2]說文小篆（149頁）→ 𣏟[3]漢 → 𣏟

釋義

許慎 𣏟 葩（段注改作萉是）之總名、𣏟之為言微也、微纖為功、象形、凡𣏟之屬皆从𣏟 匹卦切

陳 按 「𣏟」見戰國文字、皆讀為麻、象眾麻之形。在楷書中要與「林」（森林字）、「朩朩」（fèi、俗稱柹）相區別、

六書

象形、或會意、

附注

麻

莫霞切、平、麻韻明、歌部。

卣 周早 僕麻

匡 周晚 師麻

馬1:21 春戰 侯

侯馬200:36

侯馬1:30

春戰 溫縣 盟書

戰 晉璽 彙2876

晉廿三年 襄令矛

秦睡日 乙65

麻敞 麻之印

麻賜字 以上二 漢印文 字徵

汗簡

古文四聲韻

演變

1 西周

2 春秋

3 戰

4 149 說文小篆

5 漢

6 漢

釋義

許慎  與林同，人所治，在屋下，从广，从林。凡麻之屬皆从麻。莫遐切

陳按

古文字从厂、从林，會剥麻或放麻於厂(厂象山石崖巖，人可居處)。後厂訛作广。本義是大麻。古乃五穀之一，《吕氏春秋·審時》：「得時之麻，必芒以長。」

六書　會意

附注

尗　一

集韻式竹切，音叔，入，屋韻，審三，覺部。

　汗簡

演變

1 　西周、師嫠簋「叔」字偏旁

2 　戰

3 　說文小篆　149頁

4 　漢

釋義

許慎　　豆也。象尗豆生之形也。凡尗之屬皆从尗。式竹切

陳按　尗字最早見於西周金文偏旁，作[illegible]、[illegible]等形，上从弋（橛杙本字），下有數小點。郭沫若謂「叔」字从「弋」，劉釗老師在《古文字構形學》（83、137、138頁）中指出「尗」「弋」為一字分化。朱芳圃以為叔象从又（手）从土中（小點）拔出[illegible]（木弋）之形，引申有收拾意。[illegible]即叔之省去又旁，即篆文「尗」之來源。菽、尗同音，豆古稱菽，許君遂以尗為菽之初文，而誤釋「象尗豆生之形」，實則古文字未見象植物豆之字，用尗或用豆，皆為假借。

六書

省體分化指事，或為會意

附注

耑

多官切，平，桓韻，端，元部。

商 前6.42.1

後2.7.3

掇2.463

春晚 義楚耑

春晚 郁王耑

戰 齊陶 彙3.1224

晉 十三年鈹

楚 望2策

郭 老甲16

郭 語一98

演變

1 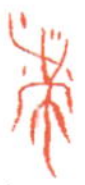 商 → 2  商 → 3  春秋 → 4  戰 → 5  說文小篆 149頁 → 6  漢 → 耑

釋義

許慎  物初生之題也，上象生形，下象其根也。凡耑之屬皆从耑。

耑 臣鉉等曰：中，地也。多官切

陳按 甲骨文上从「之」，表向上生長之意，金文不从「之」，故謂象生形，下从「不」，見陳世輝《釋戢》（無說甲骨文不字），象其根荄。其義為草木初生之耑，乃「開端」之「端」古字，後用作「專」，段玉裁注：「今則端行而耑廢，乃多用耑為專矣。王國維《釋觶觛卮⿰角專⿰角耑》：古書多以耑爲專。

六書

象形，或會意

附注

韭

舉有切，上，有韻見，幽部

韭 秦，睡19、180

韭 秦，五十二病方240

韭 西漢，武威簡有司14

韭 居延簡乙175.6

韭 居延簡甲2001

韭 汗簡

演變

1 韭 戰，郭，語4.11

↓

2 韭 說文小篆149

↓

3 韭 漢

↓

韭

釋義　許慎菜名，一種而久者，故謂之韭。象形，在一之上。一，地也。此與耑同意。凡韭之屬皆从韭。擧友切

陳按　古文字未見，秦漢簡牘上訛从「非」，實爲象韭菜生在地上之形。居延簡有加意符艸作「韮」，廣韻有韻：「韭，俗作韮」。後廢。

六書　象形

附注

瓜　古華切，平，麻韻，見，魚部。

156　戰，齊，古陶

齊，陶彙708

晉，命瓜君壺

南郭瓜印　漢印文字徵

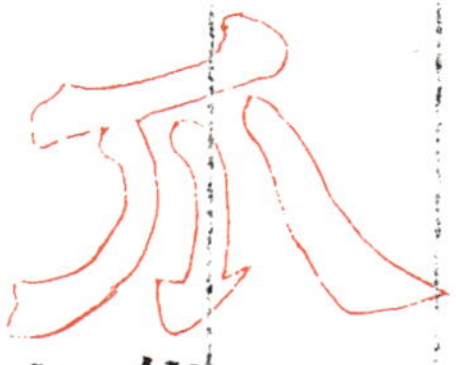
魏，上尊號奏

東漢、西陲簡

汗簡

古文四聲韻

演變

1 戰

2 說文小篆 149頁

3 漢

瓜

釋義

許慎  𤓰也。象形。凡瓜之屬皆从瓜。古華切

陳按

古文字象瓜藤蔓及果實之形，其義當爲各種瓜之通稱。說文「𤓰也」，當訓作「蓏也」。鈕樹玉說文解字校錄云：「𤓰也，玉篇、廣韻、韻會引並作蓏也」。段玉裁注：「在木曰果，在地曰蓏」。

六書

象形

附注

瓠　胡誤切，去，暮韻，匣，魚部。

西漢·馬一號墓竹簡15　瓠青 漢印文字徵　汗簡　古文四聲韻　集篆古文韻海

漢隸變　說文小篆2 150頁 → 漢 → 

釋義　許慎　匏也。从瓜，夸聲。凡瓠之屬皆从瓠。胡誤切

陳按　瓠即匏。說文二字互訓。詩邶風匏有苦葉毛傳：「匏謂之瓠」，可證瓠與匏乃異名而同實。其果有甘（可食）、苦（多作瓢器）兩種，朱駿聲說文通訓定聲：「今蘇俗謂之壺盧（葫蘆）。瓠即壺盧之合音」。匏又為樂器名，瓠無此義。另，瓠音hú（洪孤切），為瓦壺之意，爾雅釋器：「康瓠謂之甈」，郭璞注：「瓠，壺也」。還音huò（黃郭切），記錄疊韻聯綿詞「瓠落」（義同廓落，空曠的樣子），莊子逍遙遊：「剖之以為瓢，則瓠落無所容」。

六書　形聲

附注

宀　集韻彌延切、音棉、平、仙韻、明、元部。

商、乙5061

商、存812

商、新4345

汗簡

釋義

許慎  交覆深屋也、象形。凡宀之屬皆从宀。武延切

陳按　古文字象房屋側視形、上象屋頂、兩旁豎象牆壁、後引申有覆蓋之意

甲骨文有單字、典籍罕見、今只作偏旁。

演變

1 商

2 商

3 說文小篆 150頁

4 漢

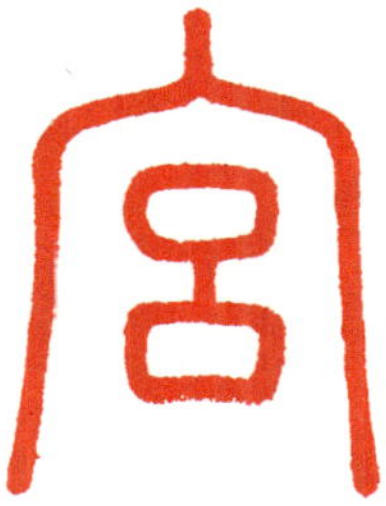

六書 象形

附注

宮 居戎切，平，東韻，見冬部

商，鐵2.12.3

商，甲3073

商，京津1029

商，甲573

商，前4.15.2

商，前4.15.3

周，吳召尊

戰，燕，左宮矛

晉，兆域圖

楚，包7

戰，楚，曾侯乙鐘

秦，睡10.17

西漢，龍淵宮鼎

西漢，武威簡有司24

雒陽宮丞

尚宮南浴

北宮發印

賈宮 以上四字

漢印文字徵

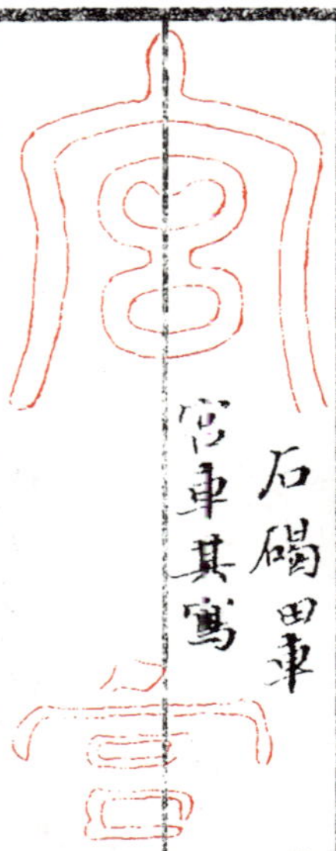

石碣田車（宮車其寫）

禮器碑（俱祖紫宮）

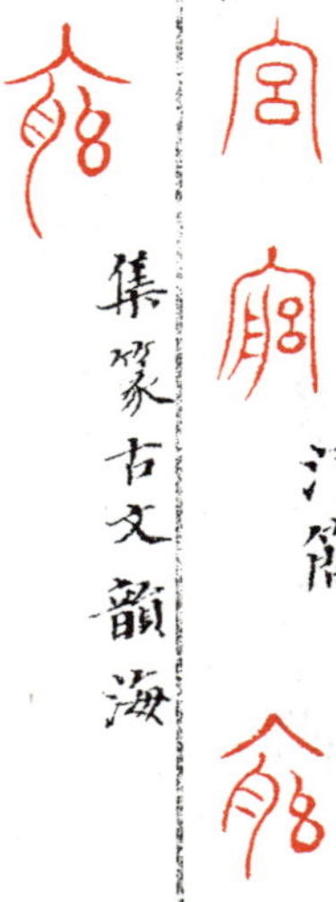

演變

釋義

許慎  室也，从宀，躳省聲。凡宮之屬皆从宮。居戎切

陳按

甲骨文象居室相連通，後分開作上下重疊爲，皆象有數室之狀（俯視），即「宮」初文。又加「宀」爲義符，表屋室。故「宮」本泛指房屋，秦漢以後專指帝王所居宮室。

六書

象形，加「宀」後爲形聲。

附注

呂

力舉切，上語韻，來，魚部。

商，合29687

周早，貉子卣

周早，效父簋

戰，璽彙1636

戰，楚，曾侯乙鐘

楚，郭，緇26

秦，睡，爲19

西漢，居延簡甲2183

呂襄私印

呂弘之印

呂如

膂鄉

膂棠里

以上五字 漢印文字徵

禮器碑

晉太公呂望表

汗簡

古文四聲韻

集篆古文韻海

演變

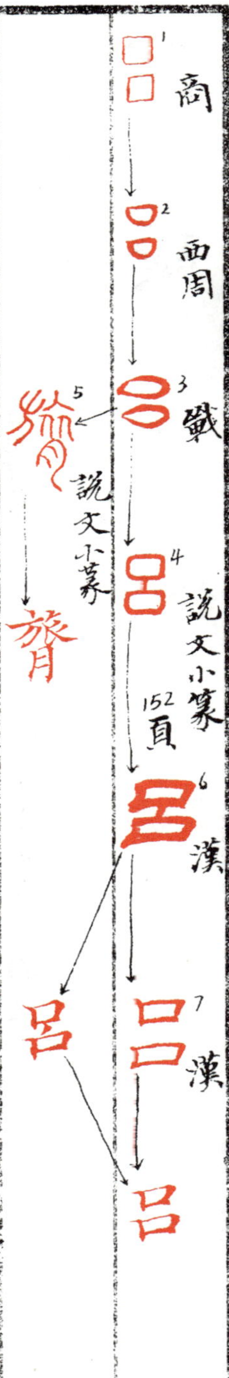

釋義

許慎　呂　膂骨也、象形、昔太嶽為禹心呂之臣、故封呂侯、凡呂之屬皆从呂、力舉切。膂篆文呂从肉从旅。

陳按　甲、金文象兩金屬塊、亦為金屬專名、或加金旁作鋁（春晚部鐘）、「呂」「鋁」為古今字。又假借為國族氏名、或加「邑」旁作郘（郘鐘）、許君以為「脊骨」、此亦是假借、後造从肉、旅聲之「膂」字表「脊骨」。

六書

象形、鋁、郘、膂為形聲

附注

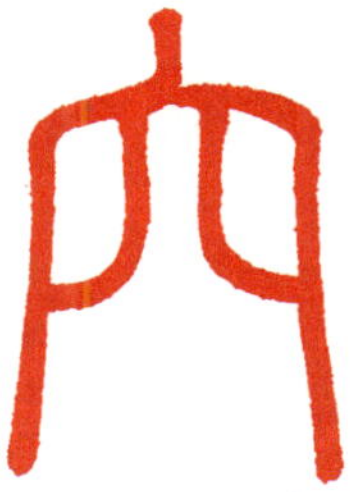

穴 胡決切，入，屑韻，匣，質部

 古幣  秦，睡，封74  睡，法152  145上 西漢，老子乙前 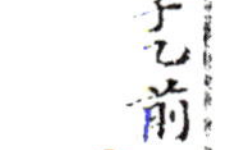 西漢，邗江王奉世墓 文告牘

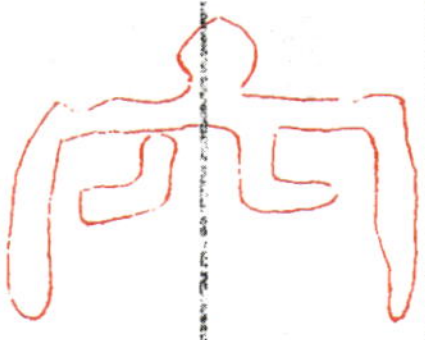 魏，三，基殘碑  汗簡

演變 1  戰，雲夢，答2 問152  說文小篆 3 152頁  漢 4  漢

釋義 許慎  土室也，从宀，八聲。凡穴之屬皆从穴。胡決切

陳按 甲、金文未見獨體「穴」字，偏旁有之。字象人依山地（當為南面）挖掘而成可供居住之洞穴形，類似現今窯洞。宀下兩點或為通氣洞孔，不从八。

六書

象形。說文以為形聲

附注

寢

莫鳳切，音夢去，送韻，明，蒸部。

商，甲690

商，簋，文60

商，餘1

汗簡

古文四聲韻

演變

1 

戰

↓

2 

說文小篆 153頁

↓

釋義

許慎

寐而有覺也，从宀，从爿，夢聲。周禮：以日月星辰占六寢之吉凶：一曰正寢，二曰噩寢，三曰思寢，四曰悟寢，五曰喜寢，六曰懼寢。凡寢之屬皆从寢。莫鳳切

陳 按

甲骨文从「爿」（床形），旁象

睜大眼睛臥躺之人，手舞足蹈，表做夢之狀。後增「宀」表房屋，「夕」表夜晚，作「㝱」，又簡化省去「宀」作「夢」。故「夢」爲「㝱」之省體，即做夢字，而非許君云「不明也，夕，瞢省聲」。

六書

會意

附注

疒

尼戹切，入，麥韻，娘，質部。

商 甲3078

商 前5.44.2

商 乙738

商 後2.11.8 以身表強調生病部件

春 戰 晉 侯馬16:6

汗簡

演變

1 商

2 說文小篆 154頁

漢

漢

釋義

許慎：疒，倚也。人有疾病，象倚箸之形。凡疒之屬皆从疒。女戹切

陳按：疒字本應作（甲骨文調整了方向），从人，从爿（床象形初文），象人有疾病臥躺床上，人旁小點應為生病盜汗。

六書

會意

附注

冖

莫狄切，音覓，入，錫韻，明，錫部

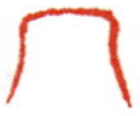

汗簡

集篆古文韻海

演變

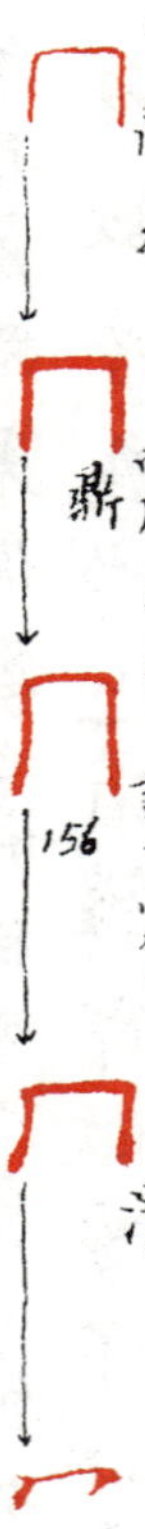

釋義

許慎  覆也、从一下垂也。凡冂之屬皆从冂。臣鉉等曰今俗作冪同莫狄切

陳按 冂字未見古文字材料、从冂之字皆有覆蓋相關義。其字亦應象以巾覆物之形。集韻冂同冪。

六書

指事、或為象形

附注

冂

武道切上、皓韻、明、幽部。

汗簡

演變

1 戰

2 說文小篆 156頁

3 漢

釋義

許慎  重覆也。从冂、一。凡冃之屬皆从冃。莫保切。讀若艸莓莓。

陳　按　古文字未見「冃」單獨字，在偏旁中與「冃」同，即帽之形。王筠句讀：「竊疑冃、冃蓋同字，古人作之，有繁省耳。雖音有上去之別，古無此別也。」且本部所屬三字（同、青、冢）皆不从冃，可取消本部，「冃」字并入「冃」字重文即可。

六書

象形

附注

冃　莫報切，音冒，去，号韻，明，幽部。

　汗簡

演變

1. 西周九年衛鼎「冐」所从 

2. 戰、詛楚文「冐」所从 

3. 說文小篆 156頁 

4. 漢 

釋義

許慎  小兒蠻夷頭衣也。从冂，二其飾也。凡冃之屬皆从冃。莫報切

陳按 「冃」見於西周及後金文偏旁，即小兒蠻夷所戴之帽形，因「冃」字形過簡，遂增「目」表人頭作「冐」，後「冐」又爲冒犯等引申義所專，乃又加意符「巾」作「帽」，常用於古文獻。另，甲骨文有、、諸形，于省吾釋作「尚」，以爲係以羊角爲飾，當即古代蠻夷所戴之帽形（見殷契駢枝續17頁下釋尚）。

六書

象形

附注

网

良獎切，上，養韻，來，陽部。

周早，瘐簋

周中，茍簋

周晚，函皇父盤鼎

232 戰，齊，璽彙

齊，貨系 23

晉，中山王譽兆域圖

楚，包 111

包 115

楚，信 2.2

包，籤牌

楚，曾 98

23 楚，上博一，詩

秦，睡 23.3

4285 秦，貨系

西漢，老子甲 94

碧落碑

汗簡

古文四聲韻

集篆古文韻海

演變

1. 西周

2. 西周

3. 戰

4. 說文小篆 151頁

釋義

許慎  再也，从冂，闕。易曰：「參天兩地」。凡兩之屬皆从兩。良獎切

陳按 「兩」甲、金文應為截取「車」字車轅前端雙軛形部分，後引申為並列成對之義。西周晚期「兩」上加飾筆「一」而中豎上出，遂作「兩」。「兩」、「兩」實為一字。陳夢家以為金文「兩」字二「丙」並立。詳見卜辭綜述94頁及季旭昇說文新證638－639頁分析。

六書

會意

附注

网

文兩切，上，養韻，明，陽部

商，甲，3112

商，乙3947反

商，乙5329

商，明藏198

商，庫653

戰，晉璽彙2459

网

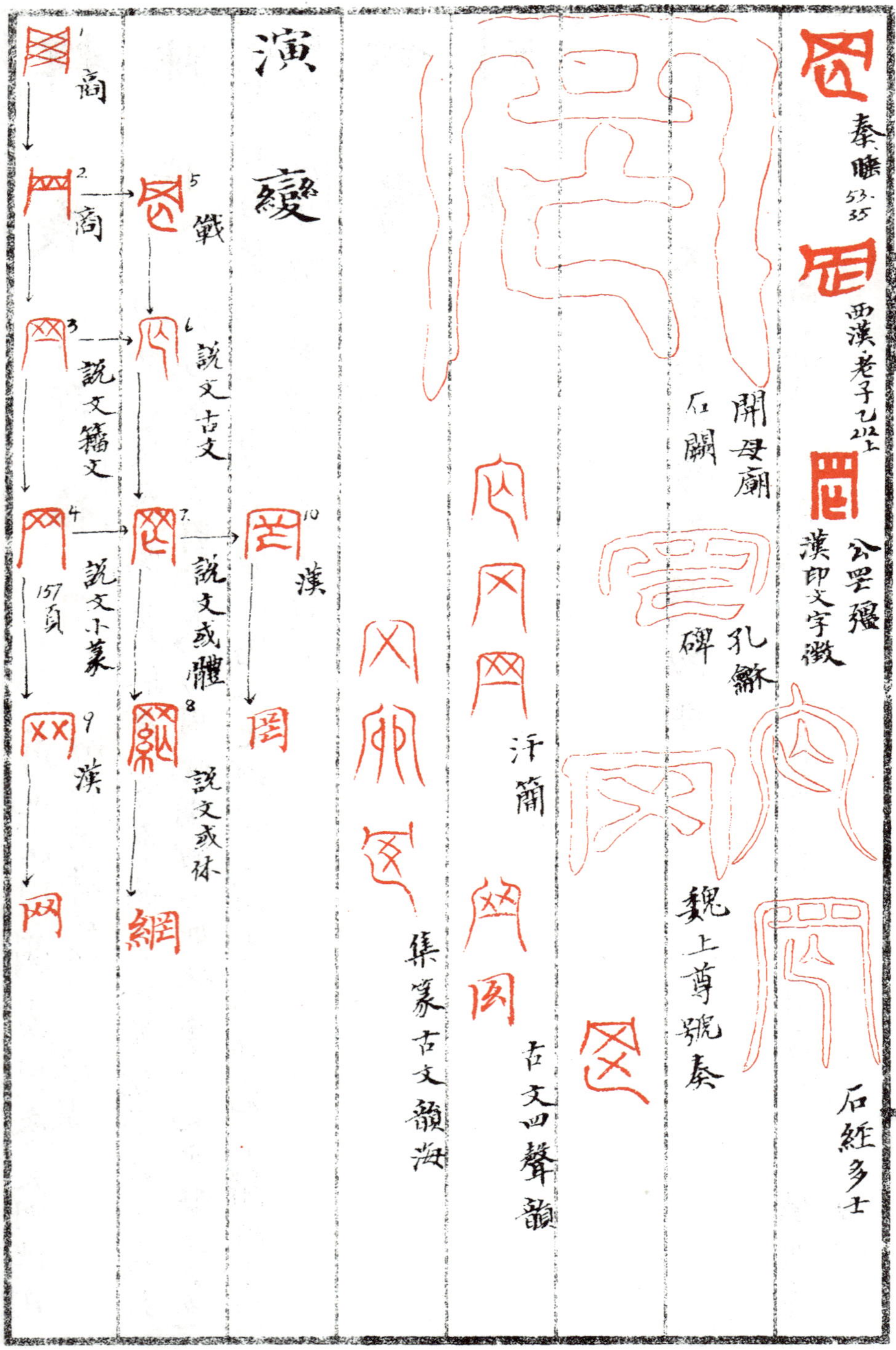
秦 睡 53-35
西漢 老子乙212上
漢印文字徵 公罟殭
石經多士
開母廟
石闕
孔龢碑
魏上尊號奏
汗簡
古文四聲韻
集篆古文韻海
演變
1 商
2 商
3 說文籀文
4 說文小篆 157頁
9 漢
5 戰
6 說文古文
7 說文或體
8 說文或体
10 漢

釋義 許慎  庖犧所結繩以漁。从冂，下象网交文。凡网之屬皆从网。今經典變隸作罔，文紡切  网或从亡。 网或从糸。 古文网。 籀文网。

陳柱 按 古文字象木棍支架上編成用以田獵、捕魚之網形。字形頗多，秦以後或加聲符「亡」作「罔」，此字後被借作「无」、「沒有」等義，乃又加「糸(纟)」作「網」。典籍中後起二字常用，而未見「网」字，實則「网」是初文，今又為「網」的簡化字。

六書 象形

附注

襾 衣嫁切，音亞，去，禡韻，影，魚部。

 汗簡

 古文四聲韻

 集篆古文韻海

演變

釋義

許慎  覆也。从冂，上下覆之。凡襾之屬皆从襾。呼訝切。讀若晋。

陳按 「襾」字未見古文字，亦未出現于典籍，其造字原理待考。其所从字很少，且來源不一，或以為是「覆」字上部之分化部件，本義是覆蓋，存參。

六書

依說文為指事。

附注

巾

居銀切，平，真韻，見，真部。

商、前7.5.3

周、中留鼎

戰、燕、郾侯脮戈

西漢、一號墓竹簡19

張遷碑

汗簡　古四　集篆古文韻海

演變

1 商 → 2 西周 → 3 說文小篆 → 4 漢

釋義

許慎： 佩巾也。从冂，丨象糸也。凡巾之屬皆从巾。居銀切

陳按：甲、金文象下垂佩巾之形。字與"市"常互通，尤見於偏旁。其義後多引申為包裹、覆蓋用的織物，又指頭巾。貴族士大夫有以裹巾為雅，正所謂"羽扇綸巾"。

六書

附注

市

分勿切、音弟、入、物韻、非、月部。

周早、孟鼎

周中、休盤

周晚、頌簋

戰、楚、曾131

汗簡

古文四聲韻

集篆古文韻海

演變

1 西周

2 戰國

3 說文小篆

160頁

釋義

許慎

韠也，上古衣蔽前而已，市以象之。天子朱市，諸侯赤市，大夫葱衡。从巾，象連帶之形。凡市之屬皆从市。分勿切

篆文市，从韋从犮。臣鉉等曰：今俗作紱，非是。

陳按

金文「市」象蔽膝之形，「韍」本字，古代朝覲或祭祀時遮蔽在衣裳前之命服。郭沫若師克盨銘考釋：市一般作芾，亦作紱或韍等，古之蔽膝，今之圍腰，古人以為命服。

六書

象形

附注

帛

傍陌切，入陌韻，並鐸部。

商.前2.12.4

先周H11:3

周晚.大簋

春.者減鐘

戰.燕.璽彙3495

晉魚顛匕

楚.信2.15

楚.郭.性22

上博一.詩22

秦.睡.封22

西漢.一號墓竹簡119

帛武

漢印文字徵

石碣汧殹

白石神君碑

汗簡

古文四聲韻

演變

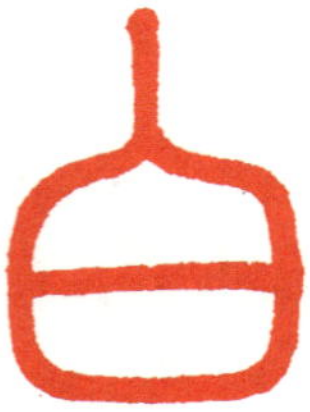

帛

1 商

2 西周

3 春秋

4 戰

5 說文小篆 160頁

6 漢

釋義 許慎  繒也。从巾，白聲。凡帛之屬皆从帛。旁陌切

陳按 古文字从巾，从白，白亦聲。本義爲絲織物總稱。金文中可通「白」。清洪頤煊《讀書叢錄》：「白、帛，古字通行。」

六書 會意兼形聲

附注

白

傍陌切，入，陌韻，並，鐸部

商甲456

64 商摭續

商後2.25.13

周叔卣

戰晉中山王兆域圖

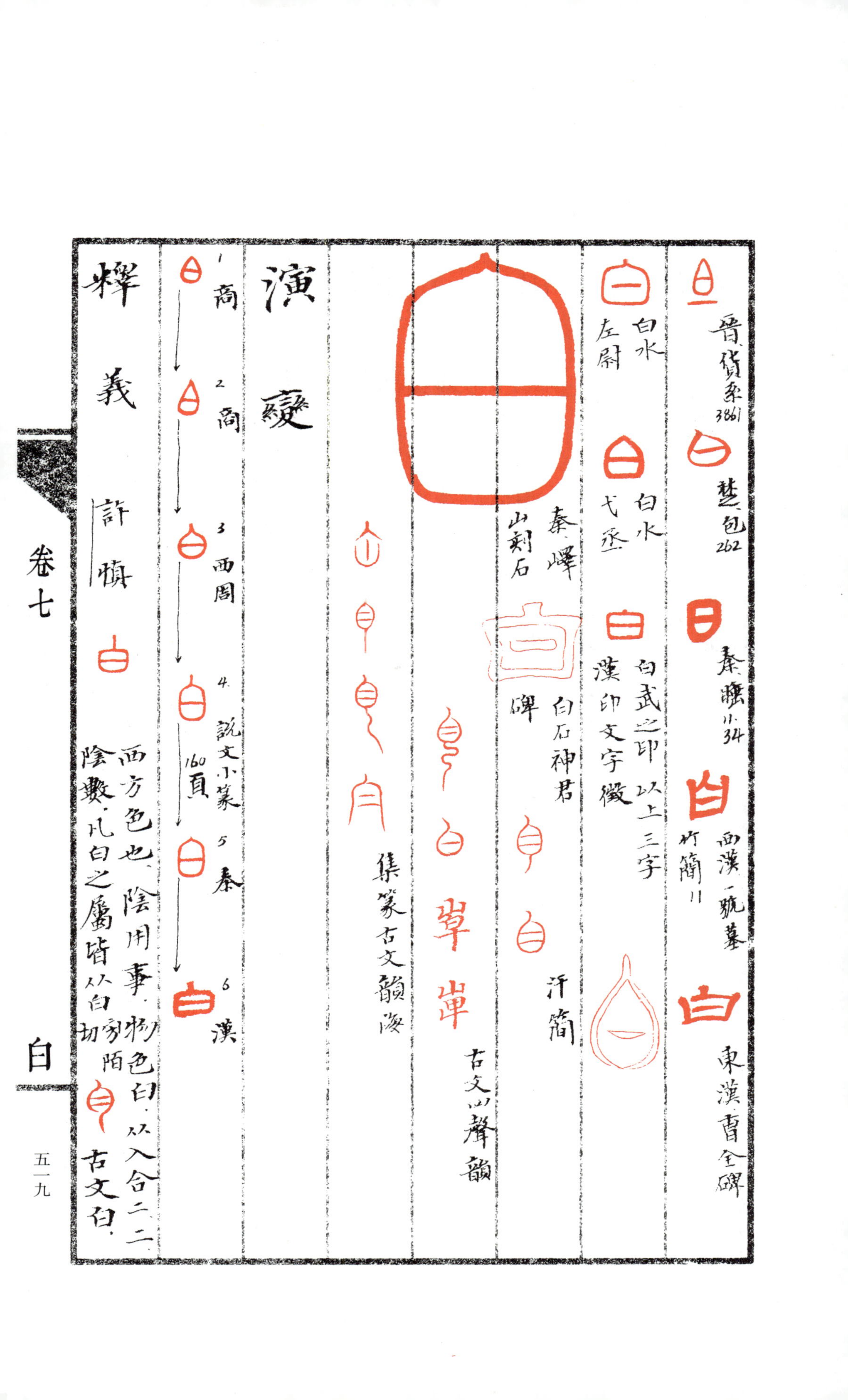

晉貨系3861
楚包262
秦牘11.34
西漢一號墓竹簡11
東漢曹全碑

白水左尉
白水弋丞
白武之印 以上三字漢印文字徵

秦嶧山刻石
白石神君碑
汗簡

古文四聲韻

集篆古文韻海

演變

1 商
2 商
3 西周
4 說文小篆160頁
5 秦
6 漢

釋義

許慎

西方色也。陰用事，物色白。从入合二。二，陰數。凡白之屬皆从白。旁陌切

古文白。

陳按 「白」字構形本義待考，郭沫若以為「拇」「擘」之初文，象大拇指之形，高鴻縉以為「貌」之初文，姚孝遂以為「人」之首，尚無定論，白色之義為假借。

六書 象形

附注

㡀 毗祭切，入，祭韻，並紐，月部。

 汗簡

 古文四聲韻

演變  說文小篆 161頁 → 

釋義 許慎 敗衣也，从巾，象衣敗之形，凡㡀之屬皆从㡀。毗祭切

陳按 「㡀」古文字見於偏旁，作諸形，从巾，巾上小點當表塵土，其構形以巾上有塵土會衣物破舊。因「㡀」只見於「敝」字偏旁，故或以爲「㡀」是省「敝」而成。詳見裘錫圭《說字小記·說敝》

六書 象形

附注

黹

豬几切，上，旨韻，知脂部。

商 合集8286

商 前2.21.2

商 乙4359

商 乃孫作且己鼎

周 中九年衛鼎

周中·即簋　敔簋蓋　周晚·琱伯簋　周晚·頌簋　周晚·比鼎

無叀鼎　春早·曾伯霥匿　汗簡

演變

1 西周 → 2 春秋 → 3 說文小篆 161頁 →

釋義

許慎 箴縷所紩衣。从㡀，丵省。凡黹之屬皆从黹。臣鉉等曰：丵，衆多也，言箴縷之工不一也。陟几切

陳按

古文字象針綫綉刺花紋圖案之形，與"帶"字形极似，舊多淆亂。另，黹、紩、緻三字皆縫紉之義，且語音相近，故為同源

六書

象形

附注

說文部首源流

己亥秋 張如元題

下

陳建勝 編著

字體演變與形義圖釋

上海古籍出版社

說文解字弟八

三十七部

人匕匕从比北丘㐺𡈼重臥身
㐆衣裘老毛毳尸尺尾履舟方
儿兄兂皃𠑹先秃見覞欠㱃㳄
旡

人 如鄰切，平，真韻，日，真部。

商，甲2940
商，乙1938反
商，鐵191.1
商，燕4
周，早，令簋

周中，王人甗
春，王孫鐘
春，樊夫人龍嬴匜
春，戰，侯馬67:2
戰，齊陶 彙3.455
3.61

燕，璽彙2886
晉，中山王譽壺
楚，包2
包29
楚，曾181
秦，睡23.17

西漢，縱橫家書56
西漢，定縣竹簡5
騎千人印
張它人印
廖人私印
焦印外人

尹印外人
虞區人
公孫涂人 漢印文字徵 以上七字
石碣，吳人

石經，僖公
禮器碑側
孔龢碑
秦下

晉人秦人
其人處士
大宰大
殘石

閻鄭
祝谷人
人君夫

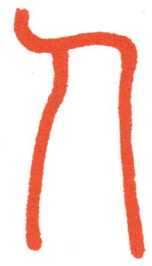

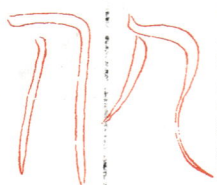

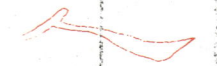

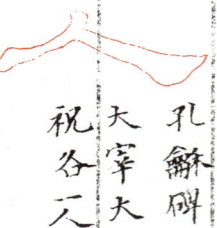

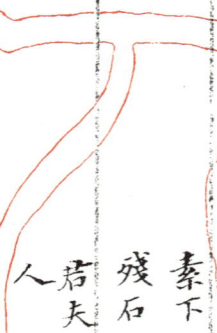

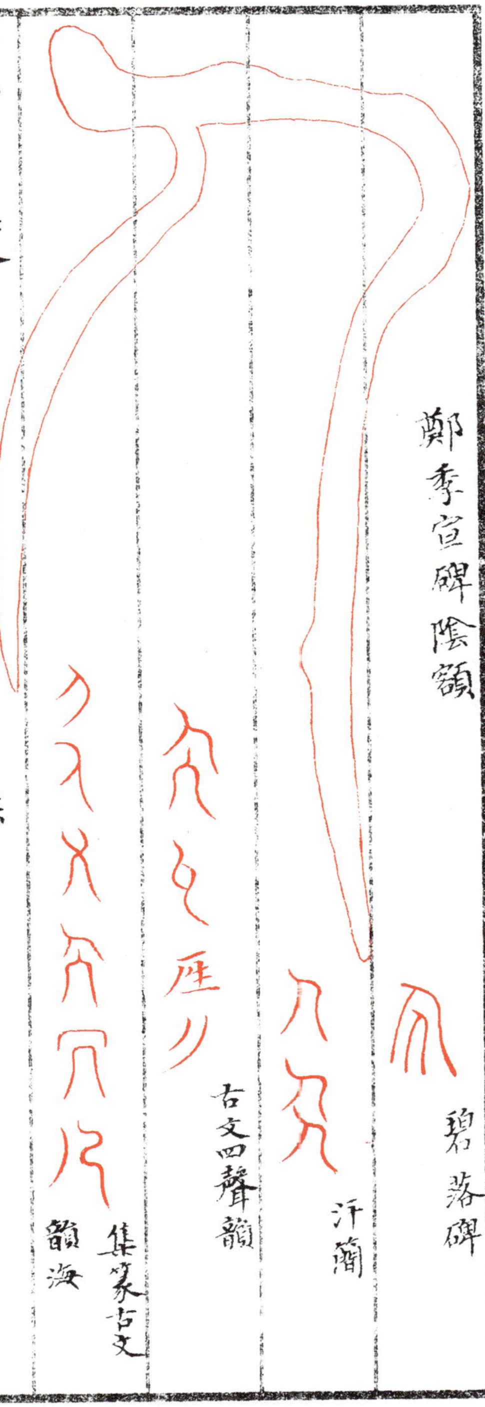

演變

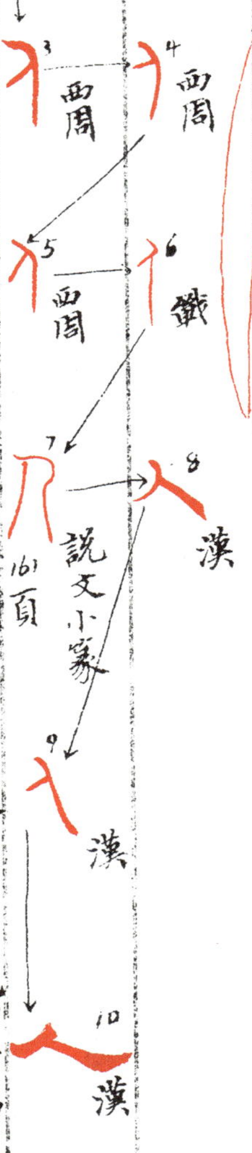

釋義

許慎

天地之性最貴者也。此籀文，象臂脛之形。凡人之屬皆从人。如鄰切

陳按

古文字象人側立之形，寫法有二，一是頭與身連寫，旁出手形（ ），小篆承此法。一是頭與手相連，補寫身形（ ），爲隸

稽所繼，既二法表義無別，即指人。詩·鄭風·東門之墠：「其室則邇，其人甚遠」。又引申為別人、人家。書·大禹謨：「舍己從人」。另，古書中的「民」，因避唐太宗諱，往往改作「人」，書·堯典：「敬授人時」，古本作「民時」。

六書

象形

附注

七

呼霸切，音化，去，禡韻，曉，歌部。

汗簡

古文四聲韻

集篆古文韻海

演變

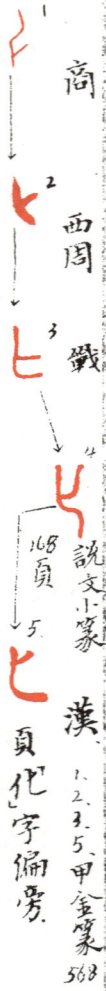

1  商

2  西周

3  戰

4  說文小篆 168頁

5  漢

1、2、3、5、甲金篆568頁「化」字偏旁

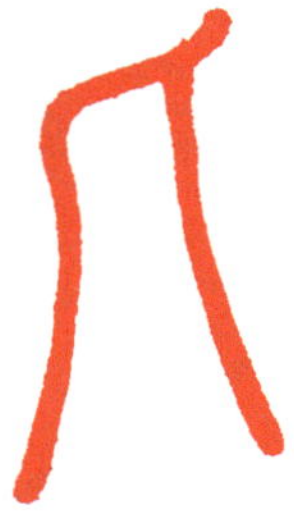

釋義 許慎  變也。从到人。凡匕之屬皆从匕。呼跨切

陳按 古文字未見獨立「匕」字，偏旁有之。甲骨文「化」、「[阝匕]」二字从「匕」，作倒人之形。

六書 象形

附注

匕 卑履切，音比，上旨韻，幫，脂部。

 商．甲355

 商．甲2426

 商．前4.8.2

 商．後2.36.6

 商．鐵194.3

 商．前1.35.5

 商．戩6.13

 商．後1.20.10

 商．佚192

 佚76

商、戈匕辛鼎

周早、我鼎

周中、𤔲匕

周中、仲枏父匕

戰、齊、陶彙3.609

晉、魚顛匕

楚、望二策、與瓜（5）形近，常被誤認。

西漢、武威簡有司10

東漢、武威醫簡7

東漢、曹全碑

汗簡

演變

1 商 → 2 西周 → 3 戰 → 4 秦 → 5 說文小篆168頁 → 匕

釋義

許慎：相與比敘也。从反人。匕，亦所以用比取飯，一名柶。凡匕之屬皆从匕。卑履切

陳按：段玉裁以爲即今之飯匙。季旭昇說文新證666、667頁有詳備闡述，可參看。劉釗師審稿時指出"匕"字應還是象人形

六書

象形

附注

从 疾容切，平，鍾韻，從，東部。

商，甲1035

商，甲1124

商，甲2279

商，乙4936

商，合33361

商，宰椃角

周早，任氏从簋

戰，晉，梁十九年亡智鼎

吕从印

公孫从印 漢印文字徵 以上二字

從允兩體殘石 从從同字

汗簡

古文四聲韻

演變

1 商

2 西周

3 說文小篆 169頁

从

釋義

許慎相聽也。从二人。凡从之屬皆从从。疾容切

陳按　古文字一人在前、一人在後，會跟從、隨從意，應是「從」初文。許若分為二字，不確。另，「从」「比」二字，舊有學者以為同字，屈萬里、林澐則以為二字有嚴格與明顯的區分，詳見屈《甲骨文从比二字解》、林《甲骨文中的商代方國聯盟》二文。

六書

會意

附注

比

1、毗至切，去至韻，並脂部。

2、卑履切，上旨韻，幫脂部。

商 合集5450

合集4240

合集14376

合集6389

合集6496

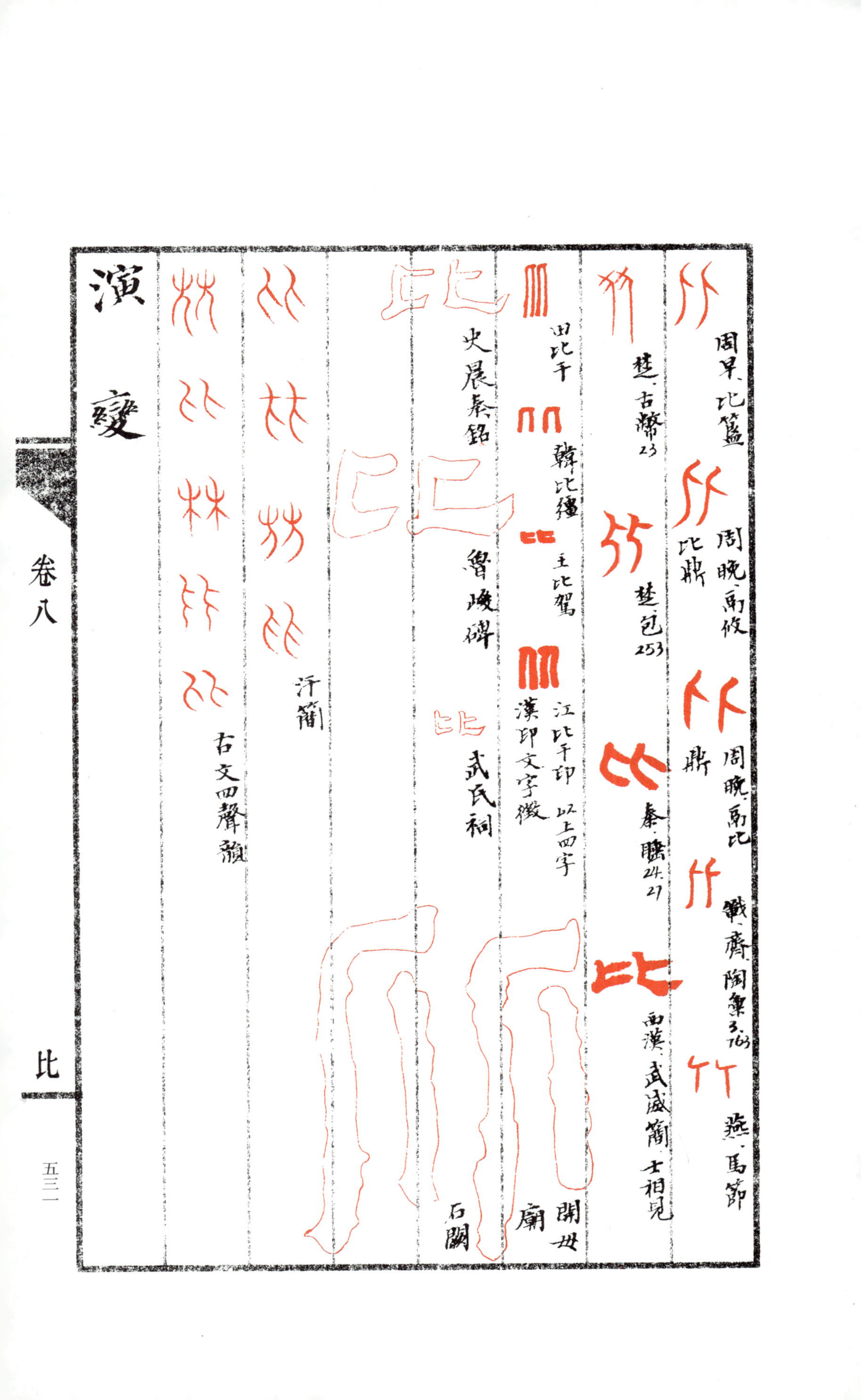

周早、比簋

周晚、鬲攸比鼎

周晚、鬲比鼎

戰、齊、陶彙3.763

燕、馬節

楚、古幣23

楚、包253

秦、睡24.27

西漢、武威簡・士相見

田比干

韓比纆

王比駕

江比干印 以上四字

漢印文字徵

開母廟石闕

史晨奏銘

魯峻碑

武氏祠

汗簡

古文四聲韻

演變

比

1  商

2  西周

3  說文古文

4  秦

5  說文小篆 169頁

6  漢

釋義

許慎  密也。二人為从，反从為比。凡比之屬皆从比。毗至切  古文比。

陳按 古文字从二匕，並非「反从」。排比二匕，表並列、相鄰之義。書牧誓：「稱爾戈，比爾干」。甲文、早期金文比、从二字，學者或以為不分，如徐海波甲骨文編「卜辭比、从同字」。實則二字商周古文判然有別。參看从字條下。

六書

會意。或兼聲

附注

北

博墨切，入，德韻，幫，職部。

商.後2.3.16

商.菁2.1

菁6.1

商.乙4320

周中.吳方彝

周晚.趞鼎

戰.齊.陶彙3.666

3.509

3.38

3.56

晉.古幣48

楚.包153

楚.望一下

戰.秦.陶彙5.175

西漢.縱橫家書67

西漢.武威簡有司3

北地牧師騎丞

北宮丞印

北門賜 以上三字漢印文字徵

石碣吳人

禮器碑側

史晨碑後

楊叔恭殘碑

熹.春秋僖廿六年

熹.易說卦

徐揚鐵

汗簡

古文四聲韻

集篆古人韻海

演變

1 商 → 2 西周 → 3 春秋 → 4 戰 → 5 說文小篆 169 → 6 漢

釋義

許慎　北　乖也，从二人相背。凡北之屬皆从北。博墨切

陳按　古文字象二人相背之形，即乖背之背初文。卜辭所見皆為南北之北，并為方位名所專，乃增「肉」旁作「背」，引申指打敗仗。左傳桓公九年：「以戰而北」。史記項羽本紀：「身七十餘戰，所當者破，所擊者服，未嘗敗北」。

六書

會意

附注

丘 去鳩切，平，尤韻，溪，之部

商，乙4320

商，佚133

春早，商丘 布幣

春晚，鬭丘弋

戰，齊，子禾子釜

齊，璽彙4010

4014

齊，陶彙3.941

晉，虎符丘尹弋

燕，璽彙3384

楚，包90

包237

楚，鄂君啟車節

秦，睡，封32

西漢，縱橫家書151

牧丘家丞

雝丘徒丞印

灋丘左尉

梁丘相如

閭丘固

閭丘少孺 以上六字 漢印文字徵

石經僖公

孔宙碑陰

史晨奏銘

魯峻碑

華山廟碑

禮器碑側

景北海碑陰

魏范式碑陰

丘

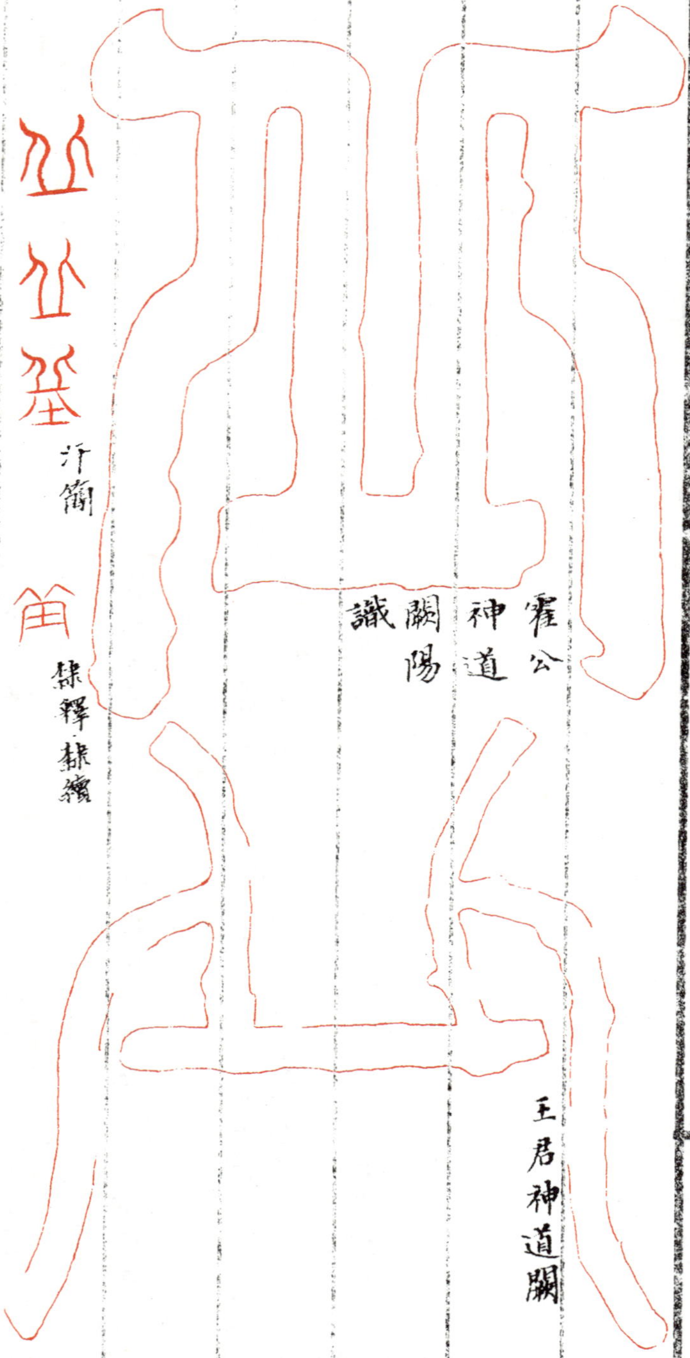

霍公神道闕陽識

王君神道闕

汗簡

隸釋·隸續

古文四聲韻

集篆古文韻海

演變

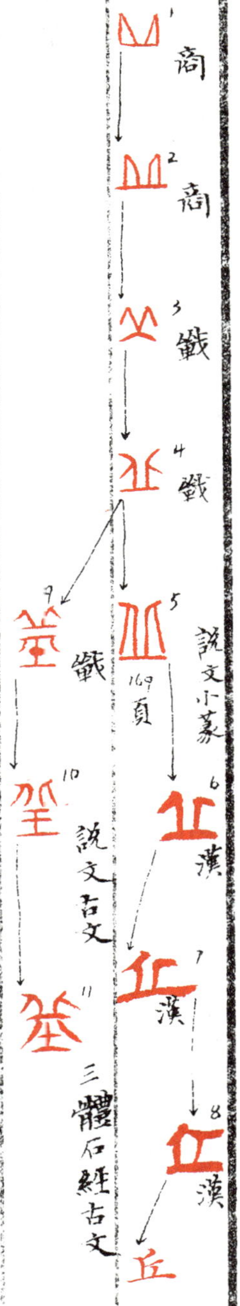

釋義

許慎：土之高也，非人所為也，从北，从一。一，地也，人居在丘南，故从北。中邦之居在崐崘東南。一曰：四方高，中央下為丘。象形。凡丘之屬皆从丘。（去鳩切。今隸變作丘）𡊣，古文从土。

陳按：甲骨文象地面突起之小土山形。商承祚《殷契佚存考釋》（86頁）：「丘為高阜，似山而低，故甲骨文作兩峰。」西周春秋以後，上部漸訛成「北」，小篆承此。戰國文字或加「土」旁，增顯其義。其本義即小土山。《書·禹貢》：「是降丘宅土」。另，「丘」、「阜」、「陵」、「阿」原本均指土山，因小大不同而異其名。「山」則是「有石而高」，「積石曰山」。

六書

象形

附注

㐺

魚金切、平、侵韻、疑、侵部

商、甲2858 卜辭用爲縱雨之縱。合集21473辭云「亡今日㐺」、同版同辭又作「亡今日㐺」。「㐺」用同「从」。

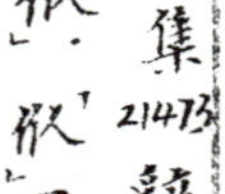

殷、執㐺鼎

演變

1 西周

2 說文小篆 169頁

㐺

釋義

許慎

眾立也。从三人。凡㐺之屬皆从㐺。讀若欽崟。魚音切

陳按

古文字从三人、會眾多之意，即「眾」初文，今爲「眾」簡體。許君分爲二字，不確。

六書

會意

附注

壬

他鼎切，上，迥韻，透，耕部。

商，後，2.38.1

商，合，19107

戰，燕，璽彙3384

晉，貨系270

汗簡

演變

1 商
↓

2 商
↓

3 西周
↓

4 說文小篆 169頁
↓
壬

釋義

許慎  善也，从人士，士，事也。一曰：象物出地挺生也。凡𡈼之屬皆从𡈼。臣鉉等曰：人在土上，𡈼然而立也。他鼎切。

陳按 甲骨文「𡈼」象人挺立地上之形，或「挺」字初文。徐鉉：「人在土上，𡈼（挺）然而立也。」李孝定：「字从人在土上，𡈼然而立，與挺勁拔，故引申之得有『善也』之訓也。」（見甲骨文字集釋2709頁）

六書

會意

附注

重

直隴切．上腫韻．澄東部．

商．明 2065

商．重爵

商．父丙觶

商．重鼎

周早．井侯簋

春戰．晉侯馬 156:20

晉．外卒鐸

燕．重金罍

燕．陳璋鐳

燕．璽彙 558

燕．春成侯鍾

楚．郭．性 成10

郭．唐14

秦．睡．法36

西漢．定縣竹簡41

西漢．晉陽鈁

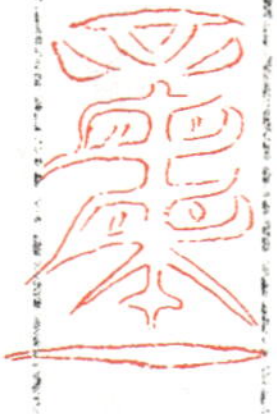
石經僖公

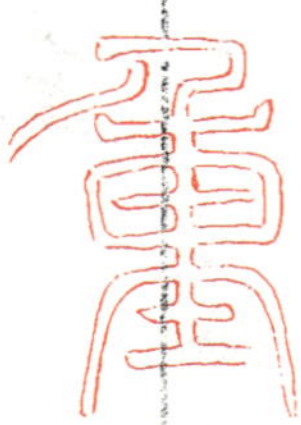
晉侯重耳卒
古文童．重通段

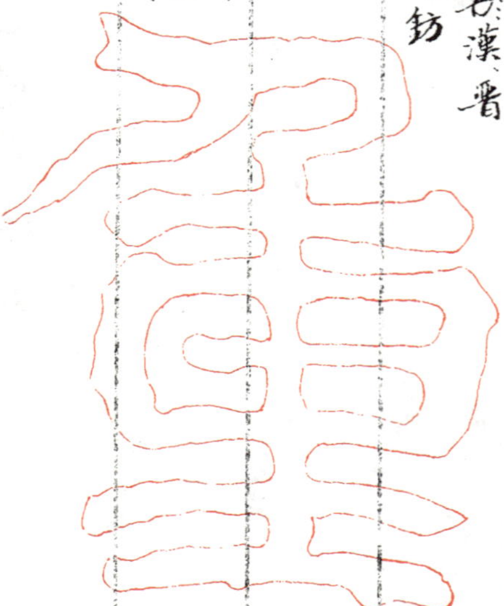
開母廟石闕
重曰

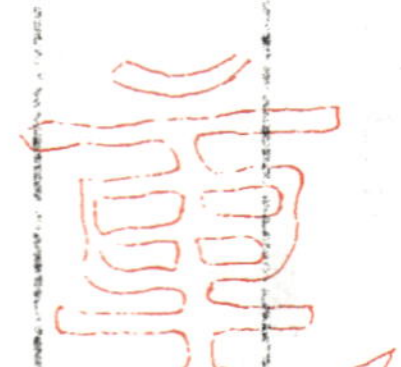
張遷碑
非社稷之重

重平丞印
伍重私印
重記
重充之印
杜重 以上五字 漢印文字徵

曹全碑
禮器碑陰
白石神君碑
隸辨 隸續

碧落碑
汗簡
古文四聲韻

集篆古文韻海

演變

1 西周
2 西周
3 西周
4 春秋
5 戰
6 說文小篆 169頁
7 漢
8 漢

釋義

許慎 厚也。从壬，東聲。凡重之屬皆从重。●徐鍇曰：壬者，人在土上，故爲厚也。柱用切

陳按

古文字象人負囊橐之形，會沉重之義。其後字形演變，上下重聲，其義遂不可見。

臥

六書：會意、無形聲

附注：

臥：吾貨切、去、過韻、疑、歌部、

臥 秦、睡封14
臥 西漢、足臂灸經15
臥 西漢、滿城漢墓長信宮銅鐙
臥 西漢、尚浴府行燭盤
臥 汗簡
臥 古文四聲韻

演變：臥[1] 秦 → 臥[2] 說文小篆 169頁下 → 臥[3] 漢 → 臥[4] 漢

釋義：許慎 臥 休也、从人臣、取其伏也、凡臥之屬皆从臥 吾貨切

陳按：甲、金文未見「臥」字、秦簡从人、从臣。臣即目。或以人大目低垂表休息之義。「寢、寐、臥、眠、睡」五字用法有別。在牀睡

覺叫「寢」（有無睡着皆是）。入睡叫「寐」。國語、晉語一：「歸寢不寐」。隱几（趴在几上）叫「臥」。後躺下亦曰「臥」。合目叫「眠」。坐寐叫「睡」（打瞌睡）。不脫冠帶而眠叫「假寐」。「假寐」與「睡」同義。

六書　會意

附注

身　失人切，平，真韻，審三，真部

商、戩林3

周早、獢伯簋

周早、弔趞父卣

周中、班簋

春晚、公子土斧壺

戰、燕、璽彙364

3463

晉、璽彙905

2700

2702

4642

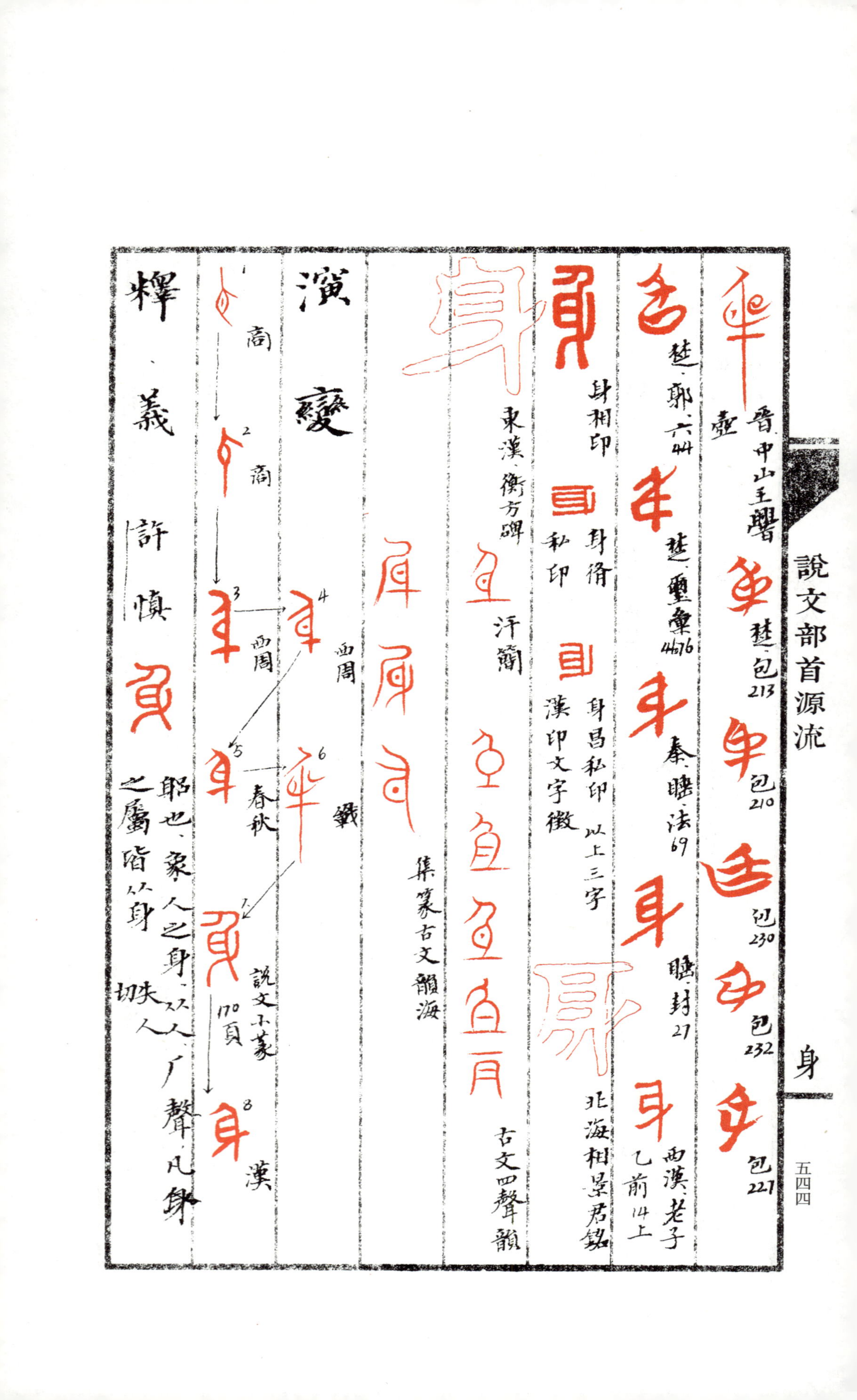

晉、中山王嚳壺

楚、包213

包210

包230

包232

包221

楚、郭、六44

楚、璽彙4476

秦、睡、法69

睡、封27

西漢、老子乙前14上

身相印

身脩私印

身昌私印 以上三字 漢印文字徵

北海相景君銘

東漢、衡方碑

汗簡

古文四聲韻

集篆古文韻海

演變

西周 鐵

1 商

2 商

3 西周

4

5 春秋

6

7 說文小篆 170頁

8 漢

釋、義

許慎

躳也、象人之身、从人、厂聲、凡身之屬皆从身

失人切

陳按　古文字象人整個身軀之形，寫法上突出腹部，應是與人(字)相區别，且腹部是身軀主要部分，或以為人有身孕之形，不可從，佮822：「貞王疾身，唯妣己害」，王不可能懷孕。

六書　象形，或為指事

附注

㐆　於既切，上，未韻，影，微部。

汗簡

古文四聲韻

演變

戩

↓

説文小篆 170頁

↓

釋義　許慎  歸也。从反身。凡㐆之屬皆从㐆。徐鍇曰：古人所謂反身修道，故曰歸也。於機切

陳按　古文字未見，實乃「身」字反寫，與「身」同字。

六書　象形，或指事

附注

衣　於希切，平，微韻，影，微部。

商，甲337

商，佚940

周早，天亡簋

周晚，袁盤

戰，楚，望二策

楚，郭，窮3

秦，睡，秦78

秦，陶彙5.141

西漢，老子乙前18上

西漢，一號墓木牌

青衣道令

之印 衣福

之印 衣平

衣莫 漢印文字徵 以上四字

魏上尊號奏

汗簡

古文四聲韻

集篆古文韻海

演變

1 商

2 西周

3 戰

4 秦

5 說文小篆 170頁

6 漢

7 漢
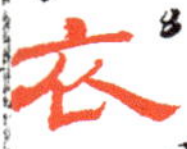
8 漢

釋義

許慎  依也。上曰衣，下曰裳。象覆二人之形。凡衣之屬皆从衣。於稀切

陳按

古文字象上身所穿衣服交衽之形，許居析形非是。甲骨文衣、卒同字，故二字往往混用無別。「衣」本義是上衣。上古衣和裳有別，上衣曰衣，下衣曰裳。詩齊風東方未明：「東方未明，顛倒衣裳。」毛傳：「上曰衣，下曰裳。」裳是用以蔽下體的衣裙，男女都穿服。但衣、裳皆可泛指衣服。詩豳風七月：「七月流火，九月授衣。」衣包括了裳。衣裳連用指衣服。陳書沈衆傳：「其自奉養甚薄，每於朝會中，

衣裳破裂」。「服」原是動詞，用於衣物，表穿著之意，詩、魏風、葛屨「要之襋之，好人服之」。「衣」、「服」連用本指衣裳服飾，詩、小雅、大東：「西人之子粲粲衣服」，後成為雙音詞。荀子、王制：「衣服有制，公室有度」。

六書　象形

附注

裘　巨鳩切，平，尤韻，羣，之部。

商、前7.6.3

周早、不嬰簋

周中、次卣

周中、衛簋

周中、五祀衛鼎

周晚、前伯簋

戰、楚、曾22

秦、睡、日乙189

西漢、孫臏147

鄧裘私印　以上三字漢印文字徵

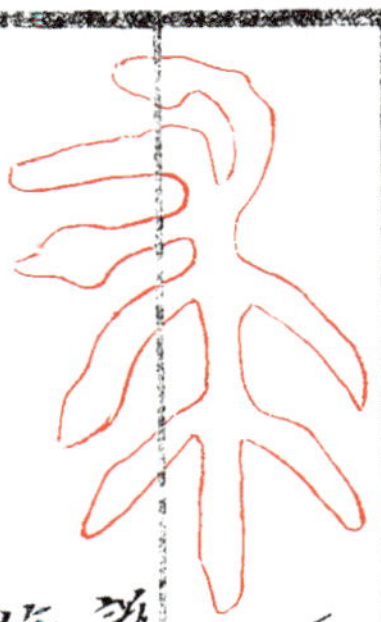

石碣避車 君子之求

說文裘古文作求

詛楚文

汗簡

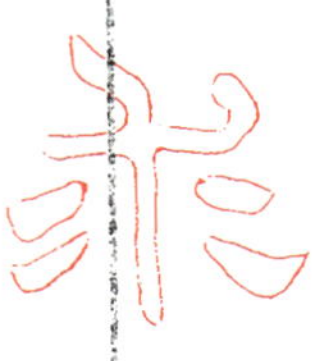

華山廟碑 禱請祈求

說文裘皮衣也、求、古文省衣

古文四聲韻

集篆古文韻海

演變

釋義

許慎  皮衣也、从衣、求聲、一曰、象形、與衰同意、凡裘之屬皆从裘 巨鳩切

 古文省衣、

陳按 古文字(甲骨)象皮裘形(獸毛在外表)、其後加「又」或「求」為聲符、本義即裘皮衣、詩豳風七月、「一之日于貉、取彼狐貍、為公子裘」。

六書

形聲

附注

老

盧晧切、上、晧韻、來、幽部、

商、後2.35.2

商、前4.46.1

商、乙8896

商、後2.35.5

周中、辛中姬鼎

周晚、五年召伯虎簋

春早、夆叔匜

春中晚、黝鎛

春、歸父盤

戰、齊璽彙1646

晉、璽彙4693

晉、中山王嚳壺

楚、包211

包237

郭、老甲35

郭、唐23

秦、睡、秦184

西漢、老子甲68

老子乙205下

居延簡甲2551A

萬歲單三老

千歲褱老

老千秋

賈印扶老

西都三老 以上五字

漢印文字徵

詛楚文

禮使亓老

趙寬碑額

曹全碑

孔宙碑

譙敏碑

淮源廟碑

汗簡

古文四聲韻

集篆古文韻海

演變

1 商

2 西周

3 西周

4 西周

5 說文小篆 173頁

6 秦

7 漢

8 漢

釋義 許慎  考也。七十曰老。从人毛匕，言須髮變白也。凡老之屬皆从老。盧皓切

陳按 甲骨文象披髮，身形傴僂老人扶杖之形。與「考」同字。西周以後逐漸分化，所持杖形作「匕」形為「老」字，作「丂」形為「考」字。其本義當即年老，年歲大之意。

六書 會意

附注

毛 莫袍切，平，豪韻，明，宵部

周中，毛伯嚻父簋

周晚，班簋

春早，毛弔盤

戰，燕璽 彙3942

楚，包37

楚、天策

秦、日甲5背

秦、五十二病方235

西漢、老子乙前141下

毛護

毛奢

毛喜

毛墅

毛畢時

毛顯私印

毛邑之印

毛喜

毛意

以上九字 漢印文字徵

孔彪

汗簡

古文四聲韻

集篆古文韻海

演變

1 西周

2 西周

3 秦

4 說文小篆 173頁

5 漢

6 漢

7 漢

釋義

許慎

眉髮之屬及獸毛也。象形。凡毛之屬皆从毛。莫袍切

陳按

毛，古文字或以為象人獸毛髮等形，或以為其本形本義存疑（高鴻縉《字例》）。按此不象毛形，毛不得分叉。西周文獻

中常用為獸毛之義、如小雅、信南山、以啟其毛。又特指人的眉、髮、左傳僖公二十二年：君子不重傷、不禽二毛。

六書

象形

附注

毳

此芮切、音脆、去、祭韻、清、月部。

周中守宫盤

周中毳盤

49 戰、楚、上二、容

西漢、流沙簡、屯戍15.15

汗簡

演變

1  西周

2  西周

3  說文小篆 174頁

4  漢

釋義 許慎：獸細毛也。从三毛。凡毳之屬皆从毳。此芮切

陳按 「毳」最早見於西周金文。从三毛。段玉裁注：「周禮·掌皮注云：毳毛，毛細縟者。毛細則叢密，故从三毛，衆意也」。字又音qiāo，祖悅切，入薛韻，精母，月部。通「橇」。

六書 會意

附注

尸

式脂切，平，脂韻，審三，脂部。

商·鐵35.2

商·前7.30.2

商·粹1187

商·乙405

商、尸作父己卣

周早、孟鼎

周中、彔卣

周中、牆盤

西周、[illegible]簋

周晚、豐兮尸簋

秦、睡、日甲112

西漢、老子甲後184

漢、匈奴惡適尸逐王

東漢、熹、易、文言

汗簡

集篆古文韻海

演變

1 商

2 商

3 西周

4 西周

5 秦

6 說文小篆 114頁

7 漢

釋義

許慎　陳也，象臥之形。凡尸之屬皆从尸。式脂切

陳按　「尸」字習見於商、周古文字，均用作「夷」（夷、人、尸，三字上古音極近）。其字形，陳夢家以為象人橫陳之形，李孝定以為象高坐之形，容庚以為象屈膝之形，林義光則以為「象人箕踞形」，可從。箕踞為尸本義，典籍作「夷」。甲、金文借尸為東夷字，尸體義始見春秋文獻，後作「屍」。

六書　象形

附注

尺　昌石切，入，昔韻，穿三，鐸部。

戰，晉兆域圖

晉，璽彙3278

楚，望132

秦，青川木牘

秦，睡，秦61

秦，睡，法

新嘉量

汗簡

古文四聲韻

演變

1 
說文小篆 175頁

2 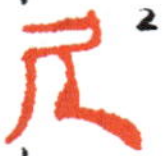
秦

3 
秦

4 
漢

5 
漢

釋義

許慎　尺　十寸也。人手卻十分動脈為寸口，十寸為尺。尺，所以指尺規榘事也。从尸，从乙。乙，所識也。周制：寸、尺、咫、尋、常、仞諸度量，皆以人之體為法。凡尺之屬皆从尺。昌石切

陳按　"尺"字未見甲、金文，單字見於戰國楚帛書、秦青川木牘及睡虎地竹簡。另，中山王𠍇墓兆域圖字，學者或釋為"尺"，或釋"乇"而讀為"尺"，尺即"乇"之分化字，又分化出"斥"。

六書

象形表意

附注

尾

無匪切、上、尾韻、微、微部

商 乙4293

戰 齊 子戈 章

戰 晉 古幣283

楚 曾4

秦 睡 日甲37背

日甲47

日乙101

西漢 流沙簡 屯戍31.10

西漢 銀262

尾生 小青

尾生僕 二字 漢印徵 以上

東漢 熹 易履

石門頌 履尾心寒

汗簡

古文四聲韻

集篆古文韻海

演變

1 商

2 戰 隨縣34

3 秦

4 說文小篆 175頁

5 漢

釋義　許慎  微也。从到毛在尸後。古人或飾系尾，西南夷亦然。凡尾之屬皆从尾。無斐切，今隸變作尾。

陳按　甲骨文象人後系一尾形，用法不詳，或是低下階層之象徵，如「僕」甲骨文作 ，像一個頭部受平刑，後綴尾飾，雙手捧箕，棄除勞作之奴僕，可證。後引申為動物之尾。湯履：「履虎尾」。

六書　會意兼形聲

附注

履　力几切，上，旨韻，來，脂部

周中，五祀衛鼎

瀀，周中，九祀衛鼎

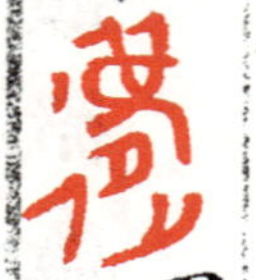
周中，倗生簋

周晚，大簋

大簋

周晚.散盤

周晚.口仲盤

戰.燕.璽彙2516

楚.包6

楚.包54

秦.睡.法162

西漢.馬.遣策

西漢.馬.易之義

三國.吳.谷朗

履道思順

東漢.石門頌

尹宙碑

含履純軌

汗簡

尾心寒

古文四聲韻

集海

演變

1 商.𠂤.2 見于省吾教授百年誕辰紀念文集47-45

2 西周

3 戰

4 說文古文

5 說文小篆175頁

6 秦

7 漢

8 漢

釋義

許慎 履 足所依也。从尸，从彳、从夂，舟象履形。一曰尸聲。凡履之屬皆从履。良止切。 古文履从頁从足。

陳按　「履」字已見甲骨文，从人、从止、从舟省（應是鞋之象形，另，周人常稱下部可承載之物曰「舟」，周禮·春官·司尊彝：「掌六尊六彝之位，詔其酌，辨其用，與其實。春祠、夏禴，祼用雞彝、鳥彝，皆有舟」），眉聲（）。金文則从頁（與从人同）从舟，眉聲（或不从眉聲）。楚簡从止从頁从舟，說文古文所承。「履」在甲文、西周金文及至戰國文獻中皆用為踐踏等義，秦漢時才見用為名詞鞋之義。裘錫圭在西周銅器銘文中的「履」一文中有全面整理和精詳闡釋，成書具在，恕毋庸贅述。

大徐本讀「良止切」，屬之部字。段玉裁以為當依廣韻作「力几切」，屬脂部字。

六書

形聲，或以為會意

附注

屨、履、鞋（鞵）為異代同物之名稱。段玉裁說文解字注：「古曰屨，今曰履；古曰履，今曰鞵。名之隨時不同者也。」又曰：「晉蔡謨曰：『今時所謂履者，自漢以前皆名屨。左傳屨賤踊貴，不言履賤；禮記戶外有二屨，不言二履；賈誼曰冠雖敝不以苴屨，亦不言苴履。詩曰糾糾葛屨，可以履霜。屨舄者，一物之別名；履者，足踐之通稱。』按，蔡說極精。易、詩、三禮、春秋傳、孟子皆言屨不言履；周末諸子、漢人書乃言履。詩、易凡三

履，皆謂踐也。然則履本訓踐，後以為履名，古今語異耳。」

舟

職流切，平，尤韻，照三，幽部。

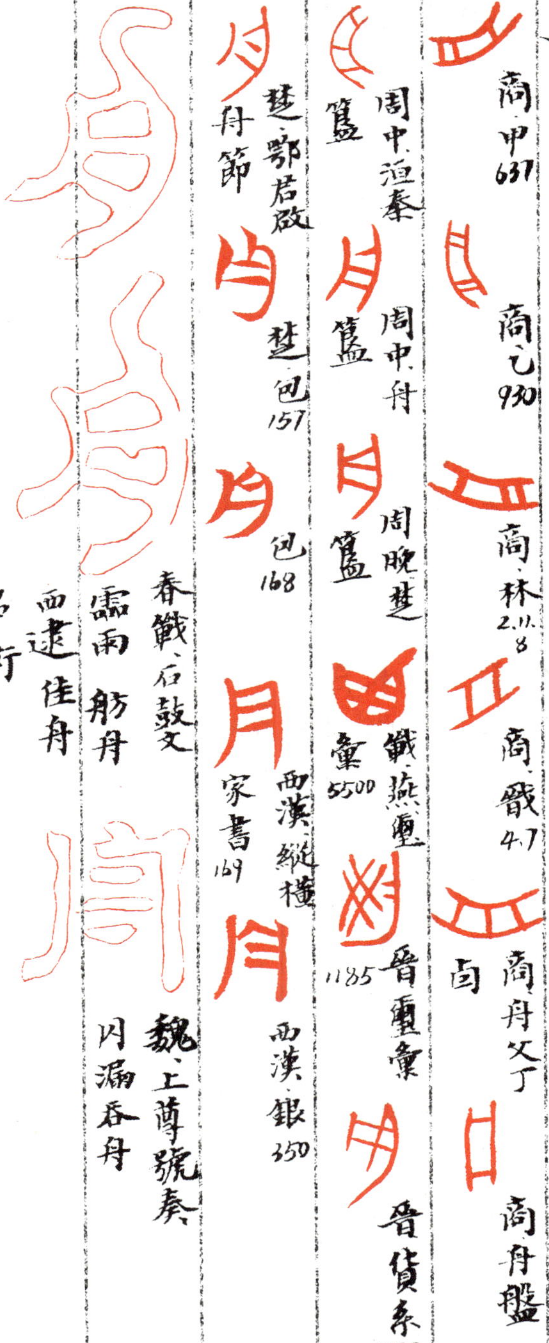

舟

演變

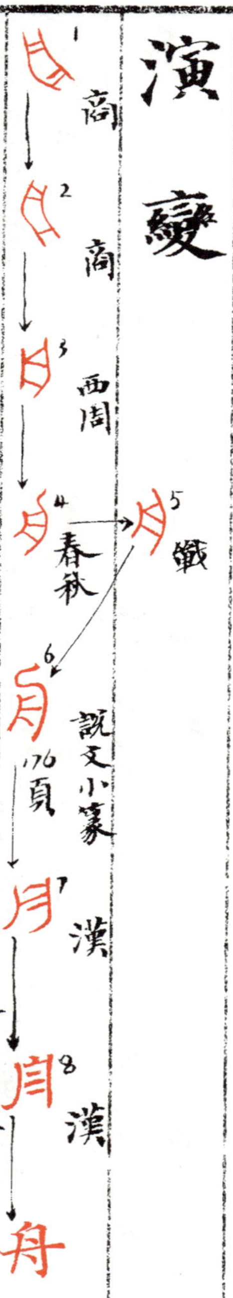

釋義

許慎  船也。古者共鼓、貨狄，刳木為舟，剡木為楫，以濟不通。象形。凡舟之屬皆从舟。職流切。

陳按 甲、金文常見「舟」字，像獨木舟之形。石鼓文「舟」作 ，為篆所本。其本義即舟船。詩邶風二子乘舟：「二子乘舟，汎汎其景。」早期人們多用「舟」表示「船」。後隨技術提高，船隻種類漸多，另，戰國及以後，「舟」與「月」形近易混，如「俞」、「前」、「朕」、「服」等字皆从「舟」，訛為「月」。

六書 象形

附注

方

汸

方

府良切，平，陽韻，非，陽部。

商.鐵1223 商.燕606 商.佚18 商.佚40 商.甲2364 商.成甬鼎

周早.召卣 周晚.毛公厝鼎 周晚.不嬰簋 春早.秦公簋 春.邾王子鐘

戰.齊.古陶1116 燕.古陶4.48 晉.中山王譽鼎 晉.盜壺 楚.天卜

春戰.石鼓文.霝雨 口手水一方 西漢.銀768

石經.君奭 故一人有事于四方 秦.嶧山碑 窺軔遠方 西漢.縱橫家書59

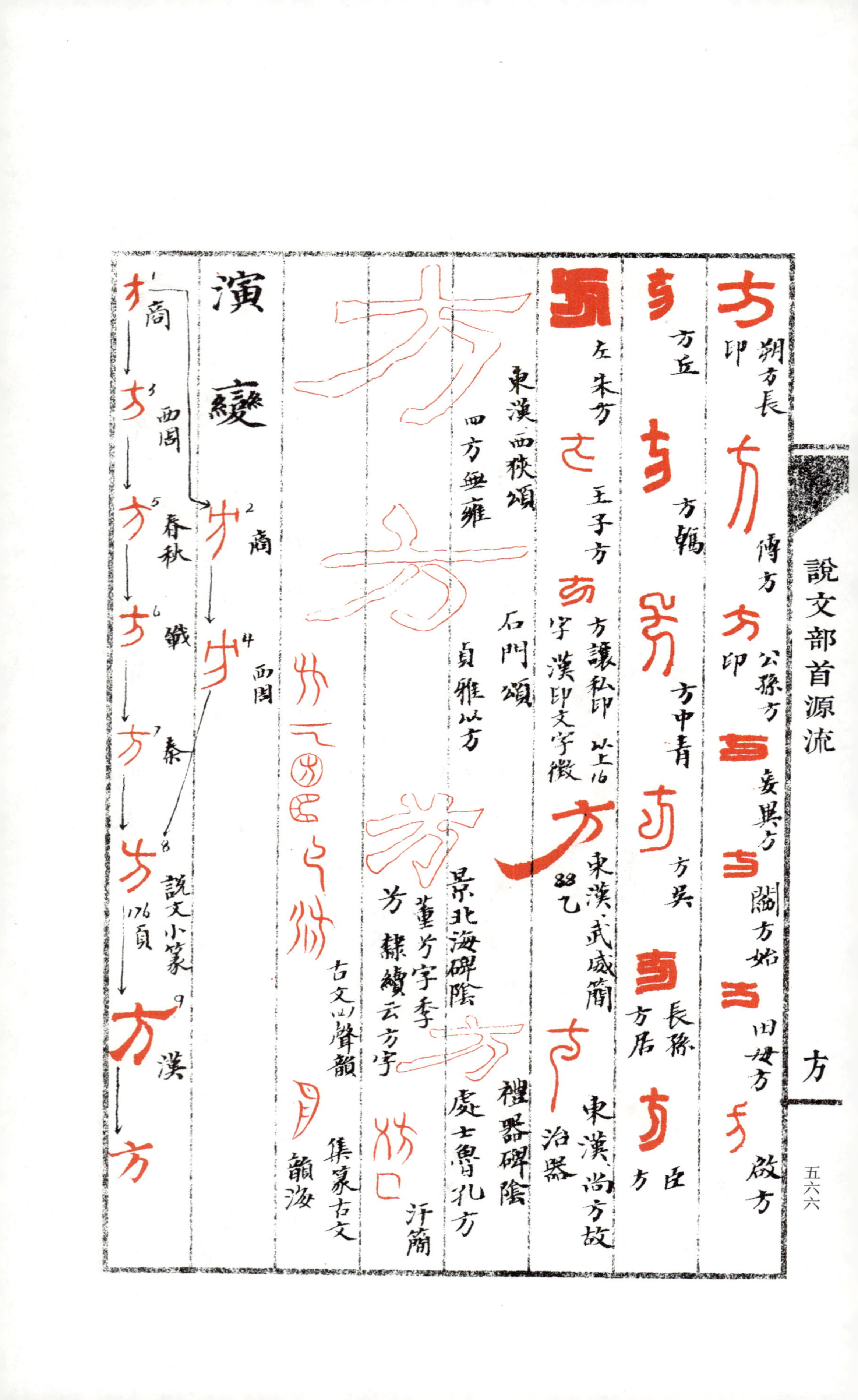

朔方長印
傅方
公孫方印
妾異方
關方始
田毋方
啟方

方丘
方輔
方中青
方吳
長孫方居
臣方

左朱方
王子方
方讓私印
以上16字漢印文字徵
東漢、武威簡88乙
東漢、尚方故治器

東漢、西狹頌 四方無雍
石門頌 貞雅以方
景北海碑陰 董芳字季方
禮器碑陰 處士魯孔方

芳 隸續云方字
汗簡

古文以聲韻
集篆古文韻海

演變

1 商
2 商
3 西周
4 西周
5 春秋
6 戰
7 秦
8 說文小篆 176頁
9 漢
方

釋義

許慎：方，併船也。象兩舟省、總頭形。凡方之屬皆从方。府良切。汸，方或从水。

陳按：「方」字常見於甲、金文，皆借用為方國、方向及方圓之義，其本義衆說紛紜。徐中舒以為象耒形，姚孝遂从之；裘錫圭則以為「方」字乃「亡」（鋒芒之芒本字）字分化。表「方圓」之義（「釋亡」條）。

六書　象形

附注

儿　如鄰切，平，真韻，日，真部。

汗簡

演變

1 戰
↓

2 說文小篆 176頁
↓
儿

釋義

許慎

仁人也，古文奇字人也，象形，孔子曰：在人下，故詰屈。凡儿之屬皆从儿 如鄰切

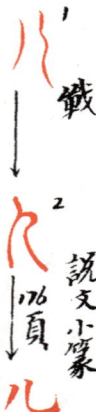

陳按　目前出土古文字資料中，未見單獨「儿」字，偏旁有之，皆在下部，如（先，商，甲2?）、（先，周中，虢季子白盤）（兒，春晚，沇兒鐘）等字所从，即居於下部的「人」旁之形。六書故：「人一，人、儿非二字，特因所合而稍變其勢，合於左者，若「伯」、若「仲」，則不變其本文而為人；合於下者，若「兒」、若「見」，則微變其本文而為（儿），分而為二者，誤也。」

六書　未見單獨字形，六書不知所屬，說文以為象形。

附注

儿　許榮切，平，庚韻，曉，陽部。

商，甲2492

商，鐵121.3

鐵54.2

商，佚166

商，剌卣

兄

周晚 蔡姞簋

周晚 伯公父匜

春中晚 黏鎛

春戰 侯馬156:21

戰 燕 古幣309

戰 晉璽 彙2408

楚 包138反

楚 包102

包133

秦 睡 封93

西漢 老子 甲後191

縱横家書201

司馬長兄

王長兄

朱兄

力中兄

田長兄

呂長兄印 以上六字 漢印文字徵

汗簡

古文四聲韻

石經 無逸 兄若時 今本作兄

衡方碑 兄鴈門大守

元孫殘碑 大兄元孫早終

集篆古文韻海

演變

1 商

2 商

3 西周

4 戰

5 說文小篆 117頁

6 秦

7 漢

釋義

許慎：長也。从儿，从口。凡兄之屬皆从兄。許榮切

陳按 古文字「口」下作立人形，與跽形之「祝」（）有別（西周晚期「祝」亦變為立人形，寫法同「兄」字）。其構形本義尚無確論。〈裘錫圭〉以為「兄」從「口」，表兄長是發號施立的人。在商、周甲金文中多用為兄弟之兄，典籍中則多訓為滋長之意。另，甲、金文「」字，特著手指形，舊釋「兄」，讀為「貺」；或釋「祝」、「肙」、「咠」。〈沈培〉說古文字裡的「祝」及相關之字一文以為釋「貺」最合理，包山楚簡或加「㞢」聲作「[illegible]」。

六書 會意

附注

先（簪）

先（簪） 作含切，平，覃韻，精，侵部。

商，粹247　商，甲753　商，輔仁107　西漢，一號墓竹簡222

汗簡　集篆古文　韻海

演變

1 商 → 2 說文小篆 177頁 → 3 說文俗體 → 4 漢 → 簪

釋義

許慎 先 首笄也。从人，匕象簪形。凡先之屬皆从先。側岑切 簪，俗先从竹从簪。

陳按

甲骨文象女人頭上插簪之形，為「先」之原始初文。郭沫若《殷契粹編》247片考釋：「當是先之異，象女頭著簪之形。」其本義即古人用來插定髮髻或固冠的長針形首飾。《韓非子·內儲說上》：「周主亡玉簪，令吏求之，三日不得也。」

皃

貌

六書　象形、聲爲形聲

附注

皃　莫教切、去、效韻、明、藥部

商 合集21881

商 皃罍

戰 璽彙3364

西漢 老子甲後276

銅華鏡

汗簡

古文四聲韻

集篆古文韻海

演變

1 [red glyph] 商

2 皃 說文小篆

177頁

4 貌 說文籀文

3 䫉 說文或體

貌

釋義

許慎：皃　頌儀也。从人，白象人面形。凡皃之屬从皃。莫教切 䫉，皃或从頁，豹省聲。貌，籀文皃从豹省。

陳按　陳世輝釋白以為甲、金文[red glyph]、[red glyph]字，即「皃」字，从人，「白」象人面，非黑白字。朱駿聲：面之神氣曰頌（容古字），面之形狀曰皃。「皃」為「貌」初文，「貌」未見目前出土商周古文字資料，最早見於西漢馬王堆帛書。說文以為是籀文。

六書

會意兼聲。說文以為象形。「貌」為形聲。

附注

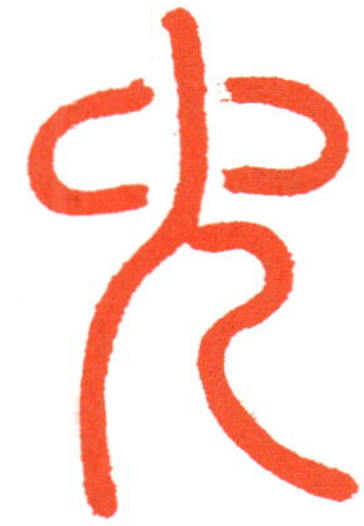

兆

公户切，姥韻，見魚部。

 汗簡

 古文四聲韻

  集篆古文韻海

演變

 說文小篆 177頁 → 

釋義

許慎  廱蔽也，从人，象左右皆蔽形。凡兆之屬皆从兆。讀若瞽。公户切

陳按

宋育仁、丁福保、楊樹達以為「兆」是「瞽」初文。甲骨文（珠1008）「」（粹450）。裘錫圭關於殷墟卜辭的「瞽」一文釋作「瞽」，以爲此二字上从目而去掉下眶，表目不能見，以示盲人之「瞽」。另郭店簡唐虞之道九號、二四號簡分別有「、」二字，李家浩以為即「兆」字，其所从「儿」反寫，乃是與「兇」區別。李讀郭店楚墓竹簡瑣記：「唐虞之道在講舜的孝的品德時有兩次提到他的父親，簡文作寞、寞，『寞』前一字，釋文作不認識的字而缺釋，我們認為這個字是『兆』字，說文篆文『兆』作，朱駿聲指出說文篆文『兆』的字形有問題，他說：按『兇』字从此……說文無『兇』字，但有从『兇』的『晚』、『冕』、『勉』等字，

兆

其所从「免」旁作，按照朱駿聲的說法，說文篆文「兆」原文應作，這一意見值得注意。」又：「簡文「兆」與「免」的區別，除了所从「儿」旁一反一正外，還有一點區別，就是唐虞之道24號簡「兆」所从的「目」要比「免」所从的「目」長。據說文所說「兆」本義是「壅蔽也」，古文字「兆」很可能取象于「目」較大，遮蓋住人的耳目之義。」又：「前面說過，「兆寳」是舜的父親，據文獻記載，舜的父親叫「瞽瞍」，字或作「瞽叟」……「寳」疑應讀為「瞙」。玉篇目部：「瞙，字統云：目不明。」簡文「兆瞙」當是「瞽瞍」別名。」又：「尚書·堯典偽孔傳說：「無目曰瞽。舜父瞽有目不能分別好惡，故時人謂之瞽，配字曰瞍。瞍，無目之稱……」說文說「兆」讀若「瞽」，所以古文四聲韻卷三姥韻引汗簡「瞽」作「兆」，有人認為「兆」就是「瞽」的初文，以簡文「兆」的字形看，這說法可能是對的。」李說有汗簡旁證，甚有說服力，但缺乏秦漢文字證據，且甲骨文與郭店二者構形初義皆異，是否皆為「兆」字，待考。

六書

指事，或以為象形

附注

先

蘇前切，平，先韻，心，文部。

商乙3798

商甲218

商，先壺

周早，沈子它簋

周中，師望鼎

春，徽兒鐘

戰，晉，中山王譽壺

晉璽彙2845

楚，包140反

包217

楚，望一下

秦，睡，日甲125背

老子甲52

武威簡，士相見13

定縣竹簡34

滈于先印

茍先印信

張女先 以上三字 漢印文字徵

古先右 六磬

古先左 七磬

詛楚文，箸我先君穆公

石經，無逸 乃變亂先王之正刑

晉大公呂望表 先秦滅學

孔龢碑 祠先聖師

孔龢碑 祗奉先聖之禮

魯峻碑 其先周文公之頤胄

熹書 盤庚

先

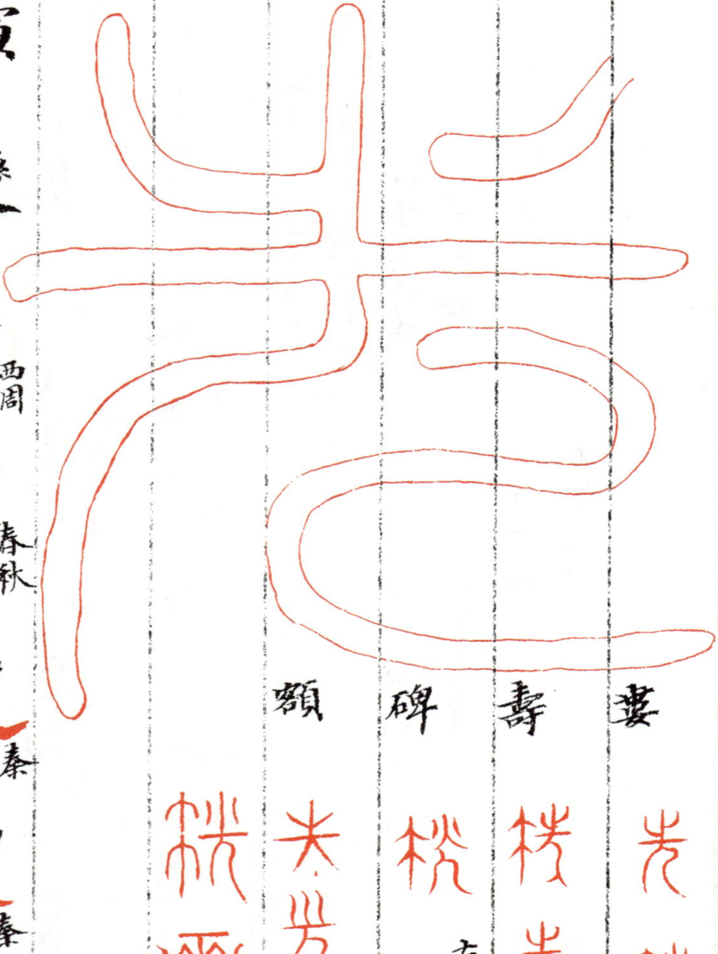

要

壽

碑

額

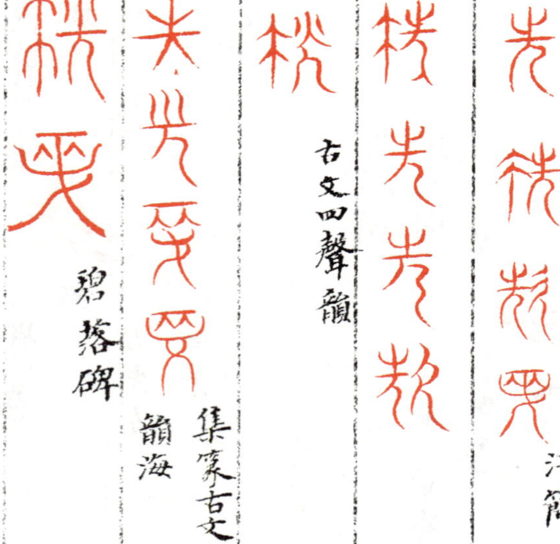
汗簡
古文四聲韻
集篆古文
韻海
碧落碑

演變

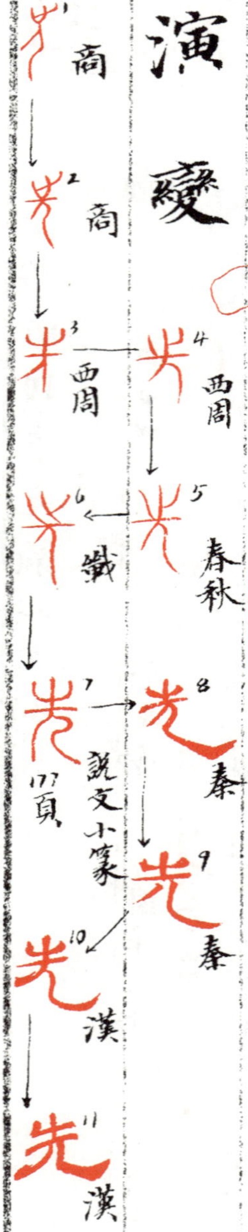
1 商
2 商
3 西周
4 西周
5 春秋
6 戰
7 說文小篆 177頁
8 秦
9 秦
10 漢
11 漢

釋義 許慎  前進也，从儿，从之。凡先之屬皆从先。臣鉉等曰：之人上是先也。穌前切

陳按 甲骨文从止（或从之），从人，用為先後之先。

六書 會意

附注

秃 他谷切，入，屋韻，透，屋部。

 金秃 漢印文字徵
  汗簡
 古文四聲韻
 集篆古文韻海

演變

1  說文小篆 177頁
2  漢
3  漢 蒼頡篇25

禿

釋義

許慎　禿　無髮也。从人，上象禾粟之形，取其聲。凡禿之屬皆从禿。王育說：蒼頡出見禿人伏禾中，因以制字。未知其審。他谷切

陳按　「禿」未見先秦古文字材料，目前形體最早見於秦印、陶文「穨」字所从，獨體目前最早則見於漢簡、漢印。段玉裁注：「其實秀與禿古無二字，殆小篆始分之。今人禿頂亦曰秀頂，是古遺語。」徐灝注箋：「秀讀曰透，聲轉爲禿，實本一字。穨（穨）从禿而漢隸作穨（穨）（魏王基殘碑），从秀，即其明證。」存參。二字是否爲一字分化，有待更早、更可信的字形來證佐。禿頂之義爲假借，本義待考

六書

附注

見

1. jiàn 古電切、去、霰韻、見、元部
2. xiàn 胡甸切、去、霰韻、曉、元部、

商 甲2124

商 前1.27.1

周 早見尊

周 中𥂕盤

春戰 侯馬185:3

侯馬18:5

侯馬156:24

侯馬3:22 以上四字或為視 戰文編575頁

戰、晉中山王嚳壺 或為"視"

戰、楚 信2.13

秦 睡 秦176

西漢 老子甲 後179

西漢 定縣 竹簡34

禾成見平

貳侯道

王見

高見

以上三字 漢印文字徵

史晨奏銘 臣伏見臨 辟雍日

晉太公呂望表 其後文王見大公而訓之

汗簡

古文四聲韻

集篆古文韻海

演變

1 商

2 商

3 西周

4 西周

5 西周

6 戰

7 說文小篆 177頁

8 秦

9 秦

10 漢

11 漢

釋義

許慎  視也。从儿、从目。凡見之屬皆从見。古甸切

陳按 甲骨文以跽之「人」上著一大目示人用目以視之形，西周早期金文承之，中期開始下部所从之變為，晚期已與秦漢文字形近。裘錫圭甲骨文中的見與視一文全面分析「見」、「視」二字甲、金文形體、用法上的區別，肯定下作跽坐形者為見，下作立人形者為視()。但書手實際使用並非這般嚴格區別，故春秋戰國時，二字混同，「視」字才多改从「氏」(或从氐「」)、从「示」聲，而「見」下部亦始作立人形。另，「現」與「見」同源，二字旁紐疊韻，先秦兩漢典籍中「見」常用為「現」。廣韻：「現，俗見字」。「見」、「現」在顯示的意義上實為一詞。另外，「見」、「視」、「觀」、「睹」、「看」五字，「視」表看的動作，一般從近處看；「見」表視覺行為結果(不一定主動看，「視」則主動，但不一定看到結果)。「觀」、「睹」異体，與「見」同義，少用。「看」為探望義

六書

會意

附注

覞

弋照切，去笑韻，喻四，藥部。

汗簡

古文四聲韻

演變

說文小篆 → 覞

釋義

許慎  竝視也。从二見。凡覞之屬皆从覞。弋笑切

陳按 「覞」字未見先秦兩漢考古文字材料，其構形本義不明。許君云「竝視」，饒炯部首訂：「竝視，非二人同視一物，謂二人相對為視也。」另《廣韻》云：「覞，普視」，則「覞」與「耀」同音，義亦相關。光耀則普照衆物。

六書

會意

附注

欠

去劒切、去、梵韻、溪、談部

商、鄴初下 32.8

商、甲3129

商、明1880

周早、欠父丁爵

西漢、一號墓竹簡231

汗簡

古文四聲韻

集篆古文韻海

演變

1 商

2 商

3 西周、吹方鼎「吹」所从

4 西周、史次鼎「次」

5 戰國、中山王𠤮壺「歙」所从

6 說文小篆 179頁

7 秦、睡甲139頁「欲」字所从

8 漢

9 漢、定縣竹簡42「欲」所从

釋義

許慎

張口气悟也。象气从人上出之形。凡欠之屬皆从欠。去劒切

陳按

「欠」，甲骨文象人張口出氣之形，西周至秦代考古材料罕見獨體「欠」字，但偏旁習見，字形皆無甚變。段注謂「打呵欠」，張舜徽約注：「即今語所謂呵欠也。凡人坐久思寐，或疲困時皆然。」另說文小篆上部把「口」形訛為三曲筆作「」，以為氣字。李陽冰改說文篆形作「」，符合古文

字形體，誠為卓識，惜釋形不夠精確。徐鍇說文繫傳·祛妄：「陽冰云：『上象人開口，下象氣昨从人，所謂欠去』，許氏擅改作欠，無所據也」。臣鍇以為：陽冰作，蓋按李斯等象（苗夔說文繫傳校勘記謂象為篆之訛），古文多互體，雖有从彐者，其下亦是人字，且人之欠去，氣並上出不下流，安得氣在彐下？陽冰在許慎之後，所見雖博，猶應不及於慎，今之所說，無乃偏執之論乎？」李旭昇新證：「日本留學大唐僧人空海撰的篆隸萬象名義130頁所收「坔」字（），右上「欠」形上部雖然已經訛為三斜筆，但下部還沒有累增一筆，係介於秦文字和說文篆形的中間字形，但同頁所收「坎」字（）右旁「欠」形已經和說文篆文的結構完全一樣了，由此可知唐朝保留的篆形仍有不少珍貴可從的部分」。

六書

會意，或以為象形

附注

卷八　欠

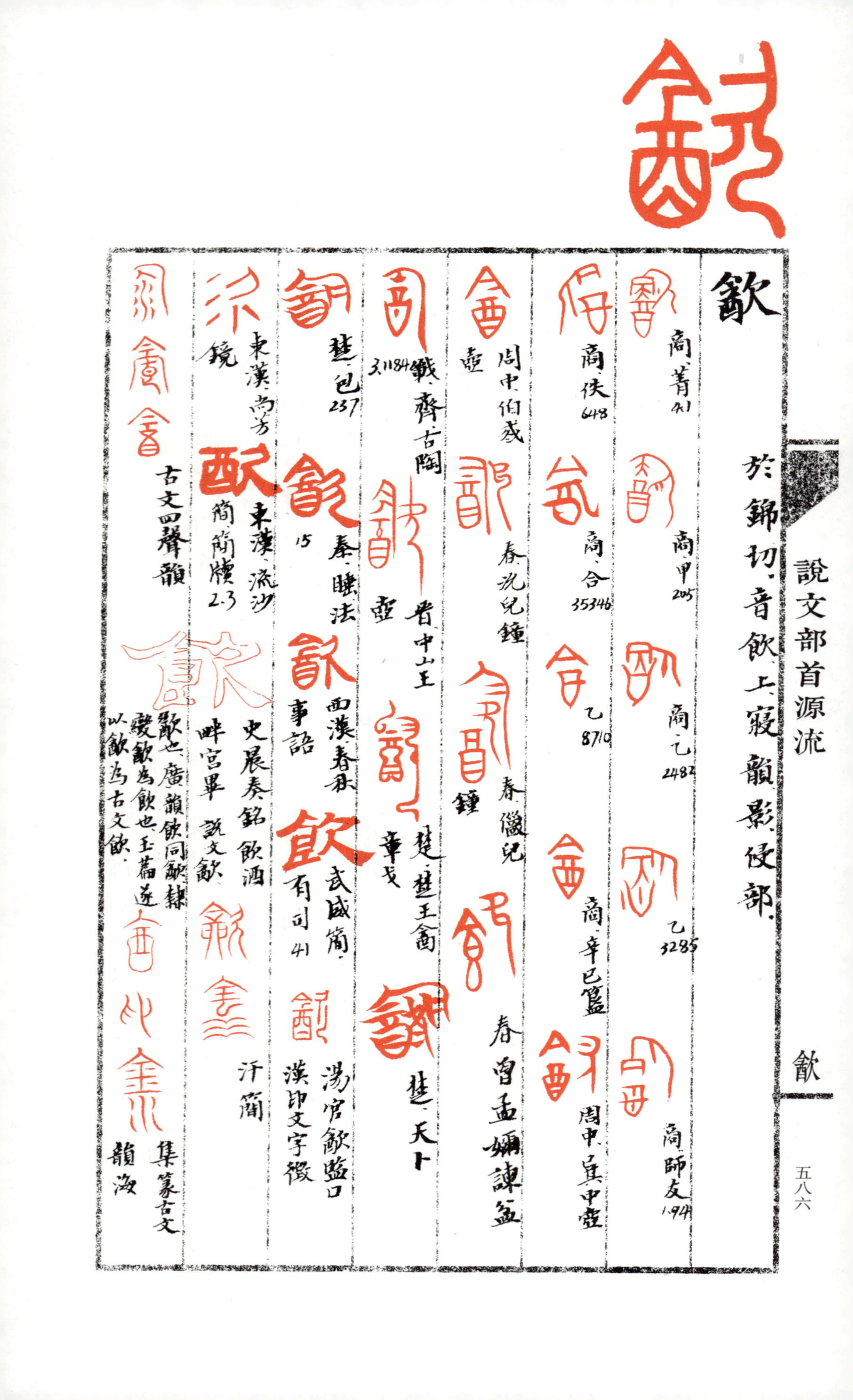

㱃

於錦切。音飲。上。寢韻。影。侵部。

商。菁4.1
商。甲205
商。乙2482
乙3285
商。師友1.94

商。佚648
商。合35346
乙8710
商。辛巳簋
周中。眞中壺

周中。伯戔壺
春。沇兒鐘
春。儠兒鐘
春。曾孟嬭諫盆

戰。齊古陶3.1184
晋。中山王壺
楚。楚王酓章戈
楚。天卜

楚。包237
秦。睡法15
西漢。春秋事語
武威簡。有司41
湯官飲監口　漢印文字徵

東漢。尚方鏡
東漢。流沙簡牘2.3
史晨奏銘飲酒　畔宮畢　說文㱃。
汗簡

古文四聲韻
㱃也。廣韻歓同㱃。隸變歓為飲也。玉篇遂以飲為古文㱃。
集篆古文韻海

演變

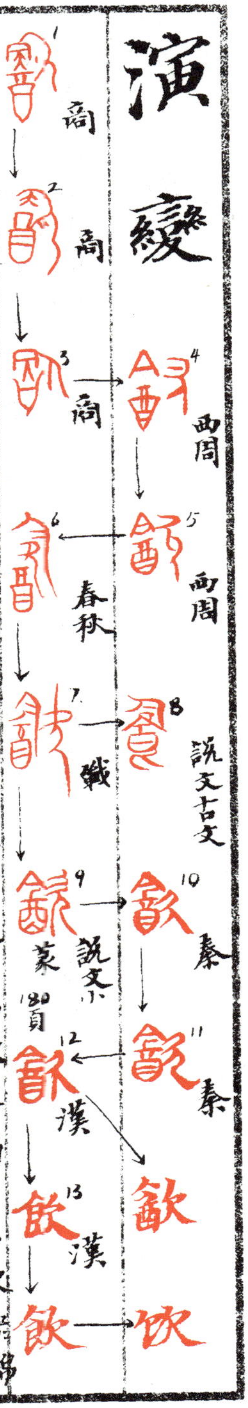

釋義

許慎：歠也。从欠酓聲。凡㱃之屬皆从㱃。於錦切。古文㱃从今水。古文㱃从今食。

陳按：甲骨文像人俯首伸舌捧尊就飲之形。西周金文將「口」形及「舌」形訛為「今」（李孝定《甲骨文字集釋》：「以㱃音近於今，而到舌形又與今字形似，故篆文遂譌从今耳」），與「人」形分離，「人」形變為「欠」。且有省形作「酓」。今「㱃」、「酓」皆廢，只通行「飲」字。

六書

會意

附注

次

涎

夕連切、平、仙韻、邪、元部

商、合30715

合28053

合19945

西周、史次鼎

汗簡

古文四聲韻

集篆古文韻海

演變

商

↓

說文小篆 180頁

↓

次

釋義

許慎  慕欲口液也，从欠，从水。凡次之屬皆从次。叙連切 、次或从侃。 籀文次。

陳按

甲骨文或象口液外流，或象口液滋生于口內，或象用手拂口液形，故後世形人貪饕，以垂涎為言。「涎」字最遲見於東漢碑文（涎 鮮于璜碑）。次、涎當為古今字。（另从欠，二聲，說文訓「不前不精也」之「次」字，其構形學界尚無定論，、諸字，或釋為「次」，或釋為「次」。）

六書

會意

附注

旡　居豙切、去未韻、見、物部、

 商、前4.33.5

 商、庫1945

 汗簡

 集篆古文韻海

演變

 1. 商

↓

 2 說文古文

↓

 說文小篆181頁

↓ 旡

釋義

許慎  歙食气屰不得息曰旡、从反欠、凡旡之屬皆从旡、居未切、、古文旡、隸作旡、

陳按

甲骨文象一跪坐之人吃飽飯扭頭張口打嗝形、篆文訛誤、

張舜徽約注：湖湘間稱為打格(嗝)、格即旡之雙聲語轉。

許君以為飲食气逆哽塞、字源774頁旡：「甲骨文中欠字正反無別、都是欠字、大概到了西周中晚期(从詩經、大雅、桑柔開始)、从反寫欠者與从正寫的欠字在詞義上有了區別，以反寫的欠（即旡）表示「逆气」。

六書　會意

附注

說文解字第九

四十六部

頁𦣻面丏首𥄉須彡彣文髟

后司卮卩印色卯辟勹包茍

鬼甶厶嵬山屾屵广厂丸危

石長勿冄而豕㣇彑豚豸𤉡

易象

頁

胡結切。入屑韻。匣質部。

商。乙8780
商。坊2.198
周中卯簋
戰。燕。璽彙308
楚。包牘1
楚。信2.17
楚。仰25.22
東漢。曹全碑陰
汗簡
古文四聲韻

演變

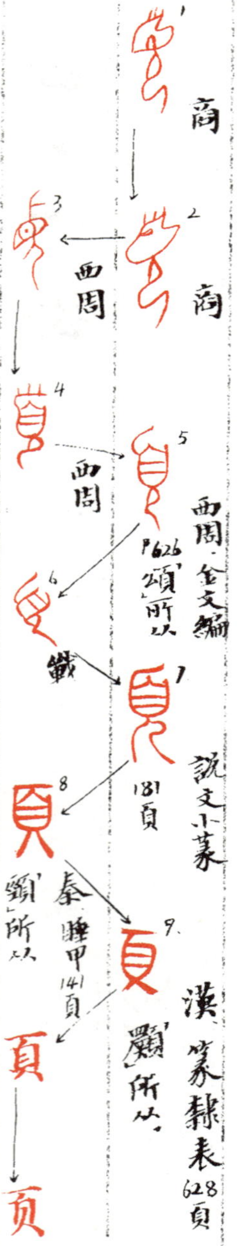

釋義

許慎

頭也。从百，从儿。古文䭫首如此。凡頁之屬皆从頁。百者，䭫首字也。胡結切

陳按 「頁」，甲金文从卩，从首，象一跪坐之人，而突顯其頭部，故其本義當指頭。甲骨文「頁」用作本義，如《合集》22215：「中毋五（子）」。古「頁」與「首」應為一字，其別乃「頁」下有身。大徐音「胡結切」，王念孫、王筠、朱駿聲皆疑之，是也。後借作書冊紙張的量詞，音yè，本作「䈎」，亦作「葉」。

六書 象形

附注

百

書九切、上、有韻、書、幽部

商、柏23

戰、楚曾89

汗簡
百亦首字

演變

說文小篆
184頁
↓
百

釋義

許慎  頭也、象形、凡百之屬皆从百 書九切

陳按 古文字中「百」與「首」音、形、義皆同、實為一字、許君分為二字、乃部首之需、李孝定甲骨文字集釋：古文頁、百、首當為一字、頁象頭及身、百但象頭、首象頭及其上髮、小異耳」。可參看「首」部、傳世文獻未見「百」字用例、皆用首字

六書

象形

附注

面

彌箭切，去，線韻，明，元部。

商，花東 113

周中，師遽方彝

戰，楚包 271

楚，天，策

秦，睡，法 204

西漢，武威簡，百詞 7

東漢，熹，易說卦

西狹頌 面縛二千餘人

曹全碑 和德 面縛 歸死

汗簡

古文四聲韻

集篆古文韻海

演變

1 商

2 西周

3 戰

4 戰

5 秦

6 說文小篆 184 頁

7 漢

8 漢

9 漢

10 漢

11 漢

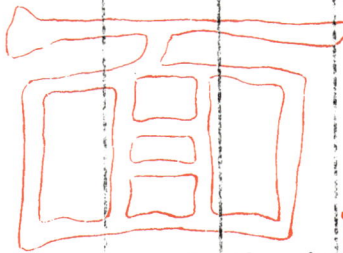

釋義

許慎  顏前也，从百，象人面形。凡面之屬皆从面。彌箭切

陳按　甲骨文从首（頁），以曲筆指示面部。（見黃天樹花園莊東地甲骨中所見的若干新資料）金文承之作从百，以為指事符號。其本義為顏面，即臉。左傳哀公十六年："子西以袂掩面而死"。又引申為當面、前面、見面等義。

六書

指事

附注

丏　彌殄切，上，銑韻，明，元部。

 汗簡　 古文四聲韻

演變

丏 春秋、石鼓2（文「沔」所从）→ 丏 戰、古文典3（P1078「沔」所从）→ 丏 說文小篆（184頁）→ 丏

釋義

許慎 丏 不見也。象壅蔽之形。凡丏之屬皆从丏。彌兖切

陳 按 「丏」字未單獨見於先秦古文字資料，亦不見於傳世文獻，不知其用法如何。甲骨文 丂（京都2158）字，文編釋「亢」，屈萬里釋「萬」，姚孝遂「字隸當作「丂」」，林義光文源以為即說文訓為「不見」「丏」之初形，雙聲旁轉為「萬千之萬」，其說是對的。契文「𡧊」（賓 𡧊）即从「此」。郭店·唐虞之道簡27：「丏勿（物）虐（皆）訇」。丏原釋「宄」。裘錫圭先生於郭店注33中云：「裘按：或疑此字本應作「丏」（即說文「丏」字），讀為萬。」另戰國文字 丏 齊貨系2625 丏 4469 晉璽彙 丏 4418，應為「丏」字，訛變為丏。何琳儀戰國古文字典「沔」字下（1077-1078頁）：「丏，从乚，丂聲。說文：「乚，匿也，象迟曲隱蔽形，讀若隱（267頁），於謹切。」「丏，不見也，象壅蔽之形，彌兖切。」」此說甚確。

六書

形聲。或以為指事

附注

首

書九切，上，有韻，書，幽部

商，花東304

花東446

商，乙3401

周早，沈子它簋

周中，師酉簋

周晚，芾伯簋

戰，晉，貨系5718

楚，包269

楚，天策

楚，曾89

秦，廿六年詔權

西漢，一號墓竹簡195

西漢，老子甲4

萬青首

呂犀首印 以上二字漢印文字徵

詔權

黔首大安

遷郭石

孔龢碑 稽首言

曹全碑 寧黔首

魏王基殘碑 斬首萬計

汗簡

古文四聲韻

集篆古文韻海

演變

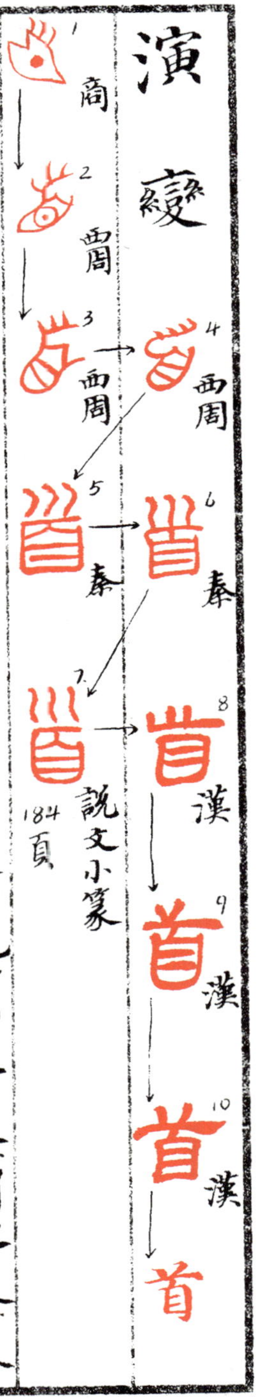

釋義

許慎  百同。古文百也。巛象髮，謂之鬊，鬊即巛也。凡𦣻之屬皆从𦣻。書九切

陳按 古文字象人頭之形，上有髮。戰國文字部分「首」將頭髮訛成「止」。甲金文中多用作「頭」義，乃其本義。如合集24956：「王疾首」，指王頭部有疾。虢季子白盤：「折首五百」。因「首」為人體最重要部分，故可代指於處中心的人物或事物。如首長、首都。又引申為初始開端。

六書

象形

附注

県

古堯切，平，蕭部，見，宵部，

汗簡

古文四聲韻

集篆古文韻海

演變

說文小篆

184頁

釋義

許慎

到首也，賈侍中說此斷首到縣県字，凡県之屬皆从県。

陳按

古堯切

「県」字未見古文字材料，文獻中亦罕見用例，多以「梟」字為之。秦漢文獻習見「梟首」，本字當作「県首」。「県」應是「首」字倒寫，會倒懸人首之形。或以為从縣省，「県」即古「縣」字，後作「懸」。今簡化作「悬」，亦取倒首之義。玉篇県部：野王謂：縣首於木上竿頭，以肆大辠，秦刑也」。字或造於秦時。

六書

會意，或以為象形。

附注

須　相俞切，平，虞韻，心，侯部。

商乙2661反

盨
周晚，易弔

戰，楚，包88

楚，曾8

戰，須盉生鼎

秦，睡，日甲71背

睡，秦87

西漢，馬，老子乙前20上

張須

時翁須

竇君須
漢印文字徵　以上三字

東漢，孔龢碑

東漢，流沙簡補遺2.8

汗簡

古文四聲韻

集篆古文韻海

演變

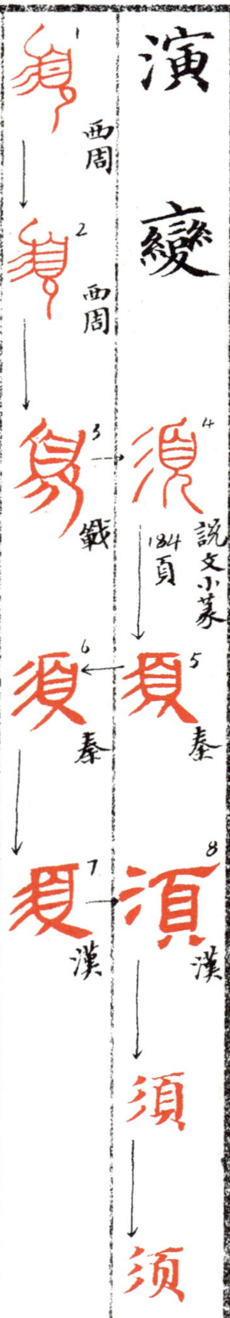

釋義

許慎  面毛也。从頁，从彡。凡須之屬皆从須。臣鉉等曰：此本須鬢之須。頁，首也；彡，毛飾也。借爲所須之須。俗書从水，非是。相俞切。

陳按　金文象人面長鬍鬚形，戰國、秦漢文字形體相承，爲「鬚」初文。後借爲「必須」、「等待」諸義。「段注」改「面毛也」爲「頤下毛」，并云：「須在頤下，髭在口上，髯在頰，其名分別有定。」存參。

六書

象形

附注

彡　所銜切，音衫，平，銜韻，審（生、心紐）、侵部。

彡，思廉切，奇字亦為三，汗簡　集篆古文韻海

演變　說文小篆184頁　

釋義　許慎：毛飾畫文也，象形。凡彡之屬皆从彡。所銜切

陳按　考古出土文字目前未見「彡」字獨體，偏旁習見，甲870朱書有「」字，用為彤祭之形。許君謂「毛飾畫文」，尚有待更早材料證明。「彡」是否為成文的字，或部件、飾筆，難以斷言。

六書　象形

附注

彣

無分切，平，文韻，微，文部。

戰，包山203

戰，璽印3

汗簡

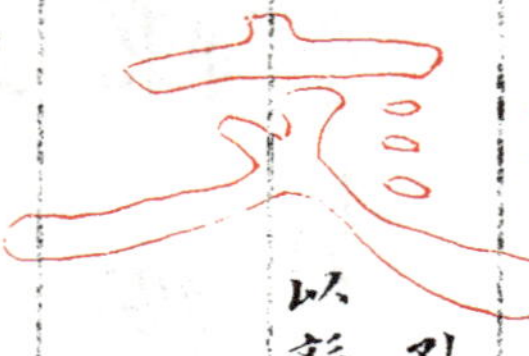

孔廟碑

以彣脩之

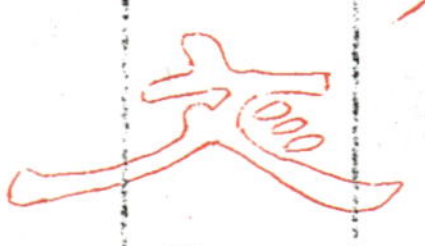

禮器碑側

彣陽公百煇

演變

1.  戰
↓
2.  戰
↓
3.  說文小篆
↓

釋義

許慎  戫也，从彡，从文。凡彣之屬皆从彣。無分切

陳按

「彣」最早見於戰國文字。許君以為「戫也」，段注：「有部曰：『戫，有彣彰也。』是則彣彰謂之彣。」文、彣古今字。詳見「文」部。

六書

形聲

附注

文

無分切，平，文韻，微，文部。

商甲3940

商乙6821反

商後1.19.7

商婦闟觥

周早旂鼎

周早能匋尊

周早商卣

周早且丞卣

周中彧簋

周晚㝬鐘

周晚此簋

周晚伯家父簋

周晚師害簋

周晚訇簋

春晚蔡侯𩕩盤

戰齊古幣23

燕璽彙12

晉中山王譽壺

楚包42

楚上1.1.1

秦睡編4

文陽丞印

漢氏文園宰

張文孟繼

魏子文

文動

王文 以上六字

漢印文字徵

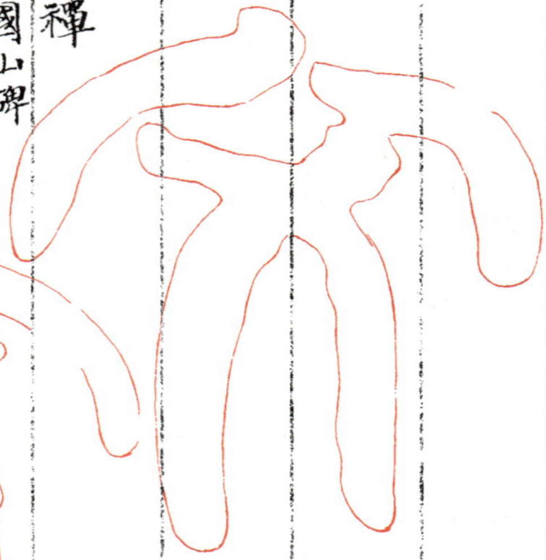

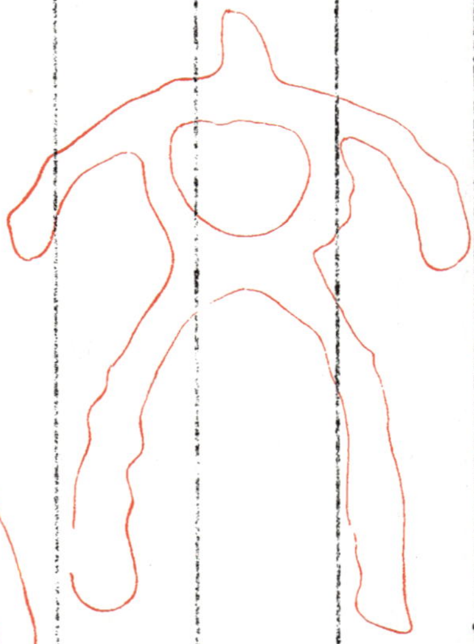

開母廟石闕

則文燿

以消搖

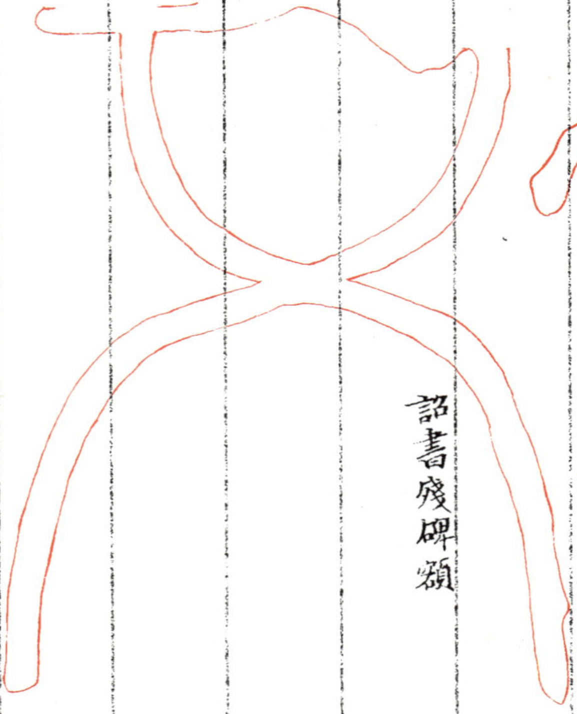

詔書殘碑額

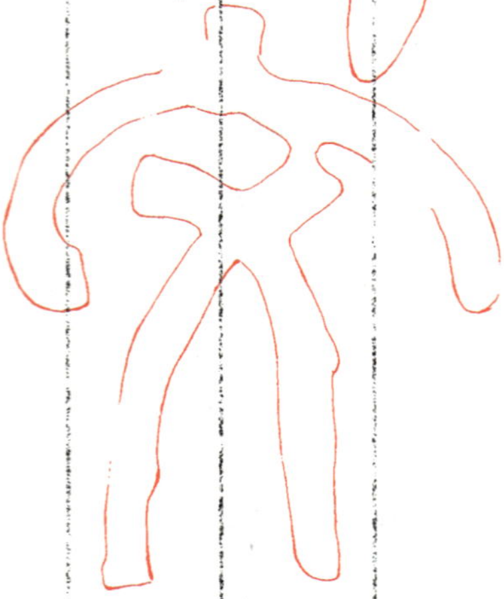

禪

國山碑

文曰吳真

口帝文朿

明發

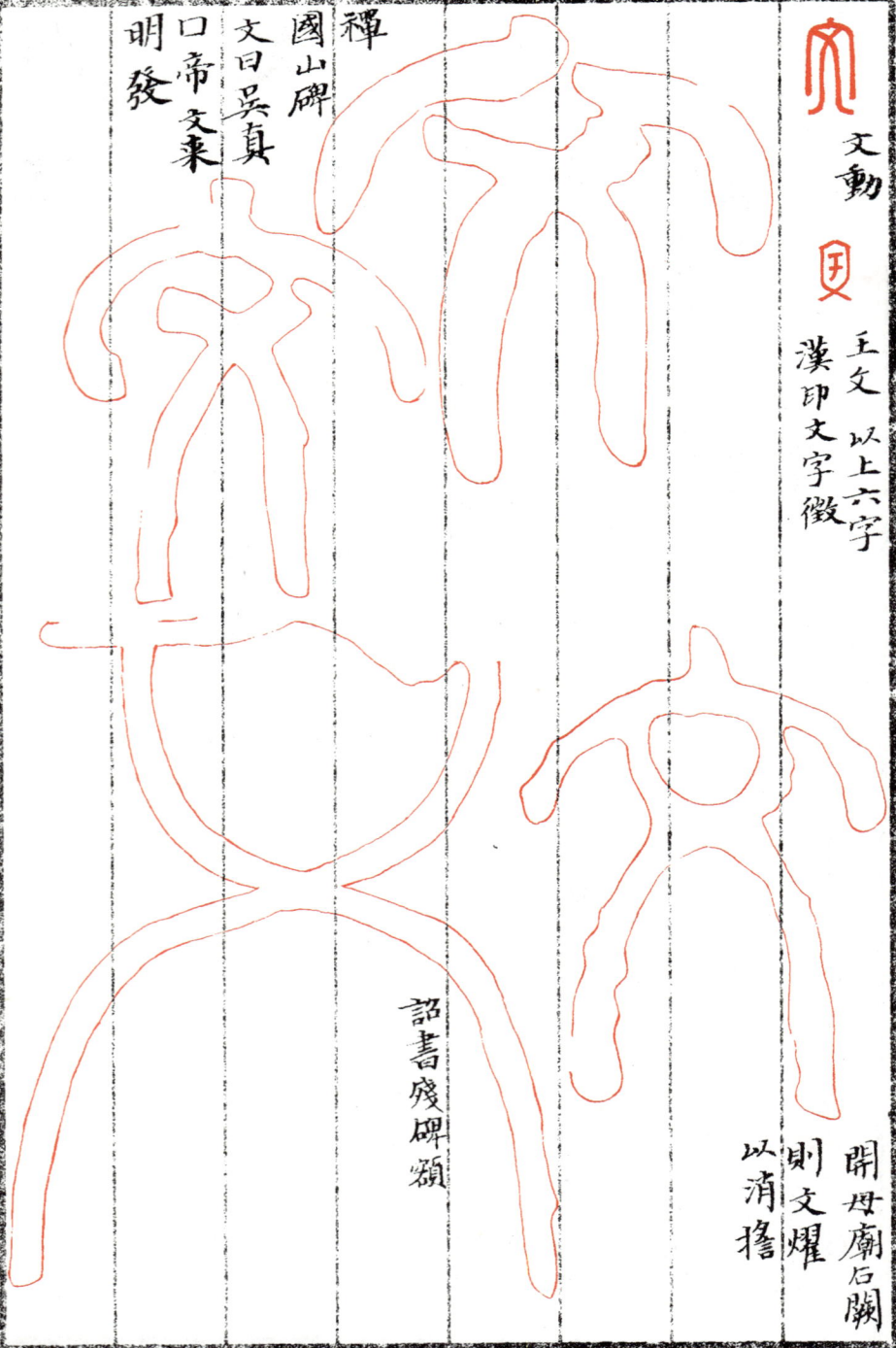

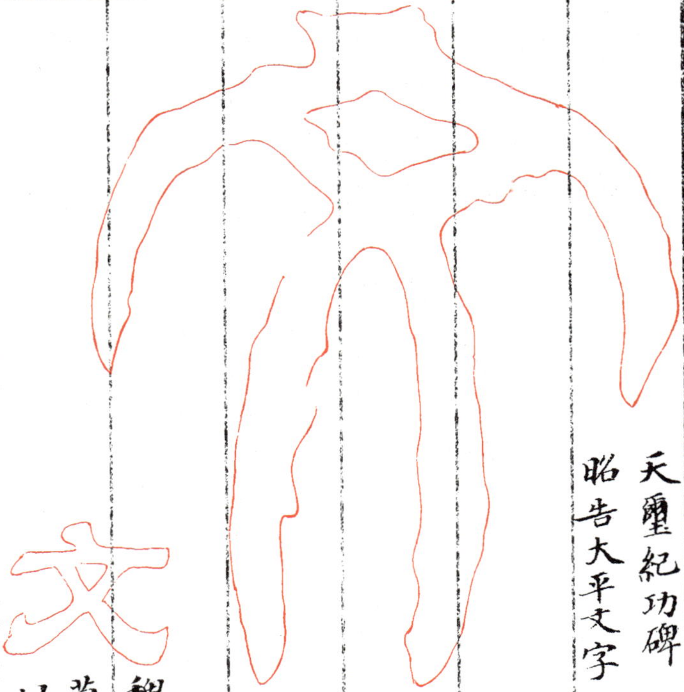

天璽紀功碑
昭告大平文字

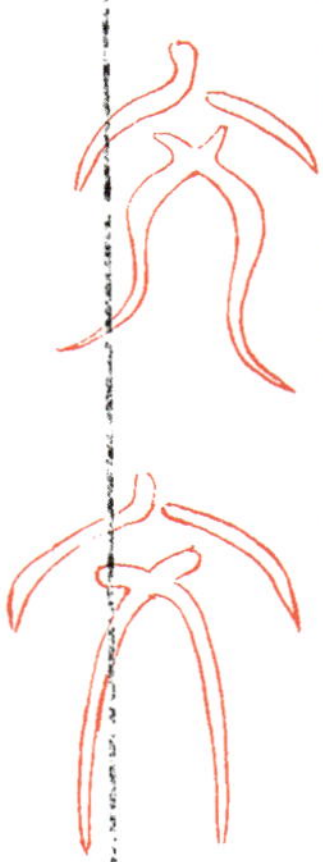

石經文公
文公第六

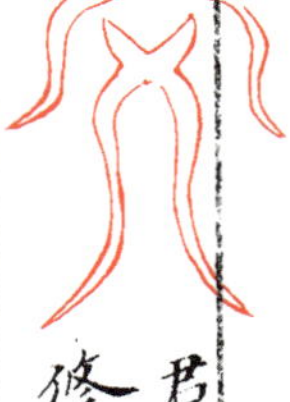

君奭 惟文王尚克
修和我有夏

史晨後碑
文陽馬琮

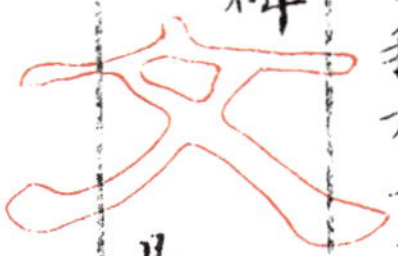

孔龢碑鮑
疊字文公

魏封孔羨碑
莫不采其文
以述作

竹葉碑陰辭
曹史文陽口口

汗簡

古文四聲韻

集篆古文韻海

演變

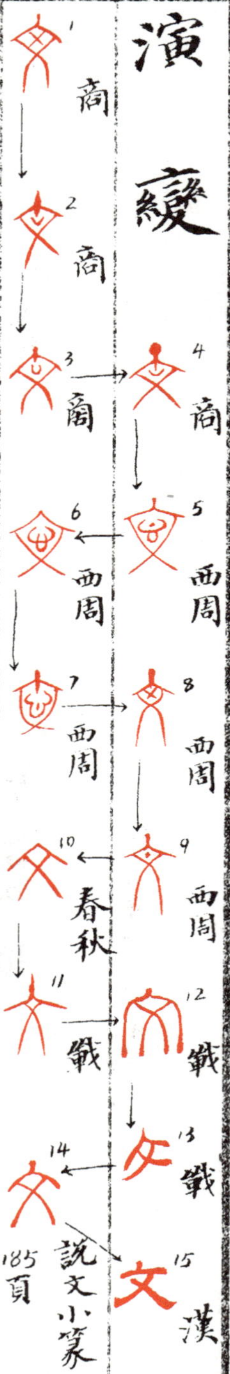

釋義

許慎 錯畫也，象交文。凡文之屬皆从文。無分切

陳按 甲、金文象一正立之人胸前有花紋之形，其紋飾以心形最普遍，古今學者皆以為其本義是紋身，典籍亦頗多用例，如莊子・逍遙游「越人斷髮文身」，上博簡・孔子詩論「文」或加「口」為飾，與「吝」不同。另，金文有此字形（等）與「寍」接近。故尚書中「文王」往往誤作「寍（寧）王」，王懿榮、吳大澂等人以古文字校正為「文王」。此外，白於藍師釋紋一文亦可讀，以助眼界。

六書

象形

附注

髟

甫遙切，集韻卑遙切，音彪，平，宵，封帛幽部。

商，合14294

商，京都345

商，合3074

商，合28029

商，合14295

商，父乙髟莫觚

商，孤竹父丁罍

周早，克罍

周早，克盉

周中，史牆盤

周，髟生鼎

戰，楚，郭，成22

汗簡

古文四聲韻

集篆古文韻海

說文小篆

185頁 髟

演變

釋義

許慎 長髮猋猋也，从長从彡。凡髟之屬皆从髟。必凋切，又所銜切

甲、金文中舊釋為「光」字之形，林澐〈釋史牆盤銘中的「逖虘髟」〉說飄風〉、陳世輝〈牆盤銘文解釋〉釋作「髟」，从人从長髮，

陳按 象人長髮飄蕩之狀，或是「髮」字初文。从髟之字，本義皆於毛髮有關。

六書

象形。說文以爲會意

附注

后

胡口切、音厚、上厚韻、匣侯部。

春晚、吳王光鑑

戰、晉兆域圖

西漢、老子乙前一下

后禹之印

后良之印

后可戝

朔寧王大后璽

皇后之璽　以上五字

漢印文字徵

西狹頌　赫赫明后

開母廟石闕　格釐我后以萬祺

禮器碑側　築壽文后

曹全碑　懿明后

后 石經尚書殘碑

后 魏封孔羨碑 彬彬我后

后 汗簡

后 古文四聲韻

后 集篆古文韻海

演變

1. 后 春秋
2. 后 戰
3. 后 戰
4. 后 戰
5. 后 說文小篆 186頁
6. 后 漢
7. 后 漢
8. 后 漢
9. 后 漢

后

釋義

許慎 后 繼體君也。象人之形。施令以告四方，故厂之，从一口。發號者，君后也。凡后之屬皆从后。胡口切

陳按 「后」始見春秋晚期金文。字形向右為「后」，向左為「司」，而甲骨文中左、右無別。故「后（商）」字，學者或釋后，或釋司，唐蘭則主張「后」「司」古本同形（詳見安陽殷墟五號墓座談紀要），裘錫圭从之，並謂「司」為「好年長」者之稱（說「姛」）。李孝定亦以為「后」「司」同一字。另，甲骨文「（商．甲818）」、「商．甲444」、「商．前1.30.5」、「商．甲2502」等字，即「毓」字，象女子育產子之形。但在甲骨文中常用同「後」。王國維認為即「后」字。羅振玉增訂殷虛書契考釋引王說：「產子為此字之本誼，又……諸形，皆表倒子立人後，故引申為先後之後，又引申為繼體君之后。」又：「后字本象人形，厂當即人之譌變也，后字之誼

本从毓誼引申，其後產子之字專用毓育之形，繼體君之字專用形。遂成二字，又譌為后」。其本義待考。

六書

會意

附注

司

息慈切，平之韻，心之部

商，粹430

商，甲241

34.7 商，鄴三下

鄴三下46.9

周中，牆盤

戰，齊，璽彙33

燕，璽彙12

晉，盜壺

楚，包130

秦，睡，法8

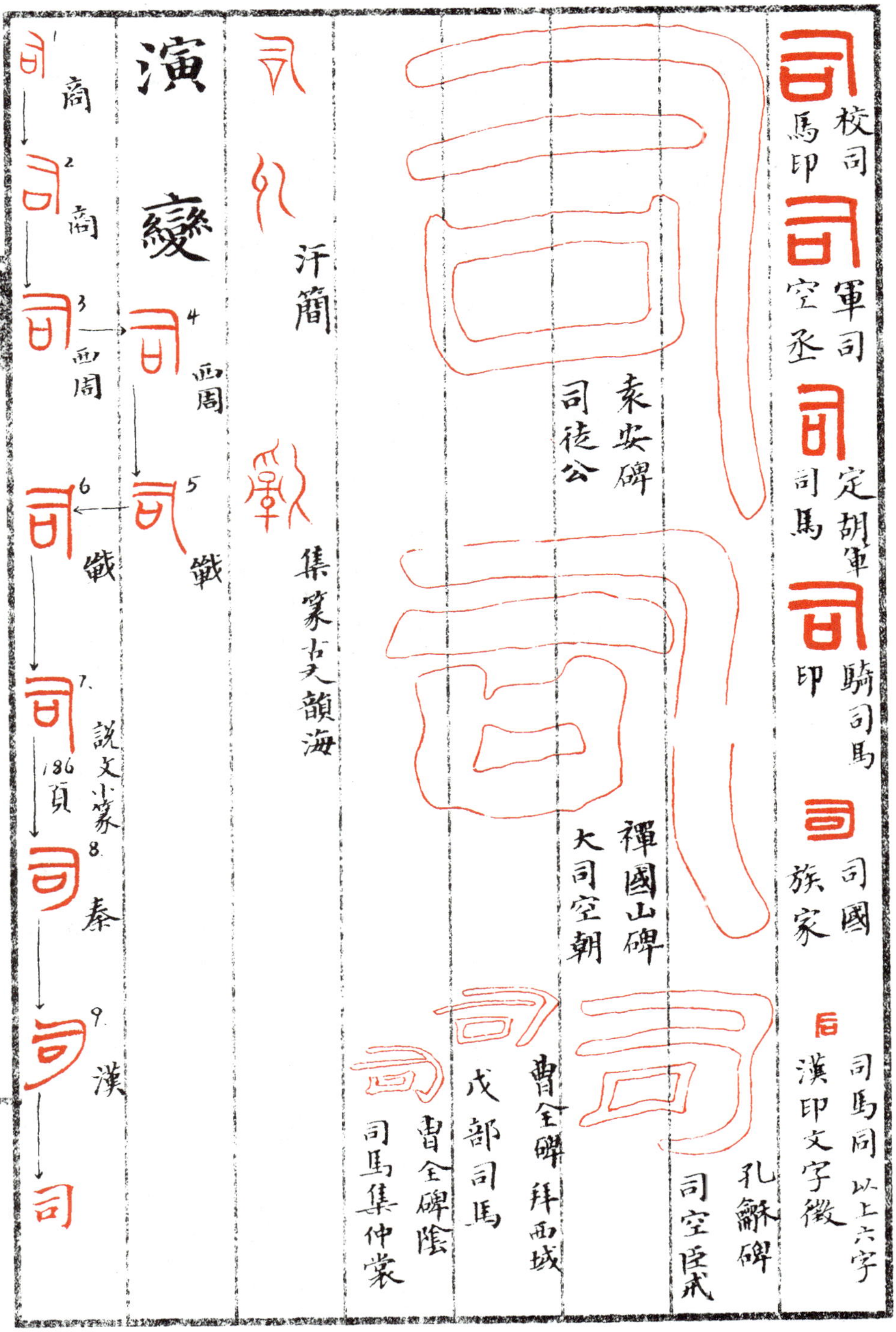
校司馬印
軍司空丞
定胡軍司馬
騎司馬印
司國族家
司馬司 以上六字 漢印文字徵
孔龢碑 司空臣戒
袁安碑 司徒公
禪國山碑 大司空朝
曹全碑 拜西域 戊部司馬
曹全碑陰 司馬集仲裳
汗簡
集篆古文韻海
演變
1 商
2 商
3 西周
4 西周
5 戰
6 戰
7 說文小篆 186頁
8 秦
9 漢

釋義　許慎　　臣司事於外者，从反后，凡司之屬皆从司。息茲切

陳按　「司」字甲骨文从「ㄋ」从口，多用為「祀」或「祠」。構形本義未有定論，季旭昇以為「ㄋ」象權杖之類，故有職司，主宰之義。金文或用為「嗣」、「事」。石鼓文作逢有如下一字：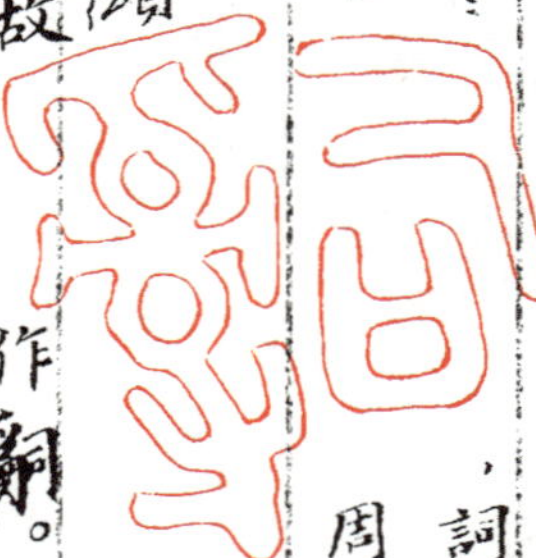，詞例：「衛追我嗣」。商承祚石刻篆文編：「司與嗣為一字，又通辭，金文同」。西周金文釋主管、主宰之義，多用「嗣」，戰國金文方用「司」表「主管」義。「嗣」从𤔔，象以手治絲之形，故有治管之義，而「嗣」則「司」則無。高鴻縉頌器考釋：「商時有司字，从口从又省，會掌管意，周人加意符𤔔，故作「嗣」。「嗣」當係「司」之分化。後世又合併。

六書　會意兼形聲，或構形不明。

附注

巵

巵

章移切，音支，平，支韻，照三，支部。

西漢、馬一號墓竹簡179

西漢、馬 相馬經17下

滿城漢墓巵錠

汗簡

古文四聲韻

集篆古文韻海

演變

1. 
說文小篆 186頁

2. 
漢

3. 
漢

釋義

許慎 
圜器也。一名觛，所以節飲食。象人，卪在其下也。易曰：「君子節飲食」。凡巵之屬皆从巵。章移切。

陳按 「巵」、「卮」同字，未見於先秦古文字，其構形本義待考。許君以為是一種圓形酒器。戰國文獻習見其字，用例一參據桂馥說文義證等。

六書

說文以為會意

附注

卩

卩　子結切，音節，入屑韻，精質部。

 商、甲2451

 商、乙9077

 商、後2、24、3

 424 戰、晉貨系

 戰、璽彙4826

 居延簡乙10.2

 古鏡圖録 張氏鏡

演變

1 商

2 商

3 商

4 說文小篆 186頁

5 戰

6 戰

7 漢

釋義

許慎  瑞信也，守國者用玉卩，守都鄙者用角卩，使山邦

者用虎卩、土邦者用人卩、澤邦者用龍卩、門關者用符卩、貨賄用璽卩、道路用旌卩、象相合之形、凡卩之屬皆从卩。子結切

陳按

「卩」乃「跽」本字。甲、金文皆象一跪跽人形側面，即「令」「命」「服」諸字從之。許君以為「瑞信也」，即符節字，所舉八卩，今本周禮、掌節皆作「節」。字書（玉篇、集韻等）多承說文，以為「卩」「節」乃古今字。屈萬里殷虛文字甲編考釋：「此與說文之卩字，形雖相似，義實懸殊，疑此乃跽之初文，當作卩，說文以為瑞信者，蓋後起之義也」。

六書

象形

附注

印

於刃切．去震韻．影．真部．

商．乙112

商．佚637

商．前5.39.2

周晚．毛公厝鼎

春．曾伯霥簠

戰．秦璽 彙151

戰．秦．十鐘

西漢．馬老子甲86

校尉之印

告免印

脩故亭印

軔印

楊尚脩印

君孺信印

臣食其印

訾印子兵

軍曲侯丞印 以上見漢印文字徵

夏承碑

魏王基殘碑

禪國山碑

印綬

典據

贈以東武侯璽印綬

玉印

集篆古文韻海

汗簡

古文四聲韻

演變

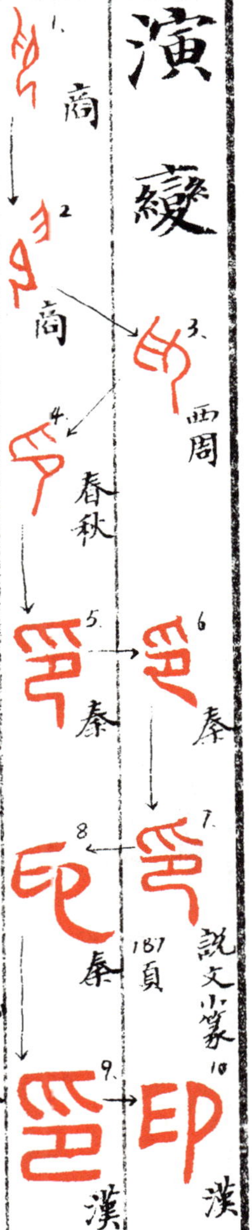

釋義

許慎  執政所持信也。从爪、从卩。凡印之屬皆从印。於刃切

陳按 甲、金文从爪、或从㕚。按壓人上(卩)而使之跪蹲之狀。當即「抑」之初文。許君以為印信、璽印之印、乃後起引申義。馬王堆帛書、老子甲本及乙本皆有「高者印(抑)之、下者舉之」句。「印」作「抑」意。後專用「抑」表壓抑。由按壓本義引申、在事物上留下痕迹也稱「印」。金文中有表「安撫」義、如曾伯簠「克狄(敵)淮尸(夷)、印(抑)燮繁湯」、表示能抵禦淮夷、安撫繁湯、顯示國家強大。另、印、卬、學者多以二者本為一字。

六書

會意

附注

色

所力切，入，職韻，審三，職部。

春，鼄鐘

戰，楚，信1.1

楚，郭，五14

戰，楚，郭，語1.47

郭，語1.50

郭，語1.110

楚，包269

戰，秦，日甲69

日乙170

191

西漢，馬，戰

西漢，馬，星6

馬，老乙226

尹宙碑

史晨後碑

樿國山碑

立朝正色

作屋塗色

殊樿異色

石經，論語殘碑

子曰色難

汗簡

古文四聲韻

集篆古文韻海

演變

釋義

許慎  顏气也。从人从卪。凡色之屬皆从色。所力切  古文。

陳 按 「色」字目前最早字形見於春秋金文，从爪、从卪，左右並列，與「印」（上爪下卪）有別。李家浩以為楚國文字多以「印」為「色」。李旭昇以「爲」「色」是「归」的假借分化字，二字同韻，聲紐雖較遠，但《郭店·語叢一》簡110「

。」之「」（頪）字，裘錫圭於注22中謂「」疑是頤之訛字，讀為色」。此字當是說文古文之所本。（詳見說文新證737-738頁）據字書記載，「色」之本義是臉上的神情、氣色。

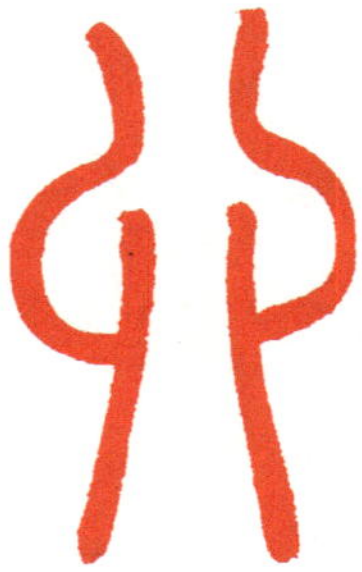

六書

會意、或以為假借分化指事字

附注

卯

去京切、平、庚韻、溪、陽部、

商、餘2.2

商乙1277

戰璽彙2091

演變

1、商、甲文編378頁“卿”所从
↓

2、金字編646頁“卿”所从
↓

3說文小篆187頁
↓
卯

釋義

許慎

事之制也。从卩卪。凡卯之屬皆从卯。闕。去京切

陳按

甲骨文象二人相向之形，當為鄉背之鄉字。本部所隸一字“卿”，甲骨文作，象二人對簋相向而食，為“饗”初

文。許君云"闕"。段注以為是"闕其音也"。又以為今說文音"去京切"，"蓋淺人肊以卿讀讀之"。故主張讀"子禮切"。

六書 會意

附注

辟 必益切，音璧，入，昔韻，幫，錫部。

商．乙6768

商．甲1046

商．簋人79

周早．盂鼎

周早．商尊

周晚．師害簋

戰齊．子禾子釜

晉．屬羌鐘

晉．梁十九年士智鼎

楚．郭．五47

秦．睡．秦185

西漢．孫臏43

西漢．馬．老子甲後336

老子乙前10下

西漢．西陲簡54.28

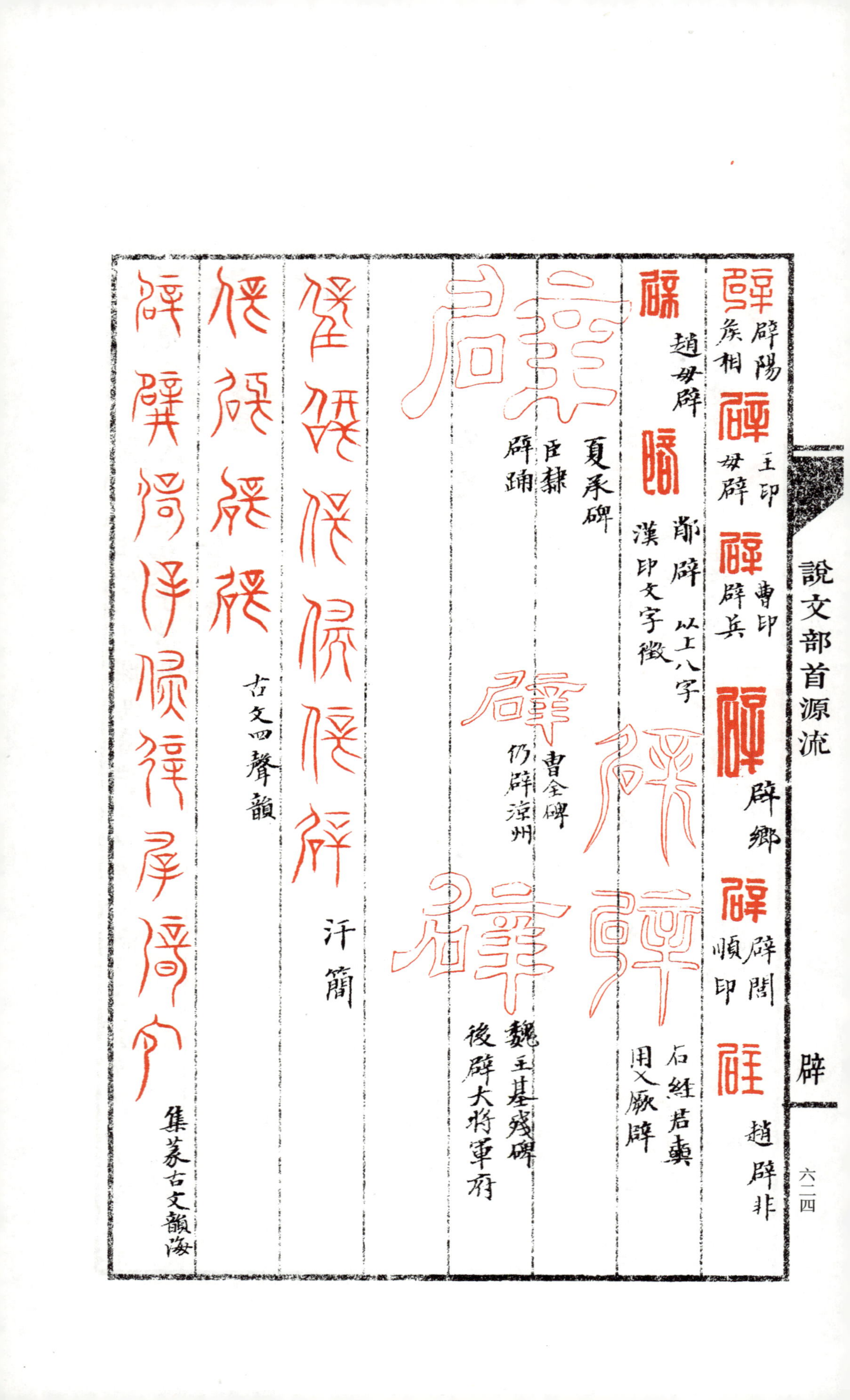

辟陽矦相

王印毋辟

曹印辟兵

辟鄉

辟閭順印

趙辟非

趙毋辟

鄧辟　以上八字

漢印文字徵

石經君奭

用乂厥辟

夏承碑

臣隸辟踊

曹全碑

仍辟涼州

魏王基殘碑

後辟大將軍府

汗簡

古文四聲韻

集篆古文韻海

演變

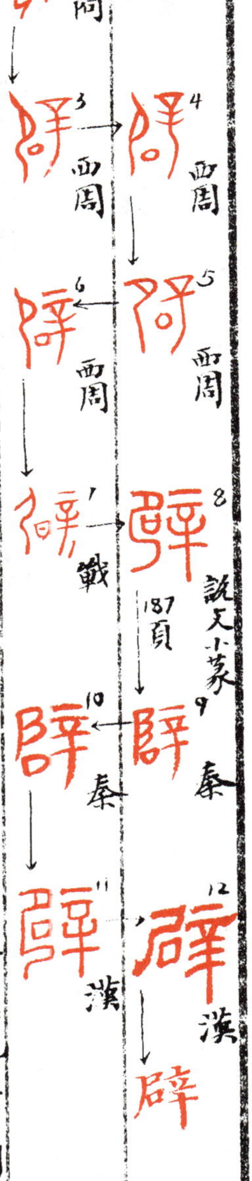

釋義

許慎  法也。从卪、从辛，節制其辠也；从口，用法者也。凡辟之屬皆从辟。必益切

陳按

甲骨文、西周金文皆从卪从辛（䇂），或加「〇」（璧）聲。辛（䇂）象彎的鐮刀類農具，是「乂」初文（裘錫圭），有治理之義，「辟」本義或是治理，牧簋：「（令女辟百寮）」。正用治理義。戰國驫羌鐘銘文訛从辛（䇂），象鑿子一類刑具，為說文所本。以為其本義乃刑法。

六書

會意

附注

勹

布交切，音包，平，肴韻，幫，幽部。

商，合14294

戰，齊陳侯因資敦

齊，陶彙3.616

燕，璽彙361

秦，璽彙5566

汗簡

古文四聲韻

演變

說文小篆 187頁

釋義

許慎：「裹也。象人曲形，有所包裹。凡勹之屬皆从勹。」布交切

陳按

甲骨文「勹」字象人側俯伏之形，當為「伏」本字。「伏」為奉紐職部字，「勹」為幫紐幽部字，聲韻俱近。其體參看于省吾甲骨文字釋林・釋勹鳧匍；裘錫圭釋鳧。

六書

象形

附注

包 布交切，平，肴韻，幫，幽部。

演變

秦，睡287

西漢，天文雜占，末上

西漢，孫臏157

公包可字小青 漢印文字徵

石經，論語殘碑

壺毛包周

汗簡

說文小篆188頁

秦

秦

漢

漢

漢

漢

漢

釋義

許慎

象人褢妊，巳在中，象子未成形也。元气起於子。子，人所生也。男左行三十，女右行二十，俱立於巳，為夫婦。褢妊於巳，巳為子，十月而生。男起巳至寅，女起巳至申。故男年始寅，女年始申也。凡包之屬皆从包。布交切

陳按 "包"古文字从巳（未成形之胎兒），从勹，勹亦聲。象胎兒裹於腹中。懷子之形。是"胞"字初文。

六書 會意兼形聲

附注

茍 紀力切，入，職韻，見，職部

商甲2581

商前8.7.1

周初，大保簋

周早，盂鼎

周早，何尊

春，楚子茍盤

戰晉璽彙4164

4467

璽彙5324

西漢，武威簡，燕禮48

汗簡

古文四聲韻

集篆古文韻海

演變

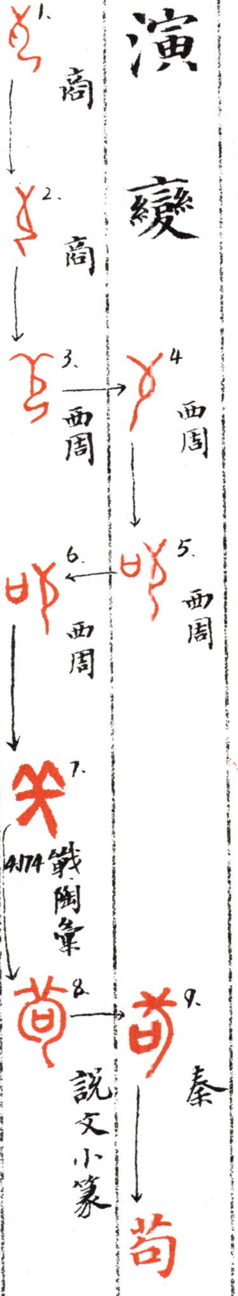

釋義

許慎  自急敕也。从羊省，从包省，从口，口猶慎言也。从羊，羊與義、善、美同意。凡茍之屬皆从茍。己力切 ，古文羊不省。

陳按 「茍」古文字从卩（象一人跪坐之形），上着某種飾物，構形本義不明，待考。郭沫若謂象狗貼耳而坐之形，徐中舒謂象狗兩耳上聳，蹲踞警惕之形，皆不可取。「茍」與「羌」字形近，分別在於「羌」字人形站立（），「茍」（）人形跪坐（類「見」、「視」之別，另，「茍」與从艸之「茍」易混，宜加區分（類「萑」、「萑」之別）。西周金文中或增飾「口」形，多作「敬」意，如大保簋：「大保克茍（敬）亡（無）遣（譴）」。師虎簋：「茍（敬）夙夜勿灋（廢）朕令」。

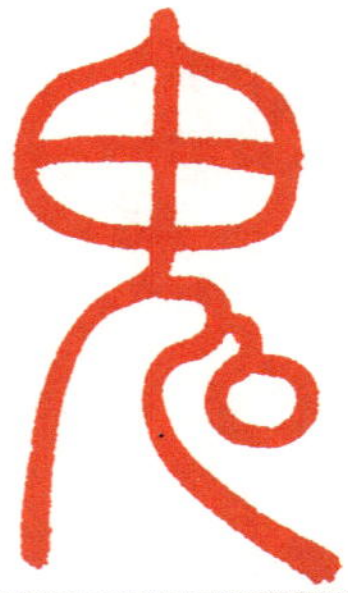

六書　象形

附注

鬼　居偉切，上，尾韻，見，微部

商，甲3243

商，前4.18.3

前4.18.6

周早，盂鼎

周中，鬼壺

春戰，侯馬77:3

侯馬

戰，齊，陳昉簋

晉，梁伯戈

楚，郭，老乙5

楚，上博二，魯2

楚，隨縣漆書

戰，秦，上郡守戈

秦，睡，法110

西漢，汝陰侯墓二十八宿銀盤

天帝殺鬼之印　漢印文字徵

曹全碑　征鬼方

汗簡

古文四聲韻

集篆古文韻海

演變

釋義

許慎  人所歸爲鬼。从人，象鬼頭。鬼陰气賊害，从厶。凡鬼之屬皆从鬼。居偉切  古文从示。

陳按 「鬼」古文字从人、从甶（或从由），與囟同，皆為人頭象形」。何琳儀以為「會人死魂氣由囟門上出之意」。李學勤主編《字源》「鬼字之本義當是在原始社會和商周社會中人戴一種嚇人的面具以代表人們觀念中的鬼」。存參。

六書

象形

附注

甶

分勿切，音弗，入，物韻，非，物部。

商，甲507

先周，周原6

周中，長甶盉

戰，齊，陶彙3、1025

戰，楚，包23

汗簡

集篆古文韻海

演變

說文小篆 139頁 → 甶

釋義

許慎  鬼頭也，象形，凡甶之屬皆从甶。敷勿切

陳按 「甶」古文字同「囟」，本義是人頭，孟蓬生則認為「甶」是截取「鬼」字頭而成，字音乃後人追加。

六書

象形

附注

厶

息夷切，音私，平，脂韻，心，脂部。

 戰，齊陶 彙3.417

 燕 璽彙3838

 晉 璽彙4130

 楚 包196

 璽彙4658

 汗簡

演變

釋義

許慎  姦衺也。韓非曰："蒼頡作字，自營為厶。"凡厶之屬皆从厶。息夷切

陳 按 「厶」字目前僅見於戰國古文字材料，作閉合圓環或倒置三角形。構形初義不明，或以為指一切圍繞自己，是自私之私初文。金文多見「厶官」，傳世典籍作「私官」，指後宮官署。戰國竹簡「厶」讀作「私」，指私自，如上博簡一·緇衣簡21：「（私）惠不褱（懷）惪（德）。」清華簡一·皇門簡3：「」：「自釐臣至于又（有）貧（分）厶（私）子。」

六書

說文以爲指事

附注

嵬

五灰切、平、灰韻、疑、微部

嵬　西漢、倉頡篇26

東漢、西狹頌

巍　東漢、郙閣頌

汗簡

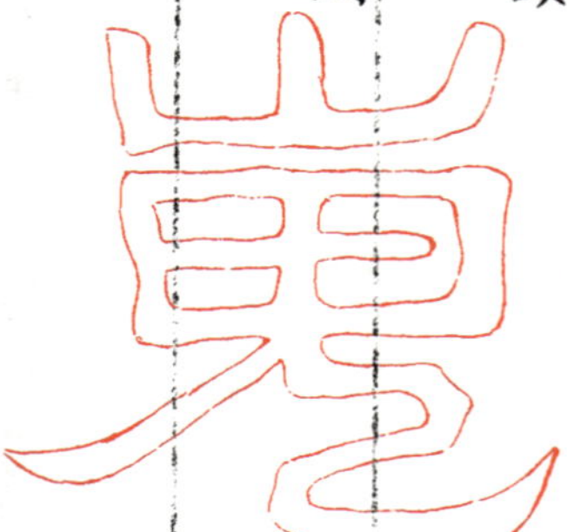

刻石　碓嵬

集海

演變

1. 說文小篆　189頁

↓

嵬 3 漢

↓

嵬

2. 隗 漢

↓

巍 漢

↓

巍

釋義 許慎  高不平也。从山，鬼聲。凡嵬之屬皆从嵬。五灰切

陳按 「嵬」字从山，鬼聲，本義為山高而不平，常與它字連用成聯綿詞，如「崔嵬」（叠韻）、「嵬峩」（雙聲，同「巍峨」）。漢代，有加「阜」旁作「隗」。

六書 形聲

附注

山 所閒切，平，山韻，審二，元部

商.合96

商.父壬尊

商.虢且丁卣

周早.山簋

周早.啟尊

周晚.善夫山鼎

山

戰 齊陳子 山戈

燕 璽彙3849

晉 中山王譽 壺

晉 貨系1448

楚 包214

秦 秦陶1466

秦 嶧山碑

西漢 相馬經

山柔 侯相

山陽 尉丞

勒山

張印 山都

山協 信印

賨 山對

山皆 漢印文字徵 以上七字

祀三公山碑 常山相

夏承碑 高山 景行

張遷碑陰 韋排山

曹全碑 望崋山

碧落碑

汗簡

集篆古文韻海

演變

釋義

許慎宣也。宣气散，生萬物，有石而高。象形。凡山之屬皆从山。所閒切

陳按 甲骨文象山峰聳立之形，中空，金文則填實，或三峰或五峯並立之形，與火字形近易混，學者多據卜辭文義而别之。甲骨文中多用作本義山嶽解，如合集2027：「（王陟山）」。

六書 象形

附注

屾 所臻切、平、臻韻、心、真部、

演變

 說文小篆 191頁 → 屾山

釋義

許慎  二山也、凡屾之屬皆从屾 所臻切

陳按

「屾」字目前未見出土考古文字材料、其構形本義不明。或以為是「山」字異體、饒炯部首訂：據部屬嵞為山名、从屾觀之、本取山義而無涉於二山、足證屾亦山之繁文。

六書

會意

附注

屵　五割切、入、曷韻、疑、月部、

 戰、齊璽彙2057

戰國古文字典   汗簡

演變　 說文小篆191頁 

釋義　許慎  岸高也、从山厂、厂亦聲、凡屵之屬皆从屵　五葛切

陳按　「屵」同「岸」、與「厈」為一字異體、表崖邊或水邊高地、「嶪」甲骨文作 （商、後3.47.4」、（掇2.217」、其上所从、唐蘭釋為「屵」、即「屵」字、象高山之形、眾峰矗峙其上、

六書　象形、或以為形聲

附注

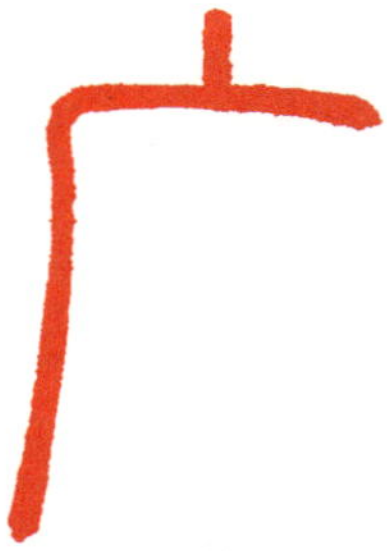

广

魚掩切，音儼，上，儼韻，疑，談部。

 汗簡

 古文四聲韻

 集篆古文韻海

演變

 説文小篆 172頁 

釋義

許慎  因广為屋，象對刺高屋之形。凡广之屬皆从广。讀若儼然之儼。魚儉切

陳按

「广」常見於金文偏旁，作  諸形，與「宀」形近，皆為房屋之象形。二者作形符常可互換，桂馥以為「广」即「庵」字初文，可參。另「广」與「厂」有別，「广」象房屋，「厂」或為「石」之省，象崖巖、山石（古人巖穴洞居，广、厂義有相關，金文中作構字部件，偶有相混）。裘錫圭指出，如果所指的建築是比較簡單的，或者主要不是供人居住的，字形往往从「广」，如「廬」「廊」「廡」「府」「庫」等。在簡化字裏，「广」旁有時簡作「厂」，如「廚」「廄」「廁」等。簡化字「广」（跟「厈」初文「厂」為同形字）的繁體本亦从广作「廣」。參見文字學概要119頁、208頁。

厂

六書　象形

附注

厂　呼旱切、音罕、上、旱韻、曉元部。

周晚、散盤

戰燕、貨系2913

汗簡

古文四聲韻

集篆古文

韻海

演變

1 商　2 商　3 西周　4 說文小篆 193頁

5 西周　6 西周　7 說文籒文　8 西周

釋義

許慎

厂　山石之厓巖、人可居，象形。凡厂之屬皆从厂。呼旱切

厈　籒文从干。

陳按：「厂」古文字應是「石」之省，象山石之形，「厂、𠩂、岸」古本一字。高鴻縉中國字例：「厂本象石岸之形，周秦或加干為聲符作𠩂，後又或於𠩂上加山為意符作岸，故厂、𠩂、岸實為一字」。然「𠩂」在金文中从广（广）、厂有別，但易混。季旭昇疑金文「𠩂」與《說文》籀文「𠩂」未必同字，存參。

六書　厂為象形，𠩂為形聲。

附注

丸　胡官切，平，桓韻，匣，元部

西漢待其繇木方

西陲簡51.6

魏烏丸率善長

魏烏丸率善佰長

晉烏丸歸義侯並三字　漢印文字徵

汗簡

古文四聲韻

集篆古文韻海

演變

1.  說文小篆 194頁 → 2. 丸 漢 → 3. 丸 漢 → 丸

釋義

許慎  圜，傾側而轉者，从反仄。凡丸之屬皆从丸。胡官切

陳按

丸字未見出土先秦古文材料，構形不明。于省吾以為丸是夗之分化字。

六書

變體分化指事

附注

危

魚爲切，平，支韻，疑，支部。

西漢，縱橫家書34

西漢，相馬經

龐危

鄭印

毋危

徐危

危息　以上四字漢印文字徵

石門頌　臨危槍碭

子游殘碑　扶危翊放

汗簡

古文四聲韻

集篆古文韻海

演變

1 戰 → 2 秦 → 3 漢 → 4 漢 → 5 漢 → 危

6 說文小篆 194頁

釋義

許慎：在高而懼也。从产，自卪止之。凡危之屬皆从危。魚爲切

陳按

「危」字从卪、产聲，當為「产」之累增字。「产」為危高之危，而「危」或為「跪」字初文。汗簡及出土竹簡中「危」从人在山上。

會岌岌可危之意。另說文・人部亦有「仚」篆作[glyph]，作「仙（僊與仙）」解。此與作「危」解之「仚（[glyph]）」應爲同形字。

六書　形聲

附注　清華簡子產11　「楚」簡中「危（跪）」和「坐」亦同形，如包山243、與清華越公其事33。

石

常隻切，入，昔韻，禪，鐸部。

商乙3212

乙1277

周中。己侯

貉子簋

戰齊璽彙266

晉璽彙1153

楚包80

包199

秦瑯琊刻石

秦睡23.3

西漢居延簡甲711

石洛侯印

石咸

石乘

石立之印

石毋

石勝容

石細卿

薛石　以上八字

漢印文字徵

天璽紀功碑

在諸石上

泰山刻石

金石刻因

明白矣

魏封孔羡碑

鈞衡石

汗簡

古文四聲韻

集篆古文韻海

演變

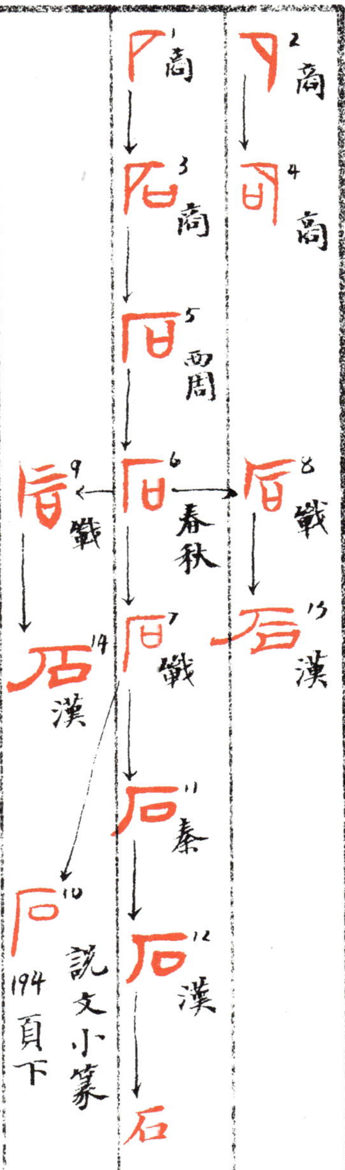

釋義

許慎 石 山石也，在厂之下，口，象形。凡石之屬皆从石。常隻切

陳按 「石」與「厂」甲文為同一字，簡為「厂」「」、繁為「石」（加飾「口」字作 ，戰國則增短橫為飾筆作 。本義即為巖石。又特指石磬。金文形義通解謂似象磬石之形。

六書

象形

附注

長

直良切，平，陽韻，澄，陽部，
知丈切，上，養韻，知，陽部，

1、cháng 2、zhǎng

商，後 1.19.6

周，貝寓長鼎

周，早，長日戊鼎

周中，臣諫簋

周中，長囟盉

周中，牆盤

春，長子沫臣匠

燕，璽彙 742

晉，璽彙 660

晉，中山王兆域圖

中山王譽壺

晉，庶長畫戈

戰，楚，包 54

包 78

包 268

楚 166

秦，長陵盉

秦，□年上郡守戈

秦，睡，雜 34

桓長之印

新，西河左佰長

長壽單右衛護

隗長

漢保塞烏桓率衆長

騶長

長利

即墨長印

校長

廖長公

長利

長樂

長利

新前胡小長

長毋傷

閭虛長公

吳長

以上十七字

漢印文字徵

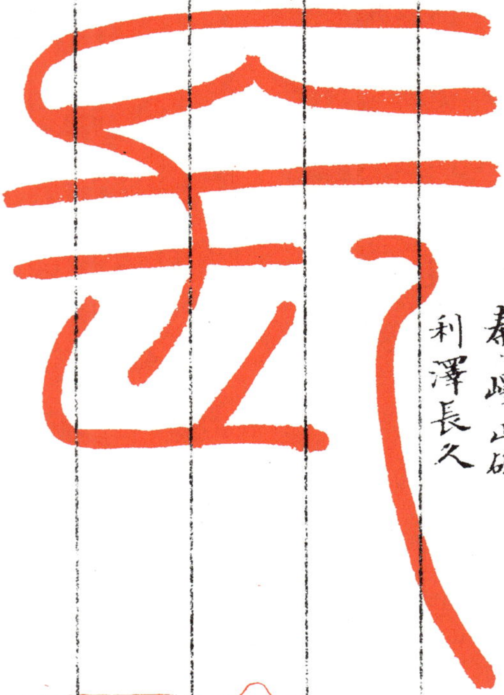

秦・嶧山碑
利澤長久

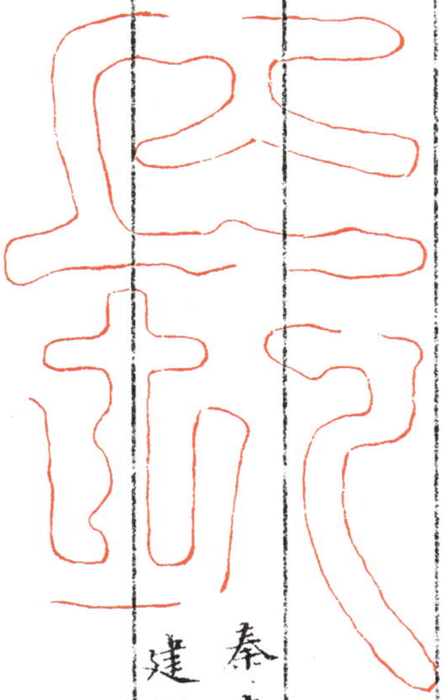

秦・泰山刻石
建設長利

碧落碑

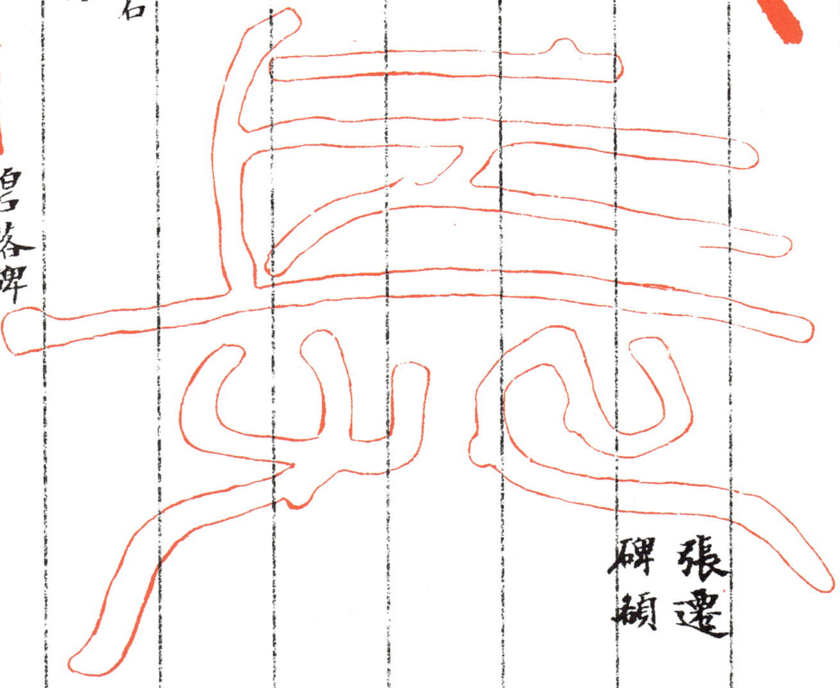

張遷
碑額

長

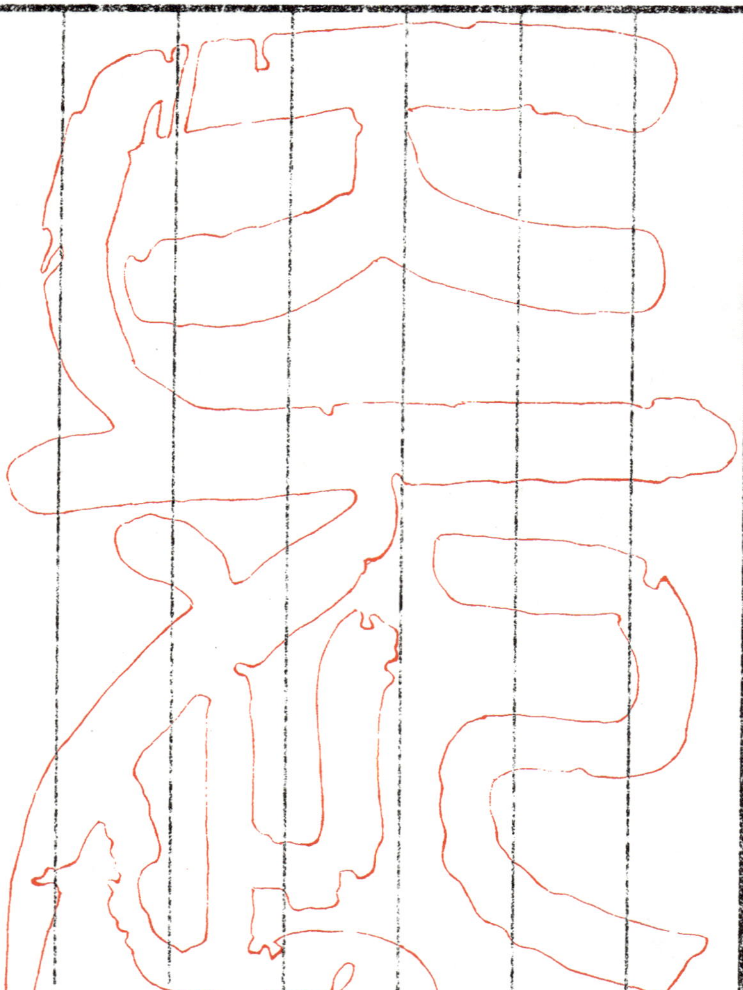

謝君神道闕陽識

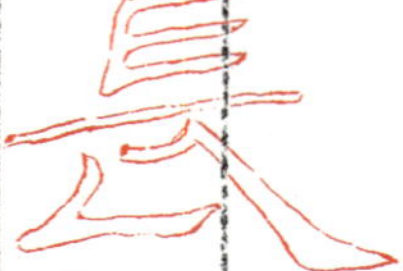

禮器碑　長期蕩蕩

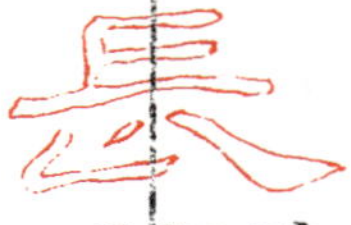

禮器碑　潁川長社

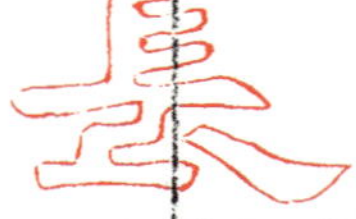

武榮碑　敦煌長史之次弟也

詛楚文　及䢼長敎

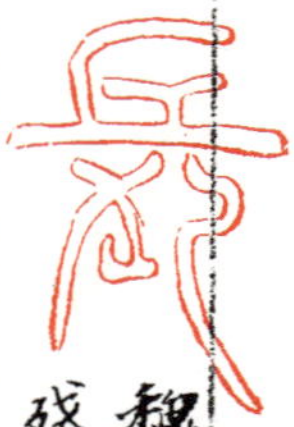

魏長字殘石

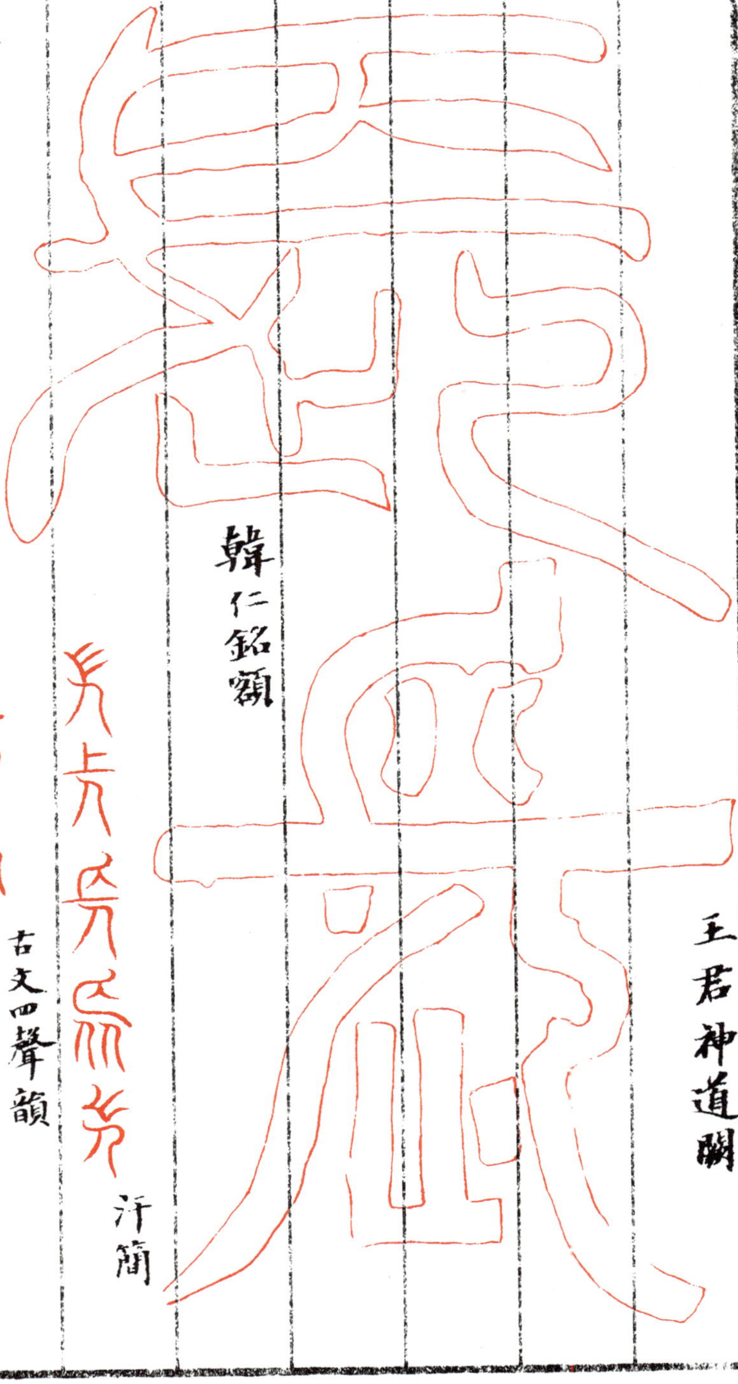

王君神道闕

韓仁銘額

汗簡

古文四聲韻

集篆古文韻海

長

演變

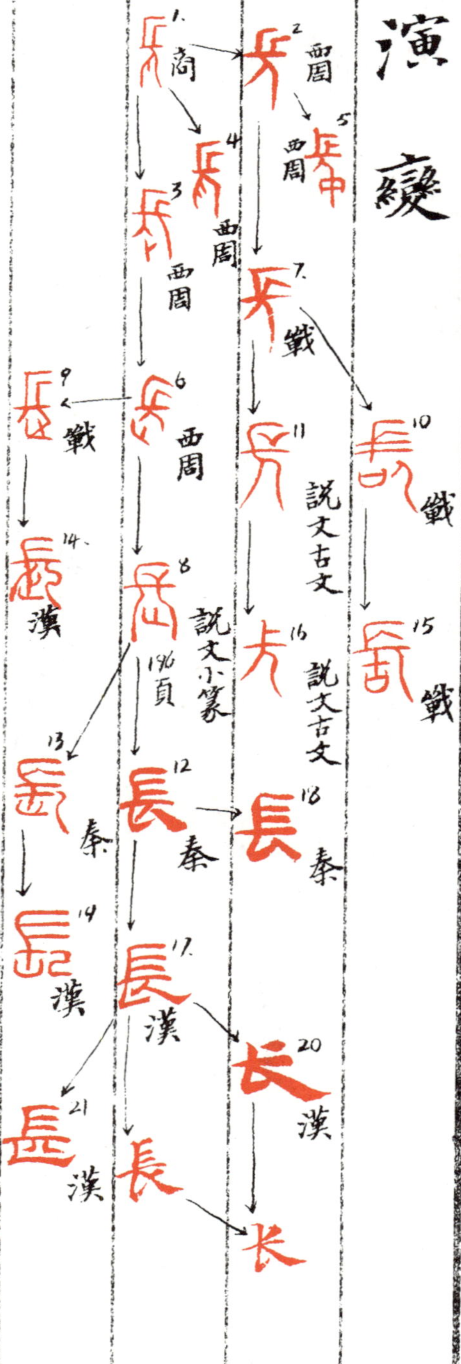

釋義

許慎  久遠也。从兀、从匕，兀者，高遠意也。久則變化。亾聲。𠙵者，倒亾也。凡長之屬皆从長。（臣鉉等曰：倒亾，不亡也。長久之義也。直良切）古文長。亦古文長。

陳按 「長」甲、金文象一長髮老人柱杖之形（古人髫髮不易，多蓄之，年高者髮自長），或省杖形。本義應指長者、年長，與「老」構形初義近，又引申為長久、長短之義。（許君析形不確。）

六書

象形

附注

勿 文弗切，入，物韻，微，物部。

商，甲640

甲775

鐵94.4

前5.39.7

周早，盂鼎

周中，師虎簋

周中晚，伯晨鼎

周中，師酉簋

戰，晉，中山王譻鼎

楚，璽彙295

楚，郭，老甲12

秦，睡，法106

西漢，馬，老子甲153

王勿之印

勿半非有 以上二字漢印文字徵

春戰，石鼓 田車

汗簡

古文四聲韻

執而勿射

集篆古文韻海

演變

釋義

許慎  州里所建旗，象其柄，有三游，雜帛，幅半異，所以趣民，故遽稱勿勿。凡勿之屬皆从勿。文弗切。 勿或从㫃。

陳按 「勿」甲、金文从刀，旁邊小點或以為是血滴形。裘錫圭則以為數點象刀所切割之東西，本義是分割、割斷，當是「刎」字初文。如粹421「勿(刎)牛于口」及《荀子·彊國》「刎牛馬」皆作本義。另，舊誤釋「易」為「勿」，不確。可參閱裘錫圭《釋勿發》一文。

六書

象形

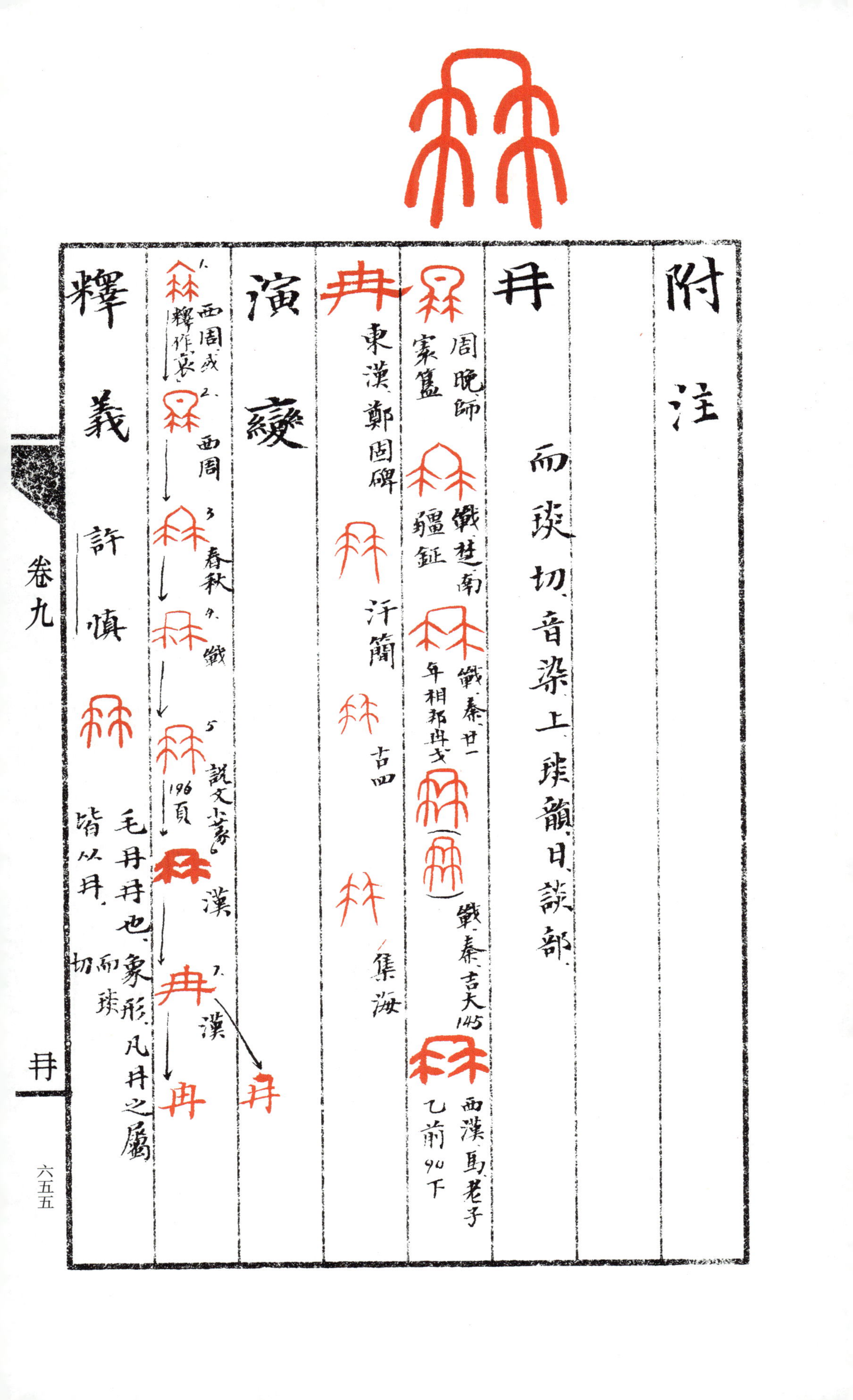

附注

冄

而琰切，音染，上，琰韻，日，談部。

周晚，師寰簋

戰，楚，南疆鉦

戰，秦，廿一年相邦冉戈

戰，秦，吉大145

西漢，馬老子乙前90下

東漢，鄭固碑

汗簡

古四

集海

演變

1. 西周，戍　釋作：衰

2. 西周

3. 春秋

4. 戰

5. 說文小篆　196頁

6. 漢

7. 漢

釋義

許慎

毛冄冄也，象形，凡冄之屬皆从冄。而琰切

陳按

「而」字未見甲骨文，舊將（竹）釋爲「而」，非是。金文象毛柔弱下垂之形，後形體演變，下垂筆畫相連成兩横，隸作「而」，又有中間加豎作「冄」。金文中多用作人名，傳世典籍則作姓氏，後世「冄冉」表漸進。另，金文庚壺9733、冄鼎，二字李家浩釋作「衰」（見庚壺銘文及其年代）。

六書

象形

附注

而

如之切，平，之韻，日，之部

商，粹260

周，旲盉鼎

周晚，虎敔簋

春晚，蔡侯鈕鐘殘鐘

春戰，侯馬194

戰，齊子禾子釜

戰，齊陶彙3.1022

晉，蛮壺

楚，包2

包85

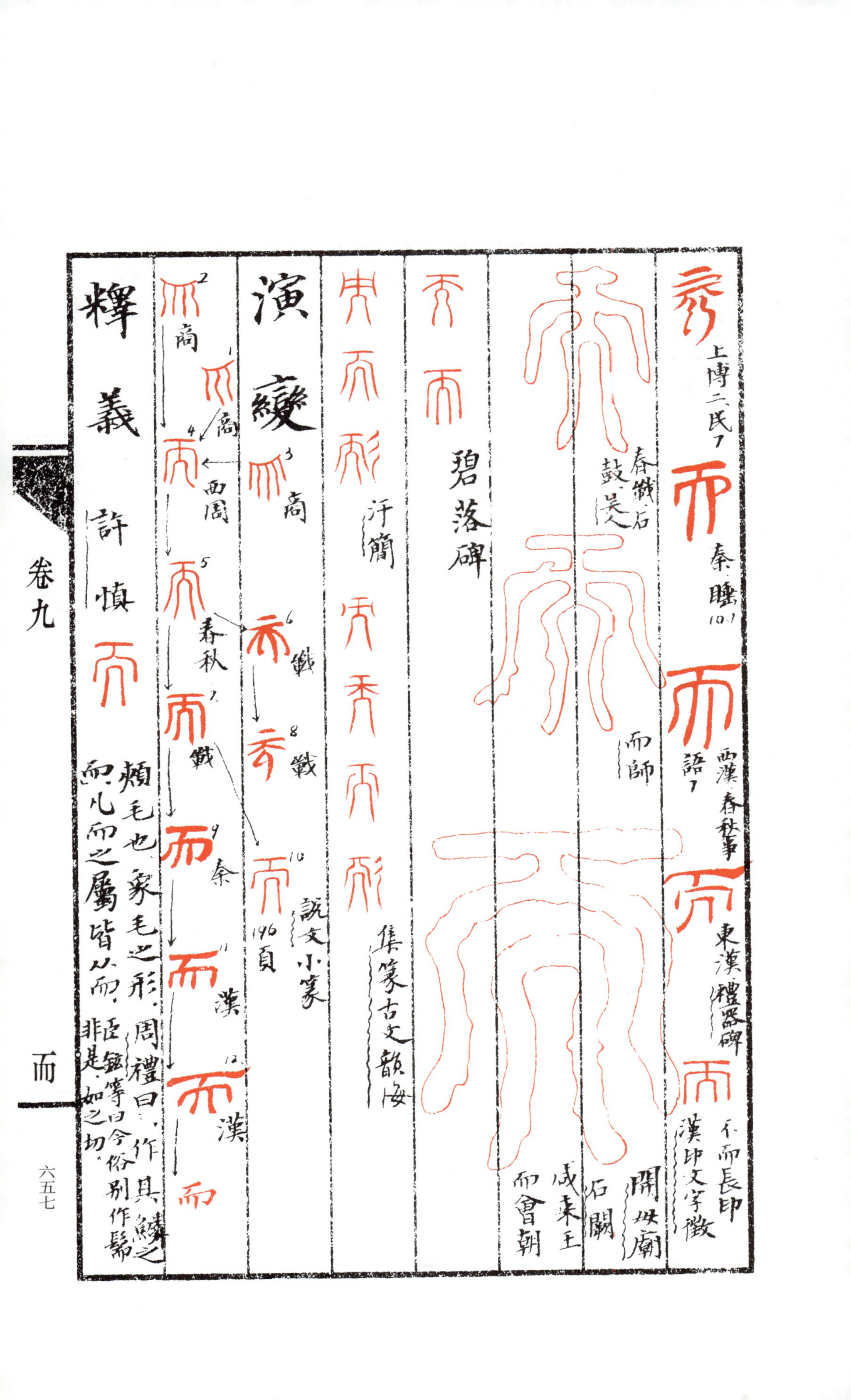

上博二·民7

秦·璽1011

西漢·春秋事語7

東漢·禮器碑

漢印文字徵

不而長印

春戰·石鼓·吴人

而師

開母廟

石闕

咸來王

而會朝

碧落碑

汗簡

集篆古文韻海

演變

2 商

1 商

3 商

4 西周

5 春秋

6 戰

7 戰

8 戰

9 秦

10 說文小篆 196頁

11 漢

12 漢

釋義

許慎：頰毛也。象毛之形。周禮曰：作其鱗之而。凡而之屬皆从而。臣鉉等曰：今俗別作髵，非是。如之切。

陳按　「而」古文字象頰下鬚髯、頰毛之形，後借用為連詞，乃另造「耏」、「髵」字表本義。戰國文字「而」字寫法甚多，或於上部添飾短畫，遂與天（）形近易混。

六書　象形

附注　等形或以為是「馘」字初文

豕　施是切，上，紙韻，審三，支部。

商　佚43

商　拾5.14

商　庚豕父乙爵

周中　𨩨作父乙簋

周晚　函皇父簋

周晚　頌鼎

春戰　石鼓文

戰　齊陶　彙3.899

燕　璽彙1224

1679

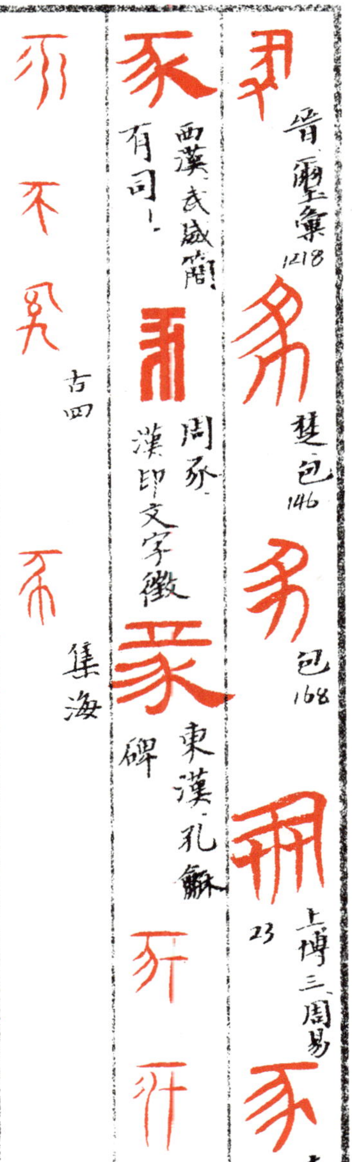

演變

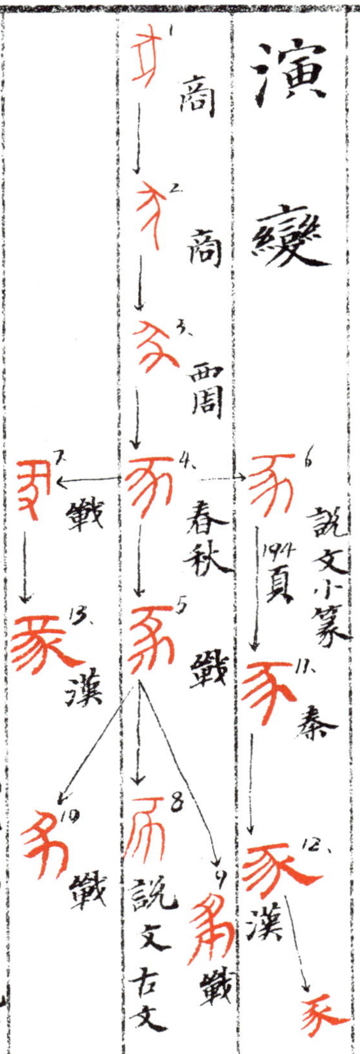

釋義

許慎  彘也，竭其尾，故謂之豕，象毛足而後有尾。讀與豨同。桉：今世字誤以豕為彘，以彘為豕。何以明之？為啄琢从豕，蟸从彘，皆取其聲，以是明之。臣鉉等曰：此語未詳，或後人所加。凡豕之屬皆从豕。式視切  古文。

陳按　古文字象側視豎立之豬形，頭足具備，腹肥而尾下垂，甲骨文與「犬」形，其別是「犬」字腹瘦而尾上蹶。金文中有橫置之形，應為族氏徽號、圖騰，甚是象形。从甲骨文到戰國竹書皆用作本義豬𣫭。古時地域不同，「豕」之稱謂亦有別。方言・卷八：「豬，關東西或謂之彘，或謂之豕。」另，說文：「今世誤以豕為彘，以彘為豕」句，湯可敬、李旭昇以為當作：「今世誤以豕為豖，以彖為豕」。禮器碑「涿」作「涿」，漢書「蠡吾侯」作「豕蚰」，可為證。漢唐碑帖中从豕、豖、彖者，常混用。

六書

象形

附注

㣇

1、以廣韻羊至切、去、至、以；2、以古韻通曉定紐質部；定紐、齊韻、特計切。

汗簡　古四　集海

演變

1、商、甲文編391頁
2、商、英國所藏甲骨集417頁
3、戰、郭店135頁
4、西周
5、說文古文
6、說文籀文
7、說文小篆191頁

㣇

釋義

許慎

脩豪獸。一曰：河內名豕也。从彑，下象毛足。凡㣇之屬皆从㣇。讀若弟。羊至切

籀文、古文、

陳按

「㣇」字甲骨文作、動物之形（具體何物不知）。至小篆分化為「彖」、「㣇」二字。舊或以甲骨文「彖（）」為「㣇」，非是。季旭昇以為（鐵62.1）、（粹1220）二字即「㣇」字。

六書

象形

附注

彑　居例切、去、祭韻、見、月部

汗簡

集篆古文韻海

演變

說文小篆
197頁

釋義

許慎

豕之頭、象其銳、而上見也、凡彑之屬皆从彑、讀若罽，居例切

陳

按

其音、「彑」未見古文字獨體、應是截取「彖」字頭部而來、且承繼

六書

象形

附注

豚

徒渾切，平，魂韻，定，文部。

商，甲1945

商，前3.31.3

商，師友2.207

商，乙4518

周早，臣辰卣

周早，豚鼎

秦，睡，日甲80背

秦，放，日141

西漢，馬，老子甲後401

西漢，馬，一號墓竹簡5

妾盧豚 漢印文字徵

汗簡

古四

集海

演變

1. 商
3. 西周
2. 商
5. 說文古文
4. 說文小篆 191頁 → 豚 叙
6.

釋義　許慎  小豕也。从彖省，象形。从又持肉，以給祠祀。凡豚之屬皆从豚。徒魂切  篆文从肉豕。

陳按　甲骨文从肉，从豕，會豚肉之義。許君謂「小豕」（即小豬）。金文增「又」旁，為說文字頭所从。甲骨文中用小豬義，表祭祀用牲，如合集27537：「十五豚」。金文除此義外，亦用作人名。古書中則通假為「遯」。另「遯」字說文以為「从豚省」，不可从。甲文从豕。

六書　會意

附注

豸　池爾切，上，紙韻，澄，支部

 商．前4531

 秦．睡．日甲49背

 汗簡

 古四

 集海

演變

豸

釋義

許慎  獸長脊，行豸豸然，欲有所司殺形。凡豸之屬皆从豸 池爾切 司殺讀若伺候之伺

陳按

孟蓬生以為「豸」與「希」甲骨文同，後世分為二字，象一種動物之形，傳世典籍中借表無足之虫。金文「」亞形字為「庽」，舊誤釋作「豸」（金文編1590號），不可從。

六書

象形

附注

兕

徐姊切、上、旨韻、邪・脂部、

商・中620　乙764　佚518背　秦・睡・日甲131背

西漢・馬・老子 乙186上　東漢・孔宙碑　汗簡　古文四聲韻

集篆古文韻海

演變

1 商　2 說文古文　3 說文小篆 198頁　4 漢　5 漢

釋義

許慎　如野牛而青。象形。與禽、离頭同。凡兕之屬皆从兕。徐姊切

陳按　甲骨文象一獸其角特大者，學者大都以為是犀牛，惟犀牛之角前突，而此字其古文从儿。

角後披，法國神父雷煥章據甲、金文及典籍中「兕」之形音義，古生物學等方面綜合研究，指出「兕」為野水牛而非犀牛，其角形大而中空有花紋。雷氏論證詳贍有據，應可从。另，守彬說兕亦可參閱。

六書　象形

附注

易

羊益切，入，昔韻，喻四，錫部

商、前6.42.8

商、河784

商、甲3364

商、鐵3.2

商、佚518背

周早、德鼎

周早、弔德簋

周中、事喪尊

周中、適甗

周中、師酉簋

易

戰、晉、中山王嚳鼎

楚、郭1.1.15

楚、郭、尊6

清華簡一、保訓5

楚、信1.1

秦、睡、語10

秦、陶彙4.168

西漢、老子甲54

易陽丞印

鄲易

以上二字漢印文字徵

袁安碑

授易孟氏

禪國山碑

學誤易爲

周易

晉著

易

石經、君奭

命不易

汗簡

碧落碑

古文四聲韻

集篆古文韻海

演變

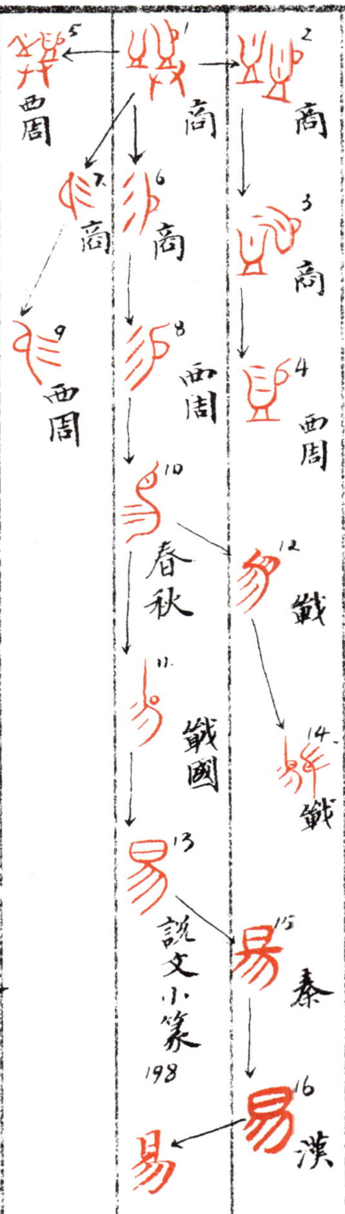

釋義

許慎　易　蜥易、蝘蜓、守宮也。象形。祕書說：日月為易，象陰陽也。一曰从勿。凡易之屬皆从易。羊益切

陳按　甲骨文从兩手持酒器（有鋬）向另一器皿（無鋬）傾注液體之狀，會「得益、更易、賜予」三義。易有簡化之形，乃截取繁體部分而來。許君所釋，不確。

六書

會意

附注

等字，裘錫圭以爲是"注"字表意初文

象

徐兩切，上，養韻，邪，陽部，

商，前3.31.3

商，乙641

商，且辛鼎

周中，師湯父鼎

戰，晉，璽彙3273

楚，鄂君啓節

楚，郭，老乙12

郭，老子丙，4

上博，竹書五，鬼神之明融師有成氏，6

上博六，天子建州乙本，2

秦，睡，爲17

西漢，孫子51

東漢，孔龢碑

汗簡

古文四聲韻

集篆古文韻海

演變

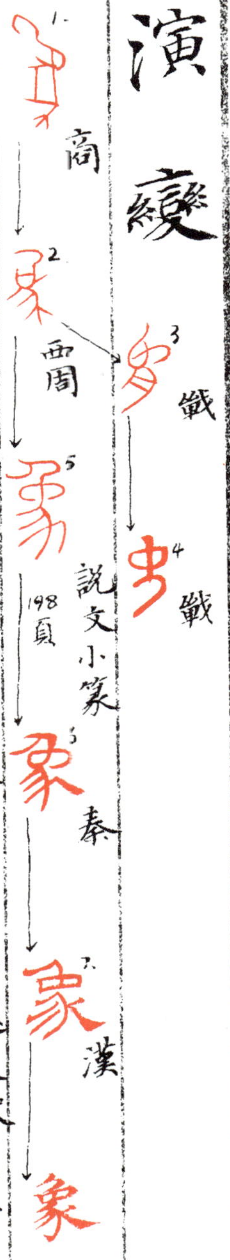

釋義

許慎  長鼻牙，南越大獸，三年一乳，象耳牙四足之形。凡象之屬皆从象。徐兩切

陳按 甲、金文象大象側面之形。突出其長鼻特點，商時，象生活於北方，中原一帶，人或抓象訓服以助勞（「爲」古文字正是此形）。上博藏青銅器「殘古方尊」四周有象首且出土於河南（舊稱「豫」，从象），皆可證當時「象」生活於此地帶，周而後气候轉冷，象南遷（北方遂「希見生象也」）（見韓非子．解老第二十）。說文以爲「南越大獸」，乃知東漢時，象已只見於南越，中原無跡矣。戰國文字「象」、「兔」二字形近相混，商承祚最早指出其別，「兔」尾短而上翹，「象」鼓尾而下垂，曹錦炎師則指出，「兔」首末筆上翹（），「象」首末筆下延，乃二者之別。然仍有部分訛形難以區分。

六書
象形
附注

說文解字第十

四十部

馬廌鹿麤㲋兔萈犬㹜鼠

能熊火炎黑囪焱炙赤大

亦夨夭交尣壺壹幸奢亢

夲夰亣夫立竝囟思心惢

馬

莫下切，上，馬韻，明，魚部

商，鐵2.2

商，乙9092

甲1286

商，林1.23.20

商，戍寅鼎

周中，彔伯簋

春，伯亞臣鐳

戰，齊璽彙38

戰，齊璽彙64

齊，陶彙3.399

齊，司馬車器

燕，郾侯載簋

燕，璽彙50

晉，蚉壺

晉，璽彙1122

晉，陶彙6.146

楚，大司馬匜

楚，璽彙268

郭店，窮達以時8

上博簡，吳命1

清華簡，繫年77

楚，包103

楚，曾150

楚，天策

秦，睡，效60

秦，集粹

秦，官印

西漢，馬老子甲

左馬將廄

校司馬印

馬調之印

乘馬道人

定胡軍司馬

馬溫舒印

漢印文字徵

以上六字

魏兩體殘石 馬諸

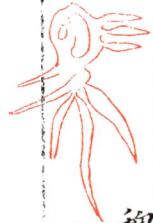

春戩、石鼓文

東漢、史晨碑、後碑 飭治桐車馬於瀆上

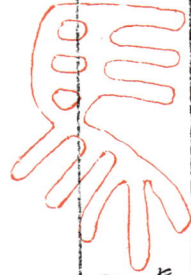

汗簡 韻 古文四聲

集篆古文韻海

演變

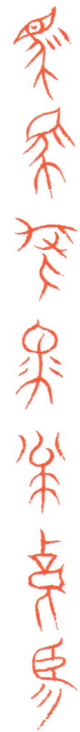

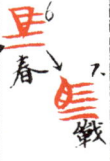

1 商
2 商
3 西周
4 西周
5 春
6 春
7 戩
8 說文小篆199頁
9 秦
10 漢
11 漢
12 漢
13 戩
14 戩
15 戩

釋義

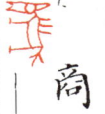

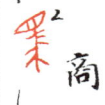

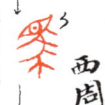

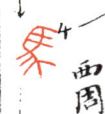

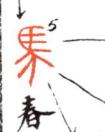

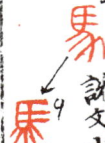

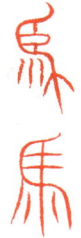

許慎 馬 怒也；武也。象馬頭髦尾四足之形。凡馬之屬皆从馬。莫下切

陳按 甲、金文象馬之形，頭尾四足俱全，背部數筆象鬃毛之

文。古文、籀文。馬與影同，有髦。

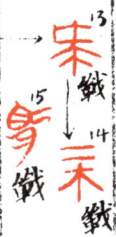

形、為「馬」主要特徵，本義即馬匹。戰國時期，「馬」字形體變化多端，各系不同，皆有省訛，象形意味俱失。

六書　象形

附注

廌

宅買切，上，蟹韻，澄，支部

商、後 2.35.4

商、明藏 633

春、戰、侯馬 194:6

戰、楚、包 265

楚、郭、成 9

楚、上一、2、5

汗簡

古文四聲韻

集篆古文韻海

演變

釋義

許慎  解廌獸也，似山牛，一角，古者決訟，令觸不直，象形，从豸省。凡廌之屬皆从廌。宅買切

陳按 古文字象兩角之獸形，鐵國文字頭部訛混同鹿頭，為說文小篆所從，許君析形不確。

六書

象形

附注

鹿

鹿

盧谷切，入屋韻，來，屋部。

商，甲265

商，前4.48.4

商，鐵230.4

商，通，別2.4.12。此字為鹿之側視形，舊釋作麃，非。

周早，貉子卣

周晚，命簋

周晚，師害簋

戰，齊陶彙3.1274

晉，二年鄭令戈

楚，包179

上博五，鬼神之明融師有成氏6

清華簡，楚居，7

秦，睡，日甲75背

西漢，一號墓木牌七，

鉩，鹿大尹章

五鹿良印

鹿辰孟

鹿忠

五鹿君侠

五鹿式印　以上六字漢印徵

春，戰，鑾車獸鹿，如鹿

東漢，禮器碑，爵

黽池五瑞圖題字

孔宙碑，宙

鹿祖桓

白鹿

鹿鳴於樂

武氏祠祥瑞圖題字，南夷乘鹿來獻臣賜

崩

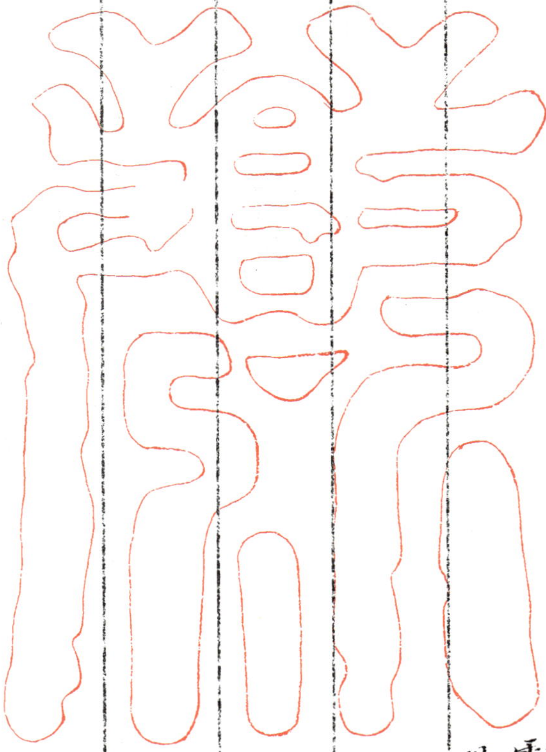

霍公神道闕 陽識

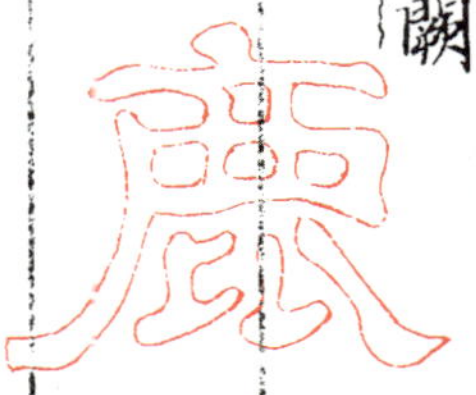

魏受禪表 遵大鹿之遺訓

汗簡

古文四聲韻

集篆古文韻海

演變

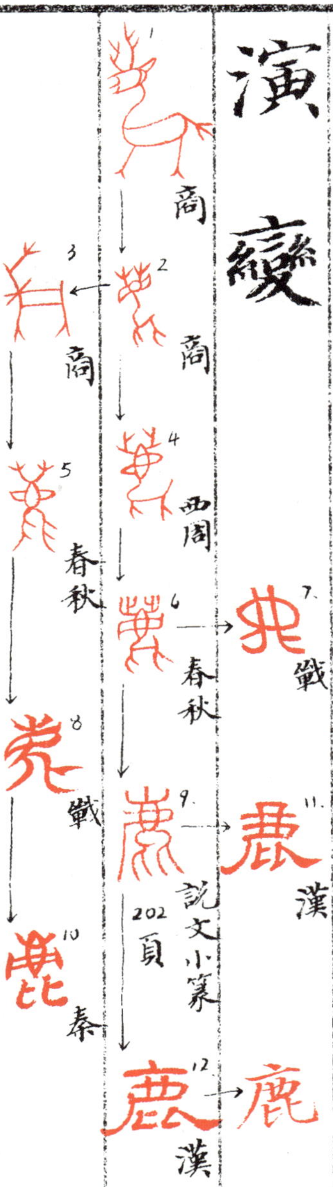

釋義

許慎  獸也。象頭角四足之形，鳥鹿足相似，从匕。凡鹿之屬皆从

鹿 盧谷切

陳按 甲骨文象鹿之形，雙角四足，或爲側視之形，一角，二足，與廌形近易混。合集10410正：「允隻（獲）鹿五。」合集10265：「（逐鹿）」皆用其本義。傳世文獻亦大都用作本義。詩·小雅·鹿鳴：「呦呦鹿鳴，食野之苹。」另，鹿、祿同音，故時以鹿喻政權或爵位。史記·淮陰侯列傳：「秦失其鹿，天下共逐之。」裴駰集解引張晏：「以鹿喻帝位也。」「逐鹿中原」即喻群雄爭奪天下。文選·揚雄解嘲：「群鹿爭逸。」李善注：「鹿喻在爵位者。」

六書

象形

附注

麤 倉胡切，平，模韻，清，魚部。

 商 前8.10.1  西漢一號墓竹簡262  汗簡  集篆古文韻海

演變

1.  商 → 2.  說文小篆203頁 →  漢 

釋義

許慎  行超遠也。从三鹿。凡麤之屬皆从麤。倉胡切

陳按 甲骨文从二鹿，小篆及西漢竹簡从三鹿，會群鹿奔跑之意，即「行超遠」。但傳世文獻未見此義用例。引申為魯莽（段注）、警惕（廣韻）義，常借為「粗細之粗」。班固《兩都賦》「且夫道有夷隆，學有麤密」。今皆用「粗」，「麤」為異體。

六書 會意

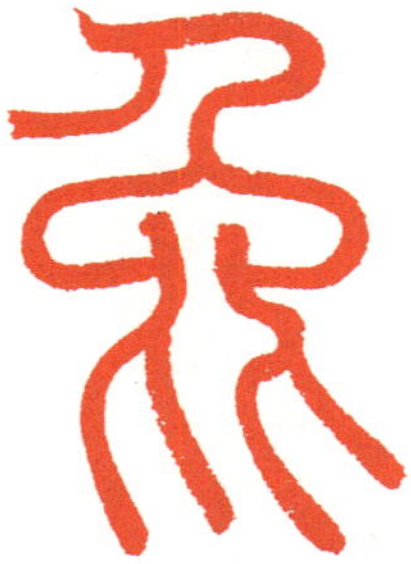

附注

丑略切，入、藥韻，透、鐸部

㲋

商、乙3763

商、甲270

商、亞㲋尊

周中、師酉簋

周中晚、斁狄鐘

汗簡

集海

演變

1\. 說文小篆 203頁

2\. 㲋

說文篆文

釋義

許慎

獸也，似兔，青色而大，象形，頭與兔同，足與鹿同。凡㲋之屬皆从㲋。（丑略切）篆文。

陳按

甲骨文似兔，當為「兔」字變體，可參看白於藍師釋「㲋」一文有關

闡述（中國文字研究第二十一輯，上海書店出版社，2015年8月）。

六書

象形

附注

兔

湯故切，去，暮韻，魚部

商 合154

合477

合309

周晚 皇父鼎

戰 璽彙3072

秦 睡日甲12背

西漢 一號墓木牌8

西漢 相馬經50下

玄兔虎符

玄兔太守章

上博簡 孔25

清華簡 赤鵠11

清華簡 子儀14

兔

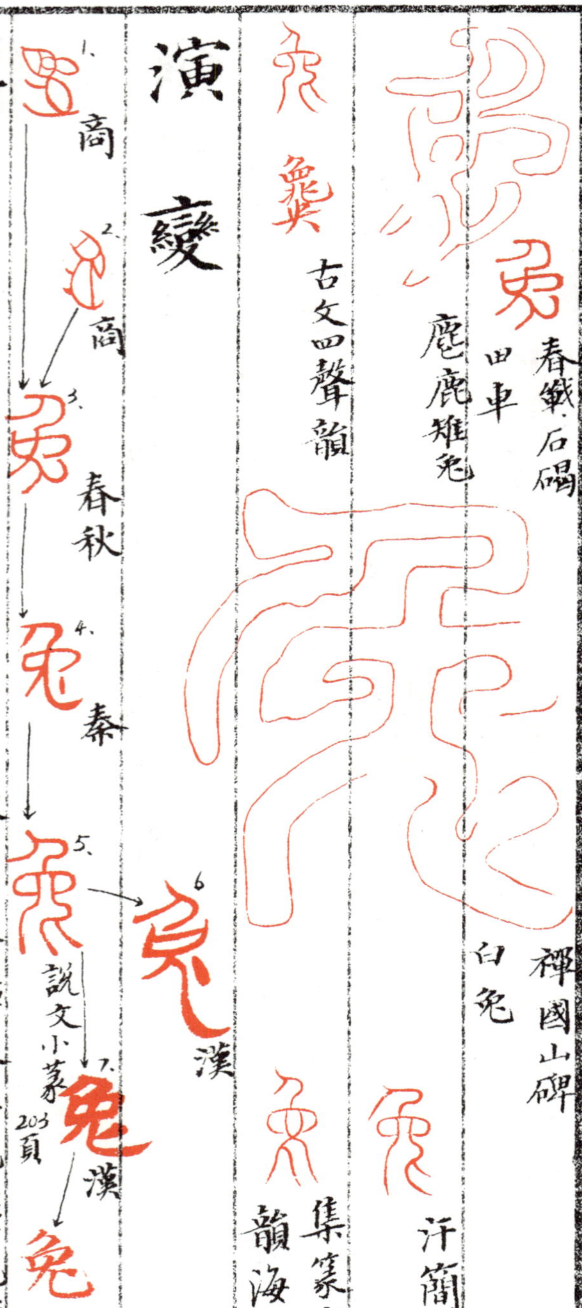

演變

釋義

許慎：獸名，象踞，後其尾形。兔頭與㲋頭同。凡兔之屬皆从兔。湯故切

陳按：甲、金文象"兔"之形，短尾而上翹是其特徵，與"㲋"形近，易混。戰國文字則與"象"字相類（見"象"部）。文獻中大都用本義。睡虎地秦簡·日書甲種："卯，兔也"（卯乃地支第四位，代表兔子。

六書　象形

附注

莧　胡官切，平，桓韻，元部。

戰，壽春鼎

戰，晉，廿四年郙陰戈

汗簡

集篆古文韻海

演變

1. 戰

↓

2. 說文小篆 203頁

↓

莧

釋義

許慎

山羊細角者。从兔足，苜聲。凡莧之屬皆从莧。讀若丸。寬字从此。

臣鉉等曰：苜徒結切，非聲。疑象形。胡官切。

陳按

「莧」字少見，用例較罕。其構形本義難明。但象有角動物之形可

確定。舊以爲細角山羊之屬。甲骨文有乙808、簠人28、乙1984上。于省吾釋作"莧"，謂即獂。見甲骨文字釋林·釋莧331—333頁。

六書

象形

附注

犬

苦泫切，上，銑韻，溪，元部。

商·甲1023

甲1503

乙6141

商·戍嗣子鼎

春戰·侯馬

戰·齊·陶彙3.65

燕·璽彙1675

燕·香續102

晉·貨系

楚·包6

秦·十鐘3.34

秦·五十二病方

王犬之印

田犬

尹犬 以上三字 漢印文字徵

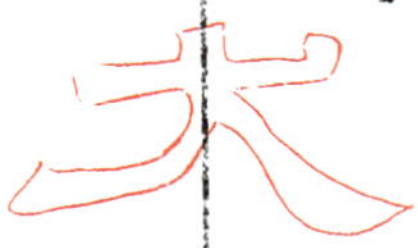

東漢孔龢碑 給犬酒直

汗簡

演變

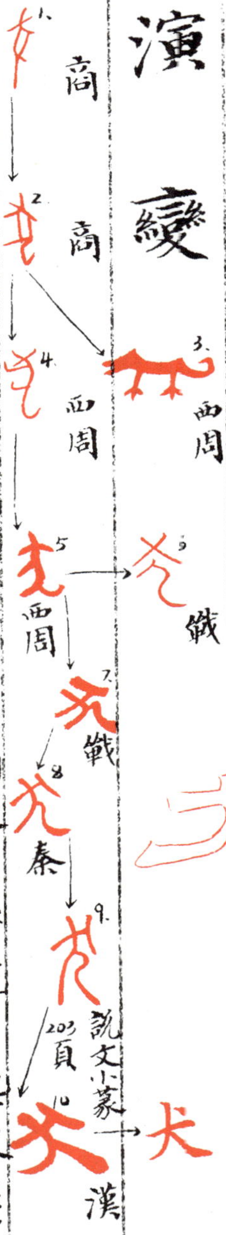

釋義

許慎

狗之有縣蹏者也。象形。孔子曰："視犬之字如畫狗也。"凡犬之屬皆从犬。苦泫切

陳按

甲、金文皆象狗之形。後在偏旁中作"犭"。"犬"甲骨文與"豕"形近，其別在腹、尾處。王國維："腹瘦尾拳（蜷曲）者為犬，腹肥尾垂者為豕"。另，甲骨文中"犬"用作本義外，又用作方國侯名（合集22471"犬方"），尚有"多犬"一詞，為田獵官名（合集10976正"乎（呼）多犬网（網）鹿于𪊠（農）"）。

六書

象形

附注

㹜

廣韻：語斤切，平，欣韻，疑，真部。

古韻通曉：疑紐，元部；疑紐殷韻，語斤切。

4:80 戰，齊魯

邗江王奉世墓木牘

汗簡

演變

1. 商

2. 西周

3. 說文小篆 206頁

漢

釋義

許慎

兩犬相齧也。從二犬。凡㹜之屬皆从㹜。語斤切

陳按

古文字从二犬，會兩犬相遇齧咬。也指犬相吠。

與狠、狺、犷等同源。

六書

會意

附注

鼠 舒呂切，上，語韻，審三，魚部。

商，燕706
商，前1.33.7
商，柏10
戰，楚，帛書乙430

秦，睡12.42
秦，五十二病方231
漢，酈偏鼎
流沙簡屯戍19.35
楊鼠子印 漢印文字徵

東漢，唐公房碑 召鼠誅之
汗簡
古文四聲韻
集篆古文韻海

演變

1. 商
2. 秦
3. 漢
4. 說文小篆 206頁
5. 漢

釋義

許慎：穴蟲之總名也，象形，凡鼠之屬皆从鼠。書呂切

陳 按 甲骨文象豎立之鼠形，頭朝上，尖齒，周圍小點會咬齒之碎物（羅振玉以為小點象鼠穴形）。戰國秦、楚系文字頭部从齒，突出鼠類牙齒銳利。晉系（中山王譽「鼠」旁）與「象」頭同。說文以為穴居獸類總名，如貂鼠、貛鼠等。今專指老鼠，即耗子。

六書 象形

附注

能

néng 奴登切，平，登韻，泥，蒸部。 nài 奴代切，去，代韻，泥之部。

nái 奴來切，平，咍韻，泥之部。 tái 湯來切，平，咍韻，透之部。

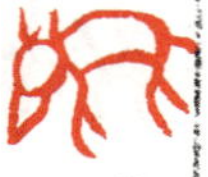

商 合19703

周早 沈子它簋

周早 能匋尊

周晚 番生簋

春 哀成弔鼎

戰.晉.盜壺

上博一.孔子詩論12

上博一.緇衣18

上博四.曹沫之陳.36

上博五.姑成家父.3

戰.楚.郭店老子甲.3

楚.信1.18

楚.望1.卜

秦.睡25.44

西漢.馬老子甲16

北大漢簡老子.140

武威簡服傳23

定縣竹簡2

戎能私印

邯丘能始

王能 以上三字漢印文字徵

秦.嶧山碑

華山廟碑

譙敏碑

柔而能剛

汗簡

古文四聲韻

集篆古文韻海

演變

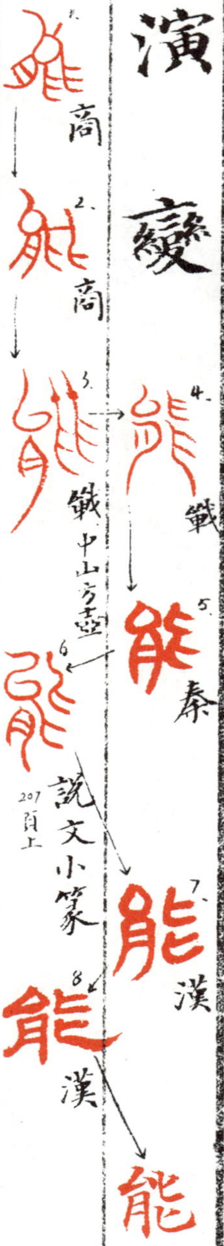

釋義

許慎  能熊屬，足似鹿，从肉，㠯聲。能獸堅中，故稱賢能；而彊壯，稱能傑也。凡能之屬皆从能。臣鉉等曰：㠯非聲，疑皆象形。奴登切。

陳按 甲、金文象大口、短尾、四肢粗壯之巨獸形，即"熊"本字（季旭昇以為"能"、"熊"聲韻皆遠，為二字，當為同類動物，形義俱近，故文獻偶見互用）。後多借為"才能"、"能力"之能。小屯南地甲骨2169有""字（于省吾、姚孝遂、劉釗師皆釋作"熊"，裘錫圭則認為此字左邊"水"旁與下面"（盖）"為一字，在卜辭中是地名，他認為該字形可獨立成字，雖可釋為"熊"本字，但從字形演變角度而言，應釋作"能"。但此字上有""（篕）形，與鄂君啟節、楚系簡帛（）同形，用作"一"。裘錫圭先生以為"⿱羽能"和另一从大从能的字，皆是從"熊"的象形初文變來，都是"能"的繁形古體。

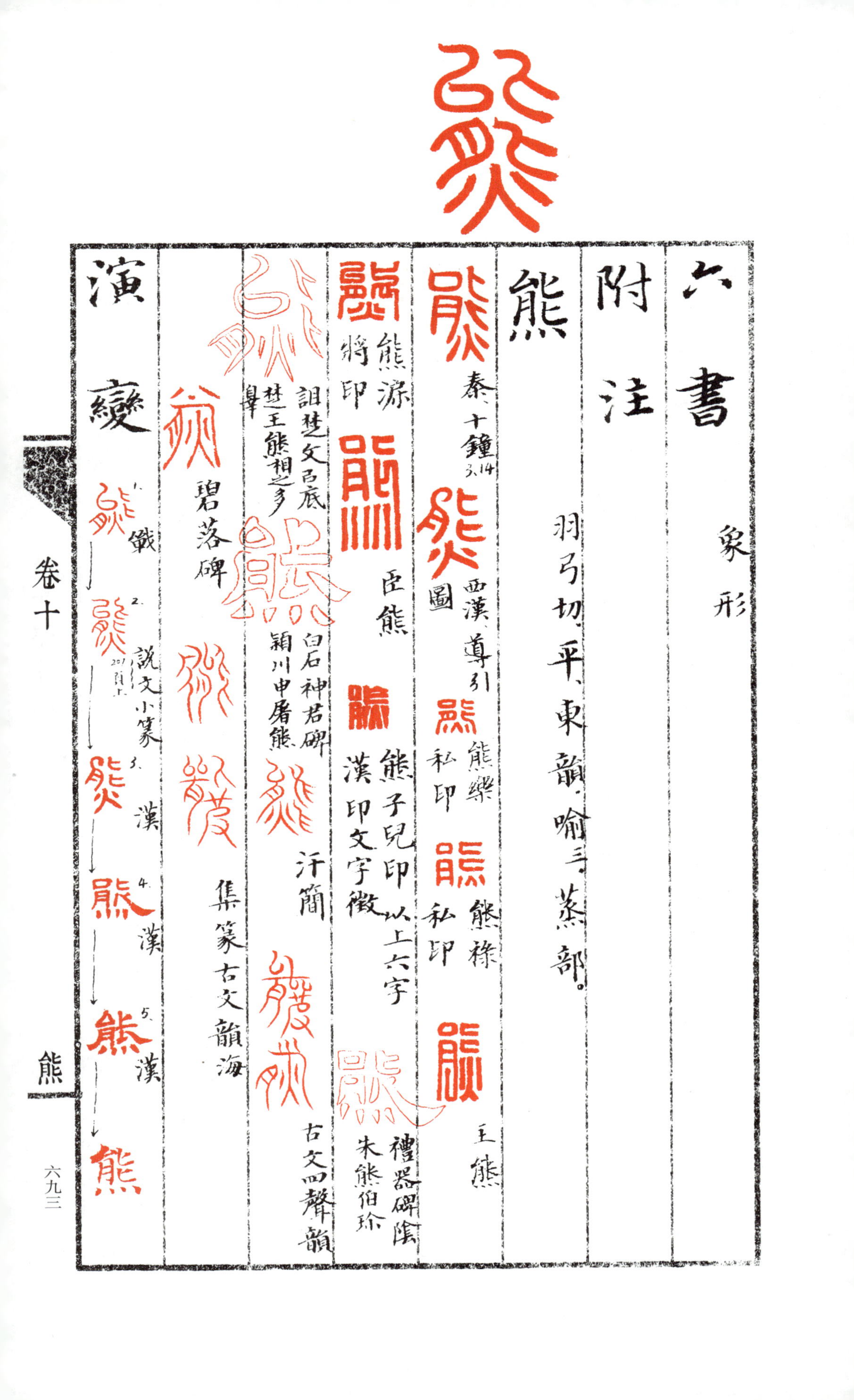

六書 象形

附注

熊 羽弓切，平，東韻，喻三，蒸部。

秦十鐘 3.14

西漢、導引圖

熊樂私印

熊祿私印

王熊

熊涼將印

臣熊

熊子兒印 以上六字漢印文字徵

禮器碑陰 朱熊伯珍

詛楚文呂底 楚王熊相之多辠

白石神君碑 潁川申屠熊

汗簡

古文四聲韻

碧落碑

集篆古文韻海

演變

1. 戰
2. 說文小篆 201頁上
3. 漢
4. 漢
5. 漢

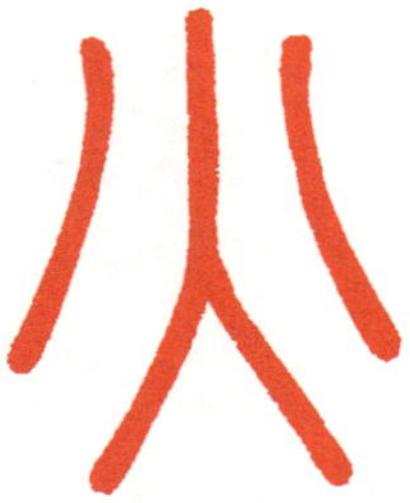

釋義

許慎  獸，似豕，山居，冬蟄，从能，炎省聲。凡熊之屬皆从熊。羽弓切

陳按 熊字構形本義，目前尚無定論。楚文字从大、能，能爲動物之熊之初文。 包156  帛甲1.4 从大，秦系文字从火，或即大之訛變。

六書

會意，說文以爲省聲

附注

火 呼果切，上，果韻，曉，微部。

商 京津4634

商 明藏599

商 粹1423

戰 齊貨 系3393

楚 帛丙2.4

西漢 馬王堆 天文雜占2.1

鐘官火丞

別火丞印 以上二字
漢印文字徵

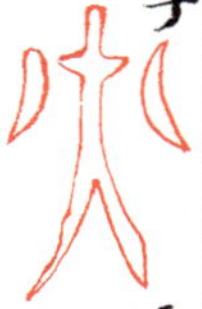
石經火
字殘石

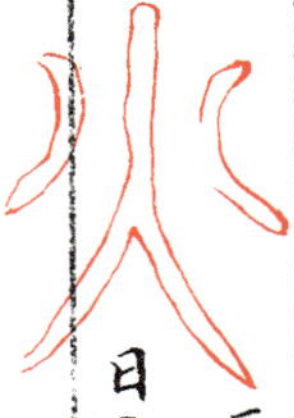
石經堯典
日永星火

白石神
君碑

衡方碑
鶉火光物

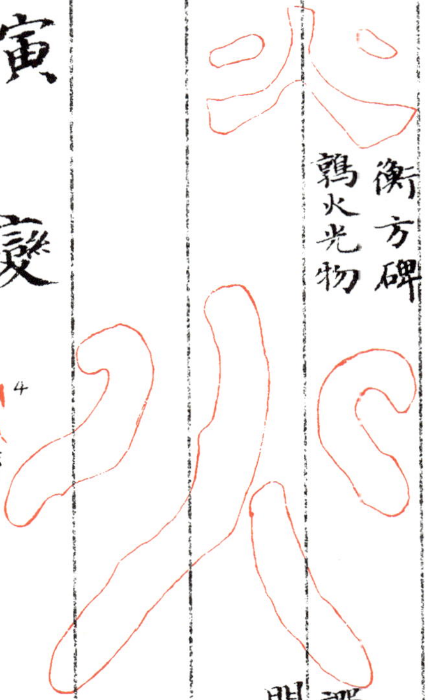

禪國山碑
明月火珠

汗簡

演變

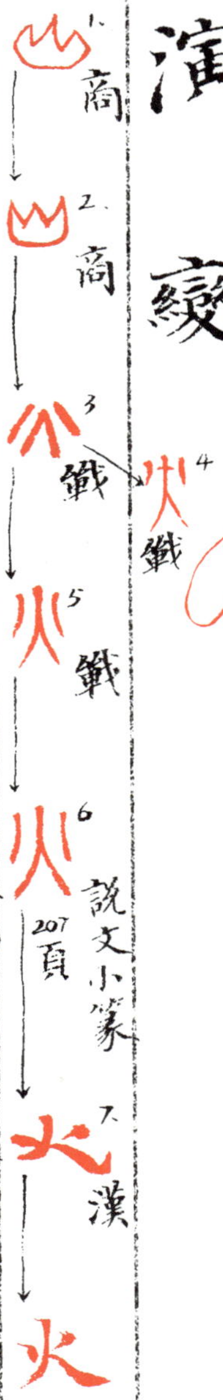

釋義

許慎  燬也。南方之行，炎而上，象形。凡火之屬皆从火。呼果切

古文字象火焰上騰之形。本義即火，火焰。甲骨文

陳按

與"山"字形似，其別是"火"有兩點（有時亦不加點），底下

有弧度，而山則無點，且底下較平。另，火在卜辭中除用作本義、人名、星名（火星）外，還可通假為禍（陳煒湛：火禍音近而通假，且火亦災禍之一也）。

六書　象形

附注

炎　于廉切，平，鹽韻，喻三，談部

商、粹1190

周早、令簋

周早、召尊

楚、帛甲6.1

楚、包102

秦、睡41.172

西漢、相馬經32上

耿勳碑

炎

汗簡 炎 古文四聲韻 炎 集篆古文韻海 炎

演變

1. 商 → 2. 西周 → 3. 戰 → 4. 秦 → 5. 說文小篆 210頁 → 6. 漢 → 炎

釋義

許慎 炎 火光上也。从重火。凡炎之屬皆从炎。于廉切

陳按 古文字从二火，會火炎（焰，以贍切。今多作焰）燃燒之義。引申為炎熱，又用作發炎、炎症等義。甲、金文中亦見用作人名、地名。

六書 會意

附注

黑

呼北切、入、德韻、曉、職部。

周早、鄘伯馭簋

春、鑄子弔黑臣匜

春、戰、侯馬98:23

戰、齊、璽彙3934

燕、陶彙4.8

戰、晉、璽彙737

楚、曾174

秦、睡、封23

西漢、武威簡、有司9

龐黑私印

趙黑 以上二字漢印文字徵

東漢、史晨碑

黑不代倉

汗簡

古文四聲韻

集篆古文韻海

演變

1. 商

2. 西周

3. 春秋

4. 春秋

5. 秦

6. 說文小篆 211頁

7. 漢

8. 漢

釋義

許慎

火所熏之色也、从炎上出㓁。㓁、古窗字、凡黑之屬皆从黑、呼北切

陳　按　古文字从大（正面站立之人形），突出其頭，面部有小點，指受墨刑之貌，後引申專指"黑白"字，乃以"墨"表"墨刑"。許君所釋乃根據訛形分析，不確。另，甲骨文"燕757"，于省吾釋作"黑"，存參。

六書

象形，說文以爲會意

附注

囪

1. 楚江切，音窗，平，江韻，穿二，東部
2. 倉紅切，音聰，平，東韻，清，東部

汗簡

古文四聲韻

演變

1.  說文古文
2.  說文小篆 → 
3.  說文或體 → 

212頁

釋義　許慎　□　在牆曰牖，在屋曰囟。象形。凡囟之屬皆从囟。楚江切　窗　或从穴。

（三）古文。

陳按　「囟」未見古文字材料。「應」不成字，「悤」字「从心囟」。「悤」甲骨文作「□」（菁1.4），金文作「□」克鼎，漢居延簡上部肥筆變中空作「□」（「蔥」），又在中空的「□」形中畫「×」「#」，而有逵盛碑「聰」字、南嶽碑（汗簡）「□」字右旁上部之形。即「囟」形來源，其演變應是（1）□→（2）□→（3）十→（4）□→（5）□→（6）□→囟→匆。「囟」由「悤」字上部「□」（表開竅）演變分化而來，許君所釋不確。可參閱裘錫圭說字小記·說「囟」「聰」642、643頁。

六書　指事。

附注

焱 以贍切，音焰，去，豔韻，喻四，談部。

商乙8691 商乙8852 汗簡

演變 商 → 說文小篆212頁 → 炎

釋義 許慎 ：火華也。从三火。凡焱之屬皆从焱。以冄切

陳按 甲骨文从三火，會大火之義，與"炎"音義皆通。金文（西周和戰國文字材料目前未見"焱"。典籍中有見用同"焱"，漢書·司馬相如傳上："雷動焱至。"顏師古注："焱，疾風也。"若雷之動，如焱之至，言其威且疾也。

六書 會意

附注

炙　之石切，入，昔韻，照三，鐸部

戰　晉璽　彙1516

秦　睡・日甲21背

西漢　一號墓木牌11

汗簡

集篆古文韻海

演變

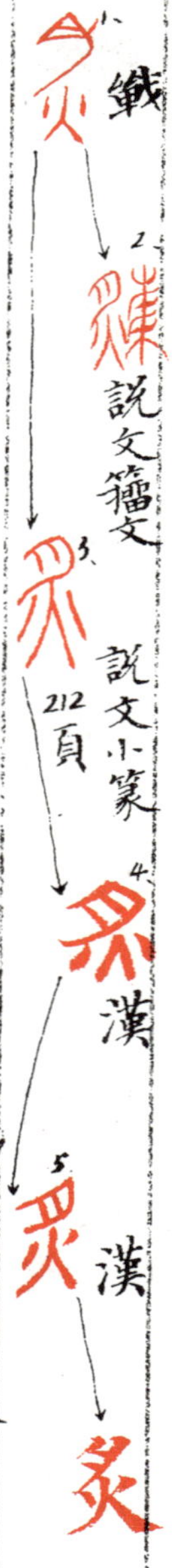

釋義

許慎：炮肉也。从肉在火上。凡炙之屬皆从炙。之石切籀文。

陳按

炙，目前最早見於戰國文字，从肉在火上，會烤肉、燒烤之義。詩經已見用例（小雅・瓠葉：“有兔斯首，燔之炙之。”）

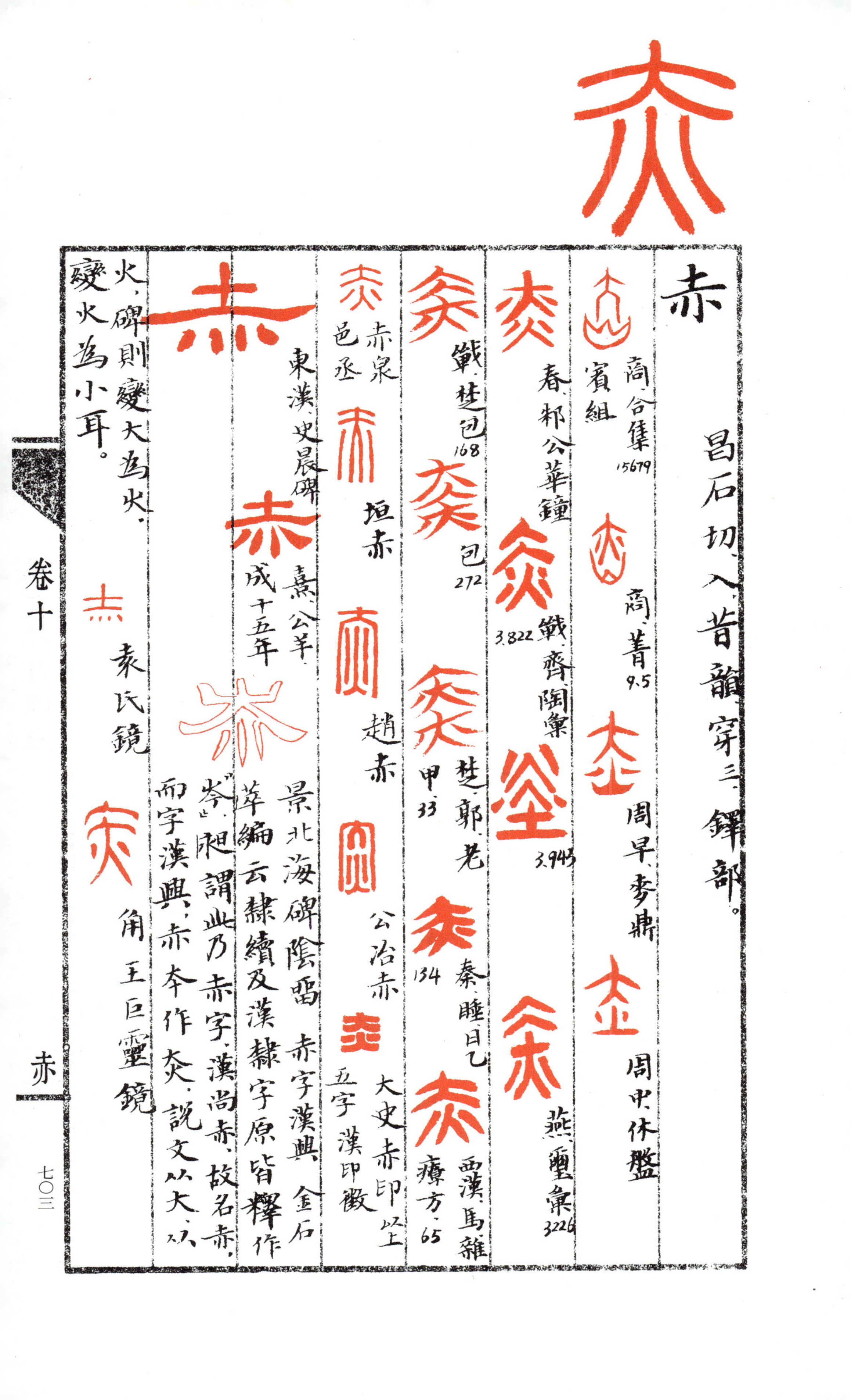

赤

昌石切，入，昔韻，穿三，鐸部。

商，合集15679 賓組

商，菁9.5

周早，麥鼎

周中，休盤

春，邾公華鐘

戰，齊，陶彙3.822

3.943

燕，璽彙3226

戰，楚，包168

包272

楚，郭，老甲33

秦，睡，日乙134

西漢，馬，雜療方，65

赤泉邑丞

垣赤

趙赤

公冶赤

大史赤印坒

五字 漢印徵

東漢，史晨碑

熹，公羊，成十五年

景北海碑陰雷 赤字漢典，金石萃編云隸續及漢隸字原皆釋作岑，岑但謂此乃赤字，漢尚赤，故名赤，而字漢典，赤夲作灻，說文从大、从火，碑則變大為火，變火為小耳。

袁氏鏡

角王巨靈鏡

赤

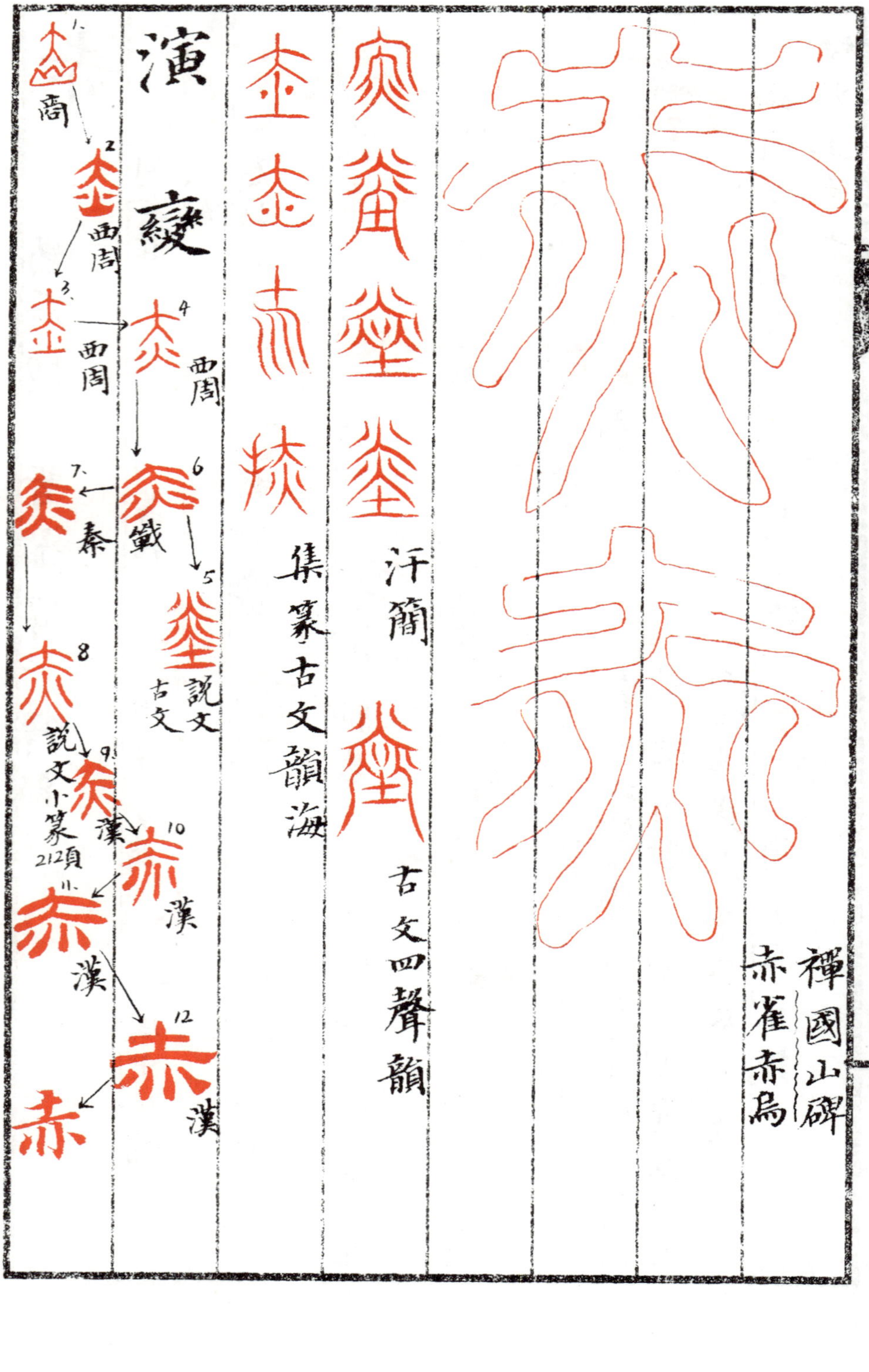
禪國山碑
赤雀赤烏
汗簡
古文四聲韻
集篆古文韻海
演變
1 商
2 西周
3 西周
4 西周
5 說文古文
6 戰
7 秦
8 說文小篆212頁
9 漢
10 漢
11 漢
12 漢
赤

釋義

許慎  南方色也，从大，从火。凡赤之屬皆从赤。切昌石 、古文从炎、土。

陳按 古文字从大、从火，會大火色紅之意，本義為火紅色。甲、金文多其本義，如《合集》29418：“赤馬”。《裘衛簋》：“矩戎（又）取赤虎兩”。

六書

會意

附注

大

1. dài 徒蓋切，去，泰韻，定，月部。
2. dà 徒蓋切，去，泰韻，定，月部。
3. tài 他蓋切，去，泰韻，透，月部。

大

合20132 𠂤組

合1615 𠂤賓間

合33380 歷組

周早.大保鼎

周晚.㝬簋

周晚.師同鼎

戰.齊陶彙3.620

燕.璽彙22

晉.蛮壺

楚.太子鎬

楚.曾1正

秦.陶彙5.348

秦.睡.秦17

武威簡.士相見.6

流沙簡.屯戍12.16

李石大印

大利椽敞

大徐

大史杜

華狗大

大利 以上六字漢印文字徵

泰山刻石 大義箸朙

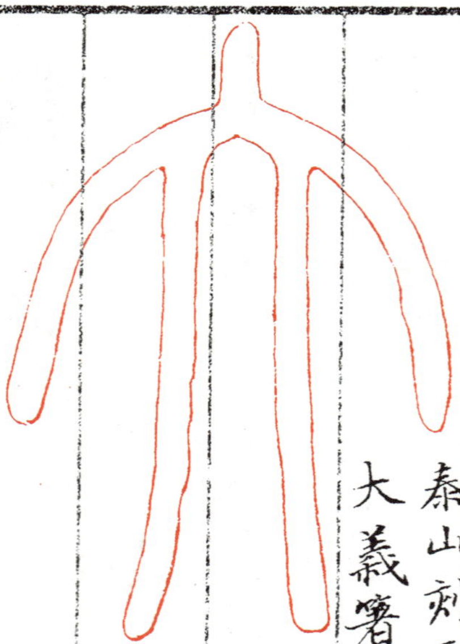

東漢 袁安碑

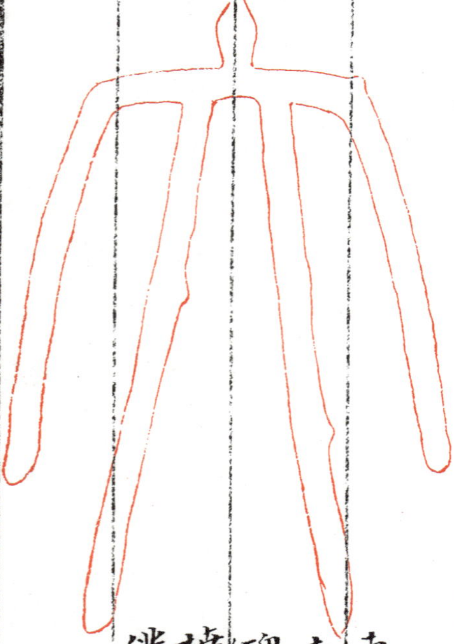

捧大僕

天璽紀功碑

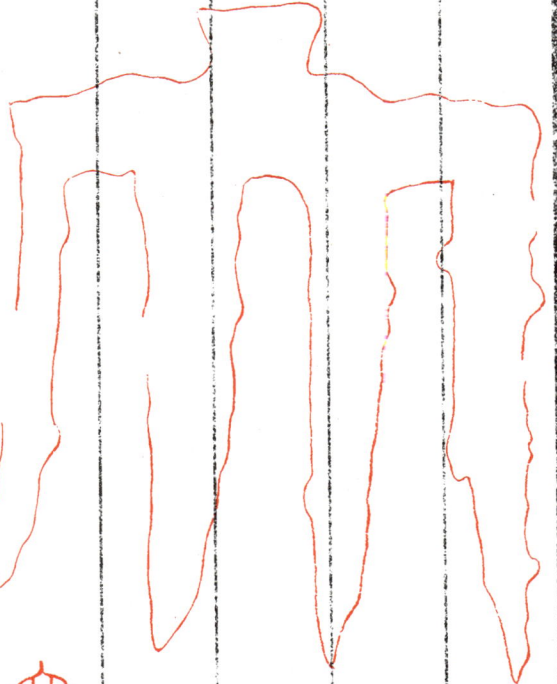

帝曰大吳

春戰石鼓文

吳人

秦詔權

黔首大安

石經君奭

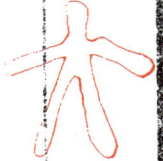

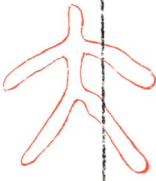

在大甲

碧落碑

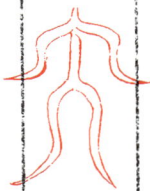

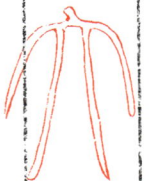

古文四聲韻

集篆古文韻海

演變

1. 商

2. 西周

3. 春秋

4.

5. 戰

6. 戰

7. 戰

8. 秦

9. 說文小篆 213頁

10. 漢

11. 漢

釋義

許慎  天大、地大、人亦大。故大象人形。古文大（他達切）也。凡大之屬皆从大。（徒蓋切）

陳按 古文字象兩手伸開、雙脚叉立的正面人形。本義是成年大人，後引申為「大小」之「大」。金文中常通讀作「太」。說文以為字頭是古文，實則秦系文字亦有此寫法，並非古文（六國文字）特有。另，本卷又收「亣」（）部，以為是籀文。不可信。籀文乃西周晚期文字，而當時未見有此寫法。「」本為一字，其別只是在偏旁中位置而已（「」是構形時居於其它偏旁之下的「大」字寫法）。二形其實無別，故「亣」部應取消并入「大」部。

六書

象形

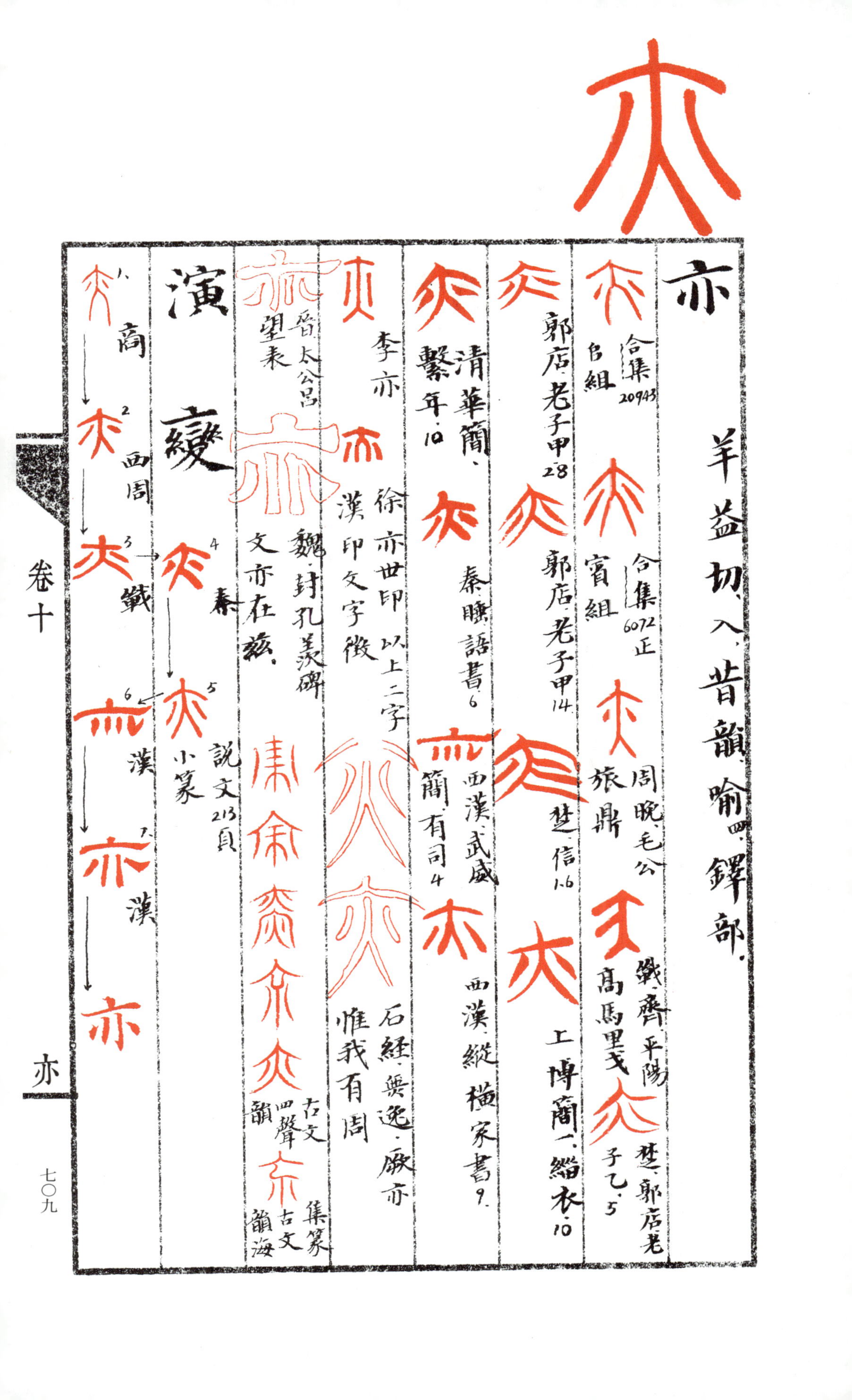

亦

羊益切，入，昔韻，喻四，鐸部。

合集20943 𠂤組

合集6072正 賓組

周晚，毛公旅鼎

戰，齊，平陽高馬里戈

楚，郭店老子乙5

郭店，老子甲28

郭店，老子甲14

楚，信1.6

上博簡一，緇衣10

清華簡、繫年10

秦睡語書6

西漢，武威簡，有司4

西漢，縱橫家書9

李亦

徐亦世印

以上二字漢印文字徵

石經，無逸，厥亦惟我有周

晉太公呂望表

魏，封孔羨碑

文亦在茲

古文四聲韻

集篆古文韻海

演變

1 商

2 西周

3 戰

4 秦

5 說文213頁 小篆

6 漢

7 漢

釋義

許慎  人之臂亦也，从大，象兩亦之形。凡亦之屬皆从亦。臣鉉等曰：今別作腋，非是。羊益切。

陳按：甲、金文从大，左右兩點是指示腋下，腋窩所在，乃"腋"本字。唐蘭以為"亦"象人腋下流汗，是"液"初文。借作副詞用，常見"表也、又"等義。甲骨文便已借義，如《合集》12487："甲辰亦雨。"

六書

指事

附注

夨

阻力切，入，職韻，莊，職部。

商、乙5317

商、戩33.3、人歪頭旁為突出的的肉、即"胡"、"吳、虞"从之

商、金679

周早、夨王尊

演變

釋義

許慎  傾頭也，从大，象形。凡夨之屬皆从夨。阻力切

陳按 夨字甲金文从大，頭部向左或右傾側。說文以為頭左傾為夨，右傾為夭，非是。實則夨象頭之動作，左右傾不拘。而夭象手之甩擺動作。另，楚帛書有  字，學者多將右旁隸作夭，而夨楚文字作  乙523楚帛，故何琳儀戰國古文字典以為从夨，甚是。葛亮在國學新知說文解字讀書會中指出夨有兩個來源，即吳(昃)所从之夨和吳、虞所从之夨。

六書

象形

附注

夭

於兆切、上小韻、影、宵部。

烏皓切、音媼、上皓韻、影、宵部

商、後2.4.13 走初文

商、甲2810 走初文

商、亞毀爵 以上三字為走之初文

戰、晉、璽彙911 腰初文

1965

楚帛乙5.23

秦、睡、日甲59背

西漢、老子甲後346

石經、君奭、有若閎夭

夭

夭余磬

東漢、夏承碑中遺

東漢、石門頌

武氏石闕銘 被病夭沒、三碑皆夭字也、義並同殀。

寃夭

汗簡

演變

1. 商
2. 商
3. 西周
4. 戰
5. 說文小篆6 214頁

漢

釋義

許慎

屈也、从大、象形、凡夭之屬皆从夭 於兆切

陳按　古文字象人走（跑之義）時兩臂擺動之形，爲"走"字初文，系"矢"部。還有一個来源，即"腰"之初文"夭"，

六書　象形

附注

交

古肴切，平，肴韻，見，宵部。

戰晉璽　彙669

戰楚郭　魯6

清華簡二　繫年43

上博簡四　逸詩2

十鐘山房印舉　3.5

西漢縱横家書

秦睡法74

西漢老子　甲後195

桓交

交忌之印　以上二字　漢印文字徵

石經堯典　宅南交

汗簡

古文四聲韻

集　海

演變

1. 交 戰 → 2. 交 說文小篆214頁 → 3. 交 漢 → 4. 交 漢 → 5. 交 漢 → 交

釋義

許慎　交　交脛也，从大，象交形。凡交之屬皆从交。古爻切

陳按

古文字象正立之人雙腿交叉之形。甲骨文交（甲806）、交（961）等字以往認為是「交」，裘錫圭以為此形大部分應是「黃」，若此、西周金文交君匜作「交」之形，或亦為「黃」。

六書

象形

附注

尢

烏光切、平、唐韻、影、陽部。

 商 乙8938

 周中、牆盤

 汗簡

演變

 1. 西周

 2. 說文古文

 3. 說文小篆214頁

釋義

許慎  尪、曲脛也。从大，象偏曲之形。凡尢之屬皆从尢。烏光切。古文从㞷。

陳按 甲骨文从大，但兩腿有長短之別，本義即跛腳之人。甲骨文"尢"字从""(鋸形)、从""(即尢)，會鋸腿之刑法。但"尪"字在呂氏春秋、左傳等典籍中皆為突胸、其面上向的瘠病之人，常被焚(或曝)以求雨。參看"黃"部。

六書

象形

附注

壺 戶吳切，平，模韻，匣，魚部。

合集18560 賓組

合集18561 賓組

英151 賓組

周早 隹壺爵

周早 員鼎

周中，番匊生壺

周中，伯戜壺

周晚，薛侯壺

周晚，內大子伯壺

周晚，食車父壺

春，虞侯政壺

春，洹子孟姜壺

春，杞伯壺

春，盛季壺

戰，齊陳喜壺

晉，中山王譽方壺

戰，己孝子壺

楚，曾姬無卹壺

郭店簡，語26 从缶為意符，从夸為聲符。

秦，睡，秦47

西漢，相馬經15上

武威簡，泰射4

武威簡，柩銘

一號墓竹簡169

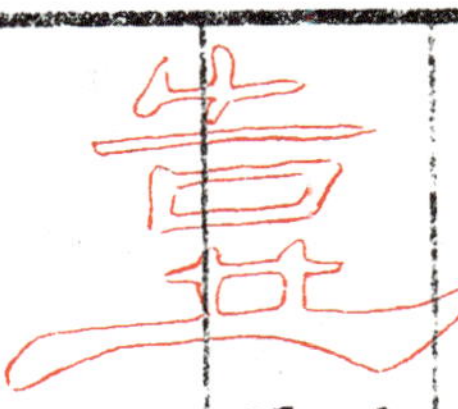

壺駿私印

壺循私印

壺齊

壺讓私印

壺褭印信

壺會賜 以上六字漢印文字徵

東漢禮器碑 簠籩柉禁壺

隸釋云：壺與上下文符觚

汗簡

古文四聲韻

汗協韻當是壺字也。

集篆古文韻海

演變

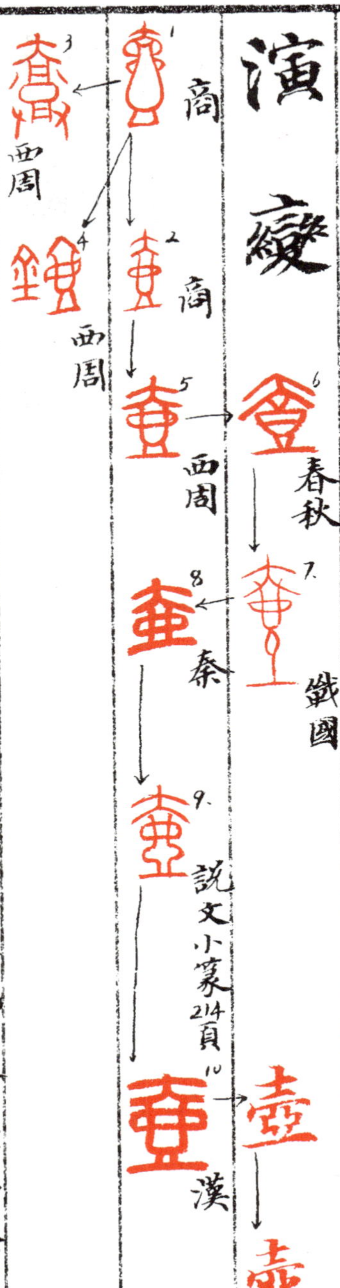

釋義

許慎

昆吾，圜器也。象形，从大，象其蓋也。凡壺之屬皆从壺。户吴切

陳按

甲骨文象壺之形，取象於葫蘆。器上有蓋，蓋上有紐，器身有兩耳，下部為大腹，底有圈足。

金文中器蓋常訛作"犬"、偶作"立"形。本義即盛酒水之容器。戰國文字(秦系)中,"壺"字與"壹"同形。故何琳儀以為二字乃一字分化,而陳昭容則以為二字音義無關,僅是形近而代用。

六書

象形

附注

壹

於悉切,入,質韻,影,質部。

秦、商鞅方升

秦、陶彙 5.384

秦、睡、日甲 59背

西漢、老子乙前49下

西漢、縱橫家書30

西漢、老子甲後445

西漢、武威簡有司42

武威簡士相見7

西漢、定縣竹簡

熹、詩、小宛

壹陽里附城

潘翁壹

龔翁壹

吳翁壹

蔡翁壹 以上五字 漢印文字徵

詛楚文 兩邦以壹

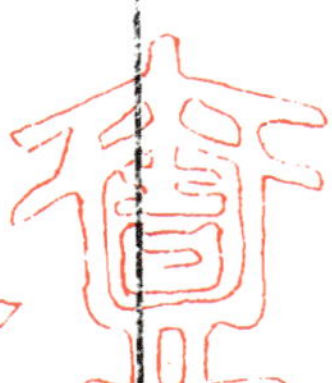
詔權 皆明壹之

史晨碑 恢崇壹變

汗簡

集篆古文韻海

演變

1.

戰
2

秦
3.

說文小篆 214頁
4.

漢
5.

漢
6

漢
7.

漢
8

漢

釋義

許慎

專壹也。从壺，吉聲。凡壹之屬皆从壹。於悉切

陳按

古文字从壺、吉聲。徐灝段注箋：「壹之本義為壹壹（又作烟熅、絪縕、氤氳），聲轉為抑鬱，閉塞之義也。」張舜徽約注：「壹本為物在壺中閉塞之名。閉塞則不分散，故引申為專壹之稱。」陳獨秀文字新詮：「六國時於壺上加花紋以代『一』字，以杜訛亂。」皆存參。可參看本卷〈壺〉部及卷〈一〉部相關解析。

六書

形聲

附注

㚔

廣韻：尼輒切，入、葉韻、娘、盍部。
古韻通曉：泥紐、緝部；泥紐、葉韻、尼輒切。

商甲2809

商鐵101.1

戰燕王戎人矛

晉中山王嚳鼎：身蒙㚔胄。"㚔"字學者多以為讀如"甲"。"㚔胄"應即典籍"介胄"，兵甲之意。

汗簡

古文四聲韻

演變

1.商

2.商

3.春秋

4.戰

5.說文小篆214頁

釋義

許慎：所以驚人也。从大、从羊。一曰：大聲也。凡㚔之屬皆从㚔。一曰：讀若瓠。一曰：俗語以盜不止為㚔，㚔讀若籋。（尼輒切）

陳按：甲、金文象桎梏（即今之手銬）之形，是古代用於拘執俘虜的刑具，殷墟出土陶俑正有兩手加梏者。戰國以後字形漸訛，至漢末與"幸"同形訛混。

六書

象形

附注

奢 式車切，音賒，平，麻韻，審三，魚部。

 商，奢父乙簋

 春早，奢虎匜

 戰，秦，詛楚文

 秦，十鐘

 丁奢

 張奢

 王奢 以上三字 漢印文字徵

 禮器碑 衡而不奢

 汗簡

 古文四聲韻

 集篆古文韻海

演變

1\.  西周

↓

2\.  說文小篆 215頁

↓

奢 漢

↓

奢 漢

↓

奢

釋義

許慎 奢 張也。从大，者聲。凡奢之屬皆从奢。式車切。奓 籀文。臣鉉等曰：今俗作陟加切，以爲奓厚之奓，非是。

陳按 古文字从大、者聲，或从大、多聲。"者"、"多"上古音相近，可通用。本義是奢侈、揮霍無度。引申指多、大。如《史記·滑稽列傳》："臣見其持者狹而所欲者奢，故笑之。"亦表示過分、夸張。如《老子·二十九章》："是以聖人去甚，去奢，去泰。"

六書

形聲

附注

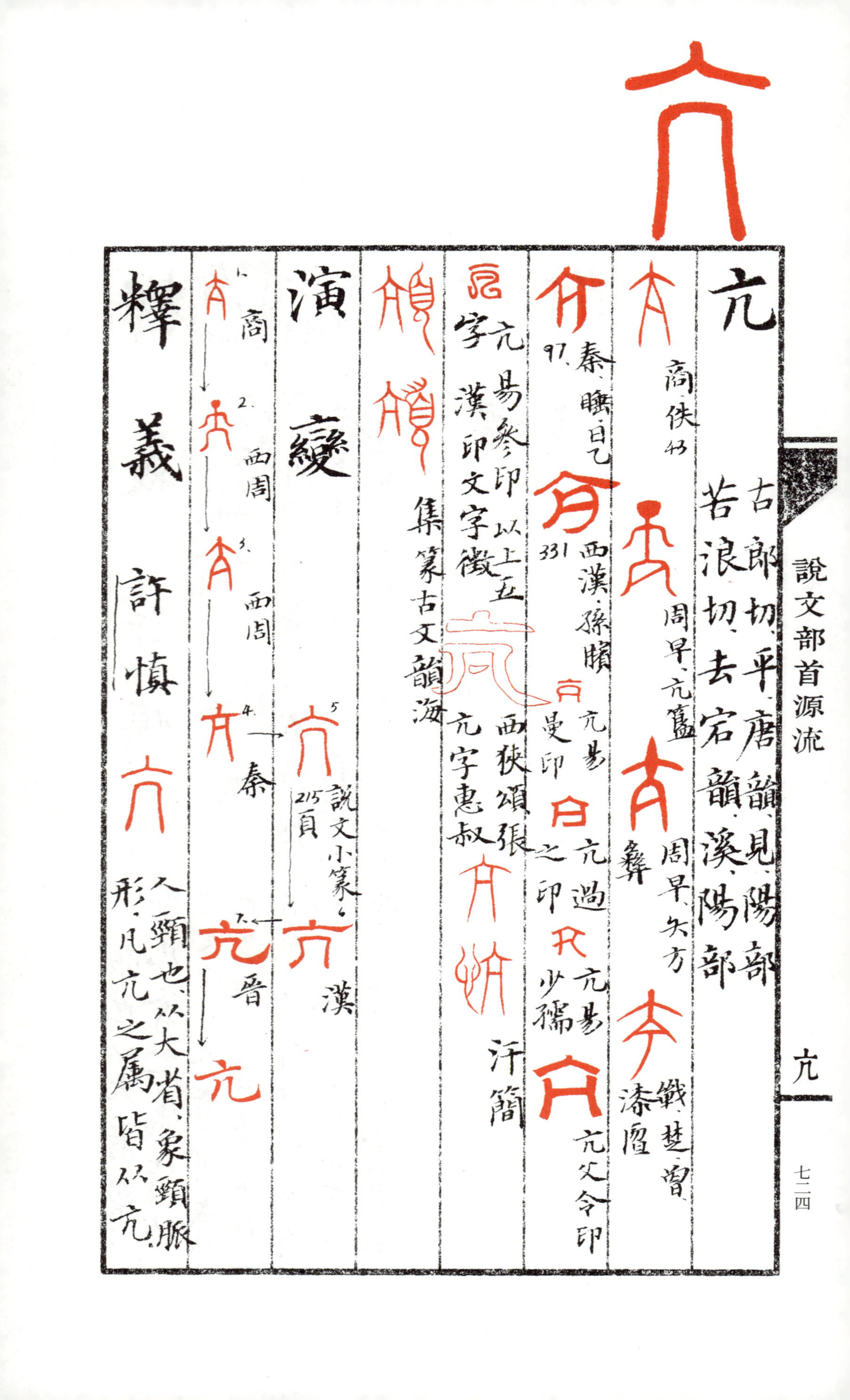

亢

亢 古郎切、平、唐韻、見、陽部
苦浪切、去宕韻、溪、陽部

商、佚41
周早、亢鬳
周早、矢方彝
戰、楚、曾、漆匫

97、秦、睡、日乙
331 西漢、孫臏
亢易曼印
亢過之印
亢易少孺
亢父令印

字 亢易參印 以上五 漢印文字徵
西狹頌、張亢字惠叔
汗簡

集篆古文韻海

演變

5 說文小篆 215頁
漢

1 商
2 西周
3 西周
4 秦
7 晉
亢

釋義

許慎 人頸也、从大省、象頸脈形、凡亢之屬皆从亢。

頏 古郎切 亢或从頁。

陳按　古文字从大，从一斜畫，構形本義未有定論。或以為「胯下斜畫表羈絆、遮攔」，與「尢」有關（古文四聲韻徑作「亢」，見古文字詁林八·876）。或以為象人立於高處，表高。後橫畫上移，許君以為「象頸脈」。本義是人頸，可特指咽喉。另，在楚系文字中从「亢」之字有見「大」形下部繁化現象（如「航」航，鄂君啓節）詳見陳劍試說戰國文字中寫法特殊的「亢」和从「亢」諸字。

六書附注

本

土刀切、平、豪韻、透、宵部

布忖切、上、混韻、幫、

古文四聲韻

汗簡

集篆古文韻海

演變

說文小篆 215頁

本

釋義

許慎 進趣也，从大，从十。大十猶兼十人也。凡夲之屬皆从夲。讀若滔。土刀切

陳按 古文字未見"夲"字，應是許君从"桒"、奏、暴、皋"等字的小篆（各字古文字皆不从"夲"）字形中截取而來的部件，原本不存在，故其形義分析不可信。另，此字又音běn（布忖切），用同"本"。廣韻混韻："本，俗作"夲"。二字隸楷階段或是同形字，故混用。如柳宗元陸文通墓表："後之學者，窮老盡氣，左視右顧，莫得"夲"。人或誤讀爲"本末"之"本"。見桂馥義證、王筠句讀引莊祖述所說。

六書　指事。說文以爲會意

附注

夰　古老切，上、晧韻，見，幽部

汗簡　古文四聲韻

演變　說文小篆 215頁 → 夰

釋義　許慎  放也，从大而八分也。凡夰之屬皆从夰。古老切

陳按　"夰"字未見出土古文字材料，構形本義不明，或是从"⿱頁夰、⿱白夰"等字中分離出來的

亣

部件、徐灝說文解字注箋、亣者、放縱輕脫之貌、故从亣之字、其義為驚界、為傲慢、為往来也。存參。

六書

省體分化指事字
說文以為會意

附注

亣

徒盖切、去、泰韻、定、月部、

古文字與大同、見大部、

演變

亣 說文小篆 215頁 → 大

釋義

許慎 亣 籀文大、改古文、亦象人形
凡大之屬皆从大
他達切

陳按　本部可取消，併入「犬」部，詳見本卷「犬」部。

六書　象形

附注

夫　甫無切，平，虞韻，非，魚部
防無切，平，虞韻，奉，魚部。

商．前5.32.1
周早．盂鼎
周晚．善夫吉父匜
春．邾公牼鐘
春戰．侯馬194:4
戰．齊．璽彙7333
晉中山王嚳鼎
晉．璽彙109
楚．君夫人鼎
楚．包4
包132
楚．曾170
秦．睡．法167

御史大夫

尹夫

梁相夫印

杜少夫　千力

倉嗇夫張功印　堅上五字　漢印文字徵

素下殘石

禪國山碑

大夫

德宜報

石經僖公

楚殺其大夫得臣

文公

晉人殺其大夫先都

運開石

史晨碑

夫封土為社

曹全碑

農夫織婦

演變

1. 商

2. 西周

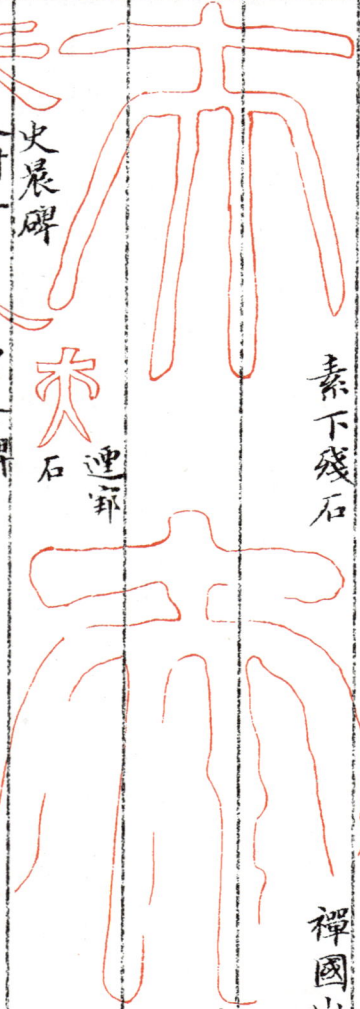

3. 春秋

4. 戰

5. 秦

6. 說文小篆　216頁

7. 漢

8. 漢

釋義

許慎

丈夫也。从大，一以象簪也。周制以八寸為

尺，十尺為丈，人長八尺，故曰丈夫。凡夫之屬皆从夫。甫無切

陳按　古文字从大，其上一橫乃是飾筆，目的為與「大」字相區別。學者多以為「一」象簪形，童子披髮成人束髮，故戴簪，此說於理甚合。但考之古文字，表示簪的符號（有「丅」「亠」「丄」諸形）無有「一」形者。

六書　指事

附注

立

力入切，入，緝韻，來，緝部

商，甲820

商，立甾父丁卣

周早，史獸鼎

戰，齊，國差𦉜

齊 陳璋壺
齊 古陶 3.1
3.2
晉 中山王嚳壺
楚 望1卜

楚 曾 31
12 楚 郭 緇
郭 緇 3
上博簡 孔子詩論 24
戰 秦 古陶 5.398

秦陶 1550
乙 237 秦 睡日
西漢 定縣竹簡 11
立節將軍長史
石立之印
字季立 漢印徵

秦 泰山刻石
詔權 立號為皇帝
漢安殘碑

禮器碑
孔龢碑 故特立廟
北海相景君銘

乃共立表石
咸立澤宣
汗簡

古文四聲韻
集篆古文韻海

演變

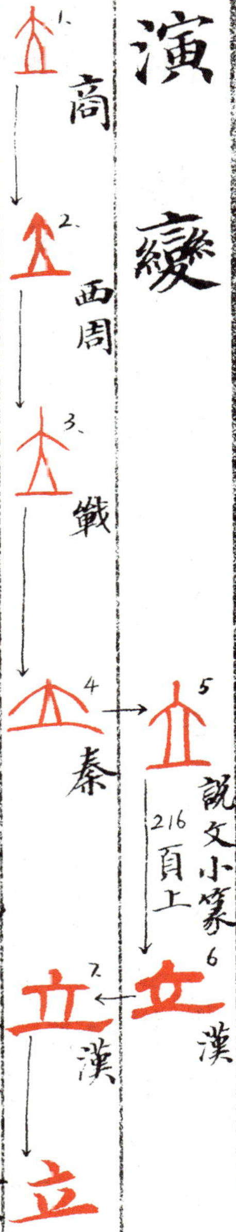

釋義

許慎  住也，从大，立一之上（臣鉉等曰：大，人也；一，地也，會意）。凡立之屬皆从立。力入切

陳按

古文文象人正立地上之形，本義為站立。書顧命"一人冕，執鉞，立於西堂"。甲、金文中常用作"豎立"、"位"。

六書

象形

附注

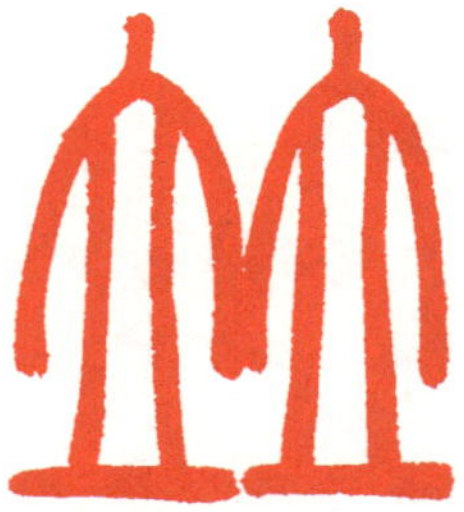

竝

蒲迥切，上，迥韻，竝，陽部。

[glyph] 商，甲607
[glyph] 商，竝爵
[glyph] 周早，辛伯鼎
[glyph] 春戰，侯馬156:3
[glyph] 戰，晉，中山王礨壺

[glyph] 楚，新蔡乙四21
[glyph] 秦，睡17.142
[glyph] 同竝
[glyph] 尉印
[glyph] 瑦竝
[glyph] 趙並印
漢印文字徵　以上三字

[glyph] 東漢，曹全碑陰　秦竝靜先
[glyph] 汗簡
[glyph] 集篆古文韻海

演變

1 商 → 2 商 → 3 西周 → 4 春秋 → 5 戰 → 6 秦 → 7 說文小篆216頁下 → 8 漢 → 9 漢 → 10 漢 → 竝 → 並 → 并

釋義

許慎　併也，从二立。凡竝之屬皆从竝。蒲迥切

陳按

古文字从二「大」或「立」，象二人並排正立地上之形，本義是並列、並立。古文字「竝（並）」、「幷」字形、用法皆有

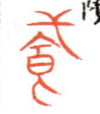

別，現則「竝(並)」、「併」作「并」字異體被淘汰。此外，甲骨文中兩個並列的「立」明顯一高一低，則是「暜(替)」字。

六書　象形　我以為會意

附注

囟　息晉切，去，震韻，心，真部。

周中長　囟盉

戰，齊陶彙3.1023

楚，包23

楚，望山60

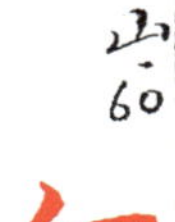
上博簡七，鄭2

甲後182

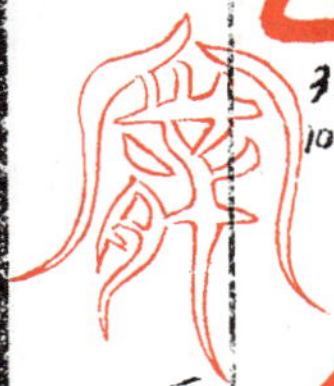
「思」，西漢，老子

石經，僖公

汗簡

「思」所从
碧落碑

集篆古文韻海

演變

[1] 戰

[2] 戰

[3] 說文古文

[4] 說文或體

[5] 說文小篆 216頁下

釋義

許慎  頭會、匘蓋也、象形、凡囟之屬皆从囟 息進切  或从肉宰、 古文囟字。

陳按 古文字象嬰幼兒頭頂骨未合縫之處，即囟腦門，甲骨文（、）與"西"、"由"同形，或以為"囟"、"西"本一字，"囟"、"由"為一字分化。

六書

象形

附注

思

息茲切，平，之韻，心，之部。

春晚、鮑子鼎

戰、五年龔令思戈

戰、五年邢令殷思戟 珍秦齋藏金

戰、燕、古陶103

齊、璽彙3500

晉、璽彙3770

楚、包78

楚、郭、魯1

郭、尊18

楚、璽彙4876

秦、珍秦188

秦、思言敬事 秦印文字彙編207

西漢、老子甲171

西漢、美人大王鐘

西漢、心思君王鐘

思守里附城 漢印文字徵

禮器碑 違彌之思

史晨碑 情所思惟

鄭季宣碑陰

古文四聲韻

汗簡

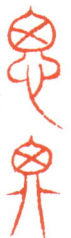

泰山刻石 巡臣思速

集篆古文韻海

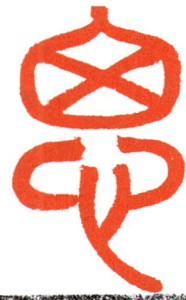

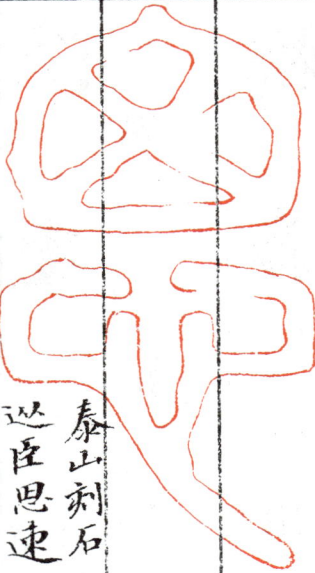

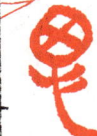

演變

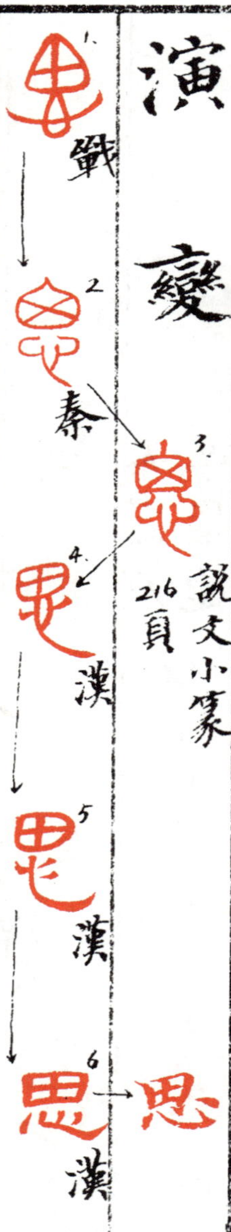

釋義

許慎：容也。从心，囟聲。凡思之屬皆从思。息茲切

陳按

古文字从心，囟聲。後「囟」訛爲「田」。本義爲思考。論語爲政：「學而不思則罔，思而不學則殆。」引申爲思慕、思念、思緒等。另，在戰國竹簡中，「思」有假借爲「使」。如：「」（清華簡二、繫年簡57）：「穆王思（使）毆（驅）盟（孟）者（諸）之麋」

六書

會意兼形聲

附注

心 息林切、平、侵韻、心、侵部、

商、甲3510

商、拾7.11

周中、彧鼎

周中、師望鼎

周中、師𩛥鼎

周中、牆盤

春、秦公鎛

春、鄀伯受匿

春、王孫鐘

春、蔡侯𩛥鐘

春、戰侯馬98:15

戰、齊、古陶3.620

晉、中山王響壺

晉、璽彙4499

楚、郭店緇衣8

緇衣26

楚、包218

楚、望1、卜9

秦、睡、語

西漢、心思美人鏡

同心國丞

漢印文字徵

詛楚文

開母

東漢、禮器碑以

碧落碑

是縈力同心

外則呂

廟石闕

同心濟隣

尊孔心

改𠭯心

石經、無逸

不寬紹厥心

集篆古文韻海

演變

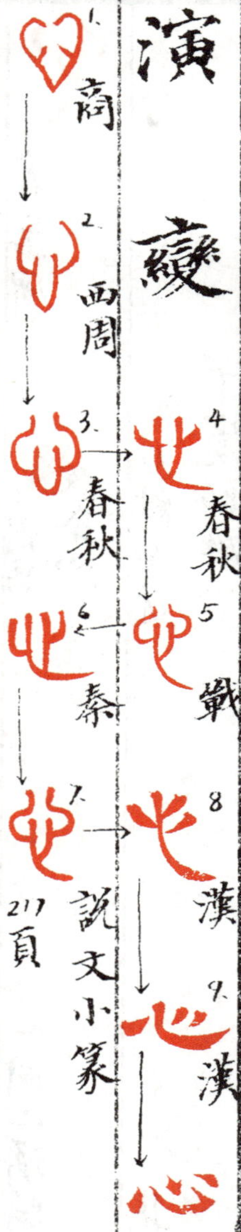

釋義

許慎  人心,土藏,在身之中。象形。博士說,以為火藏。凡心之屬皆从心。息林切。

陳按 古文字皆象心之形,本義指心臟。後引申指心思、性情等義。中"心"加點之形,與"忽"字混。

六書

象形

附注

惢 蘇果切，音鎖，上，果韻，心，歌部

 汗簡  古文四聲韻   集篆古文韻海

演變  說文小篆 224頁 → 惢

釋義 許慎  心疑也，从三心，凡惢之屬皆从惢，讀若易"旅瑣瑣"。又才規、才累二切。

陳按 惢字未見考古出土文字材料，小篆从三心，會多心之意，心疑貌。文選晉左思魏都賦："有靦瞢容，神惢形茹。"

六書 會意

附注

說文解字　第十一

二十一部

水沝頻𡿨巜川泉灥永𠂢

谷仌雨雲魚𩺰燕龍飛非

卂

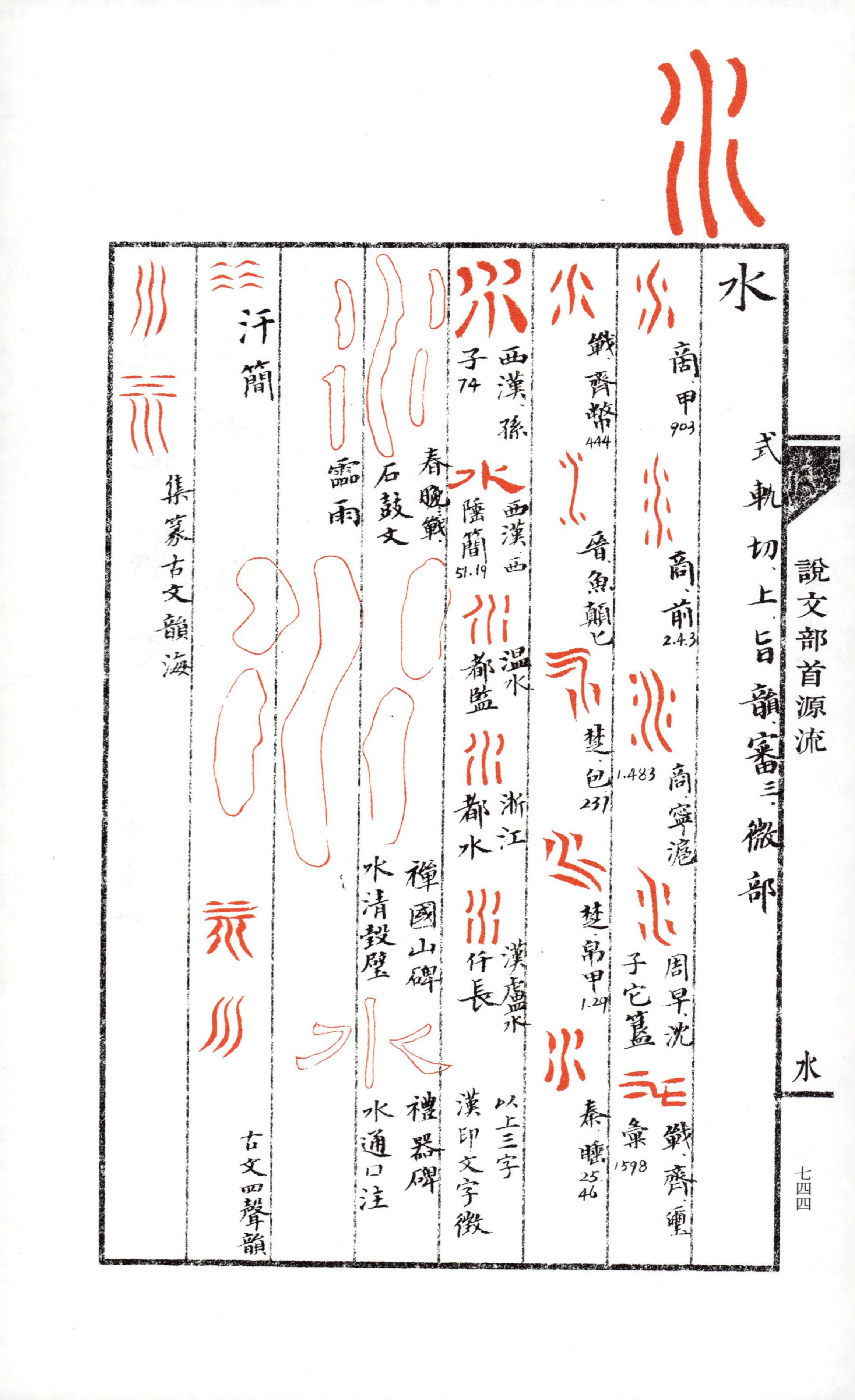

水

式軌切，上，旨韻，審三，微部

商，甲903

商，前2.4.3

商，寧滬1.483

周早，沈子它簋

戰，齊，璽彙1598

戰，齊幣444

晉，魚顛匕

楚，包237

楚，帛甲1.29

秦，睡25.46

西漢，孫子74

西漢，西陲簡51.19

温水都監

浙江都水

漢，盧水仟長

以上三字漢印文字徵

春晚，戰，石鼓文霝雨

禪國山碑

水清殼壁

禮器碑

水通口注

汗簡

古文四聲韻

集篆古文韻海

演變

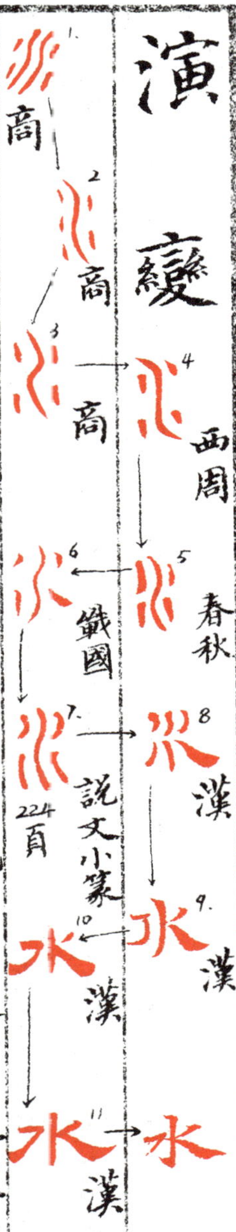

釋義

許慎  準也。北方之行。象衆水並流，中有微陽之气也。凡水之屬皆从水。式軌切

陳 按 古文字形體繁省各異，以爲常見，中之象水流，兩旁之點作水滴，整體象流動之河(泉)水。甲骨文中多用指水災，如合集10150："其㞢(有)大水"。許君所釋爲漢時盛行的陰陽家學說，不可從。

六書

象形

附注

沝　之壘切，上，紙韻，照三，微部

商，庫267

西漢，侍其繇墓，

漢印文字徵收左沝字下，不確

東漢，孔宙碑陰高沝字季超

景北海碑陰齊沝字文達，即沝字，說文沝，

二水也，鄭氏易坎為沝象，重坎也，齊沝字文達，蓋取盈科而進之義。

汗簡

古文四聲韻

演變

1. 商

2. 說文小篆 239頁

3. 漢

4. 漢

釋義

許慎

二水也，闕，凡沝之屬皆从沝，之壘切

陳按

沝字見於商代甲骨文，用作地名，西周金文、戰國文字皆未見，構形本義不明，或以為从二水，會大水，王筠則以為是水之異體，余則以為此部應取消，與流、涉一起并入水部。

六書 會意

附注

瀕

卑民切，平，真韻，幫，真部

周早，效尊

周中，井侯簋

周晚，訇簋

周晚，㝬簋

秦，古陶263

西漢，瀕鍾

瀕陽丞印

瀕陽望印

瀕陽令印

漢印文字徵 以上三字

華嶽廟殘碑陰瀕陽游殷

汗簡

古文四聲韻

說文顭水厓人所賓附瀕蹙不前而止从頁从涉徐鉉曰今俗別作水濱，碑省作頻，經典相承用之

集篆古文韻海

演變

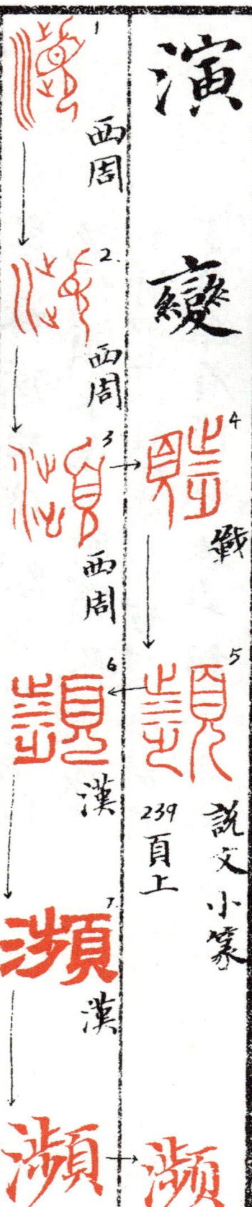

釋義

許慎  水厓，人所賓附，頻蹙不前而止。从頁，从涉。凡頻之屬皆从頻。臣鉉等曰：今俗別作水濱，非是。符真切

陳按 古文字从頁，从涉，同瀕字，最早應為靠近之意。秦漢文字或省水作頻，後世則頻專指頻蹙義，與瀕分化為二。

六書

會意

附注

𡿨 畎

𡿨 姑泫切，上，銑韻，見，元部。

𡿨 戰晉古幣 295　𡿨 汗簡　𡿨 古文四聲韻

演變

𡿨[2] 說文小篆 → 239頁 → 𡿨

甽[1] 說文古文 ↓ 甽[4] 漢 ↓ 甽

畎[3] 說文小篆 ↓ 畎[5] 漢 ↓ 畎

釋義

許慎　𡿨：水小流也。《周禮》：「匠人為溝洫，枱廣五寸，二枱為耦。一耦之伐，廣尺深尺，謂之𡿨。倍𡿨謂之遂，倍遂曰溝，倍溝曰洫，倍洫曰巜。」凡𡿨之屬皆从𡿨。姑泫切。甽，古文𡿨，从田，从川。畎，篆文𡿨，从田，犬聲。六畎為一畝。

陳　按：字象小水流之形，天干「乙」字學者多以為假「𡿨」形為之，今字書亦歸入「乙」部。

巛

六書　象形

附注

巜　古外切，去，泰韻，見，月部。

巛　汗簡

演變　巛　說文小篆 239頁　巜

釋義　許慎　巛　水流澮澮也，方百里爲巜，廣二尋，深二仞。凡巜之屬皆从巜。

巜，古外切

陳按　く、巜、川表意應相同，皆象水流之形，饒炯說文解字部目訂："巜、川之形本亦

如々，但有廣深之不同，故皆疊く為意。二之為巜，三之為川也。

六書　象形

附注

川

昌緣切，平，仙韻，穿，元部。

商　前4.13.3

商　佚727

商　甲1647

周早　矢簋

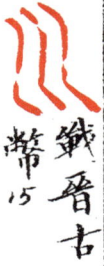

戰晉　古幣15

楚　帛甲3.12

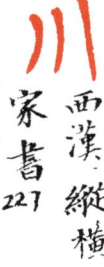

西漢　縱橫家書227

西漢　西陲簡

禮器碑陰

菑川　玉璽

史川　私印

菑廄川長　漢印文字徵　以上三字

嵩山太室闕銘　潁川太守

潁川　長社

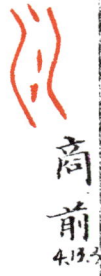

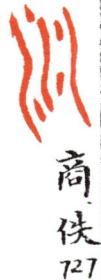

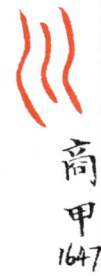

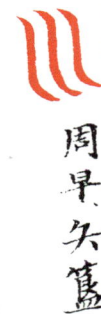

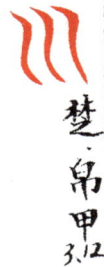

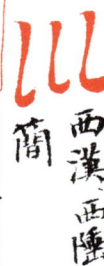

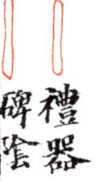

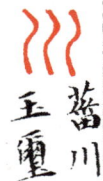

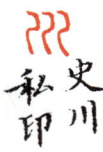

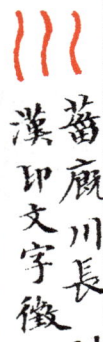

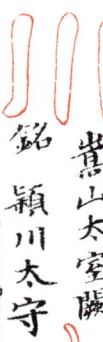

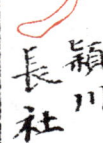

開母廟石闕

天璽紀功碑

郙防百川

禾手山川

汗簡

古文四聲韻

演義

1. 商

2. 商

3. 商

4. 西周

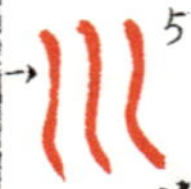
5. 戠

6. 說文小篆 239頁

7. 漢

釋義

許慎

貫穿通流水也。虞書曰：「濬く巜距川。」言深く巜之水會爲川也。凡川之屬皆从川。昌緣切

陳按

甲骨文象兩岸中間有水流之貌，即河川之形。卜辭

中與“水”用法相似，作“水”、“災”解，如“不水，其水”，亦見“不川，其川”。金文將中間“水”形簡作〔〕，為小篆所从。“川”還指“平野、平地”（後起義）。如唐崔顥黄鶴樓詩：“晴川歷歷漢陽樹，芳草萋萋鸚鵡洲”。新五代史周德威傳：“平川廣野騎兵之所長也”。

六書　象形

附注

泉　疾緣切，平，仙韻，從，元部

商　鐵203.1

商　鄴初下33.2

商　前4.17.1

商　後2.39.15

楚　包3

楚　郭·成14

秦　商鞅方升

秦　睡·日甲37背

漢　陽泉熏爐

橐泉錙二

古泉苑監

榦官泉丞

赤泉邑丞

泉府 以上四字
漢印文字徵

曹全碑
謀若涌泉

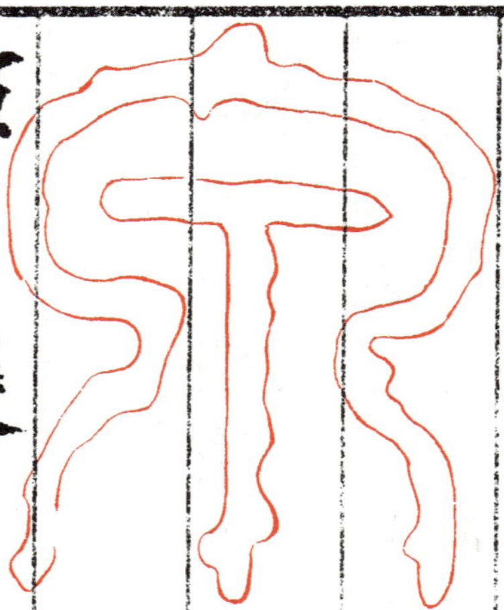
少室石闕

石經僖公
盟于狄泉

泉州
韓聶

汗簡

古文四聲韻

集篆古文韻海

演變

1 商

3 戰

2 戰

4 說文小篆 239頁

5 漢

釋義

許慎  水原也，象水流出成川形。凡泉之屬皆从泉。疾緣切

陳按

古文字象泉水从石隙或巖穴中流出之形，本義即泉水、泉源。戰國文字或加水旁作"湶"，與"泉"應同

為一字。泉乃地下涌出之水源，故又引申指地下水。左傳隱公元年："若闕地及泉，隧而相見，其誰曰不然？"又泉水流通，貨幣亦流通，故錢幣古代亦叫泉。漢書·食貨志下："私鑄作泉布者，與妻子沒入為官奴婢。"

六書

象形

附注

灥

1. xún 詳遵切，平，諄韻，邪，諄部。又昌緣切

1. quán 從緣切，平，仙部，從。

3. quàn 取絹切，去，線部，清

汗簡

演變

說文小篆239頁

灥

釋義

許慎

三泉也。闕。凡灥之屬皆从灥。詳遵切

陳按

說文以為三泉，即衆流也。集韻以為同泉。

六書

會意

附注

永

于憬切，上，梗韻，喻三，陽部

商．甲3333

甲2414

商．京津143

商．合26905

商．屯

周早、戠且丁鼎

周早、召尊

周中、剌鼎

周晚、史宜父鼎

周晚、不嬰簋

春、毛弔盤

春、簷平鐘

春、杞伯簋

戰、齊陳侯午鼎

晉、中山王嚳壺

楚、酓璋鎛

楚永卷丞

永武男家丞

伍永之印信

張永

馮永印

寒永之印

王永私印

王永私印 以上八字 漢印文字徵

石經、君奭 弗永遠念天畏

厥基永孚於休

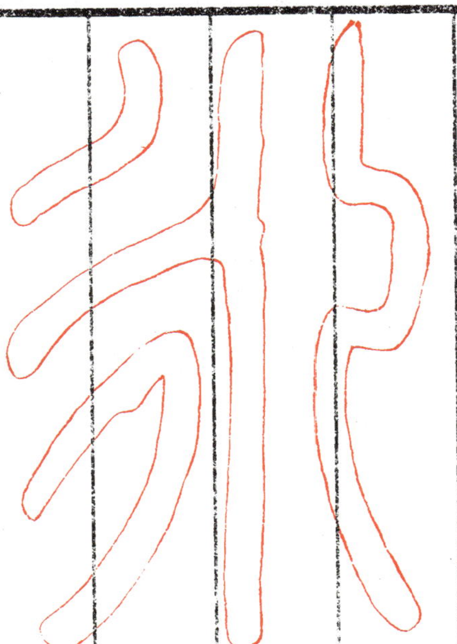
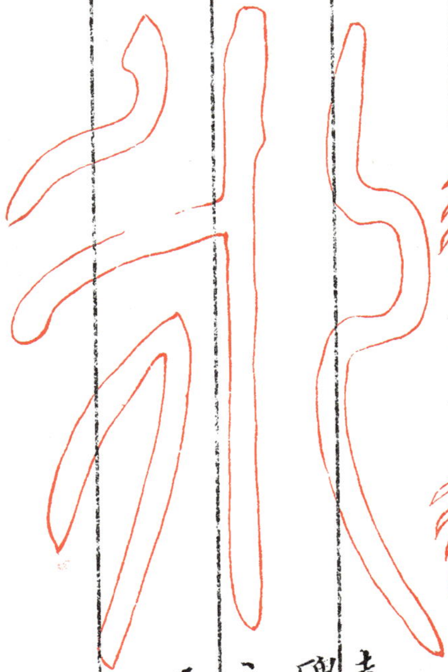
袁安碑 永平元年

春戰

天璽紀功碑

孔宙碑

石鼓文

永歸大吳

永矢

天子永寍

不刊

魏王基殘碑

禮器碑

永懷慘悴

永享年壽

汗簡

碧落碑

集篆古文韻海

演變

釋義

許慎  長也、象水巠理之長、詩曰：「江之永矣」、凡永之屬皆从永、于憬切

陳按 甲、金文象河流很長、並有支流、本義是水流長、詩周南漢廣：「江之永矣」、不可方思」、引申為「時間長久」、「距離長、遠」等義、古文字中「永」或向左、或向右、無別、後為使字義明確、規定向左為長久之「永」、向右為支流、支派之「𠂢（派）」、另、有學者以為「永」象人在水中游泳、是「泳」字初文、

六書

象形、或以為會意

附注

𠂢

匹卦切、去、卦韻、滂、支部

商.甲3333

周中、𢍉方彝

汗簡

古文四聲韻

集篆古文韻海

演變

1. 商 → 2. 西周 → 3. 春 → 4. 說文小篆 240頁 → 𠂢

釋義

許慎：水之衺流，別也。从反永。凡𠂢之屬皆从𠂢。讀若稗縣。徐鍇曰：永，長流也，反即分𠂢也。匹卦切

陳按："𠂢"與"永"本為一字，後分化為

二、本義是支流，後增水為"派"。

六書

象形

附注

谷 古祿切，入，屋韻，見，屋部。

商 前2.5.4

周早 啟卣

周早 啟尊

周中 格伯簋

戰 齊陶彙3.773

晉 璽彙123

秦 日甲23背

西漢 西陲簡51.11

大谷太守章

王谷 以上二字漢印文字徵

上谷府卿墳壇

石經 堯典 日暱谷

曹全碑 道白茅谷水灾害

吳谷朗碑 封於谷秦

題字

汗簡

古文四聲韻

集篆古文韻海

演變

1 商 → 2 西周 → 3 戰 → 4 說文小篆 240頁 → 5 漢

釋義

許慎 泉出通川為谷，从水半見，出於口。凡谷之屬皆从谷。古祿切

陳按　古文字象兩山分開之處，下象谷口，引申指兩山間低洼地帶，再引申指困難，還假借為「穀」、「穀」，本是莊稼糧食之總稱。

六書　象形

附注

仌　筆陵切，平，蒸韻，幫，蒸部

商、徵10.15 續甲

商、仌卣（文、李旭昇） 疑為數字卦符號。

戰、齊、陳 逆簋

秦、二年上郡守冰戈

蘇冰私印 漢印文字徵

汗簡

演變

1. 仌 商 → 2. 仌 西周 → 3. 仌 戰 → 冰

4. 仌 說文小篆 240頁 → 冫

釋義 許慎 仌 凍也，象水凝之形。凡仌之屬皆从仌。筆陵切

陳按 古文字"冫"即"仌"字，與"吕"同形，參見劉釗師古文字考釋叢稿第120～122頁

六書 象形

附注

雨

1. yǔ 王矩切，上，麌韻，喻三，魚部

2. yù 王遇切，去，遇韻，喻三，魚部。

商，前2.20.3

商，拾8.2

商，戩16.16

商，乙9067

乙鼎　商，子雨

觥　商，𠆧雨

戰，齊陶

彙3.1264

戰，晉古

幣117

晉，鎣

壺

楚，帛乙

3.12

楚，鄂

繒9

秦，睡，秦115

西漢，孫臏214

春戰，石鼓文

霝雨

開母

東漢，禮器碑

天

廟石

雨降澍

曹全碑

風雨時節

晉太公

呂望表

闕

興雲

降雨

汗簡

古文四聲韻

集篆古文韻海

演變

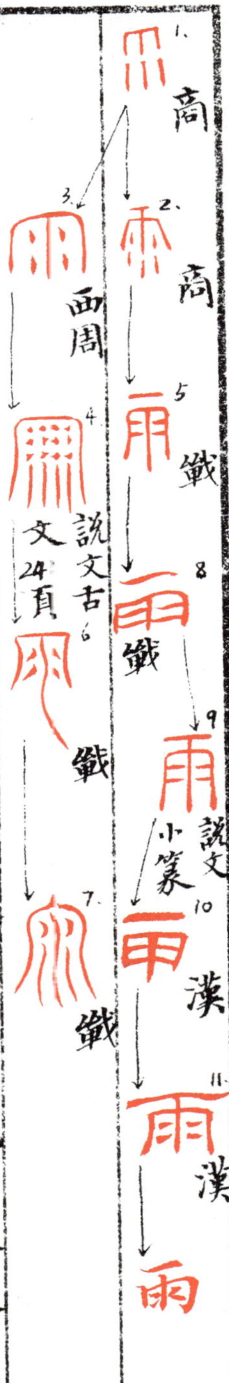

釋義

許慎 雨 水从雲下也，一象天，冂象雲，水霝其間也。凡雨之屬皆从雨。古文。王矩切

陳按 甲骨文形體多變，其上多以一橫畫表示天，其下短豎則表雨滴，其後字形演變，短豎（即小點）或與橫畫相連，上有加飾筆，漸為小篆所承，本義是雨水。

六書

象形

附注

雲

王分切，平，文韻，喻三，文部。

商，乙12

商，續2.4.11

商，掇2.455

戰，楚，鄂

繒35

秦，璽彙4876

秦，睡33.20

秦，古陶5.294

西漢，天文雜占

西漢，居延簡甲713

西漢，孫臏176

雲南令印

故子雲

任云私印 以上三字 漢印文字徵

魏王基殘碑

開母廟石闕

西狹頌

隆崇造雲

興雲

降雨

汗簡

古文四聲韻

集篆古文韻海

碧落碑

演變

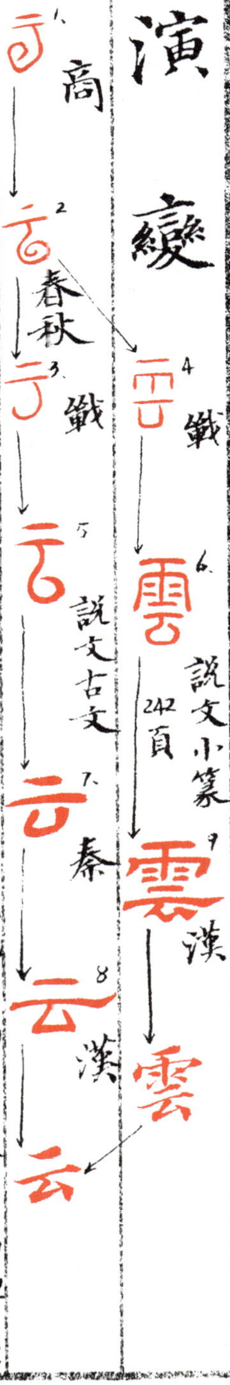

釋義

許慎  山川气也，从雨，云象雲回轉形。凡雲之屬皆从雲。王分切 、古文省雨。 亦古文雲。

陳按 甲骨文从二（上），表天空，下象雲朵之形。另，“旬”字甲骨文作“”，與云（雲）易混（云作）。後，“云”被借用為言語之“云”，故另增“雨”旁作“雲”，以存本義。“雲”、“云”乃古今字，二字各有分工，現楷書中又將“雲”簡化為“云”。

六書

云為象形，雲為形聲。

附注

魚

語居切、平、魚韻、疑、魚部。

商.佚 812

商.明藏 726

商.鳳魚鼎

商.魚父乙卣

周早.伯魚卣

周早.鄘伯馭簋

周晚.毛公旅鼎

戰.齊陶彙 3.318

燕.璽彙 2727

晉.魚顛匕

楚.包 256

包 259

秦.睡日乙 174

西漢.一號墓竹簡 12

西漢.武威簡有司 1

魚始昌

魚平 以上二字漢印文字徵

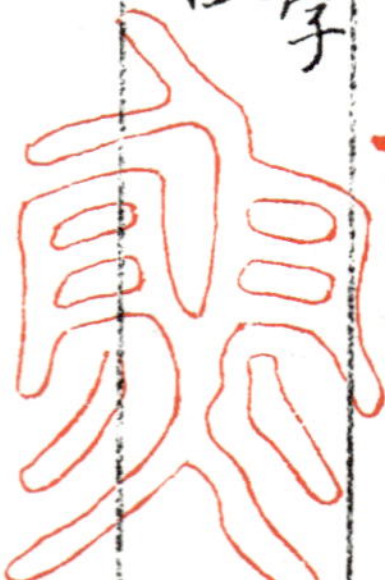
石鼓文汧殹其魚隹可

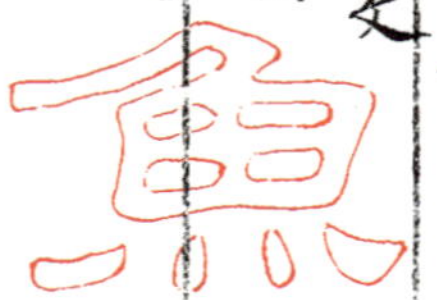
孔宙碑陰魚淵字漢長

汗簡

古四

演變

1 商 2 西周 3 春秋 4 戰 5 說文小篆 242頁 6 漢

釋義　許慎  水蟲也。象形，魚尾與燕尾相似。凡魚之屬皆从魚。語居切

陳按　甲骨文有鱗鰭，象魚之形；金文中魚鰭變大，尾部則變為單線條；春秋戰國以後，魚尾漸訛作火形；小篆以後皆失形矣。

六書　象形

附注

䲆　語居切，平，魚韻，疑，魚部。

 汗簡

演變 1.說文小篆245頁下 → 鱻

釋義 許慎二魚也。凡鱻之屬皆从鱻。語居切

陳按 「鱻」應同「魚」，為魚字複篆。部中「瀲」字重文為「漁」，可證。

六書 會意兼形聲

附注

燕 1. yàn 於甸切，去，霰韻，影，元部。
2. yān 烏前切，平，先韻，影，元部

商。前6.43.6

商。前6.44.5

商。燕608

楚。包85。从鳥、晏聲，或釋作鷃

楚。上二。子羔11.

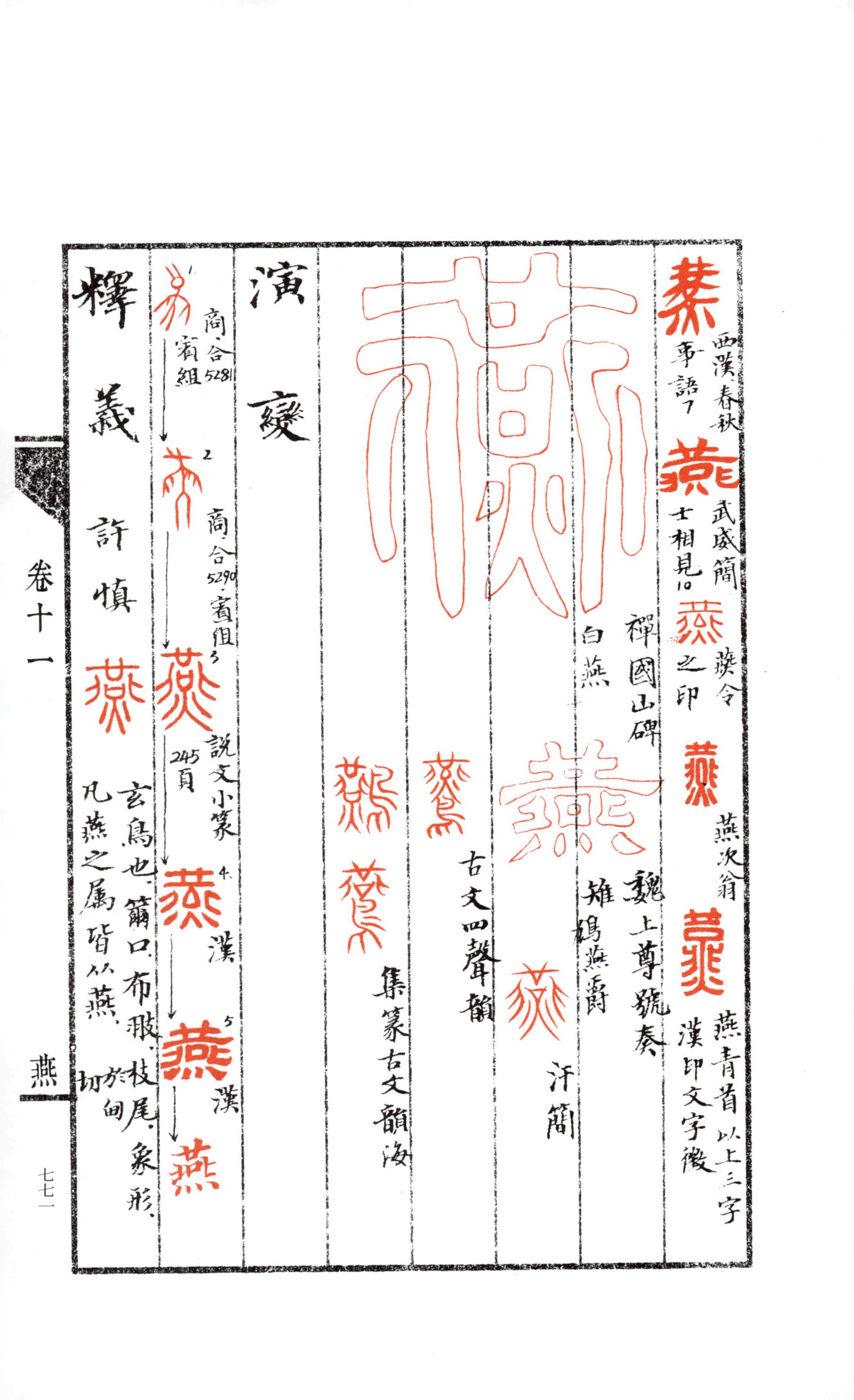

西漢 春秋事語7

武威簡 士相見10

燕令 燕之印

燕次翁

燕青肖 以上三字 漢印文字徵

禪國山碑

魏上尊號奏

白燕

雉鴆燕爵

汗簡

古文四聲韻

集篆古文韻海

演變

1 商.合5281 賓組

2 商.合5290.賓組

3 說文小篆 245頁

4 漢

5 漢

釋義

許慎

玄鳥也，籋口，布翄，枝尾，象形。凡燕之屬皆从燕。於甸切

陳按　甲骨文象燕子有喙、張翅、枝尾之形，戰國楚文字从"鳥"、"晏"聲。小篆以後，燕尾訛作"火"形。本義是燕子，又通"宴"，表安樂、宴享。此外，在甲骨文中除表本義外，還用作氣象詞，相當於後世之"曣"，與"雨"對貞，表天晴無雲。

六書　象形

附注

龍　力鐘切，平，鍾韻，來，東部

商·拾55

商·前4.53.4

商·燕34

周早·龍母尊

春·邵鐘

春、樊夫人龍嬴匜

春、王孫鐘

晉、璽彙538

戰、楚、楚王酓璋戈

楚、包138

戰、璽彙3615

秦、睡日乙32

日甲18

西漢、孫臏163

西漢、龍淵宮鼎

西漢、居延簡甲1152

肖龍

馮龍之印

甄龍之印

以上三字漢印文字徵

黽池五瑞圖題字黃龍

石經、文公

禮器碑

魏受禪表襲

衮龍

龍

汗簡

古文四聲韻

說文小篆8

演變

1. 商
2. 商
3. 西周
4. 西周
5. 戰
6. 戰
7. 說文小篆 245頁
漢

釋義

許慎 鱗蟲之長，能幽，能明，能細，能巨，能短，能長，

春分而登天、秋分而潛淵、从肉、飛之形、童省聲、臣鉉等曰象宛轉飛動之皃、凡龍之屬皆从龍、力鍾切

陳按　甲、金文象龍之形、巨首（上有冠、與「鳳」首上部相似、大口、長身翻轉上騰。為先民想象中之神獸、能與雲降雨。春秋以後字形訛變繁多。

六書　象形

附注

飛　甫微切、平、微部、非、微部、

戰、楚、曾 173

曾 173

臨飛　漢印文字徵

東漢、熹、易　乾、文言

晉、張朗碑

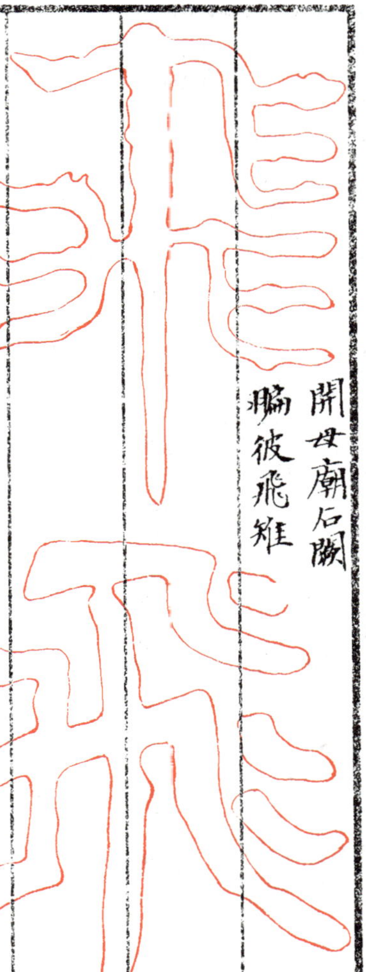

開母廟石闕
翩彼飛雉

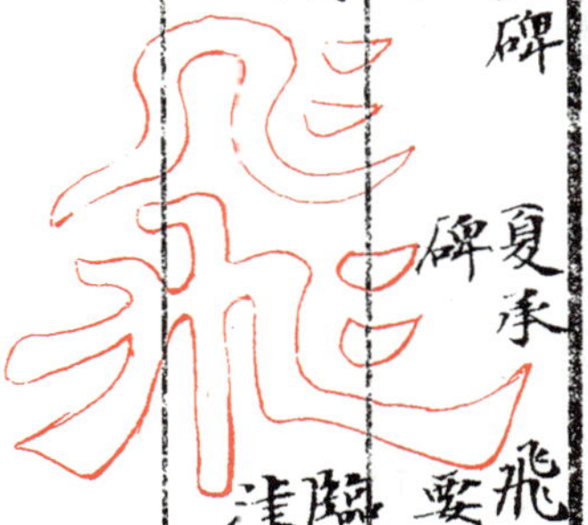

禪國山碑
其餘飛行之類
夏承碑
要飛臨津

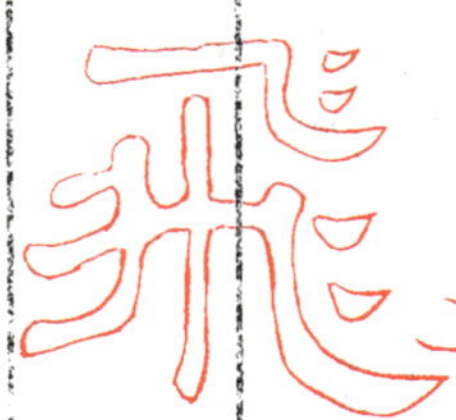

魏王基殘碑
故能野戰
則飛虎摧翼

碧落碑

古文四聲韻

集篆古文韻海

汗簡

演變

戰、隨縣173.2

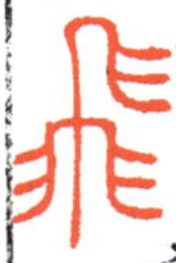

說文小篆 245頁

漢

釋義

許慎

鳥翥也、象形。凡飛之屬皆从飛。

甫微切

陳按　古文字象鳥振翅飛翔之形，本義為鳥在空中拍翅的動作。進而指其他動物的飛翔，另，鶡冠子·武靈王："寡人聞飛語流傳，此處之"飛"後借"蜚"表示，如"流言蜚語"。"蜚"本義是一種小飛蟲，假借為"飛"，二字一般通用，但也各有習慣用法，如"飛閣"不作"蜚閣"，"蜚聲"亦不作"飛聲"。

六書　象形

附注

非　甫微切，平，微韻，非，微部

商，戩42.10

商甲799

周早，傳卣

周中，班簋

周晚，毛公𢉖鼎

非 春、蔡侯龤鐘

非 戰、齊陶 彙3.1231

非 晉、中山王譽鼎

非 楚、包40

非 秦、青川木牘

韓仁銘

非 103 秦、睡秦

非 西漢、孫臏40

非 楊非子印

非 吳非人 以上二字 漢印文字徵

非 典統 非任

非 石經多士 非我一人

非 張遷碑 非社稷之重

非 汗簡

非 秦德不康寧

演變

1. 非 商 → 2. 非 西周 → 3. 非 說文小篆 245頁 → 4. 非 漢 → 非

釋義

許慎

非 違也。从飛下翄，取其相背。凡非之屬皆从非。甫微切

按

甲骨文象二人相背之形，上加短橫，與北字區別。但二字表意相同，應是一字分化。金文至小篆形體訛變，故說文以為象鳥翅相背，不可從。可參看王青莉釋非

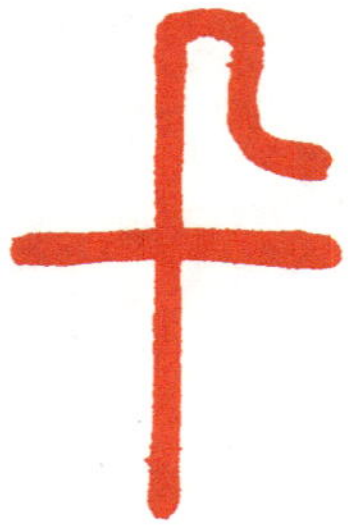

六書

指事（增筆區別分化）、說文以為象形。

附注

卂 息晉切，去，震韻，心，真部

 周早，卂伯簋

 汗簡

演變

 西周 →  說文小篆 246頁 → 卂

釋義

許慎  疾飛也，从飛而羽不見。凡卂之屬皆从卂。息晉切

陳按

"卂"字構形本義未明。季旭昇以為是"訊"初文，"訊"金文作""（兮甲盤），象人雙手反剪被縛，接受訊問之形。

「凡」由「訊」簡化而來。但缺乏中間文字材料證明，故此說只能存參。

六書

說文以為指事

附注

說文解字　第十二

三十六部

乞不至西鹵鹽戶門耳𦣞

手𠦬女毋民丿𠂆乁氏氐

戈戉我亅琴乚亡匸匚曲

脱一字

甾瓦弓弜弦系

乙

乙點切、去、點韻、影、月部

春、鄦侯少子簋

汗簡

古文四聲韻

集篆古文韻海

演變

說文小篆 246頁

釋義

許慎 玄鳥也、齊魯謂之乙、取其鳴自呼、象形、凡乙之屬皆从乙、

乙或从鳥、

徐鍇曰此與甲乙之乙相類其形舉首下曲與甲乙字少異 烏轄切

陳按 此字構形不明、部中所隸孔、乳二字亦不从乙、應取消此部、

六書

說文以為象形

附注

不

1. bù 分物切，入，物韻，非之部。今讀逋骨切，沒韻，幫職部

2. fǒu 方久切，上，有韻，非之部。

商.乙9094

商.鐵71

商.甲2363

商.後1.19.10

商.燕535

商.後1.32.10

周早.天亡簋

春.洹子孟姜壺

春.王子午鼎

戰.齊 璽彙266

燕.蜼生 不戈

晉.中山王䂞 兆域圖

楚.者汈鐘

晉.中山王 䂞鼎

楚.包82

包156

上博簡二.魯邦大旱

秦.睡.秦律雜抄37

西漢.老子甲37

西漢.老子乙前2上

不廣之印

不壽

闞不識印 漢印文字徵 以上三字

西陲簡51.19

春戰石鼓文　而師

秦泰山刻石　不稱成功盛德

石經無逸　不皇暇食

蘭臺令史殘碑

嵩山太室闕銘　莫不蒙恩

史晨奏銘　不能闡弘德政

韓仁銘　不幸短命

禮器碑　百王不改

祀三公山碑　和氣不臻

汗簡

碧落碑

古文四聲韻

集篆古文韻海

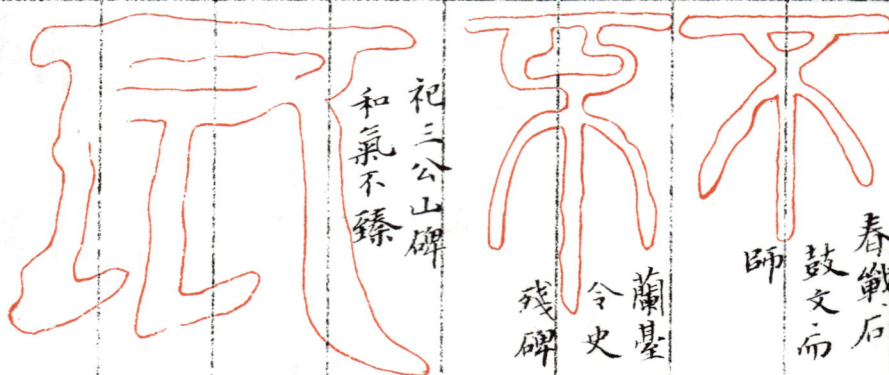

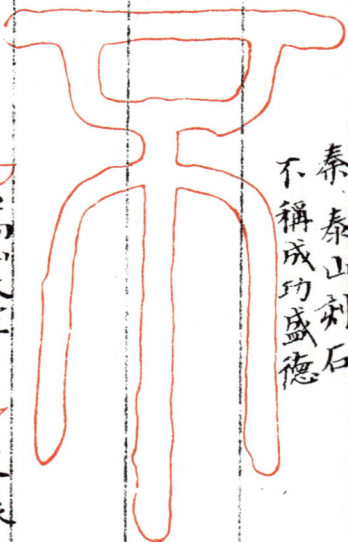

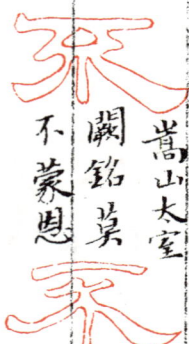

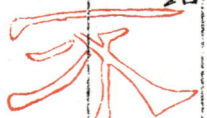

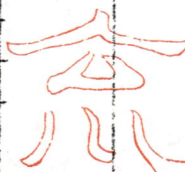

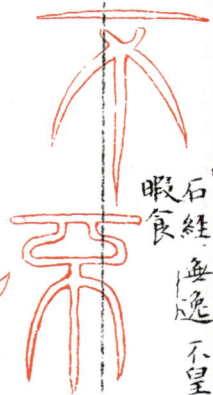

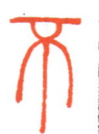

演變

1、商 

2、西周 

3、戰 

3、說文小篆 246頁 

4、漢 

釋義

許慎  鳥飛上翔不下來也。从一，一猶天也。象形。凡不之屬皆从不。方久切

陳按 「不」字古文字構形有爭議，主要為二說。其一，姚孝遂、何琳儀等以為「一」象地面，下部象植物根鬚之形。陳世輝以為是「茇」字初文（說文：「茇，艸根也」）；其二，王國維、郭沫若等則認為「不」象花萼之柎形，是「柎」本字。皆可參。另，「不」可通「丕」，表示大，還借表否定副詞，分化出「否」。

六書

象形

附注

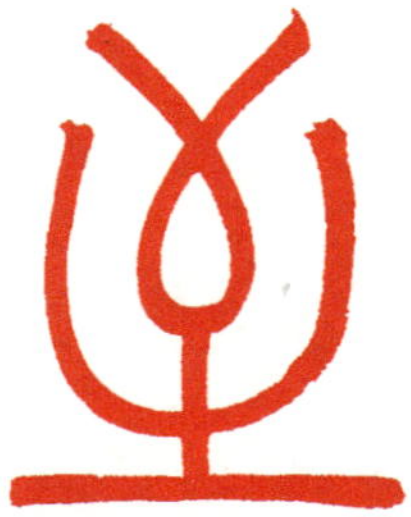

至

脂利切，去，至韻，照三，質部。

商 鐵1254

商 合32374 倒"矢"之形

周早 盂鼎

春 𦅫鎛

春 邾公牼鐘

戰 晉中山王譽壺

晉中山王譽兆域圖

晉 安邑下官鐘

楚 包16

楚 望二策

楚 曾121 說文古文同

秦 睡 秦175

樂至之印

至富 以上二字 漢印文字徵

四時嘉至磬

石經 僖公 公至自園

石經 儀禮殘碑

禮器碑

曹全碑

鄭固碑

碧落碑

汗簡

古文四聲韻

集篆古文韻海

演變

1.  商 → 2.  西周 → 3.  戰 → 4.  說文小篆 247頁 → 5. 至 漢 → 至

釋義 許慎  鳥飛从高下至地也，从一，一猶地也，象形。不，上去；而至，下來也。凡至之屬皆从至。脂利切 古文至。

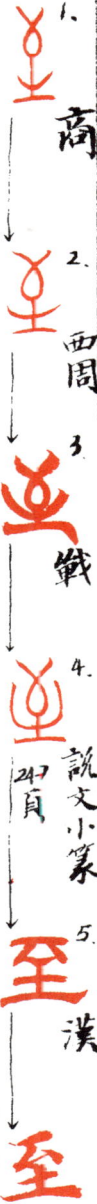

陳按 甲、金文象倒矢之射至所止之處，本義為到達。如合集27809：“王至喪。”左傳文公二年：“秦師又至。”又引申有及、極點、大等義。

六書 象形

附注

西

先稽切、平、齊韻、心、脂部

商、京津

商、前5.32.2

商、戩26.1

商、拾5.7

商、前4.6.1

商、京都2363

商、甲2029

商、甲816

商、後1.23.4

後2.38.5

商、合1441 戍釋作「屎」

商、戍甬鼎

周早、小臣逋鼎

周中、伯丞鼎

周晚、多友鼎

春、國差𦉢

春、秦公簋

戰、齊陶彙3.431

燕、璽彙3964

晉、璽彙3966

晉、古幣71

古幣72

楚、王命璋鏄

楚、包191

楚、范2

秦、睡日乙163

秦、睡29.35

西漢、二年酒鋗

西漢、武威磨咀子四號墓柩銘

西安丞印

西鄉

逯西太守章

西平令印

西市

西平

海西左尉 以上七字 漢印文字徵

石鼓文
吳人
載西
載北

華山廟碑
巖巖西嶽

祀三公山碑
隴西馮君

少室石闕
長西河
圉陽馮寶

史晨碑
西狩獲麟

嵩山碑額

石經、多士
予惟時其遷
居西爾

僖公
取濟西田

碧落碑

汗簡

古文四聲韻

集篆古文韻海

西

演變

釋義

許慎 鳥在巢上，象形。日在西方而鳥棲，故因以為東西之西。凡西之屬皆从西。先稽切 棲 西或从木妻。古文西。籀文西。

陳按 "西"字本義不確定，甲骨文字形有兩種，其一象鳥巢形，王國維《觀堂集林》三《卜辭》正象鳥巢。以鳥巢表鳥棲之"棲"，秦文字有之。其二是"囟"字假借，"囟"、"西"上古聲同，韻近，秦漢以後，漸成"西"形。詳可見張玉金《釋甲骨、金文中的"西"和"囟"字》。

六書

鳥巢形為象形，"棲"、"栖"為形聲，其餘皆亦是"囟"字假借。

附注

鹵

郎古切，音魯，上，姥韻，來，魚部

商，合5596

合19477

合1441

周中，免盤

春，晉姜鼎

戰，楚望二策

秦，十鐘3.18

秦，文物1991.5

蓮勺鹵鹹督印

蓮勺鹵督印 以上二字漢印文字徵

汗簡

古文四聲韻

演變

1、商

2、西周

3、說文小篆241頁

4、漢

釋義

許慎  西方鹹地也，从西省，象鹽形，安定有鹵縣，東方謂之㡿，西方謂之鹵。凡鹵之屬皆从鹵。

陳按 「鹵」字古文字構形未明，學界皆以為从「西」，从數點（鹽粒）。楚文字〔見戰國古文字典〕或與「西」同形。另外有學者以為象鹽粒盛於貯鹽之容器，存參。

鹽

六書

象形

附注

鹽

1. yán 余廉切，平，鹽韻，喻四，談部。
2. yàn 以贍切，去，豔韻，喻四，談部。

戰，齊六 鹽戈

楚，包147

楚，貨系4270

秦，集粹 141.128

秦，璽 20.183

西漢，一號墓竹簡104

西漢，居延簡甲99

琅邪左鹽

犍左鹽丞

海右鹽丞，以上三字漢印文字徵

汗簡

古文四聲韻

集篆古文韻海

演變

1. 戰 → 2. 說文小篆 247頁 → 漢 → 鹽 → 盐

釋義

許慎  鹹也。从鹵，監聲。古者，宿沙初作煮海鹽。凡鹽之屬皆从鹽。余廉切

陳按 「鹽」字从鹵、監聲，本義指食鹽。書·說命下：「若作和羹，爾唯鹽梅。」亦可表用鹽腌製食物。禮記·内則：「屑桂與薑，以灑諸上而鹽之，乾而食之。」另，季旭昇談「覃」「鹽」指出：「商·共覃父乙簋（「覃」字），从鹵在㫗上，會㫗中有鹽之意，與「鹽」同字。其後「覃」「鹽」分化，下从「㫗」爲「覃」，从「皿」爲「𥂁」（即「鹽」字）。」另，趙平安戰國文字中的鹽及相關資料研究亦可參閱。

六書

形聲

附注

户

侯古切，上，姥韻，匣，魚部。

商，甲589　商，後2.36.3　秦，睡，日甲143背　西漢，老子甲20　武威簡，有司，2　西陲簡，38·1

郎中户將　文竹門掌户　以上二字漢印文字徵　史晨後碑户曹掾　曹全碑户曹掾秦尚　淮源廟碑户曹史宛謝綜

汗簡　古文四聲韻　集篆古文韻海

演變

1. 商 → 2. 說文小篆247頁 → 3. 秦 → 4. 漢 → 户

釋義

許慎：護也。半門曰户。象形。凡户之屬皆从户。侯古切。古文户，从木。

陳按

甲骨文象單扇門之形。戰國文字或增義符"木"，如齊，陳貽戈、楚，包。簽。本義即單扇門。詩小雅斯干："築室百堵，西南其户。"又引申指住户。還可指酒量，後起義。唐白居易久不見韓侍郎："户大嫌甜酒，才高笑小詩。"

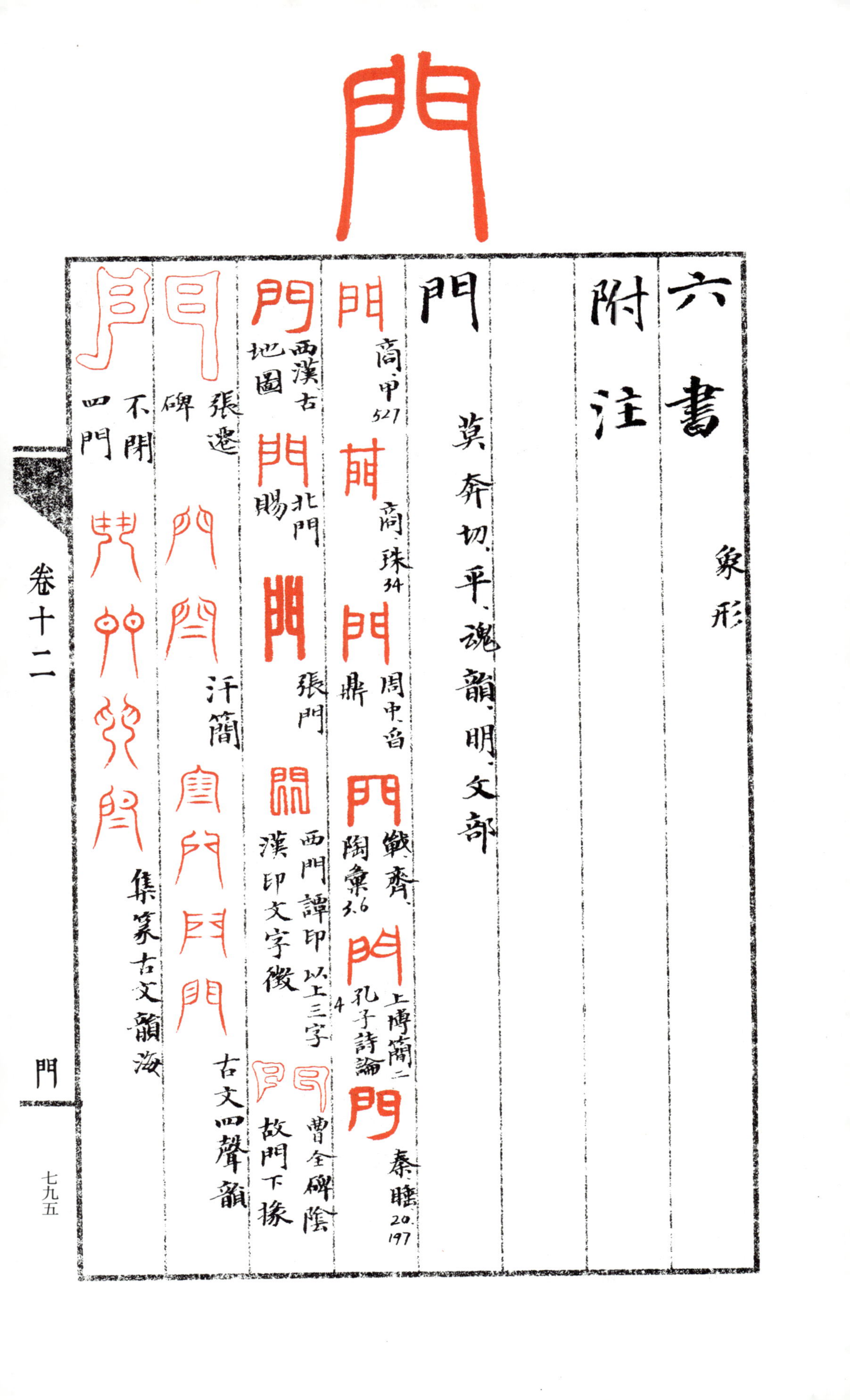

六書 象形

附注

門 莫奔切，平，魂韻，明，文部

商，甲527
商，珠34
周中，曶鼎
戰，齊，陶彙3.6
上博簡二孔子詩論4
秦，睡20.197

西漢古地圖
北門賜
張門
西門譚印 以上三字
漢印文字徵
曹全碑陰
故門下掾

張遷碑
汗簡
古文四聲韻

不閉四門
集篆古文韻海

演變

釋義

許慎 門 聞也。从二户。象形。凡門之屬皆从門。莫奔切

陳按

甲、金文象兩扇門扉之形。建築物的出入口。如房門、家門。甲骨文中多指宗廟宮室之門。傳世文獻中多引申指門徑、門第、門派、門類等義。

六書

象形

附注

耳

而止切、上、止韻、日、之部

商、鐵 138.2

商、後 1.30.5

後 2.15.1

商、續 4.26.5

商、存下 73

商、危耳卣

周早亞耳簋

周早耳卣

戰、齊、陶彙 3.76

齊、陶彙 3.405

燕、璽彙 2797

晉璽彙 2952

楚、包 34

包 265

秦、睡日乙 255

西漢、春秋事語 50

李高

耳印

張耳

之印

齊耳

臣耳 以上四字

漢印文字徵

石經僖公

魏封孔羨碑

汗簡

晉侯重耳卒

諸侯之國耳

古文四聲韻

集篆古文韻海

韻

演變

釋義

許慎  主聽也，象形，凡耳之屬皆从耳 而止切

陳按

古文字象耳朵之形，本義即耳朵，主聽之器官，甲骨文中多用為本義，如"疾耳"，先秦典籍中"耳"遂借為語氣助詞，位於句末，表"而已"（合音）、強調等，或音[illegible]，通"仍"，日母蒸部，只見"耳孫"一詞，古時從本人下數至八世孫為耳孫，亦作"仍孫"。

六書

象形

附注

臣

與之切，平，之韻，喻四之部。

商 臣觚

春早 莒子盤

春早 鑄子臣

春 鼂伯臣

東漢 造作臣旨鈴

鄭固碑

頤親誨弟

汗簡

韻

古文四聲韻

集篆古文韻海

演變

說文 籀文

說文小篆 250頁

漢

春秋

說文小篆

漢

釋義

許慎說文：「臣，頤也。象形。凡臣之屬皆从臣。與之切。篆文臣。籀文从頁。」

陳按：說文或體从頁或从首，即頤、𩠐。本義是面頰和下巴的統稱。易噬嗑：「頤中有物曰噬嗑。」「臣」字未見甲骨文，偏旁有之，如「姬」（1356 商·前）字所从；于省吾以為「象梳篦之形，即『[竹臣]』字初文」，存參。

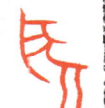

六書

象形。或體為形聲。

附注

手

書九切。上。有韻。審三 幽部。

周中。曶壺

周晚。不嬰簋

戰楚。郭。五45

秦。陶彙5.384

秦。睡。封18

西漢。馬老。子甲82

205 西漢。孫臏

汗簡

古文四聲韻

集篆古文韻海

演變

1. 西周

2. 戰

3. 戰

4. 說文古文

5. 說文小篆 250頁

6. 漢

7. 漢

釋義 許慎  拳也，象形。凡手之屬皆从手。書九切。，古文手。

陳按 甲骨文一般以"又"（三指形）代"手"，後"又"多借作連詞，乃另造"手"。金文"手"象五指至手臂之形，與"毛"形近易混。説文古文與戰國楚文字形近。

六書 象形

附注 古韻通曉：見紐，微部；見紐，皆韻；古懷切。

乖

演變

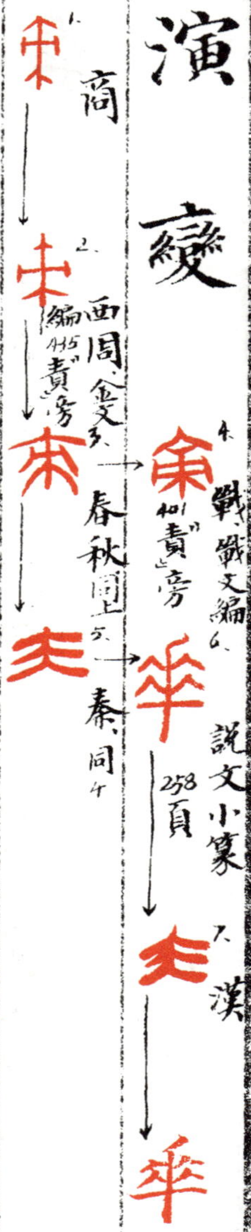

釋義

許慎  背呂也，象脅肋也，凡𠦍之屬皆从𠦍。古懷切

陳按 此部首本無其字，應是截取"脊"字上部而來，劉釗師指出"𠦍"實由""（朿）形訛變。詳見古文字構形學第213～214頁

六書

說文以為象形

附注

女

1. nǚ 尼呂切，上，語韻，娘，魚部。

2. nù 尼據切，去，御韻，娘，魚部。

商，鐵164.1

商，後1.6.7

商 女壴方彝

周 旲、夨尊

周 中農卣

春 齊侯盤

戰，齊璽 彙3723

燕璽彙565

中山王壺

楚，包83

秦 睡法80

女不侵印

女季儒

杜女私印

陳女子印字 以上四 漢印文字徵

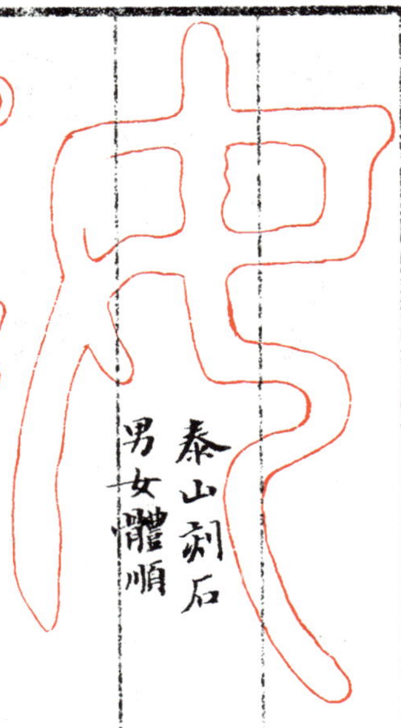
泰山刻石 男女體順

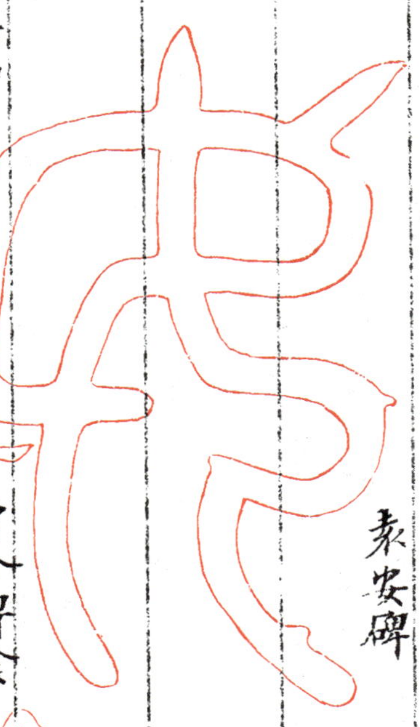
袁安碑

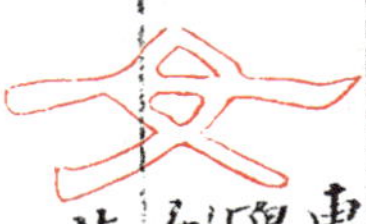
曹全碑 大女桃斐等

華山廟碑 汝南女陽人

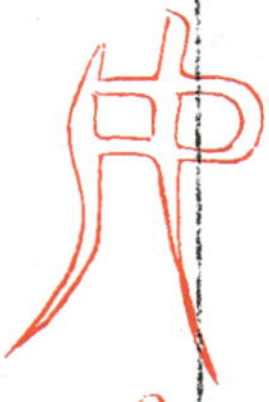
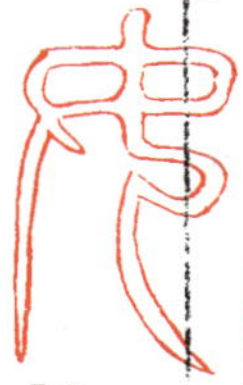
石經，無逸 汝如相通，假汝如重文

曹全碑陰 楊休當女

汗簡

古文四聲韻

集篆古文韻海

演變

釋義

許慎  婦人也，象形，王育說。凡女之屬皆从女。尼呂切

陳按 古文字象女子屈膝而跪、雙手交叉於胸前有所持作之形；或於頭部加短橫為飾，突顯女性特徵。甲骨文中除表"男女"之"女"外，又表"父母"之"母"。另，典籍中常以"未婚為女，已婚為婦"。還通"汝"。

六書

象形

附注

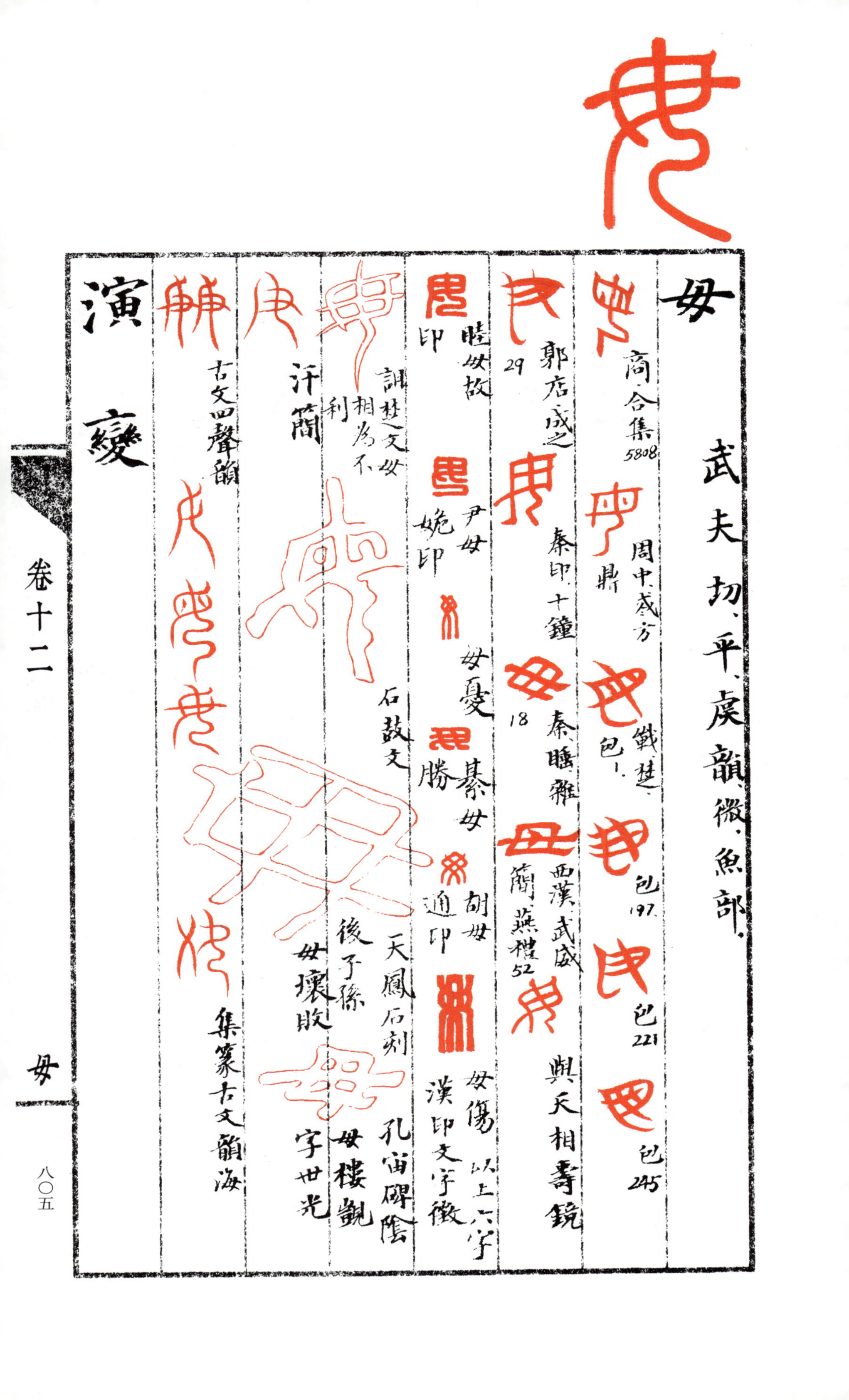

毋

武夫切、平、虞韻、微、魚部。

商、合集5808
周中、𢦏叔方鼎
戰、楚、包1
包197
包221
包245

郭店、成之29
秦印、十鐘
秦、睡、雜18
西漢、武威簡、燕禮52
與天相壽鏡

睦毋故印
尹毋娩印
毋憂
綦毋勝
胡毋通印
毋傷 以上六字 漢印文字徵

詛楚文 毋相爲不利
石鼓文
天鳳石刻
孔宙碑陰

汗簡
後子孫
毋壞敗
毋婁覲
字世光

古文四聲韻
集篆古文韻海

演變

釋義 許慎  止之也。从女，有奸之者。凡毋之屬皆从毋。武扶切

陳按 "毋"字甲、金文借"女"、"母"表示。戰國文字改"毋"之兩點為一橫作"毋"。"女"、"母"、"毋"實為一字分化。典籍中常用作"不要"、"表禁止"。如《詩·小雅·角弓》："毋教猱升木。"鄭箋："毋，禁辭。"又表示"不"、"無"諸意。

六書 分化

附注

民

彌鄰切，平，真韻明，真部

商、明1633
周早、何尊
周早、盂鼎
春早、秦公簋
春、洹子孟姜壺

戰、齊陳喜壺
晉、盗壺
楚、帛乙5.2
楚、上博簡二、民1
秦睡8.1

西漢、定縣12
新嘉量二
安民正印
綏民長印
辛安民
宜民和眾
以上漢印徵

漢安殘碑

祀三公山碑
民無疾苦

開母廟石闕

品式石經

石經無逸

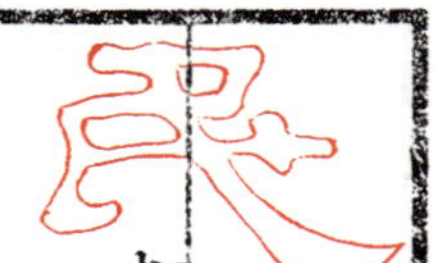

華山廟碑　功加於民

史晨後碑　恐縣吏斂民

曹全碑　而縣民郭家等

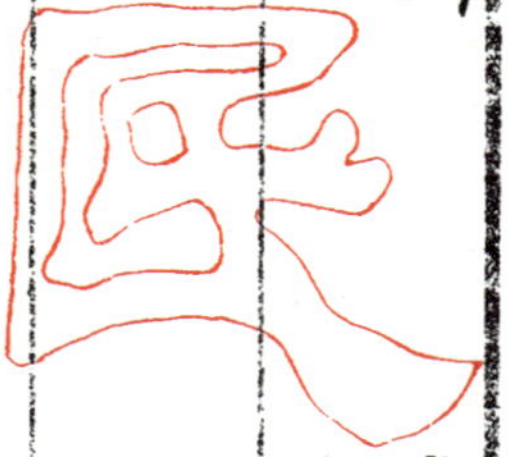

魯峻碑　臨民則惠

汗簡

古四

集篆古文韻海

鳥書　箴言帶鈎

演變

釋義

許慎

眾萌也、从古文之象、凡民之屬皆从民。彌鄰切

古文民。

陳按

古文字象以利器刺目之形、郭沫若以為是盲字初文。甲、金文中表奴隸、民眾、庶民等義。

六書

象形

附注

普蔑切、入、屑韻、滂。月部、

丿

汗簡

演變  說文小篆 265頁

釋義 許慎 右戾也。象左引之形。凡丿之屬皆从丿。房密切

陳按 古文字目前未見丿字，部中所隸三字(乂、弗、乁)皆不从丿。故此字應不存在，僅是筆畫部件，俗稱「撇」。

厂

六書　說文以為指事

附注

厂　喻紐、月部；以紐、祭韵，余制切

汗簡

演變　說文小篆 265頁 

釋義　許慎  抴也；明也。象抴引之形。凡厂之屬皆从厂。虒字从此。余制切

陳按　"厂"字未見，本部只"弋"一字，為杙之象形初文。"弋"構形和"厂"無關，故本部可删。

六書　說文以為指事

附注

乀　喻紐，支部；以紐，支韻，余支切。

演變　乀（說文小篆265頁）乀

釋義　許慎　乀　流也。从反厂。讀若移。凡乀之屬皆从乀。弋支切

陳　按　字未見，此部宜刪。另，李孝定以為此字與「乁」（說文卷十二）、「乙」（卷十四）形誼並同，惟音讀各別，其始當為一字。徐在國以為古文字中「乁」旁或作「乀」、「乀」，或加飾筆作「乀」，象水流之形。

六書
象形

附注

氏

1. shi 承紙切，上，紙韻，禪，支部。

2. zhi 章移切，平，支韻，照三，支部。

商，後，2.21.6

周早，令鼎

周晚，散盤

春，齊鞄氏鐘

戰，齊，璽彙 1904

戰，晉，盜壺

楚，曾 123

秦，睡，編 25

東漢，魏其侯盆

漢氏成園丞印

李氏大利

丁氏長幸唯印

呂氏之印

泫氏令印

燔氏唯印 以上六字
漢印文字徵

曹全碑 因氏焉

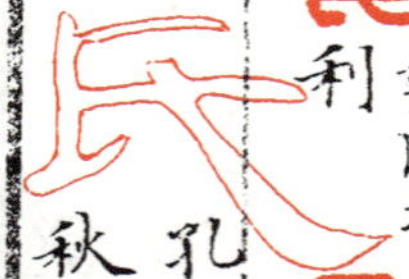
孔龢碑脩春秋嚴氏經

汗簡

集篆古文韻海

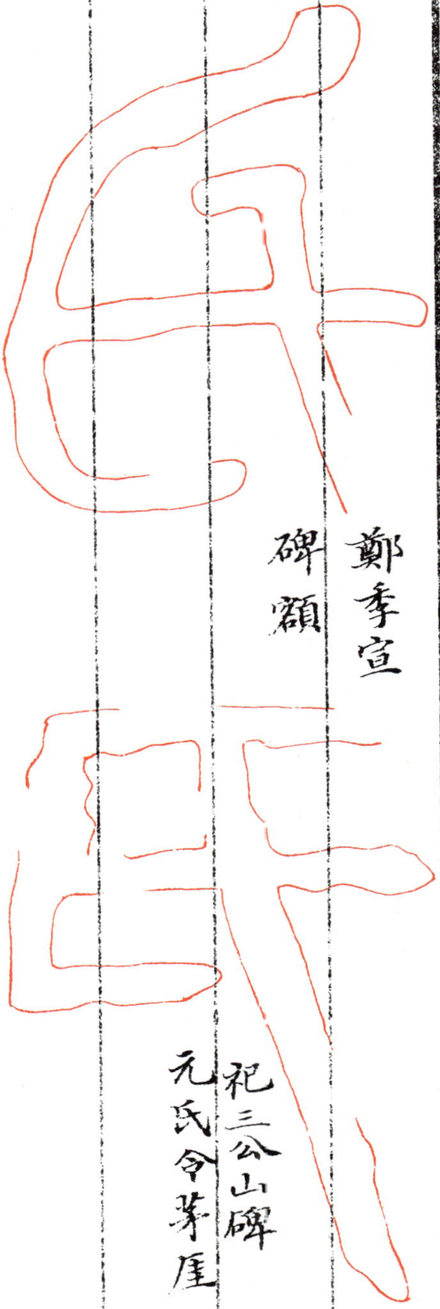

鄭季宣碑額

祀三公山碑 元氏令茅厓

演變

釋義

許慎

巴蜀山名，岸脅之旁箸欲落墮者曰氏，氏崩，聞數百里。象形，乀聲。凡氏之屬皆从氏。楊雄賦：響若氏隤。承旨切

陳按

氏字古文字構形本義未明，學界尚無定

論，後世常用義（如「同姓貴族的不同分支」、「遠古部族及其首領稱呼」和「對已婚婦女的稱呼」）皆作為假借義。春秋（大約）以後在「氏」下加一橫分化出「氐」字，表示根柢、抵達、大抵諸義。「氏」、「氐」二字同源，本為一字。如「祇、祗、衹、秖」皆可指「只」，另侯馬盟書「視」字或作「⿰氏見」、或作「⿰氐見」，皆可證。此外，戰國竹簡中「氏」和「氒（厥）」形近易混，如清華簡一中的「氒（厥）」皆誤書作「氏」。

六書　象形

附注

氏　1、dɪ　集韻典禮切，上，薺韻，端，脂部
2、tɪ　都奚切，平，齊韻，端，脂部。

春·虢金氏孫盤

戰·燕陶　彙4.128

戰·楚·曾甘八宿漆書

西漢·老子乙前125上

西漢·倉頡篇

漢歸義氐司馬

魏率善氐邑長二字　漢印文字徵　以上

汗簡

集篆古文韻海

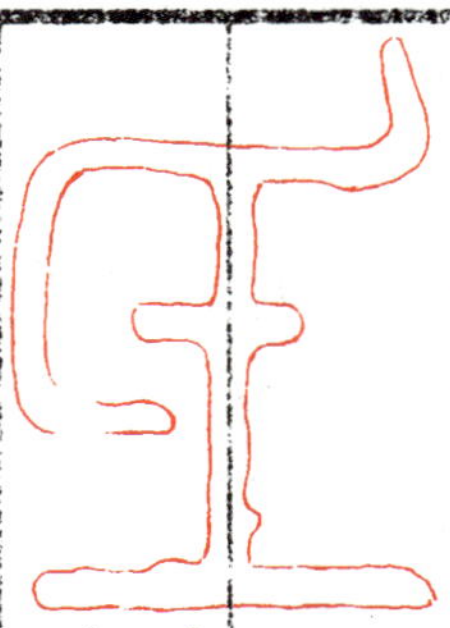
石鼓文　汧殹　其盜氐鮮

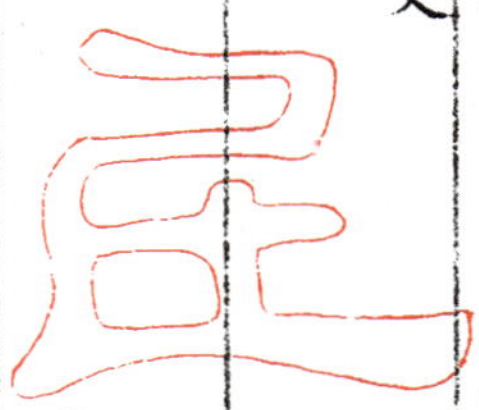

譙敏碑優遊氐京　以氐為邸，邸京即京邸，倒轉稱韻
古文多如此，周禮春官典瑞「四圭有邸」，注「邸讀為柢」，
欺之柢，漢書杜周傳「大氐盡詆召不道」以上邸，古曰氐，諸
與柢同，邸氐皆可通，以為柢，故邸亦通用氐也。

演變

1.  西周
2.  春秋
3.  戰
4.  戰
5.  秦
6.  說文小篆 266頁

→ 氐

釋義

許慎　 至也。从氏下箸一。一，地也。凡氐之屬皆从氐。丁禮切

陳按

「氐」應是「氏」派生的分化字。詳見「氏」部。

六書

象形

附注

戈

古禾切、平、戈韻，見、歌部。

商、甲622

商、戈觶

商、冖戈爵

商、戈卣

周早、宅簋

周中晚、伯晨鼎

周晚、楚公豪鐘

春、口之用戈

子賏戈

戰、齊口濯戈

齊、陳卯戈

燕、左行議戈

晉、璽彙5702

楚、楚王酓璋戈

楚、曾91

楚、郭、唐虞之道13

楚、包261

秦、睡、日甲47

戈船候印 漢印文字徵

汗簡

集篆古文韻海

演變

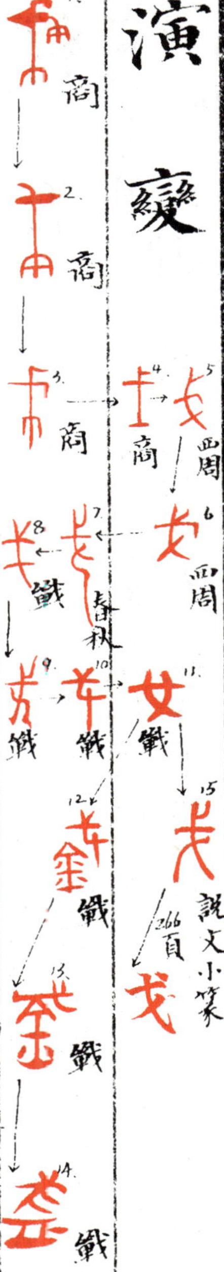

釋義

許慎：戈 平頭戟也，从弋，一橫之，象形。凡戈之屬皆从戈。古禾切

陳按

古文字象裝上長柄之戈形，為商周常見兵器，由戈援、內、秘及底下的鐏構成。本義是兵器。《書．牧誓》：「稱爾戈，比爾干。」還指古國名。引申為戰爭。

六書

象形

附注

戉

王伐切，入月韻，喻三月部。

商，戉木爵

商，合20795

商，合32119

子組
商，花園莊東地甲骨206

周中，史牆盤

周晚師克盨

周晚虢季子白盤

春，者沪鐘

戰，上博簡七，吳命·5

漢，老子乙前94下。

汗簡

古文四聲韻

演變

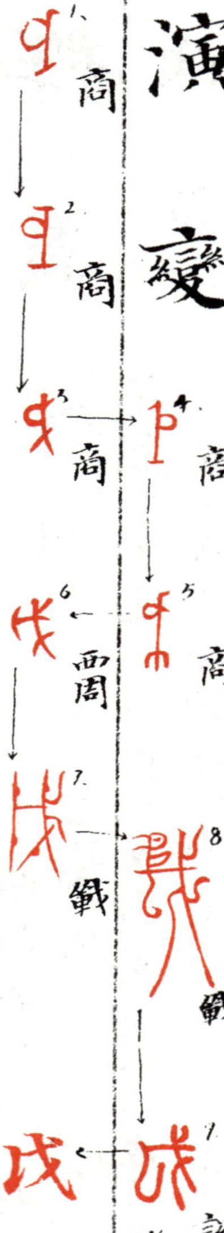
1. 商
2. 商
3. 商
4. 商
5. 商
6. 西周
7. 戰
8. 戰
9. 說文小篆 266頁

釋義

許慎

斧也。从戈，乚聲。司馬法曰：「夏執玄戉，殷執白戚，周左杖黃戉，右秉白髦。」凡戉之屬皆从戉。王伐切

陳按

甲、金文象有柄、圓弧刃大斧之形。漢以後加「金」旁作「鉞」，與「王」一樣乃軍權、王權之象徵，一般王者方能執鉞。

金文中還用作國名，越王者旨於賜矛：弍（越）王者旨於賜。

六書　象形

附注

我

五可切，上，哿韻，疑，歌部。

商、甲2382

商、粹1469

周早、我鼎

周早、弔我鼎

周晚、毛公㢆鼎

春、曾仲褱匜

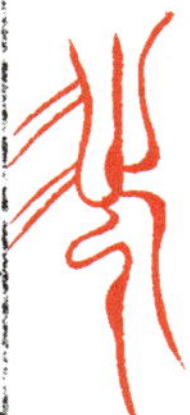
春、王子午鼎

戰、齊陳賄簋

晉、命瓜君壺

楚、欒書缶

楚、姑馮句鑃

楚、郭、語四6

楚、上二、民1

秦、睡日甲29背

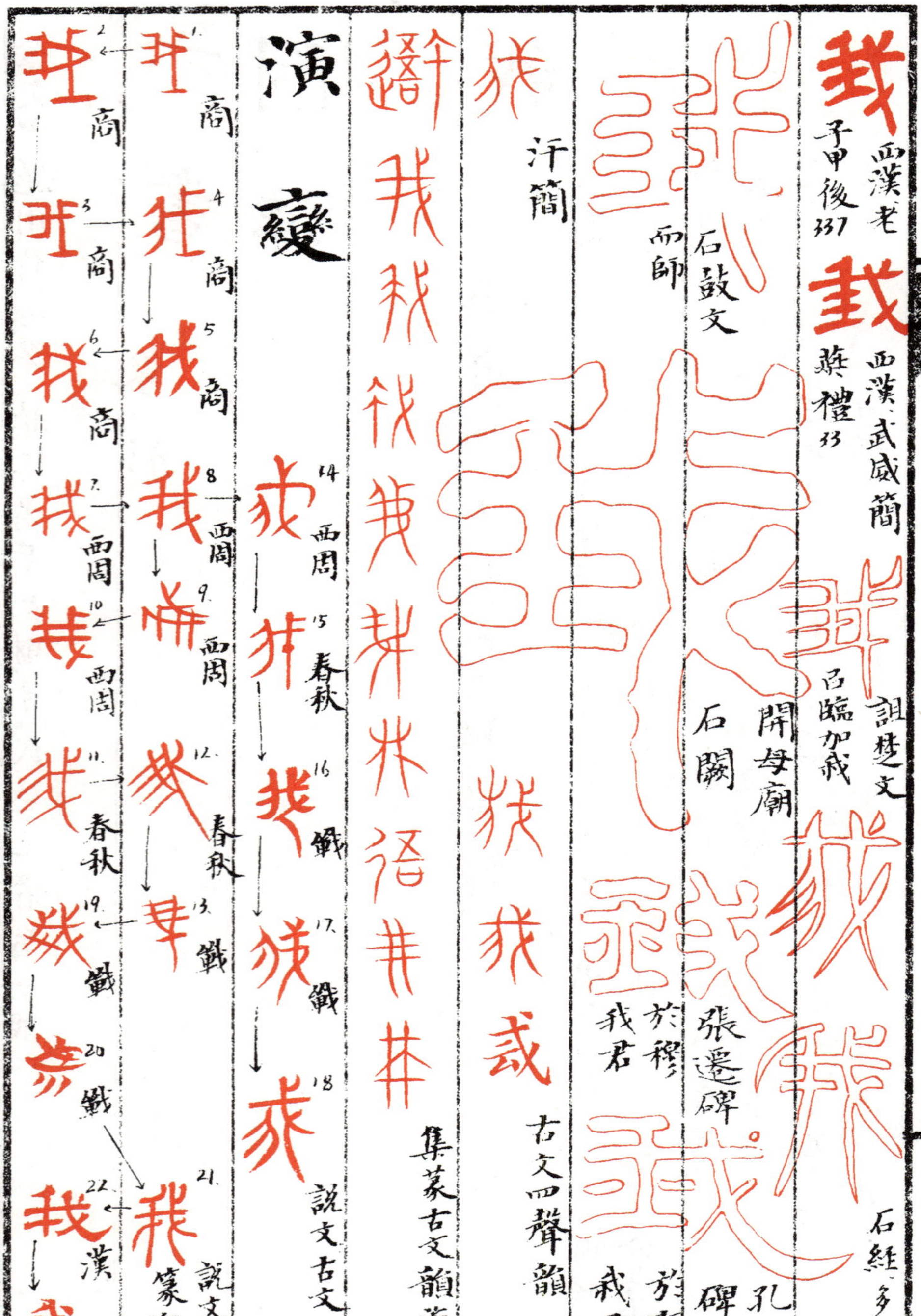

西漢老子甲後337
西漢武威簡燕禮33
詛楚文
呂臨加戒
石經多士
開母廟
孔宙碑
石鼓文
石闕
張遷碑
而師
於穆
於鑠
我君
我君
汗簡
古文四聲韻
集篆古文韻海
演變
14 西周
15 春秋
16 戰
17 戰
18 說文古文
1 商
4 商
5 商
8 西周
9 西周
12 春秋
13 戰
21 說文小篆267頁
2 商
3 商
6 商
7 西周
10 西周
11 春秋
19 戰
20 戰
22 漢

我

釋義

許慎  施身自謂也。或說：我，頃頓也。从戈，从手。手，或說古垂字。一曰：古殺字。凡我之屬，皆从我。（徐鍇曰：从戈者取戈自持也。）五可切。 古文我。

陳 按 「我」古文字象刃部有鋸齒的斧鉞形武器。郭沫若以為即詩經（豳風·破斧）「既破我斧，又缺我錡」之「錡」，與「斧」並舉之「錡」（今人謂之鋸）。在殷商甲骨文中，「我」字便已假借作第一人稱代詞，且為借義所專，其本義反而不顯。「另」、「予」、「余」、「吾」、「我」、「朕」，皆作為自稱之辭。「予」、「余」同音同義，「與」「吾」、「我」亦同義。惟「吾」字不能用於動詞後面作賓語，如「今者吾喪我」（莊子·齊物論）不能說「今者我喪吾」。中古以後，「吾」亦用於動詞後作賓語，「朕」字在先秦與「我」同義。秦始皇以後，「朕」字為皇帝的自稱。

六書

附注

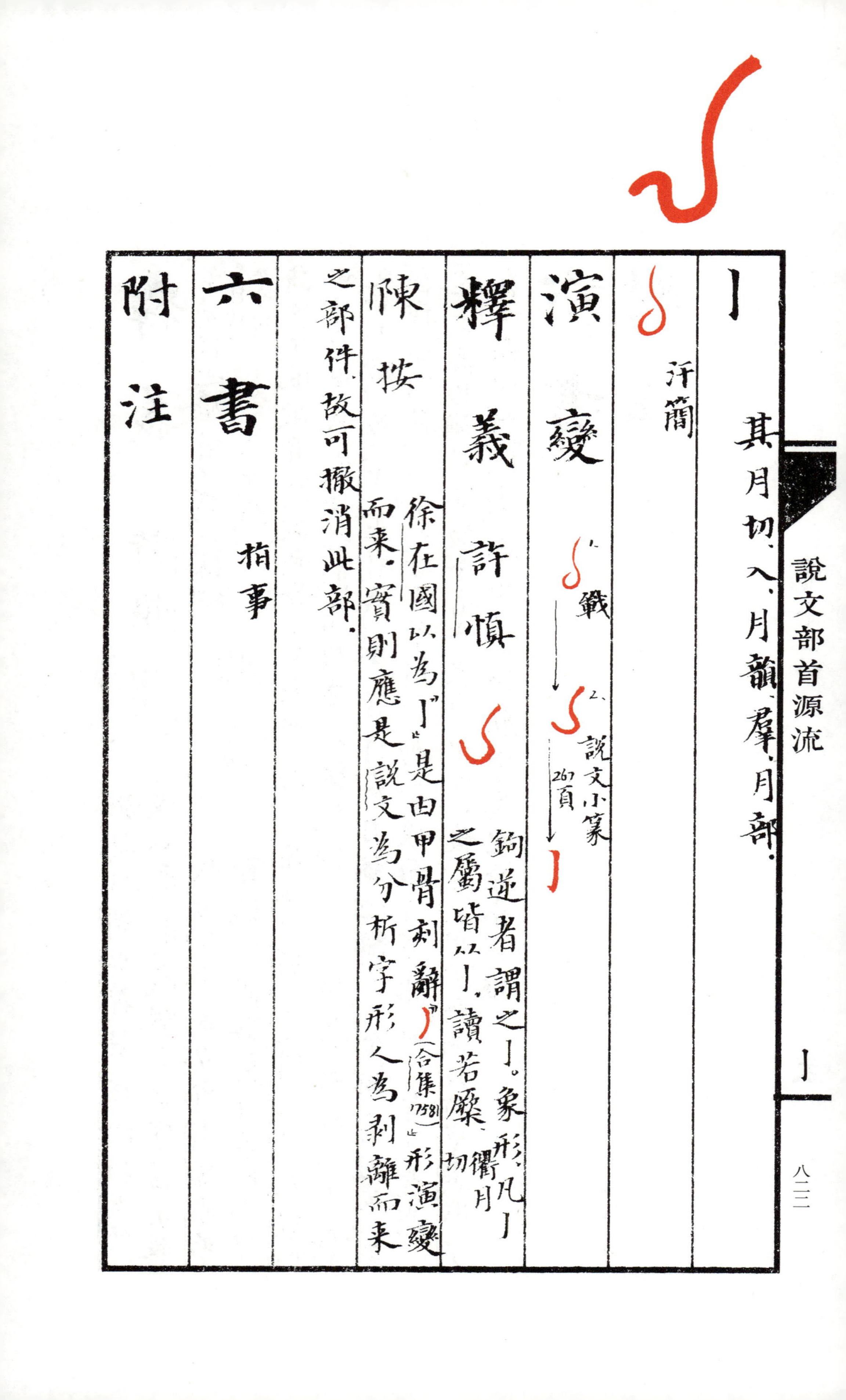

亅　其月切、入、月韻、羣、月部。

汗簡

演變　1、戩　2、說文小篆 267頁 → 亅

釋義　許慎　鉤逆者謂之亅。象形。凡亅之屬皆从亅。讀若橜。衢月切

陳按　徐在國以為"亅"是由甲骨刻辭"亅"（合集17581）形演變而來。實則應是說文為分析字形人為剖離而來之部件，故可撤消此部。

六書　指事

附注

琴

巨金切，平，侵韻，羣，侵部

戰 楚 郭 性24

楚 上博簡一 詩14

上博簡一 性15

清華簡叁 周公之琴武2

楚 曾箱 漆書

西漢 馬王堆三號墓竹簡遣策

東漢 孔彪碑

汗簡

古文四聲韻

集篆古文韻海

演變

戰1. → 說文古文2. → 說文小篆3. 267頁 → 漢4. →

釋義

許慎 禁也。神農所作。洞越。練朱五弦，周加二弦。象形。凡珡之屬皆从珡。巨今切。

古文 珡，从金。

陳按 戰國楚系文字是"琴"字目前所見最早形體，皆从"瑟"字作"三丌"或"二丌"形，借"麗"字簡體

乚

表示、金聲、說文古文同、後世演變將上部「二丌」形訛為「王」、而「金」聲則改从「今」、本義是樂器名。

六書　形聲

附注

乚

於謹切、上、隱韻、影、文部、

演變

乚　說文小篆　267頁

乚

釋義

許慎　乚

匿也、象迟曲隱蔽形、凡乚之屬皆从乚、讀若隱。於謹切

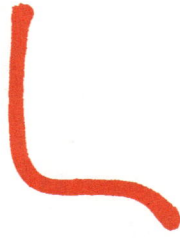

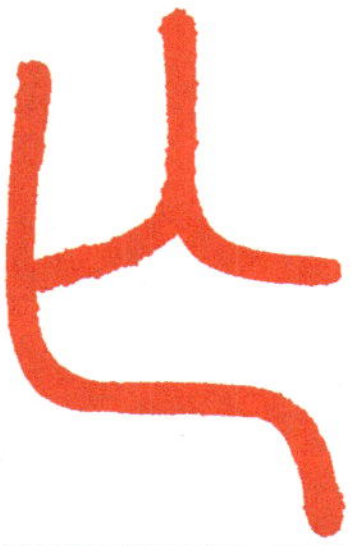

陳按 構形本義不明，傳統以爲"隱"之古文。

六書 象形

附注

亾

武方切，平，陽韻微，陽部。

商 亡終戈

亡終鼎

商 乙737

商 庫456

商 前4.6.7

商 甲2695

周早 天亡簋

春 杞伯簋

戰 齊亡盬戈

晉 璽彙2370

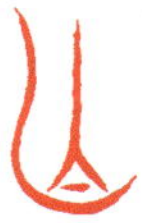

中山 蚉壺

楚 望二策

秦 睡法5

西漢 馬 老子乙前5

長毋相亡 漢字文字徵

亡

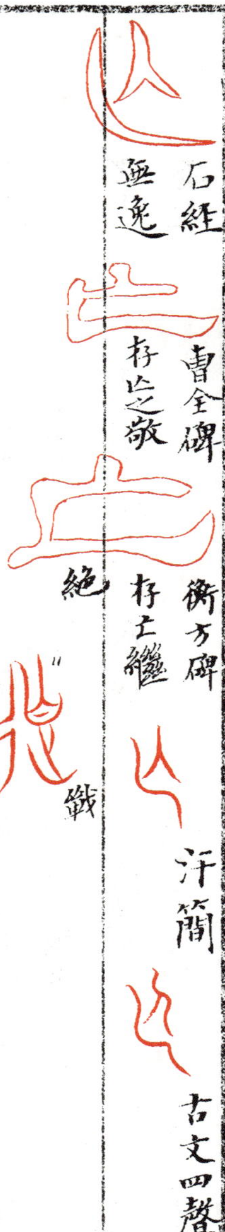

演變

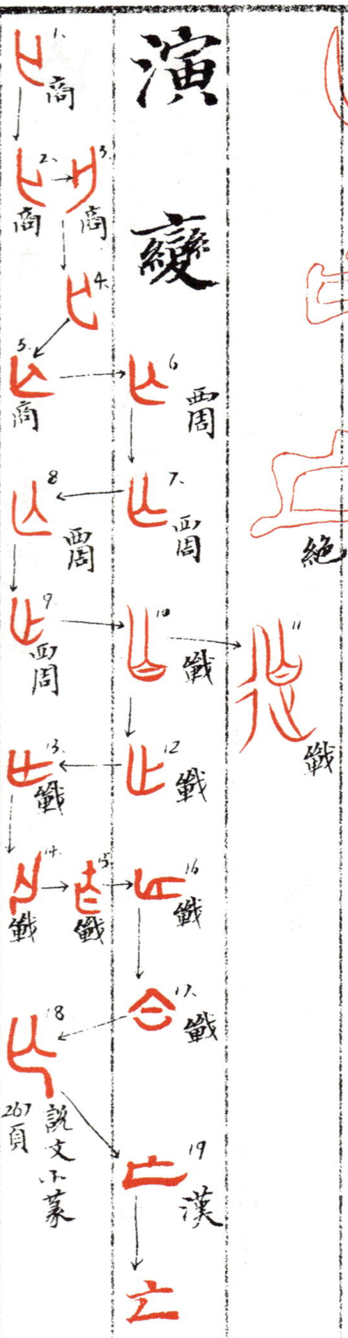

釋義

許慎  逃也。从入、从乚。凡亡之屬皆从亡。武方切

陳按 甲、金文从刀，以圓形或短畫指示鋒芒之所在，是"鋒芒"之本字。後假借為逃亡，又引申為滅亡等義。商代文獻中常假借為有無之"無"（"無"是"舞"本字，西周文獻常假借為有無字）。另，"亡"與"死"有別，如史記陳涉世家"今亡亦死"。"亡"是逃亡（久借不歸成專義，遂又借"芒"表鋒芒之本義），不是死。古人諱死，因此以死為逃亡，"亡"是死的委婉語。段注："孝子不忍死其親，但疑親之出亡耳。"甚確。（可參看裘錫圭釋"無終"一文）

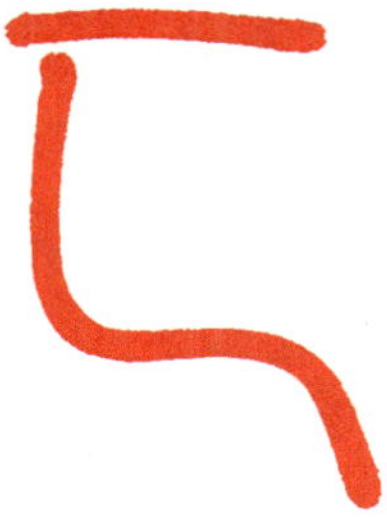

六書 指事

附注

匸 胡禮切，上，薺韻，匣，支部，

 胡米切 汗簡

演變  說文小篆 261頁 

釋義 許慎  衺徯，有所俠藏也，从乚，上有一覆之，凡匸之屬皆从匸，讀與徯同 胡礼切

陳按 構形本義不明，或不存在，可取消此部，傳統以為象藏物之器，

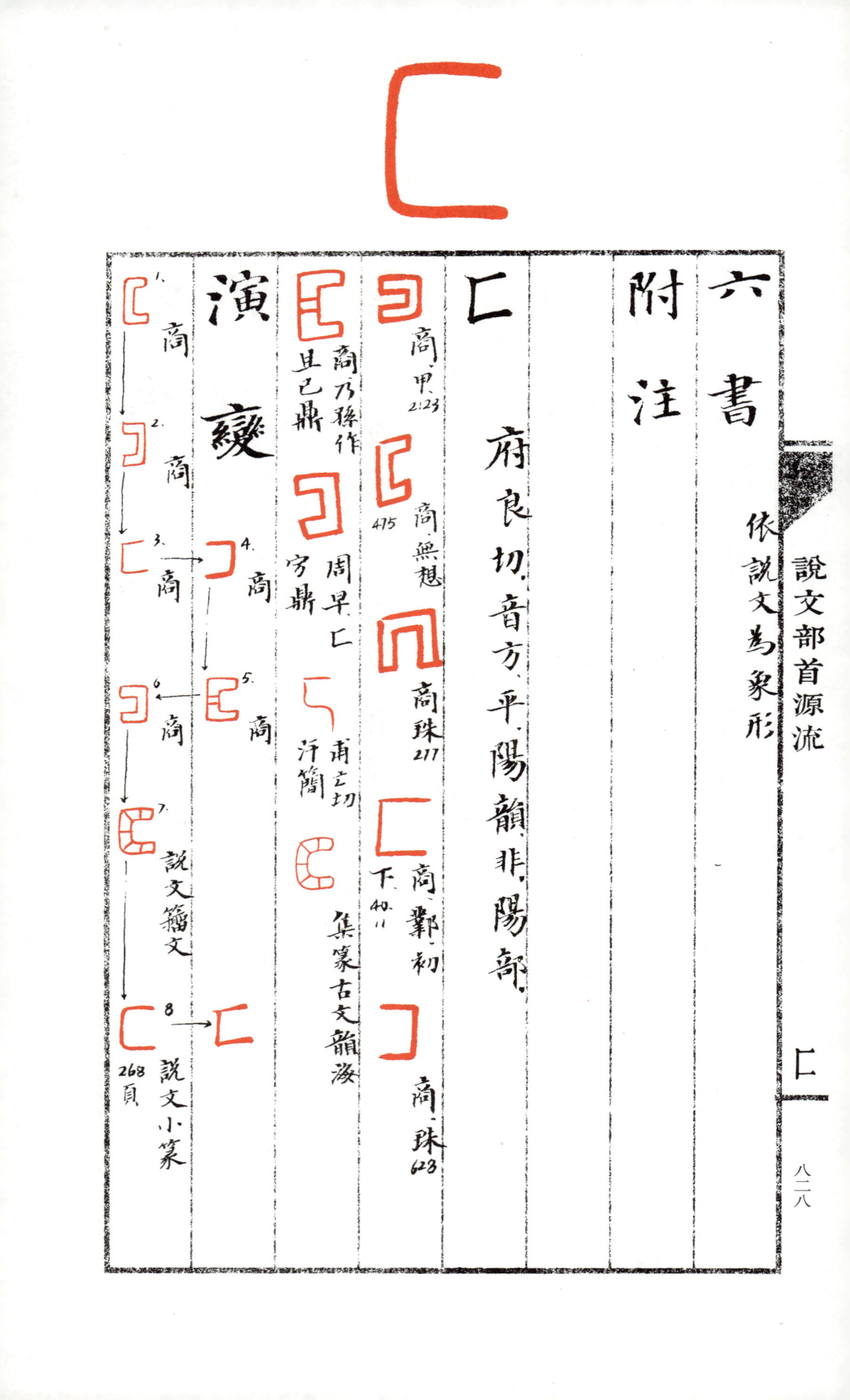

匚

六書　依說文為象形

附注

匚　府良切，音方，平，陽韻，非，陽部。

商，甲，2123

商，無想 475

商，珠 217

商，鄴，初 下，40.11

商，珠 628

商乃孫作且己鼎

周早匚宁鼎

甫亡切 汗簡

集篆古文韻海

演變

1. 商
2. 商
3. 商 → 4. 商
5. 商 → 6. 商
7. 說文籀文
8. 說文小篆 268頁

釋義

許慎：匚，受物之器，象形。凡匚之屬皆从匚，讀若方。[匚]，籀文匚。府良切

陳按

甲、金文象方形盛物之器。李旭昇云：「亦用以盛神主，甲骨文上甲作田，報乙作匚乙，報丙作匚丙，報丁作匚丁，王國維戩考以為所从之口或匚者，或取於匰主或郊宗石室。」陳夢家亦同此論，以為口形是正視，匚形是側視。唐蘭則以為口、匚皆象方形，應讀作「祊」，一種祭名（鬃祭），或以為讀作「報」（祭名），皆備一說。

六書

象形

附注

曲

丘玉切，入，燭韻，溪，屋部。

268 商，京都

商，曲父丁爵

春早，曾子斿鼎

戰，晉，貨系 43

楚，包 260

43 楚，郭，六

戰，楚，李零所釋，見戰國鳥書箴銘帶鉤考釋

秦，睡，編 42

睡，日甲 121

西漢，曲成家高鐙

西漢，居延簡甲 2443

曲成侯尉

曲昭私印 以上二字 漢印文字徵

禮器碑陰 曲成侯王暠

汗簡

古品

集篆古文韻海

演變

1 商 → 2 春 → 3 戰 → 4 說文古文

3 戰 → 13 魏

4 說文古文 → 5 戰 → 6 戰 → 7 戰

7 戰 → 8 戰 → 9 秦 → 10 說文小篆 268頁

10 說文小篆 → 11 漢 → 12 漢

釋義

許慎

象器曲受物之形。或說，曲，蠶薄也。凡曲之屬皆从曲。丘玉切

，古文曲。

陳按　古文字象某一物體彎曲之形，商承祚認為其形如矩，高鴻縉以為象盛飯之器具，白川靜以為象細竹、蔓草編成的筐籠，或以為養蠶之器具。而李旭昇則認為「曲」之甲骨文字形「似曲敧不正之農田」（見說文新證）。出土文獻中大多指彎曲（與「直」或「正」相對）。傳世文獻中又有樂曲之意（應是音樂旋律抑揚婉轉、曲折回旋，故引申）。

六書　象形

附注

甾

集韻：莊持切，平，之韻，照之部。

古韻通曉：側持切，莊紐，之韻；精紐，之部。

商甲3690

商前2.3831

周晚訇簋

春子陝鼎

演變

釋義

許慎  東楚名缶曰甾，象形。凡甾之屬皆从甾。側詞切  古文。

陳按

「甾」甲、金文似象某種器物之形，戴侗《六書故》以為竹器，存參。可看《說文新證》916頁、《戰國古文字典》93頁有關闡述。「甾」與「淄」或古今通用。

六書

象形

附注

瓦

1. wǎ 五寡切、上、馬韻、疑、歌部。

2. wà 五化切、去、禡韻、疑、歌部。

 秦睡日甲74背

 秦陶彙5384

 西漢武威簡少牢21

 吉瓦閭  漢印文字徵 瓦閭銗印 以上二字

 汗簡

  古文四聲韻

  集篆古文韻海

演變

1.  戰

2.  戰

3.  戰

4.  說文小篆268頁

5.  漢

6. 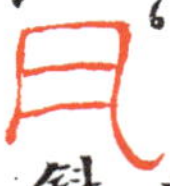 漢開通褒斜道刻石

釋義

許慎  土器已燒之總名，象形。凡瓦之屬皆从瓦。五寡切

陳按 "瓦"字目前所見最早乃戰國文字材料，象屋瓦鱗次相疊之形，本義即覆蓋屋頂的瓦片，典籍和出土文獻皆有用例。又引申指泥土燒製之器四、

六書　象形

附注

弓　居戎切、平、東韻、見、蒸部。

商、前5.7.2

商、乙137

商、菁11.19

商、弓父庚卣

周中、趞曹鼎

周中、師湯父鼎

戰、晉璽　彙5139

楚、包260

楚、曾43

楚、天策

西漢、馬　天文雜占

弓咸

弓長君

弓加之印

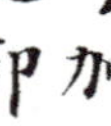
盧壽弓　以上四字漢印文字徵

石鼓文　避車　犕、角弓

田車　秀弓　寺射

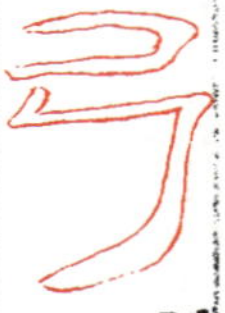
禮器碑陰　魯弓如

汗簡

古文四聲韻

集篆古文韻海

演變

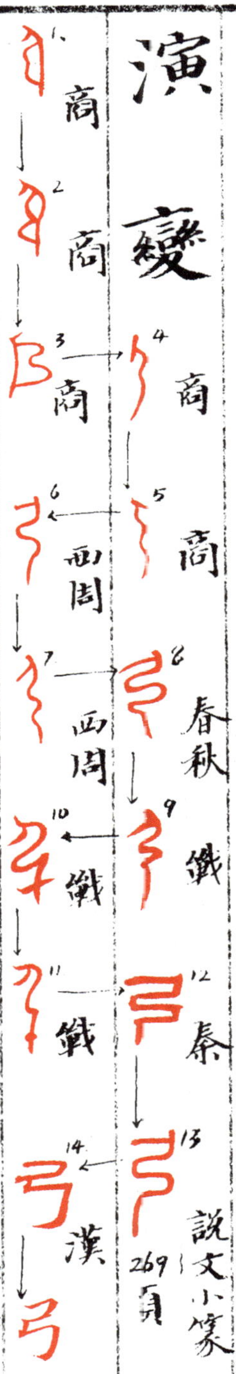

釋義

許慎

以近窮遠，象形。古者揮作弓。周禮六弓：王弓、弧弓以射甲革甚質；夾弓、庾弓以射干侯鳥獸；唐弓、大弓以授學射者。凡弓之屬皆从弓。居戎切

陳 按

甲、金文象上弦之弓形（亦有簡省弓弦之形）。本義即射箭之器。

六書

象形

附注

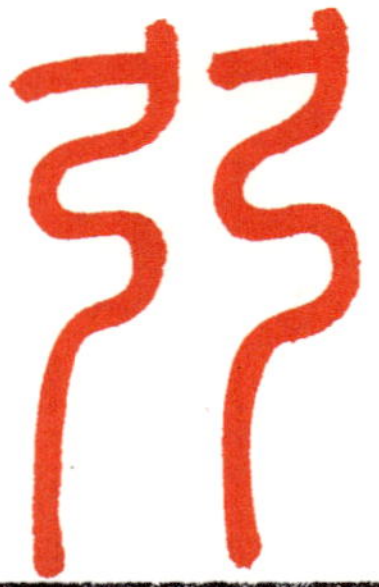

弜

廣韻：其兩切，上，養韻，羣，陽部。

商，零17

商，甲2451

商，拾10.2

商，甲644

周中，緈盨

汗簡

古文四聲韻

演變

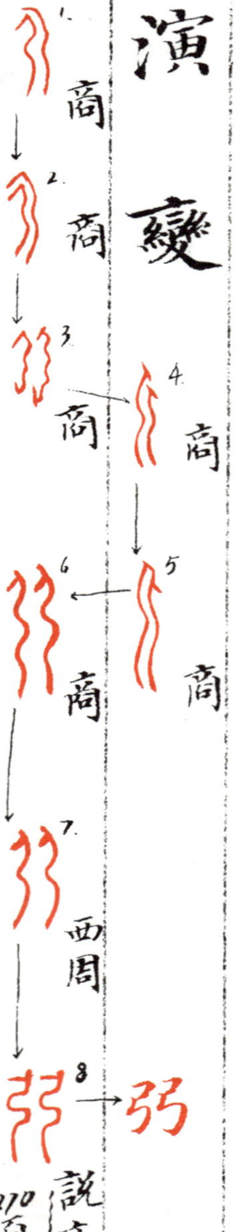

釋義

許慎  彊也。从二弓。凡弜之屬皆从弜。其兩切。

陳按 「弜」之本義（構形），學界尚無定論。甲骨文从二弓，音讀同「弼」，用作否定副詞（詳見裘錫圭先

生（說弜上）一文。

六書　象形

附注

弦　胡田切，平，先韻，匣，真部。

秦睡日甲27

西漢二號墓牌10

一號墓竹簡26

西漢流沙簡屯戍

東漢熹儀禮泰射

弦少公

弦武

弦熙

弦安成　以上四字漢印文字徵

演變

 戰上六・用12

 2 秦

 3 說文小篆270頁

 4 漢

釋義

許慎：弓弦也。从弓，象絲軫之形。凡弦之屬皆从弦。臣鉉等曰：今別作絃，非是。胡田切

陳按：甲骨文字典以為「、、」（1405頁）三字於弓弦處加一指事符號，表弓弦之所在，為「弦」之初文，而甲骨文編502頁則將這三字收在「彈」字下。新甲骨文編711頁「弦」下收一字作「」（合2514賓組）。「弜」、「弦」與「幻」古文字長期以來難以區分，如以下諸字：

 周晚、孟𢏚文簋  周晚春、弦伯隹壺  戰、燕璽 彙3372  2289 晉、璽彙  晉、璽 彙391  3 楚、隨縣

原先皆釋作「幻」，清華簡二・繫年簡46第28字與「幻」諸形同，簡文與今本左傳「弦高」之弦對應，故原釋「幻」諸字改釋「弦」更合理。象一彎曲之器中間繫繃一絲線。後加弓（ 上博簡六・用12）專表弓弦之弦，秦漢文字大多从弓、从糸（與弓相連），後「糸」形與「弓」分離，又聲化為「玄」，遂作「弦」（可參看裘錫圭、李家浩曾侯乙墓竹簡釋文與考釋504頁、李松儒清華簡繫年集釋154-155頁相關論述）。此外，「弓弦」可用「絃」字

來表示「絃」是後造字，但文獻中「絃」常表琴弦之弦，而弦月、句股弦則只用「弦」。

六書 象形

附注

系

胡計切，去霽韻，匣，支部。

商 乙1598

商 鐵22

商 前7.4.1

商 合32384

商 小臣系卣

商 戕系爵

春 戰 侯馬92:45

戰 晉廿三年戈

戰 晉陶 彙6.79

楚 包179

秦 十鐘3.26

𦅫段銘范母 小臣𦅫 說文 系籀文作𦃃 甲骨文與此近

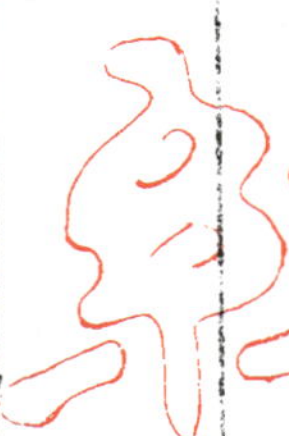
朱龜碑君 系祖考

演變

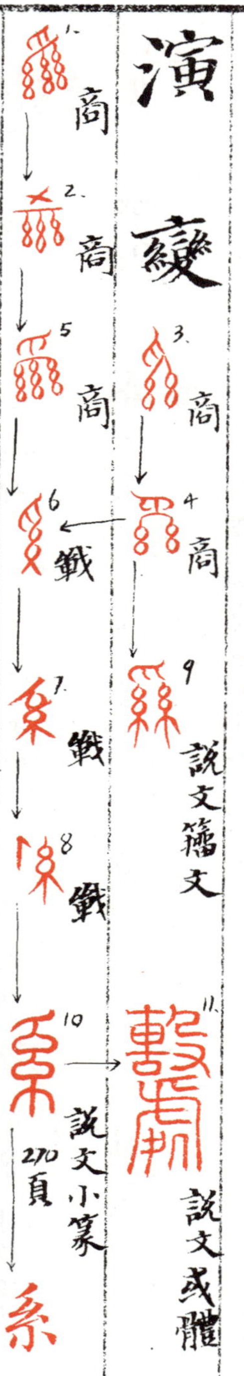

釋義

許慎

系，繫也。从系，丿聲。凡系之屬皆从系。胡計切
𦃃，系或从毄處。
𦃃，籀文系，从爪絲。

陳按

甲骨文、金文从"爪"（或"又"）、从"絲"（"聯"初文），象手持衆絲而繫聯之，丁山以為"孿"字初文。"奚"字作，"系"（）很有可能是從"奚"字析分出來并繼承其音的一個字，裘錫圭："甲骨文"雞"（合37734黃組）字聲旁或作"系"，似即"系"字所從出"（詳見裘錫圭學術文集3·戰國璽印文字考釋三篇283－284頁）。據裘說，則"系"本从爪、糸，一般認為"爪"旁後訛變為"丿"。系與係、繫皆可通用，但"世系"、"繫辭"等則不互用。

六書　會意

附注

說文解字 第十三

二十三部

糸素絲率虫䖵蟲風它

龜黽卵二土垚堇里田

畕黃男力劦

糸

莫狄切，入，錫韻，明，錫部

商，乙124

商，京津4487

商，乙6733 以上三字現釋作"索"

商，存80

商，子糸爵（索）

商，子父癸鼎（索）

周早，糸父壬爵

戰，燕，貨 糸3687

西漢，居延簡甲270

陳糸

郝幺

張糸悃 以上三字 漢印文字徵

古文四聲韻

汗簡

集篆古文韻海

演變

1 商

2 商

3 商 → 4 商（索）

5 商（索）

6 商

7 商（索） → 8 說文古文

9 271頁 說文小篆 → 10 漢

釋義

許慎 細絲也，象束絲之形。凡糸之屬皆从糸。讀若覛。徐鍇曰："一蠶所吐為忽，十忽為絲。糸

五忽也。莫狄切。古文糸。

陳按

甲、金文象上下兩端不交叉「結束」之細絲形，與「幺」同形，常互用，後為區別，在下端畫出束餘之緒（）之形，表「糸」。而上下或僅上端作交叉「結束」形之、等字，乃「索」字（詳見郭永秉、鄔可晶說「索」、「剠」一文）。另，古文字單複無別，「糸」「絲」後才分為二字，原本同字（幺、丝亦同理）。

六書　象形

附注

素

桑故切，去，暮韻，心，魚部

周晚 師克盨（素）

戰 楚，天策

楚，帛乙6.22

西漢，老子乙前169下

西漢，孫子83

素霸

董素私印　以上二字　漢印文字徵
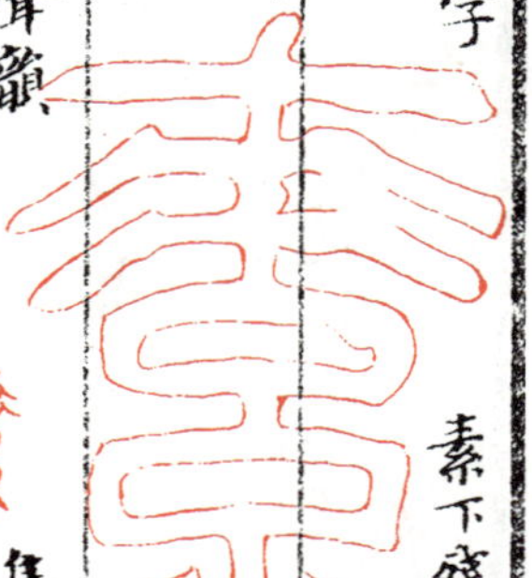
素下殘石
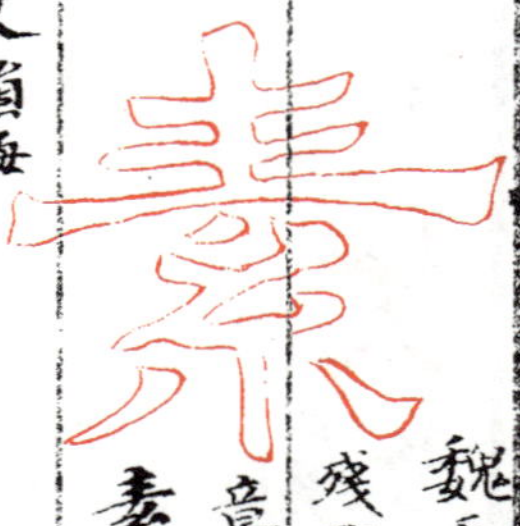
魏王基殘碑憲

孔彪碑
白石神君碑
章墳

遵王之素
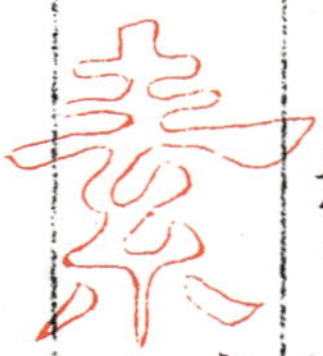
皓皓素質
素

汗簡

古文四聲韻

集篆古文韻海

演變

1. 
商、甲骨文字典1415頁「鼢」左旁
2. 
西周、金文編872頁「鼢」旁4
3. 
鐵
4. 
鐵
5. 
說文小篆278頁
6. 
漢
7. 
漢

釋義

許慎

白緻繒也、从糸𠂹、取其澤也。凡素之屬皆从素。桑故切

陳按

甲、金文目前未見「素」字單獨用例。多借「索」字。「素」、「索」本一字分化。

六書 會意

附注

絲

息茲切，平，之韻，心，之部。

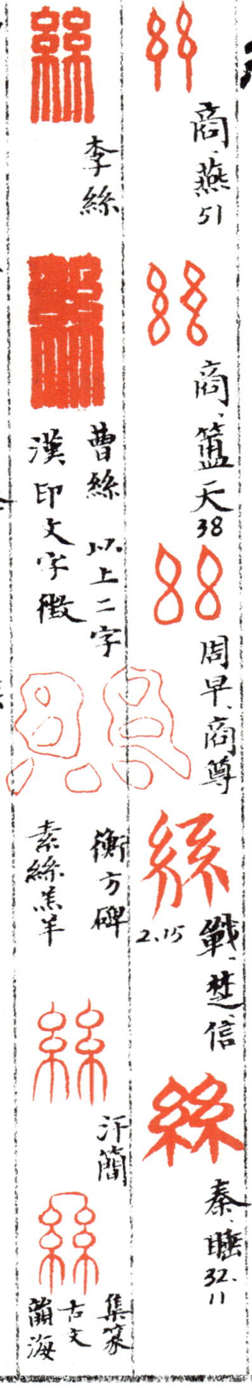

演變

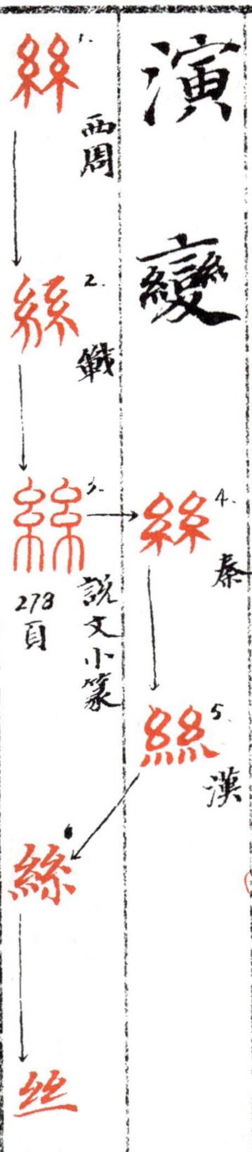

釋義 許慎  蠶所吐也。从二糸。凡絲之屬皆从絲。息茲切

陳按 甲、金文从二幺(幺一身兼絲、幺、玄三音)作丝(古文字常表茲)，或从二糸作絲，象兩束絲之形。糸、幺常互用無別，糸、絲亦本同字，後糸作偏旁。

六書 會意

附注

率 1. shuài 所類切(古韻通曉所律切)去、至韻、審二、物部。 2. lǜ 集韻劣戌切(古韻通曉呂卹切)入、術韻、來、物部。

商.甲308

商.寧滬3.154

周早.盂鼎

周晚.毛公曆鼎

戰.楚.清華.繫93

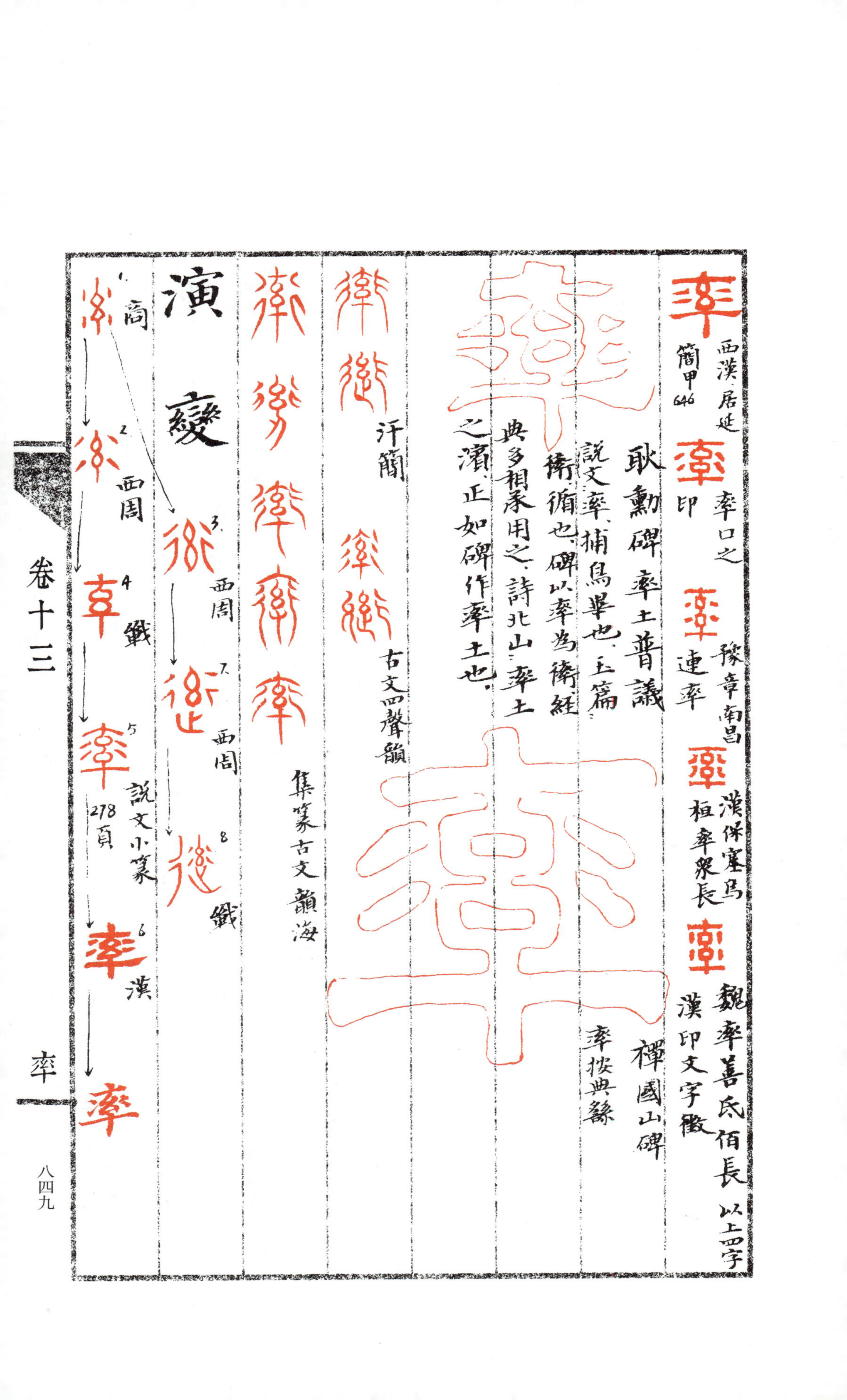

西漢·居延簡甲646

率口之印

豫章南昌連率

漢保塞烏桓率衆長

魏率善氐佰長 漢印文字徵 以上四字

耿勳碑 率土普議

禪國山碑

說文：率，捕鳥畢也。玉篇：衛，循也。碑以率為衛，經典多相承用之。詩北山：率土之濱，正如碑作率土也。

率按典錄

汗簡

古文四聲韻

集篆古文韻海

演變

1 商

2 西周

3 西周

4 戰

5 說文小篆 278頁

6 漢

7 西周

8 戰

釋義

許慎　率　捕鳥畢也。象絲罔，上下其竿柄也。凡率之屬皆从率。所律切

陳按

甲、金文从"糸"，從四點。戴侗《六書故》以為象大索之形，中象大索，小點象麻枲之餘。何琳儀則以為四點象素絲之光澤。另、張世超認為象樂弦顫動之形，是音律之"律"的表意初文，可備一說。現"心律"、"心率"並用相同。"率"後多被假借用來表示率領之"率"。西周金文和戰國文字有將四點改造成義符"行"或"辵"，以強調率領等動作之義。但从"行"或从"辵"之"𧗾"、"𨓆"等字未能傳下來，現楷書繼承的仍然是從四點的早期字形。

六書

象形

附注

虫

1. huǐ 許偉切、音燬、上、尾韻、曉、微部。

2. chóng 集韻持中切、平、東韻、澄、冬部。

商、商燕631

商、乙8718

商、鐵46.2

商周、甲虫爵

周早、虫舀鼎

戰、晉魚顛乙

楚、上博八蘭ㄌ

秦、睡、日甲62背

西漢、老子乙前88上

西漢、相馬經上

張虫

梁虫章

虫忌

以上三字 漢印文字徵

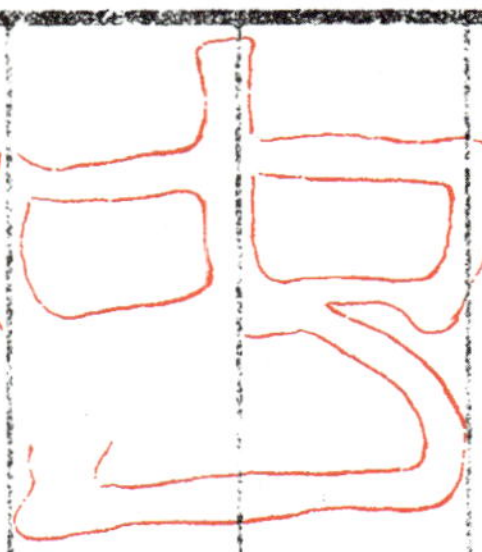
石門頌惡虫蔽狩

說文虫一名蝮蟲有足謂之蟲無足謂之豸。碑以惡虫蔽狩對舉為文，乃泛言蟲豸，下文虵蛭始專言之，蓋以虫為蟲也。隸釋唐扶頌德及草虫，蟲亦作虫，佩觿云虵虫之虫為蟲其順非有如此者。

汗簡

古文四聲韻

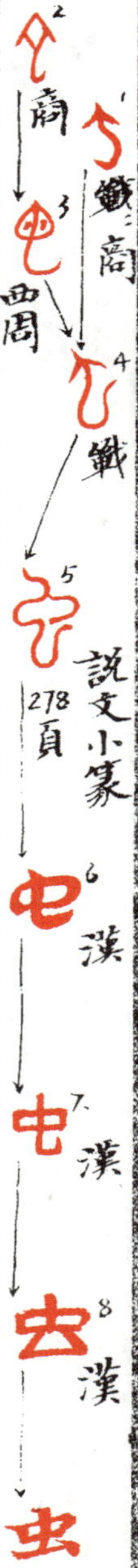

釋義

許慎  一名蝮，博三寸，首大如擘指，象其卧形，物之微細，或行，或毛，或蠃，或介，或鱗，以虫為象。凡虫之屬皆从虫。許偉切

陳按 古文字象頭為三角形的毒蛇之形，此意義後寫作「虺」，音huǐ。舊或以為虫、它同字，實則「它」甲骨文作等形，金文作等形（「蛇」初文），而「虫」甲骨文作等形，金文作等形，各自系統分明（詳見裘錫圭釋「蟲」）。另，「虫」又音chóng，古文字單複無別，虫、蚰、蟲實同為一字，皆表昆蟲，此三部內所屬字有不少既从「虫」又可从「蚰」或从「蟲」，為證。

六書

象形

附注

蚰

古渾切，音昆，平，魂韻，見，文部。

 合集14703
 合集7009
 戰、晉、魚 顧巳
 秦、睡、秦律 十八種、二

 汗簡

 古文四聲韻

 集篆古文韻海

演變

 1. 商
 2. 商
 3. 戰
 4. 說文小篆 283頁
 5. 秦
蚰

釋義

許慎  蟲之總名也，从二虫，凡蚰之屬皆从蚰，讀若昆，古魂切。

陳按

“蚰”古文字義同“虫”（如“蛾”，亦作“𧖴”，甲骨文“𧈧”亦作从蚰），或同“蟲”（如“蠭”或作“螘”），故“虫”、“蚰”、“蟲”三字并無本質區別，許君蚰、蟲，後作“昆”（“昆”本另有來源）

六書　會意

附注

蟲　直弓切，平，東韻，澄，冬部。

戰，上博簡八，志書乃言，4

戰，楚，郭店，老子甲，21

楚，包，191

秦，睡，法，179

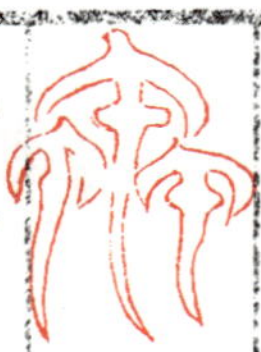
品式石經咎繇謨日月星辰山龍華蟲作會

汗簡

古文四聲韻

演變

1 戰
↓

2 戰
↓

3 說文小篆 284頁
↓

4 秦
↓

5 漢
↓
蟲
↓
虫

釋義　許慎  有足謂之蟲，無足謂之豸。从三虫。凡蟲之屬皆从蟲。直弓切

陳按　「蟲」與「蚰」實同義，皆是重複同一偏旁「虫」而成的會意字。惟甲骨文（金）多見从「蚰」之字，少見从「蟲」之字。而从「蟲」之字或亦从蚰（如「蠱」或从「蚰」）。陳劍指出楚文字中獨立的「蟲」和作偏旁的「蟲」皆有「蚰」（昆）音。劉釗老師以為古文字中相同偏旁从兩個或三個經常無別。

饒炯說文部首訂：「（蟲）古蓋與蚰同字。為蟲之總名，而義無分有足無足。」

王筠釋例：「虫、蚰、蟲同物即同字。小蟲多類聚，故三之以象其多；兩之者省之也；一之者，以象其首尾之形。至於字分三形，而又各有从之者，即分三音義，又孳育之一法也。」皆是。

六書　會意

附注

風

方戎切，平，東韻，非，侵部。

商，後2.39.10

商，前2.30.6

周早，南宮中鼎(風)

甲1.31

戰楚帛

上博簡一孔子詩論27

秦，睡，日甲。

夏承碑

熹平殘石

衡方碑

魏封孔羨

風俗

以禮

有單衰

曹全碑

遷

改易

闔風

穆穆

碑

古佚風槐里令

謨之

碧落碑

汗簡

古文四聲韻

集篆古文韻海

演

說文古文

漢

漢

風→风

1. 商

2. 商

3. 周

4. 說文古文

5. 戰

6. 漢

7. 漢

8. 說文小篆 284頁

9. 漢

10. 漢

釋義 許慎  八風也、東方曰明庶風、東南曰清明風、南方曰景風、西南曰涼風、西方曰閶闔風、西北曰不周風、北方曰廣莫風、東北曰融風、風動蟲生、故蟲八日而化、从虫、凡聲。凡風之屬皆从風。方戎切  古文風。

陳按 甲骨文假「鳳」為「風」、後加「凡」為聲符、且增畫鳳尾珠毛之紋飾、金文中尾飾與鳳體分離、并移至「凡」之下、戰國文字中尾飾又訛成形、音皆近的「虫」、為說文小篆所从。

六書 說文以為形聲

附注 白於藍師以為「風」從「虫」表意、其構形初是用來表示蟲窟或蟲室之專字、但很快被借用為「飀風」之「風」、詳見其釋「風」——兼說「空穴來風」一文（台灣・第二十九屆中國文字學國際學術研討會論文集頁131～142。）

它

託何切，音拖，平，歌韻，透，歌部。

商，合集4813 賓組

商，拾13.8

商，寧3.79

周早，沈子它簋

周晚，𦱤伯簋

春早，子仲匜

春，取它人鼎

戰，齊，陶彙3.379

齊，古陶72

晉，卅四年鄭令矛

上博簡二，容成氏20

上二，民之父母

上七，吳命8

郭店，老子甲33

郭店，忠信之道7

清華簡三，赤11

秦，睡12.37

秦，五十二病方

西漢，相馬經13

西漢，居延簡甲1

張它人

董它人

祭它私印

陳它私印

戰它里

黃它

張它私印

李它人

臣它　以上九字漢印文字徵

汗簡

古文四聲韻

集篆古文韻海

演變

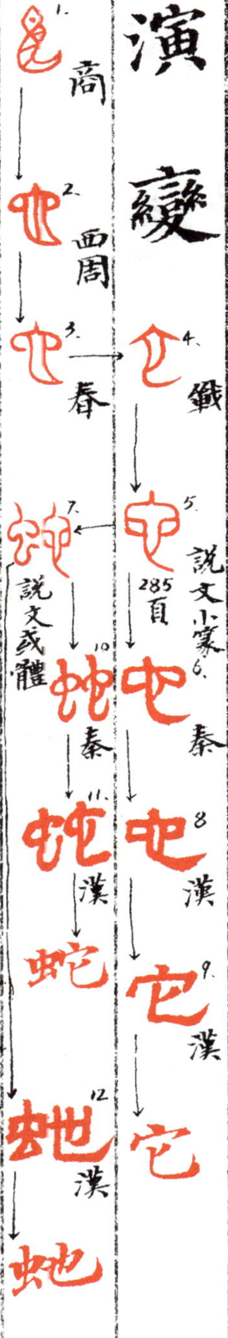

釋義

許慎  虫也。从虫而長，象冤曲垂尾形。上古艸居患它，故相問無它乎。凡它之屬皆从它。託何切  它或从虫。臣鉉等曰：今俗作食遮切

陳按 甲、金文象蛇之形，且蛇身有花紋（或簡成一豎），與「虫」形有別（參見「虫」部）。秦漢以後「它」與「也」混同，如「他」、「池」、「地」、「匜」等字，本皆从它。它本義是蛇，後借作代詞，並成常用義，遂增「虫」旁作「蛇」。

六書

象形

附注

龜

1、guī 居追切、平、脂韻、見、之部
2、jūn 集韻俱倫切、平、諄韻、見；古韻通曉：見紐、文部；見紐、文韻、舉云切
3、qiū 集韻祛尤切、平、尤韻、溪、之部；古韻通曉：見紐、之部；見紐、尤韻、居求切

商、甲984

商、前7.52

商、弔龜鼎

商、龜父丙鼎

戰、楚、郭緇衣46

上博簡一、緇衣．24（同形見）

上四、柬大王泊旱．2

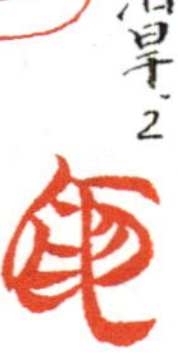
上三、周易24

魏受禪表

西漢、居延簡甲115

龜洛長印　漢印文字徵

尹宙碑

龜銀之胄

卜以守龜

汗簡

古文四聲韻

集篆古文韻海

演變

1.  商

2.  商

3.  戰

4.  說文古文

5.  說文小篆 285頁

6. 龜 漢

→ 龜 → 龟

釋義

許慎  舊也，外骨內肉者也。从它，龜頭與它頭同。天地之性，廣肩無雄；龜鼈之類，以它為雄。象足甲尾之形。凡龜之屬皆从龜。居追切 、古文龜。

陳按 甲、金文象龜之形，或正視，或側視形。與"黽"形近，其別是"龜"有尾，後腿直伸，而"黽"無尾，後腿回折。戰國楚文字則同形(季旭昇)。

六書

象形

附注

黽

商、師友 2.118

1. měng 武幸切、集韻母耿切、上、耿韻、明、陽部（古韻通曉蒸部）。

2. mǐn 武盡切、集韻彌盡切、上、軫韻、明、陽部（古韻通曉真部）。

商、掇 2.409

商、父辛卣

商、且乙觚

商、父丁鼎

父丁鼎

周晚、師同鼎

秦、大良造鞅鐓

5.118 秦、陶彙

秦、珍秦

黽印初宮

范黽 以上二字 漢印文字徵

東漢、黽池五瑞圖題字 尹昔在

汗簡

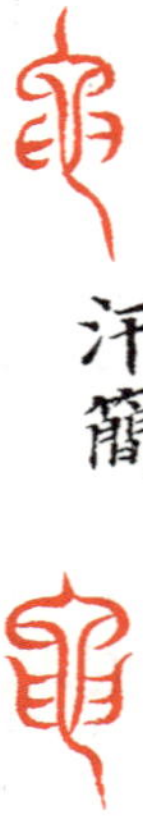
古文四聲韻

黽池

集篆古文韻海

演變

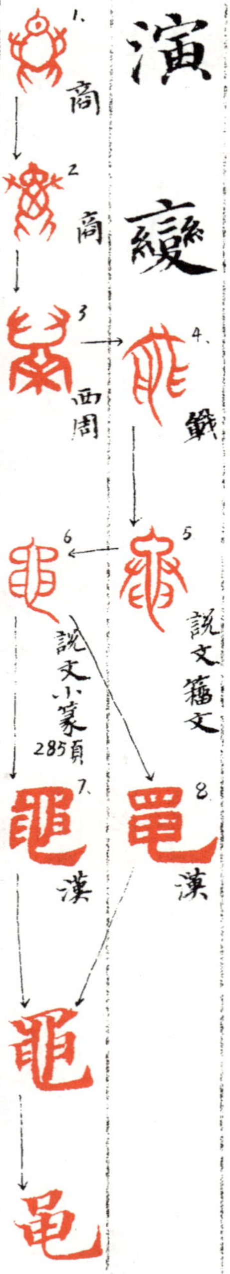

釋義

許慎  鼄鼅也。从它，象形。鼅頭與它頭同。凡鼅之屬皆从鼅。莫杏切  籀文鼅。

陳按 甲、金文(商)象蛙類動物之形，與"龜"構形之別在無尾，與"鼄"(蜘蛛字)之別是前肢作"又"形，且身中無橫畫(或以為蛛絲形)。兩周以後則訛作从它、从兩爪，另現作"黽"形之字，實則有三個來源，以致後來音義皆繁雜。其一是蛙之屬(明母、真部)，"鼃、鼀、⿰酉黽"等字从之；其二是昆蟲之屬，"鼅"、"鼄"等字从之；其三是龜之屬(龜之異體)，"鼈、鼇"等字从之。詳見麥耘"黽"字上古音歸部說一文(華學第五輯，中山大學出版社，2001年)。

六書

象形

附注

卯

盧管切、上、緩韻、來元部。

 戰、楚、望山二號墓、53

 楚、包山265

 上博簡二、子羔11

 秦、五十二病方

 西漢、一號墓木牌

 西漢、縱橫家書

 汗簡

 集篆古文韻海

演變

 秦、此字加注聲符「䜌」、後世未留存下。

 戰 1、2

 說文小篆 285頁

 秦

 秦

 漢

 漢

釋義

許慎  凡物無乳者卯生、象形、凡卯之屬皆从卯。盧管切

陳按

「卯」字目前未見商周甲骨、金文單獨字形、見於簡帛文字、季旭昇說文新證(2014版、藝文印書館)「卜辭有字、裘錫圭釋「剢」、並以此字左旁之「」為「顯然象男子生殖器之形」(甲骨文中所見的商代五刑——並釋剢刖二字)。又有字(新2844)、陳漢平釋

卯（𢀢）：甲骨文有字作，舊未釋。按此字从，象體毛形；……而字所象，即爲陽具……說文卯字即之局部截取，故甲骨文此字當釋卯（𢀢）。長沙馬王堆漢墓出土帛書五十二病方有「𤺺（膧）」病方，後一字从、卯聲，李學勤先生整理帛書時將此字隸定爲橐，說即男子卯字（古文字釋叢三、釋卯（𢀢）凡）。陳漢平謂卯即牡器之部分截取，頗爲可能（䥫典亦主此說）。字兩旁本作虛廓，戰國文字填實，小篆、縱橫家書又作虛廓，中間並趁隙加點。

六書

說文以爲象形，依季旭昇「𢀢」爲象形，「卯」爲部分截取簡化字。

附注

二

二

而至切、去、至韻、日、脂部。

商、甲540

〔貳〕周晚、召伯簋、二聲

貣、戈（弍）聲、戈笺

春、洹子孟姜壺

〔弍貝〕春、蔡侯龖鐘、李旭昇以爲當讀作忒。

〔弍貝〕春、郘大叔斧、此字本義待考、學者多讀爲貳。故收存於此。

戰、燕、纕安君扁壺

晉、東周左師壺

晉、中山王譽鼎〔貳〕

楚、郭、語三 67

郭、五 48

秦、睡 23.3

〔貣〕秦、秦駰禱病玉版。學者多釋爲貳。

執法直二十二

漢印文字徵

袁敞碑 元初二年

上谷府卿墳壇題字

禮器碑 二陰出讖

石經僖公二月

古文四聲韻

集篆古文韻海

說文古文

汗簡

演變

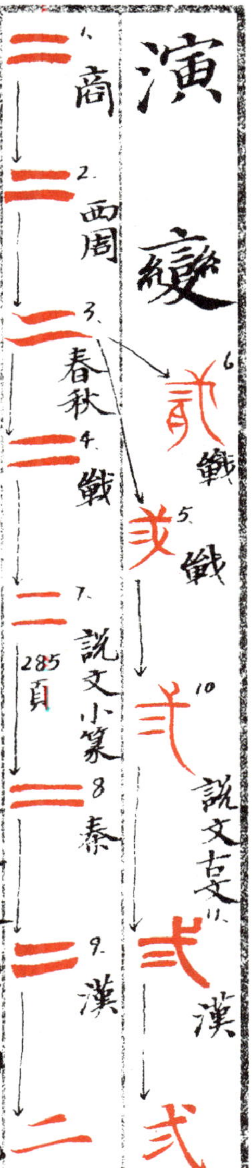

釋義

許慎　二　地之數也。从偶一。凡二之屬皆从二。而至切。弍，古文。

陳按　古文字「一」、「二」、「三」、「四」皆以積畫為之，應是算籌或是刻劃記數。「二」字兩畫等長，與「上」、「下」字形有別。春秋戰國以後又有增「戈」、「弋」、「戍」等旁繁化之形，或為防人塗改單據作偽。「二」與「貳」有別，和「兩」上古亦不同義。「二」是一般數目字，用於基數和序數均可。而「貳」，唐以後一般不用作數詞，而用作「二」的抽象義，指重複、兩屬、不專一等。另「兩」字只用於成雙成對的事物。漢以後，「兩」、「二」成同義詞，但序數不能用「兩」，「第二」不能說「第兩」，基數若是兩位數以上，亦不能用「兩」，如「三十二」不能說「三十兩」。至於現代漢語中「兩千」、「兩萬」，古人只說「二千」、「二萬」。

土

六書　指事

附注

土　他魯切，上姥韻，透、魚部。

合20627 自組

合6087正 賓組

合集36975 黃組

周早 盂鼎

周早 亳鼎

周晚 㝬鐘

春、公子土斧壺

戰、上博簡五 弟子問8

楚、郭店 忠信之道2

上二、容成氏28

齊、古幣12

燕璽 彙1666

晉、古幣13

楚、帛乙3.8

秦、嶧山碑

莊青土

土應

土買

王土餘印

土霸私印 以上五字 漢印文字徵

祀三公山碑

石經僖公

衡方碑 戎戢土佚

史晨奏銘 夫封土爲社

卜擇吉土

碧落碑

汗簡

古文四聲韻

集篆古文韻海

演變

1. 商

2. 西周

3. 西周

4. 西周

5. 鐵

6. 說文小篆 286頁

7. 漢

8. 漢

9. 漢

10. 漢

釋義

許慎 土 地之吐生物者也，二象地之下、地之中，丨物出形也。凡土之屬皆从土。它魯切

陳按 甲、金文象地面突出、堆起之土塊形。本義是土堆，引申指土地。或以爲是社之古文，即土地神。

垚

漢以後有加點之異構（爾蔿吉、、）土本無點，諸碑士或作土，故加點以別之。許君謂「吐生物」乃聲訓，釋形有誤。

六書　象形

附注

垚　五聊切，平，蕭韻，疑，宵部。

垚　汗簡

垚　三代上6、30　獨字　古陶文字徵57葉。何琳儀戰典以爲真僞待考。

演變　垚　說文小篆　290頁　→　垚

釋義　許慎　垚　土高也。从三土。凡垚之屬皆从垚。吾聊切

陳按　古文字中未見"垚"字，或是截取"堯"的偏旁，並取其音義而成。"堯"見於戰國文字，作""（璽彙262）、（楚帛乙9-1）、（郭店窮3）等形，从土（或二土、三土）在卩（人）上，本義待考。

六書　截取分化字，說文以為會意

附注

堇　1. jǐn 巨斤切，平，真韻，羣，文部。2. jìn 集韻渠吝切，去，稕韻，羣，文部。古韻通曉：見紐，文部；見紐，隱韻，居隱切。

周早，堇臨作父乙方鼎　从"𦰩"从火，或為"熯"初文。

周早，堇鼎　"堇"之上部。

周中　師隹鼎。

周晚，㝬鐘

春，洹子孟姜壺

春（齊靈公，前581）叔尸鐘

戰，齊，陳曼簠

楚、郭、老甲24

郭、老乙9

秦、日甲72

汗簡

古文四聲韻

演變

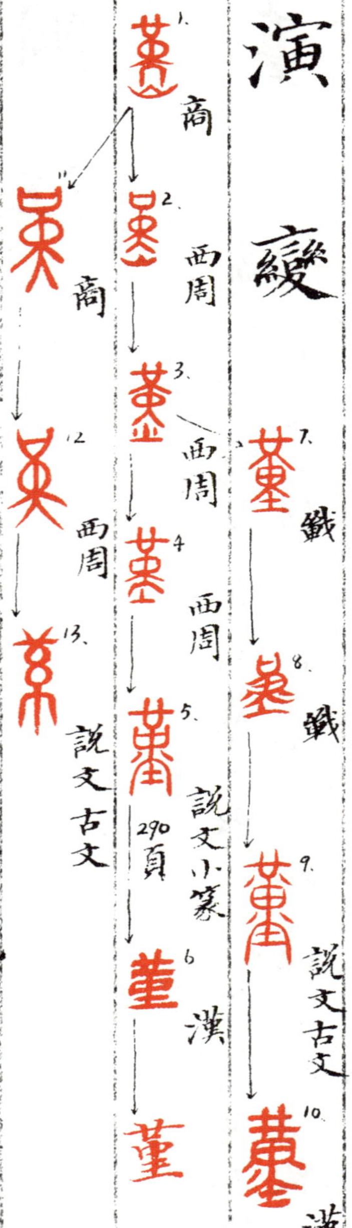

釋義

許慎　黏土也，从土，从黃省。凡堇之屬皆从堇。巨斤切皆古文堇。

陳按　愚曾請教葛亮先生，關於"堇"和"黃"的構形有無聯係。他的意見以為"堇"字目前未見單獨用例，偏旁有之（部件中下从火）。甲、金文中所見下部从火、从土之形，尚可商。本義待考。

里

六書　說文以爲會意

附注

里　良士切，上，止韻，來，之部。

周早·矢方彝

周晚·史頌簋

戰·楚·郭店語叢一·32

楚·包22

上博七·凡物流形甲本·15

清華簡二·繫年·32

西漢·武威簡柩銘

正行里附城

壺里　以上二字漢印文字徵

石鼓文·作邍

韓仁銘　遷槐里令

東安漢里畾石

爲世里

熹·春秋·僖九年

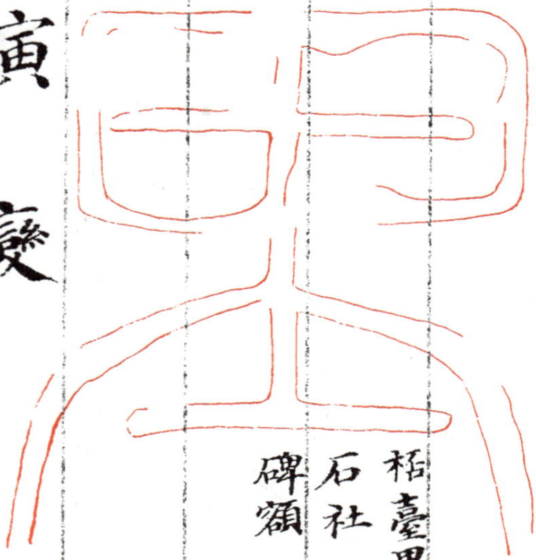

栝臺里石社碑額

里 汗簡

里 里 古文四聲韻

里 里 集篆古文韻海

演變

里 1. 西周 → 里 2. 春秋 → 里 3. 戰 → 里 4. 說文小篆 290頁 → 里 5. 漢 → 里 6. 漢 → 里

釋義

許慎 里 居也，从田，从土。凡里之屬皆从里。良止切

陳按 古文字从田、从土，會人所聚居之地，與"裏"（本義是衣内也）、現簡化亦作"里"，乃不同的兩個字。

六書 會意

附注

田

徒年切、平、先韻定、真部、

合33211 歷組

合32992 歷組

合6057反 賓組

商、二祀𠨘其卣

周早、大盂鼎

周中、裘衛盉

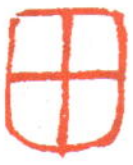
周晚、大克鼎

戰、清華一、詰4

上博二、子羔2

上博二、容成氏18

秦、睡25、52

西漢、孫臏33

成紀閒田宰

田恭

田豐 以上三字 漢印文字徵

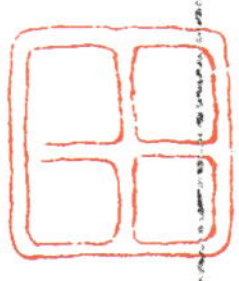
石經、無逸 于逸于遊于田

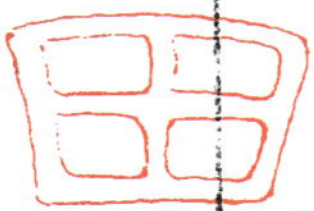
華嶽廟殘碑陰 遵勺田巴

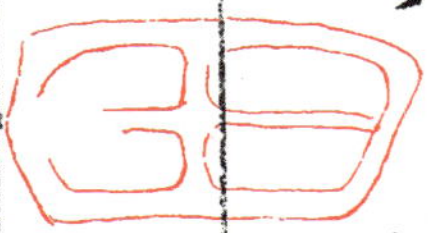
孔宙碑 田畯喜 於荒圃

田

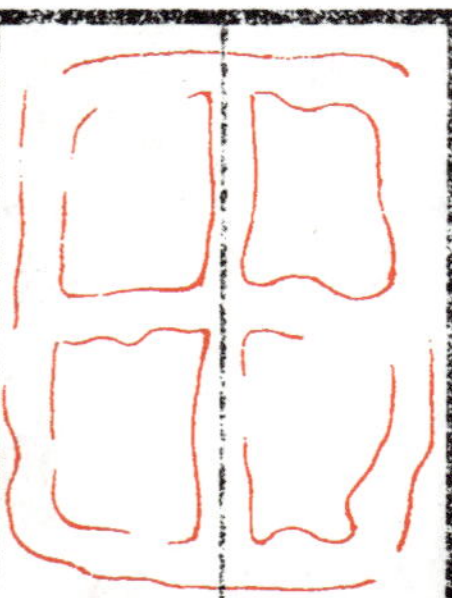

石鼓文·田車 田車孔安 

汗簡 

古文四聲韻

集篆古文韻海 

演變

1. 商
2. 商
3. 西周
4. 春秋
5. 戰
6. 說文小篆 290頁
7. 漢

釋義

許慎  陳也。樹穀曰田。象四囗；十，阡陌之制也。凡田之屬皆从田。待年切

陳椟 甲、金文象一塊塊田，田間阡陌縱橫交錯之形。甲骨文田獵之"田"與農田之"田"同字。

六書

象形

附注

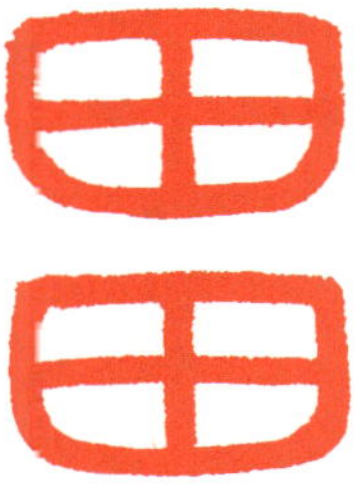

畕

居良切，上，陽韻，見，陽部。

 商，庫492（存參）

 商，合27879

 周晚，毛伯簋

 周晚，克鼎（彊），說文以為彊是弓有力，不确，弘、弜、彊等字才是弓有力之義。彊金文中皆表疆界之義。

 春，秦公簋

 戰，上博一，孔9

 西漢，億年無疆瓦。

 汗簡

演變

1. 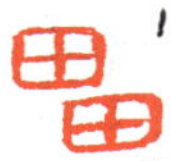 商 → 2. 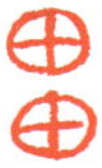 西周 → 3.  戰 → 4. 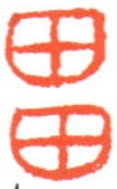 說文小篆 291頁 → 

釋義

許慎 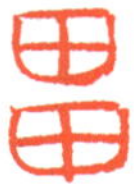 比田也，从二田。凡畕之屬皆从畕。居良切

陳按 疆界，田界之義本應作畺，中間之横畫表田界。或加弓聲作彊，春秋時又增土旁作疆。畕字

或是析分出來的部首。

六書 會意

附注

黃 胡光切，平，唐韻，匣，陽部。

商甲1647

商反4629乙

630 商京津

京津636

京津637

周早、[illegible]黃鼎

周早中、聰尊

周早中、黃尊

周中、休盤

周中、趞曹鼎

周晚、伯家父簋

周晚、買簋

周晚、趞鼎

周晚、文君匜

春趙孟壺

戰·齊陳侯因資敦

燕·璽彙1245

清華簡二·繫年

上博三·周易37

楚·包129

楚·仰25.31

秦·睡23.7

外黃令印

黃丞

黃陽之印

中黃壽印 以上四字
漢印文字徵

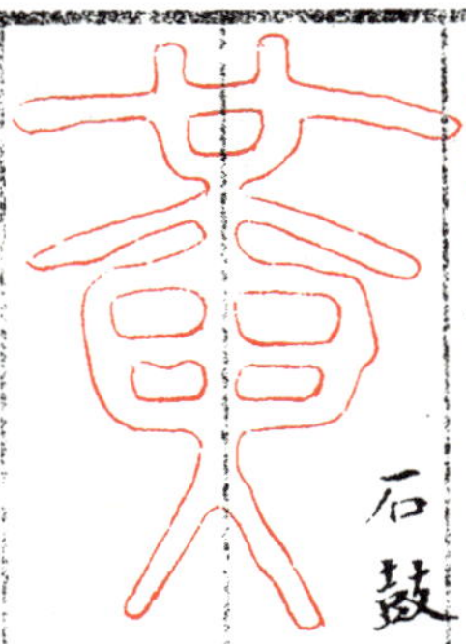
石鼓文汧殹

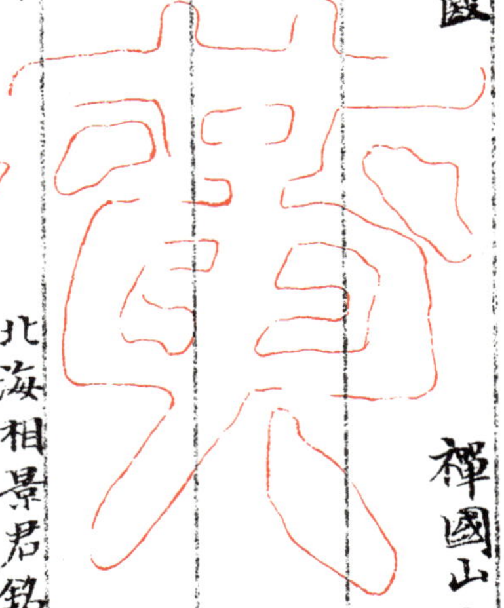
禪國山碑黃旗紫蓋

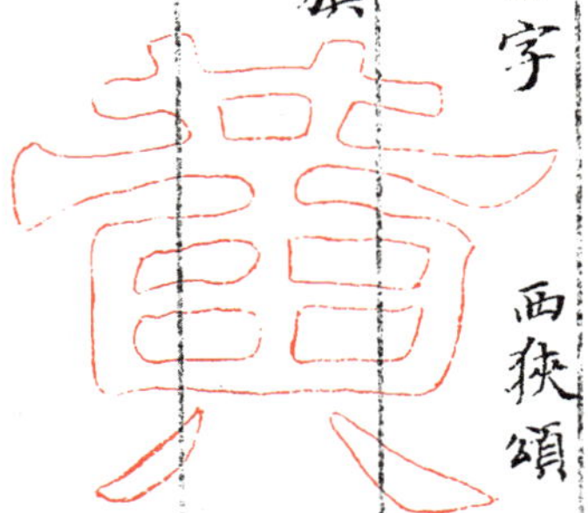
西狹頌 致黃龍嘉禾木連甘露之瑞

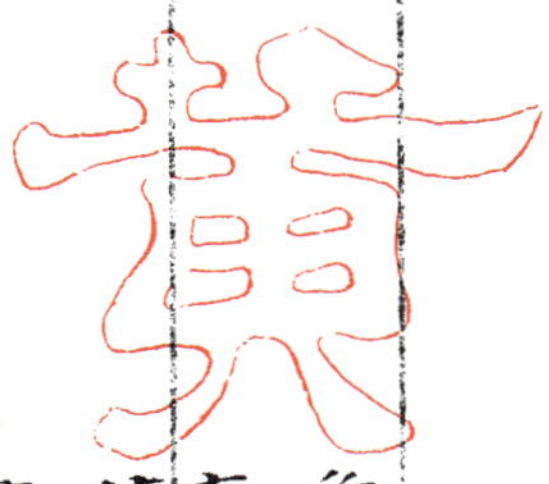
魯峻碑 有黃霸召信臣在穎南之歌

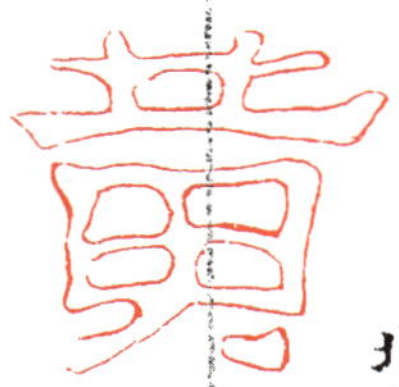
北海相景君銘 黃朱邵父

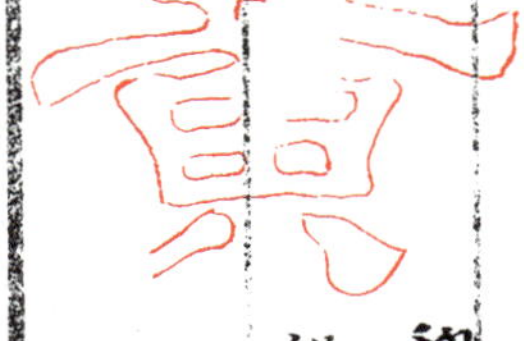
魏受禪表 紹有虞之黃裔

黃

譙敏碑額

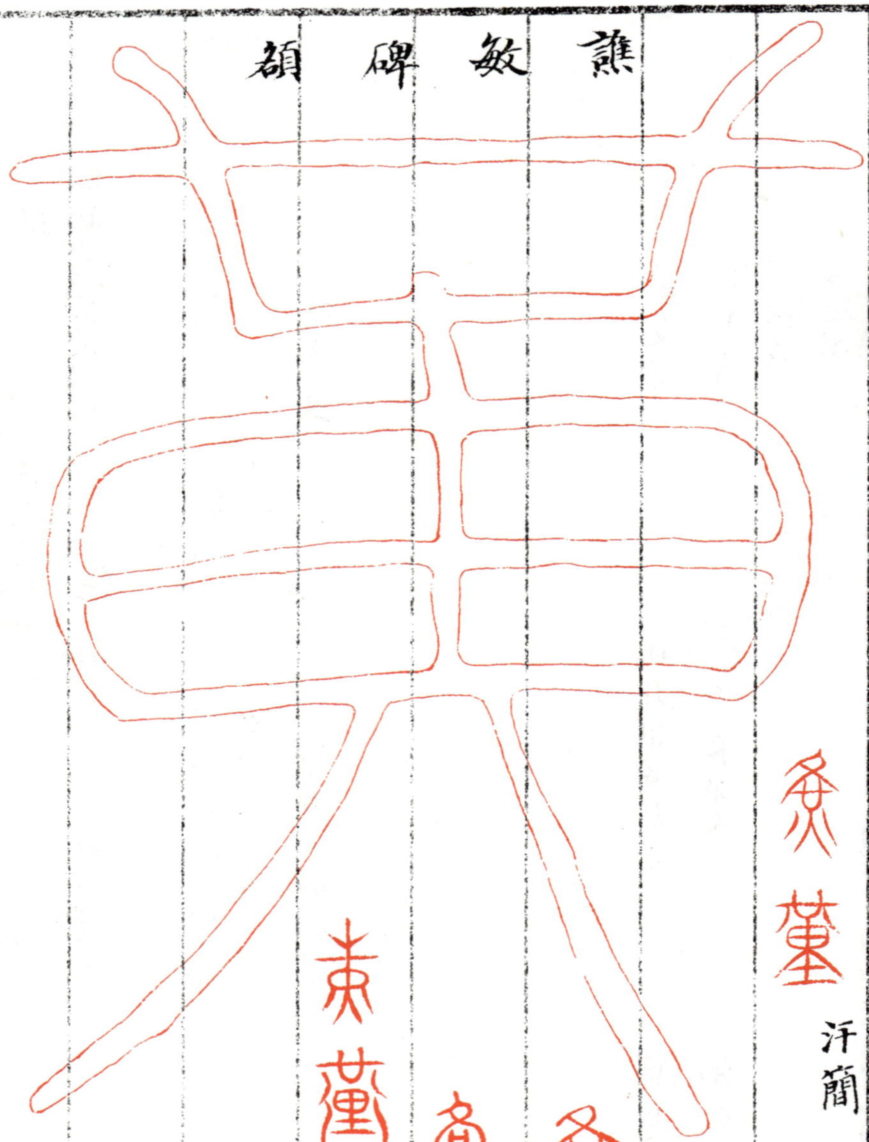

汗簡

碧落碑

古文四聲韻

集篆古文韻海

演變

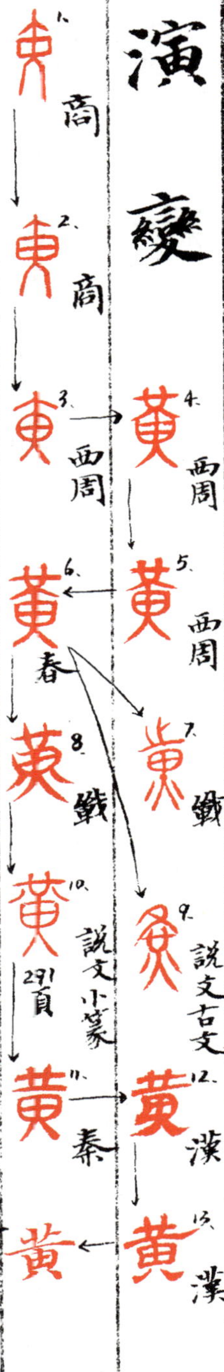

釋義

許慎  地之色也、从田、从炗、炗亦聲、炗、古文光、凡黃之屬皆从黃 乎光切  古

古文字象突胸、仰面向天之殘疾人、為「尪」本字。

文黃、

陳按 裘錫圭說卜辭的焚巫尪與作土龍一文有詳論。

六書

象形

附注

男

那含切、平、覃韻、泥、侵部。

合集3457 賓組

洽21954 子組

合集3452 賓組

周早矢方彝

戰齊陶彙3.703

燕璽彙3362

上博三容16

清華二繫年120

秦、睡15.57

廣次男典祠長

康武男家丞

郭男弟 以上三字 漢印文字徵

泰山刻石 男女體順

石經僖公 許男氏

鄭固碑 君大男孟子

禮器碑 顏氏聖男

汗簡

古文四聲韻

演變

釋義　許慎　男　丈夫也、从田从力、言男用力於田也、凡男之屬皆从男　那含切

陳按　甲、金文及隸楷字形皆从田、从力、"力"為耜、耒之形、會用耒耜耕作於田、表男人、猶持帚者為婦。男、甲金文中還表"男服"、古爵名。

六書　會意

附注

力

林直切、入、職韻、來、職部。

合21304 𠂤組

英751 賓組

合22049 午組

戰、屬羌鐘

晉 中山王鼎

晉、璽彙909

1736

楚、郭、六德16

上博二、容城氏35

秦、睡、為19

力敢私印

力中兄

力倚相

力斂私印

力防私印

力章之印 以上六字 漢印文字徵

詛楚文 寔 綴力同心

史晨奏銘 臣 盡力思惟

汗簡

古文四聲韻

集篆古文韻海

演變

5. 秦

6. 秦

1. 商

2. 西周

3. 戰

4. 說文小篆 291頁下

7. 漢

8. 漢

9. 漢

釋義

許慎  筋也、象人筋之形、治功曰力、能圉大災、凡力之屬皆从力、林直切

陳按 古文字象古代農耕工具、即"耜"之象形初文、使用耜耕甚為費力、故引申有"力氣"之意、並且為常用義、詳見裘錫圭甲骨文中所見的商代農業一文、說文"耜"作（梠）、或体作（梩）、唐寫本木部殘卷作（杞）、从"巳"。

六書

象形

附注

劦

胡頰切、入、帖韻、匣、盍部、

合集20283 𠂤組

合27044 無名組

合14294 賓組

商、𪕛簋

戰、齊、陶彙3.837

晉、璽彙460

西漢、一號墓竹簡14

汗簡

演變

2. 西周

1. 商

3. 商

4. 戰

5. 說文小篆 293頁

漢

劦

釋義

許慎  同力也。从三力。山海經曰："惟號之山，其若劦。"凡劦之屬皆从劦。胡頰切

陳按 古文字从三"力"(耜)、"三"表衆多，會衆人同時持耜耕作之意。或加"口"繁化。"劦"應是"協"之初文。

六書

會意

附注

說文解字　第十四

五十一部

金幵勺几且斤斗矛車𠂤𨸏

𨺅厽四宁叕亞五六七九

禸嘼甲乙丙丁戊己巴庚

辛辡壬癸子了孨𠫓丑寅

卯辰巳午未申酉酋戌亥

金

居吟切，平，侵韻，見，侵部。

合集23573 出組

花東416 子組

周早，利簋

周早，麥鼎

周早，過伯簋

周早，矢尊

周晚，史頌簋

周晚，師寰簋

周晚，師同鼎

周晚，禹簋

戰，齊陳侯因資敦

燕，璽彙363

晉，中山王壺

楚，鄂君啓舟節

楚，包108

包115

楚，仰25.18

楚，曾10

清華一，金縢6

楚，郭，五行20

郭，老甲38

上博簡一，性情論3

秦，睡23.7

西漢，老子甲後187

西漢，縱橫家書201

金鄉國丞

金府

金湯私印

呂金私印

金綆相如

千金

金可置

金賞

金翁伯

格金私印

金國辛千萬槐佰右小長

以上十一字 漢印文字徵

泰山刻石皇帝曰金石刻

金石刻因明白矣

石經金縢

張遷碑陰

韋金石

尹宙碑致位執金吾

禪國山碑

執金吾脩

婁壽碑與金石存

曹全碑金城西部都尉

汗簡

古文四聲韻

金

演變

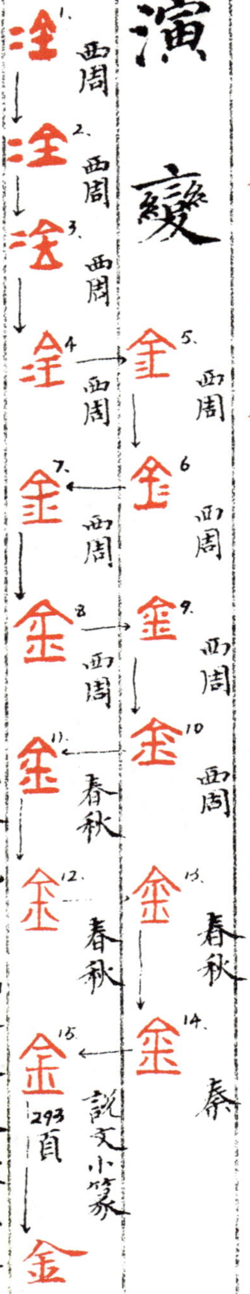

釋義

許慎  五色金也。黃爲之長。久薶不生衣，百鍊不輕，从革不違。西方之行。生於土，从土；左右注，象金在土中形；今聲。凡金之屬皆从金。居音切  古文金。

陳按 「金」古文字从「王」（斧鉞金屬器之代表），从二粗點（呂，即鋁，象兩塊銅餅），「今」聲。西周、春秋銅器銘文和典籍中大都指銅。如《書·禹貢》「厥貢惟金三品」。《左傳·僖公十八年》「鄭伯始朝于楚，楚子錫之金，既而悔之，與之盟曰：無以鑄兵」。後引申泛指一切金屬，再專指黃金等義。

六書

形聲

附注

幵 古賢切，音堅，平，先韻，見，元部。

合集367正，唐蘭釋作"幵龍"。

合集27250，舊釋"宄"，裘錫圭以為从女从幵，應是"姸"字。

金文編附錄1259頁

戰晉 貨系1608

1610 晉貨系

汗簡

演變

1. 戰

2. 說文小篆 299頁

釋義

許慎  平也，象二干對構，上平也。凡幵之屬皆从幵。徐鉉曰：幵但象物平，無音義也。古賢切。

陳按 "幵"見於商周文字部件中，从二干（非干戈之干），應是"荓"字初文，象"簪"之形，可參看

裘錫圭史牆盤銘解釋、劉釗古文字構形學第十二章例1。

六書　象形

附注

勹　市若切、入、藥韻、禪、藥部、

商、勹鼎

戰、燕、貨系2675

楚、郭店、語叢四、24

楚、望二策

西漢、一號墓竹簡85

蓮勹卣鹹督印

蓮勹卣督印　以上二字　漢印文字徵

華嶽廟殘碑陰

汗簡

古文四聲韻

集篆古文韻海

演變

釋義

許慎  挹取也，象形，中有實，與包同意，凡勺之屬皆从勺。之若切

陳按

古文字象舀取酒漿之器具，有柄，即杓之古字。

六書

象形

附注

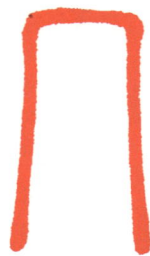

几　居履切、上、旨韻、見、脂部、

戰、燕、璽彙3429

楚、包260

西漢、馬、經13

史晨碑　俯視几筵

碧落碑

汗簡

演變

1.  說文小篆 299頁
2. 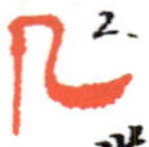 漢
3. 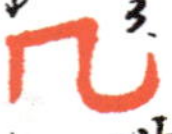 漢
4.  漢

釋義

許慎  踞几也、象形、周禮五几：玉几、雕几、彤几、髹几、素几、凡几之屬皆从几、居履切

陳按

商周甲、金文（只見偏旁）及戰國文字、小篆皆象案几之形。古人席地而坐、用几倚凭身體。

六書

象形

附注

且

七也切、上、馬韻、清、魚部、

合19850

合2091正 賓組

合2061 賓組

合27061 無名組

合補11067 黃組

商、己且乙尊

商、艅尊

商、己且觚

周早、且壬尊

周早、盂鼎

周中、師𩛥鼎

周晚、師嫠簋

秦公簋

春、王子午鼎

春、邾公孫班鎛

戰、齊、陳侯因資敦

上博六、天子建州甲本10

清華簡一、祭公6

郭店簡、唐虞之道5

楚、望二策

詛楚文湫淵

秦、睡、法4

西漢、縱橫家書8

春秋事語49

且慮丞印

故且蘭徒丞

上官無且

范且 以上四字漢印文字徵

詛楚文、且復略我邊城

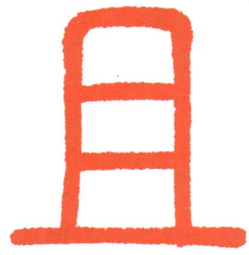

武梁祠畫象題字范且、　潛研堂金石文跋尾云戰國策秦漢人多以且為名、讀子余切、如穰且、豫且、夏無且、龍且皆是、且旁或加隹如范雎、

唐雎，文殊而音不殊也。胡身之注通鑑，鄭音范雎之雎，辰雎是誤，以爲目旁矣。據此碑可證胡注之誤。案：韓子外儲說左上范且窮工而弓折，亦作范且，復以碑證之，則字本作且。史記作雎者，或加隹也。

曹全碑且二百萬

張遷碑爰既且於君

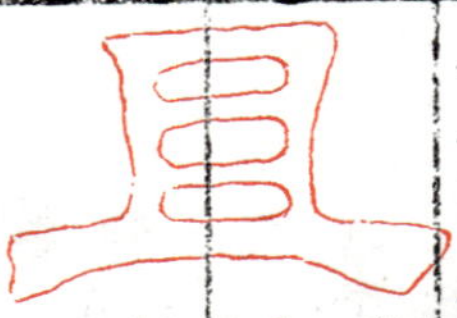
魏上尊號奏且漢政在奄宦

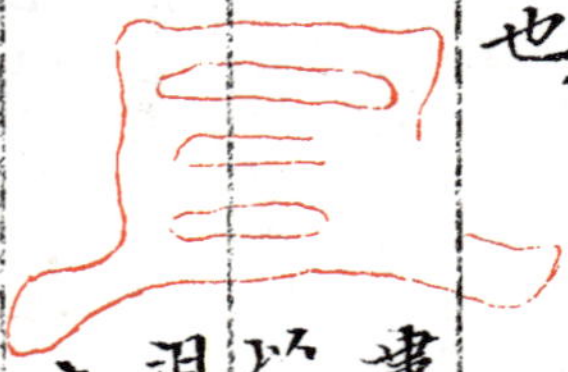
婁壽碑榮且溺之耦耕以且溺爲沮溺，集韻類篇沮且並子余切，碑蓋同音而借也。

汗簡　古文四聲韻

集古文韻上聲韻第三　集篆古文韻海

演變

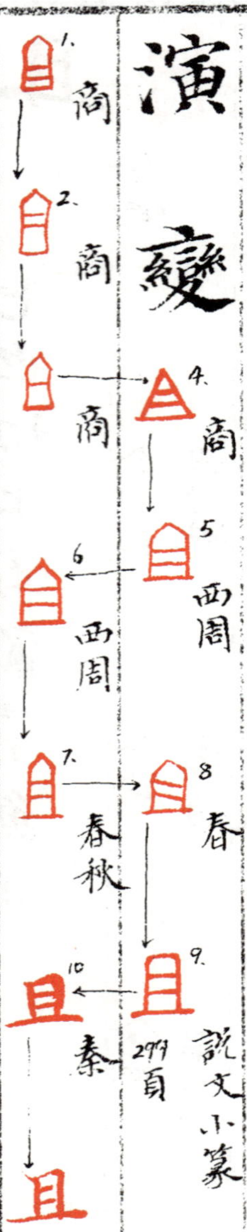

釋義

許慎 且 薦也。从几，足有二橫，一其下地也。凡且之屬皆从且。子余切，又，千也切。

陳按 「且」為「俎」之初文，甲金文中常假借為神祖之「祖」。古文字象俯視（自上觀下）之俎面，中有橫格之形，或从「爿」（與「牀」之初文「爿」同形異字）作（「𪔂鼎」，佮15812）、（周中，三年㾓壺）、（春，鄭大子之孫與兵壺）諸字，則象側視之形。「且」後借為連詞。（另可參閱陳劍〈甲骨金文舊釋「𪔂」之字及相關諸字新釋〉一文）。

六書 象形

附注

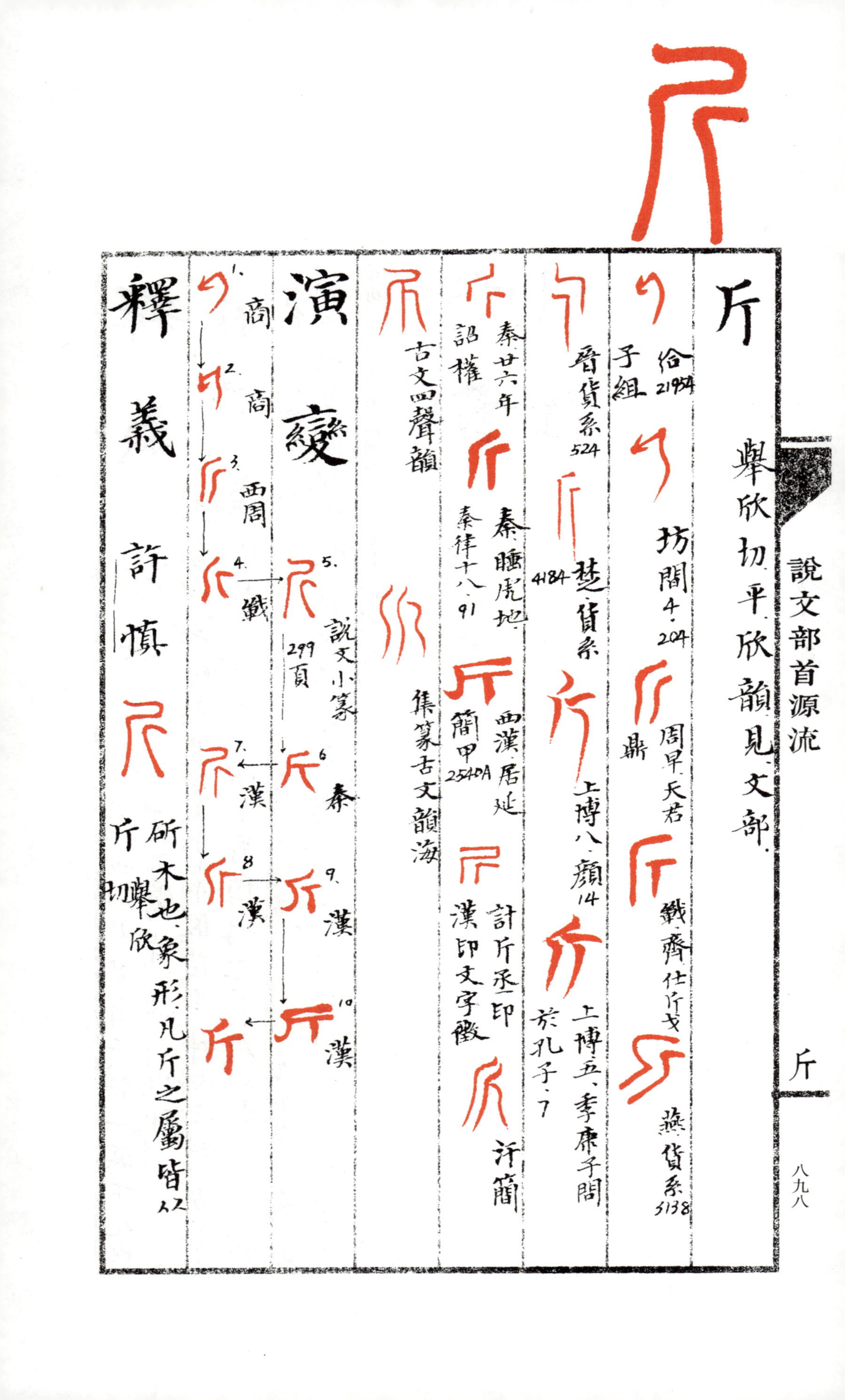

斤

舉欣切，平，欣韻，見，文部。

合21954 子組

坊間4·204

周早 天君鼎

戰，齊 仕斤戈

燕，貨系5138

晉，貨系524

楚，貨系4184

上博八，顏14

上博五，季康子問於孔子，7

秦廿六年詔權

秦，睡虎地秦律十八，91

西漢，居延簡甲2540A

許斤丞印 漢印文字徵

汗簡

古文四聲韻

集篆古文韻海

演變

1. 商
2. 商
3. 西周
4. 戰
5. 說文小篆 299頁
6. 秦
7. 漢
8. 漢
9. 漢
10. 漢

釋義

許慎

斤 斫木也，象形，凡斤之屬皆从斤 舉欣切

陳按 「斤」與「斧」有別，其刃和柄交叉，類似後世工匠所用錛子類工具，莊子徐無鬼：「匠石運斤成風」。李家浩談「斤」說「錛」、劉釗寧「斤」辨皆有詳論。

六書 象形

附注

斗 當口切，上，厚韻，端，侯部。

商.甲3249

商.乙117

春.秦公簋

戰.齊陶彙3.1029

晉.𧶠朕鼎

晉.土軍鉀

晉.璽彙1069

楚.曾廿八宿衣箱

上博三.易51

秦.睡23.5

西漢、老子乙前5上

西漢、上林鼎二

東漢、石門頌

董斗

斗睦子家丞

孫斗　以上三字漢印文字徵

白石神君碑

粟斗

禮器碑以斗言教

祀三公山碑　五錢

穀斗三錢

汗簡

古文四聲韻

集篆古文韻海

演變

1. 商

2. 商

3. 春

4. 戰

5. 秦

6. 漢

7. 漢

8. 說文小篆　340頁

9. 漢

10. 漢

11. 漢

釋義

許慎

十升也、象形、有柄、凡斗之屬皆从斗。當口切

陳按 甲、金文象用來挹酒水之長柄勺子，从商周到秦漢，「斗」字形體基本相同。說文小篆則訛變甚矣。李孝定《甲骨文字集釋》：「契文金文則正象斗有柄之形，古升斗均如此，於文無以為別，但以點之有無別之，無點者為斗字，有點者為升字」。楚系文字或加「主」聲。

六書 象形

附注

矛 莫浮切，平，尤韻，明，幽部。

周中，㦰簋

戰，楚，秦1.5

楚，仰25.18

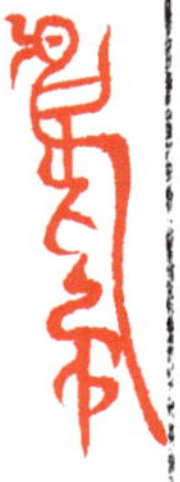
楚，越王州句矛

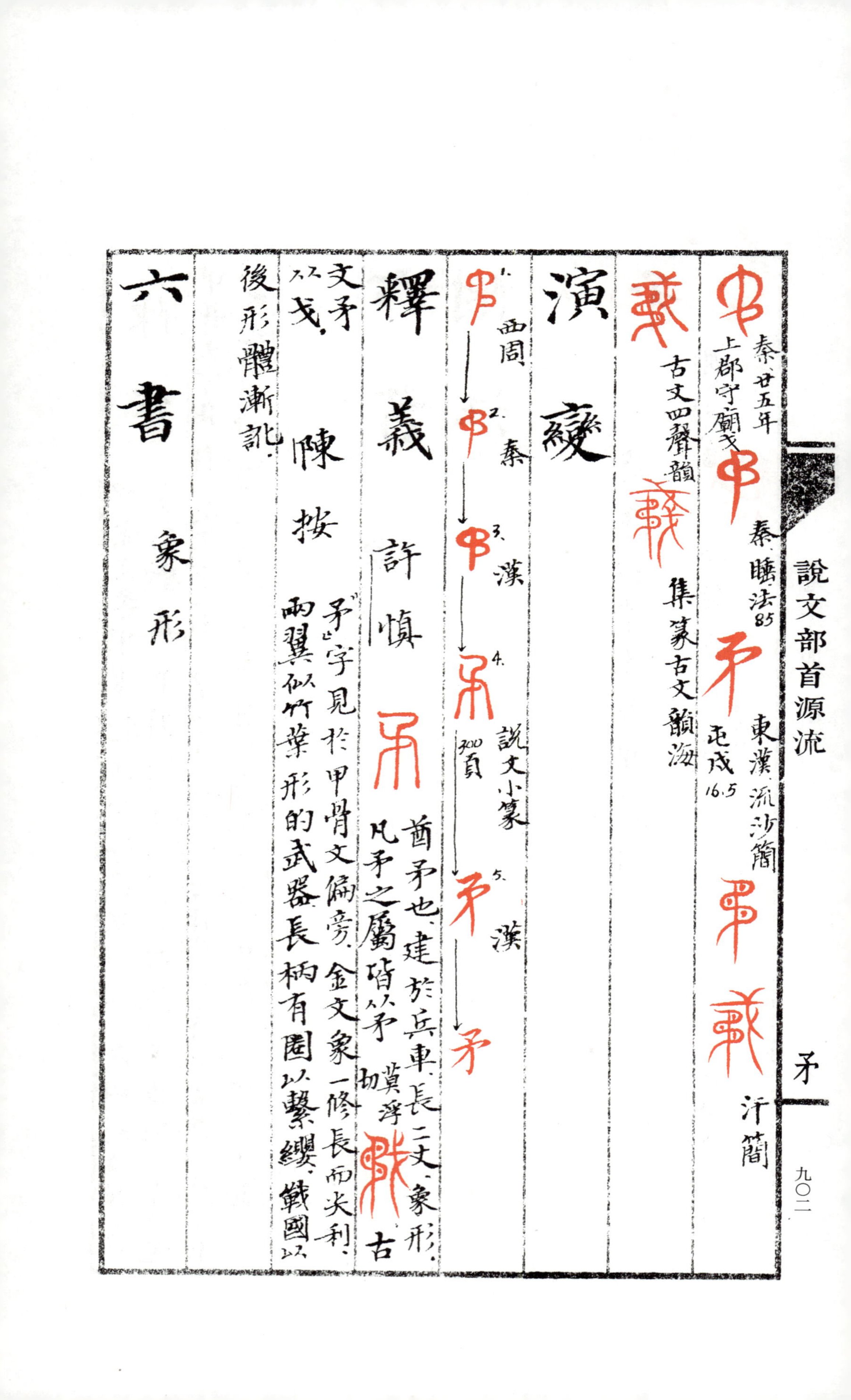

秦、廿五年上郡守廟戈

秦、睡法85

屯戍16.5

東漢、流沙簡

汗簡

古文四聲韻

集篆古文韻海

演變

1. 西周
2. 秦
3. 漢
4. 說文小篆 300頁
5. 漢

釋義

許慎：酋矛也，建於兵車，長二丈，象形。凡矛之屬皆从矛。莫浮切

古文矛从戈。

陳按：矛字見於甲骨文偏旁，金文象一修長而尖利、兩翼似竹葉形的武器，長柄有圜以繫纓，戰國以後形體漸訛。

六書

象形

車

附注

車 尺遮切、平、麻韻、穿三、魚部。

商、珠290
商、明藏641
商、菁3.1（象斷軸之車）合集10405
商、簋、游122（圖形表意字、象車輈所斷）

商、存743
商、花416
商、買車卣
周早、宅簋

周晚、師同鼎
戰、鄂君啟節
秦、睡、秦73
西漢、孫子78
西漢、定縣竹簡50

戰、楚、郭店緇衣40
上博一、孔子詩論
上博一、緇衣20
上博二、容成氏
上博五、鮑叔牙與隰朋之諫1

清華簡耆夜10
輕車令印
公車賞
車成
以上三字漢印文字徵

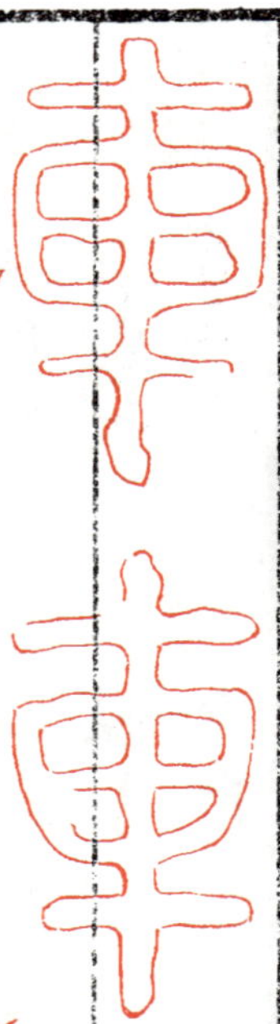

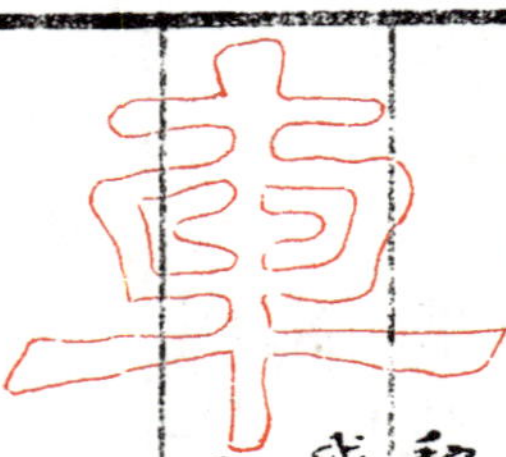

石鼓文 遨車、鑾車

遨車既工 青車亂衎

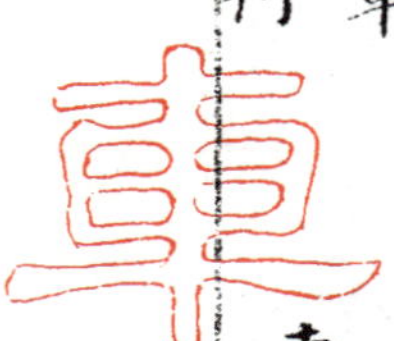

東漢、史晨後碑 餝治桐車

魏王基殘碑 送呂輕車

汗簡

馬於瀆上

古文四聲韻

集篆古文韻海

演變

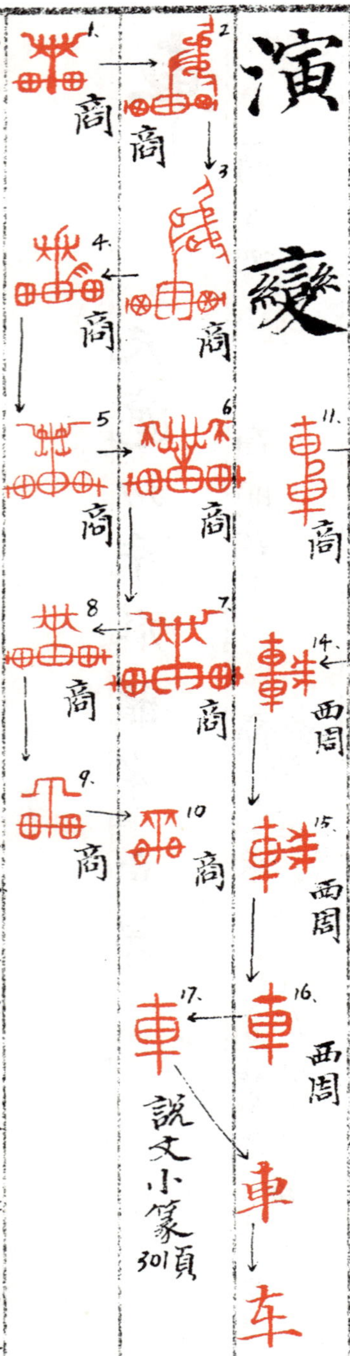

釋義

許慎

輿輪之總名。夏后時奚仲所造。象形。凡車之屬皆从車。尺遮切

、籀文車。陳按 甲、金文為「車」之整體象形，有俯視、側視、省繁諸多形體。繁者有車衡、軛、輈、輪、輮、軸等，簡省者僅作「」，春秋以後更是省作「」（並通行）。說文籀文當由「」字訛變，軛訛為双戈而來。此訛形正可證明籀文是西周時代的文字。

六書 象形

附注

𠂤 都回切，平，灰韻，端，微部。

商 合30284

商 懷1391

商 合28086

商 燕630

商 亞若癸方甗

周早．𠂤乍陵仲方鼎

周早．大盂鼎

周中．𢦏𣪘

周晚．克鐘

戰．徣宮左𠂤方壺

汗簡

演變

1．商　2．商　3．商　4．西周　5．西周　6．說文小篆 303頁　𠂤

釋義

許慎  小𠂤也。象形。凡𠂤之屬皆从𠂤。

徐鉉等曰：今俗作堆。都回切。

陳按 "𠂤"甲、金文多借作"師"（二字古音亦近）。實則"𠂤"象人臀部之形，因臀尻處於人身後且高突，故引申出"高"、"後"等義。堂基高於地面，有似於臀，故"𠂤"還引申有"殿堂"之義。"裘錫圭"𠂤"是"堆"的古字，在古代有可能用來指稱人工堆築的堂基一類的建築"（詳見《釋殷墟卜辭中與建築有關的兩個詞——"門塾"與"𠂤"》一文）。劉釗老師在《讀史密簋銘文中的"𡰪"字》一文中指出，"（合22322）"字為"脽"（臀也）之古字，

本象𨸏部之形，後加"尸"（彎曲人形，非"屍"）作""（周中、史懋簋），又訛為""（周晚、師寰簋），被楚文字所承，如""（曾侯乙13，增"刀"旁）。此外，還有訛作"目"的""（集成4214）形。可參看李守奎、肖樊著《清華簡繫年文字考釋與構形研究》一書第二章第四節。

六書

象形

附注

𨸏

房久切，上有韻，奉、幽部。

商、菁3.1

商、甲3372

商、佚67

商、甲2327

西漢、孫臏108

阜陵邑印

兕阜

歸阜

閭丘阜印

漢印文字徵 以上四字

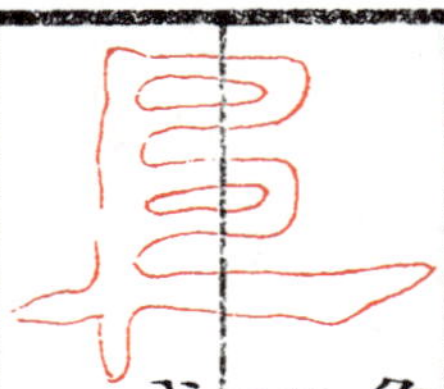

魯峻碑陰

河閒阜

成東鄉恭

汗簡

集篆古文韻海

演變

1. 商
2. 商
3. 商
4. 商
5. 商
6. 說文小篆 304頁

釋義

許慎  大陸，山無石者。象形。凡𠂤之屬皆从𠂤。房九切  古文。

陳按 甲骨文「𠂤」字本義，或以為「如畫坡陀者層層相重纍」（王筠）；或以為山之側視形（戴侗）；或以為象梯形（王國維、許進雄）；或以為象土山高峭有阪級（葉玉森）。以上諸說傾向階梯為其本義，實則戴侗之說應可確，即「山」「丘」（側視形）義，另「阜」與「丘」「陵」「阿」「山」義近，本均指土山，因大小不同而異其名。

六書　象形

附注

𨺅　廣韻：扶富切，去，宥韻，奉，幽部。

　汗簡

演變　　說文小篆 307頁　↓　

釋義　許慎　　兩𨸏之間也，从二𨸏。凡𨺅之屬皆从𨺅。房九切

陳按　單字未見先秦考古出土資料，偏旁有之。但如「隘」、「隊」、「陸」等字从「𨺅」和从「𨸏」同。古文字單複無別，「𨺅」應是「𨸏」之

絫代，後被人為拆出當字頭，故此部應可取消。

六書　會意

附注

厽　力委切，上，紙韻；來，微部。

汗簡

演變

說文小篆 307頁 → 厽

釋義

許慎

絫坺土為牆壁，象形。凡厽之屬皆从厽　力軌切

陳按　古文字未見單獨之「厽」，本部所隸二字「絫」、「垒」，文獻中多作「纍」「壘」，从「畾」得聲。本部應可取消。

六書　說文以爲象形

附注

四　息利切，去，至韻，心，脂部。

商 甲504

周早 盂鼎

周中 史牆盤

春 郙王子鐘

春 郘鐘

春 吳王鐘

戰 齊陳侯午敦

燕 古幣 45

燕 古幣 45

燕 休涅壺

晉、鄲孝子鼎

晉、大梁鼎

晉、中山王譽壺

楚、包111

包115

包226

楚、信2.1

楚、帛乙4.6

秦、睡236

西漢、老子甲52

定縣竹簡47

池陽宮行鐙

秦、嶧山碑

上博一、孔14

上博三彭祖8

咸勳四極

上博四、柬大王泊旱15

禪國山碑

品式石經

博塞

四者

石經文公四月

信公四月

三表納貢

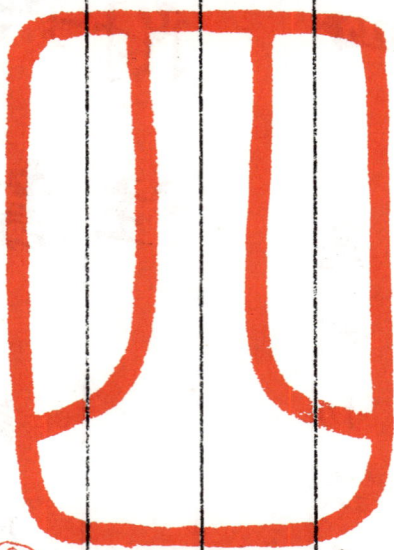

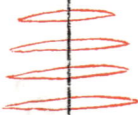

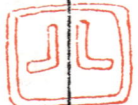

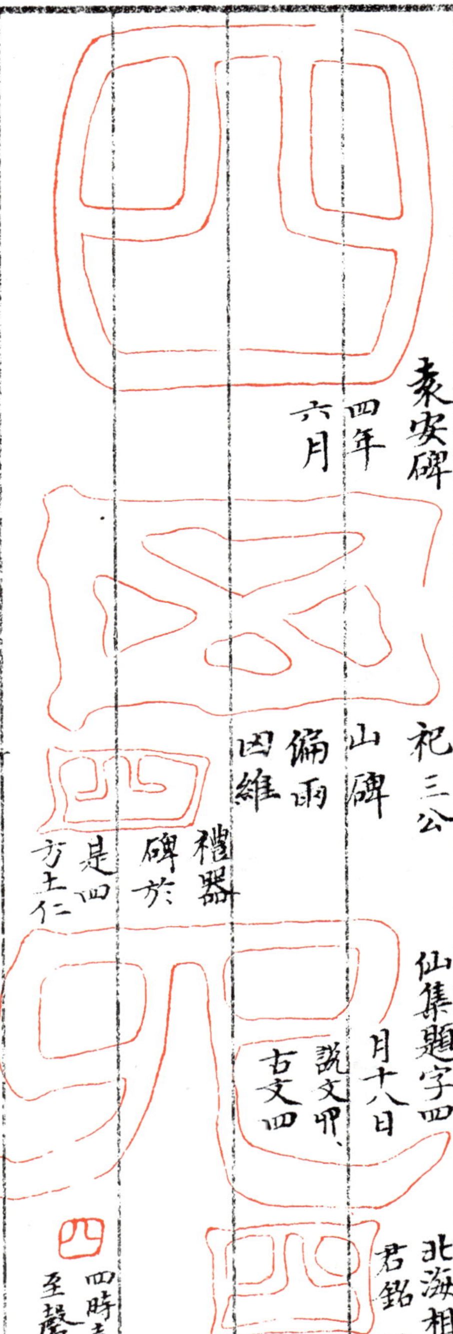

袁安碑 四年六月

祀三公山碑 偏雨四維

禮器碑 於是四方士仁

四時嘉至磬

仙集題字四月十八日 說文𠔉、古文四

北海相景君銘 四海冠蓋

汗簡

古文四聲韻

集篆古文韻海

演變

釋義

許慎  陰數也，象四分之形。凡四之屬皆从四。息利切  古文四。 籀文四。

陳按 甲骨文從四橫，積四劃為數。此形漢以後未承續。春秋以後大都借用"四"形（學者以為"四"是"呬"或"泗"字初文，存參。）并為後世字形所本。古人以"四"代"亖"，應是為避免跟"二"、"三"等字相混。另，新莽時曾恢復用"亖"字。

六書

從四橫為指事，作"四"形為假借。

附注

宁

直呂切，上，語韻，澄魚部

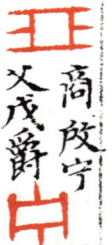

商前4.25.7

商乙1768

商殷宁父戊爵

周早剌殷
宁鼎

周早宁貝父丁罍

汗簡

演變

 1. 商 →  2. 西周 →  3. 秦 →  4. 説文小篆 307頁 → 宁 → 

釋義

許慎  辨積物也、象形、凡宁之屬皆从宁、直呂切

陳按 古文字象貯物之器具形、上下兩旁是立柱、中空可貯物、"宁"與"寧"是兩個字、上世紀"文字改革運動"將二字合為一字、後又以"宀"代"宁"分別之。

六書

象形

附注

叕

陟劣切，音輟，入，薛韻，知月部

商 佚465

春 文君子鼎

文君子鼎

秦 睡日 乙145

西漢 老子 甲後456

汗簡

演變

1. 西周 → 2. 戰 → 3. 說文小篆 307頁 → 4. 漢 → 叕

釋義

許慎：叕，綴聯也，象形。凡叕之屬皆从叕。陟劣切

陳按

古文字象互相連接的筆畫表示抽象的聯綴意。

六書

指事。說文以爲象形。

附注

亞

衣嫁切，去。禡韻，影紐，魚部。

商。甲2464

商。前7.39.2

周中臣諫簋

周中牆盤

戰。齊陶彙3.774

楚。包122

包162

包174

郭。性4

郭。語三1

郭。緇衣6

秦。詛楚。亞駝

西漢。馬王堆養生方.54

老子乙本卷前135

老子乙本卷前135

老子乙本234

老子乙本卷前96

老子乙本246

乙本卷前153

馬王堆。老子乙本卷前157

亞

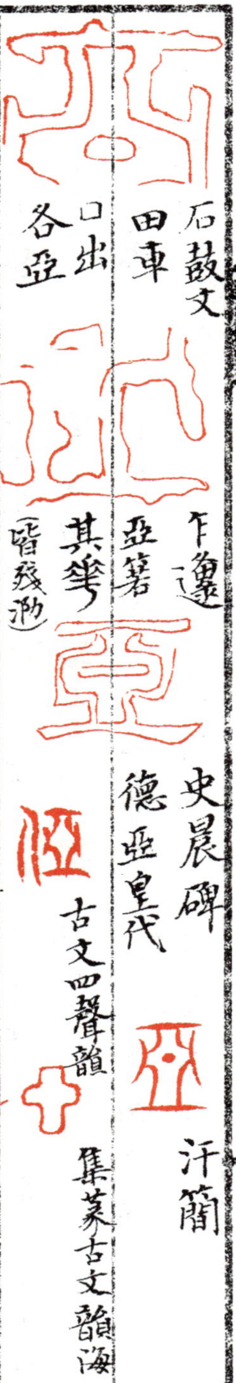

演變

釋義

許慎  醜也，象人局背之形。賈侍中說，以為次弟也。凡亞之屬皆从亞。衣駕切

陳按 「亞」字構形本義不明，或以為象陵墓、墓道之形（李孝定、何琳儀）；周法高謂：「推斷殷代大墓亞形木室可能是明堂宗廟的象徵性建築」（出土的商代大型墓葬及東周曾國古墓中放棺木之木室多作「亞」形）存參。在甲、金文中「亞」多用為職官名（武官）。後世又借為表示次序、次第之次，又指次一等的。

六書　象形

附注

五　疑古切，上，姥韻，疑，魚部，

商，陶彙1.90

商，合15662

商，前1.44.7

商，甲561

周早，何尊

周中，尹姞鼎

戰，齊陳賄簋

齊，陶彙3.558

晉，貨系1172

楚，酓章作曾侯乙鎛

楚，信2.20

楚，包牘1

郭店，緇衣27

郭店，五行，4

郭店，性，40

清華簡二，繫年42

上博二，從政甲5

上博四，內禮8

上博四，曹沫之陳26

秦，睡日乙40.

西漢，孫臏220

騎五百将
募五百将
五原太守章
五威將焦掾並印
第五建
五祝 以上六字漢印文字徵
嶧山刻石
郎邪刻石
祀三公山碑
開母廟石闕
蘭臺令史殘碑
少室石闕
品式石經 咎繇謨

袁安碑 五年正月

天璽紀功碑 合五十泰字

禪國山碑 者五

魯孝王石刻五鳳二年

曹全碑陰 元就五百

張遷碑陰韋 閏德錢五百

博塞

夏承碑年 五十有六

碧落碑

汗簡

古文四聲韻

集篆古文韻海

商 鐵

釋義

許慎  五行也，从二，陰陽在天地閒交午也。凡五之屬皆从五。臣鉉等曰二天天地也。疑古切  古文五省。

陳按 構形本義不明。古文字多作X形，或表交午之義，假借為數名。說文以陰陽、哲學觀念釋字，和此字構形本身無關，故不可從。

六書

假借

附注

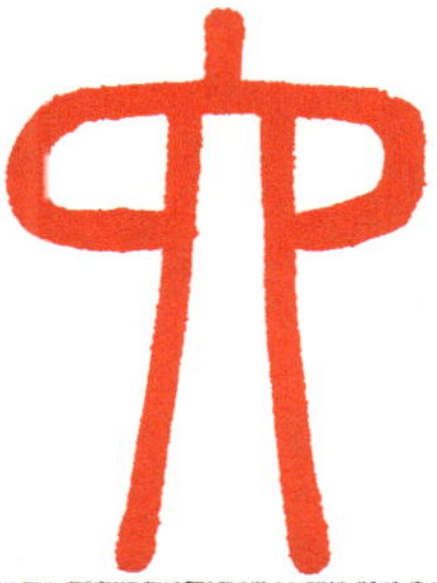

六

力竹切、入、屋韻、來、覺部、

商、菁11

商、鐵1353

商、佚76

周中靜簋

系2539 戰、齊、貨

2691 燕、貨系

974 晉、貨系

戰、楚、郭店 老子丙.3

郭店 五行45

91 楚、包山

清華簡 程寤3

上博二.容成氏30

上博三 周易2

上博七 吳命9

秦、睡.效3

睡.日甲 63背

西漢、老子 甲後209

西漢、池陽宮 行鐙

西漢、壽成 室鼎

六令之印

六安府口

六安内史印

六安相印章 以上四 字 漢印文字徵

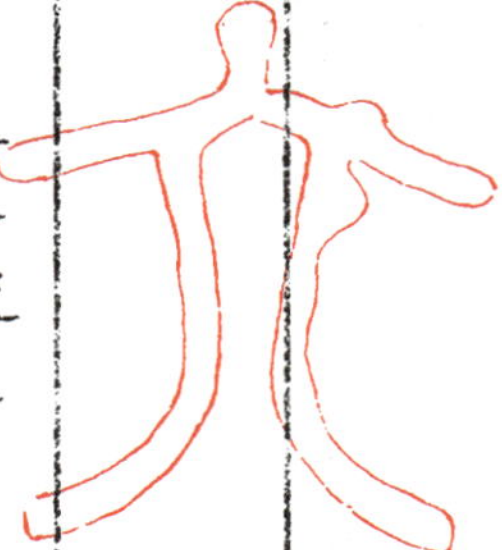
石鼓文、鑾車

日晷

寇人 殘石

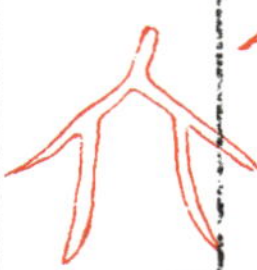
博塞

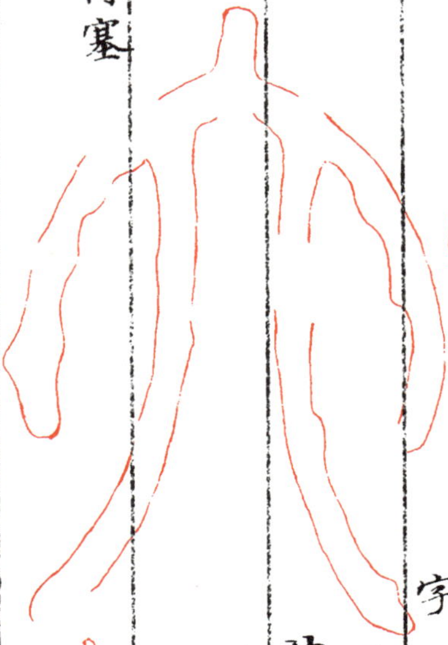
泰山刻石 廿有六年

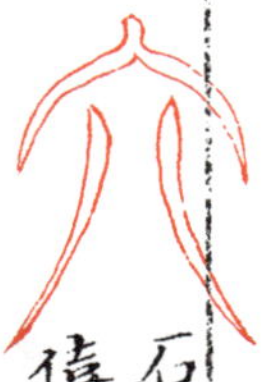
石經 僖公

文公
文公弟六
延光殘碑
六月

禪國山碑
卌有六
袁安碑
八年
六月

魯孝王石刻六
孔宙碑
年六
史晨碑
删定

汗簡
月四日
十一
六藝
成

古文四聲韻
集篆古文
韻海
碧落碑

演變

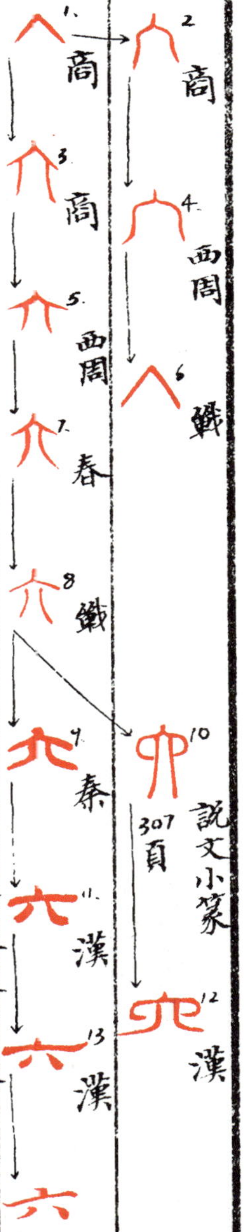

釋義

許慎  易之數，陰變於六，正於八。从入、从八。凡六之屬皆从六。力竹切

陳按 六古文字構形本義不明。或以為與入古本一字，或以為是廬初文，均無確證，待考。後世借為數詞。裘錫圭指出六可能是原始社會用來記數的記號。存參。

六書

假借

附注

七

親吉切，入，質韻，清，質部。

商，後2.9.1

周早，矢簋

春，秦公簋

戰，齊，貨系2555

燕，貨系2901

晉，貨系1636

楚，郭店，性自命出40

楚，包105

上博七，武王踐阼12

楚，信1.38

秦，睡，秦86

西漢，武威簡，有司61

蘭臺令史殘碑

東漢，幽州書佐秦君闕

武威醫簡85乙

袁安碑 七年八月

禪國山碑 廿有桼

嵩山廟碑 七月甲子

孔龢碑 三月廿七日

史晨後碑 合九百七人

曹全碑 潛隱家巷七年

日晷

漢魏間多段桼爲七

石經，僖公 秋七月

汗簡 古文四聲韻 集篆古文韻海

演變

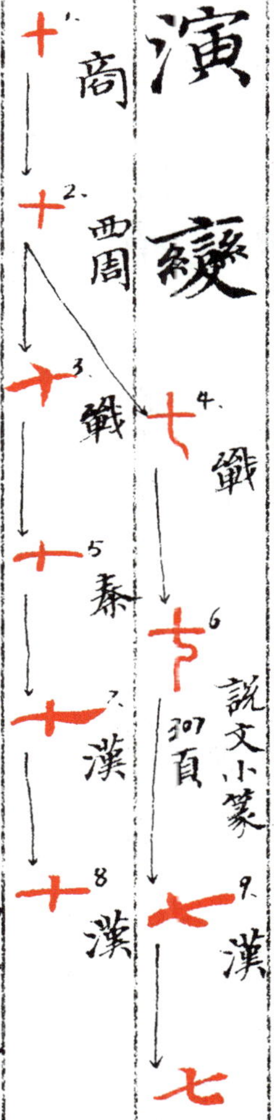

釋義

許慎 陽之正也，从一，微陰从中衺出也。凡七之屬皆从七。親吉切

陳按 七與甲，甲骨文同形，戰國以後與十形近易混（十本作一豎丨之形，後加點為飾，又變為短橫，故易混淆）。區別是七橫長豎短（亦見橫豎相若），而十多作橫短豎長。七字構形本義未有定論，學界大多以為是切字初文，存參。後借為數名。

六書

假借

附注

九

舉有切，上，有韻，見，幽部，

商，鐵 20.4
商，菁 2.1
商，前 2.6.6
周早，令簋
周早，宅簋

春，黝鎛
鐵，齊陶彙 3.666
燕，貨系 3101
晉，東周左師壺
晉，盗壺

楚，者汈鐘
戰，楚，郭店老子甲 26
楚，包山 41
上博二容成氏 5
秦，睡，日甲 67

新，嘉量
九真太守
馬九
臣九
鄭印常九 以上四字漢印文字徵

孔龢碑
史晨後碑
張遷碑
晉，逢將軍
品式石經咎繇謨予決九川

孔子十九
合九百
東勤
執八月

世孫麟
七人
九戜
反文也
博塞

開母廟石闕

九山甄旅

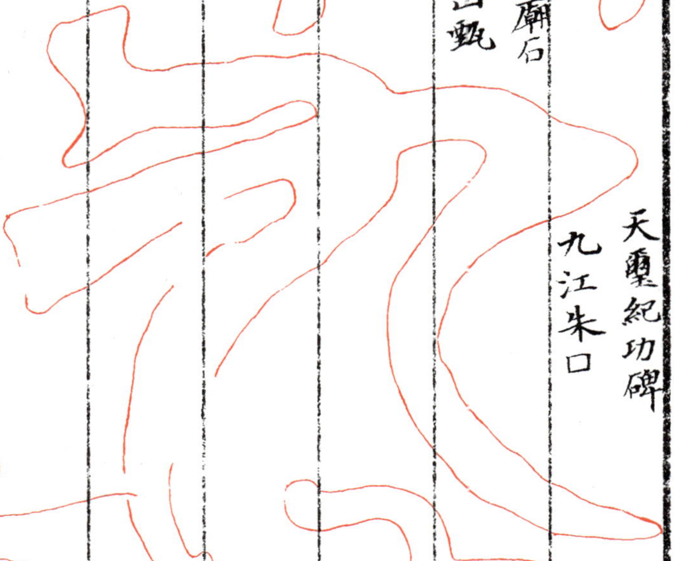

天璽紀功碑

九江朱口

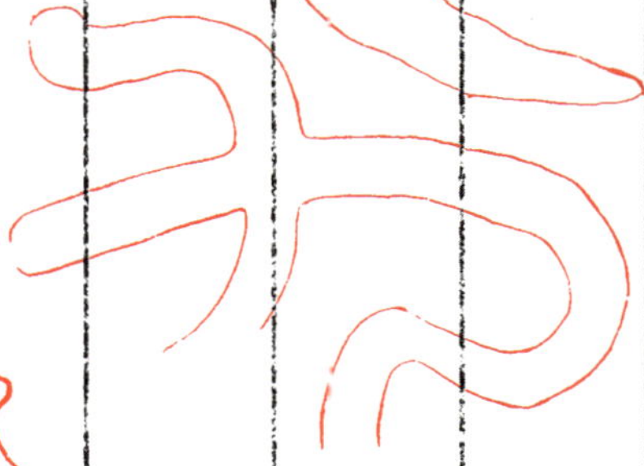

袁敞碑

九月

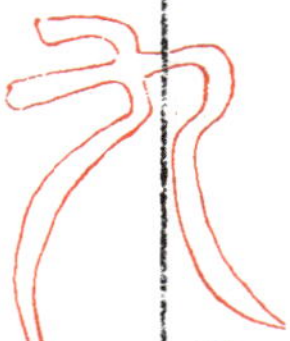

品式石經堯典

九族既睦

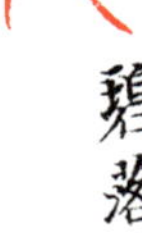

碧落碑

汗簡

禪國山碑

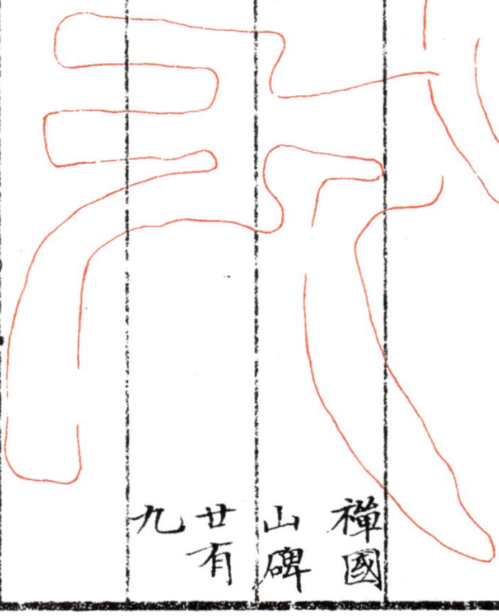

古文四聲韻

廿有九

集古文韻上聲韻第三

集篆古文韻海

演變

釋義

許慎　　陽之變也，象其屈曲究盡之形。凡九之屬皆从九。舉有切

陳按　古文字象人手臂彎曲之形，為「肘」本字，後借作數詞。甲骨文中既有用作本義（如合集13677「（疾九（肘））」、「指肘有疾」）又表數目和序數。

六書　指事

附注

禸

人九切，音蹂上，有韻，日幽部。

汗簡

古文四聲韻

集篆古文韻海

演變

1. 說文小篆 308頁 → 禸

2. 說文小篆 → 蹂

釋義

許慎

獸足蹂地也。象形，九聲。尒疋曰：「狐貍貛貉醜，其足蹞，其迹厹。」凡厹之屬皆从厹。人九切

篆文从足柔聲。

陳按

「禸」形並不是一個獨立字，而是由「萬」（ ）、「禹」（ ）、「禺」（ ）等字的下部加飾筆演變而來。說文因不明「禽」「萬」「禹」等字下部所從，故分離出「禸」部（可參看劉釗老師古文字構形學第三章第一節，23-24頁）。

六書 說文以爲象形，疑爲形聲。

附注

畕 許救切，去宥韻，曉幽部。

汗簡

演變

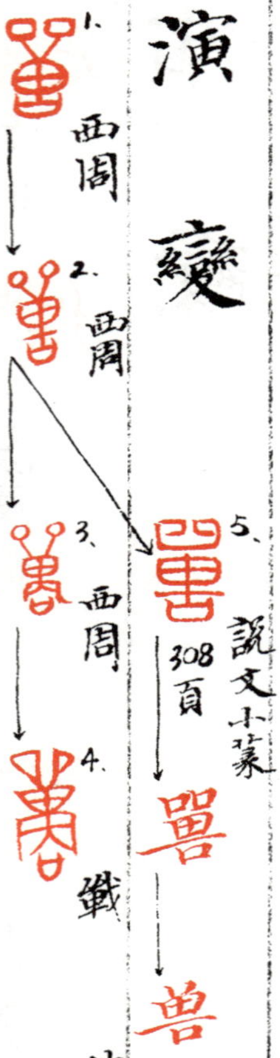

按：以上古文字形體，實爲"畕"之繁體異形。

釋義

許慎  㹊也，象耳、頭、足厹地之形，古文畕，下从厹。凡畕之屬皆从畕。

許救切

陳按 「嘼」字未見先秦古文字材料，以往將以下字形釋作「嘼」：周早 盂鼎、周早 文鼎、周晚 散盤、楚帛書 甲4.20、郭店 成之聞之22，實則皆為「單」字。本部所隸之「獸」，甲、金文作「」、「」等形，皆從「單」，可證「嘼」即「單」之異體。

六書 象形

附注

甲

古狎切，入狎韻，見葉部。

商 甲870

商 鐵176.1

商 甲632

周早 矢方彝

周中 彧方鼎

周晚 兮甲盤

春 戰 侯馬16:3

戰 晉 貨系1813

楚 包12

包185

新蔡簡 甲三134

戰 秦 新郪虎符

甲

秦、陶彙5.449

秦、杜虎符

秦、睡234

西漢、孫子9

馬王堆、老子甲本、64

縱橫家書94

李甲

新成甲

馬甲

庚甲

史甲

韓甲 以上六字 漢印文字徵

袁敞碑

天璽紀功碑

十月甲

甲午

甲

華山廟碑

七月 甲子

汗簡

石經君奭

在大甲、說文古文作、

古文四聲韻

汗簡引古尚書作.

楊叔恭殘碑

七月六日 甲子造

集篆古文韻海

演變

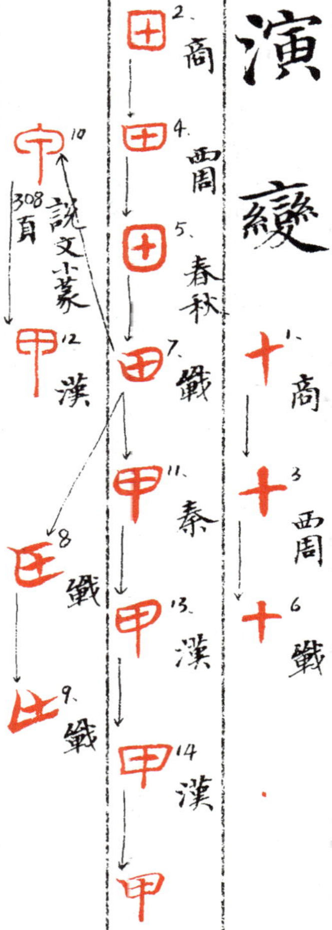

釋義

許慎  東方之孟，陽气萌動，从木戴孚甲之象。一曰：人頭宜爲甲，甲象人頭。凡甲之屬皆从甲。古狎切。，古文甲，始於十，見於千，成於木之象。

陳按 「甲」字構形本義不明。甲骨文中有二形，其一爲「十」，用作天干名，其二爲「田」，是殷先公名，即「上甲」（微）。該字形爲後世所承。于省吾以爲「田」象人頭戴盔甲之形（商「未未簋」中氏族徽號作「」形，象一頭戴盔甲左右手分持戈、盾的武士，或可爲證）。季旭昇《說文新證》又列字表B，以爲「」諸字，是義同「甲冑」之「甲」，存參。

六書 假借

附注

乙 於筆切，入，質韻，影，質部。

商.甲3

商.侯255

商.菁5.1

商.父乙觶

商.魚父乙卣

周早.矢方彝

周中.曶鼎

戰.齊陶彙3.493

燕.陶彙4.122

楚.曾侯乙鼎

楚.酓肯匜

新蔡楚簡103

楚.包山228

秦.睡43.205

西漢.陽泉熏爐

陽平家鐙

西漢.流沙簡.小學4.15

傅乙

李乙印

乙信鉥

趙乙 以上四字 漢印文字徵

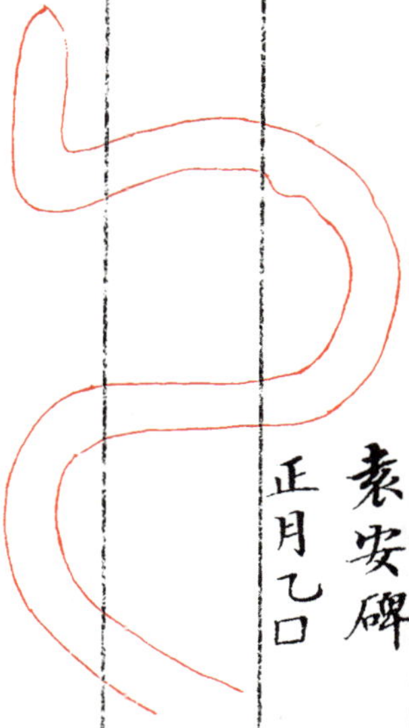

袁安碑
正月乙口

石經僖公
乙巳

君奭
在祖乙

熹平殘碑
十一月
乙未

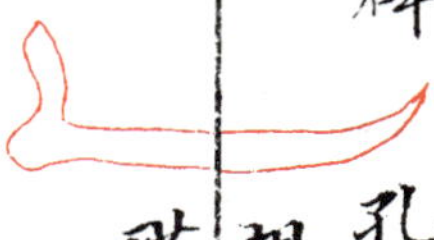

孔龢碑
相乙
瑛

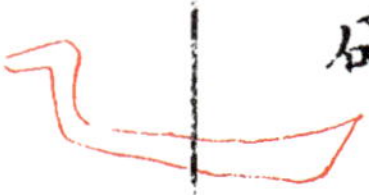

淮源廟
碑正月八
日乙酉

汗簡

演變

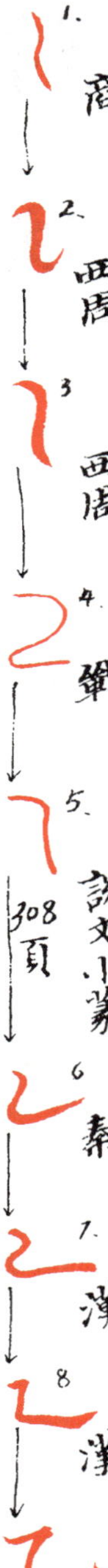

1. 商
2. 西周
3. 西周
4. 戰
5. 說文小篆 308頁
6. 秦
7. 漢
8. 漢

釋義

許慎

象春艸木寃曲而出，陰气尚彊，其出乙乙也，與丨同意，乙承甲，象人頸。凡乙之屬皆从乙。於筆切

陳按乙字構形本義不明，甲骨文中已被借用為天干名，是天干第二位，故又

引申為第二之義。

六書　假借

附注

丙　兵永切，上，梗韻，幫，陽部。

商，甲2328

商，甲2907

商，前3.4.3

商，冄丙爵

商，冄父丙鼎

商，重父丙觶

周初，何尊

春，鄘侯簋

戰，齊，子禾子釜

晉，璽彙1164

楚，包31

秦，睡，封34

丙世

臣丙成

尹丙

年丙印　以上四字

漢印文字徵

石鼓文 避水 日隹 丙申

羣臣上醻題字

袁安碑 二月丙辰

袁敞碑 五月丙戌

石經僖公 三月 丙午

孔龢碑 三月丙 子朔

曹全碑 十月丙辰造

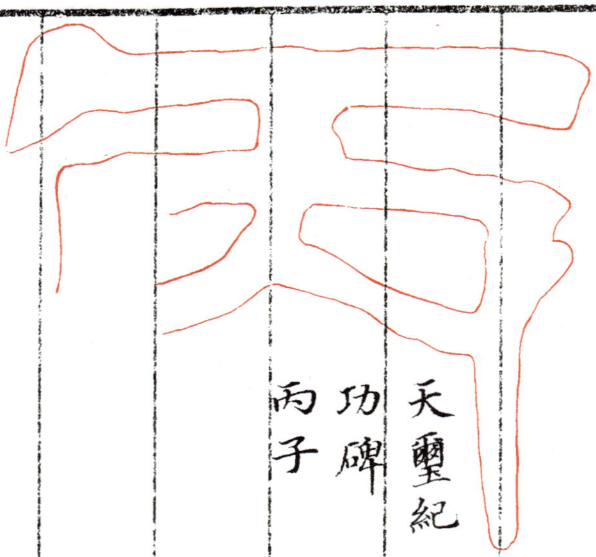

汗簡

集篆古文韻海

天璽紀功碑

丙子

演變

釋義

許慎 丙 位南方，萬物成，炳然。陰气初起，陽气將虧。从一入冂。一者，陽也。丙承乙，象人肩。凡丙之屬皆从丙。徐鍇曰：陽功成入於冂。冂，門也，天地陰陽之門也。兵永切。

陳按 "丙"字構形本義眾說紛紜，未有定論。郭沫若謂象魚尾，于省吾謂"象物之安（即物之底座，上平而置物）"，葉玉森以為象几形，于、葉所論，可備一說，郭論不可從。葛亮則認為"丙"是一種被稱為"房"的大俎，包山楚簡第266號簡有"一大房（一大房）"、"一小房（一小房）"，并有出土實物，或可為證。後借為天干名。參見葛亮《古文字"丙"與古器物"房"》一文。

六書

象形

附注

丁

1. dīng 當經切，平，青韻，端，耕部。
2. zhēng 側莖切，平，耕韻，照二，耕部。

商 甲630

商 甲2329

甲2904

商 嬰父丁鼎

商 冉且丁尊

周早 作冊大方鼎

周晚 虢季子白盤

春 王孫壽甗

戰 燕璽彙1688

燕 璽彙3850

晉 璽彙2241

楚 包12

包4

清華壹 程2

秦 睡13.61

西漢 流沙簡 小學4.16

武威簡 少牢

日有熹鏡

熹 春秋 僖 十八年

丁若延印

丁眉

丁固私印

丁臨私印

丁曾之印

丁衆

汜丁

丁叔

丁壽印信

丁福

丁譚私印

漢印文字徵 以上十一字

石經 君奭 在大丁

蘭臺令史殘碑 十月丁酉

曾峻碑 二月丁卯

孔宙碑陰 丁瑨字賢堅

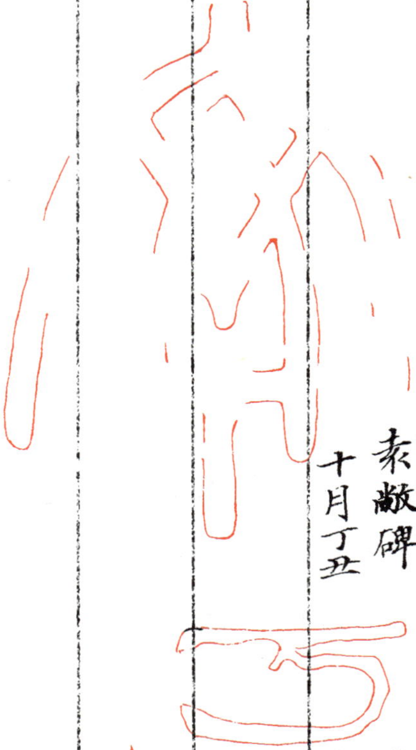

袁敞碑 十月丁丑

吳寶鼎甎 歲在丁亥

汗簡

隸釋隸續

集篆古文韻海

演變

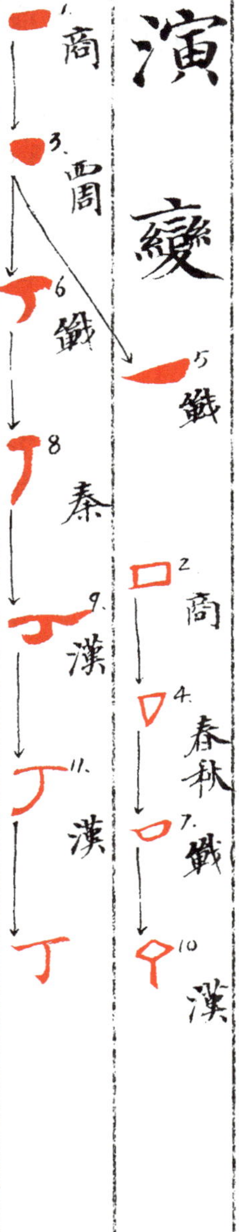

釋義

許慎

夏時萬物皆丁實，象形，丁承丙，象人心。凡丁之屬皆从丁。當經切

陳按

丁之構形本義衆說紛紜，或以為象人頭頂（如上部）、或謂象城邑（如上部）、或以為象金餅、釘子。諸論

皆無確證，甲、金文中常借為天干第四位，裘錫圭指出，表次序的十個天干名，在上古屬於最常用字，無疑有其悠久歷史，這些字形的意義很難解釋，而在原始社會晚期的記號裏則可以找到形狀相同或極其相似的例子，如"甲、乙、丁、癸"四字，非常可能是漢字從這種記號裏吸取過來的。

六書　象形

附注

戊　莫候切，去，候韻，明，幽部。

商，甲903

甲1194

甲3915

甲3940

商，司母戊鼎

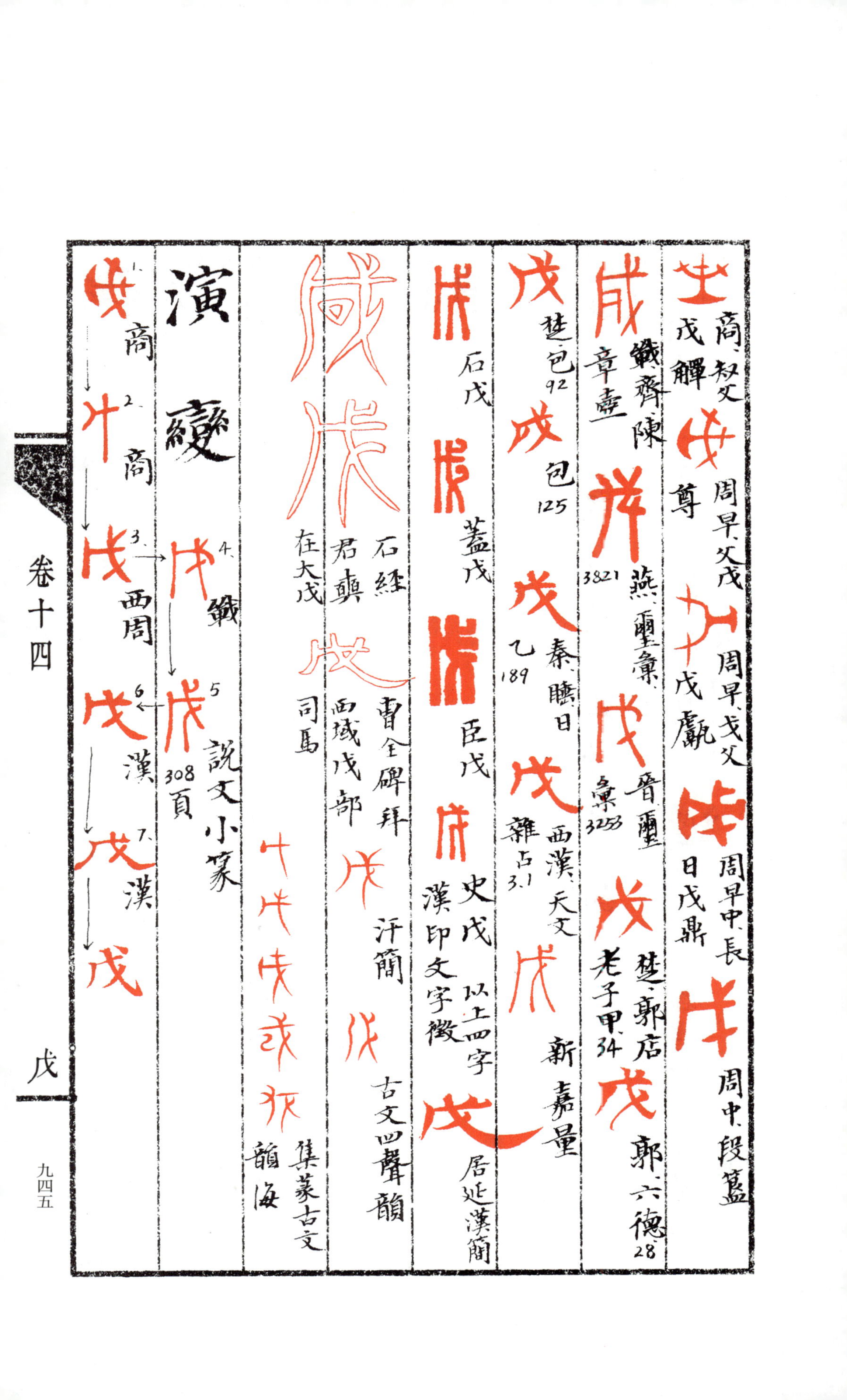

商、叔父戊觶

周早、父戊尊

周早、戈父戊甗

周早中、長日戊鼎

周中、段簋

戰、齊陳章壺

3821 燕、璽彙

晉、璽彙3253

楚、郭店老子甲34

郭、六德28

楚、包92

包125

乙189 秦、睡日

雜占3.1 西漢、天文

新嘉量

石戊

蓋戊

臣戊

史戊 以上四字漢印文字徵

居延漢簡

石經 君奭

在大戊

曹全碑 拜

西域戊部

司馬

汗簡

古文四聲韻

集篆古文

韻海

演變

4、戰

5 說文小篆 308頁

1、商

2、商

3、西周

6、漢

7、漢

釋義 許慎 戊 中宮也。象六甲五龍相拘絞也。戊承丁，象人脅。凡戊之屬皆从戊。莫候切

陳按 戊象斧鉞類兵器之形。甲骨文中其刃部弧度内凹，似月牙。商周金文中則見刃部有訛成外凸之形，與「戌」字相混。戰國文字或增飾筆。本義當是兵器名。後借作天干第五位，并為此義所專。

六書 象形

附注

己 居理切，上，止韻，見之部。

商 燕2

商 戩4.15

周早 作册大鼎

周晚 宴簋

春 鐘伯鼎

春戰 侯馬200:10

戰、齊、璽彙2191
燕、璽彙766
燕、璽彙1391
楚、郭店語叢三
楚、包山234

新蔡甲三：51
清華簡保訓1
上博簡緇衣7
秦、睡日乙32
西漢、定縣竹簡88
新嘉量

張己私印
將田己部右候
以上二字漢印文字徵

泰安碑

石經、僖公冬己卯
六月己卯

說文
古文同
北海相景君銘

夏承碑
勉己治身

先人後己
史晨碑七日己酉

天璽紀功碑己酉朔
己酉

汗簡

古文四聲韻

集韻古文韻海

演變

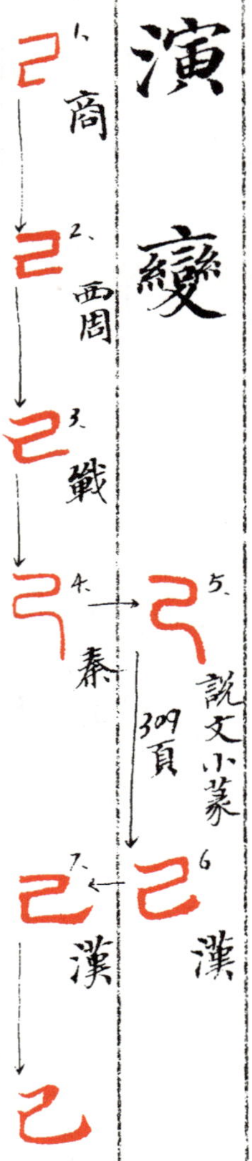

釋義

許慎

中宮也，象萬物辟藏詘形也，己承戊，象人腹。凡己之屬皆从己。居擬切  古文己。

陳按

論："己"字構形本義不明，學者未有定論。古文字材料中多借作天干第六位，也表自己。另，古文字中"己"與"三"、"王"有形近易混的地方，如呂氏春秋·察傳："三豕涉河"之"三豕"實乃"己亥"。

六書

象形

附注

巴

伯加切、平、麻韻、幫、魚部、

巴郡太守章

巴應 以上二字 漢印文字徵

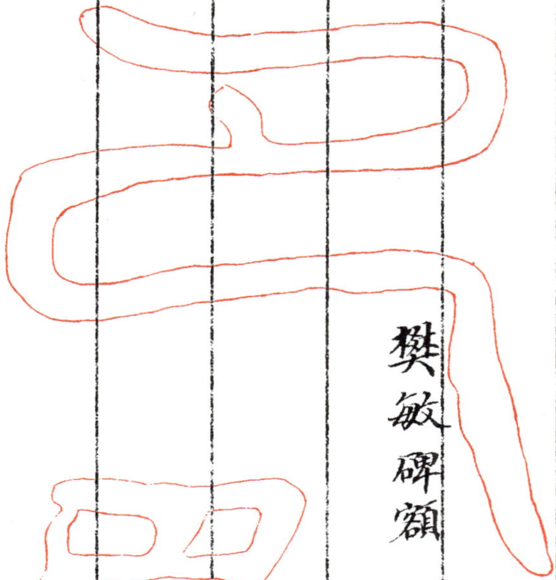

樊敏碑額

地節買山石刻

巴州民揚量

崋嶽廟殘碑陰

蓮勺田巴

曹全碑

巴郡朐忍令

汗簡

集篆古文韻海

演變

小 說文小篆 309頁

漢

3 漢

巴

釋義

許慎

蟲也。或曰：食象蛇。象形。凡巴之屬皆从巴。伯加切

陳按

古文字中未有確屬是「巴」的字，其字形來源皆不可知。許君以為是一種可吞食大象的巨蛇（或曰）、山海經海內南經：「巴蛇食象」。此皆傳說，和字形無涉。中古以後「巴」字義項甚多，全為假借，如表「盼望、等待」；表「靠近」；表「營求」等義。

六書

說文以為象形

附注

庚

古行切，音羹，平，庚韻，見，陽部。

商，鐵162

商，甲568

商，菁4

商，陸冊父庚卣

商，子父庚觚

商，父辛簋

周，中師趛鼎

春，弋弔鼎

春，王子午鼎

戰，楚，鄂君啟舟節

齊，陶彙1104

燕，璽彙59

晉，鄭孝子鼎

楚，包114

上博五，季康子問於孔子2

清華簡，皇門1

楚，磚370.3

秦，睡日甲99背

秦，古陶92

睡，日乙76

西漢，倉頡篇26

武威簡，燕禮31

上林鼎

庚角霸印

橋庚私印

吳庚

周庚 以上四字漢印文字徵

東漢，熹春秋成十四年

熹，書，盤庚

徐美人墓志

武氏石闕銘 三月庚戌朔

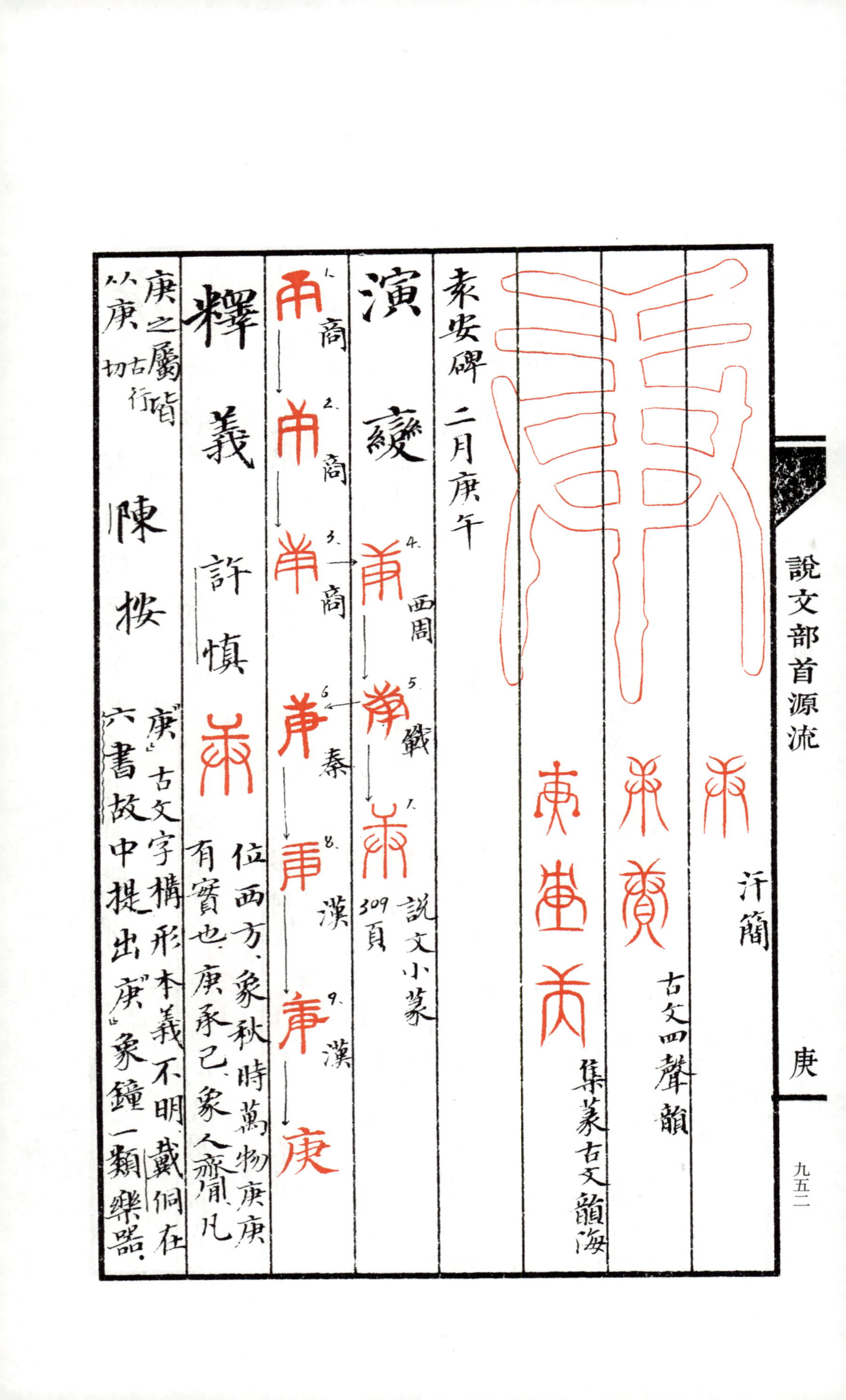

汗簡

古文四聲韻

集篆古文韻海

袁安碑 二月庚午

演變

1. 商
2. 商
3. 商
4. 西周
5. 戰
6. 秦
7. 說文小篆 309頁
8. 漢
9. 漢

庚

釋義

許慎

位西方、象秋時萬物庚庚有實也、庚承己、象人臍、凡庚之屬皆从庚 古行切

陳按

「庚」古文字構形本義不明、戴侗在六書故中提出「庚」象鐘一類樂器。

郭沫若進一步指出"庚"是有耳可搖之樂器,類似鉦鐃、"庸"(鏞)、"康"均从"庚",或可為證。商代未見有鐘,姚孝遂以為鐘當是由鉦鐃發展而來。小篆已訛變。甲、金文中多假借為天干第七位之名稱也用作先祖廟號和人名。

六書 象形

附注

辛 息鄰切,平,真韻,心,真部。

商、鐵164.4

商、甲2282

商、辛郭鼎

商、戈鳥且辛卣

周早、聰尊

周早、利簋

戰、齊、璽彙2709

燕、璽彙1248

晉、璽彙1267

辛

楚·酓肯匜

楚·包193

清華簡一耆夜·2

新蔡楚簡乙四·68

秦·睡日乙110

日甲101背·

西漢·馬王堆縱橫家書10

西漢·春秋事語

西漢·一號墓印179

金國辛千車
槐伯右小長

辛延年

辛吸
漢印文字徵

以上三字

東漢·武威醫簡90甲

袁安碑
二月辛巳

袁敞碑其
辛酉葬

劉君殘碑側

曹全碑陰
姚之辛卿

孔龢碑十八日
辛酉

歲在
辛酉

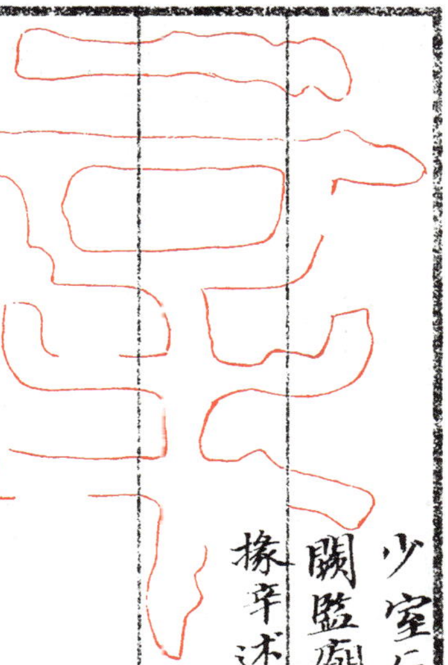

少室石闕監廟

掾辛述

汗簡

古文四聲韻

集篆古文韻海

演變

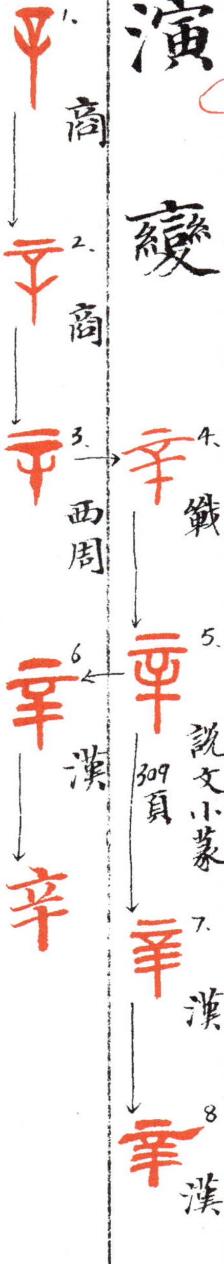

釋義

許慎  秋時萬物成而孰；金剛，味辛，辛痛即泣出。从一从辛。辛，辠也。辛承庚，象人股。凡辛之屬皆从辛。息鄰切

陳按 「辛」字商周甲骨、金文象鑿子一類的工具(或刑具)之形。與「辛」字來源不同，二字在古文字字形上有別，「辛」作「」「」諸形(下部曲折，應是一種彎的似鐮刀的割艸農具，即乂(刈)字初文)。

後来相混，說文"辛"部字如"童"、"妾"本从"䇂"。而"䇂"部字則又多从"辛"，如"辥"、"辠"等字。"辛"之常用義是假借為天干名，用以紀日。

六書

象形

附注

辡

符蹇切，上，獮韻並，元部。

汗簡

演變

說文小篆

309頁

辡

釋義　許慎  辠人相與訟也。从二辛。凡辡之屬皆从辡。方免切

陳按　"辡"字獨體未見先秦考古材料，應是許君从"辯"等字中人為抽離出的一個其實并不存在的部首。

六書　說文以為會意

附注

壬　如林切，平，侵韻日，侵部。

 商，餘17.2

 商，乙222

 商，佚518

 周中，公貿鼎

 周中，趙曹鼎

周中、縣改簋

周晄湯弔盤

戰、晉璽彙1393

楚、包29

秦、睡、日乙33

康壬之印
漢印文字徵

東漢、孔龢碑

汗簡

三月廿七日
壬寅

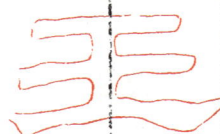

演變

1. 商
2. 商
3. 西周
4. 春秋
5. 春秋
6. 戰
7. 說文小篆 309頁

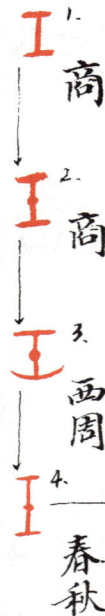

釋義

許慎　位北方也。陰極陽生，故易曰：「龍戰于野。」戰者，接也。象人褱妊之形。承亥壬以子，生之叙也。與巫同意。壬承辛，象人脛。脛，任體也。凡壬之屬皆从壬。如林切

陳按　「壬」字古文字形體構形初義不明。甲、金文辭例皆借作天干名。

六書 象形

附注

癸 居誄切、上、旨韻、見、脂部、

商、錢 112.3

商、佚 545

商、發歙卣

周中、仲辛父鼎

周中、格伯簋

周晚、此簋

周晚、敔簋

戰、齊陳侯因資敦

燕、璽彙 3988

晉、陶彙 4.170

楚、包 23

包 169

楚、新蔡 甲三、204

新蔡 乙一、22

秦、古陶 164

新、一斤十二兩權

郭癸

張癸

宣癸

任癸

張癸 以上五字
漢印文字徵

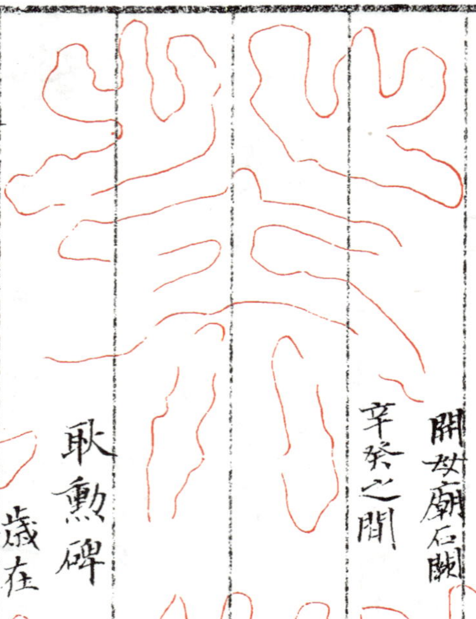

開母廟石闕
辛癸之間

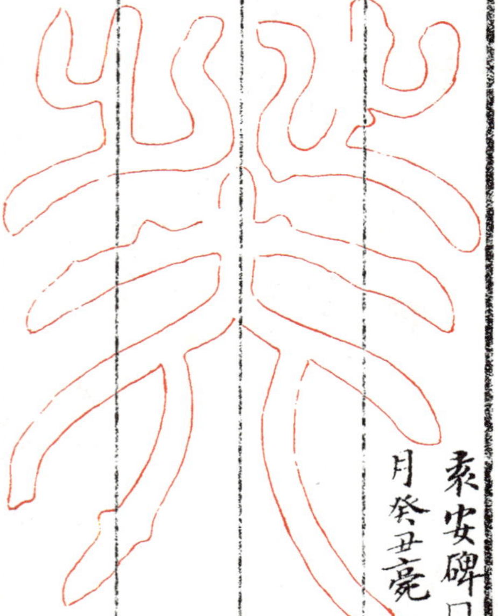

袁安碑□
月癸丑薨

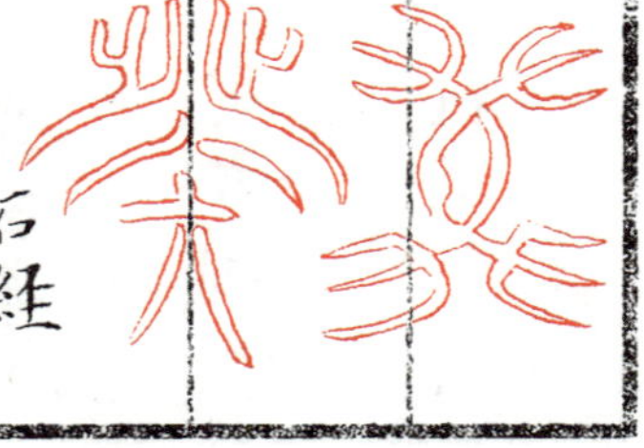

石經
僖公癸巳

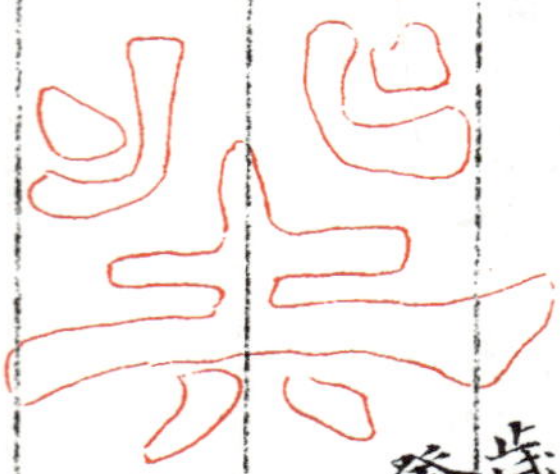

耿勳碑
歲在
癸丑

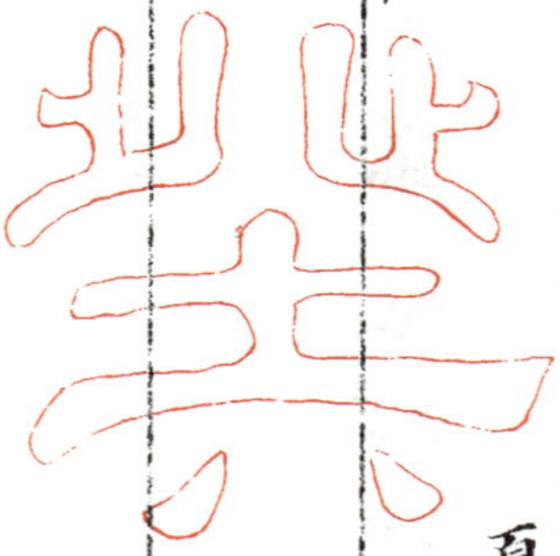

夏承碑 六月癸巳

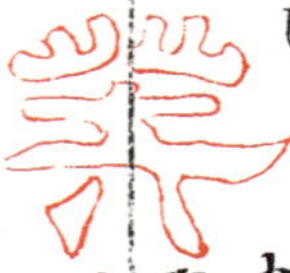

史晨
碑三
月辛
卯朔

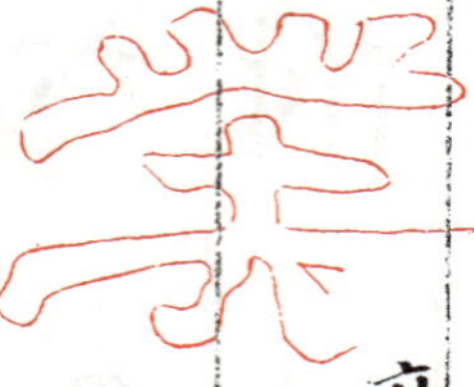

魯峻碑□月
癸酉
辛

汗簡

集篆古文韻海

古文四聲韻

演變

釋義

許慎  冬時，水土平，可揆度也。象水从四方流入地中之形。癸承壬，象人足。凡癸之屬皆从癸。 籀文从癶从矢。居誄切。

陳按 癸，古文字構形本義不明，學者衆說紛紜，然均無確論。後借為天干第十位。

六書

象形

附注

子 即里切、上、止韻、精、之部、

商、前1.5.6

商、戩2.7

商、甲2908

商、戩17.2

商、鄴三下35.10

商、菁6.1

周早、利簋

周早、傳卣

周早、所觚

周晚、召伯簋 以上諸形在商周時期用作地支第一位、

商、甲2903

商、佚378

佚407

商、鐵6.1

前六39.2

子辛卣

周早、噉尊

周中、穷鼎

春、國差罎

春、𦅫鎛

中山王譽鼎

戰.齊陳侯因資敦

1497 晉.貨系

楚.郭店老子甲33

楚.包66

上博二.民之父母5

清華簡程寤2

皇門2

楚居1

秦.睡.秦62

西漢.定縣竹簡13

新嘉量二

趙大子丞

魏長子

王子卿

房子長印

字公子

杜幼子

倉石子

周子張印 以上八字漢印文字徵

石鼓文田車

君子卣

樂

開母廟石闕

子子孫孫

《孔子廟碑頌》

卷十四 子

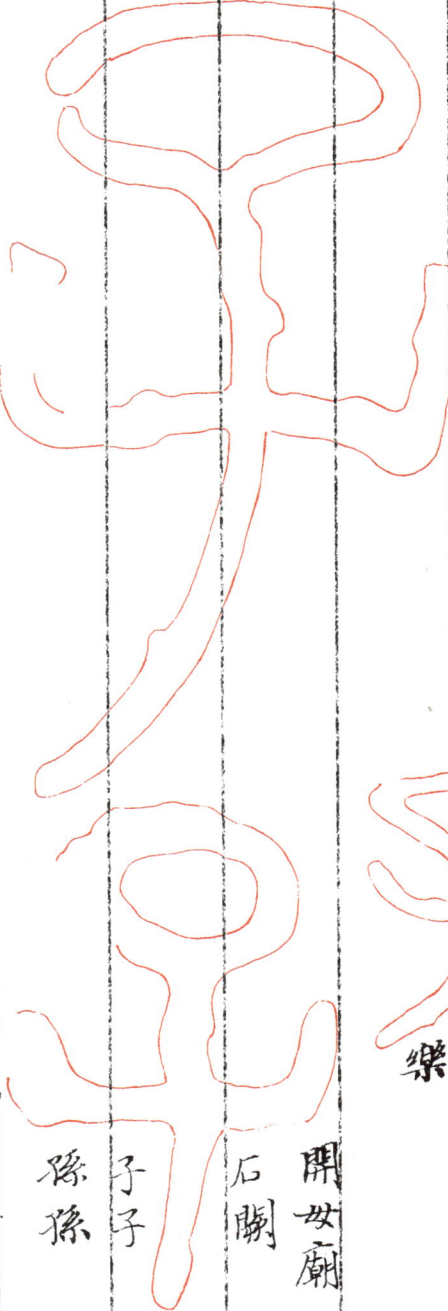

袁安碑
五月
丙子

袁敞碑
以河南
尹子

君子館
執君
子

禮器碑側
卞盧
城子

魏封孔羨碑　命孔子
廿一世孫議郎
孔羨爲宗聖侯

石經　文公
公子遂
如宋

史晨後碑四
月十二日戊
子到官

汗簡

古文四聲韻

集篆古文韻海

演變

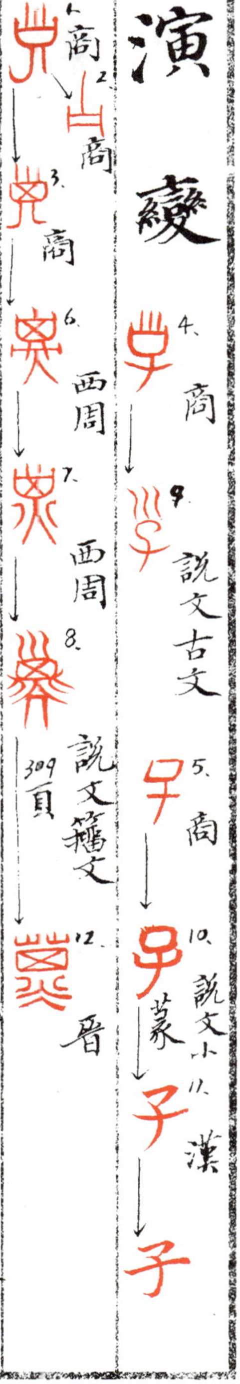

釋義

許慎  十一月，陽气動，萬物滋，人以為偁，象形。凡子之屬皆从子。李陽冰曰：子在襁緥中，足併也。即里切  古文子，从巛，象髮也。 籀文子，囟有髮，臂脛在几上也。

陳按 「子」在商周甲、金文中有二形，其一作「𢀈」形，象初生年幼小孩囟門未合，其上有胎毛之形，構形較繁，且用作地支第一位。其二即「子」形，象稍大之嬰孩，常表人名和地支第六位。因用作地支第一位的「𢀈」字在周初以後多改用「子」，故甲骨文地支中便有二「子」，周以後為避免混淆，便把地支第六位改用「巳」字來表示。

六書

象形

附注

了　盧鳥切、上、篠韻、來、宵部、

汗簡

集篆古文韻海

廲了之印

漢印文字徵

演變

1、 說文小篆 310頁

2、 漢

釋義

許慎  尥也，从子無臂，象形。凡了之屬皆从了。盧鳥切

陳按　"了"未見商周古文字形，構形本義不明，朱駿聲以為指手彎曲。

六書

說文以為象形

附注

孨

旨兗切、上、獮韻、元部、

汗簡

演變

說文小篆

310頁

孨

釋義

許慎

謹也、从三子、凡孨之屬皆从孨、讀若翦 旨兗切

陳按

孨字構形本義不明、或以為是弱小、徐灝注箋此當以弱小為本義、謹為引申義、三者

孺子，是弱小矣。」

六書　會意

附注

𠫓　他骨切，入，没韻，透，術部（或物部）

 商　合集27643何組

 清華簡二 繫年117

 繫年135

以上二字"𠫓"，整理者以為是"弃"（"棄"之古文）之省體

 汗簡

 古文四聲韻

 集篆古文韻海

演變

1. 說文小篆 𠫓 310頁 → 𠫓

2. 㐬 說文或體

釋義

許慎 𠫓 不順忽出也。从到子。易曰：突如其來如，不孝子突出，不容於内也。凡𠫓之屬皆从𠫓。他骨切 㐬，或从到古文子，即易突字。

陳揆 "𠫓"字獨體見於甲骨文、商周甲金文，有从𠫓之字"毓、弃"等。"毓"甲、金文作"[字形]、[字形]"諸形，象母親產子之形，左旁是母（或母、女、人），右旁是倒子（頭先腳而出是為順）之形，或伴有血水作"[字形]"。"毓"省左旁再加規整便是"[字形]"。"𠫓"是此三字的構件之一。許君引易謂"突"之古文，不可從。後易其下部為"肉"作聲旁便是"[字形]"。

六書

象形

附注

丑

敕九切，上，有韻，徹，幽部。

商 菁3.1

商 鐵215.3

周早 天亡簋

周子、豁 子卣

周早、令簋

周早、作冊大簋

周中、同簋

春、柏敦

春、鄀公簋

戰、齊陳鐘

燕璽 彙2285

楚繒書 缶

楚包49

新蔡楚簡 甲三、22

清華簡一 保訓、1

秦睡、日乙31

西漢、居延 簡甲37

東漢、流沙簡 小學415

新嘉量二

張丑之印

訾丑

張丑印 以上三字 漢印文字徵

繇殷銘范母 辛丑

石經、僖公 己丑

武氏石闕銘 四日 癸丑

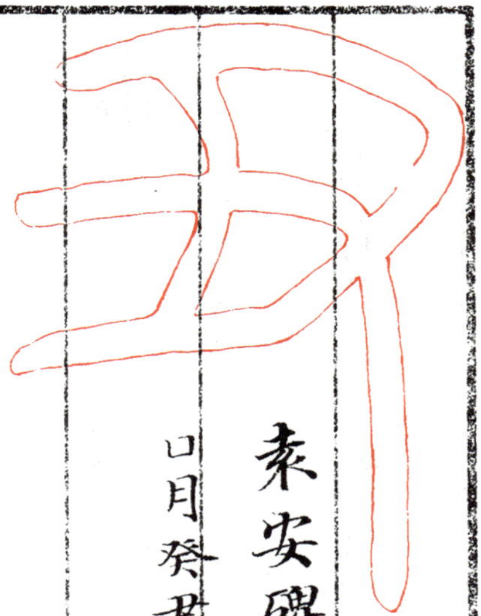

東漢、楊統碑

東漢、熹、春秋僖卅二年

袁安碑

汗簡

口月癸丑

古文四聲韻

集篆古文韻海

演變

1. 商
3. 西周
8. 戰
11. 說文小篆 310頁
13. 漢

4. 西周
6. 春
2. 商
5. 西周
7. 春秋
9. 春
10. 戰
12. 漢

釋義

許慎

紐也，十二月，萬物動，用事。象手之形，時加丑，亦舉手。

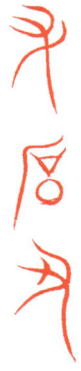

時也、凡丑之屬皆从丑 敕九切

陳按　"丑"古文字即"叉"(指甲之形)字。古書中"叉"字功能被"爪"(覆手之形)字所代替。"丑"在商周古文字材料中皆借為地支名、位居第二。

六書

象形

附注

寅

翼真切、平、真韻、喻四、真部。

商、後1.31.10

商、乙21

商、林1.15.3

林1.2.7

商、存2735

商、戩49.3

商、小子省卣

周早、楯伯簋

周中、彔伯簋

周中師趛鼎
周中豆閉簋
周晚無㠱簋
周晚柞鐘
周晚𢒼伯簋

齊鐵陳純釜
齊陳侯因𫑧敦
燕璽彙3841
晉鄭孝子鼎

楚酓肯簠
楚包169
楚新蔡甲二.22
清華簡二繫年.1
秦睡日甲5

鄭寅
耿寅 以上二字漢印文字徵
羣臣上醻題字

禪國山碑
孔龢碑

司徒司空府壬寅詔書

夙夜惟寅
曹全碑李儒欒規程寅等
石經僖公庚寅
晉大公呂望表三月丙寅朔

汗簡

古文四聲韻

集篆古文韻海

演變

釋義

許慎

髕也。正月，陽气動，去黃泉欲上出，陰尚彊，象宀不達，髕寅於下也。凡寅之屬皆从寅。徐鍇曰：髕，斥之意，人陽气銳而出，上閡於宀，臼所以擯之也。弋真切。古文寅。

陳楼

甲金文"寅"字借"矢"為之，後附加"口"諸形以別之，遂分化出"寅"字，作地支名，位居第三。其附加之區別符號後又訛為"臼"形，其上箭鏃又訛為"宀"形，遂為小篆所本。

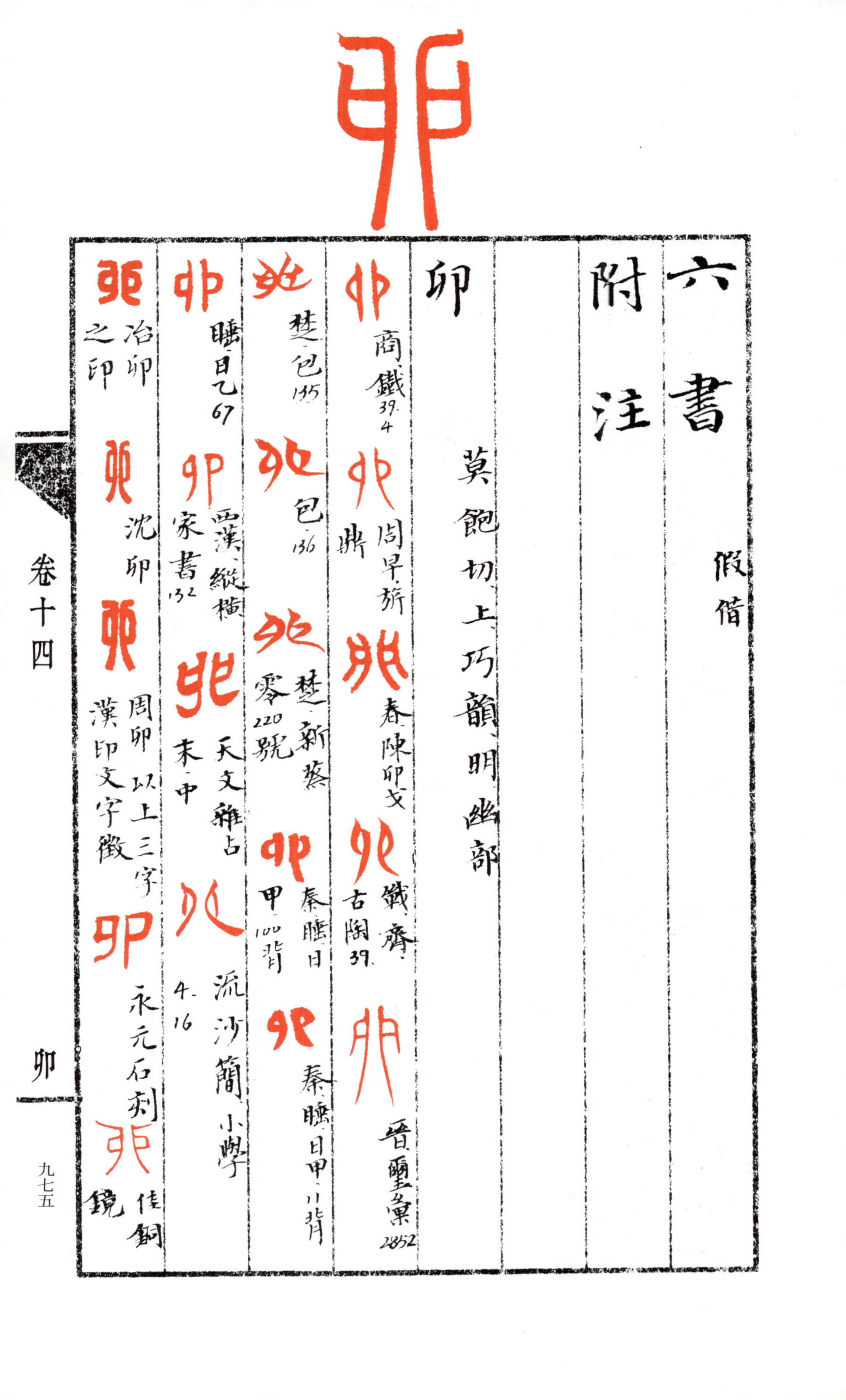

六書 假借

附注

卯 莫飽切，上，巧韻，明幽部

商、鐵39.4

周早、旂鼎

春、陳卯戈

戰、齊 古陶39、

晉璽彙2852

楚、包135

包136

楚、新蔡 零220號

秦、睡日 甲100背

秦、睡日甲11背

睡日乙67

西漢、縱橫 家書132

天文雜占 末中

流沙簡 小學 4.16

治卯之印

沈卯

周卯 以上三字 漢印文字徵

永元石刻

佳銅鏡

卯

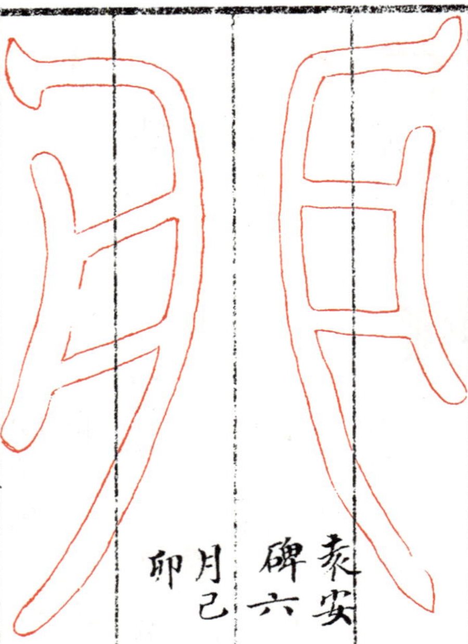

袁安碑六月己卯

石經僖公冬己卯

汗簡

集篆古文韻海

演變

釋義

許慎

冒也。二月，萬物冒地而出，象開門之形，故二月為天門。凡卯之屬皆从卯。莫飽切 古文卯。

陳按

卯古文字構形本義未明，古書中皆用為地支

名，甲骨文中除用作地支、人名外，常見有"卯幾牛"句式，如合集333"(卯二十牛)"，即宰殺二十頭牛。從甲骨文意看，"卯"或是剖殺之義。吳其昌以為"卯"象雙刀之形(剖剩用具)，王國維以為"卯"即"劉"之假借字，劉，殺也(見爾雅釋詁)。皆可參。

六書

指事

附注

辰

植鄰切，平，真韻，禪，文部。

商，菁5.1

商，燕170

商，後1.13.4

商，佚59

商，林1.1.11

商，佚383背

商，掇2.73

商，後1.18.?

周早矢方彝
周中九年衛鼎
周中伯中父簋
周晚𩰫簋
戰齊陳章壺

齊璽彙579
19
上博簡仲弓
楚包54
包75
包182
包225

113
秦睡日乙
西漢上林鼎
新嘉量
李辰之印
臣辰
馬丙辰印

麼辰
宋辰　以上五字漢印文字徵
品式石經咎繇謨

華山廟碑日月星辰　說文辰震也房星天時也辰曟日月合宿為辰曟皆作碑以辰為曟經典相承用之
袁安碑二
謨撫于五辰
月丙辰

孔龢碑六
曹全碑
汗簡
古文四聲韻

月甲辰朔
十月丙辰造
集篆古文韻海

演變

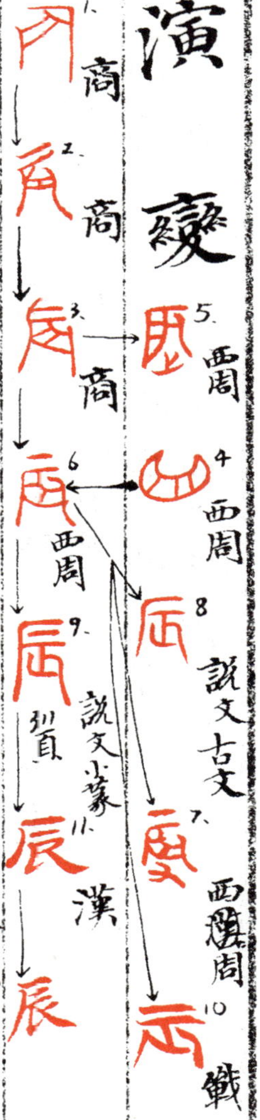

釋義

許慎

震也。三月，陽气動，靁電振，民農時也，物皆生，从乙、匕，象芒達，厂聲也。辰，房星，天時也。从二，二，古文上字。凡辰之屬皆从辰。（徐鍇曰：匕音化，乙艸木萌初出曲卷也。臣鉉等曰：三月陽气盛，艸木生上徹於土，故从匕。厂非聲，疑亦象物之出。植鄰切）

古文辰。

陳按

「辰」字从甲、金文來看，應是農業上用來清除艸木的一種農具，形制可能和斤、钁相類（詳見裘錫圭甲骨文中所見的商代農業·辰），後多借為干支字

六書

象形

附注

巳

詳里切、音似、上、止韻、邪、之部

商、鐵263.4
商、粹1115
商、誠316
周早、盂鼎
周晚、毛公𪔂鼎

戰、晉公朱左官鼎
晉、璽彙3340
楚、郭店成之聞之40
楚、包4
30
楚、仰25
上博簡詩4

上博簡、周易22
秦、睡101
西漢、武威簡少牢1
袁安碑 二月辛巳

新嘉量
孜肱巳
許巳
巳翁私印

巳湛私印
賈連巳
王印病巳
巳達

周傷巳印
孔巳
漢印文字徵 以上九字

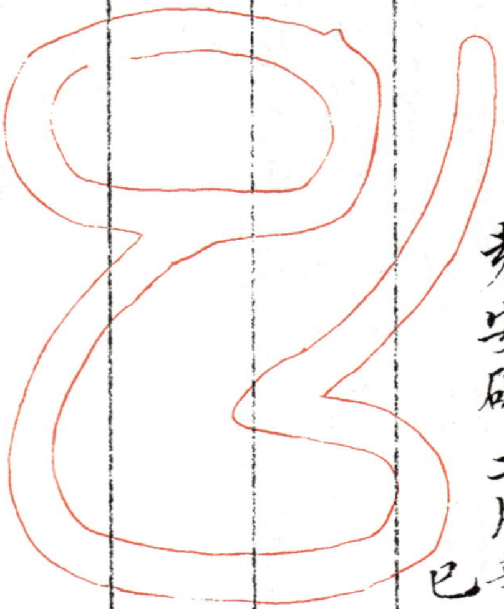

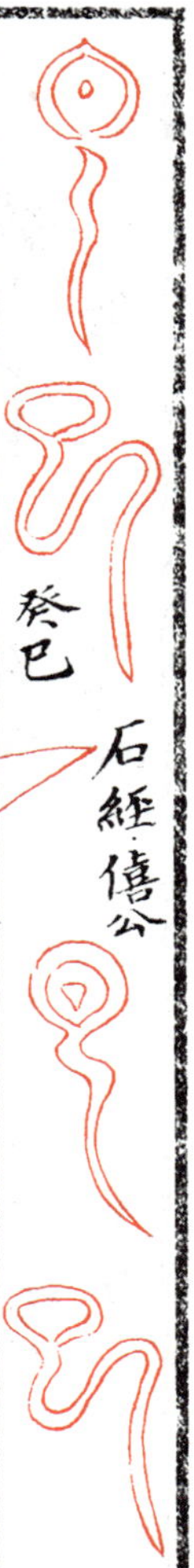

石經·僖公 癸巳

夏四月 己巳

魏膠東令 王君殘碑

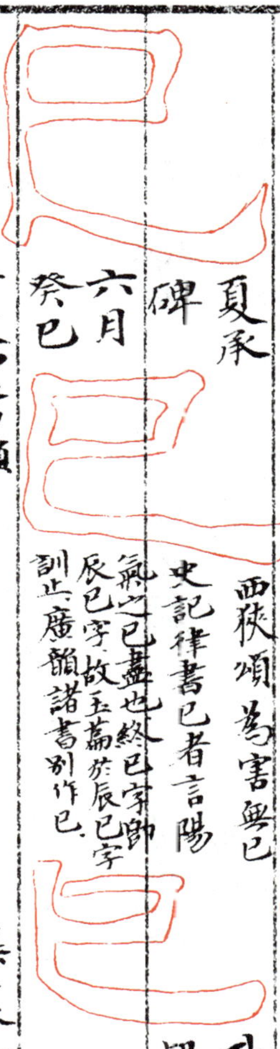

夏承碑

西狹頌 為害無巳

史記律書巳者言陽氣之巳盡也終巳字即辰巳字故玉篇於辰巳字訓止廣韻諸書別作巳

耿勳碑可謂

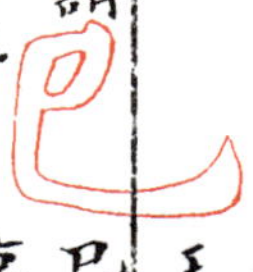

巳後至于京師

印之若明神者巳

六月癸巳

汗簡

古文四聲韻

集篆古文韻海

演變

1 商

2 西周

3 戰

4 說文小篆 311頁

5 漢

釋義

許慎

巳也。四月，陽气巳出，陰气巳藏，萬物見，成文章，故巳為蛇，象形。凡巳之屬皆从巳。詳里切

陳按 古文字所象不知何物，或是蛇虫類。商周早期地支第六字借

「子」爲之,參見本卷「子」部。後又改借「巳」字,另「已經之已」與「巳」同字,唐以後爲區分,「已經」之「已」上部不封閉。「包」字从巳,謂「巳」象子未成形也,存參。

六書

附注

午

疑古切,上,姥韻,疑,魚部。

商 甲184

商 後上38.8

商 粹166

商 戍嗣鼎

商 [illegible]卣三

周晚 [illegible]簋

周晚 弭弔盨

春 公宅父匜

戰 齊 子禾子釜

燕 璽彙5949

晉 吉日壬午

楚 包60

上博簡 容成氏51

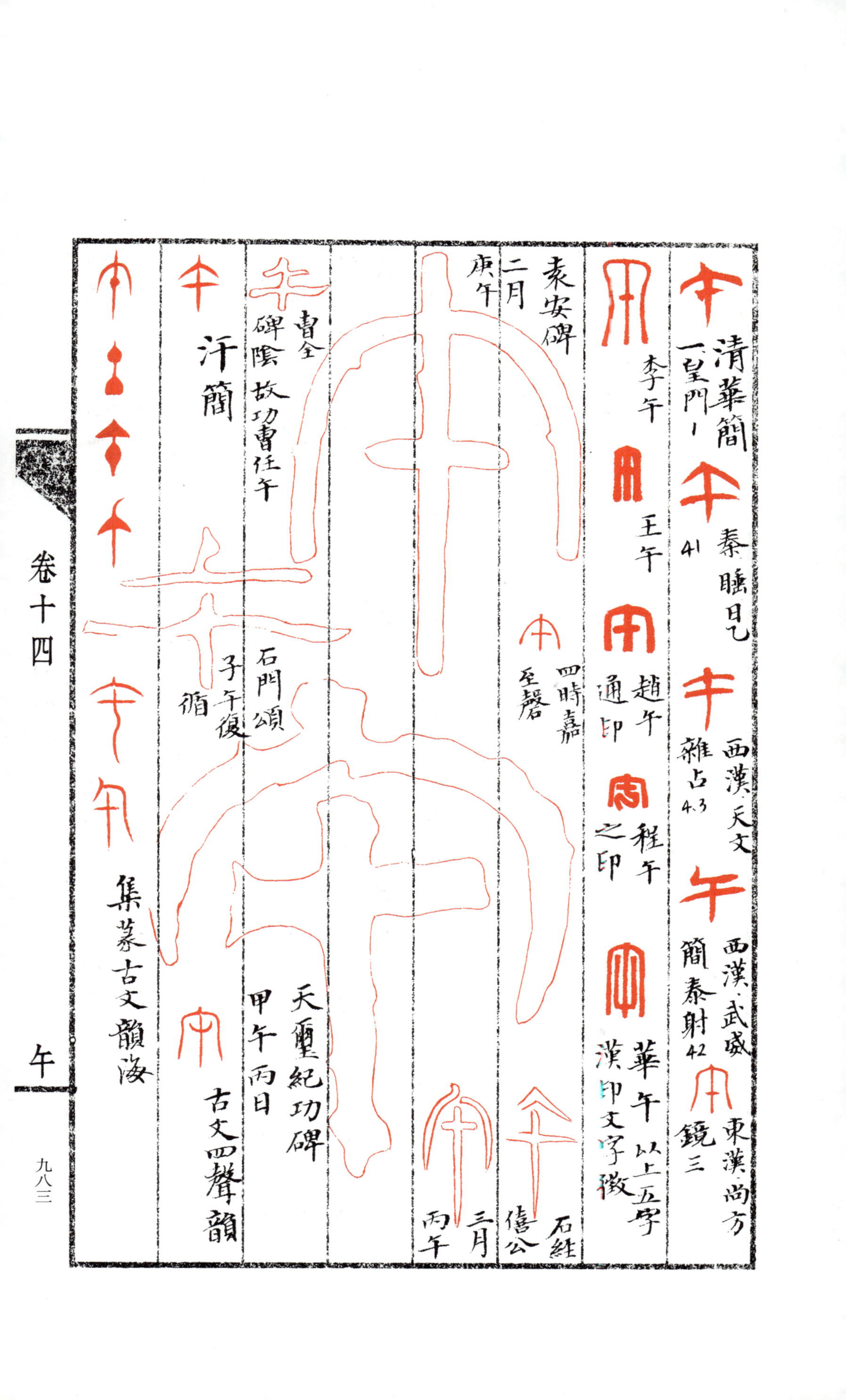

清華簡一·皇門1

秦·睡·日乙41

西漢·天文雜占4.3

西漢·武威簡·泰射42

東漢·尚方鏡三

李午

王午

趙午通印

程午之印

華午

以上五字漢印文字徵

袁安碑二月庚午

四時嘉至磬

石經僖公

三月丙午

曹全碑陰故功曹任午

石門頌子午復循

天璽紀功碑甲午丙日

汗簡

古文四聲韻

集篆古文韻海

演變

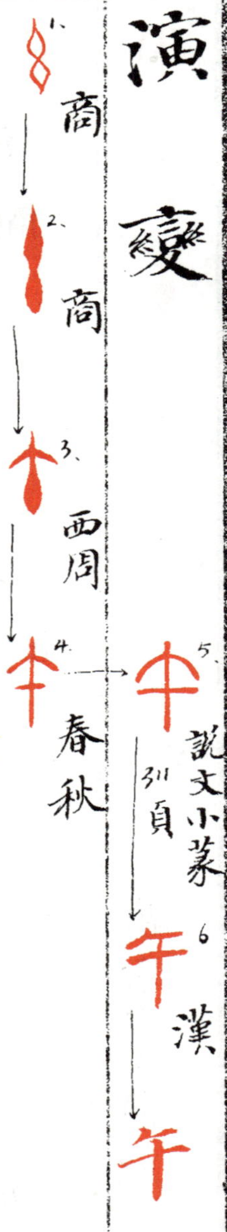

釋義

許慎  啎也、五月、陰气午逆陽、冒地而出、此予(與)矢同意、凡午之屬皆从午、(疑古切)

陳按 "午"古文字象舂米之杵(戴侗六書故最早指出"舂"从"午"、故主張"午"即"杵"、甚是)形。是"杵"初文、後借為地支名。

六書

象形

附注

未

無沸切，去，未韻，微，物部。

商，鐵197.1
商，前7.20.3
商，鄴三下36.1
商，存2734

商，佚383背
佚798
存2742
周，早，利簋

戰，晉，錢典603
楚，郭店老子甲，14
楚，包3
上博簡四，東大王泊旱，7

秦，睡日乙11
西漢，老子甲後179
西漢，定縣竹簡10
未央廄丞
周未央

趙未
上官未央以上四字
漢印文字徵
天文雜占3.6
縱橫家書，8

武威簡服傳22
西陲簡48.4
陽泉熏盧
西漢，富平侯家温酒鐎

東漢，熹，論語先進
熹平三年鏡
佳銅鏡
尚方鏡三

卷十四 未

未

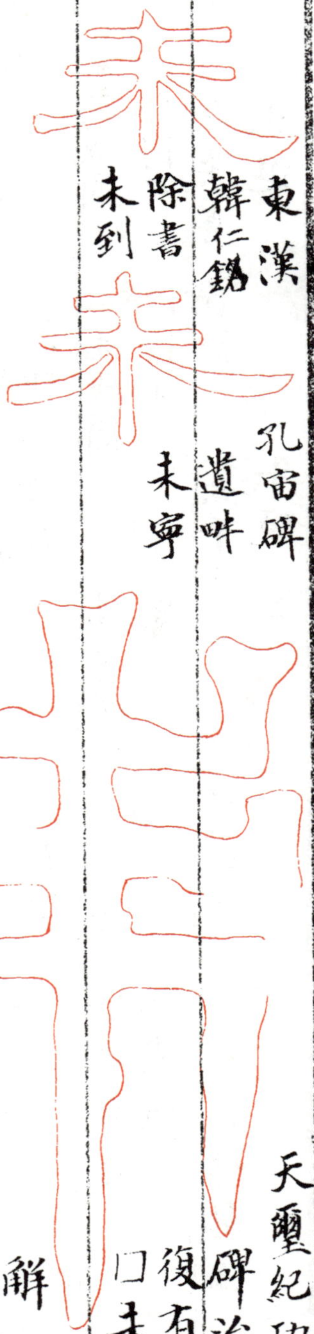

東漢 韓仁銘 除書未到

孔宙碑 遺畔未寧

天璽紀功碑 治復有口未辭

汗簡

古文四聲韻

集篆古文韻海

演變

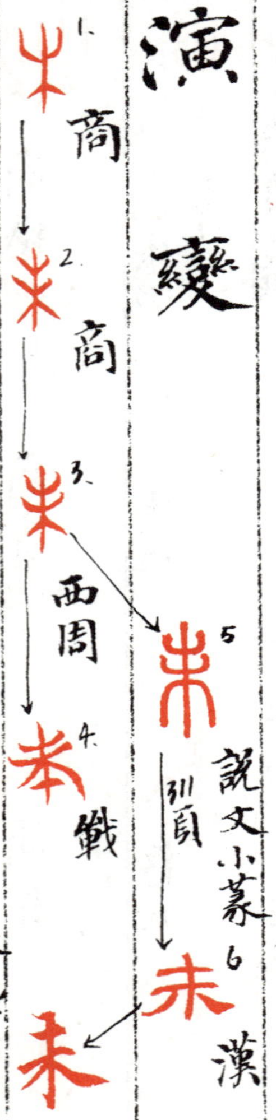

1. 商

2. 商

3. 西周

4. 戰

5. 說文小篆

隸

6. 漢

釋義

許慎

味也、六月、滋味也、五行、木老於未、象木重枝葉也、凡未

之屬皆从未 無沸切

陳按 未古文字从木、象樹枝重疊、葉茂之形、但本義不可考、後借為地支名及否定副詞、

六書 象形

附注

申 失人切、平、真部、書、真部、

商、燕175

燕540

商、餘15.3

商、林1.15.10

周晚、僃 匜

春秋、幣 鼎

戰、燕、璽 彙876

晉、璽 彙1295

楚、郭店、忠信之道.6

申

楚.包46

楚.信1.53

清華簡二 繫年.20

秦.睡日乙35

西漢.武威簡 士相見12

吳申私印

申啐

申賜私印

申徒朗

楊申

申屠親印

申遂

隋印申生

申陽私印

申屠褒印

漢印文字徵 以上十字

石鼓文 遨水日

隹丙申與甲骨文金文同

袁安碑 六月丙申

十月甲申

袁敞碑

白石神君碑

申屠熊

碧落碑

孔宙碑 申錫鑒思 詩烈祖 申錫無疆 傳 申重義

汗簡

作㫐 說文㫐 引也 碑以申為㫐 經典相承用之

古文四聲韻

集篆古文韻海

演變

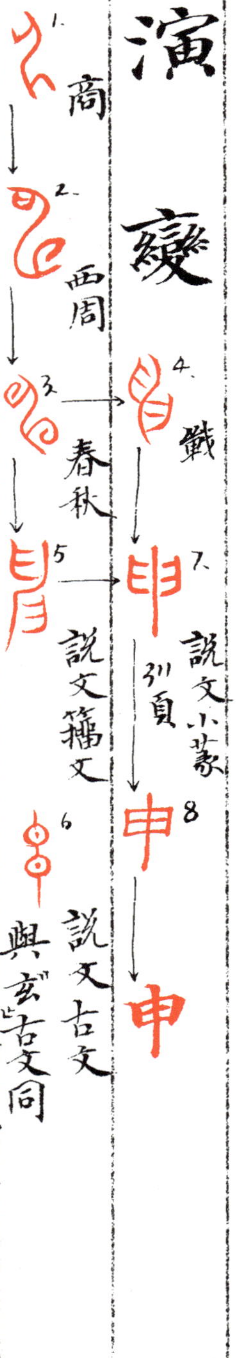

釋義

許慎  神也。七月，陰气成，體自申束。从臼，自持也。吏臣餔時聽事，申旦政也。凡申之屬皆从申。失人切  古文申。 籀文申。

陳按 申古文字象閃電屈折之形，是電初文，後借為地支名，遂加雨為意符另造電字（因閃電多伴隨雷雨，故增雨旁）。

六書

象形

附注

酉

與久切，上，有韻，喻四，幽部，

商、乙6277

商、前3.11.5

商、鐵28.4

商、後1.26.15

商、甲2907

周早、臣辰卣

周早、盂鼎

周中、師遽方彝

周中、永盂

周中、三年𤼈壺

春、宜桐盂

春、國差𦉜

戰、齊陳喜壺

燕、璽彙3447

晉、璽彙2018

楚、鄂君啟節

楚、包202

上博簡、容成氏45

清華簡、耆夜1

楚、秦133

秦、睡、日乙31

西漢·新承水槃

石經·無逸

袁敞碑其辛酉葬

史酉

杜酉之印

蘭臺令史殘碑十月丁酉

韓仁銘十一月廿一日乙酉

冬酉口印 漢印文字徵以上三字

天璽紀功碑己酉朔

孔龢碑十八日辛酉

史晨碑七日己酉

汗簡

古文四聲韻

集篆古文韻海

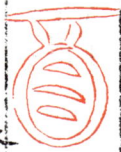

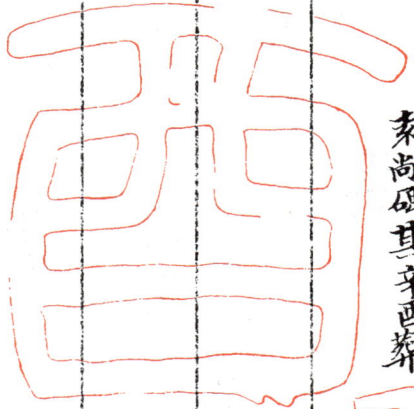

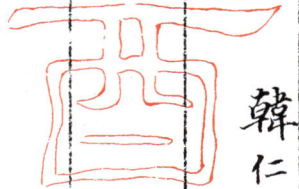

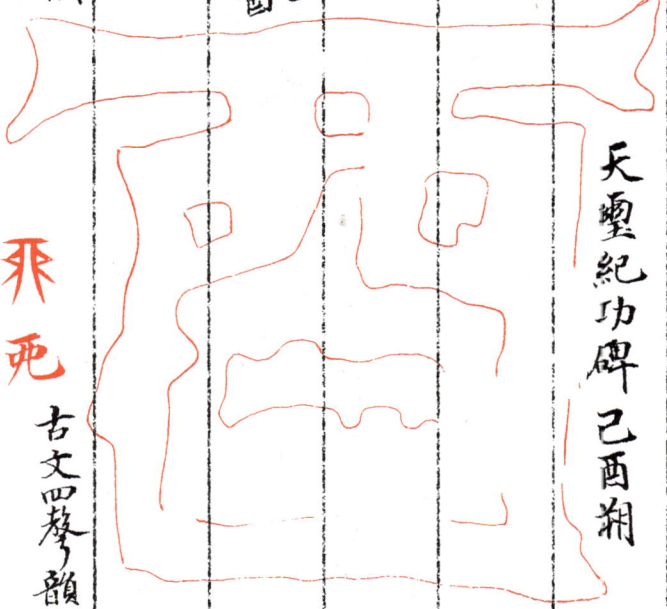

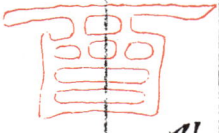

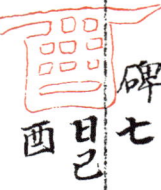

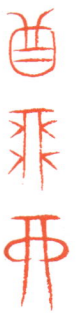

演變

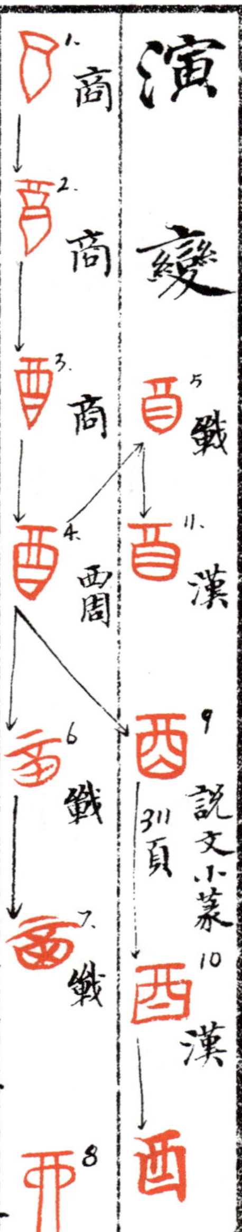

釋義

許慎 酉 就也，八月黍成，可為酎酒。象古文酉之形。凡酉之屬皆从酉。與久切 丣，古文酉，从卯，卯為春門，萬物已出；酉為秋門，萬物已入。一，閉門象也。

陳按 "酉"古文字象尖底大口酒尊之形，用以表示酒，後借為地支名。

六書

象形

附注

酋　自秋切、平、尤韻、從、幽部、

5263 鐵雲藏龜

上博簡容成氏

汗簡

集篆古文韻海

演變

說文小篆 313頁 →

釋義

許慎　　繹酒也、从酉、水半見於上、禮有大酋、掌酒官也。凡酋之屬皆从酋（字秋切）

陳按　「酋」是「酉」字分化而来、上面兩點（八）是無意義的符號、一如「尊」字早期字形作（工部从酉）、後来中間兩竪出頭作、再後来出頭部分與下部脫離、便成形、从「酋」。另外、古文字中常見於横畫上加装飾筆畫無義。

六書 分化字

附注

戌 辛聿切，入，術韻，心，物部。

商.合20875

商.戳15.6

商.甲1243

商甲2314

甲1266

商.燕165

周早.何尊

戰.齊.璽彙197

齊.璽彙704

楚.包12

包81

楚.新蔡零264

秦.睡.日甲100背

睡.日甲101背

睡.日乙11

戌 戾

屈戌 以上二字 漢印文字徵

延光殘碑

武氏石闕銘　三月庚戌朔

曹全碑　退　於戌亥之間

汗簡

廿一日庚戌

集篆古文韻海

千甓亭　晋　太康塼

演變

1. 商
2. 商
3. 商
4. 商
5. 西周
6. 戰
7. 戰
8. 戰
9. 説文小篆 314頁
10. 漢

釋義

許慎　滅也。九月，陽气微，萬物畢成，陽下入地也。五行土生於戊，盛於戌。从戊含一。凡戌之屬皆从戌。辛聿切

陳楼　"戌"字商周甲骨、金文象斧鉞一類兵器之形。後

借為地支名。

六書 象形

附注

亥

胡改切，上，海韻，匣，之部。

商，甲2414

商，乙7795

商，前7.33.1

商，林1.15.7

商，佚888 加隹旁

商，庫1064 加馬旁（殷商祖王亥專用字，陳夢家）

周早，矢方彝

周中，吳方彝

周晚，弔專父盨

周晚，師兌簋

春，陳侯鼎

春，申鼎

春·庚兒鼎 春·郑公華鐘 春·歸父盤 春·郑公𨱑鐘

戰·齊陳貽簋 楚·郭店老子甲·21 楚·包53 包136 楚·新蔡甲三·134

楚·天卜 秦·睡日乙108 秦·睡8.1 西漢·流沙簡·小學5.1 東漢佳銅鏡

文亥 高亥私印 徐亥 司馬亥 臣亥 以上五字漢印文字徵

武斑碑大歲在丁亥 武氏左石室畫象題字㑴朱亥 武氏石闕銘大歲在丁亥 曹全碑退於戌亥之間 吳寶鼎甎歲在丁亥

汗簡 古文四聲韻

集篆古文韻海

演變

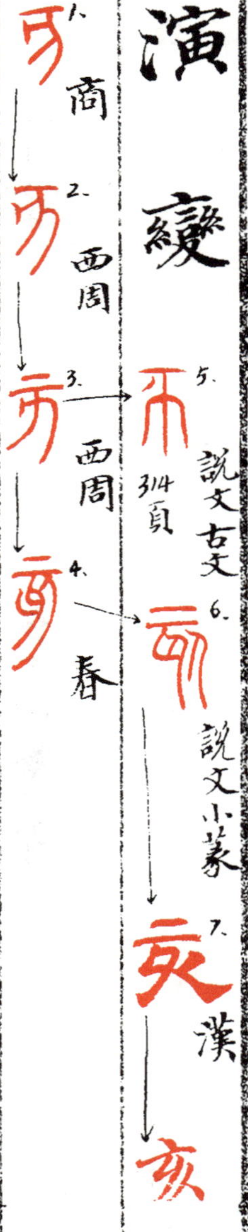

釋義

許慎  荄也。十月，微陽起，接盛陰。从二，二，古文上字。一人男，一人女也。从乙，象裹子咳咳之形。春秋傳曰：「亥有二首六身。」凡亥之屬皆从亥。胡改切 ，古文亥，為豕，與豕同。亥而生子，復從一起。

陳按 「亥」古文字構形本義未明，或謂象植物根荄之形，「一」為地面，屮根藏其下；或謂與「豕」同字，皆無確證。後借為地支第十二位。

六書

象形

附注

附録

說文部首標目二種

陳昌治刻本説文部首標目

（中華書局影印本）

說文解字標目

漢太尉祭酒許慎記

宋右散騎常侍徐鉉等校定

說文解字弟一

一 於悉切　丄 時掌切　示 神至切　三 穌甘切　王 雨方切　玉 魚欲切

玨 古岳切　气 去既切　士 鉏里切　丨 古本切　屮 丑列切　艸 倉老切

蓐 而蜀切　茻 模朗切

說文解字弟二

小 私兆切　八 博拔切　釆 蒲莧切　半 博幔切　牛 語求切　犛 莫交切

告 古奧切　口 苦后切　凵 口犯切　吅 況袁切　哭 苦屋切　走 子苟切

止 諸市切
癶 北末切
步 薄故切
此 雌氏切
正 之盛切
是 承旨切
辵 丑略切
彳 丑亦切
廴 余忍切
㢟 丑連切
行 戶庚切
齒 昌里切
牙 五加切
足 卽玉切
疋 所菹切
品 丕飲切
龠 以灼切
冊 楚革切

說文解字弟三

㗊 阻立切
舌 食列切
干 古寒切
谷 其虐切
只 諸氏切
㕯 女滑切
句 古侯切
丩 居蚪切
古 公戶切
十 是執切
卉 蘇沓切
言 語軒切
誩 渠慶切
音 於今切
䇂 去虔切
丵 士角切
菐 蒲沃切
廾 居竦切
𠬜 普班切
共 渠用切
異 羊吏切
舁 以諸切
𦥑 居玉切
晨 食鄰切
爨 七亂切
革 古覈切
鬲 郎激切
䰜 郎激切
爪 側狡切
丮 几劇切
鬥 都豆切
又 于救切
𠂇 臧可切
史 疏士切
支 章移切
聿 尼輒切

聿余律切　畫胡麥切　隶徒耐切　臤苦閑切　臣植鄰切　殳市朱切

殺所八切　几市朱切　寸倉困切　皮符羈切　㼱而兗切　攴普木切

教古孝切　卜博木切　用余訟切　爻胡茅切　㸚力几切

說文解字弟四

旻火劣切　目莫六切　䀠九遇切　眉武悲切　盾食閏切　自疾二切

白疾二切　鼻父二切　皕彼力切　習似入切　羽王矩切　隹職追切

奞息遺切　萑胡官切　𦫳工瓦切　苜徒結切　羊與章切　羴式連切

瞿九遇切　雔市流切　雥徂合切　鳥都了切　烏哀都切　𠦒式潘切

冓古候切　幺於堯切　𢆶於虯切　叀職緣切　玄胡涓切　予余呂切

放甫妄切　𠬪平小切　𣦼昨干切　歺五割切　死息姊切　冎古瓦切

骨古忽切 肉如六切 筋居銀切 刀都牢切 刃而振切 㓞格八切

丰古拜切 耒盧對切 角古岳切

說文解字弟五

竹陟玉切 箕居之切 丌居之切 左則箇切 工古紅切 㠭知衍切

巫武扶切 甘古三切 曰王伐切 乃奴亥切 丂苦浩切 可肯我切

兮胡雞切 号胡到切 亏羽俱切 旨職雉切 喜虛里切 壴中句切

鼓工戶切 豈墟喜切 豆徒候切 豊盧啓切 豐敷戎切 䖒許羈切

虍荒烏切 虎呼古切 虤五閑切 皿武永切 凵去魚切 去丘據切

血呼決切 丶知庾切 丹都寒切 青倉經切 井子郢切 皀皮及切

鬯丑諒切 食乘力切 亼秦入切 會古外切 倉七岡切 入人汁切

缶 方九切　矢 式視切　高 古牢切　冂 古熒切　𩫏 古博切　京 舉卿切

亯 許兩切　㫗 胡口切　畗 芳逼切　㐭 力甚切　嗇 所力切　來 洛哀切

麥 莫獲切　夊 楚危切　舛 昌兖切　舜 舒閏切　韋 宇非切　弟 特計切

夂 陟侈切　久 舉友切　桀 渠列切

說文解字弟六

木 莫卜切　東 得紅切　林 力尋切　才 昨哉切　叒 而灼切　之 止而切

帀 周荅切　出 尺律切　𣎵 普活切　生 所庚切　乇 陟格切　𠂹 是爲切

𠌶 況于切　華 戶瓜切　禾 古兮切　稽 古兮切　巢 鉏交切　桼 親吉切

束 書玉切　橐 胡本切　口 羽非切　員 王權切　貝 博蓋切　邑 於汲切

𨛜 胡絳切

說文解字弟七

日 人質切　旦 得案切　倝 古案切　㫃 於幰切　冥 莫經切　晶 子盈切

月 魚厥切　有 云九切　朙 武兵切　囧 俱永切　夕 祥易切　多 得何切

毌 古丸切　马 乎感切　𣐺 胡感切　卤 徒遼切　亝 徂兮切　朿 七賜切

片 匹見切　鼎 都挺切　克 苦得切　彔 盧谷切　禾 戶戈切　秝 郎擊切

黍 舒呂切　香 許良切　米 莫禮切　毇 許委切　臼 其九切　凶 許容切

朩 匹刃切　𣏟 匹卦切　麻 莫遐切　尗 式竹切　耑 多官切　韭 舉友切

瓜 古華切　瓠 胡誤切　宀 武延切　宮 居戎切　呂 力舉切　穴 胡決切

㝱 莫鳳切　疒 女戹切　冖 莫狄切　𠔿 莫保切　冃 莫報切　㒳 良獎切

网 文紡切　襾 呼訝切　巾 居銀切　巿 分勿切　帛 旁陌切　白 旁陌切

㡀 毗祭切　黹 陟几切

說文解字弟八

人 如鄰切　匕 呼跨切　匕 卑履切　从 疾容切　比 毗至切　北 博墨切

丘 去鳩切　㐺 魚音切　壬 他鼎切　重 柱用切　臥 吾貨切　身 失人切

㐆 於機切　衣 於稀切　裘 巨鳩切　老 盧皓切　毛 莫袍切　毳 充芮切

尸 式脂切　尺 昌石切　尾 無斐切　履 良止切　舟 職流切　方 府良切

儿 如鄰切　兄 許榮切　兂 側岑切　皃 莫教切　兜 公戶切　先 穌前切

禿 他谷切　見 古甸切　覞 曳欠切　欠 去劒切　㱃 於錦切　㳄 敘連切

旡 居未切

說文解字弟九

頁胡結切 百書九切 面弥箭切 丏弥兖切 𦣻書九切 県古堯切

須相俞切 彡所銜切 彣無分切 文無分切 髟必銜切 后胡口切

司息茲切 卮章移切 卪子結切 印於刃切 色所力切 卯去京切

辟父益切 勹布交切 包布交切 茍已力切 鬼居偉切 甶敷勿切

厶息夷切 嵬五灰切 山所閒切 屾所臻切 屵五葛切 广魚儉切

厂呼旱切 丸胡官切 危魚爲切 石常隻切 長直良切 勿文弗切

冄而琰切 而如之切 豕式視切 㣇羊至切 彑居例切 豚徒魂切

豸池尒切 舄徐姉切 易羊益切 象徐兩切

說文解字弟十

馬莫下切 廌宅買切 鹿盧谷切 麤倉胡切 㲋丑略切 兔湯故切

莧胡官切
犬苦泫切
㹜語斤切
鼠書呂切
能奴登切
熊羽宮切

火呼果切
炎于廉切
黑呼北切
囪楚江切
焱以冄切
炙之石切

赤昌石切
大徒蓋切
亦羊益切
夨阻力切
夭於兆切
交古爻切

尣烏光切
壺古吳切
壹於悉切
㚔尼輒切
奢式車切
亢古郎切

夲土刀切
夰古老切
亣他達切
夫甫無切
立力入切
竝蒲迥切

囟息進切
思息茲切
心息林切
惢累二切

說文解字弟十一

水式軌切
沝之壘切
瀕符真切
𡿨姑泫切
巜古外切
川昌緣切

泉疾緣切
灥詳遵切
永于憬切
𠂢匹卦切
谷古祿切
仌筆陵切

雨王矩切
雲王分切
魚語居切
𩺰語居切
燕於甸切
龍力鍾切

飛 飛甫微切　非 非甫微切　卂 卂息晉切

說文解字弟十二

乙 乙烏轄切　不 不方久切　至 至脂利切　西 西先稽切　鹵 鹵郎古切　鹽 鹽余廉切

戶 戶侯古切　門 門莫奔切　耳 耳而止切　𦣞 𦣞與之切　手 手書九切　𠦬 𠦬古懷切

女 女尼呂切　毋 毋武扶切　民 民弥鄰切　丿 丿房密切　𠂆 𠂆余制切　乀 乀弋支切

氏 氏承旨切　氐 氐丁礼切　戈 戈古禾切　戉 戉王伐切　我 我五可切　亅 亅衢月切

珡 珡巨今切　乚 乚於謹切　亡 亡武方切　匸 匸胡礼切　匚 匚府良切　曲 曲丘玉切

甾 甾側詞切　瓦 瓦五寡切　弓 弓居戎切　弜 弜其兩切　弦 弦胡田切　系 系胡計切

說文解字弟十三

糸 糸莫狄切　素 素桑故切　絲 絲息兹切　率 率所律切　虫 虫許偉切　䖵 䖵古魂切

蟲直弓切　風方戎切　它託何切　龜居追切　黽莫杏切　卵盧管切

二而至切　土它魯切　垚吾聊切　堇巨斤切　里良止切　田待季切

畕居良切　黃乎光切　男那含切　力林直切　劦胡頰切

說文解字弟十四

金居音切　幵古賢切　勺之若切　几居履切　且千也切　斤舉欣切

斗當口切　矛莫浮切　車尺遮切　𠂤都回切　𨸏房九切　𨺅房九切

厽力軌切　四息利切　宁直呂切　叕陟劣切　亞衣駕切　五疑古切

六力竹切　七親吉切　九舉有切　禸人九切　嘼許救切　甲古狎切

乙於筆切　丙兵永切　丁當經切　戊莫候切　己居擬切　巴伯加切

庚古行切　辛息鮮切　辡方免切　壬如林切　癸居誄切　子即里切

了 了盧鳥切　孨 孨旨兖切　𠫓 𠫓他骨切　丑 丑敕九切　寅 寅弋眞切　卯 卯莫飽切

辰 辰植鄰切　巳 巳詳里切　午 午疑古切　未 未無沸切　申 申失人切　酉 酉與九切

酋 酋字秋切　戌 戌辛聿切　亥 亥古改切

說文解字標目

藤花榭本説文部首標目

（日本早稻田大學藏本）

說文解字標目　　漢太尉祭酒許慎記

銀青光祿大夫守右散騎常侍上柱國東海縣開國子食邑五百户臣徐鉉等奉

敕校定

說文解字弟一

一於悉切　上時掌切　示神至切　三穌甘切　王雨方切　玉魚欲切

玨古岳切　气去旣切　士鉏里切　丨古本切　屮丑列切　艸倉老切

蓐而蜀切　茻模朗切

說文解字弟二

小私兆切　八博拔切　釆蒲莧切　半博幔切　牛語求切　犛莫交切

告古奥切　口苦后切　凵口犯切　吅况袁切　哭苦屋切　走子苟切

止諸市切
撥北末切
步薄故切
此雌氏切
正之盛切
是承旨切
辵丑略切
彳丑亦切
廴余忍切
㢟丑連切
行户庚切
齒昌里切
牙五加切
足即玉切
疋所菹切
品丕飲切
龠以灼切
冊楚革切

說文解字弟三

㗊阻立切
舌食列切
干古寒切
谷其虐切
㕯女滑切
只諸氏切
句古侯切
丩居虯切
古公户切
十是執切
卅蘇沓切
言語軒切
誩渠慶切
音於今切
䇂去虔切
丵士角切
菐蒲沃切
廾居竦切
𠬞普班切
共渠用切
異羊吏切
舁以諸切
𦥑居玉切
晨食鄰切
爨七亂切
革古覈切
鬲郎激切
䰜郎激切
爪側狡切
丮几劇切
鬥都豆切
又于救切
𠂇臧可切
史疏士切
支章移切
聿尼輒切

聿 聿余律切
畫 畫胡麥切
隶 隶徒耐切
臤 臤苦閑切
臣 臣植鄰切
殳 殳市朱切
殺 殺所八切
几 几市朱切
寸 寸倉困切
皮 皮符羈切
㼱 㼱而兖切
攴 攴普木切
教 教古孝切
卜 卜博木切
用 用余訟切
爻 爻胡茅切
㸚 㸚力几切

說文解字弟四

旻 旻火劣切
目 目莫六切
䀠 䀠九遇切
眉 眉武悲切
盾 盾食閏切
自 自疾二切
白 白疾二切
鼻 鼻必二切
皕 皕博陌切
習 習似入切
羽 羽王矩切
隹 隹職追切
奞 奞息遺切
萑 萑胡官切
𦫳 𦫳工瓦切
𥄕 𥄕徒結切
羊 羊與章切
羴 羴式連切
瞿 瞿九遇切
雔 雔市流切
雥 雥徂合切
鳥 鳥都了切
烏 烏哀都切
𠦒 𠦒北潘切
冓 冓古候切
幺 幺於堯切
𢆶 𢆶於虯切
叀 叀職緣切
玄 玄胡消切
予 予余呂切
放 放甫妄切
𠬪 𠬪平小切
𣦼 𣦼昨干切
歺 歺五割切
死 死息姊切
冎 冎古瓦切

二

骨古忽切　肉如六切　筋居銀切　刀都牢切　刃而振切　㓞格八切

丰古拜切　耒盧對切　角古岳切

說文解字弟五

竹陟玉切　箕居之切　丌居之切　左則箇切　工古紅切　㠭知衍切

巫武扶切　甘古三切　曰王伐切　乃奴亥切　丂苦浩切　可肯我切

兮胡雞切　号胡到切　亏羽俱切　旨職雉切　喜虛里切　壴中句切

鼓工戶切　豈墟喜切　豆徒候切　豊盧啓切　豐敷戎切　䖒許羈切

虍荒烏切　虎呼古切　虤五閑切　皿武永切　凵去魚切　去丘據切

血呼決切　丶知庾切　丹都寒切　青倉紀切　井子郢切　皀皮及切

鬯丑諒切　食乘力切　亼秦入切　會戶外切　倉七岡切　入人汁切

缶方九切 矢式視切 高古牢切 冂古熒切 𩫏古博切 京舉卿切

亯許兩切 㫗胡口切 畗芳逼切 㐭力甚切 嗇所力切 來洛哀切

麥莫獲切 夊楚危切 舛昌兖切 舜舒閏切 韋宇非切 弟時計切

夂陟侈切 久舉友切 桀渠列切

說文解字第六

木莫十切 東得紅切 林力尋切 才昨哉切 叒而灼切 之止而切

帀周荅切 出尺律切 𣎵普活切 生所庚切 乇陟格切 𠂹是爲切

𢎘況于切 𠌶戶瓜切 禾古兮切 稽古兮切 巢鉏交切 桼親吉切

束書玉切 㯻胡本切 囗羽非切 員王權切 貝博蓋切 邑於汲切

䢼胡絳切

說文解字第七

日人質切 旦得案切 倝古案切 㫃於幰切 冥莫經切 晶子盈切

月魚厥切 有云九切 朙武兵切 囧俱永切 夕祥易切 多得何切

毌古丸切 𢎘乎感切 東胡感切 卤徒遼切 亝徂兮切 朿七賜切

片匹見切 鼎都挺切 克苦得切 彔盧谷切 禾戶戈切 秝郎擊切

黍舒呂切 香許良切 米莫禮切 毇許委切 臼其九切 凶許容切

朩匹刃切 林匹卦切 麻莫遐切 尗式竹切 耑多官切 韭舉友切

瓜古華切 瓠胡誤切 宀武延切 宮居戎切 呂力舉切 穴胡決切

㝱莫鳳切 疒女戹切 冖莫狄切 冃莫保切 冃莫報切 㒳良獎切

网文紡切 襾呼訝切 巾居銀切 巿分勿切 帛旁陌切 白旁陌切

㡀 毗祭切　黹 陟几切

說文解字弟八

人 如鄰切　匕 呼跨切　匕 卑履切　从 疾容切　比 毗至切　北 博墨切

丘 去鳩切　㐺 魚音切　壬 他鼎切　重 柱用切　臥 吾貨切　身 失人切

㐆 於機切　衣 於稀切　裘 巨鳩切　老 盧皓切　毛 莫袍切　毳 充芮切

尸 式脂切　尺 昌石切　尾 無斐切　履 良止切　舟 職流切　方 府良切

儿 如鄰切　兄 許榮切　兂 側岑切　皃 莫教切　兆 公戶切　先 穌前切

禿 他谷切　見 古甸切　覞 臾欠切　欠 去劒切　㱃 於錦切　次 敘連切

旡 居未切

說文解字弟九

頁胡結切 百書九切 面弥箭切 丏弥兖切 首書九切 県古堯切

須相俞切 彡所銜切 彣無分切 文無分切 髟必咼切 后胡口切

司息兹切 卮章移切 卩子結切 印於刃切 色所力切 卯去京切

辟必益切 勹布交切 包布交切 茍己力切 鬼居偉切 甶敷勿切

厶息夷切 嵬五灰切 山所閒切 屾所臻切 屵五葛切 广魚儉切

厂呼旱切 丸胡官切 危魚爲切 石常隻切 長直良切 勿文弗切

冄而玉切 而如之切 豕式視切 彖羊至切 彑居例切 豚徒寬切

豸池尔切 舄徐姊切 易羊益切 象徐兩切

說文解字第十

馬莫下切 廌宅買切 鹿盧谷切 麤倉胡切 㲋丑略切 兔湯故切

萈胡官切　犬苦泫切　㹜語斤切　鼠書呂切　能奴登切　熊羽弓切

火呼果切　炎于廉切　黑呼北切　囪楚江切　焱以冉切　炙之石切

赤昌石切　大徒蓋切　亦羊益切　夨阻力切　夭於兆切　交古爻切

尣烏光切　壺戶吳切　壹於悉切　㚔尼輒切　奢式車切　亢古郎切

本土刀切　夰古老切　亣他達切　夫甫無切　立力入切　竝蒲迥切

囟息進切　思息茲切　心息林切　惢累二切

說文解字第十一

水式軌切　沝之壘切　瀕符眞切　〈姑泫切　巜古外切　川昌緣切

泉疾緣切　灥詳遵切　永于憬切　𠂢匹卦切　谷古祿切　仌筆陵切

雨王矩切　雲王分切　魚語居切　𩺰語居切　燕於甸切　龍力鍾切

飛甫微切　非甫微切　卂息晉切

說文解字弟十二

乚烏轄切　不方久切　至脂利切　西先稽切　鹵郎古切　鹽余廉切

戶侯古切　門莫奔切　耳而止切　𦣝與之切　手書九切　乖古懷切

女尼呂切　毋武扶切　民弥鄰切　丿房密切　厂余制切　乀弋支切

氏承旨切　氐丁禮切　戈古禾切　戉王伐切　我五可切　亅衢月切

琴巨今切　乚於謹切　亡武方切　匸胡礼切　匚府良切　曲丘玉切

甾側詞切　瓦五寡切　弓居戎切　弜其兩切　弦胡田切　系胡計切

說文解字弟十三

糸莫狄切　素桑故切　絲息茲切　率所律切　虫許偉切　蚰古䰟切

蟲直弓切
風方戎切
它託何切
龜居追切
黽莫杏切
卵盧管切
二而至切
土它魯切
垚吾聊切
堇巨斤切
里良止切
田待秊切
畕居良切
黃乎光切
男那含切
力林直切
劦胡頰切

說文解字第十四

金居音切
幵古賢切
勺之若切
几居履切
且千也切
斤舉欣切
斗當口切
矛莫浮切
車尺遮切
𠂤都回切
𨸏房九切
𨺅房九切
厽力軌切
四息利切
宁直呂切
叕陟劣切
亞衣駕切
五疑古切
六力竹切
七親吉切
九舉有切
禸人九切
嘼許救切
甲古狎切
乙於筆切
丙兵永切
丁當經切
戊莫候切
己居擬切
巴伯加切
庚古行切
辛息鮮切
辡方免切
壬如林切
癸居誄切
子即里切

了盧鳥切　孨旨兖切　𠫓他骨切　丑敕九切　寅弋真切　卯莫飽切

辰植鄰切　巳詳里切　午疑古切　未無沸切　申失人切　酉與九切

酋字秋切　戌辛聿切　亥胡改切

說文解字標目

參考文獻

古籍

許慎撰，徐鉉等校訂《説文解字》，北京：中華書局，1963年。
徐鍇《説文解字繫傳》，北京：中華書局，1987年。
戴侗《六書故》，上海：上海社會科學院出版社，2006年。
郭忠恕、夏竦編，李零、劉新光整理《古代字書輯刊：汗簡・古文四聲韵》，北京：中華書局，2014年。
杜從古撰，丁志民校補《古代字書輯刊：集篆古文韵海校補》，北京：中華書局，2013年。
段玉裁《説文解字注》，上海：上海古籍出版社，1981年。

論著

白於藍《拾遺録——出土文獻研究》，北京：科學出版社，2017年。
陳劍《甲骨金文考釋論集》，北京：綫裝書局，2007年
陳劍《戰國竹書論集》，上海：上海古籍出版社，2013年。
丁福保編纂《説文解字詁林》，北京：中華書局，1988年。
東京國立博物館《顔真卿：超越王羲之的名筆》特別展展覽圖録，東京國立博物館，2019年1月16–2月24日。
董蓮池《説文部首形義通釋》，長春：東北師範大學出版社，2000年。

董蓮池《新金文編》,北京: 作家出版社,2011年。
郭永秉《古文字與古文獻論集續編》,上海: 上海古籍出版社,2015年。
何琳儀《戰國文字通論》(訂補),上海: 上海古籍出版社,2017年。
黄德寬主編《古文字譜系疏證》,北京: 商務印書館,2007年。
黄天樹《説文解字通論》,北京: 北京大學出版社,2014年。
季旭昇《説文新證》,臺北: 藝文印書館,2014年。
李　圃主編《古文字詁林》,上海: 上海教育出版社,2004年。
李學勤主編《字源》,天津: 天津古籍出版社,2012年。
李宗焜編著《甲骨文字編》,北京: 中華書局,2012年。
林　沄《林沄學術文集》,北京: 中國大百科全書出版社,1998年。
劉　釗《古文字構形學》,福州: 福建人民出版社,2011年。
劉　釗《古文字考釋叢稿》,長沙: 嶽麓書社,2005年。
劉　釗主編《新甲骨文編》(增訂本),福州: 福建人民出版社,2014年。
羅福頤《增訂漢印文字徵》,北京: 紫禁城出版社,2010年。
秦漢魏晉篆隸字形表編寫組編《秦漢魏晉篆隸字形表》,成都: 四川辭書出版社,1985年。
裘錫圭《裘錫圭學術文集》,上海: 復旦大學出版社,2012年。
裘錫圭《文字學概要》,北京: 商務印書館,2013年。
容　庚編著《金文編》(四版),北京: 中華書局,1985年。

商承祚編著《石刻篆文編》，北京：中華書局，1996年。
湯可敬《説文解字今釋》，長沙：嶽麓書社，1997年。
湯餘惠主編《戰國文字編》（修訂本），福州：福建人民出版社，2015年。
王　力主編《王力古漢語字典》，北京：中華書局，2000年。
徐在國編《傳抄古文字編》，北京：綫裝書局，2006年。
徐中舒主編《漢語古文字字形表》，成都：四川人民出版社，1980年。
殷寄明《〈説文解字〉精讀》，上海：復旦大學出版社，2006年。
趙平安《〈説文〉小篆研究》，南寧：廣西教育出版社，1999年。

其　他：

葛　亮「國學新知：《説文解字》讀書會」視頻。
漢語多功能字庫：http://humanum.arts.cuhk.edu.hk/Lexis/lexi-mf/

跋

乙未元夕，我從浙南的一個小城，收拾了六十餘箱書籍，坐上搬家的貨車，趁着夜色，在淩晨四點，來到上海。而前程，猶如那晚的細雨烟霧，朦朧迷漫……

來滬前，我剛剛結束十多年的飄蕩游學生涯，生活頗爲穩定，收入也達到了可以承受自由放肆買書而不問價格的要求，就我個人對物質方面的追求，可算基本滿足，也覺得可能就這樣「以此自安分，雖窮每欣欣」地平淡生活下去了。但，當我收到華東師大碩士入學通知書時，内心那種「平静」再次起了漣漪，這當然無關一個「文憑」，而是和多年前的夢想連通。相較此前十多年間半工半讀的狀態，這次我想徹底放下已有的穩定局面，全心回到校園中去，哪怕回到當年窮得買不起書，就站在書攤旁讀完的光景，也是無悔的。

到上海，我再次住進了小小的租房，很多書没地方放，就一直躺在打包箱裏。三月的上海春風冷峭，兩周後的一個夜晚，張索老師來電，叫我吃晚飯。飯後過陋室，與我相談許久，除了特有的勉勵外，最後他説：「我對你碩士期間有一個要求，就是沉下來，潛修三年……」張師回去後，我細細思考良久，對三年的學習計劃大致有了方向。

曹錦炎教授曾告訴我，華東師大古文字有白於藍、董蓮池等先生在，讓我入校後去旁聽他們的課，必有獲益。在碩士一、二年級的大部分時間裏，我補看了很多古文字相關的最新著作，又於每周二、五坐一小時校車，到閔行校區，修完了白於藍教授的「戰國竹書研究」和「《説文解字》與古文字構形」兩門博士課程。白老師的課，讓我對古文字有了全新的認識和體會。此後，因「國學新知」偶然結識徐淵、葛亮先生，兩人與我年齡相仿，亦師亦友，在我學習古文字的過程中，他們皆給予諸多無私的幫助，令我銘感難忘。

後來，徐淵兄又將我介紹給劉釗教授，那時我的書稿剛寫到卷三。説是書稿，其實只是我近十年學習《説文》所整理的一些筆記和粗淺體會。初次見面，便不揣冒昧，將書稿照片呈劉釗師指正。面對劉老師這樣的大學者，我内心頗爲惶恐，不虞竟獲劉師嘉賞，以爲有學術價值，當場説要推薦出版，這對於一個「圈外」的年輕學習者而言，是多麼大的一種鼓勵。劉釗師獎掖後進，讓我有了堅持寫下去的動力。去年暑假（二〇一七年），初稿完成，劉老師又爲小書出版之事費心甚多，在日本講學期間，還抽空爲我寫了評價頗高的推薦信（這裏還要感謝潘悟雲教授，他也爲我寫過一封推薦信）。劉釗師在非常繁忙的工作、研究之餘還慨允爲小書審稿、賜序。當我收到他寄來的用紅筆批改的近百條審讀意見稿時，不禁潸然，處處仰承先生澍雨，感動莫名。劉師還對我説：「你基礎很好，應該到我們中心來（考博）。」並建議我先去中心聽課。復旦大學出土文獻與古文字研究中心，因有裘錫圭先生和一大批優秀學者坐鎮，在海内外學界聲譽廣播，我早已心向往之。此後，我每周去復旦，有幸旁聽到陳劍、郭永秉等先生的課程，讓我開闊了視野。儘管爲自身水平所限，仍有諸多不明之處，但也收穫甚夥。這段穿梭於校際間的求學經歷，現在回想，真是又寂寞又美好。

碩士三年，我幾乎把所有的空餘時間都用在了書稿的寫作上。由於用毛筆書寫，速度很慢，加上讀相關論著，一天十幾個小時只能完成一兩個部首的撰寫。在當今計算機技術發達，古文字原材料異常豐富的情況下，用毛筆書寫手稿顯然是個吃力不討好的事。我之所以堅持，主要有幾點緣由：首先是想通過毛筆書寫，加强對古文字字形的記憶和理解，做點基礎工作，同時也想憑靠書寫來記録我三年的真實筆墨。其次，我是一位書法愛好者，對毛筆的親近感遠勝電腦，每日與筆硯相處的生活，令我倍感踏實，猶如一個工匠對自己手藝的堅持，方才有了這本比時代「退步」的毛筆書稿。

所以，這既是一本書，同時也是一幅書法作品，只不過這件作品花了我三年的時間來寫成，我希望藉託此書，來記録一段屬自己的上海往事。光陰會淘汰很多的人與事，唯有生命的歷程和付出的功夫真實不虛。那些在煩悶惆悵時走過的落英繽紛小路，和連宵徹曙的深秋初夏時光，再也回不去了，也永遠印刻在這一頁頁的稿紙上了……

記得書稿完成後，我寫過一則簡訊發到微信朋友圈，或可作爲此書的因緣説明，姑且移録如下：

> 予性闇鈍，早歲不知學，比廿五之年，始發憤。張弢如元夫子折節下交，接引後進，乃列坐環聽，初治小學。其後卜居江湖，飄游四方，亦常中夜挑燈，未敢懈怠。困學既久，間有小獲，輒隨筆疏記。乙未赴華亭，從復旦、華師諸名公游，上下議論，側聞緒言，乃浩然有望洋之嘆，遂專慮讀書。意之所欣，境弗能徙。偶得新知，必眉批札注，積久，草稿漫漶，若不能辨。蓋以晷隙理而董之，如是者三載。今夏虐熱蒸人，世事簡淡，終日與筆硯處，宵深體憊，不忍輟也。新秋漸涼，書稿初成，得千餘葉，以《説文》部居，條次先後；又幸得劉釗師賜名，顔之曰《説文部首形義圖釋》（後改今名）。譾説膚聞，個中紕謬必多矣，見嗤大方。然心血所萃，難以捐擲，故不揣譾劣，欲以付梓，時彦賢哲匡旃。强圉作噩冰月朔，東嘉陳弘受記……

我本非古文字專業出身，目前尚處於求學階段，當初編寫此書也是出於鞏固知識之目的，所以書中謬誤之處必定不少，懇請學界諸師長、學友不吝珠玉，以便改進。

最後，要深深感謝陳忠康師，到目前爲止，我人生的每次轉折路口，都有陳師的幫助和影響。他書法博通，思想深邃，爲人豁達又格局宏闊，每次和他見面、聊天都能受用不已，他爲小書作序增色，鼓勵提攜之情，令我身心暖煥。忠康師去北京後，我又有幸遇到張如元師，先生愛憎分明，修養全面，舊學極爲深厚，又善於吸收新知，非常洋氣，我僅有的一點計算機知識，還是先生教給我的。他對年輕人熱情又嚴厲，如果没有先生的關愛和教導，恐怕我還在門外徘徊。如元師還將我介紹給林劍丹先生，林師爲人隨和，詩、書、畫、印兼善，藝如其人，清雅特立，不拘時俗。又樂於扶掖後學，不遺餘力，恨不得將自己畢生所學傾囊相授，對我影響甚深。他對藝術的嚴謹和高標準要求，每每令我心生慚愧，仰之彌高。

此外，我還要特別感謝「子瞻文化」葉邦建、「南山書屋」蔣建春等好友，他們爲小書的排版、書稿掃描等事付出了諸多辛勞，如果沒有他們的大力支持和熱心幫忙，小書肯定也不會這麼順利出版。

小書得以付梓，還要感謝上海古籍出版社的顧莉丹女士、姚明輝先生，因爲他們專業又負責的辛苦工作，使得小書避免了一些不應有的錯誤，也感謝第五編輯室的但誠兄，爲本書提供了精彩的《説文》版本書影，他也是我經常請教的朋友。另外，還有很多對拙作提供幫助的師友們，不能一一具名，僅此表示由衷的感謝！

行文至此，飛機即將於臺北降落，太平洋的風吹來陣陣白雲，從窗外徐徐飄過……

陳弘受

丁酉歲寒於北京國家圖書館

己亥二月於中臺灣改定